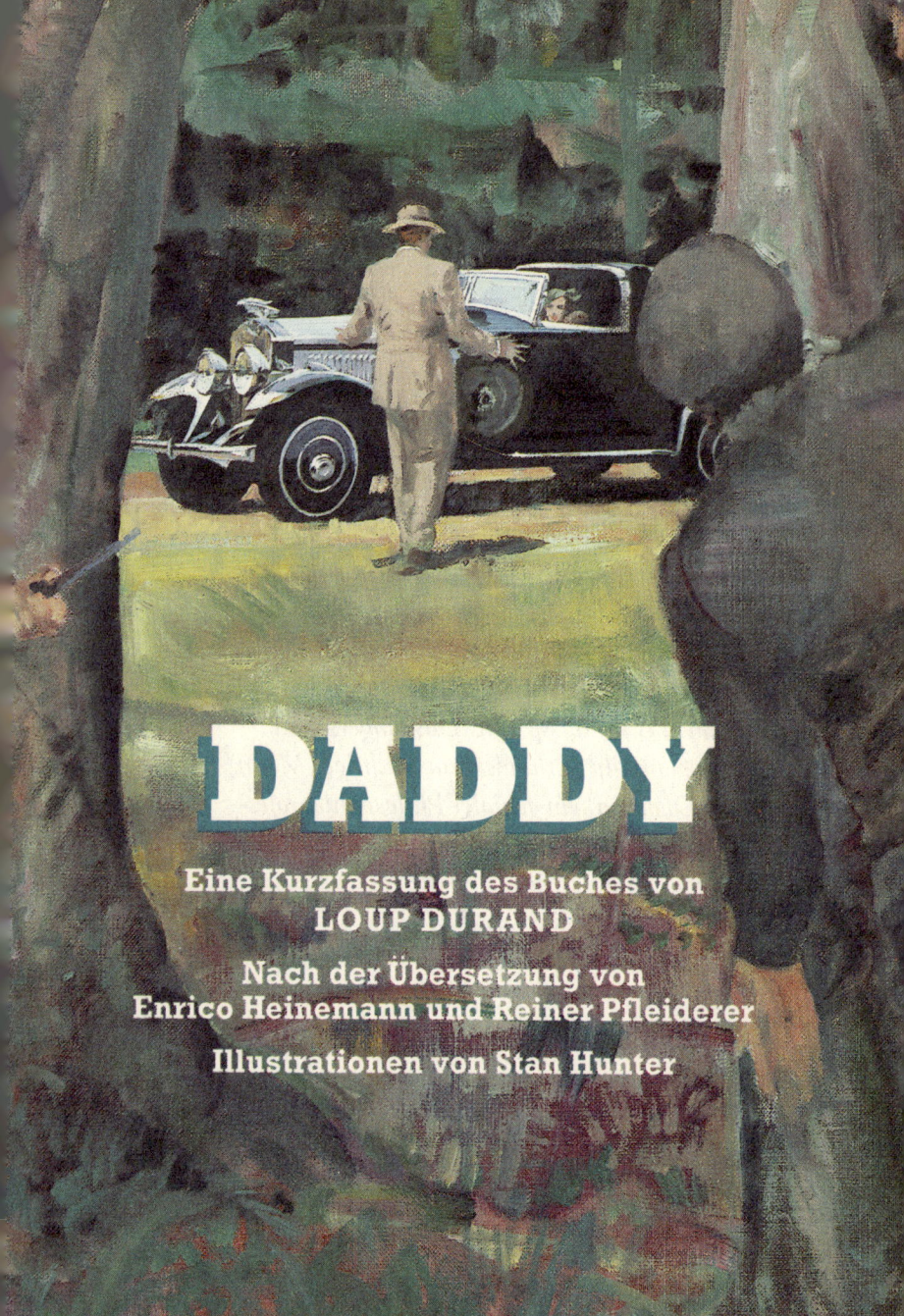

# DADDY

Eine Kurzfassung des Buches von
**LOUP DURAND**

Nach der Übersetzung von
**Enrico Heinemann und Reiner Pfleiderer**

Illustrationen von Stan Hunter

*Er* heißt Thomas Lamiel oder Thomas Quartermain oder Thomas Darder, und er ist kein Junge wie jeder andere. Sein phänomenales Gedächtnis befähigt ihn zu einzigartigen Leistungen: Was er sich einmal eingeprägt hat, vergißt er nie wieder. Deshalb ist er auf der Flucht. Denn in seinem Kopf befindet sich der Schlüssel zu einem Geheimnis, das ihn für seine Gegner unendlich wertvoll macht. „Sie" hat es ihm anvertraut, seine geliebte Mutter, deren Namen er nie ausspricht. Das langersehnte Wiedersehen mit ihr verhindert ein mächtiger Mann in Hitlers Diensten, ein genialer Philosophieprofessor, der das Schachspiel liebt. Zug um Zug treibt er Thomas und seine Beschützer in die Enge. So entwickelt sich eine hochdramatische Partie, bei der der Tod schließlich jede falsche Entscheidung bestraft.

# I

Es WAR der 18. September 1942, sein elfter Geburtstag. Thomas Lamiel schlug die Augen auf, obwohl es höchstens sechs Uhr morgens war. Sogleich sah der Junge zum Fenster hinaus. Das Licht des rötlich flammenden Himmels spiegelte sich im Meer. Es war schon sehr warm, und ringsum herrschte tiefe Stille.

Die Ruhe ist ungewöhnlich, dachte Thomas. Er ließ den Blick über die beschauliche südfranzösische Landschaft schweifen, aber er fand keine Erklärung für sein plötzliches Erwachen. Irgendein Mechanismus in seinem Kopf hatte unvermittelt Alarm geschlagen, und deshalb war er aufgestanden und ans Fenster getreten. Das ist nicht normal, überlegte er, du solltest eigentlich noch schlafen. Vor allem, weil er bis in die späte Nacht hinein in *Der Mann mit dem Klumpfuß* von Valentine Williams geschmökert hatte. Erst gegen ein Uhr morgens war er eingeschlummert.

Es war nichts zu sehen. Der Junge setzte sich auf den Fenstersims und ließ die Beine nach draußen baumeln. Ab heute bin ich elf, sagte er sich, ganz schön alt, und ich habe noch nichts geleistet im Leben ...

Ihm war bewußt, daß er sich über sich selbst lustig machte; mit elf Jahren war man noch nicht besonders alt. Er prüfte jedoch stets, was sich in seinem Kopf abspielte: Die Apparatur seines Gehirns funktionierte reibungslos, verarbeitete alles, was um ihn her vorging. Jetzt erforschte sie gewissenhaft die Landschaft, die ihn umgab. Thomas konnte sich stets auf seinen Kopf verlassen.

Endlich gönnte er sich etwas Ruhe, träumte ein wenig, kehrte dann ins Zimmer zurück, zog seine Hose an und schlüpfte in die Schuhe – Leinenschuhe. Hundertzwanzig Paar besaß er. *Sie* hatte sie ihm vor zwei Jahren aus Spanien mitgebracht, als sie wieder einmal heimlich auf Besuch gekommen war; hundertzwanzig, weil sie seine Schuhgröße nicht genau kannte, aber auch, weil sie daran gedacht hatte, daß er noch wachsen würde. So hatte sie ihm zwölf Paar von jeder Größe gekauft, von dreiunddreißig bis zweiundvierzig.

Thomas wußte inzwischen genau, was er nun tun würde, da draußen offensichtlich alles in Ordnung war. Ich habe schließlich nicht

jeden Tag Geburtstag, dachte er. Er würde den Hispano-Suiza in seinem Versteck betrachten. Die Luxuslimousine hatte er nun schon seit
zwei Jahren nicht mehr gesehen. Er hatte sich stets an die Anweisung
gehalten, die *sie* ihm gegeben hatte. Aber heute war ein besonderer
Tag, und sie hätte gewiß nichts dagegen. Sie fehlte ihm, es war wirklich zum Heulen. Der Junge verging fast vor Kummer.

Jetzt ist es aber genug! befahl er sich. Hör endlich auf damit ...

THOMAS' Urgroßvater, Hans Thomas von Gall, starb am 11. Juli
1934. Er stürzte sich aus einem Fenster im fünften Stock eines Gebäudes in München. Sechs Tage vor seinem Tod hatte die Gestapo eine
Fotografie von ihm aufgenommen, ohne daß er es bemerkt hatte: Sie
zeigte ihn als großgewachsenen älteren Herrn von auffallend vornehmer Erscheinung, dem man seine siebzig Jahre nicht ansah. Hinter
ihm auf dem Foto erkannte man ein Bankhaus in Zürich auf dem Para-
deplatz. Von Gall war gerade im Begriff, in seinen Mercedes zu steigen. Ein livrierter Chauffeur hielt ihm respektvoll die Wagentür auf.

Man hatte Hans Thomas von Gall am 5. Juli aus der Schweiz nach
Deutschland entführt, wo er sofort verhört wurde; die ersten Stunden
zunächst mit kühler Höflichkeit, doch dann war ein anderer Ton angeschlagen worden, nachdem sich am 6. Juli Reinhard Heydrich einge-
schaltet hatte, der neue Chef des Geheimen Staatspolizeiamtes in Berlin. Gewaltandrohungen wurden in die Tat umgesetzt. Thomas von
Gall antwortete trotzdem nicht anders als vorher: Wenn er Kapital ins
Ausland geschafft habe, erklärte er, dann im Einklang mit der damali-
gen deutschen Gesetzgebung und auf ausdrücklichen Wunsch seiner
Klienten. Kein Mensch könne von ihm erwarten, daß er ihre Identität
preisgebe und auch nicht die Bestimmungsorte der Gelder – und im
übrigen sei die Summe von hundert Millionen Mark, von der Heydrich spreche, vollkommen aus der Luft gegriffen. Aber nein, keiner
von seinen Angestellten in der Kölner Bank wisse etwas von den
Kapitaltransaktionen, er habe sie ganz allein veranlaßt.

Wie er weiter aussagte, habe er seit mehr als sechs Jahren vorausgesehen, daß er eines Tages in eine Situation wie diese geraten könne. Er
habe folglich Vorkehrungen getroffen und einen reiflich überlegten
Plan ausgeführt. Auch die letzten Mitglieder der kleinen Familie, die
ihm noch verblieben sei, hätten Deutschland bereits verlassen, damit
man ihn nicht erpressen könne. Man könne wohl sein Vermögen ein-
ziehen, ihm seine Bank und selbst das Leben nehmen, aber all dies sei
in seinem Alter nicht mehr von Bedeutung.

Nach hundertfünfzig Stunden pausenlosen Verhörs, bei dem er nackt vor seinen Peinigern stehen mußte, brach er schließlich zusammen. Man hatte ihn mit Gummischläuchen auf den Unterleib geschlagen. Als er wieder zu sich kam, erklärte er, er sei bereit zu schreiben – sprechen konnte er nicht mehr. Man gab ihm Papier, und er durfte sich setzen. Er schrieb ungefähr zwei Stunden lang, setzte spaltenweise Namen, Zahlen und Codewörter aneinander und sackte vor Erschöpfung erneut zusammen. Die zweiunddreißig beschriebenen Blätter wurden Heydrich gebracht. Von Gall indessen nutzte eine Unaufmerksamkeit seiner Bewacher, richtete sich auf, lief ans Fenster und stürzte sich in die Tiefe, wo er auf dem harten Pflaster aufschlug. Er war auf der Stelle tot.

Heydrich brauchte nicht lange, um festzustellen, daß er an der Nase herumgeführt worden war: Keiner der Namen auf der Liste war echt. Der alte Bankier hatte die ausgefallensten Familiennamen erfunden, sie aus den Buchstaben von Wörtern wie „Dummkopf" und „blödsinnig" gebildet. Schlimmer noch: Ans Ende seiner Liste hatte Hans Thomas von Gall wirklich existierende Namen gesetzt und sie mit seiner persönlichen Einschätzung versehen: Joseph Goebbels (gescheiterter Schriftsteller), Hermann Göring (drogensüchtiges Dickerchen), Adolf Hitler (hysterischer Fassadenmaler). Und als krönenden Abschluß, ehe er Selbstmord beging, hatte er hinzugefügt: „Die genaue Summe beläuft sich auf 724 Millionen Reichsmark."

Die Idee stammte von Heydrich persönlich. Im Januar 1935 berief er eine Konferenz ein. Man beschloß die Bildung eines Sonderkommandos, das, mit allen Sondervollmachten versehen, die gewaltige Summe wiederbeschaffen sollte. Ein Deckname war notwendig, und Heydrich entschied sich für „Operation Schädelbohrer".

Man trieb die Untersuchungen vor allem in der Schweiz voran, leider jedoch mit negativem Ergebnis: Die Eidgenossen ergänzten ihr Bundesbankgesetz um den Artikel 47, der das Bankgeheimnis garantierte und die Nazis bei ihren Nachforschungen behindern sollte. Wütend organisierte Reinhard Heydrich das Sonderkommando im Herbst 1938 vollkommen neu. Die Leitung der Operation vertraute er zwei Männern an, die sich seiner Meinung nach auf ideale Weise ergänzten. Der eine war Joachim Gortz, Jurist und Experte für internationale Kapitaltransaktionen, der andere Gregor Lämmle.

In Parteikreisen löste die Wahl Lämmles Kopfschütteln aus. Schließlich war es nicht gerade alltäglich, mit diesem Projekt ausge-

rechnet einen Professor der Philosophie aus Freiburg zu betrauen, der nicht einmal Mitglied der NSDAP war und keinerlei Erfahrung in der Polizeiarbeit hatte. Schlimmer noch: Der Mann schrieb Gedichte, und er hatte einen Roman von zweifelhaftem künstlerischem Wert veröffentlicht. Ganz besonders störten sich die Parteioberen an der Arroganz Lämmles, die bereits in seinem Blick zum Ausdruck kam und von der auffallend gelblichen Augenfärbung des Professors noch unterstrichen wurde.

Doch Heydrich blieb bei seiner Entscheidung. Er hielt Gregor Lämmle für den intelligentesten Mann im Dritten Reich, „unseren über alles geliebten Führer natürlich ausgenommen".

Im November 1938 nahm Gregor Lämmle im Rahmen der „Operation Schädelbohrer" die Arbeit auf. Damit hatte die Jagd auf die Reichsmarkmillionen erst richtig begonnen.

THOMAS JUNIOR stieg die Treppe hinab, durchquerte die Eingangshalle und setzte dabei sorgfältig einen Fuß vor den anderen. In seiner Phantasie balancierte er auf einem Seil, das über den Niagarafall gespannt war. Er schlich an der Küche vorbei, aus der ihm Kaffeeduft entgegenzog: Opa Allègre war schon auf. Unbemerkt schlüpfte Thomas aus der Villa, in der er seit einiger Zeit lebte. Über die Terrasse und durch die Palmenallee gelangte er zum Tor. Auf der Straße konnte der Junge zwar nichts Ungewöhnliches erkennen, aber er spürte, daß etwas nicht stimmte, ohne sich diese Ahnung erklären zu können. Zögernd blieb er stehen. Schließlich setzte er seine Baskenmütze auf und wendete sich um. Nachdem er sich überzeugt hatte, daß ihn niemand beobachtete, machte er sich auf den Weg zur Rückseite des rot gestrichenen Hauses.

„Platz, Adolf!" Thomas sprach mit dem Hund, der die Hühner bewachen sollte. Adolf war eine Kreuzung zwischen einem pyrenäischen und einem belgischen Schäferhund. Er wog gut fünfzig Kilo, und jedermann fürchtete ihn, mit Ausnahme von Oma Allègre, der er treu ergeben war.

Hinter den Lorbeerbäumen eine erste Mauer, ein steiniger Weg, dann noch eine Mauer aus Feldsteinen. Thomas kletterte unter Pinien bergauf. Nach zweihundert Schritten drehte er sich zum ersten Mal um. Von diesem Standort aus hatte er freie Sicht. Die rote Villa lag jetzt unter ihm, am Rande der kleinen Bucht, die er überblickte. Er sah auch einen Teil der Straße, die nach Sanary führte, und das Meer. Noch immer nichts Ungewöhnliches.

Er setzte seinen Weg fort, stieg weiter empor und wartete darauf, daß die Sonne, die jeden Augenblick aufgehen mußte, aus dem Meer auftauchte. Doch als er den Bergkamm erreichte, spürte er statt dessen die Gegenwart eines Menschen. Einmal hatte *sie* gesagt, er habe einen sechsten Sinn, mit dem er Unheil regelrecht „wittern" könne, und dabei gelacht. Sein Blick wanderte zwanzig Meter nach rechts, hinüber zu einer Pinie, die etwas größer war als die anderen. Er ging noch drei Schritte weiter und entdeckte eine Gestalt. Ein Mann lehnte lässig an einem Baumstamm, ein großer Bursche mit schwarzem Haar, einer Hakennase und finsterer Miene. Er trug eine Schildmütze, eine Lederweste und ein Gewehr, und an seiner linken Hand fehlten der kleine Finger und der Ringfinger. Es war Javier, einer seiner Leibwächter.

REINHARD HEYDRICH hatte richtig vermutet: In wenigen Monaten gelang es Gregor Lämmle und Joachim Gortz, Licht in das Dunkel zu bringen. Gortz konnte alle Manöver des alten Kölner Bankiers vollständig rekonstruieren. Thomas von Gall hatte sich nicht einfach damit zufriedengegeben, die gewaltigen ihm anvertrauten Kapitalien in die Schweiz zu transferieren, sondern sogar für den Fall vorgesorgt, daß sich die Achsenmächte in einem europäischen Krieg nicht mehr um die Schweizer Neutralität kümmern sollten. Er hatte das Geld über die Schweiz auf die andere Seite des Atlantiks geschafft, vor allem in die Vereinigten Staaten. Die Bankgesellschaften wurden offiziell von Amerikanern geleitet, die tatsächlichen Eigentümer jedoch nur in geheimen Trustverträgen genannt.

Gortz hielt es für mehr als wahrscheinlich, daß von Gall vor seinem Tod Bevollmächtigter dieser außergewöhnlichen Gemeinschaft gewesen war. Und die Rückzahlung an die Mandanten? Auch dafür glaubte Gortz eine Antwort gefunden zu haben. Die Müllers oder Bernsteins, die von Gall beispielsweise fünfhunderttausend Mark anvertraut hatten, erhielten von dem Bankier folgende Anweisungen: Nach ihrer Flucht aus Deutschland sollten sie nach Montreal, Mexiko, Panama oder sonstwohin gehen. Auf eine codierte Anfrage hin würde man ihnen dort den gefälschten Paß eines nicht in den Krieg verwickelten Landes ausstellen. Anschließend würde man ihnen die Adresse einer Bank nennen, wo sie dann ihr gesamtes Geld zuzüglich der Zinsen in Empfang nehmen könnten.

Auch Gregor Lämmle, der einstige Freiburger Professor der Philosophie, erwies sich als ausgezeichneter Detektiv. Er hatte sechs der

mysteriösen Klienten Thomas von Galls entlarvt – nur zwei waren
Juden. Vier von ihnen wurden zum Sprechen gebracht und verrieten,
wie sie wieder zu ihrem Geld kommen sollten. Gortz tarnte sich mit
der Identität der Verhafteten und reiste im April 1939 nach Amerika,
nach Kanada und Mexiko. Er kannte die Codewörter. Sie waren aus
den Gefangenen unter Folter herausgepreßt worden. Gortz gab sich
als der jeweilige Auftraggeber der Transaktion aus, und jedesmal
erwartete ihn die gleiche Prozedur. Mit größter Zurückhaltung bat
ihn ein Anwalt oder ein Bankier, sich achtundvierzig Stunden zu
gedulden. Dann erhielt Gortz in unterkühltem Ton immer die gleiche
Antwort: Man verstehe nicht, von welchem Geld die Rede sei, man
kenne keinen Herrn Müller oder Herrn Bernstein, für den die
genannte Summe bereitgestellt werden sollte, und auch mit dem
Geheimcode wisse man nichts anzufangen.

Gortz ließ sich von den abschlägigen Antworten nicht beirren, um
so weniger, als man ihn jeweils zwei Tage hatte warten lassen. Er
ahnte, daß er alle Sicherheitsmechanismen durchbrochen hatte bis auf
einen letzten. Ihm fehlte eine wichtige Trumpfkarte in diesem Spiel,
denn Thomas von Gall hatte für alle Eventualitäten vorgesorgt, auch
für den Fall seines Ablebens. Also hatte er gewiß an einen Ersatz für
sich als Bevollmächtigten gedacht und einen Nachfolger bestimmt,
vielleicht sogar mehrere. Jeder konnte das sein, und er konnte sich
überall auf der Welt aufhalten.

Doch als Gortz nach Deutschland zurückkehrte, erhielt er die Nachricht, daß dem Außenseiter Gregor Lämmle das scheinbar Unmögliche gelungen war: Er kannte den Nachfolger Thomas von Galls.

„BUENOS DÍAS, Javier", begrüßte Thomas junior den Mann mit der
Weste und dem Gewehr.

„*Hola, qué tal?*" entgegnete dieser. „Hallo, wie geht's?"

„*Buenos días*, Miquel", sagte Thomas nun auch zu einem zweiten
Leibwächter, der sich links von ihm versteckt hielt. Der Junge entdeckte nur eine Schuhspitze und die Mündung eines Gewehrlaufs.

„*Hola, buenos días*", antwortete Miquel, der Unsichtbare. Thomas
ging zwischen ihnen hindurch über den Bergkamm. Bevor er den
Abhang hinunterstieg, drehte er sich ein letztes Mal um: Die rote Villa
lag nun tief unter ihm. Ein paar Sekunden dachte Thomas darüber
nach, ob er mit Javier über das seltsame Gefühl sprechen sollte, das ihn
quälte, seit er aufgewacht war. Er entschied sich dagegen. Du kannst
dich auf Javier Coll verlassen, überlegte der Junge, er sieht alles, ihm

entgeht niemals etwas. Der Beweis: Miquel Enseñat und Javier standen bereits auf ihrem Posten, das Gewehr in der Hand, und die anderen beiden, Tomeo Olivier und Joan Llull, waren sicher auch nicht weit.

Eine Weile wanderte Thomas weiter. Er gelangte zu einem kleinen Haus, das er rechts liegenließ, ehe er einer Felswand zustrebte. Dort war eine große Tür mit zwei Flügeln aus halb verfallenen Brettern eingelassen. Der Junge blickte sich nach allen Seiten um und öffnete einen Türflügel einen schmalen Spalt. Er schlüpfte ins Innere der Höhle und wischte Spinnweben beiseite. Zielsicher griff er nach dem Stein im Schutz einer Felsnische. Er vernahm ein leises Klicken, der Fels begann sich zu bewegen und schob sich nach links.

Die große Limousine tauchte vor ihm auf. Hier stand sie in ihrem Versteck. Thomas schaltete das Licht in der Höhle an, und der Wagen erstrahlte in seinem Glanz: ein Hispano-Suiza J-12, silbergrau und schwarz, Karosserie von Franay, Radstand vier Meter. Der prächtige stilisierte Storch, der vorn die Kühlerhaube krönte, war aus purem Silber und funkelte im Licht der Glühbirne. Fast schien es, als sei er lebendig.

GREGOR LÄMMLE verfolgte beharrlich die heiße Spur. Er hatte nachgedacht, und allmählich war in ihm der Jagdinstinkt erwacht. Er hätte seinen Kopf darauf verwettet, daß der neue Bevollmächtigte des Trusts – was das bedeutete, erklärte ihm Gortz – eine Frau namens Maria Weber war.

Gregor Lämmle war rotblond und untersetzt. Gegen die blonden Hünen, die Heydrich so gerne um sich scharte, wirkte er beinahe wie ein pummeliger Zwerg. Genaugenommen glaubte er an nichts. Religiöse oder politische Bekenntnisse beschäftigten ihn allenfalls als krankhafte Auswüchse der menschlichen Rasse. Seiner homosexuellen Neigung ging er nur mit wenig Eifer nach. Bei ihm verhielt sich das wie mit Schokolade. Wenn nötig, konnte er zwanzig Jahre darauf verzichten. Er war sechsundvierzig, und falls nichts Unvorhersehbares geschah, wußte er schon heute, wann und wie er sterben würde: Er würde mit philosophischem Gleichmut den Freitod wählen. Gegenüber dem Leben und dem Tod anderer war er noch gleichgültiger.

Heydrichs Angebot, die Operation Schädelbohrer zu leiten, war ihm gerade recht gekommen. Er hatte ohnehin kurz davor gestanden, die Universität zu verlassen, nicht nur, weil ihm aufgrund der Wissenschaftspolitik des Dritten Reiches nur noch dumpfe Geister als

Studenten zugeteilt worden waren. Er hatte sich auch zum Schreiben zurückziehen wollen, was ihm dank des Vermögens seiner verstorbenen Mutter ohne Geldsorgen möglich war. Aber dann hatte er Heydrich seine Einwilligung gegeben, als er merkte, wie ihn die Aktion wider alle Erwartung fesselte.

Maria Weber. Er hatte die Suche nach der Frau dort wiederaufgenommen, wo sie die Leute vom Staatssicherheitsdienst abgebrochen hatten: Sie war die Enkelin Thomas von Galls, geboren 1909 als Kind der einzigen Tochter des Kölner Bankiers. Studiert hatte sie in Paris. In der Rue Raynouard hatte sie eine Wohnung mit acht Zimmern für sich allein. Für eine Studentin verfügte sie über ganz erhebliche Geldmittel. Im August 1931 war sie untergetaucht, ohne jemals wieder ein Lebenszeichen von sich zu geben. Gregor Lämmle vermutete, daß Thomas von Gall mit seiner Enkelin verabredet hatte, daß sie untertauchen sollte.

Lämmle reiste nach Paris (er sprach ausgezeichnet Französisch) und besuchte dort alle Personen, die mit der jungen Frau bekannt gewesen waren, als sie noch Jura studiert hatte. Ein Profil von ihr zeichnete sich ab, sehr deutlich, zum Greifen nah. Maria Weber galt als außerordentlich verschwiegen, sie war eine außergewöhnlich schöne Frau, und sie sprach außer Französisch auch Deutsch, Englisch und Spanisch. Sie spielte ausgezeichnet Tennis, liebte schöne Dinge und hatte viel Geld. Sie trug Kostüme von Coco Chanel, mochte edle Teerosen, besuchte gerne exquisite Restaurants und hörte mit Vorliebe Jazz. Sie fuhr einen Bugatti und hatte einen halsbrecherischen Fahrstil. Ein einziges Mal ließ sie sich hinreißen, einige Worte über ihre privaten Verhältnisse zu sagen. Es war in einer eleganten Tanzbar am Montparnasse. Irgend jemand hatte von Suzanne Lenglen gesprochen, der weltberühmten Tennisspielerin. Maria hatte „ihr geheimnisvolles Lächeln" aufgesetzt und erwidert: „Auf unserem Tennisplatz zu Hause bin ich gegen sie angetreten und habe zwar keinen Satz, aber immerhin vier Spiele gegen sie gewonnen ..."

Maria Webers Eltern waren tot. Sie hatten keinen Tennisplatz besessen und ebensowenig Thomas von Gall auf einem seiner Grundstücke. „Sie muß also irgendwo ein Haus bewohnt haben, von dem sie niemandem je etwas erzählt hat", folgerte Gregor Lämmle. Er erstellte eine Liste mit hundertvierundsechzig Personen, die Maria Weber mehr oder weniger gut gekannt hatten – Hausmeister, Bedienungen in Restaurants, Hotelportiers, Tennispartner oder Kommilitonen an der juristischen Fakultät. Immer das gleiche: Keiner besaß eine Fotografie

von ihr, etliche erinnerten sich, daß sie sich nicht aufnehmen lassen wollte. „Sie hat sich schon damals versteckt", dachte Gregor Lämmle.

Und nun geschah das Wunder. Lämmle hatte einen Mann ausfindig gemacht, der bei Coco Chanel als Dekorateur arbeitete. Durch ihn erfuhr er, daß eine Frau bei dem exklusiven Modehaus zehn Modelle bestellt hatte, die in eine Suite ins Hotel „Ritz" geliefert werden sollten. Die Unbekannte hatte sofort bar bezahlt und war dann verschwunden. Als Lämmle im Ritz nachfragte, war sie schon abgereist. Im Gästebuch des Hotelpalastes war sie als S. Lamiel eingetragen, geboren 1908 in Grenoble. In Gregor Lämmles Gehirn schrillte eine Alarmsirene. Auf seiner Liste mit den hundertvierundsechzig Namen stand eine gewisse Sophie Lamiel, sie war von mehreren Zeugen als „die beste Freundin" von Maria Weber bezeichnet worden. Gregor Lämmle hatte sie selbst jedoch nicht befragen können, weil sie nach den Akten im Juli 1931 bei einem Verkehrsunfall ums Leben gekommen war.

Die Sophie Lamiel, die jetzt im Ritz gewohnt hatte, war, ebenso wie Maria Webers frühere Freundin, brünett, aber größer, schöner vor allem, und sie hatte graue Augen. „Diese Augen", hatte der Barmann im Ritz gesagt, „vergißt man nicht so schnell, und genausowenig ihr Lächeln." Und nach ihrer Abreise fehlte von ihr jede Spur. Wie im Fall Maria Weber im August 1931. Aber die Personenbeschreibung stimmte überein, der Stil war derselbe, ebenso der Geschmack: Die Unbekannte hatte sich Teerosen in ihre Suite stellen lassen.

Gregor Lämmle reiste nach Grenoble. Dort gab es tatsächlich eine Familie Lamiel. Sie lebte in einer großen Villa – wenn auch ohne Tennisplatz. Monsieur Lamiel war Arzt, er hatte eine Frau und zwei Kinder – vormals drei, aber die älteste Tochter Sophie war 1931 mit ihrem Bugatti verunglückt.

Catherine Lamiel war die Schwester der toten Sophie. Doch sie hatte blaue Augen und keine grauen, und sie war erst zweiundzwanzig Jahre alt.

Gregor Lämmle beschloß, auch einer Spur nachzugehen, die nach Spanien führte – hatte es nicht geheißen, Maria Weber spreche Spanisch? Er reiste nach Madrid, wo ihm Agenten der Gestapo bei den Ermittlungen halfen. Reine Zeitverschwendung. Der Juni verging, dann der Juli. Am 17. August dann doch eine Erfolgsmeldung: In einem großen Hotel in Lissabon war eine gewisse Sophie Lamiel abgestiegen. Sie hatte sich drei Tage dort aufgehalten, vor einer Woche war sie jedoch wieder untergetaucht.

Gregor Lämmle überlegte. War sie möglicherweise wieder nach Frankreich zurückgekehrt? Rasch nahm er ihre Fährte auf. Er bestieg den nächsten Zug nach Biarritz, verfehlte sie dort jedoch um zwölf Stunden. Sie war tatsächlich dort im „Hôtel d'Angleterre" abgestiegen, hatte sich am Nachmittag des 26. August mit Unbekannten verabredet, sich in ihre Hotelsuite eine Schreibmaschine, eine große Menge Briefpapier und zweihundert Umschläge bringen lassen und die Briefe am 27. August morgens selbst bei der Post aufgegeben. Bei dieser Gelegenheit hatte einer der Portiers einen ihrer Leibwächter beobachtet. Nach Aussage des Zeugen hatte die Frau jedoch mindestens zwei, wenn nicht noch mehr Bewacher um sich gehabt. Dem Aussehen nach handelte es sich um Spanier, wobei der Anführer „ein sehr großer, hagerer Mann gewesen ist, mit versteinerter Miene und einem Blick, der einem das Blut in den Adern gefrieren ließ". Dem Mann fehlten zwei Finger an der linken Hand.

Sie hatte das Hotel und sicher auch Biarritz am 28. August morgens verlassen, unter Umständen, die zwei wichtige Anhaltspunkte für die Verfolgung lieferten. Zunächst hatte sie sich von einem Hotelbediensteten zum Einkaufen fahren lassen und eine riesige Schachtel Pralinen von „Dominique" erstanden. Dann hatte sie in einem Spielwarengeschäft einen Baukasten gekauft. Der Verkäuferin hatte sie erklärt: „Er ist für einen Achtjährigen."

Schließlich der Wagen, in dem sie angekommen und auch wieder abgereist war. Der Mann mit der verstümmelten Hand fuhr die Luxuslimousine, ein außergewöhnliches Modell: ein Hispano-Suiza-Zwölfzylinder mit 11,3-Liter-Motor.

Zwei oder mehr spanische Leibwächter, dachte Lämmle, eine Luxuslimousine und ein Kind – alles wichtige Indizien. Ein Kind, das 1931 geboren sein muß, im gleichen Jahr, als Maria Weber ihre Wohnung in der Rue Raynouard verlassen hat und untergetaucht ist; ein Kind, das folglich ihr Sohn sein könnte und das sie vielleicht in Frankreich versteckt hält. Ein Kind, überlegte Lämmle kühl, ist ein wirksames Druckmittel, wenn man es entführt.

Und dann der wunderschöne Wagen, nach dem sich jedermann umdreht, so daß man seine Spur verfolgen kann, als würde sie im Dunkeln leuchten. Ich hab sie, dachte Gregor Lämmle und ertappte sich dabei, daß er vor Erregung zitterte. Ich hab sie, es kann sich nur noch um Stunden handeln ...

Dann brach der Krieg aus. Vorerst hielt Gregor Lämmle ihn nur für einen lästigen Zwischenfall, der ihn zwang, seine Treibjagd kurzfri-

stig zu unterbrechen. Im Laufe der Monate verging er fast vor Ungeduld, begriff dann aber, daß ihm der Krieg neue Möglichkeiten eröffnete, wenn er sich rechtzeitig die Unterstützung der Armee sicherte. Hitlers Truppen beherrschten bereits den größten Teil seiner Jagdgründe. Und sie waren allmächtig.

Im September 1940 zog Gregor Lämmle im Troß der Wehrmacht in Paris ein. Er trug Zivil, obwohl Heydrich darauf bestanden hatte, ihm den Grad eines Obersturmbannführers der SS zu verleihen.

Das Kesseltreiben ging dann weiter, die Jagd nach einer Frau in einer Luxuslimousine und einem Kind.

THOMAS machte es sich zunächst im Hispano-Suiza bequem, auf den weich gepolsterten Ledersitzen. Er öffnete die Bar aus Walnußholz. Die geschliffenen Kristallflaschen von Lalique standen in Reih und Glied, ebenso die Gläser. Er sah *sie* wieder vor sich, wie sie ihm Limonade eingeschenkt hatte, während die Limousine majestätisch die Promenade des Anglais in Nizza entlangglitt. Sie sprach leise und vertraulich mit ihm wie mit einem Erwachsenen – oder eher noch wie mit ihrem heimlichen Vertrauten. „Du bist der einzige Mann in meinem Leben, Thomas", sagte sie manchmal.

Ein Schauder überkam ihn, er schloß die Augen und öffnete sie wieder. Deutlich spürte er die Gegenwart eines der Leibwächter, obwohl er keinen Laut hörte. Javier war ihm in das Felsenversteck gefolgt. Nun beobachtete ihn der Spanier gleichgültig von außen durch das Wagenfenster. Thomas gab ihm ein Zeichen, und Javier öffnete die Tür, wobei er mit der Geste eines herrschaftlichen Chauffeurs seine Schiebermütze absetzte.

Thomas setzte sich nun hinter das Steuer, streckte die Beine nach unten, und es gelang ihm, die Pedale niederzutreten. Dabei blickte er auf das Armaturenbrett mit all den Anzeigen und dem Tachometer. Die Schlüssel steckten, man brauchte eigentlich nur auf den Anlasser zu drücken ...

„Heute ist mein Geburtstag, ich mußte hierherkommen", erklärte der Junge.

„Ich weiß. Herzlichen Glückwunsch, Thomas."

„Danke", erwiderte Thomas und strich mit den Handflächen über das Lenkrad.

Mit gedämpfter Stimme bemerkte Javier Coll, es sei gefährlich, noch länger hier im Versteck zu bleiben. Thomas nickte. Er hätte das Schweigen brechen, hätte fragen können, ob die rote Villa tatsächlich

bedroht sei, wie er am Morgen zu spüren geglaubt hatte. Aber dies hätte Javier noch stärker beunruhigt, und er hätte den Hispano-Suiza sofort verlassen müssen.

Er schwieg, und dann erinnerte er sich wieder an die Szene an der Grande Corniche oberhalb von Monaco, die er nie vergessen würde. Es war an seinem Geburtstag vor zwei Jahren. Javier hielt mit dem Hispano auf *ihre* Anweisung hin am Rand der tiefen Schlucht. Der Spanier stieg aus dem Fahrzeug und entfernte sich diskret. Mit Abstand hinter ihnen, gerade noch in Sichtweite, hielt auch der Citroën, der als Eskorte diente. Am Steuer saß Miquel Enseñat. Als *sie* sich versichert hatte, daß sie mit ihm, Thomas, ganz allein war, fragte sie ihn, was ihm am meisten Spaß machen würde. Wie gewöhnlich dachte er einige Zeit nach, fand aber schnell eine Antwort. Abgesehen davon natürlich, jeden Tag seines Lebens mit ihr zu verbringen – ja, er wußte, daß dies unmöglich war –, wollte er gerne den Hispano-Suiza fahren, einmal wenigstens. Sie sah ihn lange eindringlich an und schüttelte schließlich mit betrübter Miene den Kopf. „Versuchen wir, dir wenigstens den zweiten Wunsch sofort zu erfüllen", sagte sie.

Sie stiegen aus und setzten sich auf die Fahrerbank außerhalb der Kabine. Das Lederdach, das das Vorderteil des Wagens vor Regen schützte, war im Spätsommer des Jahres 1939 meist zurückgeschlagen.

„Übernimm das Steuer, Thomas", erklärte sie. Er tat sein Bestes, aber es gelang ihm nicht, die Pedale niederzutreten, denn seine Beine waren zu kurz. Sie lachte nicht und machte sich nicht im geringsten über ihn lustig, sondern sah ihn nur liebevoll an, so zärtlich und traurig, daß er am liebsten geweint hätte. Sie sagte, es würde schon werden, beide Wünsche sollten in Erfüllung gehen, es sei nur eine Frage der Zeit. Dann schaute sie sich um, vergewisserte sich noch einmal, daß niemand sie hören konnte. Sie fragte ihn, ob er sich noch an alles erinnere, was sie ihm vorgesagt hatte, als sie tags zuvor allein am Strand entlanggegangen waren.

Er konzentrierte sich, was er schließlich hervorragend konnte, gleichsam als öffne er in seinem Kopf eine Schublade, und wiederholte ihr Wort für Wort die Namen, die Codewörter und die Zahlen. Schließlich lächelte er ihr zu, voller Stolz auf seine Leistung. Etwas ganz Ungewöhnliches geschah: Anstatt sein Lächeln zu erwidern, begann sie plötzlich zu weinen. Ganz still, beinahe regungslos. Eine unsägliche Traurigkeit hatte sie ergriffen, und er ahnte, wie tragisch und ausweglos ihr Kummer war. Denn es entsprach nun wirklich

nicht ihrer Art; er hätte es nie für möglich gehalten, daß sie in seiner Gegenwart weinen könnte.

Während der vergangenen zwei Jahre hatte ihn diese Szene an der Grande Corniche immer wieder beschäftigt. Er analysierte sie in Gedanken bis ins kleinste Wort, den feinsten Unterton in der Stimme, das leiseste Zucken im Gesicht seiner geliebten Mutter.

Und jedes Mal überkam ihn derselbe Schmerz, weil er ihr nicht hatte sagen können, daß er alles verstand und guthieß, was sie getan hatte. Daß er sich damit zufriedengab, wenn er sie stets erst nach langer Abwesenheit und nur für kurze Augenblicke heimlich wiedersehen durfte. Er hielt sie keineswegs verantwortlich für diese Mission, mit der sie beauftragt worden war und die sie zwang, das Leben einer Geächteten zu führen, sogar die Existenz ihres einzigen Sohnes verleugnen zu müssen, damit ihre Feinde ihn nicht gegen sie ausspielen konnten.

Nie hatte sie ihn als Kind behandelt. Sie hatte ihn stets in allem um seine Meinung gebeten, vermutlich weil sie niemals verheiratet gewesen war. „Ich kannte deinen Vater nur kurze Zeit. Er weiß nicht einmal, daß du auf der Welt bist. Wenn du ihn eines Tages kennenlernen willst, entscheide dich selbst . . ."

Javier Coll sagte soeben etwas, und wie ein Film rissen Thomas' Erinnerungen unvermittelt ab. „Es ist besser, wenn wir jetzt gehen", erklärte Javier noch einmal.

Thomas war einverstanden. „*Vamos*", wiederholte er auf spanisch.

Gehorsam stieg er aus dem Hispano-Suiza, folgte Javier aus der Höhle und trat ins helle Tageslicht hinaus, das ihn kurz blendete, aber seinen sechsten Sinn nicht zu täuschen vermochte. Das unerklärliche Gefühl der Bedrohung wurde plötzlich sehr stark. Der Junge wandte sich um, suchte in Javiers Blick eine Bestätigung für die Gefahr. Schon umklammerte der Leibwächter seinen Arm. „*Muy pronto, Tomás!* – Los, beeil dich!"

Sie begannen zu laufen.

IM SEPTEMBER 1940 hielt sich Gregor Lämmle immer noch im besetzten Paris auf. In der Rue des Saussaies hatte er sein Büro. Dort verfügte er über zehn Mann und – noch wichtiger – über so viel französisches Geld, wie er brauchte. Die Regierung in Vichy ließ es den Besatzern in so phantastischen Mengen zufließen, daß er gar nicht wußte, wohin damit.

Gregor Lämmle kannte nur noch einen Gedanken: Maria Weber. Er

hatte sich so sehr in die Suche nach ihr verstrickt, daß er sie überall zu sehen glaubte. Längst hatte er eine genaue Vorstellung von ihr, auch ohne zu wissen, wie sie aussah. Denn er erahnte ihre Intelligenz, ihren entschlossenen Geist, ihre kühl überlegte Vorgehensweise. Er wollte nicht eher ruhen, bis er sie leibhaftig vor sich sah. Und sie in der Hand hatte, natürlich.

Die ihm zugeteilten Männer ließ Gregor Lämmle vier Monate lang Paris und die besetzte Zone durchstöbern. Den einzigen, der ein wenig begabter schien als die übrigen – er hieß Jürgen Hess –, schickte er Anfang September nach Grenoble. Die Familie Lamiel wohnte nicht mehr dort. Zehn Monate zuvor war sie überstürzt abgereist und nach Marokko übergesiedelt. Catherine Lamiel, die Zweiundzwanzigjährige, die Gregor Lämmle im ersten Augenblick mit Maria Weber verwechselt hatte, hatte ihr Medizinstudium kurz vor dem Examen abgebrochen. In ihrem plötzlichen Aufbruch erkannte Gregor Lämmle das Taktieren von Maria Weber: Sie hatte die Lamiels zu ihren Komplizen gemacht, um Sophies Identität annehmen zu können.

Hess brachte aus Grenoble eine fast vollständige Personalakte mit Fotos von allen Lamiels mit, vom Vater, von der Mutter, vom Sohn und von der Tochter. Besonders wertvoll waren die Aufnahmen der beiden Kinder, denn Catherine und Frédéric waren Gerüchten zufolge aus Marokko zurückgekehrt und hielten sich wieder in Frankreich auf. Eine weitere Einzelheit des Dossiers: Frédéric, Catherines älterer Bruder, studierte Architektur. Er hatte bedeutsamerweise im Spanischen Bürgerkrieg auf seiten der Internationalen Brigaden gekämpft. Bestand da eine Verbindung zu den spanischen Leibwächtern, die Maria Weber in Biarritz begleitet hatten?

Ende Februar 1941 machte sich Jürgen Hess auf die Suche nach dem Hispano-Suiza. Seine Nachforschungen ergaben, daß das prachtvolle Gefährt, nachdem es morgens am 28. August 1939 Biarritz verlassen hatte, weder nach Norden gefahren war noch zurück über die spanische Grenze. Der Wagen war folglich nach Osten unterwegs gewesen, in das Gebiet, das später unbesetzte Zone blieb. Wenn er nicht in unmittelbarer Nähe der Grenze versteckt worden ist, überlegte Hess, muß er irgendwo aufgetankt worden sein. Und welcher Tankwart würde sich, selbst nach achtzehn Monaten, nicht an diese auffällige schwarz-silberne Luxuslimousine erinnern?

Hess' Mannschaft nahm die Sache systematisch in Angriff; sie bildete eine Linie, die von Libourne östlich von Bordeaux bis nach Saint-Jean-Pied-de-Port reichte. Jedem der Männer wurde ein zehn

bis fünfzehn Kilometer breiter Korridor zugeteilt, der sich bis zur italienischen Grenze erstreckte. Jeder von ihnen sollte in seinem Sektor systematisch jede Tankstelle überprüfen.

Anfang Mai überschritt das Kommando die Linie Marseille–Saint-Étienne. Das Manöver mit seiner unerbittlichen Präzision entzückte Gregor Lämmle.

THOMAS und Javier Coll hielten sich immer im Schutz der Pinien. Das Versteck des Hispano-Suiza lag bereits sechshundert Meter hinter ihnen, zur roten Villa war es aber noch weit. Unterwegs waren sie an Miquel Enseñat vorbeigekommen. Er hatte flach auf dem Bauch gelegen, so daß nur seine Mütze und der Lauf seiner Waffe hinter einer schießschartenartigen Kerbe im Fels sichtbar gewesen waren. Er deckte ihren Abmarsch mit dem Finger am Abzug – und niemand auf der Welt schoß so schnell und treffsicher wie Miquel.

Ein Stück weiter sicherte Joan Llull die rechte Flanke. Soeben hatte er sich wieder aufgerichtet und rannte nun, wachsam um sich blickend, weiter. Keiner der Leibwächter sprach ein Wort. Sie gingen umsichtig zu Werke, verständigten sich durch Handzeichen. Ihr Können erfüllte Thomas mit Stolz.

Sie schlichen bis zu einem schmalen Pfad, der sich zwischen Eichen und Erdbeerbäumen hindurchwand. Lautlos schlugen sie sich durchs Gestrüpp, kein Blatt durfte sich bewegen. Manchmal schien es, als sei der Weg zu Ende, aber nein, da war doch ein Durchschlupf, von dem die Spanier wußten, und es ging weiter.

Thomas kannte solche Manöver längst; in den letzten Monaten hatten sie ähnliche Fluchtszenen mehrmals durchgespielt. Einmal hatte Javier Thomas mitten in der Nacht aus dem Bett geholt. Seine Leibwächter hatten ihn in eine Schäferhütte gebracht, wo er sich tagsüber versteckt halten mußte. Sie waren erst in der nächsten Nacht zurückgekehrt, nachdem sich ein Späher überzeugt hatte, daß es nur blinder Alarm gewesen war.

Endlich kam die Straße in Sicht. Auf ein Zeichen von Javier hin blieb die kleine Gruppe wie erstarrt stehen. Bei der letzten Fluchtübung hatte Tomeo Olivier als Kundschafter dort auf seinem Posten gestanden. Er hatte geprüft, ob sie die Straße gefahrlos überqueren konnten. Diesmal stand er nicht dort.

Minutenlang warteten sie regungslos im Gebüsch oberhalb der Straße. Miquel Enseñat war auf Erkundung ausgegangen, geräuschlos und unmerklich wie immer.

Thomas versuchte Javier vom Gesicht abzulesen, welchen Entschluß er fassen würde, aber die Miene des Spaniers war ausdruckslos. Vor Javier Coll fürchteten sich viele. Seine schwarzen Augen waren schmal wie Schlitze, und sein Blick lastete auf jedem, den er anschaute. Er war mindestens vierzig, groß und hager. Mit einer Hand hob er mühelos einen Sack von fünfzig Kilo, und eine Nuß knackte er zwischen Daumen und Zeigefinger. Er trug immer zwei Messer bei sich, eines davon war ein Stilett.

Thomas hatte überhaupt keine Angst vor Javier. *Sie* hatte ihm erklärt: „Er ist der einzige Mensch auf der Welt, dem du bedenkenlos alles anvertrauen kannst . . ., abgesehen von unserem Geheimnis, du weißt schon . . .“

„*Cuidado!*“ flüsterte Joan Llull. „Vorsicht!“ Auf der Straße tat sich etwas, ein Fahrzeug erschien. Der Wagen fuhr ganz langsam, ein schwarzer Citroën. Zwei Männer saßen darin und suchten die Straßenränder ab. Und jetzt hielt er. Die Insassen stiegen aus, mit wachsamer Miene. Beide trugen lässig eine Maschinenpistole. Thomas schaute durch das Laubdickicht und hielt die Szene in seinem Gedächtnis fest. Er würde sie nie vergessen.

Einer sprang jetzt über den Graben und lief geradewegs auf sie zu, es war ein kräftiger Bursche. Aber er kam nicht mehr weit. Denn in dem Augenblick, als er anfing, die Steigung zu erklimmen, fiel links ein erster Schuß. Kurz darauf ein zweiter und dann weitere. Den Schüssen folgten Salven aus Maschinenpistolen. Vermutlich hatten Miquel und Tomeo das Feuer eröffnet, und der Feind hatte es erwidert. Nun eilten die beiden Männer zurück zu ihrem Fahrzeug, stiegen ein, wendeten, fuhren zügig los und verschwanden.

Joan Llull richtete sich auf eine Geste von Javier hin auf, stieg zur Straße hinab, überquerte sie und gab ein Zeichen, daß sie frei sei. Thomas und Javier folgten ihm. Dem Jungen drang mit schrecklicher Gewißheit ins Bewußtsein, daß er für immer fortgehen mußte, daß er Opa und Oma Allègre niemals wiedersehen würde. Er spürte, daß sich sein kurzes Leben plötzlich gewaltig verändert hatte.

In einem weißen Bentley ließ sich Gregor Lämmle zum Aussichtspunkt über der kleinen, felsigen Bucht in der Nähe von Sanary fahren.

„Der Ort heißt Port-Issol“, sagte Jürgen Hess. „Das fragliche Anwesen liegt ganz rechts. Es ist kaum sechs Uhr, sie schlafen noch. Heute nacht, ehe Sie mit dem Zug hier eingetroffen sind, haben wir uns überzeugt, daß diese Villa in Frage kommt. Die hier oder die andere in

Anthéor muß es sein. In beiden lebt ein ungefähr zehnjähriger Junge, und bei beiden gibt es einen Tennisplatz."

Der Bentley bog nach rechts in einen Weg ein, der zum Strand führte.

„Der Junge, der hier lebt, heißt Thomas", fuhr Hess fort. „Angeblich ist er der Enkel der Hausverwalter, Joseph und Alfonsine Allègre. In Sanary haben die beiden Alten erzählt, er sei der uneheliche Sohn ihrer Tochter Marthe. Das Kind sei am 14. Dezember 1931 in Courthézon geboren. Man hat es nachgeprüft, Geburtenregister und Geburtsurkunde waren in Ordnung. Tadellos. Beinahe hätten wir die Sache auf sich beruhen lassen . . ."

Der Bentley wurde langsamer. Auf dem Rücksitz saß Gregor Lämmle, am Steuer ein gewisser Soeft, der Jürgen Hess unterstellt war.

„Aber ich habe trotzdem weitergemacht", fügte Hess auf dem Beifahrersitz hinzu. „Guter Instinkt, könnte man sagen. Diese Marthe konnte man nicht mehr ausfindig machen, sie ist schon vor Jahren mit ihrem Mann nach Afrika übergesiedelt. Also haben wir nach der Hebamme gesucht, die ihr im Dezember 1931 in Courthézon Geburtshilfe geleistet hatte. Wir haben sie in Nizza ausfindig gemacht, wo sie sich von einer angeblichen Erbschaft eine Wohnung gekauft hat und jetzt ohne finanzielle Sorgen von ihrer Rente lebt. Schließlich hat sie ausgepackt: Marthe hat 1931 tatsächlich einen Sohn geboren, aber er kam tot zur Welt, und Joseph Allègre ließ an seiner Stelle ein anderes Kind ins Geburtenregister eintragen. Der Junge war damals bereits zwei Monate alt."

Der Bentley hielt am Straßenrand. Gregor Lämmle stieg aus, ohne die Wagentür hinter sich zu schließen. Er blickte zu der roten Villa hinüber, konnte sie allerdings nur schlecht erkennen, weil sie von einer Mauer und einer dichten Ligusterhecke umgeben war. Automatisch sah er auf seine Armbanduhr: Es war fünf Uhr dreiundfünfzig morgens, am 18. September 1942.

ZWEI Stunden später stand Gregor Lämmle in der Mitte des Zimmers, das der kleine Junge bewohnt hatte. Er selbst rührte nichts an, doch Soeft durchwühlte die Wandschränke und hatte bereits mehrere ungeöffnete Baukästen gefunden, Puzzles mit drei- oder viertausend Teilen sowie allerhand andere Spiele, mit denen man die Kinder einer ganzen Schule hätte glücklich machen können.

In einem anderen Wandschrank fanden sich nicht weniger als zehn

Dutzend Paar Leinenschuhe in allen Größen. Und überall Bücher, eine
gewaltige Menge: Die vollständigen Ausgaben von Jules Verne, Karl
May, von Wells und Dumas, dann die Erzählungen von Kipling, die
Abenteuer von Arsène Lupin und Fantomas, doch zu Lämmles Überraschung auch „La condition humaine" von Malraux und „A Farewell
to Arms" von Hemingway. Und französische, britische und deutsche
Atlanten, mindestens ein Dutzend, alle prachtvoll ...

Die lauten Schreie einer Frau klangen von unten herauf, aus dem
Erdgeschoß der roten Villa. Gregor Lämmle ging ins Nebenzimmer
hinüber, in einen Raum, der zum Spielen und Lernen diente. Auf einer
Arbeitsplatte auf Böcken war ein Puzzlebild aus fünftausend Teilen im
Entstehen begriffen. Es stellte ein englisches Landhaus dar, eingebet-
tet in ein Blumenmeer. Ungefähr die Hälfte der Teile war bereits eingesetzt, allen voran natürlich die am Rand. Die anderen waren sorgfältig sortiert und nach den verschiedenen Farben in Schuhschachteln
verstaut. Ordnung und System. Gregor Lämmle war einen Augenblick lang versucht, in den Teilen herumzustöbern, doch dann
erweckte das Schachbrett daneben sein Interesse. Der Junge hatte
offenbar begonnen, eine Partie nachzuspielen.

Weiß ist im Vorteil, dachte Lämmle, matt in sechs ..., nein, in fünf
Zügen, höchstens ... „Zum Teufel", sagte er plötzlich laut, „den
schwarzen Springer habe ich übersehen. Eine gelungene Falle!"

Er ging in den Flur hinaus, öffnete eine Tür, dann eine andere. Bei
der dritten wußte er, daß es die richtige war, noch bevor er die
Schwelle überschritten hatte.

Er trat ein. Hing da noch der Duft von Maria Webers Parfum in der
Luft? Das Zimmer war geräumig, mit geschmackvollen Möbeln aus-
gestattet; ein Himmelbett mit einer Steppdecke aus weißer Spitze,
angestrahlt vom morgendlichen Licht der Sonne. Es fiel durch vier
Fenster herein, die einen herrlichen Ausblick aufs Meer gewährten.

Lämmle blieb stehen, fast beklommen. „So nah bei *ihr* war ich noch
nie", flüsterte er. Obwohl er sie nicht kannte, glaubte er, sie in diesem
Zimmer auf und ab gehen zu sehen. Oder wie sie sich nach dem Ten-
nisspiel mit Suzanne Lenglen hierher zurückzog. Wie sie die Nacht
hindurch wachte, um rastlos noch einmal ihre Abrechnungen als
Bevollmächtigte des Trusts durchzugehen.

Unten war das Schreien verstummt. Einige Augenblicke später
betrat Soeft das Schlafzimmer. „Rühren Sie nichts an", sagte Lämmle,
ohne sich die Mühe zu machen, sich umzudrehen.

„Ich könnte doch ...", begann Soeft.

„Scheren Sie sich zum Teufel!" befahl Gregor Lämmle streng, fast
haßerfüllt.

Einige Zeit nachdem der große blonde SS-Mann hinausgegangen
war, verließ auch Lämmle das Zimmer. Als er die Treppen hinabstieg,
bemerkte er die Stille. In der Hausmeisterwohnung entdeckte er den
Grund: Hess' Männer hatten das Verwalterehepaar und dessen Hund
umgebracht.

„Offiziell gehört die Villa Schweizern", erklärte Jürgen Hess, als er
mit Lämmle im Flur stand.

„Das interessiert mich überhaupt nicht", meinte Lämmle.

„Na schön", erwiderte Hess mit zynischem Lachen. „Dann zu der
Frau. Die Allègres kannten sie nur unter dem Namen Sophie Lamiel.
An einem Abend im Oktober 1931 fuhr sie am Steuer eines Bugatti bei
ihnen vor. Sie hatte gewußt, daß Marthe Allègre schwanger war, ohne
verheiratet zu sein, und schlug vor, Marthe solle behaupten, daß sie
Zwillinge geboren habe. Sie sagte, sie würde alles arrangieren. Zweihunderttausend Franc hat sie auf den Tisch gelegt."

„Weiter?"

„Bis 1933 lebte die Lamiel mit ihrem Sohn und dem Verwalterehepaar zusammen. Sie hat übrigens nie behauptet, daß es ihr Sohn sei.
Die Allègres haben es nur vermutet. 1933 ist sie verreist und hat den
Jungen mitgenommen. Sie ist vier Jahre fortgeblieben, aber sie hat den
Hausverwaltern Reisen bezahlt, damit sie ihren angeblichen Enkel
besuchen konnten. Und die Allègres sind tatsächlich in die Schweiz,
nach Italien und nach Spanien gefahren."

„Wohin in Spanien?"

„Auf die Insel Mallorca. Die Allègres haben den Jungen nur in
Hotels zu Gesicht bekommen, jedesmal Luxushotels. Erst 1937 hat die
Lamiel den Jungen wieder in diese Villa zurückgebracht und ihn bei
den Allègres gelassen. Seither war sie ständig verreist. Sie hat mit dem
Jungen telefoniert und deutsch mit ihm gesprochen. Der Junge
beherrscht Deutsch, Spanisch, Englisch und ziemlich gut Italienisch.
Er ist eine wahrhaftige Intelligenzbestie. Die Allègres wollten ihn in
Sanary zur Schule schicken, aber es ging nicht, weil er sich im Unter-
richt zu Tode langweilte. Schließlich bekam er Fernunterricht. Er hat
drei Jahre Vorsprung gegenüber dem normalen Lehrplan. Mindestens. Ach ja, und 1939 ist der Spanier hier angekommen, dem zwei
Finger an der linken Hand fehlen."

„Gibt es ein Foto von ihm?"

„Nein. Auch von ihr nicht. In der Schweiz wollte der alte Allègre

seine kleine Kamera ausprobieren und hat die Lamiel und den Jungen
aufgenommen. Ein Mann ist aufgetaucht und hat ihm den Film aus der
Kamera gerissen. Der Kerl hieß Miquel oder Michel."

„War das der Spanier?"

„Nein, ein anderer. Die Allègres haben ihn nur ein einziges Mal
gesehen, hatten aber den Eindruck, daß er stets in ihrer Nähe war."

„Was ist mit dem Hispano-Suiza?"

„Wir haben ihn nicht gefunden", räumte Hess ein. „Aber dafür
etwas anderes. Heute, am achtzehnten September, ist zufällig der
Geburtstag des Kleinen. Außer im vorigen Jahr ist die Lamiel immer
gekommen, um dem Kleinen ein Küßchen zu geben."

„Sie wird nicht kommen", entgegnete Lämmle lächelnd. „Ihr eine
Falle zu stellen wäre sinnlos. Ich bin sicher, daß sie nicht kommt."

Jürgen Hess entfaltete eine Straßenkarte. „Genau dort sind die Leibwächter mit dem Jungen gesichtet worden, etwa drei Kilometer von
hier entfernt." Mit dem Zeigefinger deutete er auf die Karte. „Das
Kind wurde in einen Gemüsetransporter mit Holzvergaser verfrach-
tet. Das haben unsere Späher herausgefunden. Zwei Männer sind bei
ihm, darunter der große Hagere. Hinter ihnen fährt ein anderer Kleinlaster mit den beiden Männern, die die Schüsse auf unsere Leute abge-
feuert haben. Jetzt fahren sie nach Nordwesten, in eine gottverlassene
und ziemlich bergige Gegend."

„Ihre Männer sind an allen wichtigen Straßenkreuzungen postiert?"

„Ja, ich habe Ihre Anweisungen genauestens ausgeführt", antwortete Hess.

„Unser über alles geliebter Führer wird zufrieden sein", sagte
Gregor Lämmle. Er empfand ein erhebendes Gefühl. Nach endlosen
Vorarbeiten konnte das Spiel endlich beginnen. Er hatte die Partie
eröffnet, und der Gegner hatte in jeder Hinsicht reagiert wie vorhergesehen. Das war sehr befriedigend.

THOMAS versuchte, die Uhrzeit zu schätzen, indem er zur Sonne
hochblickte. Sie tauchte die Landschaft in gleißendes Licht. Ringsum
nur staubige Erde und Felsen, wie damals in Spanien, im Sommer
1937. Joan hatte den Hispano-Suiza gesteuert. Auch Miquel und
Tomeo waren schon dabeigewesen, nur Javier war noch nicht zu
ihnen gestoßen, weil er im Spanischen Bürgerkrieg kämpfte. Damals
waren Javiers Frau und seine beiden Söhne noch am Leben gewesen,
ehe sie bei einem Bombenangriff getötet wurden, und Javier hatte
auch noch das Architekturbüro in Barcelona und das schöne Haus auf

Mallorca besessen, wo *sie* und er, Thomas, im Jahr zuvor fast drei Monate miteinander zugebracht hatten.

An jenem heißen Sommertag 1937 hatte sie ihm eröffnet, daß sie sich trennen müßten. Er sollte nach Frankreich zurückkehren und wieder offiziell der Enkel von Opa und Oma Allègre werden. „Bitte, Thomas, du darfst nicht weinen", hatte sie ihm erklärt. „Auch mir fällt es sehr schwer, und wenn du weinst, fange ich an ..."

Während Thomas seinen Erinnerungen nachhing, kam Javier herüber und setzte sich neben ihn auf den Felsblock. Es dauerte eine Weile, bis der Spanier sich entschloß zu sprechen. „Punkt eins", sagte er, „sie haben die Villa gefunden. Hast du in deinem Zimmer irgend etwas ...?"

„Ich habe weder in meinem Zimmer noch sonstwo etwas Wichtiges zurückgelassen", antwortete Thomas. „Sie werden nichts entdecken, und wenn sie zehn Jahre lang alles durchstöbern."

„*Muy bien*. Hast du die Männer auf der Straße gesehen?"

Thomas nickte.

„Du wirst sie also beim nächsten Mal wiedererkennen. Thomas, ich möchte, daß du jetzt genau überlegst. Du mußt dir alles ins Gedächtnis zurückrufen, was heute morgen passiert ist, von dem Moment an, als du aufgewacht bist."

Thomas ließ sich Zeit. Er hatte verstanden, worauf Javier hinauswollte. „Ich habe zwei Fehler gemacht", meinte er schließlich. „Der erste war, daß ich das Haus verlassen habe und über die Terrasse zur Allee gegangen bin, obwohl ich das Gefühl hatte, daß etwas nicht stimmte. Der zweite war, daß ich dies für mich behalten habe. Ich wollte unbedingt den Hispano-Suiza sehen. Deshalb habe ich auch nichts davon gesagt."

„In Ordnung", erwiderte Javier. „Ist dir klar, warum ich dich auf deine Fehler aufmerksam machen will? Denke scharf nach!"

„Das habe ich schon getan. Von jetzt an ist alles anders, weil sie die Villa gefunden haben und nicht aufhören werden, meine Spur zu verfolgen, wohin wir auch gehen. Sie wissen jetzt, daß es mich gibt, wie ich heiße und wie ich aussehe. Ich darf keinen Fehler mehr machen."

Javier Coll ließ den Kopf sinken. „Du bist sehr klug, Thomas, außerordentlich klug sogar. Manchmal macht mir das beinahe angst."

Aus den Augenwinkeln bemerkte Thomas, daß Miquel sich unendlich langsam und geschickt bewegte. Kein Zweifel, er würde gleich verschwinden. Miquel war wie Rauch: Plötzlich löste er sich in Luft auf und war nicht mehr zu sehen.

„Ich habe Angst um dich", fuhr Javier fort. „Es ist sehr schwer, mit einer Maschine im Kopf zu leben, die Tag und Nacht arbeitet. Das kann gefährlich werden. Du könntest zu selbstsicher werden und meinen, daß du deine Verfolger leicht täuschen kannst. Verstehst du?"

Thomas bejahte und schenkte Javier sein schönstes Lächeln. Er konnte sich nicht entsinnen, daß Javier Coll schon einmal so lange geredet hätte. Thomas hätte Javier gerne gesagt, wie leid es ihm tat wegen seiner Frau und seinen beiden Söhnen, die von der Bombe getötet worden waren. Aber was hätte das geändert? Je weniger man über schmerzliche Dinge sprach, desto besser. Das galt auch für Opa und Oma Allègre. Er würde nicht mehr von ihnen sprechen und die Erinnerung an sie ganz tief in seinem Innern vergraben. „Ich werde auf der Hut sein", erklärte er.

„*Muy bien.*" Javier erhob sich. Alle Spanier, bis auf Miquel, standen jetzt vor Thomas. Er saß auf dem Felsblock wie ein Angeklagter vor einem Tribunal. „Thomas", begann Javier von neuem, „als Miquel und Tomeo mit ihren Gewehren geschossen haben, um unsere Flucht zu decken und die Verfolger abzulenken, war jemand auf dem Hügel, ziemlich weit entfernt. Miquel hat ihn gesehen. Er hat mit dem Fernglas alles beobachtet. Dann war da noch ein zweiter, in Richtung Bandol. Auch er hat uns beschattet. Du weißt, was die Anwesenheit dieser Männer zu bedeuten hat?"

Wieder ließ sich Thomas Zeit und überlegte. „Es sind zwei Trupps", antwortete er schließlich. „Einer hat die Villa gestürmt, um mich zu fangen, der andere soll uns verfolgen. Vielleicht gibt es sogar zwei Chefs, die sich nicht einig sind. Oder ..." Er verstummte.

„Sprich weiter", forderte ihn Javier auf.

„... es gibt nur einen Chef, der aber sehr schlau ist. Er hat geahnt, daß der erste Trupp mich nicht kriegen würde, weil ihr mich beschützt. Deshalb hat er es für das klügste gehalten, uns heimlich zu folgen. Wir sollten glauben, wir seien ihnen entkommen. Vielleicht will er eine günstige Gelegenheit abwarten, um mich ganz sicher zu fangen. Aber vielleicht ..." Thomas machte erneut eine Pause. Plötzlich sah er alles mit erschreckender Klarheit. „Aber vielleicht will er mich auch nur fangen, um an eine andere Person heranzukommen." Er brachte das Wort „Mama" nicht über die Lippen.

„*Muy bien*", flüsterte Javier mit erstickter Stimme.

Die Maschine in Thomas' Kopf arbeitete wieder. Javier braucht mich nicht, sagte er sich, um eine Erklärung für die Dinge zu finden. Er will nur, daß ich zu den gleichen Schlußfolgerungen komme wie

er. Der Junge starrte auf den Boden. „Hatte *sie* vor, zu meinem Geburtstag zu kommen?"

„Ja. Besonders weil sie dich letztes Jahr nicht besuchen konnte."

„Ist sie in Frankreich?"

„Ich weiß es nicht, aber ich werde es heute noch erfahren. Es war geplant, daß ich dich zu ihr bringe, Thomas."

„Das ist jetzt nicht mehr möglich", entgegnete der Junge, dem diese Tatsache schmerzlich bewußt geworden war.

„Nein, das ist jetzt nicht mehr möglich", wiederholte Javier, „nachdem diese Männer hinter uns her sind. Wir wissen nicht einmal, wie viele es sind. Zwei oder drei haben wir gesehen, doch vielleicht sind es dreißig, vierzig oder sogar noch mehr. Ich glaube, sie warten nur darauf, daß ich dich zu deiner Mutter bringe, Thomas."

„Sie dürfen *sie* nicht kriegen!" rief der Junge voll Entsetzen. „Lieber will ich sie nicht sehen." Er spürte, wie sich ihm bei diesen Worten die Kehle zuschnürte. Seit zwei Jahren verging er vor Sehnsucht nach ihr. Und jetzt sprach er diesen schrecklichen Satz aus! Noch nie war ihm etwas so schwer gefallen.

Javier nickte zögernd. „Du hast eine tapfere Entscheidung getroffen, Thomas."

KNAPP dreißig Stunden nach dem Sturm auf die Villa schlenderte Gregor Lämmle mit Hess durch die Gassen von Bandol. Das Städtchen gefiel Lämmle sehr gut, zumal er am Vorabend vorzüglich gespeist hatte. Da er sich offiziell als Schweizer Staatsbürger ausgab, hatte er in dem Restaurant mit unüberhörbar schweizerdeutschem Akzent gesprochen. Am Morgen hatte ihn das Zirpen der Zikaden geweckt. Er war früh aufgestanden und hatte vormittags gelesen. Dann war er zu seinem Spaziergang mit Hess aufgebrochen, in einem eleganten Anzug, den er sich in London hatte maßschneidern lassen; dazu trug er schicke zweifarbige Mokassins und einen umwerfend weißen Panamahut mit dottergelbem Band. Geduldig lauschte er nun Jürgen Hess, der von den Fehlschlägen seiner Männer berichtete.

„Wir haben die Spanier und den Jungen aus den Augen verloren", sagte Hess gerade. „Ich hatte einen meiner Männer auf sie angesetzt. Er ist ihnen mit dem Motorrad gefolgt. Jetzt ist er spurlos verschwunden, wahrscheinlich haben sie ihn umgebracht. Den Gemüsetransporter hat man auf einem Waldweg nördlich von Toulon gefunden. Wenn Sie erlauben, werde ich die französische Polizei einschalten …"

„Nein", fiel ihm Gregor Lämmle sanft ins Wort.

„Aber auf diese Weise könnten wir den Namen des Fahrzeughalters ermitteln."

„Sicherlich haben sie damit gerechnet, daß wir das tun würden. Es wird uns nicht weiterhelfen." Er dachte angestrengt nach. Schon seit über dreißig Stunden versuchte er, sich in eine Frau hineinzuversetzen, deren Intelligenz – was selten genug vorkam – seiner möglicherweise ebenbürtig war. Wirklich ein interessantes Duell, sagte er sich. Ein packendes Duell sogar. Ich an Maria Webers Stelle hätte mit der Möglichkeit gerechnet, daß man die Villa umzingelt, das Hausmeisterehepaar festnimmt und zum Sprechen bringt. Also hätte ich den alten Leuten nichts Wichtiges anvertraut. Und ich hätte für den Fall vorgesorgt, daß mein Sohn und seine Leibwächter eines Tages gezwungen sein könnten, die rote Villa zu verlassen. Ich hätte schon frühzeitig einen sicheren Zufluchtsort ausgewählt, der schnell zu erreichen ist, natürlich außerhalb Frankreichs, aber zuerst hätte ich sie in ein vorläufiges Versteck gebracht ...

„Mit einem Boot konnten sie nicht fliehen", fuhr Jürgen Hess inzwischen fort. „Die Polizei läßt alle Wasserfahrzeuge kontrollieren, sogar die Dampfer nach Korsika. Seit gestern morgen wird die Überprüfung sogar noch schärfer gehandhabt. Wenn Sie einverstanden sind, werde ich für die Ergreifung des Mannes mit der verstümmelten Hand eine Million Franc Belohnung aussetzen lassen, für die anderen Spanier jeweils zweihunderttausend."

„Ausgezeichnet", lobte Gregor Lämmle. Immer noch dachte er angestrengt nach: Wenn ich Maria Weber wäre, hätte ich mich für ein Versteck entschieden, das von Sanary schnell zu erreichen ist. Heutzutage ist das Reisen beschwerlich. Die öffentlichen Verkehrsmittel sind überfüllt, dazu die häufigen Kontrollen wegen des Schwarzhandels. Ich hätte also einen Ort gewählt, der – na, sagen wir mal – hundert Kilometer von der roten Villa entfernt liegt. Und ich hätte den Jungen nicht mehr in einem abgelegenen Haus auf dem Land untergebracht. In der Stadt kann man zehn Jahre Tür an Tür mit einem Nachbarn wohnen, ohne mehr von ihm zu wissen als den Namen, der über seinem Briefkasten steht. Ich hätte meinen Sohn also in eine Stadt gebracht.

„Ich habe auch unsere Kollegen in Rom, Madrid und Genf alarmiert", berichtete Jürgen Hess, „für den Fall, daß die Spanier versuchen, sofort über die Grenze zu gehen."

Ich an Maria Webers Stelle, fuhr Lämmle indessen in Gedanken fort, hätte mich für Marseille, Aix-en-Provence oder Avignon ent-

schieden. Alle diese Städte sind von der roten Villa aus schnell zu erreichen. Eine halbe Tagesreise, nicht mehr. Man taucht in der Anonymität der Stadt unter, bevor die Fahndung richtig anläuft.

„Der Briefträger in Sanary", fügte Jürgen Hess hinzu, „wunderte sich heute morgen, daß es in der Villa so still war. Er ging hinein, fand die Leichen und alarmierte die Gendarmerie. Ich hielt es für klug, die französischen Beamten darauf aufmerksam zu machen, daß vier Spanier in der Umgebung gewohnt haben."

„Bewundernswert", meinte Gregor Lämmle. „Welch diabolischer Scharfsinn!" Er spann seinen Faden weiter: Also, ich bin Maria Weber und habe meinen Sohn in der Stadt untergebracht. In einer geräumigen Wohnung – schließlich kann ich meinen geliebten Sprößling unmöglich in ein einzelnes Zimmer sperren. Außerdem sind da ja noch die Spanier. Und weil ich eine Frau bin, die nicht nur eine Schwäche für alles Schöne hat, sondern zudem reich ist, liegt die Wohnung in der entsprechenden Umgebung. Im übrigen sind begüterte Nachbarn nicht so neugierig und zudringlich wie durchschnittliche Kleinbürger. Die Wohnung hat eine kleine Bibliothek, denn ohne Bücher könnte mein Sohn nicht leben, zumal er viele Tage nicht ins Freie darf. Und jetzt aufgepaßt, ein interessanter Gedanke: *In der Wohnung lebt bereits jemand, wenn mein Sohn dort eintrifft!* Ja, alles muß gut vorbereitet sein, damit der Einzug der vier Spanier und des Knaben keinen Verdacht erregt. Ein angeblicher Onkel wohnt dort oder eine Tante, vielleicht sind es auch Großeltern wie in Sanary ...

„Es wäre ja auch möglich –", begann Hess.

„Schweigen Sie! Ich muß nachdenken." Nun zum Ort selbst. Ich würde mich für eine Stadt entscheiden, die ich aus der Zeit vor dem Krieg kenne, in der ich glückliche Wochen verbracht und das Leben genossen habe ... Cannes? Oder Nizza? Nein, eher Aix-en-Provence.

Aix-en-Provence also. Irgendwo muß man ja anfangen.

## II

THOMAS ging von Zimmer zu Zimmer, öffnete die Türen, warf einen Blick hinein und setzte dann seine Erkundung fort. In drei Räumen nichts als Bücher. Sie standen in Regalen hinter Holzgittern oder, schlimmer noch, in Glasvitrinen. Weggeschlossen wie Gefangene.

Thomas folgte dem langen Flur zum großen Salon. Die Tür stand halb offen, es roch nach Pfeifentabak. Der Junge wich zur Seite aus und

streifte an der gegenüberliegenden Wand entlang, aber die Stimme
holte ihn ein.

„Thomas?"

Er blieb stehen.

„Es freut mich, daß du dich endlich entschlossen hast, dein Zimmer
zu verlassen." Die Stimme des Mannes klang sanft, freundlich, aber
gerade diese Freundlichkeit und Fürsorge versetzten Thomas in Wut.
Er wollte nicht getröstet werden. Von niemandem.

„Möchtest du nicht hereinkommen, Thomas? Wie ich höre, spielst
du ausgezeichnet Schach."

Er fordert mich zu einer Partie auf, dachte der Junge sofort, aber
damit will er mich nur zu sich hineinlocken!

Er ging weiter.

„Wenn du mir einen Bauern vorgibst", rief der Oberst, sein neuer
Großvater, aus dem Salon, „kann ich es vielleicht mit dir aufnehmen!
Zumindest werde ich es versuchen."

Unbeirrt setzte Thomas seinen Weg fort. Etwa zehn Meter weiter
bog der Flur nach links ab. Dort war eine große Tür, dahinter führte
eine Treppe nach oben. Er stieg hinauf. Die Tür am oberen Ende war
mit zwei Riegeln verschlossen. Er brauchte sie nur zurückzuziehen.
Im nächsten Moment stand er draußen. Es war Nacht. Über ihm der
funkelnde Sternenhimmel. Gierig saugte er die frische Luft ein. Nach
vierzehn Tagen selbstauferlegter Zurückgezogenheit erwachte er zu
neuem Leben. Drei Schritte, und er erreichte eine steinerne Regen-
rinne zwischen zwei Dächern. Rasch gewöhnten sich seine Augen an
die Dunkelheit. Unter ihm lag die Straße, vor ihm erhob sich der
Kamin, daneben erkannte er die Silhouette eines seiner Leibwächter.
Dann entdeckte er den mächtigen sechseckigen Turm der Kathedrale
Saint-Sauveur. Er war also in Aix-en-Provence.

OHNE es zu wissen, war Gregor Lämmle kaum zwanzig Meter von
dem Jungen entfernt, zu dessen Jagd er geblasen hatte. Während der
letzten drei Tage hatte er in Aix alle Buchhandlungen abgeklappert. Er
hatte erzählt, er sei seit seiner Flucht aus Paris mittellos und versuche
deshalb, das letzte, was ihm noch geblieben sei, zu Geld zu machen:
seine Sammlung alter Bücher. Auf diese Weise brachte er eine Liste
bedeutender Privatbibliotheken zusammen. Acht Namen von biblio-
philen Sammlern. Die Hälfte hatte er aus verschiedenen Gründen
bereits wieder gestrichen. Kandidaten, die mehrere Kinder hatten,
schieden von vornherein aus. An Maria Webers Stelle, sagte er sich,

würde ich meinen intelligenten und sensiblen Sprößling doch nicht irgendwelchen ungehobelten Rabauken aussetzen. Ganz abgesehen davon, daß die den Mund nicht halten könnten.

Also standen noch vier Leute auf der Liste. Zwei von ihnen wohnten in Landhäusern außerhalb der Stadt, was Lämmle nicht mit seiner Theorie vereinbaren konnte.

In einem Restaurant in der Altstadt nahm er ein miserables Abendessen ein. Es tat ein übriges, die Depressionen zu verstärken, die ihn seit einiger Zeit immer wieder heimsuchten und seine Selbstmordgedanken schürten.

Nach dem Essen trank Lämmle Ersatzkaffee im „Deux Garçons". Gegen zehn Uhr brach er auf, um durch das Gewirr der Gassen in der Altstadt zu seinem Hotel zurückzukehren. Doch an einer Kreuzung bog er plötzlich nach links ab, ohne sich bewußt zu sein, warum. Fünfzig Schritte weiter entdeckte er den Grund für seine Richtungsänderung: Vor ihm öffnete sich ein bezaubernder, rechteckiger Platz, in dessen Mitte ein Brunnen stand. Er erinnerte sich. Hier wohnte einer der beiden Büchersammler von seiner Liste. Ein gewisser Apprinx, Oberst im Ruhestand, über achtzig. Morgen werde ich nachprüfen, sagte sich Lämmle, ob ein wundersamer Zufall dem Alten in den letzten Tagen einen Enkel beschert hat.

Im Mondlicht betrachtete er den Platz, dann die Fassade des Hauses. Gerade wollte er den Blick heben, als ihm durch den Kopf schoß: *Nicht zum Dach emporschauen!* Wenn *sie* ihn hier versteckt hat, sind die spanischen Leibwächter nicht weit. Gewiß sitzt einer auf dem Dach, und ein zweiter beobachtet aus dem Haus hinter mir das Kommen und Gehen auf der Straße.

Rasch drehte er sich um und setzte seinen Weg fort.

THOMAS lag bäuchlings auf den noch warmen Ziegeln und verfolgte die Bewegungen eines kleinen, rundlichen Mannes unten auf der Straße. Der Fremde war elegant gekleidet: heller Anzug, weißer Hut, passende Schuhe. Er war von rechts gekommen, zwei oder drei Sekunden stehengeblieben und hatte den Brunnen betrachtet, vielleicht auch die Fassade. Jetzt entfernte er sich nach links.

„Miquel?" flüsterte der Junge.

„Ja, Thomas?"

„Ich frage mich, ob der Mann da unten nicht zu uns heraufschauen wollte und sich im letzten Moment anders besonnen hat. Es sah so merkwürdig aus, wie er sich plötzlich umgedreht hat."

Für alle Fälle speicherte er diese Beobachtung in seinem Gedächtnis. Jetzt war die Straße leer. Thomas versuchte, es sich zwischen den zwei Ziegelreihen ein wenig bequem zu machen. „Ich möchte mich mit jemandem unterhalten", sagte er zu Miquel, den er nur als undeutlichen Schatten sah. Er vermutete, daß der Spanier mit dem Rücken am Kamin lehnte, das Gewehr mit dem Lauf nach oben in der Armbeuge.

„Ich bin ein guter Zuhörer", erwiderte Miquel.

„Tomeo meint, es sei ein Fehler gewesen, daß ich mich seit unserer Ankunft in meinem Zimmer eingesperrt habe und nicht mit meinem neuen Großvater sprechen wollte."

„Da bin ich ganz seiner Meinung", antwortete Miquel, der Unsichtbare.

„Tomeo sagt, der Oberst sei ein sehr netter Mann."

„Das glaube ich auch."

Thomas nickte. Plötzlich kamen ihm die Tränen. Langsam rollten sie ihm über die Wangen, aber er gab keinen Laut von sich. Tag um Tag hatte er die Tränen zurückgehalten, aber jetzt war er dazu nicht mehr in der Lage. „Opa Allègre war sehr nett und Oma Allègre auch. Und jetzt sind sie tot. Wozu soll das gut sein, Leute zu mögen, wenn du weißt, daß sie sterben müssen, weil sie nett sind? Wenn du weißt, daß sie deinetwegen sterben werden?"

Langes Schweigen. „Ich weiß wirklich nicht, was ich dir antworten soll, Thomas", erklärte Miquel schließlich.

„Du bist doch erwachsen."

„Ich bin erst zweiundzwanzig. Das ist nicht sehr alt. Und du bist viel intelligenter als ich."

Da haben wir's wieder, dachte Thomas verbittert, dauernd reden sie von meiner Intelligenz. Was hat man denn davon, wenn man intelligent ist? Vielleicht erfaßt man manche Dinge ein wenig schneller, aber je besser und schneller man sie begreift, desto komplizierter werden sie, und desto unglücklicher wird man. Was soll daran gut sein?

Er vergoß heiße Tränen. Wie ein Wasserfall brachen sie aus ihm hervor. Hemmungslos weinte er. Zwei, drei Minuten lang, dann war es vorbei. Miquel hatte sich nicht gerührt. Er war einfach im Dunkeln geblieben und hatte gespürt, daß der Junge nicht getröstet werden wollte.

Aber jetzt hatte Thomas wieder einen klaren Kopf. Er hatte seinen ungewöhnlichen Scharfsinn wiedererlangt. Sein Blick glitt über die unermeßliche Weite des schwarzen Himmels. Und dann begann er zu sprechen, auf deutsch und in einem Ton, als rede er über etwas ganz

Belangloses. „Ich bin nur ein kleiner Junge, der vor ein paar Tagen elf Jahre alt geworden ist. Ein Junge, der sehr traurig ist, weil seine Mutter, die er mehr als alles in der Welt liebt, nicht bei ihm ist, und der trotzdem sagen muß, daß er sie auf gar keinen Fall sehen will, obwohl er schon seit zwei Jahren und ein paar Tagen jede Minute darauf wartet, daß sie zurückkommt. Auch wegen Opa und Oma Allègre bin ich traurig. Ich weiß, daß sie tot sind, sonst hätten die anderen nicht die Zeitung vor mir versteckt. Vermutlich haben unsere Feinde sie getötet, so, wie sie euch alle töten werden, dich da hinten, Miquel, deine Freunde und überhaupt alle, die mich beschützen. Auch meinen neuen Großvater werden sie töten. Deshalb ist es das beste, wenn ich fortgehe, ganz allein. Ich glaube, eine andere Lösung gibt es nicht. Es macht mich zwar noch unglücklicher, aber vielleicht werden sie dann aufhören, alle Menschen zu töten, die mich lieben."

„Ich kann doch kein Deutsch", hörte er Miquel sagen.

„Ich weiß", antwortete er.

THOMAS stieg wieder vom Dach hinunter und ging den langen Flur entlang. Am hinteren Ende trat Tomeo aus dem Arbeitszimmer, in dem er gleich nach ihrer Ankunft Posten bezogen hatte; eine Pistole steckte in seinem Gürtel. Er musterte Thomas, und sein rundes Gesicht verriet Unruhe und Trauer. Seit fünf Tagen versuchte er vergeblich, den niedergeschlagenen Jungen aufzuheitern.

„Jetzt geht es mir wieder gut", erklärte Thomas auf spanisch und lächelte Tomeo an.

Rechts war die Tür zum großen Salon. Noch immer stand sie halb offen. Thomas klopfte an. „Herein!" rief sein neuer Großvater, und der Junge betrat den Salon. Der alte Oberst hatte einen weißen Schnurrbart, blaue Augen und ein glattes, rötliches Gesicht. Trotz der warmen Nacht hatte er sich eine rot-blau karierte Decke über die Knie gebreitet. Auf seinem Schoß lag aufgeschlagen ein Buch.

„Ich komme, um mich zu entschuldigen", begann Thomas. „Ich hätte mich nicht weigern dürfen, mein Zimmer zu verlassen, und hoffe, daß Sie mir mein Benehmen verzeihen."

Sie sahen einander wortlos an, und plötzlich wanderten ihre Blicke hinüber zu dem Schachbrett, das auf dem Tischchen links neben dem Oberst stand. „Ich überlasse Ihnen Weiß", erklärte Thomas. „Wie soll ich Sie übrigens anreden?"

Der Oberst tat so, als denke er nach, und runzelte die Stirn. „Großvater?"

„Monsieur wäre mir lieber", erwiderte Thomas. „Wenn es Ihnen nichts ausmacht."

„Warum sollte es?" sagte der Oberst. „Ich habe meinen Vater und meinen Großvater auch mit Monsieur angeredet. Spielst du schon lange Schach?"

„Ich habe es schon als kleines Kind gelernt", antwortete Thomas.

Die ersten Minuten konzentrierte er sich voll und ganz auf die Partie. Er wußte nicht, ob der Oberst gut spielte oder nicht.

Besonders gut spielt er nicht gerade, dachte der Junge nach einer Weile. Es sei denn, er macht mir was vor. Ausgeschlossen ist das nicht. Vielleicht will er mich gewinnen lassen, weil er glaubt, das könne mich trösten. Aber darüber würde ich mich unheimlich ärgern!

Minutenlang beschäftigte ihn dieser Gedanke, während er spielte. Dann hatte er Gewißheit. Nein, der Oberst spielte wirklich nicht besonders gut. Mit dreiundzwanzig Zügen setzte er ihn schließlich matt.

„Mit wem spielst du sonst?" fragte der Oberst.

„Normalerweise allein", entgegnete Thomas.

Bei der zweiten Partie entfernte sich seine Aufmerksamkeit immer mehr von den Elfenbeinfiguren, und er wendete sich mehr dem Oberst zu. Es stimmt, sagte er sich, er ist nett. Ich habe Zeit, um ihn ein wenig zu mögen, das dürfte mir nicht schwerfallen. Vier oder fünf Tage lang. Das bringt ihn nicht in Gefahr, weil ich dann ohnehin fortgehe ...

Seine Entscheidung stand fest: Wenn Javier in vier oder fünf Tagen noch nicht zurück war, würde er verschwinden. Er wußte, wie man sich davonschlich, ohne gesehen zu werden. Er wußte auch, wohin er gehen würde und in welcher Absicht.

Die zweite Partie gewann er noch leichter als die erste. Matt in achtzehn Zügen, obwohl er gar nicht richtig bei der Sache war. Schließlich hatte er nebenbei ernsthaft nachdenken müssen!

IM VERLAUF der folgenden drei Tage vergewisserte sich Gregor Lämmle, daß ihn seine Vorahnung nicht getrogen hatte. Es war eine Dummheit gewesen, an dem Haus vorbeizugehen, in dem der Oberst wohnte. Obwohl es dunkel gewesen war oder vielleicht gerade deshalb. Aber das sollte seine letzte unvorsichtige Handlung gewesen sein.

Er war verblüfft über die Entdeckungen, die er gemacht hatte. Hatte er nicht vorhergesehen, daß in einer Wohnung im Haus gegen-

über ein Posten sitzen würde? Nun, wie er inzwischen wußte, hatte er damit ins Schwarze getroffen: Vor fünf Tagen, etwa sechsunddreißig Stunden nach dem Sturm auf die rote Villa, hatte ein gewisser Jean Llop, ein Handelsvertreter, im zweiten Stock dieses Hauses eine Zweizimmerwohnung gemietet. Die Fenster gewährten ungehinderte Sicht auf die Eingangstür des Hauses, in dem Oberst Apprinx wohnte. Und dieser Llop stammte aus dem französischen Teil Kataloniens. Aber es kam noch besser: Am selben Tag war auch ein gewisser Michel Boyer aus Toulouse in ein Dienstbotenzimmer neben dem Haus des Obersts eingezogen. Zwar bestand zwischen diesem Zimmer und der Wohnung des Obersts keine Verbindung, doch stellte Lämmle rasch fest, daß man vom Fenster aus bequem die Dächer der umliegenden Häuser erreichen konnte.

Und das war noch nicht alles: Oberst Apprinx, der jahrelang nur mit seiner Haushälterin zusammengelebt hatte, einer alten Frau, die fast so alt war wie er, hatte binnen vierundzwanzig Stunden seine Lebensweise radikal geändert. Er hatte einen seiner Enkel aus Dijon bei sich aufgenommen und als Bediensteten einen etwa zwanzigjährigen Mann eingestellt, der angeblich ein entfernter Neffe der Haushälterin war und Thomas Vidal hieß. Er sprach Französisch mit starkem katalanischem Akzent. Der vierte Spanier, der Mann mit der verstümmelten Hand, vermutlich der Kopf der Gruppe, war nicht da. Aber gewiß wollten die Leibwächter nach seiner Rückkehr den Jungen aus Frankreich hinausschaffen.

Erst am Samstag zitierte Lämmle Hess zu sich und teilte ihm seine Entdeckungen mit. Er empfand die erhoffte innere Befriedigung: Während Polizisten, Gestapo-Leute und SS-Männer in Zivil wie die Bienen in alle Richtungen ausgeschwärmt waren, hatte er, Gregor Lämmle, seinen Verstand gebraucht und das Problem im Alleingang gelöst. Der Erfolg schmeichelte seiner Eitelkeit. Doch bei aller Genugtuung war seine Freude nicht ungetrübt. Mit Bedauern erkannte er, daß er dem Spiel bald ein Ende machen mußte.

Hess plädierte dafür, sofort loszuschlagen. Er traute sich zu, dank seiner Kontakte zur Marseiller Unterwelt in wenigen Stunden eine Truppe zusammenzutrommeln, die weitaus schlagkräftiger war als diejenige, mit der man die Operation in Sanary durchgeführt hatte. Er plante, die knapp dreißig Männer in drei Gruppen aufzuteilen: Die erste sollte den Spanier im Haus gegenüber ausschalten, die zweite den Posten auf dem Dach, und die dritte würde in die Wohnung eindringen und sich den Jungen schnappen ...

Gregor Lämmle sprach sich dagegen aus, die Dinge zu überstürzen.
„Keine übereilten Aktionen", sagte er zu Hess. „Auf einen Tag mehr
oder weniger kommt es nicht an. Die Aktion wird daher in der Nacht
von Sonntag auf Montag über die Bühne gehen. Bei der Aktion darf es
keine Überlebenden geben – von dem Jungen natürlich abgesehen."
Für Gregor Lämmle war dieser Aspekt ein Argument, das in seinen
Augen absolut stichhaltig erschien: Das Gemetzel würde *ihr* zu denken
geben, sofern die Aktion in Sanary sie nicht schon davon überzeugt
hatte, wie ernst er, Lämmle, es meinte. Er würde sie psychisch in die
Knie zwingen. Sobald er das Kind als Faustpfand hatte, würde sie
bedingungslos kapitulieren.

THOMAS hatte gut vierzig Minuten gebraucht, um aus seinem Zimmer zu schlüpfen, über den endlos langen Flur zu schleichen, ohne daß
der Parkettboden knarrte, die Tür zu öffnen, hinter der die Treppe
aufs Dach führte, auf halber Höhe der Treppe rechts in den niedrigen
Speicher zu kriechen und sich mit äußerster Vorsicht bis zu einer Luke
vorzuarbeiten. Sie war so eng, daß kein Erwachsener hindurchpaßte.
    Unter der Luke gähnte der Abgrund, schwarz und bodenlos und
furchteinflößend. Ich habe schreckliche Angst, dachte der Junge, während er sich vorsichtig hindurchschob, bis er mit den Armen die Wand
des Nachbarhauses erreichte, die gerade einen halben Meter entfernt
war. Thomas stemmte mit aller Kraft seine Schultern dagegen, als ob
er die beiden Gebäude auseinanderdrücken wollte. Dann zog er den
rechten Fuß aus der Luke und preßte ihn gegen die Mauerkante. Gut
so! Er zog den linken Fuß nach und stellte ihn neben den anderen. Kein
Zweifel, es klappte.
    Und so arbeitete er sich voran. Zentimeter um Zentimeter schob er
die geflochtenen Sohlen seiner Leinenschuhe seitwärts. Zuerst war er
ganz begeistert, wie leicht die Sache ging. Er krabbelte an der Wand
entlang wie eine Fliege! Schon war er kurz vor der Mauer, die er über-
steigen mußte, um an der Dachrinne dahinter hinunterzuklettern und
aufs nächste Dach zu springen, von dort auf ein zweites, ein drittes, bis
er eine Luke fand, durch die er . . .
    Doch dann passierte es. Schlag auf Schlag. Zunächst bemerkte er,
wie sein Atem schwerer ging. Er versuchte ihn zu unterdrücken, doch
vergeblich. Sicher würde ihn Miquel gleich entdecken. Seine Beine
begannen zu zittern, und seine Schenkel verkrampften sich. Er hörte
Miquels gedämpfte Schritte, flink huschten sie übers Dach.
    Dann fiel der erste Schuß, auf den weitere unmittelbar folgten . . .

Lämmle und Soeft saßen in einem Citroën, der im Schutz einer Einfahrt geparkt war. Bis zum Einsatzort waren es hundert Meter Luftlinie.

Immer noch fielen Schüsse. Sie klangen gedämpfter als die ersten. Wahrscheinlich wurden sie im Innern der Häuser abgegeben. Plötzlich hastige Schritte, dann der Schrei eines Menschen, der von einem Dach stürzte. Gregor Lämmle stieg aus dem Wagen.

„Sie werden gleich hiersein", bemerkte Soeft. Er meinte Jürgen Hess und den Jungen. Nach ihrer Ankunft würde man sich schleunigst aus dem Staub machen, die Demarkationslinie überqueren und in der besetzten Zone zur nächsten Kommandantur fahren.

Jetzt herrschte eine merkwürdige Stille am Einsatzort. Zwischen den ersten und letzten Schüssen war gerade eine Minute verstrichen. Fünf Leute müßten jetzt tot sein, dachte Lämmle. Die drei Spanier, der Oberst und dessen Haushälterin, vielleicht auch ein paar mehr, falls es den Spaniern gelungen war, das Feuer zu erwidern, bevor sie von der Übermacht erdrückt wurden.

Mit düsterer Miene stand Lämmle im Torbogen und wartete ungeduldig auf Hess und den Jungen. Da die beiden nicht auftauchten, ging er los in Richtung Einsatzort.

Trillerpfeifen gellten durch die Stadt, Polizisten eilten herbei. Lämmle schlug einen Bogen und drückte sich in die erstbeste Seitengasse. Aus einem niedrigen Fenster, der Lüftungsklappe einer Backstube, fiel schwaches Licht auf das Pflaster. Durch die dunstbeschlagene Scheibe sah er, wie der Bäcker und sein Geselle Baguettes aus dem Ofen holten. Lämmle blieb stehen. Er konnte seinen eigenen Atem hören. Und dann vernahm er ein Schnaufen, noch zehn bis fünfzehn Meter entfernt. Jemand kam atemlos die Gasse entlanggerannt. Ein Flüchtiger, schoß es Lämmle durch den Kopf, vielleicht einer der Spanier. Er hatte gerade noch Zeit, sich in eine dunkle Nische zu zwängen.

Der Lichtschein aus dem Kellerfenster reichte aus, um die nähere Umgebung zu erhellen. Da – eine Gestalt löste sich aus dem Dunkel! Ein paar Sekunden lang blieb sie stehen und zögerte, ein schmächtiges Kind in kurzen Hosen, auf dem Kopf eine Mütze. Der Junge spähte in alle Richtungen. Er schien keine Angst zu haben, im Gegenteil, sein Blick wirkte eiskalt, durchdringend, ließ eine verblüffende Scharfsichtigkeit erahnen.

Gregor Lämmle war überwältigt. Die Zerbrechlichkeit der kindlichen Gestalt faszinierte ihn, auch die Art, wie der Knabe stolz den

Kopf trug, wie er sich langsam umdrehte, und vor allem diese Augen, die ohne jeden Zweifel genau den *ihren* glichen ...

Der Junge hastete weiter. Lämmle folgte ihm in einiger Entfernung.

THOMAS hatte, nachdem er vom Dach geklettert war, bei seiner Flucht ausschließlich dunkle Gassen benützt. Nur in einer hatte er ein Licht gesehen; es kam aus einer Bäckerei, in der schon gearbeitet wurde.

Er irrte eine Weile umher, bis er endlich sein erstes Ziel erreichte: den Kreuzgang der Kathedrale Saint-Sauveur. Er schlich hinein und versteckte sich in der hintersten, dunkelsten Ecke. Dort wartete er, bis am nächsten Morgen die ersten Sonnenstrahlen in den Innenhof fielen. Er verließ sein Versteck und zählte noch einmal sein Geld – drei Zwanzigfrancstücke in der rechten Hosentasche, zehn Hundertfrancscheine in der linken und mehr als zehntausend Franc in einem Gummibeutel, den er unter dem Gürtel trug. Dann ging er zum Bahnhof und nahm den ersten Zug nach Marseille.

Dort gelang es ihm ohne größere Probleme, die Kontrolle zu passieren und sich eine Fahrkarte nach Lyon zu kaufen. Es kostete ihn nur ein bißchen Phantasie und Unverfrorenheit und natürlich auch etwas Geld. Aus der riesigen Menge, die wie eine Welle in den Bahnhof Saint-Charles hereinschwappte, suchte er sich mit Bedacht eine alte Frau heraus; vor der Sperre deutete er auf sie und behauptete, das sei seine Großmutter. Sie sei schlecht zu Fuß und sehr traurig, seit sie die Nachricht vom Tod ihres Sohnes und ihrer Schwiegertochter erhalten habe. „Also von meinem Papa und meiner Mama. Wenn ich mich nicht um sie kümmere, wer dann?"

Er half der alten Dame in den Waggon der ersten Klasse, nachdem er sie mit der Geschichte zu Tränen gerührt hatte, daß er in der Menschenmenge seinen Papa verloren habe, für den die zweite Fahrkarte bestimmt gewesen sei, die er gekauft hatte. Die Dame fuhr nach Tarare. Da sie in Lyon Aufenthalt hatte, lud sie ihn zu einem Imbiß bei ihrem Neffen ein, der in der Stadt eine Bäckerei betrieb.

„Mein armer Junge", sagte sie schließlich, „ich kann dich unmöglich so weiterreisen lassen. Nimm diesen Beutel mit Brot und Gebäck. In der heutigen Zeit bekommt man so etwas nicht alle Tage. Und wo wohnst du in Lyon? Also, du gehst jetzt zuerst auf die Toilette, und dann bringt dich mein Neffe mit dem Auto zu deinem Onkel ..."

Thomas nahm die Gelegenheit wahr, kletterte aus dem Toilettenfenster und kehrte zum Bahnhof Perrache zurück. Sein nächstes Ziel

war Grenoble. Wieder versuchte er es mit seiner Taktik aus Marseille. Diesmal fiel seine Wahl auf einen Priester.

Doch es klappte nicht. Ich hätte keine Fahrkarten für die erste Klasse kaufen sollen, dachte der Junge, als er seinen Fehler bemerkte. Der Priester verleugnete ihn feige. Thomas blickte die herbeigerufenen Gendarmen mit großen Augen an. „Was? Ich und allein reisen?" erklärte er. „Ich reise nicht allein!"

Die Gendarmen blickten sich um, konnten aber beim besten Willen niemanden entdecken und wiesen ihn darauf hin.

„Und mein Onkel?" fragte Thomas. „Was ist mit meinem Onkel? Er sitzt im hinteren Teil dieses Waggons. Er ist klein und dick, hat blonde Haare, trägt einen cremefarbenen Anzug und schwarzweiße Schuhe. Er hatte auch einen Hut, aber er hat ihn in Aix-en-Provence in einen Abfluß geworfen. Er ist verrückt. Trotzdem ist er mein Onkel. Schließlich kann man sich seine Familie nicht aussuchen."

„ABER natürlich bin ich sein Onkel", antwortete Gregor Lämmle den Gendarmen. „Die Ähnlichkeit ist doch geradezu frappierend. Mein Neffe Aloysius . . ."

„Seit wann heiße ich Aloysius?" fiel ihm Thomas ins Wort.

„In Wahrheit heißt mein Neffe natürlich Otto, aber er hat diesen Namen immer verabscheut . . ."

„Ich heiße auch nicht Otto", unterbrach ihn Thomas erneut.

„Ganz der Sohn meiner Schwester", klärte Lämmle die Gendarmen auf. „Immer muß er widersprechen. Das hat er von ihr. Meine Schwester hat einen unglaublichen Widerspruchsgeist. Wenn man sie bei Arles in der Rhône ertränkte, würde ihre Leiche stromaufwärts bis zur Quelle am Sankt Gotthard hinauftreiben."

Die Gendarmen überprüften lange die Papiere, die den Mann als schweizerischen Staatsbürger und Angehörigen des Internationalen Roten Kreuzes auswiesen. Schließlich verließen sie das Abteil. Doch bevor sie endgültig auf dem Gang verschwanden, drehte sich der eine Beamte noch einmal um. „Haben Sie in Aix-en-Provence wirklich Ihren Hut in einen Abfluß geworfen?" fragte er.

Lämmle zuckte nicht mit der Wimper. „Selbstverständlich. Ich mache das immer so, wenn mir etwas nicht mehr gefällt. Einmal, in Lausanne, waren es meine Hosen. Wir Schweizer haben mehr Phantasie, als man uns gemeinhin nachsagt."

Die Gendarmen stiegen aus, und dreißig Sekunden später setzte sich der Zug nach Grenoble in Bewegung.

„ICH soll dir seit Aix nachgelaufen sein?"

„Sie haben es nicht gewagt, mir bis in den Kreuzgang der Kathedrale zu folgen, das stimmt. Aber während ich drin war, haben Sie die ganze Zeit vor der Tür gestanden."

„Hast du mich gesehen?"

„Ich habe Sie beobachtet, bevor ich hineinging, und als ich wieder herauskam, standen Sie immer noch da."

Thomas überlegte sich jede Antwort genau. Er mußte intelligent erscheinen, nicht gerade altklug, aber auch nicht naiv. Der Mann mit den gelben Augen war ihm nicht ganz geheuer. Als Thomas ihn gezwungen hatte, den guten Onkel zu spielen, weil ihm die blöden Gendarmen auf die Nerven gingen, war er keineswegs einer plötzlichen Eingebung gefolgt. Ganz im Gegenteil, es war ein wohlüberlegter Schachzug gewesen. Schon lange hatte er nur auf eine Gelegenheit gewartet, den Mann, der ihm seit beinahe vierundzwanzig Stunden an den Fersen hing, auf die Probe zu stellen. Er wußte nun, daß der Fremde schnell und gut reagierte, und das beeindruckte ihn. Das ist ein Könner, sagte er sich. „Sie sind mir zum Bahnhof gefolgt", fuhr er schließlich fort. „Dabei haben Sie auch Ihren Hut weggeworfen."

„Und warum habe ich das getan?"

„Einen solchen Deckel sieht man aus fünfhundert Kilometer Entfernung."

„Es war ein sehr schöner Panama. Ich habe mich nur schweren Herzens von ihm getrennt."

„Und dabei hat Ihnen das nicht einmal etwas genützt. Ich hatte Sie längst bemerkt."

„Vielleicht habe ich mich ja gar nicht deinetwegen versteckt", antwortete der Mann mit den gelben Augen seelenruhig.

Thomas dachte nach, während der Zug langsamer fuhr.

„Hast du in Aix die Schüsse gehört?"

„Ja."

„Der Kampf hat deinetwegen stattgefunden."

Schweigen. Die Partie ist eröffnet, schoß es Thomas durch den Kopf. Von jetzt an darf mir kein Fehler mehr unterlaufen.

„Ich könnte zu den Leuten gehören", sagte der Mann mit den gelben Augen, „die dir Böses wollen. Nehmen wir einmal an, es wäre so. Warum habe ich dann vor dem Kreuzgang gewartet, bis du wieder herausgekommen bist? Warum habe ich keine Verstärkung geholt?"

„Vielleicht haben Sie befürchtet, ich könnte entwischen, während Sie Verstärkung holen."

„Ich hatte genügend Zeit, mir etwas einfallen zu lassen. Ich hätte einen der Passanten bitten können, eine Nachricht zu überbringen. Aber ich habe nichts dergleichen getan, sondern gewartet, bis du wieder herausgekommen bist. Das beweist doch, daß ich dir nichts Böses will."

„Nicht unbedingt", entgegnete Thomas. Und schon eine Sekunde später hätte er sich für diese Antwort am liebsten geohrfeigt. Denn es war doch ganz logisch: Wenn er „nicht unbedingt" sagte, würde ihn der Mann mit den gelben Augen im nächsten Moment fragen, welchen anderen Grund er gehabt haben sollte, nichts zu unternehmen.

„Und warum habe ich deiner Meinung nach keine Verstärkung geholt?" fragte der Fremde tatsächlich.

„Vielleicht wollen Sie mich ganz allein schnappen, um sich einen Orden zu verdienen", antwortete Thomas.

Der Mann mit den gelben Augen brach in schallendes Gelächter aus. „Ich glaube fast, du machst dich über mich lustig, Thomas."

*Er kennt meinen Namen!* Thomas geriet beinahe in Panik. *Er kennt meinen Namen, und er hat ihn mit voller Absicht ausgesprochen. Er ist ein Könner!*

Nur die Erinnerung an *sie* bewahrte ihn davor, nicht den Kopf zu verlieren. Er war vier Jahre alt gewesen, als sie ihm die Schachregeln beibrachte. Fünfzig- oder hundertmal spielten sie gegeneinander. Sie besiegte ihn jedesmal, vernichtete ihn erbarmungslos. Sie trieb ihn von Feld zu Feld, bis er am Ende war und vor Wut über seine Schwäche in Tränen ausbrach. „Genauso ist es auch im Leben", sagte sie, „du darfst keine Schonung erwarten. Du mußt lernen, in jeder Situation Ruhe zu bewahren, vor allem, wenn du dich in die Enge getrieben fühlst. In solchen Augenblicken kommt es darauf an, daß du zeigst, was wirklich in dir steckt." Dann nahm sie ihn in die Arme und weinte mit ihm. „O mein kleiner Liebling, mein Schatz, wie sonst kann ich dich stark machen für das Leben, das du durch mein Verschulden führen mußt?"

Sein Spiel wurde besser. Mit der Zeit wurde er ihr ein ebenbürtiger Gegner, und dann begann er, sie zu schlagen. Zuerst nur ab und zu, dann jedes dritte Mal, bald jedes zweite Mal, dann immer häufiger, und schließlich besiegte er sie immer. Auch er zeigte kein Erbarmen.

„Du hast mir immer noch keine Antwort auf meine Frage gegeben, Thomas", sagte nun der Mann mit den gelben Augen, „jedenfalls keine ehrliche, denn daß ich mir einen Orden verdienen will, glaubst du ja wohl selbst nicht. Du willst mir nur ausweichen."

Noch funktionierte der nüchterne Denkmechanismus in Thomas' Kopf. Zum Beispiel hatte er schon längst die Antwort auf die Frage gefunden, die ihm der Fremde unaufhörlich stellte. Sie war einfach und klar. Für die Tatsache, daß er mich im Kreuzgang nicht geschnappt hat, gibt es nur eine Erklärung: Er hat es nicht auf mich abgesehen. *Sie* will er haben, nur sie!

Dieser Kerl versucht mich mit Dame, Turm und allen übrigen Figuren übers Brett zu jagen, dachte Thomas. Aber ich werde nicht zu erkennen geben, wie schlau ich bin. Das wäre der schlimmste Fehler, den ich begehen könnte. Ich werde ihm einen kleinen Jungen vorspielen, der sich verlaufen hat und müde ist.

Und dazu brauchte er nicht einmal zu schauspielern. Er war tatsächlich hundemüde. Wenn es hochkam, hatte er vergangene Nacht zwei Stunden geschlafen. Er war erschöpft, und die Lider wurden ihm schwer. Bald kämpfte er nicht länger gegen die Müdigkeit an. Er schlief ein und schlummerte tief und fest, bis der Zug in Grenoble einlief.

### III

DIE herrliche Landschaft von Vermont im Nordosten der USA strahlt große Ruhe aus, besonders im Herbst. David John Quartermain ging seit etwa einer Stunde unter rotbelaubten Ahornbäumen spazieren. Er war vierunddreißig Jahre alt, groß und schlank. Obwohl er sich 1936 bei einem Verkehrsunfall mit seinem Duesenberg einen komplizierten Beckenbruch zugezogen hatte und seither links leicht hinkte, machte er ausgreifende, federnde Schritte. Beschwerliche Wochen lagen hinter ihm: Mit seinem Cousin Larry Emerson, dem Direktor der Auslandsabteilung der Familienbank, war er in Venezuela und Buenos Aires gewesen. Eine äußerst unerquickliche Geschäftsreise, bei der viel über Erdöl, Zinn und andere Rohstoffe geredet worden war. Seit seiner Rückkehr nach New York war ihm gerade noch Zeit geblieben, um an der Sitzung des Verwaltungsrats teilzunehmen. Anschließend war es nach Chicago und Saint-Louis weitergegangen. Denn Cousin Larry hatte ihm geraten, dort zu investieren. Obwohl sich Quartermain wenig aus Spekulationsgeschäften machte, hatte er schließlich doch zwei Schecks ausgestellt – einen über hundertfünfzigtausend und einen über hundertachtzigtausend Dollar –, die ihn zum zweitgrößten Aktionär der einflußreichen Familie werden ließen, hinter Cousin

Larry, verstand sich. Und Larry war der älteste von sieben Cousins, oder anders ausgedrückt: Er würde zu einem der reichsten Männer der Welt, wenn Onkel Peter eines Tages das Zeitliche segnete.

Quartermain hatte in Princeton studiert und war zur Überraschung aller sogar als Magister der Philosophie abgegangen. In Harvard hatte er es dagegen nur knapp anderthalb Jahre ausgehalten – Jura langweilte ihn zu Tode. Er war Junggeselle. Seit zehn Jahren wehrte er erfolgreich alle Versuche ab, sich in den Hafen der Ehe bugsieren zu lassen, ohne daß jemand mit Gewißheit sagen könnte, ob er dies seiner Gerissenheit verdankte oder der ihm angeborenen Bequemlichkeit, die gelegentlich an Unentschlossenheit grenzte.

Am Abend zuvor hatte er noch einen Scheck unterzeichnet: rund dreihunderttausend Dollar für wohltätige Zwecke. Solche Spenden waren für alle Teilhaber der Familienbank ein unbedingtes Muß, und Quartermain fühlte sich der Tradition verpflichtet.

Jetzt ging er unter den Ahornbäumen auf das Landhaus am Champlainsee zu, das er sich vor vier Jahren unter Wahrung höchster Diskretion und ohne Wissen seiner Finanzberater gekauft hatte. Als er es betrat, traf er dort zu seiner großen Überraschung auf zwei Männer, die er noch nie zuvor gesehen hatte.

DER Mann mit den gelben Augen hatte sich mit Thomas im „Trois Dauphins" in Grenoble eingemietet; das war nicht einfach gewesen, denn italienische Offiziere hatten das ganze Hotel mit Beschlag belegt. Doch nach einigem Hin und Her zwischen dem Vertreter der italienischen Streitkräfte, dem Hoteldirektor und dem Mann mit den gelben Augen hatte sich schließlich sogar eine komfortable Suite gefunden.

Der Mann mit den gelben Augen hatte sich als Pierre Golaz-Hueber aus Lausanne vorgestellt, Vertreter des Internationalen Roten Kreuzes. Neben einem Schweizer Paß und Dokumenten in deutscher und französischer Sprache hatte er ein dickes Bündel Banknoten auf den Tisch gelegt. Damit hatte er erreicht, daß man ihnen in dem Salon, der an ihre beiden Schlafzimmer grenzte, ein Essen servierte. Es gab Gänseleberpastete, gebratene Ente, drei Sorten Gemüse, ein Dessert und Champagner.

„Ich mag keinen Champagner, danke", sagte Thomas.

„Komm, trink einen Schluck", forderte ihn der Mann mit den gelben Augen noch einmal auf. „Probier doch wenigstens mal."

„Nein, danke", erwiderte Thomas entschlossen. Er nahm das halbvolle Glas zwischen die Finger und kippte es kurzerhand um. Dann aß

er weiter, als sei nichts geschehen. Dabei überlegte er, wie er weiter vorgehen sollte, jetzt, da ihm der Mann mit den gelben Augen nicht mehr von der Seite wich. Wenn der Golaz-Hueber heißt, dachte er, heiße ich Rumpelstilzchen. Hätte ich mich am Bahnhof in Marseille doch aus dem Staub machen sollen? Bei dem Trubel dort wäre das nicht schwierig gewesen. Aber vielleicht sind auch zwanzig oder dreißig Dunkelmänner hinter mir her gewesen. Und noch etwas: Ich habe ihn benutzt, um in den Zug zu steigen, die Gendarmen abzuschütteln und über die Demarkationslinie zu kommen. Und ich benutze ihn immer noch. Ohne ihn würde ich nichts zu essen kriegen, und ein Bett hätte ich auch nicht ...

„Bitte verzeihen Sie, daß ich den Champagner verschüttet habe", sagte Thomas.

„Wir verzeihen dir, das Tischtuch und ich!"

Thomas saß kerzengerade, die Ellenbogen am Körper. Er hielt Messer und Gabel, wie *sie* es ihm beigebracht hatte. Der Mann mit den gelben Augen schwieg und beobachtete ihn unablässig.

Wenn er glaubt, er kann mich damit einschüchtern, täuscht er sich gewaltig, dachte Thomas. Er war bereit, die Fragen zu beantworten, die ihm der Mann jeden Moment stellen würde: Warum bist du nach Grenoble gekommen? Was willst du hier unternehmen? Mit wem bist du zusammen?

Nur zu ...

Die beiden Unbekannten erwarteten Quartermain im Wohnzimmer mit dem gemauerten Kamin. Sie waren korrekt gekleidet. Einer von ihnen hielt eine Ledermappe in der Hand. Der andere stellte sich als Mr. Hobson vor, Rechtsanwalt aus Boston. Seine Papiere bestätigten dies. Er bat Quartermain, den unangemeldeten Besuch zu entschuldigen.

„Wir waren gezwungen, Ihnen bis an diesen abgeschiedenen Ort zu folgen, Mr. Quartermain. Solche Überfälle sind sonst nicht unsere Art, doch Sie waren ständig unterwegs, und so war es uns unmöglich, Kontakt mit Ihnen aufzunehmen. Meine Aufgabe ist damit erfüllt. Mit Ihrer Erlaubnis darf ich mich jetzt zurückziehen."

Hobson ging hinaus. Durch das Fenster sah Quartermain, wie er in einen schwarzen Chevrolet stieg, der hinter einer dichten Reihe von Ulmen geparkt war.

„Sprechen Sie Spanisch?" fragte der andere Fremde plötzlich.

„Nur Englisch und Französisch", antwortete Quartermain und

betrachtete den Besucher. Er war ungefähr fünfunddreißig, ein süd-
ländischer Typ, ziemlich klein und hatte schwarze, undurchdringliche
Augen. „Wer sind Sie?"

„Ich habe strikte Anweisung, die Nachricht nur David John Quartermain persönlich zu übergeben."

„Wollen Sie meinen Führerschein sehen?" fragte Quartermain belustigt.

„Nein, danke. Sie haben 1930 in Paris gelebt. Wo genau?"

„In der Rue de Lille."

„Welche Etage, bitte?"

„Dritte Etage." Quartermain lächelte. „In dem kleinen Zimmer
rechts stand ein Eßtisch aus Marmor, im Wohnzimmer links ein englisches Ledersofa. Soll ich Ihnen auch das Schlafzimmer beschreiben?"

„Nein, aber was hing über dem Kamin im Wohnzimmer?"

„Ein frühes Gemälde von Mondrian. Ein Wald mit roten Bäumen."

„Hier ist der Brief", erklärte der Fremde und händigte Quartermain
einen Umschlag aus.


„Das kannst du dir wirklich sparen, Thomas", sagte der Mann mit
den gelben Augen. Er meinte offensichtlich das scharfe Tranchier-
messer, das Thomas heimlich vom Tisch im Salon genommen hatte
und jetzt unter der Bettdecke umklammert hielt.

„Gute Nacht, Monsieur Hubert Golaz."

„Golaz-Hueber. Gute Nacht, Thomas."

Es dauerte eine ganze Weile, bis der Mann hinausging. Er verließ
das Zimmer und setzte sich an den Tisch im Salon. Dort rieb er den
Rand seines Champagnerglases und brachte es zum Klingen, gewiß
mit Absicht.

Minuten verstrichen. Thomas bemühte sich, seinen Atem zu beruhigen. Mit geschlossenen Augen wälzte er sich ruckartig auf die Seite
und brummte, wie Opa Allègre es immer tat, wenn er sich im Schlaf
umdrehte. Auf das Schnarchen verzichtete er lieber, zumal ihm etwas
Besseres eingefallen war. Seine rechte Hand, mit der er noch immer
das Messer umklammerte, streckte er langsam unter der Decke hervor. Dann ließ er es los, so daß es polternd hinter dem Bett zu Boden
fiel.

Weitere Minuten verstrichen. Worauf wartet er noch? dachte Tho-
mas. Doch es klappte. Der Mann mit den gelben Augen betrat leise das
Zimmer. Auf leisen Sohlen näherte er sich dem Bett des Jungen.
„Komm, gib mir das Messer, Thomas." Er sprach deutsch.

Thomas machte nicht die kleinste Bewegung, sondern atmete ruhig und gleichmäßig. Er rührte sich auch nicht, als der Mann das Messer aufhob, wieder hinausging und die Tür des Zimmers ganz leise schloß.

Es ist sehr gut möglich, sagte sich der Junge, daß der Mann mit den gelben Augen nur so getan hat, als sei er gegangen. Vielleicht ist er noch im Zimmer, steht zwei Meter neben dem Bett in der Dunkelheit, macht keinen Mucks und beobachtet mich. Thomas kämpfte gegen den Schlaf an. Zum Glück funktionierte die Denkmaschine in seinem Kopf noch.

Die Verbindungstür zwischen Schlafzimmer und Salon klackte zweimal. Einmal, als sie geöffnet wurde, ein zweites Mal, als sie sehr leise zugedrückt wurde. Diesmal ist er wirklich gegangen, dachte Thomas, aber ich warte trotzdem noch eine Weile ...

Erneut drehte er sich um. Ganz langsam. Das Zimmer war leer.

Er setzte sich im Bett auf, und zum zweiten Mal an diesem Tag geriet er fast in Panik. Er hat mich die ganze Zeit über beobachtet, sagte sich Thomas, nur weil er sehen wollte, ob ich wirklich schlafe! Eine unglaubliche Geduld. Er muß wirklich ein Könner sein, der Mann mit den gelben Augen! Vielleicht ahnt er, was ich in Grenoble vorhabe? Nein, er weiß es sogar, da bin ich ganz sicher.

Thomas stand auf und ging zur Verbindungstür. Gerade rechtzeitig, um zu hören, wie die Tür zum Flur ins Schloß fiel. Der Mann mit den gelben Augen war gegangen. Wie geplant, dachte der Junge. Es war also richtig, daß ich gewartet habe.

Er zog sich an. Natürlich hätte er jetzt fliehen können. Aber das kam nicht in Frage, zumindest vorerst. Ich muß bei ihm bleiben, sagte er sich. Auch wenn er mir nur folgt, damit ich ihn zu *ihr* führe. Gerade deswegen.

DER spanische Kurier wartete, während Quartermain den Brief las. Maria Weber schrieb:

> David, ich würde mich nicht an Dich wenden, wenn mich nicht außergewöhnliche Umstände dazu zwängen. Wenn ich Dir diesen Brief schreibe, breche ich mit allen Regeln, an die ich mich mein Leben lang gehalten habe.

Im folgenden erinnerte sie ihn an die Zeit in Paris zwischen August 1930 und Februar 1931. Sie schrieb über ihr Verhältnis (ihre Sätze lasen sich allerdings eher wie ein nüchterner Polizeibericht), schilderte

chronologisch ihre Reisen nach Taormina, Sevilla und Zermatt, und natürlich erwähnte sie auch jene kalten Tage im Februar, als sie ihn in ihrem Bugatti zu einem Ausflug mitgenommen hatte, der ihre letzte gemeinsame Unternehmung werden sollte.

> Ich war schwanger, und zwar von Dir. Nicht, daß Du glaubst, ich wollte dieses Kind nicht. Ich wünschte es mir mehr als alles in der Welt. Damals habe ich mit Dir gebrochen, gerade *weil* es von Dir war, aus keinem anderen Grund. Ich weiß nicht, in welcher Erinnerung Du mich behalten hast, nach zwölf Jahren. Aber vielleicht weißt Du noch, daß ich Dich niemals belogen habe.
>
> Sein Name ist Thomas. Er wurde am 18. September 1931 in Lausanne geboren und unter falschem Namen ins Geburtsregister eingetragen: Thomas David Lamiel, Vater „unbekannt". Der Mann, der Dir diesen Brief ausgehändigt hat, wird Dich unter gewissen Bedingungen in die Gründe einweihen, die mich veranlaßt haben, die Geburt meines Sohnes geheimzuhalten. Es ist meine Schuld, daß sich mein Sohn heute aus denselben Gründen in tödlicher Gefahr befindet. Ich bin zu der Überzeugung gelangt, daß ich ihm nicht länger die Hilfe versagen darf, die Du ihm gewähren kannst und die ich inständig von Dir erbitte.
>
> Maria

Plötzlich war die Erinnerung wieder da: Sie waren am Mittelmeer, *sie* und er. Sie hatte den schwarzen Bugatti dicht ans Wasser herangefahren und den Motor abgestellt. „Wir werden noch genau vier Tage miteinander verbringen, David", erklärte sie. „Ich hätte bis zum letzten Augenblick warten können, um es dir zu sagen, oder hätte dir danach ein paar Zeilen schreiben können. Aber das wäre feige gewesen." Und dann eröffnete sie ihm, daß sie sich nie wiedersehen würden. „Ich möchte mich darauf verlassen können, daß du nichts unternehmen wirst, um mich zu finden. Das ist sehr wichtig, David. Du mußt mir das versprechen."

Keine weitere Erklärung. Seit ihrer ersten Begegnung war es eine abgemachte Sache gewesen, daß jeder seine uneingeschränkte Freiheit behalten würde. Die folgenden vier Tage verbrachten sie in einer geräumigen, abgelegenen Villa bei Sanary. Ein rot gestrichenes Haus mit zwei Etagen, nur von dem Hausmeisterehepaar Allègre bewohnt, mit einem Tennisplatz und einer sehr schönen Allee aus vierundzwanzig Palmen. In der dritten Nacht wachte Quartermain gegen zwei Uhr morgens plötzlich auf, ohne zu wissen, warum. Der Platz neben ihm in dem Himmelbett war leer. Er stand auf und ging hinunter ins Erdgeschoß. Er fand sie im Salon. Sie weinte verzweifelt, warf sich an seine Brust und schluchzte hemmungslos. Am nächsten Tag wirkte

sie wieder ganz beherrscht, so wie immer. Sie wiederholte ihre Forderung: Er darf auf keinen Fall nach ihr suchen, was auch geschieht.

Schweigend beobachtete ihn jetzt der Kurier. „Wo ist sie?" fragte Quartermain.

„Ich weiß es nicht."

„Wissen Sie, was in dem Brief steht?"

„Im wesentlichen, ja", antwortete der Spanier.

„Ist das Kind in Gefahr?"

„Ja." Der Spanier streckte ihm abwehrend die Hände entgegen. „Ich werde jetzt keine Frage mehr beantworten. Zuerst müssen Sie sich entscheiden."

„Ob ich mich um den Jungen kümmern werde oder nicht?"

„Ja."

„Bis wann muß ich mich entschieden haben?"

Keine Antwort.

„Ich verstehe", sagte Quartermain. Noch immer hielt er den auseinandergefalteten Brief in der Hand. Ich könnte sofort abreisen, dachte er. Meine Mutter und die Familie sind daran gewöhnt, daß ich von Zeit zu Zeit untertauche. Mindestens zwei Wochen lang würde sich bestimmt niemand Sorgen um mich machen.

Er warf einen Blick auf sein Angelzeug und die Jagdgewehre. „Wie ist er, der Junge? Wie ist er?"

„Außergewöhnlich", antwortete der Spanier.


„Zwei der spanischen Leibwächter haben wir ausgeschaltet", schnarrte Jürgen Hess' Stimme im Telefonhörer. „Dem dritten ist es gelungen zu entkommen."

„Mein lieber Hess, Sie haben meine Befehle nicht ausgeführt. Wozu taugen Sie eigentlich? Wenn das Dritte Reich eines Tages zusammenbricht, werden Sie Ihren Teil dazu beigetragen haben", erklärte Lämmle. Er stand in der Hotelhalle des Trois Dauphins und amüsierte sich königlich. Ein paar Meter neben der Telefonkabine saß eine Gruppe italienischer Offiziere. Sie schauten überrascht herüber. „Wo ist der Mann mit der verstümmelten Hand?" fragte Lämmle nun.

„Keine Spur von ihm", erwiderte Hess kleinlaut.

Lämmle hängte ein und verließ die Kabine. Doch im selben Augenblick klingelte das Telefon erneut. Das Gespräch war ebenfalls für ihn, Joachim Gortz rief aus Paris an. Er versprach, nach Grenoble zu kommen und sämtliche Maßnahmen durchzuführen, die Gregor Lämmle von ihm verlangte, auch wenn er deren Sinn nicht verstehe.

Während Lämmle antwortete, blickte er automatisch zu der Treppe hinüber, die in die oberen Stockwerke hinaufführte. Hatte er da einen Schatten bemerkt? Gregor Lämmle lächelte. Hatte ihm der Junge etwa eine geschlagene Dreiviertelstunde lang den Schlafenden vorgespielt? Dieses kleine Ungeheuer!

„Aber warum hat dieser Bengel", fragte Gortz inzwischen, „der doch eine Intelligenzbestie sein soll, nicht versucht, Ihnen zu entkommen?"

„Ausgezeichnete Frage. Gute Nacht, verehrter Gortz." Damit legte er auf und ging zu seiner Suite. Doch auf jedem Treppenabsatz machte er kurz halt und horchte, ob Thomas nicht im Hotel herumgeisterte.

Aber nein, der Junge schlief fest. Zumindest tat er so.

EIN penetrantes Klappern riß Gregor Lämmle aus seinem wohligen Schlummer, und je mehr er versuchte, den Lärm zu ignorieren, desto hartnäckiger wurde er. Er stieg aus dem Bett, wickelte sich in eine Steppdecke, öffnete die Tür zum Salon – und blickte dem Jungen in die Augen, der ihn seelenruhig ansah.

Thomas saß am Tisch, schon vollständig angezogen, die schwarzen Haare noch naß vom Duschen. Mit einer Gabel klopfte er gegen den Rand eines Tellers. „Falls ich Sie geweckt haben sollte, bitte ich um Entschuldigung."

„Du hast mich allerdings geweckt, und wir haben noch nicht einmal sechs."

„Ich bin wirklich untröstlich."

„Davon bin ich überzeugt." Gregor Lämmle hatte höchstens drei Stunden geschlafen.

„Danke, daß Sie mir verzeihen", sagte Thomas mit ausgesuchter Höflichkeit. „Ich nehme wie gewöhnlich Milchkaffee." Dazu Brot. Und Butter. Und Aprikosenmarmelade.

Gregor Lämmle blieb keine andere Wahl. Er trat auf den Gang, schlurfte hinunter in die Hotelküche und gab die Bestellung auf. Mit zwanzig Franc rang er dem Koch das Versprechen ab, dafür zu sorgen, daß innerhalb der nächsten fünf Minuten das Frühstück auf dem Tisch stehen würde. All dies erledigte er sozusagen im Zustand des Schlafwandelns, eingepackt in die dekorative Steppdecke. Erst allmählich erwachte er aus seiner Benommenheit. Er kehrte in die Suite zurück und beeilte sich mit der Morgentoilette. Er verzichtete sogar darauf, ausgiebig zu baden, und nahm mit einer Dusche vorlieb, was er sonst nie tat. Kurz darauf wurde das Frühstück serviert.

„Ich habe großen Hunger, Monsieur Hubert Holaz.“

„Golaz-Hueber. Iß, wenn du hungrig bist.“

„Ich kann keine Brote schmieren.“

Keine Spur von Scheu in den grauen Augen. Der Junge nimmt dich auf den Arm, sagte sich Lämmle, und dir macht es auch noch Spaß. Beflissen schickte er sich an, die Brote zu schmieren.

„Ich möchte ja nicht unhöflich sein, Monsieur, aber . . .“

„Ja, Thomas?“

„Brote schmieren ist nicht gerade Ihre Stärke. Die haben ja alle Löcher.“

„Ich versichere dir, ich gebe mir Mühe. Das hier ist doch nicht schlecht, oder?“

„Na ja, auch nicht gerade überwältigend.“

Der Junge aß, und Lämmle schmierte Brote. „Sag bloß, du willst noch eins?“ fragte er nach einer Weile.

„Richtig satt bin ich noch nicht.“

„Du hast doch schon sieben gegessen!“

„Ich bin untröstlich, Monsieur.“

Gregor Lämmle gab sich alle Mühe, um aus dem achten Marmeladenbrot ein Meisterwerk zu machen. Er sah zu, wie der Junge kräftig hineinbiß. „Und? Wie ist es, Thomas?“

„Gut, wirklich gut.“

„Danke, Thomas. Ich freue mich, daß es mir gelungen ist. Ich hatte ja schließlich nur sieben Brote zum Üben.“

„Jetzt ist mein Milchkaffee kalt. Könnten Sie mir bitte einen frischen bestellen?“

UNTER einem großen schwarzen Regenschirm folgte Gregor Lämmle Thomas durch die Straßen von Grenoble. Schon seit Stunden regnete es, und Lämmle haßte schlechtes Wetter. Aber noch mehr verabscheute er die körperliche Betätigung, der er sich nun schon den zweiten Tag unterziehen mußte. Denn seit gestern lief der Junge, der ein flottes Tempo vorlegte, kreuz und quer durch Grenoble. Zudem hatte der Tag begonnen wie der vorhergehende: Aufstehen im Morgengrauen, das gleiche Theater mit den Marmeladenbroten, hinaus auf die Straße gegen Viertel nach sieben. Und nun wieder diese absurde Odyssee durch die Stadt.

Der Junge ging voraus. Nach etwa vierhundert Metern betrat er eine Bäckerei und wartete, bis er an die Reihe kam. „Ich möchte kein Brot, Madame“, sagte er zu der Bäckersfrau, wobei Lämmle jedes

Wort mithörte. „Aber ich habe eine Nachricht für den Bäcker. Bestellen Sie ihm, daß der Hund des Mannes mit dem Klumpfuß Scharlach hat. Auf Wiedersehen, Madame."

Er machte auf dem Absatz kehrt und verließ den Laden, den Hess und seine Männer inzwischen diskret umstellt hatten. Zwei Straßen weiter ging Thomas in ein Restaurant. Der Wirt war nicht weniger verdutzt als die Bäckersfrau, als ihm Thomas anvertraute, daß „die Eidechse jetzt Federn im Maul hat".

Schon am ersten Tag hatte Thomas siebenunddreißig verschiedene Geschäfte, Lokale und sogar Ämter mit seinem Besuch beehrt, darunter auch ein Postamt, wo er darauf bestanden hatte, mit dem Vorsteher unter vier Augen zu sprechen, um ihm mitzuteilen, daß „Rouletabille drei Haare hat".

Am zweiten Tag hatte sich sehr schnell abgezeichnet, daß es in dieser Manier weitergehen würde. Seit fünf Stunden waren sie nun schon unterwegs, und es regnete in Strömen. Dreiundzwanzig Botschaften hatte Thomas bereits überbracht, manche an dieselben Adressaten wie am Vortag, die meisten jedoch an andere. Ein System ließ dieser strapaziöse Streifzug durch Grenoble nicht erkennen.

Gregor Lämmle war hin und her gerissen zwischen widersprüchlichen Gefühlen. Er ärgerte sich einerseits über das Possenspiel, aber gleichzeitig hätte er am liebsten laut losgelacht über soviel Witz, und er empfand Bewunderung, ja sogar zärtlichen Stolz. Der ausgekochte Bengel mit den Raubvogelaugen hält uns ganz schön auf Trab, sagte er sich. Er macht uns lächerlich. Der arme Hess dreht schon langsam durch, weil er alle Adressen überprüfen muß. Und mir raucht der Kopf bei dem Versuch, mir alle diese aberwitzigen Botschaften zu merken. Und genau das bezweckt der Junge auch. Denn eines ist klar: Durch einen dieser zahlreichen Kontakte benachrichtigt er die Freunde seiner Mutter.

„Hast du keinen Hunger, Thomas? Es ist schon halb eins durch."

Langsam wandte sich der Junge von dem Schaufenster eines Antiquitätengeschäfts ab, das er vermutlich gerade hatte betreten wollen, und schaute zu Lämmle auf. Ihre Blicke begegneten sich, und sie verstanden einander auch ohne Worte. Er hat gedacht, daß ich rede und um Gnade winsle, vermutete Thomas, aber da kann er lange warten ...

Zumindest für ein paar Sekunden geriet Gregor Lämmle dann doch in Rage. Diese kleine Rotznase zieht zehn Männer wie eine Polonaise hinter sich her, dachte er zornig, und ich gehöre dazu. Er weiß es, und

er amüsiert sich. Dabei würde ein Wort, ein Befehl von mir genügen, und die Komödie hätte ein Ende. Hess und seine Leute würden ihn sich vornehmen und mit allen Mitteln zum Sprechen bringen. Er müßte eigentlich begreifen, daß nur ich zwischen ihm und diesen Männern stehe. Ich bin sein einziger Schutz ...

*Einen Moment!* „Warum versucht dieser Bengel nicht, Ihnen zu entkommen?" hat Joachim Gortz vorgestern am Telefon gefragt.

Die Antwort ist klar, dachte Lämmle. Der Junge weiß, daß ich nur darauf warte, bis er mich zu seiner Mutter führt oder bis seine Mutter versuchen wird, ihn zurückzuholen. Er weiß, daß ihm jeder andere an meiner Stelle das Messer auf die Brust setzen würde, um ihn zum Sprechen zu bringen. In mir sieht er jedoch eine Chance. Und deshalb fordert er mich heraus wie beim Schach.

Ich gebe ihm noch drei, nein, vier Tage. Bis Montag abend. Dann wird sich Soeft um ihn kümmern. Soeft, nicht Hess. Der würde ihn allzu übel zurichten.

IN DEM Restaurant, in das ihn der Mann mit den gelben Augen geführt hatte, gab es Hammelkeule mit grünen Bohnen. Thomas hatte so viel gegessen, wie in ihn hineinging. Er erinnerte sich an Opa Allègre, der immer zu sagen pflegte: Was man hat, das hat man.

„Noch ein Stück von der Hammelkeule, Thomas?"

„Nein danke, Monsieur. Wirklich nicht."

„Ich dachte, du hättest großen Hunger?"

„Jetzt nicht mehr." Dafür wurde er allmählich müde.

Wenn er ein Puzzle legte, war es genauso. Das brauchte seine Zeit, vor allem bei fünftausend Teilen. Zuerst mußte man die Ränder finden und dann die Teile nach Farben sortieren, bevor man richtig anfing.

Thomas hatte sortiert, als er die Geschäfte aufsuchte. Er hatte Javiers Rat beherzigt und sich genau an den Plan gehalten. „Wenn etwas passiert", hatte Javier ihm eingeschärft, „wenn du eines Tages ganz auf dich allein gestellt bist, Thomas, dann gehst du nach Grenoble zu dem Gemüsehändler. Du weißt, wo er wohnt. Aber sei vorsichtig."

„Hast du noch Appetit auf ein Dessert, Thomas?"

Fast hätte sich Thomas durch die auf deutsch gestellte Frage überrumpeln lassen. Um ein Haar hätte er geantwortet, ohne nachzudenken. Ich bin nicht konzentriert genug, dachte er. So verliert man seine Partie. Mit Unschuldsmiene blickte er den Mann mit den gelben Augen an und tat so, als habe er nicht verstanden.

„Ich habe dich gefragt, ob du noch Appetit auf ein Dessert hast",
wiederholte dieser auf französisch.

„Auf ein Dessert schon", antwortete Thomas. „Ich liebe Nachspeisen!"

Eine halbe Stunde später bezahlte der Mann mit den gelben Augen,
und gemeinsam verließen sie das Restaurant. Thomas lachte in sich
hinein: Seinem Begleiter schmerzten offenbar schon die Füße. Draußen entdeckte er drei neue Männer, die ihn beschatteten. Also waren es
auf jeden Fall mindestens zehn.

„Es regnet noch immer, Thomas", bemerkte der Mann mit den gelben Augen.

„Ach ja", antwortete Thomas in einem Ton, als sei ihm das vollkommen gleichgültig. „Es regnet."

„Es ist sehr kühl geworden. Ich will nicht, daß du dich erkältest."

Was du nicht sagst! dachte Thomas. Die Kehle willst du mir durchschneiden, und dann machst du dir Sorgen, weil ich mir einen Schnupfen holen könnte. „Mir ist überhaupt nicht kalt, Monsieur", entgegnete er. „Ich fühle mich sehr wohl in dem Mantel und den Schuhen, die
Sie mir gekauft haben."

Thomas schlug die Richtung zum Place de Verdun ein. Den Namen
kannte er inzwischen, weil er den Platz schon siebenmal überquert
hatte. Aufs Geratewohl wählte er ein Geschäft aus, in dem Damenmoden angeboten wurden. Ganz plötzlich rannte er über die Straße und
stürzte in den Laden. Durch das Schaufenster sah er mit Genugtuung,
wie draußen die anderen aufgeregt hinter ihm herhetzten. Der Verkäuferin vertraute er an, daß „Bécassine Kabeljau gekauft hat, der
nicht mehr ganz frisch ist".

„Ich verstehe dich nicht", meinte die Verkäuferin.

Im selben Moment betrat der Mann mit den gelben Augen den
Laden. „Beachten Sie ihn nicht. Mein Neffe ist ein kleiner Schelm."

Thomas ließ sich gefügig nach draußen ziehen.

„Wie lange soll das eigentlich so weitergehen?"

Aufgepaßt, sagte sich Thomas, allmählich platzt ihm der Kragen.
„Ich hab's bald, Monsieur, wenigstens für heute."

Unbeirrt setzte er seinen Weg fort. Sein nächstes Ziel war ein
Restaurant, dann besuchte er nacheinander einen Kurzwarenladen, ein
Café, in dem ein paar Männer am Tresen saßen, einen zweiten Kurzwarenladen, ein Beerdigungsinstitut („Ist der Sarg für Tarzan fertig?"), eine Konditorei, einen Schuhladen (schon zum dritten Mal), ein
Hotel, zwei Cafés und eine Metzgerei. Er ging scheinbar ziellos vor,

doch in Wirklichkeit hatte er sich nach und nach dem Place Sainte-Claire genähert ...

Jetzt hatte er ihn erreicht. Er betrat den Laden und erkannte auf Anhieb Barthélemy, den mallorquinischen Gemüsehändler. Und plötzlich verspürte er das starke und gefährliche Verlangen, sich ihm an die Brust zu werfen. Doch dann besann er sich und rasselte leidenschaftslos sein Sprüchlein herunter: „Guy, der Blitz, mag keine Goldfische."

Der Gemüsehändler war gerade damit beschäftigt, Salatköpfe zu verlesen. Einige Sekunden verstrichen. Dann hob er den Kopf und sah Thomas mit unbewegter Miene an, als habe er die Nachricht nicht verstanden. Er machte keine Bewegung, während ihn der Mann mit den gelben Augen gespannt beobachtete.

„Beachten Sie ihn gar nicht. Mein Neffe vertreibt sich nur die Zeit."

Das hat er jetzt schon mindestens dreißigmal gesagt, dachte Thomas. Viel Phantasie hat er nicht. Er könnte sich mal etwas anderes ausdenken. Ich überlege mir ja auch jedesmal einen neuen Satz.

In der folgenden Stunde besuchte Thomas neun weitere Geschäfte und Ämter. Allmählich erlahmten seine Kräfte. Doch er sprach sich Mut zu. Wenn der Gemüsehändler verstanden hat, wenn er alles Nötige veranlaßt hat ...

Noch fünf Geschäfte. Er betrachtete die Straße, die vor ihm lag. Jetzt mußte er nach rechts, er erinnerte sich genau. Inzwischen war es dunkel geworden, es war unheimlich kalt, und er fror.

„Meinst du nicht, daß es Zeit wäre, ins Hotel zurückzugehen, Thomas?" Der Mann mit den gelben Augen hatte sich auf dem Gehweg aufgebaut. Ihm war deutlich anzusehen, daß er die Nase voll hatte.

Thomas war gerade im Begriff gewesen, in eine Holz- und Kohlenhandlung zu gehen. Er drehte sich noch einmal um. Der Mann mit den gelben Augen rührte sich nicht. Doch hinter ihm erblickte der Junge die zehn Beschatter.

Und dann machte er noch eine Entdeckung. O verflixt, schoß es ihm durch den Kopf, es ist soweit! Sie sind da. Mindestens einen der drei Jungen erkannte er. Er hatte ihn bei dem Gemüsehändler Barthélemy gesehen.

„Thomas, das reicht", sagte der Mann mit den gelben Augen.

Jetzt oder nie, dachte der Junge. Er ging an der Kohlenhandlung vorbei und stieß fünf Meter weiter die Tür zu der Bar auf, in der er vor einer Stunde schon einmal gewesen war. Ein Dutzend Männer lehnten am Tresen und tranken Weißwein. In der Ecke wurde Karten gespielt.

Wie bei seinem ersten Besuch steuerte Thomas sogleich auf den Wirt hinter der Kasse zu. Im Spiegel an der Wand sah er, daß der Mann mit den gelben Augen mürrisch auf der Schwelle stehengeblieben war. Thomas drängte sich zwischen den Männern am Tresen hindurch. Einen zupfte er am Ärmel; er hatte sich den kräftigsten ausgesucht, der das große Wort führte. Er machte große unschuldige Augen und sagte schnell und leise mit seiner Kinderstimme: „Monsieur, ich habe Angst. Der Mann da ist mir von der Schule bis hierher nachgegangen. Er hat mich anfassen wollen und hat ganz unanständige Sachen zu mir gesagt."

Der Mann mit den gelben Augen wurde unruhig.

„Der kleine Blonde, der da an der Tür steht?" fragte der Mann am Tresen.

„Ja, der da. Er wollte mir in die Hose greifen."

„Ach nein!" Der Kräftige stellte sein Glas ab und richtete sich auf; seine Kumpane taten es ihm nach.

„Ich habe den Eindruck, hier handelt es sich um ein kleines Mißverständnis, Messieurs", erklärte der Mann mit den gelben Augen eilig. „Zufällig bin ich der Onkel dieses Jungen und . . ."

„Du meinst wohl, seine Tante?"

Thomas zögerte keine Sekunde. Er sauste durch das Hinterzimmer, das auf den Hof hinausführte. Dort fand er eine Lücke zwischen den Säcken der Kohlenhandlung und schlüpfte hindurch. Durch ein Tor rannte er in eine enge Gasse. Eine kleine Gestalt tauchte vor ihm auf. Der Junge gab ihm ein Zeichen: nach rechts! Er folgte der Anweisung und lief weiter. Kaum dreißig Meter weiter hörte er eine Stimme. „Thomas, hier entlang!"

Er kennt meinen Vornamen, dachte Thomas noch, und schon waren sie in einem Hausflur, rannten die Treppe hinauf, stürzten in eine leere Wohnung und kletterten aus dem Fenster.

Ein Dach und dann wieder ein Fenster. Thomas stieg hinein. Ein größerer Junge schloß es hinter ihm. „Ich bin Michel, der Gemüsehändler ist mein Vater, komm."

Wieder ging es eine Treppe hinunter und auf eine Gasse hinaus. Sie betraten eine Schuhmacherwerkstatt durch die Hintertür. Durch die vordere Glastür sah man auf die Straße. Michel lächelte. Seine Augen blitzten vor Freude. „Das macht Spaß, was?"

„Und wie", antwortete Thomas.

Er blieb auf der Hut, bereit, jeden Moment wie ein geölter Blitz davonzusausen, obwohl ihm sein sechster Sinn sagte, daß alles in Ord-

nung war. Zwei Jungen traten ein. Der kleinere der beiden hatte ihm vorher das Zeichen gegeben.

„Das sind meine Brüder", erklärte Michel. „Der größere ist Mimi, der kleine Jacques. Zieh Mantel, Hose, Pullover aus, auch die Strümpfe, und nimm deine Baskenmütze ab. Los, schnell!"

Die Verwandlung ging in einem Nebenraum vonstatten. Thomas schlüpfte in die bereitliegenden Sachen. Die Hose war ihm zu eng, die Lammfelljacke paßte. Dazu bekam er Holzpantinen, Ohrenschützer aus Wolle und Handschuhe. Die Kleider gehörten Jacques.

Auf der Straße standen zwei Fahrräder. Jedes hatte einen zweirädrigen Anhänger aus Sperrholz, die mit Grünzeug beladen waren, hauptsächlich mit angefaultem Kopfsalat. „Schnell, Thomas! Von jetzt an bist du Jacques."

Thomas schwang sich in den Sattel und stemmte sich in die Pedale. Es überraschte ihn, wie schwer der Anhänger war. Endlich brachte er das Gefährt in Gang.

„Für wen ist der Salat?" fragte er Michel beim Fahren.

„Für die Ziegen natürlich", antwortete der Sohn des Gemüsehändlers vergnügt.


## IV

QUARTERMAIN war in Genf angekommen. Wie ein Dieb hatte er sich aus Vermont davongeschlichen. Und warum? Wegen eines simplen Briefes! Unerklärlich! Habe ich womöglich eine romantische Ader? fragte er sich.

Während des langen Fluges über den Atlantik waren immer neue Erinnerungen in ihm aufgestiegen. Ohne Sinn und Ordnung, chaotisch. Bittere, süße und zuletzt schmerzliche Erinnerungen an *sie*, Maria. Sie war eine unglaubliche Frau gewesen. Ihre ruhelose, stets wache Intelligenz hatte ihm gelegentlich angst gemacht. Und dann wieder diese langen Phasen des Schweigens, während der sie so entrückt wirkte, als lebe sie in einer anderen, grausamen Welt. Er verstieg sich zeitweise sogar zu dem Gedanken, sie leide an einer unheilbaren Krankheit, wisse, daß sie bald sterben müsse, und durchlebe in fiebriger Intensität die letzten noch verbleibenden Monate. Aber für diese Erklärung hatte es keinen konkreten Anhaltspunkt gegeben.

Während des ganzen Fluges war der spanische Kurier, der ihn begleitete, mit keiner Silbe auf die „außergewöhnlichen Umstände"

eingegangen, die Maria in ihrem Brief erwähnte. Der Spanier hatte ihm von Mallorca vorgeschwärmt und erzählt, daß er eine Anstellung gefunden habe, die es ihm ermögliche, nun auf seine geliebte Insel zurückzukehren.

Erst bei ihrer Ankunft in Genf hatte er angedeutet, daß er noch mehr Informationen für Quartermain hatte. Jetzt erwartete er ihn im Foyer des Hotels. Der Spanier saß in einem Korbsessel und hielt ihm einen geschlossenen Umschlag hin. „Sie sollten ihn eigentlich schon in Amerika bekommen, doch er hat mich erst heute erreicht."

Quartermain öffnete ihn. Er enthielt Fotos von einem Jungen, der ungefähr zehn Jahre alt war. Auf Anhieb erkannte Quartermain Marias Augen wieder; die Ähnlichkeit war verblüffend.

MICHEL und Thomas fuhren auf ihren Rädern unter der alten Stadtmauer von Grenoble durch und bogen in den Parc de l'Ile Verte ein. Sie erreichten ein Häuschen. Die Ziegen im Garten stürzten sich gierig auf den Salat, während die beiden Jungen ins Haus gingen. Mit einem Mal fühlte sich Thomas müde und unendlich erleichtert: Er hatte es geschafft, dem Mann mit den gelben Augen zu entwischen.

Er würde *sie* wiedersehen.

Mit dem Gemüsehändler, seiner Frau und seinen Söhnen aß er zu Abend. Schließlich blieb ihm nicht mehr die Zeit, seinen Gastgebern zu sagen, wie nett er sie fand, denn er war zum Umfallen müde.

„Komm, mein Junge." Barthélemy, der Gemüsehändler, nahm ihn auf die Arme und trug ihn in ein Zimmer. „Du bist ja vollkommen erschöpft. Schlaf ruhig, hier tut dir niemand etwas zuleide."

Zum ersten Mal seit Wochen vergaß er alle Wachsamkeit. Es war schön, Menschen um sich zu haben, die sich um einen kümmerten. So sank er in den Schlaf, erfüllt von tiefem Seelenfrieden.

Am nächsten Morgen wurde er sanft geweckt. Die Frau des Gemüsehändlers brachte ihm das Frühstück ans Bett. Er hatte große Lust zu weinen, weil sie ihn so anlächelte. Doch die Denkmaschine in seinem Kopf arbeitete. Laß dich nur gehen, und leg dein Mißtrauen ab, warnte ihn eine innere Stimme, dann hast du beim nächsten Zug verloren. Hat *sie* dir nicht tausendmal eingeschärft, daß du niemandem vertrauen sollst, auch nicht Leuten, die nur dein Bestes wünschen? Sie können dir schaden, ohne es zu wollen.

Eine Stunde später traf ein Mann ein. Er war untersetzt und grinste übers ganze Gesicht. Sie nannten ihn Onkel Mathieu. Er war der Bruder des Gemüsehändlers und sollte Thomas über die Grenze in die

Schweiz bringen. Er hatte einen Lieferwagen, aber keinen gewöhnlichen, denn auf der Ladepritsche hinter dem Führerhaus war eine Klappe und darunter ein Versteck.

Der Junge kletterte hinein, und sie fuhren los. Thomas schlief bald wieder ein. Es dauerte lange, bis der Wagen hielt. Thomas stieg aus. Vor ihm ragten schneebedeckte Berge auf.

„Kannst du Spanisch?" fragte Onkel Mathieu, während sich der Junge die Augen rieb.

„Nein", antwortete Thomas.

„*Que va! Entiendes muy bien.* Javier Coll sagt, du sprichst perfekt Spanisch!"

„Wer ist dieser Ravier Coille?"

Der Onkel lachte und schüttelte den Kopf. „Mißtrauisch wie sechs Füchse, was? Aber du hast schon recht, sie sind hinter dir her, die Deutschen ... Wir haben alle ihre Kontrollen passiert. Du kannst jetzt vorn bei mir sitzen."

Thomas wäre lieber in seinem Versteck geblieben. Er hielt es für unvorsichtig, sich zu zeigen. Aber der Onkel hatte schon umgeräumt, so daß sich die Klappe nicht mehr öffnen ließ.

Schließlich erreichten sie eine kleine Stadt. „Annemasse", sagte der Onkel, der kurz darauf an einer Klosterschule vorüberfuhr. Davor stand ein Priester, der sein Barett zog und sich am Kopf kratzte.

„Das bedeutet, daß die Luft rein ist, Thomas." Der Onkel drehte um und fuhr zu der Schule zurück. Diesmal bog er in den Hof ein. „*Adiós, muchacho*", verabschiedete er sich von dem Jungen. „Und grüß Javier von uns."

Thomas stieg aus und wurde in ein Zimmer gebracht. Der Geistliche mit dem Barett, der sich als Pater Favre vorgestellt hatte, führte ihn zum Fenster und deutete auf die Mauer im Garten. „Die Schweiz beginnt direkt hinter dieser Mauer. Ich werde dir gleich etwas zu essen bringen. Heute nacht wirst du über die Grenze gehen."

Alles funktioniert beinahe zu reibungslos, warnten die Alarmsirenen in Thomas' Kopf, aber gerade jetzt wollte der Junge nicht auf sie hören. Er dachte nur an *sie*. Ganz bestimmt erwartete sie ihn schon, auf der anderen Seite der Mauer ...

Um neun Uhr abends trat Thomas in den Garten hinaus. Pater Favre gab ihm ein Zeichen, sich zu ducken. Zwei italienische Soldaten schlenderten vorbei. Sie entfernten sich, und gleich darauf verschwanden sie um die Ecke.

„Jetzt!" sagte Pater Favre.

Thomas kletterte auf eine Leiter, wobei er bemerkte, daß er nicht allein war. Sieben, acht dunkle Gestalten erklommen mit ihm die Mauer.

„Schnell", flüsterte Pater Favre.

Einer der Männer half Thomas, auf die andere Seite zu springen. Dort sammelte sich die Gruppe und rannte in die dunkle Nacht hinaus. Plötzlich leuchteten Taschenlampen auf. Vor ihnen Soldaten mit Gewehren. „Alles in Ordnung", rief einer der Flüchtlinge, „es sind Schweizer, Gott sei Dank!"

Wieder meldeten sich Thomas' Alarmsirenen. Der Mann, der ihm vorher geholfen hatte, klopfte ihm auf die Schulter. „Wir haben es geschafft, mein Junge. Wir sind in der Schweiz. Wir sind gerettet."

Thomas riß sich los und begann zu rennen. Er kam etwa dreißig Meter weit, dann tauchte plötzlich ein Graben vor ihm auf. Er stürzte, rappelte sich wieder hoch, rannte weiter, genau auf einen Busch zu. Gerade wollte er einen Bogen schlagen, als vor ihm Lampen aufblitzten. Er sprang in das Gestrüpp und warf sich auf den Boden.

Ein Lastwagen näherte sich, angestrahlt von den Scheinwerfern anderer Autos. Die Gruppe, zu der Thomas gehörte, kletterte auf die Ladefläche. Ich warte, bis sie weg sind, sagte er sich, und dann ...

Aber es kam anders. Der kleine Mann, der ihm vorhin erklärt hatte, daß sie gerettet seien, sprach mit den Soldaten und deutete zu der Stelle hinüber, wo Thomas sich versteckt hielt. „Komm doch, mein Junge!" rief er. „Du hast nichts mehr zu befürchten. Du bist in der Schweiz." Plötzlich richteten die Soldaten ihre Lampen auf das Gebüsch und liefen auf ihn zu. Einer zerrte ihn heraus und stieß ihn zu dem Lastwagen.

Außer sich vor Wut, kletterte Thomas hinauf und fand sich neben dem kleinen, kahlköpfigen Mann wieder, der ihn freundlich anlächelte. „Es ist doch nur zu deinem Besten, mein Junge", erklärte der Fremde. „Du brauchst jetzt keine Angst mehr zu haben." Der Lastwagen fuhr los. Hinten saßen zwei Soldaten. An eine Flucht war nicht zu denken.

Die Gruppe wurde zu einem hellerleuchteten Gebäude gebracht, wo alle in einem Saal warten mußten. An einer vorbeifahrenden Straßenbahn las Thomas die Aufschrift „Genf".

Eine halbe Stunde später wurde der Junge in ein Büro geführt. „Bist du Thomas David Lamiel, gebürtig aus Lausanne?" fragte ihn ein Mann, der hinter einer Abschrankung saß.

Natürlich wußte Thomas die Antwort. Er tat nur so, als wisse er sie nicht, und schwieg.

„Geh in das Zimmer nebenan, und warte dort", sagte der Mann. „Man wird dich holen."

Er war in dem Raum allein mit einem Soldaten, der ihn keine Sekunde aus den Augen ließ. Sehr viel Zeit verstrich.

Dann hörte er Schritte auf dem Gang. Stimmen. Sie sprachen Deutsch. Aber er verstand sie kaum, nur ein paar Worte, „danke", „Dienst erwiesen", „bei Gelegenheit erkenntlich zeigen" ...

Die Tür ging auf, und ein Mann trat ein. Er war mindestens fünfzig, hatte weiße Haare, ein rotes Gesicht, blaue Augen und war sehr gut angezogen. Er lächelte Thomas an. „Guten Tag, Thomas. Seit deiner plötzlichen Abreise aus Grenoble haben wir auf dich gewartet. Mein Name ist Joachim Gortz."

„Meine Mission ist damit beendet, Mr. Quartermain", sagte der spanische Kurier, der sich verabschiedete und ging.

Sechs Stunden später klopfte es leise an Quartermains Hotelzimmertür. Der Mann, der eintrat, war groß und hager. Obwohl seit ihrem letzten Zusammentreffen viele Jahre vergangen waren, erkannte ihn Quartermain auf Anhieb wieder. „Ich bin Javier Coll", begann der Besucher. „Danke, daß Sie nach Europa gereist sind, Mr. Quartermain. Aber ich fürchte, Sie sind umsonst gekommen."

„Wo ist Maria?"

„In der Schweiz. Meine Befürchtung betrifft den Jungen, Mr. Quartermain. Letzte Nacht ist er entführt worden, nur ein paar Kilometer von hier." Javier Coll war am Eingang stehengeblieben, lehnte sich an den Türrahmen. „Verantwortlich für die Aktion ist ein Mann, der sich Golaz-Hueber nennt. Sein richtiger Name ist Gregor Lämmle. Warum gerade er sich die Entführung ausgedacht hat, ist mir schleierhaft: Er war früher Professor für Philosophie. Doch er ist extrem gefährlich. Er hat die Villa bei Sanary gefunden, dann die Wohnung in Aix-en-Provence und schließlich Thomas selbst. Wir hatten vor, Thomas über die Grenze in die Schweiz zu bringen. Maria wollte, daß wir ihn Ihnen anvertrauen. Aber dieser Lämmle hat alles vorausgesehen."

„Wo ist er ..., wo ist Thomas?"

„In der Hand unserer Feinde. Ich konnte es nicht verhindern." Javier Coll schloß die Augen.

Zum ersten Mal glaubte Quartermain, eine klare Vorstellung davon zu bekommen, wie ernst, ja vielleicht sogar tragisch diese Geschichte war. „Gibt es denn nichts, was ich tun kann?"

Der Spanier öffnete die Augen wieder. „*Sie* ist zu allem bereit, um ihren Sohn aus seiner schrecklichen Lage zu befreien."

„Auch sich auszuliefern?"

„Ja."

„Wo ist sie? Ich möchte mit ihr sprechen."

Die dunklen Augen blitzten auf. „Dazu müßten Sie nach Frankreich."

„Wohin genau?"

„In die nichtbesetzte Zone." Javier Coll blickte auf den nächtlichen Genfer See hinaus. „Sie hätte mich nach meiner Meinung fragen sollen. Ich an ihrer Stelle hätte mich nicht an Sie gewandt. Ich weiß allerdings nicht, was sie Ihnen geschrieben hat."

„Thomas ist angeblich mein Sohn", erwiderte Quartermain. „Was wird mit dem Jungen geschehen?"

„Wahrscheinlich wird man ihn nach Frankreich zurückbringen, um ihn gegen *sie* auszutauschen. Sie werden nichts dagegen tun können." Javier Coll hatte bereits die Hand auf die Türklinke gelegt.

„Wie ging es ihr, als Sie sie zuletzt gesehen haben?" fragte Quartermain.

Der Spanier schwieg kurz. „Sie war erschöpft", antwortete er schließlich, „und sehr verzweifelt." Er verabschiedete sich und ging.

Quartermain trat an eines der Fenster, um zu sehen, wie er das Hotel verließ. Keine Spur von ihm.

Gegen elf Uhr abends rief Quartermain die Rezeption an und erkundigte sich, ob es eine Möglichkeit gab, von Genf ins nichtbesetzte Frankreich zu reisen. Ja, hieß es, er könne nach Spanien und von dort nach Marseille fliegen. Quartermain war unschlüssig.

Er war gerade eingeschlafen, als das Telefon klingelte. Javier war am Apparat. Das Gespräch dauerte nicht lange. Nur mal angenommen, meinte der Spanier, Quartermain wolle nach Frankreich, dann solle er nach Marseille fliegen und im Hotel „Noailles" an der Canebière absteigen. Dort werde man mit ihm in Verbindung treten.

Joachim Gortz schüttelte den Kopf. „Ich bin nicht einverstanden", erklärte er, „und hätte es viel lieber gesehen, wenn man den Jungen nach Deutschland gebracht hätte."

Gregor Lämmle lächelte. „Mein verehrter Gortz", sagte er mit sanfter Stimme, „ohne mich wüßten Sie nicht einmal von der Existenz dieses Jungen. Und ich trage die Verantwortung in dieser Sache. Ich danke Ihnen also, daß Sie mir den Jungen gebracht haben."

„Das war gar nicht so einfach. Wir hatten keine Ahnung, wo er über die Grenze gehen würde und ..."

„Habe ich Ihnen jemals vorgejammert, welche Anstrengung mich diese Aktion gekostet hat? Wir haben alle unseren Teil beigetragen. Wer hat ihn in der Schweiz erwartet?"

„Vermutlich der Spanier, den die Schweizer verhört haben. Ein ziemlich großer Kerl, dem ein paar Finger fehlen. Es ist den Beamten sogar gelungen, ihn festzunehmen, doch er ist ihnen wieder entkommen. Dabei hat er drei Zollbeamte niedergeschlagen. Nicht einmal Ihrem Jürgen Hess ist es gelungen, seine Spur zu finden."

„Der gute Hess würde nicht einmal die Kathedrale in Chartres finden, wenn ich ihn dorthin schickte." Gregor Lämmle beugte sich über das Bett im Hotel Trois Dauphins in Grenoble. Der Junge schlummerte. Er stand noch unter der Wirkung des Schlafmittels, das man ihm in der Schweiz verabreicht hatte, bevor man ihn wieder über die Grenze brachte.

„Und was nun?" fragte Gortz.

„*Sie* wird zu mir kommen", antwortete Gregor Lämmle, „so oder so, und ich werde sie fangen, so, wie man eine Löwin fängt, die ihr Junges sucht. Die ganze Geschichte wird böse ausgehen, das können Sie mir glauben. Machen Sie sich auf das Schlimmste gefaßt."

NACH dem Aufwachen preßte Thomas sein Gesicht ins Kopfkissen und weinte. Aber nicht lange. Die Denkmaschine in seinem Kopf hatte sich wieder in Gang gesetzt. Ich habe eine Partie verloren, sagte er sich, als er aufstand, das tut sehr weh, aber ich will aus meinen Fehlern lernen, damit sie mir beim nächsten Mal nicht wieder passieren. Zum Beispiel hätte ich mich nicht auf Onkel Mathieu verlassen sollen. Ich wußte doch, daß alles zu glatt und einfach ging. Deshalb hätte ich gleich allein fliehen sollen.

Thomas duschte, kämmte sich sorgfältig das nasse Haar und verließ das Zimmer. Der Mann mit den gelben Augen saß am Tisch im Salon an einem Schachbrett.

Thomas betrat den Salon. An der Tür, die auf den Flur führte, erblickte er einen Bewacher. Der Junge ging ans Fenster und sah hinaus. Es regnete, die Scheiben waren eiskalt. Draußen parkten drei Autos, in jedem saßen zwei Männer. Weitere entdeckte der Junge in einem Lastwagen und an den Fenstern und auf den Dächern der Gebäude gegenüber.

Er wandte sich zum Tisch um. Der Mann mit den gelben Augen

hatte die weißen Figuren vor sich stehen. Die ersten drei Züge hatte er allein gemacht.

Er weiß nicht, was er sagen soll, dachte Thomas, und fordert mich zu einer Partie Schach heraus. Die Denkmaschine lief wie geschmiert. Thomas erteilte ihr den Befehl, sich mit der Position der Figuren zu beschäftigen.

„Ich habe nie Golaz-Hueber geheißen, Thomas. Mein Name ist Lämmle, Gregor Lämmle. Kannst du noch immer kein Deutsch?"

„Ich hatte keine Zeit, es zu lernen, solange ich in der Schweiz war", antwortete Thomas und setzte sich an den Tisch. Er empfand nicht das geringste Mitleid für sein Gegenüber. Ich werde dich erledigen, nahm er sich vor. Nicht mit einem Schlag, sondern ganz langsam, Zug um Zug.

Der Mann mit den gelben Augen rückte mit einem Bauern vor. „Wer ist der Mann mit der verstümmelten Hand, Thomas?"

„Ich kenne nur den Mann mit dem Klumpfuß." Der Junge konzentrierte sich ganz auf die Partie. Der Kerl kann reden, soviel er will, dachte er, es ist mir egal. Fast wäre er mit seinem Läufer wie sonst nach b7 gezogen, doch im letzten Moment kam ihm eine andere Idee: Er zog mit dem Läufer nach a6. Vielleicht zieht er mit seiner Dame nach a4, überlegte Thomas, dann mit dem Läufer nach g2, um zu rochieren, das wäre normal. Aber dann wäre ich in einer besseren Ausgangsposition. Es sei denn ... Nein, stark, wie er ist, wird er mit dem Springer auf d2 ziehen ...

Im nächsten Augenblick stand der weiße Springer auf d2. „Hast du die Männer draußen gesehen, Thomas?" fragte Lämmle.

„Es sind mindestens fünfzehn", antwortete der Junge. „Und wie viele sind auf dem Dach des Hotels postiert?"

„Da wimmelt es nur so von meinen Leuten", erwiderte Lämmle. „Ich bezweifle, daß deine spanischen Freunde auch nur die geringste Chance haben, an dich heranzukommen."

„Welche spanischen Freunde?" Jetzt hat er rochiert, dachte Thomas, wie ich schon geahnt habe. Aber ich warte noch. Meine Verteidigung ist dreifach gedeckt. Ich habe Zeit. Er ist wirklich ein Könner, ein echter Experte. Um so besser.

Fünfzehn Minuten lang fiel kein Wort. Thomas blickte dem Mann mit den gelben Augen nicht mehr ins Gesicht. Er dachte nicht mehr an die Posten, nicht mehr an Javier, der vielleicht irgendwo in der Nähe lauerte, nicht mehr an *sie*, die ihn auf der Schweizer Seite der Mauer nicht erwartet hatte.

„Du spielst wirklich sehr gut, Thomas. Vorausgesetzt, das ist nicht alles bloß Zufall ..."

Er versucht dich nervös zu machen, sagte sich der Junge. Was glaubt der eigentlich?

Beim dreiundzwanzigsten Zug war es soweit: Die Stellung von Weiß geriet ins Wanken. Ich hätte ihn schon zweimal vernichten können, dachte Thomas, aber das wäre zu schnell gegangen. Er hätte geglaubt, es sei mein Glück gewesen, nichts weiter. Aber jetzt werde ich ihn matt setzen. Sein König ist isoliert. Selbst wenn er es bemerkt, ist es zu spät ...

„Thomas, dir ist doch klar, daß sich deine Mutter bald zu erkennen geben muß."

*Hör ihm nicht zu!* befahl sich der Junge.

„Sie wird aus ihrem Versteck kommen, Thomas. Sie wird Kontakt zu mir aufnehmen. Sie weiß, wo ich bin. Ich warte auf sie."

„Schach", sagte Thomas. So, jetzt hat er endlich begriffen. Ob er sich absichtlich in diese Lage hat bringen lassen? Nein, denk daran, was sie dir eingeschärft hat: Schau deinem Gegenüber nie in die Augen, nur auf seine Hände. Und Lämmles Hände zittern ein wenig. Er ist nervös. Vermutlich wird er noch versuchen, seinen König in Sicherheit zu bringen, aber dazu ist es jetzt zu spät. Matt in drei ... *Nein!* Ich werde ihn nicht matt setzen, ich will, daß er aufgibt!

„Schach", wiederholte Thomas und zog mit dem Springer nach f2.

„Ich glaube, daß die Begegnung zwischen deiner Mutter und mir einer der großen Augenblicke in meinem Leben wird, Thomas."

„Schach."

„Aber vielleicht gibt es noch einen Ausweg für deine Mutter und dich. Sie braucht Monsieur Gortz nur das zu geben, was er will. Dann lassen wir euch beide gehen, dich und sie. Dafür werde ich sorgen. Ich kann euch schützen, Thomas ..."

Noch viermal Schach. Er wird versuchen, sich mit der Dame zu verteidigen, sagte sich der Junge.

„Hast du gehört, was ich über deine Mutter gesagt habe, Thomas?"

Jetzt mit dem Bauern zum Angriff. „Ja."

„Aber du glaubst mir nicht."

„Es wäre unhöflich, Ihnen nicht zu glauben. Sie sind am Zug, Monsieur."

Schweigen.

Schach, Schach, Schach ..., ich massakriere ihn!

Das Telefon klingelte. Lämmle starrte Thomas an, stand dann auf

und hob ab. Er sagte ein paarmal „Ja" und „Das habe ich nicht befohlen." Schließlich legte er auf und kehrte zum Schachbrett zurück. Aber er setzte sich nicht, sondern starrte Thomas an.

„Du hast meine Frage nicht beantwortet, Thomas. Hast du gehört, was ich über dich und deine Mutter gesagt habe?"

„Ich habe Ihnen bereits elfmal Schach geboten. Wollen Sie weiterspielen, Monsieur?"

„Ich gebe auf, Thomas."

„Dann müssen Sie Ihren König auf das Brett legen."

Lämmle legte den weißen König auf das Brett. „Ich habe verloren. Du spielst zu gut für mich. Glaubst du, daß ich gegen dich überhaupt gewinnen kann, Thomas?"

„Nein, Monsieur. Entschuldigen Sie, wenn ich so unhöflich bin und Ihnen das ins Gesicht sage." Dabei schaute er Lämmle zum ersten Mal in die Augen.

„Ich habe mir gedacht, wir könnten vielleicht einen kleinen Ausflug unternehmen, Thomas. Du warst lange nicht mehr draußen. In deinem Alter braucht man viel frische Luft."

„Mit Vergnügen, Monsieur", erwiderte Thomas. „Danke für die Einladung."

QUARTERMAIN betrat das Konsulat der Vereinigten Staaten in Marseille, eine Nebenstelle der Botschaft bei der Vichy-Regierung. Er wies sich aus, und in bemerkenswert kurzer Zeit wurde er in das Büro eines gewissen Callaghan geführt.

„David Quartermain? Sind Sie nicht der Neffe von ..."

„Ja, der bin ich", antwortete Quartermain. „Und an manchen Tagen frage ich mich, ob ich darüber glücklich sein soll."

In den folgenden Minuten beantwortete er gewohnt lässig sämtliche Fragen, die Callaghan ihm stellte. Onkel Peter gehe es gut, danke ja, auch Cousin Larry und den übrigen.

Callaghan war Berufsdiplomat und galt als Experte für französische Angelegenheiten. Schließlich erkundigte er sich nach dem Grund von Quartermains Besuch. Quartermain antwortete, er sei vorbeigekommen, um einige Auskünfte einzuholen. Zum Beispiel wolle er wissen, worin der politische, geographische, ökonomische und juristische Unterschied bestehe zwischen der besetzten und der nichtbesetzten Zone und ob er als amerikanischer Staatsbürger herumreisen könne, vorausgesetzt natürlich, er überquere nicht die Demarkationslinie. „Sie wissen doch bestimmt, wo sie verläuft?"

Callaghan überreichte ihm eine Straßenkarte, auf der die Linie mit schwarzer Tinte eingezeichnet war. Er betonte, daß die Vichy-Regierung und die Vereinigten Staaten nicht miteinander im Krieg stünden. „Also können Sie reisen, wohin Sie wollen. Ich würde Ihnen allerdings nicht dazu raten. Unsere Beziehungen zur Regierung Laval sind nicht die besten."

Quartermain lud Callaghan in ein Restaurant am alten Hafen zum Essen ein. Anschließend gingen sie zu einer Garage, wo Callaghan ihm die Schlüssel für einen Ford überreichte. „Mein Dienstwagen", erklärte der Diplomat. Das Fahrzeug war vollgetankt, und im Kofferraum befanden sich drei Kanister mit je zwanzig Litern. „Es ist nicht leicht, Benzin zu beschaffen."

Quartermain bedankte sich. Gegen fünf kehrte er in das Hotel Noailles zurück. Er versicherte sich, daß keine Nachricht für ihn hinterlegt worden war, und ging dann in die Bar.

Er erstarrte. Eine junge Frau wandte ihm den Rücken zu. Sie trug Schuhe mit sehr hohen Absätzen und ein Kleid von Chanel, das ihre gute Figur betonte. Ihren Mantel hatte sie über den Stuhl neben sich gelegt. Quartermain stockte der Atem. Maria? Doch als sie sich umdrehte, trafen sich ihre Blicke, und er wußte, daß er sich getäuscht hatte. Die junge Frau hatte blaue Augen, keine grauen. Jetzt kam sie direkt auf ihn zu und küßte ihn auf den Mund.

„Sagen Sie nichts", flüsterte sie ihm zu. Sie küßte ihn noch einmal und lächelte ihn an, als würde sie nach einer langen Zeit der Trennung ihren Geliebten wiedersehen.

Nur, er war ihr nie zuvor begegnet ...


„Komm, Thomas." Der Mann mit den gelben Augen, der angeblich Gregor Lämmle hieß, deutete auf die Wagentür. Der Junge stieg ein. Am Steuer saß der große Blonde. „Soeft und ich wollen trotz des Regens ein bißchen ins Grüne fahren."

Zwei andere Wagen starteten gleichzeitig; einer davon blieb stets vor, der andere hinter ihnen. Sie fuhren langsam.

„Deine Flucht vor zwei Tagen hat mich amüsiert, Thomas", begann Lämmle. „Du bist sehr gewitzt."

„Ich bin nicht geflohen, ich habe mich verlaufen."

Gregor Lämmle lachte und gab Soeft auf deutsch die Anweisung, auf „der vereinbarten Strecke" durch Grenoble zu fahren. Sie folgten genau der Route, die Thomas bei seinen Ladenbesuchen zurückgelegt hatte. Bald erreichten sie den Place Sainte-Claire.

Sie hielten an. Nicht vor Barthélemys Gemüseladen, sondern auf der gegenüberliegenden Seite des Platzes. „Hast du Lust auf etwas Obst, Thomas? Holen Sie uns doch ein paar Früchte, Soeft."

Soeft stieg aus, und dann wurde kein Wort mehr gesprochen. Thomas fiel es furchtbar schwer, ruhig im Wagen sitzen zu bleiben. Doch er blickte stur geradeaus, als seien ihm Soeft und die Schlägertypen, die den Wagen umringten, vollkommen gleichgültig.

Zwei Minuten verstrichen, dann kehrte Soeft zurück. In der Hand hielt er eine große Papiertüte. Er gab sie Lämmle. „Äpfel und Nüsse", sagte er auf deutsch, „etwas anderes gab es nicht."

„Gut. Fahren Sie wieder los, Soeft."

Die Wagen verließen den Place Sainte-Claire, und wieder folgten sie dem Weg, den Thomas drei Tage zuvor bei seiner Flucht eingeschlagen hatte. Vorbei an dem Café, dem versteckten Durchgang, dann die Straße rechts. Auf der anderen Straßenseite lag die Schreinerei und gleich daneben der Schuhmacherladen, in dem er mit Jacques, dem jüngsten Sohn des Gemüsehändlers, die Kleider getauscht hatte.

„Fährst du gern Fahrrad, Thomas? Ich könnte dir eins kaufen."

„Nein danke, Monsieur. So gern auch wieder nicht."

Die drei Wagen bogen jetzt in die lange Allee am Parc de l'Ile Verte ein, an der das Häuschen mit den Ziegen im Garten stand. Sie hielten an, und alle Männer sprangen aus den Autos. „Wir gehen ein Stück im Park spazieren, Thomas", meinte Lämmle.

Die meisten der Bewacher trugen schwarze Ledermäntel und Hüte. Die Hände hatten sie in die Taschen gesteckt, ein sicheres Zeichen, daß sie bewaffnet waren. Thomas ging unter dem großen Regenschirm neben Gregor Lämmle her.

„Nüsse, Thomas?"

„Nein danke, Monsieur."

„Und wie wär's mit einem Apfel?"

Thomas blickte auf und schaute in Lämmles gelbliche Augen. Plötzlich kam ihm eine Idee. Er wußte, der Gedanke war verrückt, aber er erschien ihm unheimlich verlockend. „Ja bitte, einen Apfel, Monsieur", sagte er.

Gregor Lämmle drückte ihm einen in die Hand. „Hast du Opa und Oma Allègre gemocht, in der Villa bei Sanary?"

Du mußt Zeit gewinnen, sagte sich der Junge. „Wo ist Sanary?" Er tat so, als wolle er in den Apfel beißen und suche die beste Stelle. Aber jetzt hatte er Angst, schreckliche Angst.

„Sie sind beide tot, Thomas. Sie mußten schrecklich leiden, bevor

sie starben. Wir haben sie zum Sprechen gebracht. Sie haben uns verraten, was sie über deine Mama wissen. Warum ißt du denn deinen Apfel nicht, Thomas? Schmeckt er dir nicht?" Gregor Lämmle strich ihm über das Haar, griff nach seinem Arm und zwang ihn mit sanfter Gewalt weiterzugehen. „Und jetzt der Gemüsehändler, seine Frau und seine drei Söhne. Thomas, du weißt natürlich, daß der Gemüsehändler Spanier ist. Er stammt von der Insel Mallorca, aus dem kleinen Dorf Sóller. Genau wie ein gewisser Javier Coll, den du auch kennst. Thomas – willst du, daß ich den Gemüsehändler und seine Familie umbringen lasse?"

Thomas hatte alles versucht. Vergeblich, nichts zu machen, er mußte weinen. Er hatte sich von Lämmle losgerissen und stand jetzt neben dem schützenden Dach des schwarzen Schirmes. Tränen und Regentropfen kullerten über sein Gesicht.

„Thomas, was mit dem Gemüsehändler und seiner Familie geschehen wird, hängt ganz allein von dir ab. Von dir und dem, was du deiner Mama sagen wirst. Ich möchte mich mit deiner Mama treffen und mit ihr sprechen. Sie braucht Monsieur Gortz nur das zu liefern, was er haben will. Von mir habt ihr dann nichts mehr zu befürchten. Du bist außergewöhnlich intelligent, Thomas. Ich bin sicher, daß du merkst, wenn man dich belügt. Deine Mama hat dich wunderbar geschult, sie hat eine perfekte Maschine aus dir gemacht, ein kleines Ungeheuer, aber zufällig liebe ich kleine Ungeheuer. Ich liebe dich sehr, Thomas, ich könnte dir nie weh tun. Ich glaube, das weißt du auch. Aus keinem anderen Grund bist du seit Aix-en-Provence bei mir geblieben. Du hast gewußt, daß ich dich beschützen würde. Aber ich brauche deine Mama. Nicht um sie zu töten. Ich will sie nur sehen und mit ihr sprechen. Ich halte deine Mama für eine außergewöhnliche Frau."

Am liebsten hätte sich Thomas auf die Erde gelegt und geweint, den Kopf unter den Armen begraben und sich ganz klein gemacht. In diesem Moment fühlte er sich geschlagen. Deshalb klammerte er sich mit aller Macht an seine Idee. Sie war zwar verrückt, aber was machte das schon?

Er betrachtete kurz den Apfel, den er in der Hand hielt. Dann warf er einen Blick zurück zu der Stadtmauer, die ungefähr hundert Meter hinter ihm lag. Er ging zu einem Holzhaufen, wählte einen Ast und versuchte, ihn abzubrechen. „Können Sie mir bitte helfen, Monsieur?"

Gregor Lämmle lächelte ein wenig verwirrt und nickte. Gleich beim ersten Versuch gelang es ihm, den Ast abzubrechen.

„Für eine Schleuder", erklärte Thomas, und seine beiden Finger bildeten ein „V".

„Aber wir haben keinen Gummi", meinte Lämmle lächelnd.

„Das macht nichts", antwortete Thomas. „Ich will nur so tun, als ob. Könnten Sie sich den Ast jetzt vors Gesicht halten?"

Lämmle blickte belustigt zwischen den Enden der Astgabel hervor. „So?"

Thomas überlief ein Schauder. „Können Sie ihn jetzt in die Erde stecken?"

Lämmle gehorchte. Es ging ganz leicht, da die Erde aufgeweicht war vom vielen Regen.

„Das reicht, Monsieur, vielen Dank." Der Junge machte sich daran, den Apfel so zwischen die Astgabel zu klemmen, daß er nicht herunterfallen konnte. „Und jetzt sehen Sie bitte her."

Er hob den Arm und zählte: eins, zwei, drei! Dann ließ er den Arm niedersausen. Ein Schuß krachte, und der Apfel zerbarst in tausend Stücke.

Thomas sah den Mann mit den gelben Augen an. „Vorher war die Astgabel vor Ihrem Gesicht. Hätte ich das Signal vor ein paar Sekunden gegeben, wären Sie jetzt tot." Er empfand ein überwältigendes Gefühl des Triumphes. Dennoch drehte er sich nicht zur Stadtmauer um, von wo aus Miquel, der Unsichtbare, geschossen hatte.

„Mein Name ist Catherine Lamiel", sagte die junge Frau zu Quartermain. „Ich hatte nur dieses Foto, das *sie* von Ihnen in Sankt Moritz aufgenommen hat."

Sie gab ihm das Foto, auf dem er sich wiedererkannte. Daraufhin verließen sie das Hotel und gingen die Canebière entlang. Sie hatte für das Gespräch einen diskreteren Ort als die Bar des Noailles vorgeschlagen. Er musterte sie von der Seite, und eine verschwommene Erinnerung stieg in ihm auf. Aber wieder schüttelte er den Kopf.

„Sie haben mich noch nie gesehen", erklärte sie, „aber meine Schwester Sophie haben Sie gekannt, soviel ich weiß. Sie ist 1931 gestorben, und Maria hat ihre Identität angenommen. Haben Sie einen Wagen? In einem Auto spricht es sich besser."

Es wurde dunkel. Die beiden Festungen vor dem alten Hafen von Marseille färbten sich rot. Es war ein sehr schöner Abend. Sie stiegen in den Ford, und er fuhr in Richtung Corniche.

„Es ist eine lange Geschichte, Monsieur Quartermain ..."

„Sagen Sie David."

Eine lange Geschichte, die übel ausginge, wenn nichts unternommen würde. So lautete der Schluß, den sie eine Stunde später zog, als Quartermain irgendwo an der Straße nach Cassis parkte. Catherine Lamiel hatte ihm von der Entführung und dem Tod Thomas von Galls erzählt, von dem Sturm auf die Villa bei Sanary, dem Blutbad in Aix-en-Provence, von dem gescheiterten Versuch, den Jungen in die Schweiz zu bringen.

„Wo ist Maria?"

„Ich habe nicht die leiseste Ahnung. Vielleicht in Frankreich."

„Wann haben Sie sie zum letzten Mal gesehen?"

Sie zögerte kaum merklich. Quartermain wurde stutzig. Ebensowenig war ihm entgangen, daß die junge Frau immer nervöser wurde.

„Vorgestern in Barcelona. Maria hatte gerade das Telegramm von Javier Coll bekommen, in dem er ihr mitteilte, daß Thomas' Flucht fehlgeschlagen sei. Sie wollte nicht einmal, daß ich nach Marseille fliege, um auf Sie zu warten. Ich mußte darauf bestehen. Man glaubt es kaum, aber sie ist dazu bereit, sich auszuliefern. Sie gibt auf, nach all den Jahren." Ihre Stimme zitterte leicht.

„Wird sie mit Lämmle Kontakt aufnehmen?"

„Vielleicht hat sie es schon getan."


„MEIN Name ist Gregor Lämmle, Madame ..." Die Stimme des Mannes mit den gelben Augen hatte noch nie so sanft geklungen wie jetzt am Telefon.

Thomas saß neben ihm auf einem Stuhl in dem Salon, der ihre beiden Zimmer im Hotel Trois Dauphins trennte. Der Junge war wie erstarrt und hielt den Atem an. Er konnte ihre Stimme nicht hören. Doch er wußte, daß *sie* am anderen Ende der Leitung sprach.

„Ich verstehe Sie vollkommen, Madame", meinte Gregor Lämmle gerade. „Sie zu treffen wäre mir eine Ehre und eine Freude. Ich sehne mich schon lange danach."

Jetzt erläutert sie ihm bestimmt die Bedingungen, dachte Thomas, unter denen der Austausch zwischen mir und ihr vonstatten gehen soll. Lieber wäre ich tot. Könnte ich nur sterben, jetzt auf der Stelle, während sie spricht, während sie mir so nahe ist! Sie würde erfahren, daß ich tot bin, sie wäre sehr traurig, natürlich, aber wenigstens müßte sie dann nicht mehr dem Mann mit den gelben Augen zuhören, brauchte ihm nicht mehr zu gehorchen, diesem parfümierten Mistkerl. Bestimmt gibt es Möglichkeiten: Ich könnte mich zum Beispiel mit dem Wollschal erdrosseln oder aus dem Fenster springen ...

„So ist das, Madame", sagte Lämmle. „Jetzt sind wir uns doch noch einig geworden. Ich bin von Glück überwältigt, glauben Sie mir das bitte." Kurze Pause. „Aber selbstverständlich. Ich hole ihn. Thomas? Kommst du bitte? Deine Mutter will dich sprechen."

Der Junge schloß die Augen.

„Thomas?"

Er rührte sich nicht. Wenn ich nicht mit ihr spreche, dachte er, wenn ich mich weigere, wird sie glauben, daß mich der Mann mit den gelben Augen schon getötet hat. Sie wird ihn für einen Lügner halten und wird glauben, daß es keinen Sinn hat, zu dem Treffen zu gehen. Sie wird sich retten, er wird sie nicht bekommen.

„Thomas!" Lämmle schrie fast. Aber seine Stimme wurde gleich wieder sanfter. „Bringen Sie ihn her, Soeft."

Thomas wurde vom Stuhl gerissen, obwohl er sich verzweifelt festklammerte. „Madame, im Interesse aller Beteiligten, bringen Sie ihn dazu, daß er mit Ihnen spricht", erklärte Lämmle.

Soeft verdrehte dem Jungen den Arm, preßte ihm mit Gewalt den Hörer ans Ohr. Und dann hörte er ihre Stimme. Und sosehr er sich auch dagegen wehrte, er versank doch in einem Meer zärtlicher Gefühle für seine Mutter. Er weinte. Es war einfach stärker als er. Er wußte, daß sie ihn weinen hörte, aber was sollte er dagegen tun? Sie sprach mit ihm, sie flehte ihn an, etwas zu sagen ... Wenn er weiter schweige, meinte sie, werde sie ihn tatsächlich für tot halten und dann habe ihr Leben keinen Sinn mehr, dann wolle sie lieber sterben.

Dieses letzte Argument brach schließlich seinen Widerstand. „Ich bin doch noch so klein", schluchzte er, „ich bin doch noch so klein."

Sie bat ihn, sich ganz genau an eine Bitte zu erinnern, die er einmal ausgesprochen habe, als sie zusammen auf der Grande Corniche unterwegs gewesen seien. Er begriff, was sie wollte. Sie brauchte einen Beweis, daß er nicht bloß ein x-beliebiger kleiner Junge aus Grenoble war, den Lämmle gegen sie austauschen wollte, sondern Thomas, ihr Sohn.

„Erinnerst du dich an diese Bitte, mein Schatz?"

„Ich habe gesagt, ich würde gern den Hispano-Suiza fahren."

Und dann hörte er, daß auch sie weinte. Und das war schlimmer als alles auf der Welt. Blinde Wut packte ihn. Er versuchte, sich loszureißen, und teilte Fußtritte aus. Mit den Fäusten schlug er auf die beiden Männer ein.

Soeft packte ihn bei den Armen, stieß ihn in sein Zimmer und schloß ab. Kaum hatte Thomas sich aufgerappelt, warf er sich gegen die ver-

schlossene Tür. Mit aller Kraft trommelte er dagegen. Plötzlich hielt er inne.

„Bis bald, Gnädigste", hörte er Lämmles Stimme am Telefon.

Stille. Dann drehte sich der Schlüssel im Schloß, die Tür ging auf. Lämmle starrte ihn merkwürdig an.

Thomas hob die Hand, ballte die Faust und fixierte den Mann mit den gelben Augen. „Ich werde Sie töten!" rief er mit vor Wut bebender Stimme. „Ich werde Sie töten!"

Lämmle nickte langsam. „Mehr verlange ich gar nicht von dir, Thomas", erwiderte er.

EINE Polizeisperre hatte den Ford am Ortsausgang von Marseille gestoppt, aber dank einwandfreier Papiere hatte Quartermain die Fahrt umgehend fortsetzen können. Jetzt näherten sie sich Aubagne. Die Straße führte durch ein Tal. Ekelhafter Gestank von Abdeckereien und Seifensiedereien erfüllte die Luft. Quartermain ging der Ausweis nicht aus dem Sinn, den Catherine Lamiel bei der Polizeikontrolle vorgelegt hatte. „Wie heißen Sie denn nun richtig?" fragte er.

„Pagnan – das war der Name meines Mannes."

„War?"

„Er ist im Krieg gefallen."

Warum werde ich den Eindruck nicht los, daß sie …, daß irgend etwas nicht stimmt? dachte Quartermain. „Wohin soll ich eigentlich fahren?" erkundigte er sich.

„Zu einem Häuschen am Stadtrand von Toulon."

Schweigen. Er wandte sich kurz zur Seite. Sie könnte hinreißend aussehen, sagte er sich, wäre da nicht diese Anspannung in ihrem Gesicht.

„Von Maria weiß ich", fuhr Catherine fort, „daß sie zu einem Austausch fest entschlossen ist. Sie und die Bankcodes, die in ihrem Besitz sind, gegen die Freiheit von Thomas."

„Sie gehört nicht zu den Leuten, die sich ausliefern, ohne sich ein Hintertürchen offenzuhalten. Aber was könnte es sein?"

„Ich weiß es nicht."

„Wo wird der Austausch stattfinden?"

„Irgendwo zwischen Menton und Marseille. Der Deutsche, dieser Lämmle, wird übermorgen früh um acht Uhr in Menton losfahren. Nur Thomas und ein paar seiner Leute werden ihn begleiten. Der Wagen wird mit genau vereinbarter Geschwindigkeit fahren. Irgendwo auf der Strecke wird Maria auftauchen."

„Das ist Wahnsinn."

„Sie wird nicht allein sein. Und sie wird sich erst zeigen, wenn sie davon überzeugt ist, daß Lämmle sein Wort gehalten hat und nur ein Fahrer ihn begleitet. Sie traut keinem Menschen."

„Nicht einmal Ihnen?"

„Meine Schwester Sophie war ihre beste Freundin. Meine Familie und ich haben ihr jahrelang geholfen. Ohne unsere Zustimmung und Hilfe hätte sie nicht die Identität meiner toten Schwester annehmen können."

Die Straße wurde jetzt abschüssig. Zweimal hatte Quartermain nach mehreren scharfen Kurven die Scheinwerfer eines Wagens aufleuchten sehen, der seine Geschwindigkeit dem Ford anzupassen schien. Doch seit sie die Berge hinter sich gelassen hatten, nicht mehr. Leide ich schon an Verfolgungswahn? fragte er sich. Warum sollte mir jemand folgen?

Schließlich erreichten sie Toulon. „An der Abzweigung links", erklärte Catherine Lamiel, „und dann immer bergauf." Sie bogen in einen ungeteerten Weg ein, der von Pinien gesäumt war. Ein Häuschen tauchte auf. „Wir sind da, Sie können den Wagen hier stehenlassen."

Sie betraten das Haus. Höchstens fünf Zimmer. Die Schlafräume waren winzig.

„Das Badezimmer müssen wir uns teilen. Hier schlafe ich. Sie können das andere Zimmer nehmen."

Quartermain setzte die beiden Koffer ab – seinen eigenen, den er in Genf gekauft hatte, und den der jungen Frau. Das Wohnzimmer hatte nur ein großes Fenster, das einen Ausblick auf die Bucht von Toulon bot, wie Quartermain vermutete. Sie hatten vor ihrer Abfahrt aus Marseille zu Abend gegessen. Jetzt war es kurz nach elf.

„Möchten Sie etwas essen oder trinken?"

„Nein danke. Wie lange werden wir hier bleiben?" fragte Quartermain.

„Das Treffen zwischen Maria und Lämmle wird übermorgen stattfinden. Wenn alles gutgeht, werde ich Ihnen den Jungen hierherbringen."

„Und dann?"

Catherine Lamiel blickte ihn an, und diesmal war ihr Zögern nicht zu übersehen. Doch sie verschwand in ihrem Zimmer und kam gleich darauf mit einem amerikanischen Paß zurück, den sie ihm in die Hand drückte. Er schlug ihn auf: Das Dokument war auf den Namen Tho-

mas David Quartermain ausgestellt, geboren am 18. September 1931 in Clamercy.

„Warum Clamercy, wenn er doch in Lausanne geboren ist?"

„Clamercy ist eine kleine Gemeinde in Nordfrankreich. Das Rathaus und alle seine Archive wurden zerstört. Kein Mensch auf der Welt wird beweisen können, daß er nicht ins dortige Geburtsregister eingetragen wurde."

Der Paß selbst, der die Stempel der Botschaft der Vereinigten Staaten in Madrid trug, schien echt zu sein, soweit Quartermain es beurteilen konnte. „Und Sie werden Thomas hierherbringen?" fragte er.

„Wenn alles gutgeht, ja."

Er spürte, daß sie nicht nur nervös war. Sie hatte Angst.

GREGOR LÄMMLE fuhr aus dem Schlaf hoch. Sein erster Gedanke galt dem Jungen. Er sah nach hinten auf den Rücksitz. Thomas lag dort, unter Decken begraben. Nur die dunklen Haare und der obere Teil seiner Stirn schauten heraus.

Lämmle stieg so leise wie möglich aus dem Auto, um ihn nicht zu wecken. Eine Decke behielt er um die Schultern. Sie hatten irgendwo in den provenzalischen Alpen angehalten, und jetzt war es etwa zwei Uhr morgens. Jürgen Hess war Lämmles Auto mit einer stattlichen Zahl von Männern und Fahrzeugen gefolgt. Es war eisig kalt.

Sie hatten Grenoble zur geplanten Zeit verlassen. Wenige Minuten bevor Lämmle den Befehl zum Aufbruch gab, hatte Joachim Gortz Bedenken geäußert. Er hielt es offenbar für eine ziemlich verschrobene Idee, den Austausch zwischen Menton und Marseille durchzuführen. „Sie riskieren nicht nur, daß Ihnen der Junge und die Mutter entkommen, Lämmle", hatte er gemeint, „Sie setzen obendrein Ihr eigenes Leben aufs Spiel."

Gregor Lämmle hatte darauf ärgerlich reagiert. Hatte der gute Gortz etwa schon vergessen, wieviel Intelligenz, List, Heimtücke und Kaltblütigkeit er, Lämmle, hatte aufbieten müssen, um den Fall so erfolgreich voranzutreiben? Wessen Verdienst war es denn, daß man die Frau, der Thomas von Gall seine Geheimnisse anvertraut hatte, nun endlich würde fassen können? Bald wäre er in der Lage, die Operation Schädelbohrer zur Zufriedenheit aller abzuschließen.

Gregor Lämmle war selbst verblüfft gewesen über den Ton, den er Gortz gegenüber angeschlagen hatte. Er war wie in einem Freudentaumel gewesen, hatte noch ganz unter dem Eindruck *ihrer* Stimme gestanden. Sie hatte ihm am Telefon mitgeteilt, daß sie kommen

würde ... Jetzt zitterte er beinahe vor Erregung über den lang ersehnten Triumph.

Alles wird gutgehen, sagte sich Lämmle. Gleichgültig, wo sie auftauchen wird (ich vermute zwischen Toulon und Marseille), die Männer von Soeft oder Hess werden zur Stelle sein.

## V

„Es WÄRE mir lieber, wenn Sie sich nicht draußen blicken ließen", sagte Catherine Lamiel am Morgen. „Sie sehen zu amerikanisch aus, das fällt auf." Die junge Frau zwang sich zu einem Lächeln. „Ich bin sicher nur ein wenig nervös."

Es war neun Uhr. Grelles Sonnenlicht fiel durch das große Fenster, von dem aus man die Bucht von Toulon überblickte. Quartermain trank im Stehen seine zweite Tasse Kaffee.

Catherine ging in ihr Zimmer und kehrte mit einem schlichten, fast ärmlichen Mantel bekleidet zurück. Sie hatte einen Hut aufgesetzt und trug Schuhe mit Plateausohlen aus Kork. Schließlich erklärte sie, sie müsse gehen und sei nicht sicher, ob sie bis zum Essen zurück sei. „Es ist aber Brot und kaltes Hühnchen da."

„Das genügt mir vollkommen. Und wenn jemand anruft?"

„Niemand weiß, daß ich hier bin. Lassen Sie es läuten."

Dann verließ sie das Haus. Kurz bevor sie zwischen den Pinien verschwand, drehte sie sich noch einmal kurz um. Diese flüchtige Bewegung mutete Quartermain seltsam an. Fürchtete sie, daß er ihr folgte?

Später ging er durchs Haus, zog Schubladen auf. In einem leinengebundenen Album fand er Fotos. Sie zeigten eine wesentlich jüngere, fast kindliche Catherine Lamiel. Eine Heranwachsende neben ihr, sicher Sophie. Aufnahmen von Nordafrika, zum Beispiel von Marrakesch. Aber nicht ein einziges Foto von Maria.

Zum Schluß durchsuchte er auch das Zimmer von Catherine. Er rechtfertigte dies mit seinem Verdacht, daß sie ihn seit ihrem Zusammentreffen in Marseille unablässig belogen oder ihm zumindest nicht alles gesagt hatte.

Er fand nichts von Bedeutung. In dem Koffer, den sie seit dem Vortag bei sich hatte, waren nur ein paar Kleider. Eine Straßenkarte: Toulon und Umgebung. Die Karte war so zusammengelegt, daß gerade das Gebiet zwischen Hyères und Fréjus zu sehen war, die Küste, die Uferstraße. Immerhin ein Anhaltspunkt.

Eine Stunde verging, dann eine weitere. Er hatte sich vor das große Fenster gesetzt und bedauerte, daß er kein Fernglas besaß, mit dem er die riesigen Schiffe beobachten könnte, die in der Bucht vor Anker lagen.

Schließlich wurde er ungeduldig, verspürte Lust wegzufahren. Doch mit seinem Mantel aus London könnte er tatsächlich in Toulon auffallen. Er erinnerte sich, daß er in einem Wandschrank einen Mantel gesehen hatte; darin sah er viel eher aus wie ein Franzose.

Er stieg in seinen Wagen. Da bemerkte er im Rückspiegel, wie sich etwas bewegte. Ihm schien, als habe ein Mann hinter ihm im Laufschritt die Straße überquert. Dennoch fuhr er nach Toulon hinein und parkte an einem kleinen Platz mit einem Musikpavillon. Er beobachtete, daß ein Wagen hundert Meter hinter ihm ebenfalls anhielt. Die Männer, die ihn beschatteten, bewegten sich so natürlich, daß er bereits wieder an Verfolgungswahn zu glauben begann. Als er ausstieg und in die engen Gassen der Stadt einbog, war niemand mehr hinter ihm.

Der Zufall führte ihn an einem Geschäft für Marinebedarf vorbei. Er ging hinein und kaufte das stärkste Fernglas, das zu haben war. Er wollte bezahlen und kramte das dicke Bündel Geld hervor, das er in der Tasche hatte, Scheine zu hundert und tausend Franc. Der Händler zog die Brauen hoch und erklärte, er habe nicht genug Packpapier. Also kaufte Quartermain auch noch ein Etui und steckte das Fernglas hinein.

„Sind Sie Amerikaner?" erkundigte sich der Händler mit gedämpfter Stimme, als er ihm das Wechselgeld reichte. Quartermain zögerte und bejahte dann.

„Das ist gut, das ist wirklich gut", sagte der Händler.

Quartermain war überrascht. „Was ist gut? Daß ich Amerikaner bin?"

Der Mann klopfte ihm auf die Schulter. „Genau", erwiderte er lächelnd.

In den folgenden Minuten erfuhr Quartermain, daß die anglo-amerikanischen Truppenverbände in den frühen Morgenstunden des 8. November 1942 in Nordafrika gelandet waren. Fast wäre ihm ein Ausruf der Überraschung entschlüpft. Aber im Grunde ließ es ihn unberührt. Fürs erste sah er für seine persönliche Situation keine Veränderung. Er bedankte sich und ging in ein kleines Restaurant, wo er zu Mittag aß.

Nachdem er bezahlt hatte, erkundigte er sich nach der Post. Dort

fragte er nach der Nummer des Konsulates der Vereinigten Staaten in Marseille. Man gab sie ihm. Callaghan war nicht da, aber ein gewisser Pillsbury schaltete sich in die Leitung. „Mr. Quartermain? Mr. Callaghan hat gehofft, daß Sie anrufen würden! Ich habe eine Nachricht für Sie. Washington und Vichy werden ihre diplomatischen Beziehungen in den nächsten Stunden abbrechen. Das gesamte amerikanische Botschaftspersonal muß französisches Territorium verlassen und sich nach Spanien begeben. Für ein Treffen schlägt Ihnen Mr. Callaghan drei Möglichkeiten vor. Entweder hier im Konsulat morgen früh um neun oder in Nîmes im Hotel Cheval Blanc oder direkt am Grenzübergang hinter Le Boulou. Mr. Callaghan besteht darauf, daß Sie mit nach Spanien ausreisen."

Quartermain fragte sich, was wohl passieren würde, falls er in Frankreich bleiben sollte. Er beschloß, im Augenblick nicht weiter darüber nachzudenken. Du weißt doch, du wartest auf Maria und ihren Sohn, sagte er zu sich. Also, was soll's? Der Austausch findet in ungefähr zwanzig Stunden statt. Du hast dann immer noch die Möglichkeit, dich nach Nîmes durchzuschlagen oder schlimmstenfalls zur Grenze.

Er fuhr zu dem Häuschen am Stadtrand zurück. Niemand war da. Offenbar war Catherine Lamiel während seiner Abwesenheit nicht zurückgekommen. Stundenlang saß Quartermain am großen Fenster, blickte über die Bucht von Toulon, las und vertrieb sich die Zeit mit dem Fernglas.

Gegen sieben Uhr, lange nachdem es dunkel geworden war, hörte er Motorengeräusch. Er ging nach draußen und sah Catherine Lamiel aus einem schwarzen Peugeot steigen. Den Wagen hatte sie nicht neben seinem Ford abgestellt, sondern unten an dem ungeteerten Weg. Als sie das Haus betrat, bemerkte er, daß sie noch angespannter aussah als zuvor. Offenbar war sie der Verzweiflung nahe.

„Ich werde Ihnen etwas zum Abendessen richten", sagte sie. Abwesend bereitete sie ihm ein Omelett zu. Schweigend aßen sie in der Küche.

„Morgen werden Sie hier warten, bis ich mit dem Jungen zurückkomme, nicht wahr?" fragte sie, während er ihr beim Abräumen des Tisches half.

Er nickte.

Schließlich bat sie ihn, sie zu entschuldigen. „Ich muß morgen schon sehr früh aufstehen ..."

„Tun Sie so, als sei ich nicht da", erwiderte Quartermain.

Er ließ die Tür zu seinem Zimmer offen und legte sich kurz darauf ebenfalls schlafen. Er wachte ein erstes Mal gegen zwei Uhr auf, und ehe er erneut einschlief, versuchte er, die Situation zu durchdenken: Catherine Lamiel kann nicht entgangen sein, daß die amerikanischen Truppen in Nordafrika gelandet sind. Warum hat sie mir die Neuigkeit nicht erzählt? Weil ihr das Ereignis unter den gegebenen Umständen völlig unwichtig erscheint? Oder gibt es noch eine weitere Begründung für ihr Verhalten?

Am nächsten Morgen wartete er, bis sie aus dem Haus gegangen war und er den Anlasser des Peugeot hörte.

Zwei Minuten später packte er seine Sachen zusammen und steckte auch den auf den Namen Thomas David Quartermain ausgestellten Paß ein. Dann setzte er sich ins Auto und fuhr los. Es herrschte wenig Verkehr. Auf den ersten hundert Metern bemerkte Quartermain hinter sich nichts Ungewöhnliches. Doch plötzlich tauchte hinter ihm wieder ein Wagen mit zwei Männern auf. Quartermain bog blitzartig in eine versteckte Seitenstraße ein und stieg aus, um sich zu vergewissern, ob sie ihm folgten. Sekunden später fuhren sie an ihm vorüber.

Es waren dieselben wie am Vortag; kurz hatte er ihre Gesichter gesehen. Beide schienen sehr überrascht, ja erschrocken darüber, daß sie ihn aus den Augen verloren hatten.

Quartermain setzte sich wieder ans Steuer. Er nahm nicht die Straße nach Marseille, sondern wandte sich nach Osten, in Richtung Hyères und Fréjus. Er hatte beschlossen, sich zuerst in der Gegend umzuschauen, die in Catherine Lamiels Landkarte aufgefaltet war.

Seine Uhr zeigte acht Uhr fünfzehn.

LÄMMLES Limousine, ein weißer Delage, war pünktlich um acht Uhr aus Menton abgefahren. Sie waren nun genau neunundfünfzig Minuten unterwegs. Gregor Lämmle blickte noch einmal auf die Uhr. Dreiundsechzig Kilometer hatten sie zurückgelegt, wenn man dem Kilometerzähler trauen durfte. Kurz darauf erreichten sie Cannes.

„Wir sind unserem Zeitplan etwas voraus, Soeft. Also halten wir an und warten."

Ich werde die Zeit nutzen, dachte Lämmle, um nachzuprüfen, ob der gute Jürgen Hess meine Anweisungen befolgt hat. Er ist ohne weiteres imstande, uns mit seinen Männern in einem Abstand von fünfhundert Metern zu folgen, anstatt mit fünfzehn Kilometern, wie ich ihm befohlen habe.

Acht seiner Leute waren unterwegs nach Nizza, weitere acht nach

Toulon. Die restlichen elf waren in drei Gruppen aufgeteilt worden: Eine fuhr nach Cannes, die zweite würde in Fréjus Gewehr bei Fuß stehen, die dritte zwischen Hyères und Saint-Maxime an der Route Nationale. Alles verlief nach Plan.

Lämmle saß hinten in dem weißen Delage, das Kind rechts neben ihm, auf der dem Meer zugewandten Seite. Die Tür war zur Sicherheit von außen verschlossen worden. Soeft steuerte den Wagen, mit einer großkalibrigen Pistole auf dem Schoß. Auf dem Beifahrersitz, versteckt unter einer Zeitung, lag eine Maschinenpistole. Außerdem steckte ein Karabiner links von ihm in der Ablage der Wagentür. Irgendwo mußten sogar Handgranaten herumliegen.

Lämmle schmunzelte. Am liebsten hätte Soeft auch noch ein Geschütz mitgenommen – ein sehr gewissenhafter Bursche. „Lassen Sie den Motor laufen, Soeft", bat er. Dann drehte er sich um und blickte die Allee am Meer entlang.

Nur ein Kleinlaster hatte vierhundert Meter hinter ihm ebenfalls angehalten. Ein Mann stieg aus und brachte ein Paket in eine Villa.

Sollte mir Jürgen Hess tatsächlich gehorcht haben? dachte Lämmle. Ein Wunder!

„Noch drei Minuten", verkündete Soeft.

Lämmle richtete den Blick auf Thomas. Der Junge saß regungslos da, die Hände auf die Knie gelegt. Mit kaum geöffneten Augen schaute er aufs Meer hinaus. Seit ihrer Abfahrt aus Menton war seine Anspannung spürbar gewachsen. Auch er wußte, daß *sie* kommen würde.

QUARTERMAIN war mit wahnwitziger Geschwindigkeit durch Hyères und die sich anschließenden Ortschaften gerast. Erst an der „Corniche des Maures" verlangsamte er sein Tempo. Erinnerungen stiegen in ihm auf. Er war diese Straße schon einmal mit *ihr* entlanggefahren. Für einen Moment blickte er links in eine kleine Straße, die vermutlich zum Forêt du Dom emporführte, als er etwas entdeckte. Hinter der Einmündung bremste er so heftig, daß der Ford beinahe ins Schleudern geriet. Er zog die Handbremse an, ließ den Motor laufen und die Tür offenstehen und ging zu Fuß etwa fünfunddreißig Meter zurück. Da – der schwarze Peugeot von Catherine Lamiel!

Der Wagen stand auf dem steilen Zufahrtsweg zu einer weißen Villa. Quartermain ging bis auf zehn Meter an das Gebäude heran und versteckte sich im Gebüsch auf der anderen Seite des Weges. Aus dem Dickicht heraus beobachtete er die junge Frau. Sie war in Begleitung eines hochgewachsenen, blonden jungen Mannes mit herrischem

Gesichtsausdruck. Der Blonde sprach mit kühler Bestimmtheit auf sie ein. Er sagte, sie müsse mitkommen, sie habe keine andere Wahl.

Catherine Lamiel drehte sich um und wandte Quartermain kurz ihr völlig verstörtes Gesicht zu. Dann hörte er das Schlagen von Wagentüren.

Sie fahren weg, dachte er. Er entfernte sich sofort von seinem Standort, schlich auf einem Pfad durch das Pinienwäldchen hinunter zum Ford, setzte sich ans Steuer und fuhr ebenfalls los. Er hielt nach einem geeigneten Waldweg Ausschau, fand ihn dreihundert Meter weiter, bog ein und verschwand hinter einer Biegung. Dort konnte er von der Straße aus nicht mehr gesehen werden.

Zwei Minuten Stille. Dann ein Wagen, es war der Peugeot. Nur Ruhe. Quartermain zählte bis zwanzig, stieß zurück und fuhr dann rasch dem Peugeot nach.

Die Verfolgungsjagd führte durch Rayol und Cavalaire. Quartermain war noch immer sehr ruhig, doch allmählich stieg Angst in ihm auf. Er kam an eine Kreuzung ...

Plötzlich riß er das Steuer nach rechts herum und hielt hinter einem Zaun aus Schilfrohr. Der Peugeot hatte unvermittelt gebremst, weil ihm drei Personenwagen entgegengekommen waren. Die vier Fahrzeuge standen nun vierhundert Meter von Quartermain entfernt im fast ebenen Gelände.

Quartermain öffnete die Wagentür und stieg aus. Er setzte das Fernglas an die Augen. Etwa fünfzehn Männer umgaben den großen Blonden. Anscheinend war er der Anführer der Gruppe. Catherine Lamiel hielt sich abseits.

Der Karte nach mußte zwölfhundert Meter weiter noch eine Kreuzung liegen. Er konnte sie nicht entdecken, Zypressen versperrten ihm die Sicht. Also ließ er das Fernglas sinken, griff zur Karte und studierte sie. Etwas fiel ihm auf: Die nächste Ortschaft war Saint-Pons-les-Mûres. Von dort aus wanden sich mehrere kleine Straßen durch die Hänge des „Massif des Maures". Wer in diese unwegsame Gegend fuhr, konnte einen Verfolger leicht abschütteln ...

Er war jetzt sicher, daß er den Ort der Übergabe entdeckt hatte. Aber was konnte er tun? Mit dem Fernglas nahm er die bewaldeten Berge in Augenschein. Höchstens drei- oder vierhundert Meter waren sie hoch, erschienen aber wie eine unüberwindbare Mauer.

Er setzte sich ans Steuer, da er vorhatte, noch ein Stück nach Norden zu fahren, um von einem erhöhten Punkt aus die fragliche Stelle zu beobachten.

„DER Kleinlaster hinter uns", sagte Soeft. Gregor Lämmle wandte sich um und erkannte das Fahrzeug wieder, das ihm schon vor einer Stunde aufgefallen war. Ein einziger Mann saß darin, doch weitere konnten sich hinten versteckt halten. Er fragte sich, was das für Leute waren: entweder die Kundschafter von Jürgen Hess, die seine Anweisungen mißachteten, oder es waren *ihre* Leibwächter . . .

Soeben hatten sie Saint-Maxime durchquert und fuhren nun weiter nach Südwesten. Nach der Karte auf Gregor Lämmles Knien war die übernächste Ortschaft Saint-Pons-les-Mûres. Die nahezu vollkommene Gewißheit ließ ihn schaudern: *Sie* würde dort auf ihn warten.

Warum habe ich es nicht früher bemerkt? fragte er sich. Die Karte zeigte eine geradezu ideale Anordnung von Straßen, den trichterförmigen Golf von Saint-Tropez und das große Waldgebiet im Hinterland. All dies bot beste Möglichkeiten zur Flucht.

Er blickte wieder auf. „Geben Sie acht, Soeft. Ich glaube, wir sind gleich am Ziel."

Die Straße entfernte sich plötzlich vom Meer, eine Kreuzung tauchte auf. Und tatsächlich – Gregor Lämmle traute seinen Augen kaum –, dort in der Einmündung eines Waldwegs stand das Fahrzeug, das ihn seit vier Jahren immer wieder in seinen Träumen verfolgte. Glänzend hob sich der schwarz-silberne Hispano-Suiza in der Sonne vom Grün der Wiese ab und zeigte sich in seiner ganzen düsteren, hinreißenden Schönheit.


QUARTERMAIN fuhr sehr langsam. Er wußte nicht mehr genau, wo er sich befand. Eine Kurve, dann bog er in einen Waldweg ein, der rasch anstieg. Eine unwirkliche Stille lag über den Bäumen.

Plötzlich lichtete sich der Wald, und vor ihm öffnete sich ein Meer von Licht und Farbe. Quartermain erstarrte. Dreihundert Meter weiter, am Fuß des Hügels, auf dem er sich befand, erblickte er einen weißen Wagen, einen Delage. Das Fahrzeug rollte noch einige Meter und hielt dann an – keine dreißig Schritte von der Vorderfront eines schwarz-silbernen Hispano-Suiza entfernt.

Und dann, wie auf ein geheimes Zeichen hin, näherten sich im weiten Umkreis unzählige Männer zu Fuß. Gleichzeitig rollten weitere Fahrzeuge langsam, fast im Schrittempo, heran. Der Hispano-Suiza stand im Zentrum, auf ihn strebte alles zu.

Quartermain hielt das Fernglas auf diesen Wagen gerichtet. Er sah nur den Rücken der brünetten Frau, die am Steuer saß. Sie trug Handschuhe. Rechts von ihr hielt ein Mann eine Waffe in den Händen. An

dem kantigen Profil und den großen Händen erkannte er ohne jeden Zweifel Javier Coll.

Dann spähte Quartermain nach dem Delage, verharrte wie gebannt bei dem Kind auf dem Rücksitz. Er sah es zum erstenmal. Mit schrecklicher Anspannung beugte sich der Junge vor, klammerte sich an der Lehne des Beifahrersitzes fest und schrie auf.

Der gellende Schrei drang bis zu Quartermain, den das Entsetzen packte: ein Schrei wie ein Signal. Sogleich fielen die ersten Schüsse.

„ICH steige aus", erklärte Gregor Lämmle, während Soeft den Lauf der Waffe auf die Stirn des Kindes richtete. „Töten Sie den Jungen nicht, Soeft. Oder tun Sie es erst, wenn ich tot bin."

Er schloß die Wagentür, strich aus Gewohnheit über seinen hellen Anzug, um die Sitzfalten zu glätten, und ging auf den Hispano-Suiza zu. Er bewegte sich wie in Trance, als sei er der Zuschauer seiner eigenen Handlung. Unaufhaltsam schritt er mit abgespreizten Armen voran, als sichtbares Zeichen, daß er keine Waffe trug. Um zehn, fünfzehn Schritte hatte er sich der Frau genähert, die am Steuer saß. Die Sonne fiel auf die Windschutzscheibe, er konnte ihr Gesicht kaum erkennen, doch erahnte er ihre Schönheit. Ringsum knallten Wagentüren, erklangen Rufe, Befehle, und nur allmählich begriff er ihre Bedeutung. Jürgen Hess hatte sich nicht nur über seine Anweisungen hinweggesetzt. Er hatte offenbar genau gewußt, wo das Treffen stattfinden würde.

Ich werde Hess exekutieren lassen, sagte er sich, doch schob er den Gedanken rasch wieder beiseite. Noch glaubte er, die Situation auch so meistern zu können. Jürgen Hess war fanatisch und dumm, aber er würde *sie* nicht töten können.

Jetzt war er noch vier Schritte von dem Hispano-Suiza entfernt. Er lächelte und bildete in Gedanken bereits den Satz, den er ganz höflich an sie richten würde. Er trat noch einen Schritt vor, heiter und gelassen, während ihm eine Kugel am Ohr vorbeipfiff, eine andere neben seinem Fuß im Boden einschlug.

Und noch einen Schritt. Er blieb neben der Kühlerhaube stehen, bewunderte als Kenner ihre vollendete Form, war versucht, mit der Hand über den stilisierten Storch aus reinem Silber zu streichen, ließ *sie* jedoch nicht aus den Augen. Er stand nun am Kotflügel und lächelte: Der Augenblick war gekommen.

Plötzlich setzte sich der Wagen in Bewegung, fuhr rückwärts, entfernte sich von Gregor Lämmle. „Kommt zurück!" rief er. „Ich bin

eure einzige Chance!" *Sie* glaubt, ich hätte mein Versprechen nicht gehalten, schoß es ihm durch den Kopf.

Er rannte los, schneller als je zuvor in seinem Leben. Obwohl der Hispano-Suiza im Rückwärtsgang fuhr, vergrößerte sich der Abstand rasch. Zwanzig Meter war der Wagen schon von ihm entfernt, und nun wendete er. Sie versuchte zu fliehen.

Links von Lämmle waren Männer aufgetaucht, einer warf eine Handgranate. Ein lauter Knall, und dann schlugen Flammen aus der Luxuslimousine. Der Wagen war sofort stehengeblieben, ein Mann sprang zur Beifahrertür heraus, eine lebende Fackel. Und dennoch schoß er wild um sich, brüllte wie ein Tier, in jeder Hand eine Waffe. Er wurde von MP-Salven durchsiebt, hielt sich aufrecht, stand noch immer. Die Wagentür auf der Fahrerseite blieb verschlossen.

QUARTERMAIN rannte in Windeseile den Waldweg hinab und taumelte schließlich auf den Hispano-Suiza zu. Der Wagen hatte sich in einen Glutofen verwandelt.

Erstarrt blieb er davor stehen, wie betäubt vor Entsetzen. Der brennende Wagen, die gespenstische Erscheinung Javier Colls. Er sah den kleinen rotblonden Mann mit dem hellen Anzug und dem Panamahut. Niemals würde er sein Gesicht vergessen und auch nicht seine Schreie, die im Knistern der Flammen und im Knallen der Detonationen untergingen. Und dann erblickte er auch die anderen Männer, vor allem den einen, der seine Waffe auf ihn richtete und ihn ins Visier nahm ...

Keine Sekunde später brach der Mann zusammen, in seiner Schläfe klaffte ein Loch, aus dem Blut sickerte. Verständnislos schaute Quartermain auf den Toten. Er ging einige Schritte weiter, und ein zweiter Schütze stürzte vor ihm zu Boden. Auch er hatte gerade auf ihn angelegt. Und ein dritter.

Jemand bahnt dir einen Weg, dachte er erstaunt, irgendwo hält sich jemand versteckt und schaltet jeden aus, der dich aufhalten will! Er lief weiter, schaute sich nach dem Unsichtbaren um. Seine Schüsse kamen von links ..., also von den Felsen her.

Schon näherte sich Quartermain dem Delage. Der Motor lief, während der blonde Mann hinter dem Steuer dem Kind den Lauf seiner Pistole an die Schläfe drückte. Beinahe im selben Augenblick entdeckte Quartermain in ungefähr zweihundert Meter Entfernung die Umrisse eines jungen Mannes, der oben auf den Felsen saß, eine Fellweste trug und ein Gewehr mit Zielfernrohr in den Händen hielt. Der Lauf zeigte himmelwärts.

Doch plötzlich gab ihm der junge Mann mit dem Gewehrlauf ein Zeichen: Zum Wagen, los! Vorwärts!

Ohne zu überlegen, eilte Quartermain weiter auf den Wagen zu.

„Wenn Sie einen Schritt näher kommen, töte ich das Kind!" rief der Mann am Steuer auf französisch. Er trug einen schmalen blonden Oberlippenbart.

„Das sollten Sie lieber bleibenlassen", antwortete Quartermain. Durch das geöffnete Wagenfenster griff er nach dem Pistolenlauf, ohne wahrzunehmen, daß die Waffe bereits gegen seine Brust gerichtet war. Er entwand sie dem Mann, wobei sich ein Schuß löste, doch er achtete gar nicht darauf. Von maßloser Wut gepackt, riß er die Wagentür auf und schlug seinen Gegner mit dem Knauf der Waffe bewußtlos.

Schließlich richtete er sich auf und blickte zu dem Scharfschützen auf dem Felsen hinüber, der ihm erneut ein Zeichen gab: Schnell weg von hier! Er nickte, zerrte den Bewußtlosen heraus, nahm hinter dem Steuer Platz, fuhr los und preschte mit dem Wagen auf die bewaffneten Männer zu, die ihn umringten. Er griff nach der Maschinenpistole auf dem Nebensitz, legte den Lauf an der Kante des offenen Wagenfensters auf und drückte auf den Abzug. So raste er durch die zurückweichende Menge, durch einen Wirbel von schwarzem Rauch und aufspritzender Erde.

Nach etwa einem Kilometer hielt er an und stieg aus. „Komm, mein Junge", sagte er nur.

Das Kind schien ihn nicht zu hören, es zeigte nicht die geringste Reaktion. Mit weit aufgerissenen Augen saß Thomas da, wie erstarrt im Angesicht des Todes. Quartermain nahm ihn in seine Arme und lief mit ihm durch den Wald zu der Stelle, wo er den Ford abgestellt hatte.

Mit unglaublicher Geschwindigkeit raste er zur Straße im Tal hinab. Zum Glück war sie leer. Er warf keinen Blick auf die Karte, sondern war nur noch beseelt von dem brennenden Wunsch, sich so schnell wie möglich davonzumachen ...

Eine halbe Ewigkeit später tauchte endlich die Straße in Richtung Nîmes auf. Quartermain bremste, sah sich um. Da kein Fahrzeug in Sicht war, bog er nach rechts in die Straße ein und raste mit derselben atemberaubenden Geschwindigkeit weiter.

Erst nach einer Weile beruhigte er sich. Er verlangsamte kurz sein Tempo und blickte sich nach dem Jungen um. Wie eine Marionette lag Thomas auf dem Rücksitz und starrte ins Leere.

Quartermain gelangte in eine öde, ausgedörrte Berglandschaft. Bald fühlte er sich so erschöpft, daß er eine Pause machen mußte. Vorsichtshalber fuhr er in eine Senke und versteckte den Wagen hinter Büschen. Er stellte den Motor ab, stieg aus und übergab sich.

Als er zum Wagen zurückkehrte, hatte sich der Junge immer noch nicht gerührt.

„Thomas?"

Keine Antwort.

Quartermain setzte sich neben den Jungen. „Thomas, ich heiße David Quartermain und bin Amerikaner", erklärte er. „Ich habe deine Mutter einmal sehr geliebt. Hat sie dir je von mir erzählt?"

Der Junge hatte die Augen jetzt geschlossen und sich auf dem Sitz aufgerichtet. Er war totenblaß.

Quartermain fuhr wieder los, Richtung Nîmes. Seine Uhr zeigte dreizehn Uhr dreißig. Der Benzintank war fast leer, bald würde er wieder anhalten müssen. Im stillen dankte er Callaghan, weil dieser so klug gewesen war, ihm drei Reservekanister mitzugeben.

Noch einmal wandte er sich an den Jungen. „Ich bin dein Freund, Thomas, und bin nach Frankreich gekommen, weil mich deine Mutter in einem Brief darum gebeten hat." Eigentlich wollte er sagen, weil sie mir versichert hat, daß du mein Sohn bist, doch die Worte kamen ihm nicht über die Lippen. „Sie hat mich darum gebeten, mich um dich zu kümmern, falls ihr etwas zustößt."

Er beschleunigte. „Sehr wahrscheinlich sind sie hinter dir her. Hinter mir vielleicht auch. Möglicherweise wissen sie, wer ich bin. Ich spreche zwar nicht schlecht Französisch, aber bei meinem Akzent hören die Leute sofort, daß ich Ausländer bin. Vielleicht brauche ich deine Hilfe. Wenn du mir nicht hilfst, fällst du ihnen in die Hände."

Wieder warf er einen raschen Blick auf den Jungen hinter sich und stellte fest, daß Thomas immer noch die Augen geschlossen hatte.

„Wir fahren nach Nîmes. Für alle Fälle gebe ich dir eine Adresse: das Hotel ,Cheval Blanc' an der Place des Arènes. Wenn wir uns verlieren, frag nach Mister Callaghan. Er ist Diplomat und arbeitet in der Botschaft der Vereinigten Staaten. Zeig ihm das hier."

Quartermain zog aus seiner Tasche den Paß, den ihm Catherine Lamiel gegeben hatte, und legte ihn dem Jungen auf den Schoß.

„Nach dem Paß bist du mein Sohn, Thomas. Deine Mutter hat ihn ausstellen lassen."

Keine Reaktion.

Drei Stunden später erreichten sie Arles. Quartermain überlegte. Er

selbst hatte keinen Hunger, aber das Kind würde früher oder später etwas zu essen brauchen. Langsam fuhr er durch die Straßen der alten Stadt. Er wußte, daß er bald die Rhône überqueren mußte, und an der Brücke rechnete er mit dem Schlimmsten: Die Straße konnte mit Fahrzeugen blockiert sein, Heckenschützen konnten sich postiert haben. Als er jedoch an die Brücke kam, war nichts zu sehen.

Kaum hatte er den Fluß überquert, trat er wieder aufs Gaspedal. Der Junge sprach zum ersten Mal. „Man hat uns gesehen", sagte er.

„Wer?"

„Zwei Männer in einem Citroën. Sie haben uns erkannt, und einer ist weggerannt. Er wollte bestimmt telefonieren."

„Bist du sicher?"

Schweigen.

Quartermain hielt an. Sie waren jetzt am Rande der Camargue, wo der spärliche Bewuchs keinen Schutz mehr bot. Er warf einen Blick nach hinten. Der Junge hatte sich nicht von der Stelle gerührt und auch nicht in den Paß gesehen.

„Bist du ganz sicher, daß uns die zwei Männer entdeckt haben?"

Ein Kopfnicken.

Einige Sekunden dachte Quartermain daran, die vierundzwanzig Kilometer bis Nîmes mit rasender Geschwindigkeit zurückzulegen. Doch dann besann er sich. *Denk erst nach! Denk an Catherine Lamiel.* Sie hat Maria verraten, sie hat Hess gesagt, wo der Austausch stattfinden wird. Catherine Lamiel kennt dich, sie hat ein Foto von dir, und sie hat deinen Wagen gesehen. Man ist dir in Toulon gefolgt, man hat dich die ganze Zeit beobachtet. Vielleicht haben sie sogar das Telefonat mit diesem Burschen vom Konsulat abgehört. Du mußt mit dem Schlimmsten rechnen. Lämmle weiß, daß du auf dem Weg nach Nîmes bist, daß du versuchen wirst, mit der Unterstützung eines amerikanischen Diplomaten nach Spanien zu entkommen ...

Er schaute sich erneut um und erkannte, daß der Junge doch einen Schock erlitten hatte. Thomas zitterte am ganzen Leib und biß die Zähne zusammen, während sich seine Arme und Beine verkrampften. Dann stieß er Schreie aus, die nichts Menschliches an sich hatten.

„Beruhige dich, Thomas!" sagte Quartermain sanft. Er wickelte den Jungen in eine Decke, die er im Kofferraum fand, wobei ihn seine Unbeholfenheit betroffen machte. *Was weiß ich schon von solchen Problemen?* fragte er sich. *Ich stamme schließlich aus einer Familie, in der man stets Kindermädchen beschäftigte.*

Endlich schien sich Thomas in seinen Armen zu entspannen. Er

wimmerte nur noch leise, ehe er ganz verstummte. Dann schlief der Junge ein. Gott sei Dank! dachte Quartermain erleichtert.

Sanft bettete er ihn auf die Rückbank, legte seinen Kopf auf seinen zusammengefalteten Mantel. Er setzte sich wieder ans Steuer und ließ den Motor an. Auf seiner Uhr war es fast drei. Ich habe viel Zeit verloren, sagte er sich, während er in Richtung Nîmes weiterfuhr.

„Nein", meinte der Lebensmittelhändler in Bellegarde, dessen Geschäft Quartermain betreten hatte, „ich habe nichts zu verkaufen."

Quartermain legte fünf Hundertfrancscheine auf den Ladentisch. „Ich komme aus Schweden", erklärte er in der Hoffnung, daß dies ein neutrales Land war.

Der Händler musterte ihn, blickte auf die Geldscheine und drehte sich schließlich um. Er ging in den hinteren Teil seines Geschäftes und kehrte mit einer Wurst, einer großen Dose Kekse, sechs hartgekochten Eiern und Salz zurück. „Das Salz schenke ich Ihnen", bemerkte er ohne ein Lächeln. Quartermain nahm die Sachen und ging auf den Ausgang zu.

„Ein Amerikaner", sagte der Lebensmittelhändler plötzlich hinter ihm. „Ein großer Amerikaner mit einem ungefähr zehn Jahre alten Jungen."

Quartermain blieb stehen und drehte sich um.

„Sie sind gegen Mittag hier durchgekommen", fuhr der Händler fort.

Quartermain zog noch einmal das Bündel mit französischem Geld heraus.

„Die Gendarmen haben ihre Wachstube am Ortsausgang, direkt an der Straße nach Nîmes. Wenn man ihnen aus dem Weg gehen will, nimmt man die Straße nach Saint-Gilles." Der Händler blickte ungerührt auf die Geldscheine, die Quartermain ihm hinstreckte. „Ich verkaufe Lebensmittel, mehr nicht", fügte er hinzu.

„Danke für das Salz", erwiderte Quartermain und ließ die Scheine liegen.

Thomas öffnete die Augen und bemerkte, daß der Wagen wieder stand, auf einem schmalen, von Schilf gesäumten Weg. Durch die offene Fahrertür entdeckte er im Schilf Quartermain, und einen Moment fragte er sich, was der Amerikaner dort tat. Jetzt drehte sich dieser leicht zur Seite, und Thomas erblickte das Fernglas in seinen Händen.

Angestrengt versuchte Thomas, sich ganz auf den Amerikaner und das Fahrzeug zu konzentrieren. Er dachte an den Augenblick, als sie durch Arles gefahren waren und er die beiden Späher an der Brücke entdeckt hatte. An viel mehr erinnerte er sich nicht. Daß *sie* tot war, das wußte er allerdings. Aber gerade deshalb mußte er sich ungewöhnlich anstrengen, um an etwas anderes zu denken. Ihm war, als marschiere er über eine schmale, schaukelnde Hängebrücke, unter der ein bodenloser Abgrund gähnte. Die Hängebrücke, das war der Amerikaner, aber auch der Mann mit den gelben Augen, dem er nicht mehr in die Hände fallen durfte.

Also mußte er die Denkmaschine in seinem Kopf wieder in Gang bringen. Und ja nicht in den Abgrund hinabschauen! Da – es fing schon wieder an, Vorsicht! Wie ein riesiges Ungeheuer kroch die schreckliche Erinnerung auf ihn zu, kam immer näher, drohte ihn zu erdrücken: der Geruch des Feuers, die Flammen, in denen seine Mutter umkommt, Javier Coll, der von Kugeln zerfetzt wird. Er begann wieder zu schreien . . .

„Thomas, Thomas . . .“ Der Amerikaner war bei ihm und hielt ihn ganz fest.

„Lassen Sie mich bitte in Ruhe“, erwiderte Thomas schluchzend.

Der Amerikaner richtete sich auf und ließ ihn los. Seine Hand war blutig. „Du hast mich gebissen, Thomas!“

„Das tut mir leid.“

Der Amerikaner lächelte. „Reden wir nicht mehr davon“, sagte er.

Thomas blickte zu ihm auf. Er war ein Riese, noch etwas größer als Javier Coll . . . Denk nicht an Javier! „Wo sind wir?“ fragte er statt dessen.

„Nach meiner Karte am Rand der Camargue. Möchtest du etwas essen?“

„Ich habe keinen Hunger.“

„Du solltest trotzdem etwas zu dir nehmen.“

Thomas aß ein hartgekochtes Ei und schließlich noch eines. Die Denkmaschine in seinem Kopf funktionierte reibungslos, kein Zweifel. „Haben Sie die Eier bei einem Lebensmittelhändler gekauft?“ fragte er.

„Wo hätte ich sie sonst kaufen sollen?“ erwiderte der Amerikaner lächelnd. „Vom Baum sind sie jedenfalls nicht gefallen. Es gibt überhaupt sehr wenig Bäume in dieser Gegend.“

Thomas sah ihn forschend an. Was ist das für ein Kerl? fragte er sich. „Ich weiß nicht, wie Sie heißen“, erklärte er.

„Quartermain, David Quartermain. Ich bin Amerikaner."

„Entschuldigen Sie. Ich weiß, es ist sehr unhöflich, wenn man den Namen eines Menschen vergißt. Aber jetzt erinnere ich mich wieder. Der Lebensmittelhändler erinnert sich sicher auch an uns und wird uns verraten."

„Das ist gut möglich. Aber wir haben eben etwas zu essen gebraucht."

„Sicher haben sie uns schon entdeckt", sagte Thomas. „Vielleicht sind sie direkt hinter uns, dann werden sie uns gleich eingeholt haben." Er hatte sich nicht umgedreht; er wollte nur wissen, ob der Amerikaner nervös war. Wenn er sich zum Beispiel plötzlich umwandte, dann war er nervös. Und dumm dazu.

Der Amerikaner rührte sich nicht von der Stelle. Er wirkt sehr beherrscht und läßt sich nicht so schnell etwas vormachen, registrierte die Denkmaschine in Thomas' Kopf.

„Ich glaube", sagte der Amerikaner soeben, „sie lauern uns erst in Nîmes auf." Er erzählte dem Jungen die Geschichte mit dem amerikanischen Konsulat. Seiner Meinung nach hatte der Mann mit den gelben Augen seine Häscher auf einer Linie zwischen den Städten Aigues-Mortes an der Küste und Orange nordöstlich von Nîmes postiert.

„Aber sie wissen jetzt, daß wir die Rhône überquert haben", entgegnete Thomas. „Und der Lebensmittelhändler kann ihnen sagen, um wieviel Uhr wir durch seinen Ort gekommen sind."

„Sie werden es garantiert herausbekommen."

„Und nun fragen sie sich bestimmt, warum wir noch nicht in Nîmes sind, obwohl wir doch schon längst dort sein müßten."

Der Amerikaner lächelte. „Ja, das werden sie sich wirklich fragen."

„Und deshalb suchen sie uns zwischen Nîmes und der Rhône." Thomas konzentrierte sich. Es ist im Grunde ganz einfach, sagte er sich, denn mir bleiben nur ganz wenig Möglichkeiten: Entweder ich bleibe in der Camargue und warte, bis meine Feinde die Suche aufgegeben haben, oder ich gehe nach Spanien – irgendwie komme ich schon durch die Straßensperren. Oder ich wende mich wieder ostwärts. In Marseille könnte ich einen Seemann bitten, mich auf seinem Boot nach Afrika mitzunehmen. Schließlich blieb noch der Norden.

„Ich glaube, wir sollten nach Norden gehen", sagte er. „Wir sollten zwischen den Straßensperren im Westen und an der Rhône nach Norden fahren."

Der Amerikaner nahm eine Karte aus dem Handschuhfach und stu-

dierte sie. Er hatte große, schlanke Hände mit langen Fingern, wie
Thomas feststellte. „Was tun wir nun, Monsieur?" fragte der Junge,
da der Amerikaner schwieg.

„Ich weiß nicht, Thomas. Ich denke noch nach. Zum Beispiel über
diesen Mann mit der Fellweste und dem Gewehr. Er ist ein ausgezeichneter Schütze und hat mir sehr geholfen. Kannst du dir denken, wo er
jetzt ist?"

„Nein."

„Weißt du, wer er ist?"

„Keine Ahnung."

Schweigen. Thomas entging nicht, daß der Amerikaner den Kopf
schüttelte. Er hat gemerkt, daß ich ihn anlüge, sagte er sich.

„Weißt du, wie man ihn finden kann?"

„Nein, Monsieur. Ich weiß doch nicht, wer er ist."

Allmählich brach die Dunkelheit herein, und bald war es so finster,
daß man nicht einmal mehr die Schilfrohre in wenigen Metern Entfernung sah. Der Amerikaner ließ den Motor an und fuhr dann langsam
los. Erst nach einer Weile schaltete er die Scheinwerfer ein. Endlich
tauchte ein Schild auf: Nîmes war noch sechs Kilometer entfernt.

## VI

GREGOR LÄMMLE kam am frühen Nachmittag des 9. November 1942
in Marseille an. Nachdem er sich von seiner Niedergeschlagenheit ein
wenig erholt hatte, stieg er im Hotel Noailles ab. Seine Männer riefen
an und berichteten vom Fortgang der Suche nach dem Amerikaner
und dem Kind. Alle Berichte waren negativ.

Die ersten interessanten Informationen trafen erst am Nachmittag
im Hotel ein: Quartermains Ford war gesichtet worden, beim Überqueren der Rhône – ein Beweis, daß der Amerikaner tatsächlich nach
Nîmes fuhr.

Gregor Lämmle ließ sich die Akte Quartermain bringen. Sie enthielt Fotos von dem Amerikaner mit Catherine Lamiel in Marseille,
zudem kurze Angaben zur Person, die man nach Catherine Lamiels
Aussagen niedergeschrieben hatte. Lämmle sah sich das Gesicht des
Amerikaners genau an. Er konnte keine Ähnlichkeit zwischen ihm
und dem Kind feststellen. Oder will ich mir nur nicht eingestehen, daß
sie sich ähneln? fragte er sich.

Nach und nach überwand er seine seelische Krise. Hatte er nicht

immer geahnt, daß die Sache ein böses Ende nehmen würde? Im Grunde war es keine Überraschung gewesen.

Tags darauf erhielt er die Bestätigung, daß man den Amerikaner und das Kind noch immer nicht aufgegriffen hatte. Quartermain sei nicht in Nîmes aufgetaucht, hieß es. Keiner der Beobachter, die zwischen Aigues-Mortes und Orange postiert waren, hatte Quartermains Ford gesehen. Die Gendarmerie hatte mit ihren Straßensperren ebenfalls Pech gehabt.

„Das Personal des amerikanischen Konsulats hat Nîmes soeben verlassen und ist unterwegs zur spanischen Grenze", verkündete Soeft, der am Telefon stand und den Hörer in der Hand hielt. „Der Ford gehört übrigens einem gewissen Callaghan, dem amerikanischen Konsul in Marseille."

„Nun seien Sie doch mal ruhig, Soeft", sagte Gregor Lämmle. Er saß am Schachbrett und spielte die Partie nach, die er gegen den Jungen verloren hatte. Bei jedem Zug gestand er sich ein: Er ist einfach besser als du, und das will schon etwas heißen. Das kleine Ungeheuer!

Wieder ein Telefonat. „Gortz ist dran", meldete Soeft. „Er kommt vorbei."

„Sagen Sie ihm, ich sei soeben nach Patagonien abgereist!"

Doch eine Stunde später stand Joachim Gortz tatsächlich vor der Tür. Er war in einem neuen Mercedes-Benz von Basel aus nach Südfrankreich gefahren.

„Lassen Sie uns allein, Soeft!" befahl Lämmle.

Soeft schloß die Tür hinter sich.

„Sein Oberlippenbart widert mich schlichtweg an", meinte Lämmle. „Ich werde ihn veranlassen, sich ihn abrasieren zu lassen, und zwar durch einen schriftlichen Befehl mit dem Briefkopf des Führerhauptquartiers."

„Was ist denn bei dem Treffen mit Maria Weber schiefgegangen?" begann Gortz.

„Jürgen Hess hat doch sicher einen Rapport geschrieben, oder?"

„Allerdings. Aber ich möchte Ihre Version hören."

„Hess wußte von Anfang an, wo das Treffen stattfinden würde. Er befand es nicht für nötig, mich davon zu unterrichten. Maria Weber ist zum Stelldichein mit mir erschienen und die Schlächter des guten Hess ebenfalls. Sie wurde getötet und mit ihr auch der große Spanier, dem zwei Finger an der linken Hand fehlten. Stellen Sie sich vor, ich konnte nicht einmal ihr Gesicht sehen, als sie im Hispano-Suiza verbrannte!"

„Hess glaubt, Sie hätten das Kind absichtlich entkommen lassen."

„Wissen Sie überhaupt, woher Hess seine Informationen hat?"

„Die Gestapo in Paris hat eine gewisse Catherine Lamiel verhaftet, die im Verdacht steht, der Résistance anzugehören. Sie wurde im Keller in der Rue des Saussaies untergebracht. Ihr Vater, ihre Mutter und ihr Bruder wurden ebenfalls verhaftet. Man hat sie heute morgen erschossen, und das, obwohl Hess der charmanten jungen Dame Versprechungen gemacht hatte, um sie dazu zu bewegen, ihm ein wenig zu helfen."

„Sind Sie nur gekommen, um mir das mitzuteilen, Gortz?"

„Nein. Wissen Sie, wo sich das Kind aufhält?"

„Hess ist für die Jagd nach dem Jungen verantwortlich, nicht ich."

„Gibt es eine Möglichkeit, wie wir ihn leicht schnappen können?"

Gregor Lämmle lächelte. „Ich glaube kaum. Sie wissen, daß Hess ein Esel ist, und nun spekulieren Sie darauf, das Kind mit meiner Hilfe wiederzubekommen. Kann man Hess an die Ostfront schicken?"

„Ich fürchte, nein. Zumindest nicht im Augenblick."

„Ich bin ein bestens ausgebildeter, reinrassiger, sehr schlauer Jagdhund. Und nun bittet man mich, in der gleichen Meute zu jagen wie ein geifernder Dobermann, der strohdumm und schmutzig ist und nichts Besseres weiß, als alles mit seinen Zähnen zu packen, was sich bewegt ... Aber der Junge führt ihn schön an der Nase herum. Gut, ich will versuchen, an dem Dobermann nicht allzuviel Anstoß zu nehmen. Warum haben Sie mich sonst noch aufgesucht?"

„Wegen Quartermain. Bringen Sie ihn mir bitte lebend. Er ist tausendmal mehr wert als das Kind. Nachdem Maria Weber tot ist, nützt es uns ohnehin nichts mehr."

Lämmle lächelte erneut und gelangte zu der Überzeugung, daß er Joachim Gortz eigentlich noch nie leiden konnte. „Hat man den Ford inzwischen gefunden?"

„Ja, der Wagen war in der Nähe von Nîmes versteckt, nicht mal zwei Kilometer vom Ortseingang entfernt ... Nun, ich brauche diesen Amerikaner lebend, und man muß ihn auf französischem Territorium fassen. Was wollen Sie dafür?"

Lämmle schwieg.

„Den Jungen also", fuhr Gortz fort. „Einverstanden. Aber ich brauche eine gute Begründung für Hess."

„Ich habe sogar eine hervorragende Begründung", meinte Lämmle. „Der Junge weiß, was seine Mutter wußte. Was die Operation Schädelbohrer angeht, so hat das Kind die gleiche Bedeutung wie seine Mutter. Es kennt alle die Codewörter und die faszinierenden

Geheimnisse des Bankwesens, an denen Sie noch Interesse hatten, bevor Sie an Quartermain Gefallen fanden."

„Sie halten mich doch nicht etwa zum besten, oder?"

„Das müssen Sie schon selbst herausfinden", erwiderte Gregor Lämmle mit zuckersüßer Stimme.

„Seit wann wissen Sie das mit dem Jungen?"

„Ich glaube, ich habe es schon immer gewußt. Vollkommene Gewißheit hatte ich aber erst nach einer Partie Schach mit dem Knaben. Er hat mich einfach in die Pfanne gehauen, wenn ich das mal so salopp ausdrücken darf."

Das Klingeln des Telefons unterbrach ihre Unterhaltung. „Sie bekommen Ihren Amerikaner, keine Sorge", sagte Gregor Lämmle, ehe er abnahm. „Auf Wiedersehen, lieber Gortz."

IN DER Nacht unternahm Quartermain zu Fuß einen Streifzug in Richtung Nîmes. Den Jungen hatte er bei einer Jagdhütte zurückgelassen. Doch schon bei den ersten Häusern der Stadt bestätigte sich seine Vermutung: Soldaten kontrollierten alle Zufahrtswege.

Nach einem öffentlichen Telefon zu suchen hätte unnötig Zeit gekostet. Schließlich entdeckte er die Telefonleitung. Sie kam aus der Stadt und verlief quer über die Felder. Er folgte ihr und gelangte an einen großen Bauernhof. Aus der Entfernung sah er durch ein Fenster eine große Tischgesellschaft, eine Frau trug ein Brautkleid.

Zwei Kilometer weiter wieder ein Bauernhof. Kein Licht brannte. Die Bewohner sind sicher zur Hochzeit eingeladen, sagte er sich, was für ein Glück!

Er rüttelte am Haupttor. Die beiden Torflügel waren verschlossen. Vier Meter über dem Boden erblickte er ein unvergittertes Fenster. Er kletterte an der Dachrinne hinauf und kroch durch das Fenster auf den Dachboden. Im Erdgeschoß fand er Kerzen und zündete eine an. Zu seiner Überraschung war das Haus nicht wie ein Bauernhof eingerichtet. Es mutete eher an wie ein hochherrschaftlicher Landsitz. Er stieß auf eine ungeheure Menge an Lebensmitteln. Im Keller waren die Konserven bis unter die Decke gestapelt, sie standen in den Gängen, unter dem Küchentisch und in den Schränken.

Es gab auch ein Büro. Quartermain durchsuchte es und erkannte, daß der Hausbesitzer ein gewisser Henri Maurel war, ein hoher Beamter im Ernährungsministerium – er hatte sich offenbar gut bedient!

In der Garage entdeckte er einen Wagen, dem Typ nach ein Chenard-Walcker. Das Fahrzeug machte einen sehr gepflegten Eindruck.

Die Batterie stand daneben und war an ein Ladegerät angeschlossen. Er stellte sie an ihren Platz im Motorraum und schloß sie an. Der Motor ließ sich ohne Schwierigkeiten starten, und der Tank war fast voll. Quartermain ging noch mehrmals ins Wohnhaus und füllte alle Stauräume des Wagens mit Proviant für die Reise – Konserven, Keksdosen, Schinken, Getränke. Im Wohnraum nahm er einen Dosenöffner an sich, ein Messer, eine Rolle Seil, Kleidungsstücke und ein ganzes Paket Lebensmittelmarken. Auch zwei Lampen packte er ein.

Schließlich kehrte er ins Büro zurück. Ein Bund mit Ersatzschlüsseln sprang ihm ins Auge, er steckte ihn in die Tasche.

Das Telefon stand auf dem Tisch. Er hob den Hörer ab, die Dame von der Vermittlung antwortete erst nach einer Ewigkeit.

„Ich nicht gut sprechen Französisch", sagte er. „Ich bin Schwede. Bitte mich entschuldigen. Ich sprechen wollen mit Polizei. Schnell."

Einige Zeit verging. Eine Männerstimme meldete sich in der Leitung. Ja, er sei mit der Gendarmerie verbunden. Quartermain fuhr in seinem Kauderwelsch fort. Er erklärte, er heiße Svenson und sei Schwede. Ein Mann habe ihn angegriffen und versucht, seinen Wagen zu stehlen. Als er den Mann beschrieb, erwachte das Interesse des Gendarmen. Hatte der Angreifer ein Kind, einen kleinen Jungen, bei sich?

„Ja, ja", antwortete Quartermain. „Eine kleine Junge in der kleine Auto gewesen ..." Ob er das Fahrzeug beschreiben könne? „Ja, ja." Es sei ein Trèfle Citroën gewesen, sogar die Nummer habe er sich gemerkt.

Er gab das Autokennzeichen eines Kleinwagens an, den er vor dem Bauernhof mit der Hochzeitsgesellschaft gesehen hatte, und versprach, daß er, Svenson aus Stockholm, morgen in aller Frühe die Gendarmerie in Nîmes aufsuchen werde.

Dann hängte er ein, fuhr den Chenard-Walcker aus dem Hof und schloß die schweren Holztore ab. Vier Minuten später befand er sich wieder vor dem ersten Bauernhof. Gesang drang heraus. Er stieg aus, ging auf den winzigen Trèfle Citroën zu, schob ihn hundert Meter weiter und ließ erst dann den Motor an. Er fuhr bis zum Wasserreservoir. Dort schaltete er die Scheinwerfer aus, stieg aus, fand einen passenden Stein, beschwerte damit das Gaspedal, legte den ersten Gang ein und sprang beiseite. Es dauerte zwei endlose Minuten, bis der leichte Citroën unter der Wasseroberfläche verschwunden war.

Quartermain lief zurück, stieg wieder in den Chenard-Walcker. In der Nähe der Jagdhütte angelangt, glaubte er zunächst, sich verirrt zu haben: Der Ford war verschwunden, die Jagdhütte leer.

„Thomas?" Ich hätte ihn nicht allein lassen dürfen, sagte er sich vorwurfsvoll. „Thomas, ich bin es, Quartermain."

„Ich bin hier." Der Junge tauchte unvermittelt unter einer Schilfmatte auf, die er sich geflochten hatte. Den Ford hatte er mit Zweigen abgedeckt. Thomas näherte sich und betrachtete den Chenard-Walcker. „Wo haben Sie den her?"

„Gestohlen."

„Noch ein Grund, daß die Gendarmen hinter Ihnen her sind."

Quartermain glaubte, einen spöttischen Unterton zu hören, erwiderte aber nichts.

„Haben sich in Nîmes auch schon Gendarmen postiert?" fragte der Junge.

„Ja." Quartermain berichtete von seinem Streifzug.

„Das haben Sie ziemlich schlau eingefädelt. Ich meine, der Polizei am Telefon diese Geschichte zu erzählen. Den Mann mit den gelben Augen werden Sie damit allerdings nicht hinters Licht führen, höchstens die anderen."

„Welche anderen? Ich dachte, dieser Lämmle leitet die Verfolgung."

„Er ist nicht so dumm, die Gendarmerie einzuschalten, weil er weiß, daß Straßensperren zu auffällig sind. Das muß Jürgen Hess gewesen sein. Er ist ein Schwachkopf."

„Wer dieser Jürgen Hess ist, erklärst du mir im Wagen. Steig ein."

Der Junge gehorchte nicht, sondern wich einige Schritte zurück. „Das kommt darauf an, wo wir hinfahren."

„An allen Einfahrten nach Nîmes stehen Posten, wahrscheinlich auch in einem Umkreis von dreißig Kilometern um die Stadt. Sicher werden auch alle Schiffe an der Küste und alle Brücken über die Rhône überwacht. Wir fahren also links von der Rhône nach Norden, dann durch die Cevennen und anschließend wieder in Richtung Spanien."

„Genau damit wird der Mann mit den gelben Augen rechnen. Er ist ein gerissener Spieler."

„Gerissener als ich, meinst du?"

„Wenn er sich konzentriert, schlägt er uns", meinte der Junge. Zögernd ging er einige Schritte auf den Chenard-Walcker zu und stieg schließlich doch ein. „Meinetwegen, fahren wir nach Norden."

„Na schön, Chef", sagte Quartermain. „Aber warum nach Norden, wenn Lämmle uns dort erwartet?"

„Weil es immer noch besser ist, ihm in die Hände zu fallen als Hess."

Quartermain bediente den Anlasser. Thomas blickte den Amerikaner an. Er sieht wirklich erschöpft aus, dachte der Junge. Im Grunde ist

er nett, es sei denn, seine Freundlichkeit ist nur gespielt, um mich zum Sprechen zu bringen. *Sei also vorsichtig!*

Während seines nächtlichen Ausflugs hatte der Amerikaner seine Papiere zurückgelassen. Thomas hatte sie alle gelesen. Den Brief zum Beispiel. Er hatte sogleich ihre Handschrift wiedererkannt. „David, ich würde mich nicht an Dich wenden, wenn mich nicht außergewöhnliche Umstände dazu zwängen." Und weiter unten stand: „Ich wünschte mir dieses Kind mehr als alles in der Welt."

Mit dem Kind bin ich gemeint, dachte Thomas. Mit anderen Worten, dieser Mann ist mein Vater. Es sei denn, der Brief wäre gefälscht. Doch im Grunde ist das unwichtig. Der Mann mit den gelben Augen wird den Amerikaner töten. Es ist völlig sinnlos, sich für Leute zu interessieren, die bald sterben. Kaum hast du sie ein wenig liebgewonnen, werden sie umgebracht.

Du könntest aber den Amerikaner wie einen Springer oder einen Turm auf dem Schachbrett einsetzen, um dem Mann mit den gelben Augen eine Falle zu stellen. Dafür müßtest du ein Bauernopfer bringen. Wenn das die einzige Möglichkeit ist, das Spiel zu gewinnen, darfst du nicht zögern.

„Wie geht's dir, Thomas?" fragte der Amerikaner, während sie Nîmes auf Nebenstraßen umfuhren.

„Gut, Monsieur."

„Du hast doch ein wenig geschlafen, nicht wahr?"

„Ja. Sie sind übrigens wirklich ein guter Autofahrer, Monsieur."

„Danke, Thomas. Aber du mußt nicht immer ‚Monsieur' zu mir sagen, das weißt du doch."

„Ja, ich weiß", erwiderte Thomas.


FÜR Gregor Lämmle vergingen die Tage mit quälender Langsamkeit. Am frühen Vormittag des 10. November traf zwar die Nachricht ein, daß man den angeblich gestohlenen Citroën des „Schweden" gefunden hatte. Lämmle hatte jedoch keinen Augenblick an die Existenz des Skandinaviers geglaubt. Er wußte, daß es Quartermain war. Er glaubte auch nicht, daß der Amerikaner nach Spanien fliehen würde. Zumindest nicht auf direktem Weg. Und eine Flucht über das Meer? Ohne vorherige Planung gelang ein solches Unternehmen nicht. Selbst Hess hatte daran gedacht, Les Saintes-Maries-de-la-Mer als einzig möglichen Hafen für eine Einschiffung überwachen zu lassen. Nein, es blieb eigentlich nur die Straße nach Norden.

„Seit wann sind Ihre Männer auf dem Posten, Soeft?"

„Ich habe sie gestern um elf Uhr dreißig vormittags losgeschickt." Nach Soefts Meinung müßten die Beobachter von der ersten Linie noch vor Einbruch der Dunkelheit ihre Posten bezogen haben. Die zweite Linie stand weiter nördlich im Département Ardèche.

„Der kleine Citroën wurde gestern zwischen neunzehn und zweiundzwanzig Uhr gestohlen", meinte Lämmle. „Der angebliche Schwede hat am gleichen Abend um zwanzig nach neun angerufen, und zwar aus der unmittelbaren Umgebung von Nîmes. Er hat den Ford zurückgelassen und den Diebstahl des Citroën vorgetäuscht. Das bedeutet, die beiden haben ein anderes Fahrzeug. Wurde der Diebstahl eines Wagens gemeldet?"

„Nein."

„Zwei Möglichkeiten, Soeft: Entweder, sie haben einen wohlgesinnten Fahrer gefunden, der sie mitgenommen hat, oder sie haben einen Wagen gestohlen, und der Diebstahl wurde nicht angezeigt. Die beiden haben Ihre erste Sperrlinie bisher nicht passiert, Soeft, sonst hätte sie ja einer der Posten gesehen."

Soeft erwiderte, die Posten in der ersten Sperrlinie registrierten seit dem 9. November, achtzehn Uhr, die Nummern aller Autos, die von Süden nach Norden führen. Daraufhin besorgte sich Lämmle die Liste mit den Namen und Adressen der Fahrzeughalter.

Am 10. November nichts. Tags darauf wieder nichts und ebensowenig in den Morgenstunden des 12. November.

Sie sind mir entwischt! gestand sich Lämmle überrascht ein. Dann überkam ihn Verzweiflung. Der Gedanke war ihm unerträglich, daß er das Kind aus den Augen verlieren könnte. Er zog wieder seine Fotos von Quartermain heraus. Und dieser Cowboy soll ihn mir entrissen haben? fragte er sich und spürte, wie er begann, den Amerikaner zu hassen.

Am Vormittag des 12. November trafen endlich Erfolgsmeldungen ein. Ungefähr zehn Stunden zuvor hatte man in den Listen von Soefts Spähern einen Chenard-Walcker entdeckt. Er gehörte einem hohen Beamten der Regierung von Vichy, der den Diebstahl nicht gemeldet hatte, weil er ihn nicht bemerkt hatte.

Tatsächlich wurde der Chenard-Walcker im Westteil der Cevennen gesehen. Der Fahrer raste mit halsbrecherischer Geschwindigkeit an einem Posten der zweiten Linie vorbei. Und schließlich konnte Lämmle die Jagd auf Quartermain eröffnen, denn am Mittag des 12. November erkannte ein Posten den Amerikaner, als er die Rhônebrücke bei Valence in östlicher Richtung überquerte.

QUARTERMAIN träumte, daß es ihm ins Gesicht regnete. Er schlug die Augen auf und bemerkte, daß dicke, eiskalte Regentropfen durch das geöffnete Fenster in den Chenard-Walcker fielen. Nach kurzer Benommenheit kam ihm die Erinnerung wieder. Er befand sich irgendwo in der Ardèche und wurde von der Polizei verfolgt.

„Haben Sie Hunger?"

Er sah Thomas vor sich. Der Junge aß ein dick mit rohem Schinken belegtes Brötchen. Seine Baskenmütze hatte er über die Ohren gezogen, er trug eine dunkelblaue Pelerine, die Quartermain noch nie gesehen hatte, und hielt einen schwarzen Regenschirm in der Hand.

„Wo hast du die Sachen her?" fragte Quartermain verwundert.

„Da hinten ist ein Bauernhof. Die Schinkenbrötchen sind ausgezeichnet. Und Milchkaffee haben sie auch."

„Du bist doch nicht etwa zu dem Bauernhof gegangen! Hat man dich gesehen?"

„Sie saßen zu elft am Tisch, aber ich glaube, die sind ziemlich kurzsichtig."

Quartermain streckte die Hand nach dem Anlasser aus. „Steig ein. Wir machen uns aus dem Staub."

Der Junge schüttelte mitleidig den Kopf. „In der Scheune halten sie drei englische Flieger versteckt", erklärte er mit vollem Mund. „Es würde mich wundern, wenn sie die Gendarmen alarmierten. Wenn Sie jetzt losfahren, dann werden Sie vom Besitzer des Nachbarhofs gesehen. Und der informiert die Gendarmen bestimmt. Das ist nämlich ein Anhänger von Pétain. Haben Sie nun Hunger oder nicht?"

Kurze Zeit später ging Quartermain im stärker werdenden Regen durch einen Kastanienwald. Thomas führte ihn; mit unglaublicher Sicherheit fand der Junge den Weg zwischen den vom Regen dunkel gewordenen Baumstämmen. Bald gelangten sie an den Waldrand. Gegenüber standen einige Steinhäuser mit Dächern aus Schiefer. Der Junge blieb stehen.

„Monsieur Cazes hat mir geraten, hier vorsichtig zu sein. Die Nachbarn dürfen uns nicht sehen. Also müssen wir noch warten."

„Worauf?"

„Auf Émilie. Sie hat Röteln und darf nicht zur Schule. Ich habe Röteln schon gehabt, ich kann mich nicht anstecken. Außerdem ist sie eigentlich schon wieder gesund, doch Mathematik kann sie nicht ausstehen."

Man könnte meinen, er spricht in einem Geheimcode, dachte Quartermain, doch allmählich begriff er.

„Noch etwas", fuhr der Junge fort und sah Quartermain durchdringend an. „Ich habe Madame Cazes erzählt, Sie seien mein Vater."

„Dein Vater?"

„Irgendwie mußte ich ja erklären, warum wir zusammen unterwegs sind."

An einem Gebäude regte sich etwas. Eine kleine Gestalt war aus dem Haus getreten und winkte sie herbei.

MADAME CAZES war Anfang Fünfzig, dürr, klein und hatte sehr helle Haut. Sie war allein im Haus, und als Quartermain ankam, schickte sie ihn sogleich in ein Zimmer im oberen Stock. „Rühren Sie sich nicht von der Stelle, und zeigen Sie sich vor allem nicht am Fenster", meinte sie. „Ich bringe Ihnen etwas zu essen."

Kurz darauf kam sie mit Eiern, Schinken und Kaffee zurück. „Ihr Sohn und Émilie machen einen Spaziergang. Stellen Sie sich vor, im Regen! Und dabei hat sie gerade erst Röteln gehabt. Émilie ist meine Jüngste. Sie können übrigens stolz auf Ihren Sohn sein, er ist schlau wie ein Fuchs . . . Wollen Sie eine Suppe? Ich werde Ihrem Sohn sagen, daß er sie Ihnen nach oben bringt, sobald er zurück ist."

THOMAS mochte den Regen, vor allem, seit er die Pelerine trug. Die Luft war erfüllt vom Geruch der feuchten Erde.

Am verabredeten Ort traf er sich mit Émilie. Sie liefen durch den Wald, und bald lag der Bauernhof mehrere hundert Meter hinter ihnen. Es ging aufwärts. „Warum ist dein Vater eigentlich Amerikaner?" fragte das Mädchen.

„Weil er kein Spanier ist", antwortete Thomas.

„Das hätte ich mir beinahe selbst denken können!"

Sie stiegen weiter bergauf, bis sie auf der Kuppe des Hügels anlangten. Thomas zog unter seiner Pelerine das Fernglas hervor. Wegen der dichten Baumkronen sah er nicht viel. Doch dann entdeckte er das kleine Dorf. Er war sicher, daß sich der Beobachtungsposten des Mannes mit den gelben Augen schon ganz in der Nähe aufhielt. Ihn mußte er finden.

„Wie alt bist du eigentlich?" fragte Émilie inzwischen.

„Elfeinhalb."

Beinahe hätte er zwölf gesagt und sich ein wenig älter gemacht, aber elfeinhalb war ja auch schon ganz gut.

„Also bin ich älter als du. Ich werde im April dreizehn."

„Was, so alt schon? Dann müßtest du ja längst verheiratet sein."

„Du machst dich über mich lustig, was?"

Das muß er sein! schoß es Thomas durch den Kopf, der alle Häuser und Gärten abgesucht hatte. Der Späher ist da! Er hat sich einfach an der ersten Gabelung postiert, nicht einmal versteckt! Ein Idiot! Der Mann saß in einem Wagen; sein Gesicht war schlecht erkennbar.

„Für elfeinhalb bist du nicht sehr groß. Ich bin viel größer als du."

„Das kommt davon, weil ich nicht wachsen will."

„Warum nicht?"

„Ich habe im Augenblick keine Lust dazu." Vielleicht war es doch kein Posten des Mannes mit den gelben Augen? Thomas war sich nicht sicher. Er richtete das Fernglas auf die beiden Straßen, die von der Gabelung abgingen. Wenn der Amerikaner letzte Nacht nicht zum Schlafen angehalten hätte, überlegte er, wären wir dem Mann geradewegs in die Arme gelaufen. Der Mann mit den gelben Augen hat seine erste Linie von Beobachtern gewiß weiter im Süden aufgestellt. Dann sind wir heute nacht an ihnen vorbeigekommen, als ich im Wagen schlief. Sie haben sich garantiert unsere Nummer notiert.

„Bist du eigentlich krank, weil du immer so komische Antworten gibst?" fragte das Mädchen.

„Nein, nein, ich habe nur Kopfweh", erwiderte Thomas.

In diesem Augenblick tauchte ein Überlandbus an der Gabelung auf. Thomas beobachtete den Mann, der aus seinem Wagen stieg. Der Bus hielt, der Mann sprang in den Bus und ging ganz bis nach hinten. Dann stieg er wieder aus, tat so, als habe er es sich anders überlegt. Es war ein Späher, kein Zweifel.

Thomas ließ das Fernglas sinken. „Wir müssen zurück", sagte er. „Ich habe genug gesehen."

QUARTERMAIN musterte den Jungen, der ihn mit seinen unergründlichen grauen Augen anblickte. „Wo warst du?"

„Ich bringe Ihnen das Fernglas zurück. Man sieht wirklich gut damit." Er zog ein Blatt Papier und einen Bleistift aus der Tasche und zeichnete ein paar Linien. „Das sind die Straßen", erklärte er. „Und hier steht ein Wachposten. Er ist allein, aber vielleicht wird er bald von jemandem abgelöst, der sich irgendwo ausruht ..."

*„So what's your idea?"*

Schweigen.

„Du hast mich sehr wohl verstanden, Thomas", fügte Quartermain, ebenfalls auf englisch, hinzu. „Warum hast du mir nicht gesagt, daß du Englisch sprichst?"

„Sie haben mich nicht danach gefragt."

„Du hast den Brief gelesen, nicht wahr?"

Thomas senkte den Kopf. „Ja, ich habe ihn gelesen."

„Hast du alles verstanden?"

„Ja." Der Junge verzog keine Miene.

„Darf ich dich fragen, was du darüber denkst?"

„Ich habe keine Lust, darüber zu sprechen."

„Ich schon, vor allem, weil ich nur wegen dieses Briefes aus Amerika hierhergereist bin."

„Ich glaube nicht, daß Sie mein Vater sind."

Die Antwort kam so unvermittelt, daß Quartermain für einige Sekunden nichts erwidern konnte. „Glaubst du es nicht, oder willst du es nicht glauben?" fragte er schließlich.

„Ich möchte nicht darüber sprechen."

„Gibt es einen Grund dafür, daß du es nicht glaubst?"

„Nein. Ich glaube einfach nicht, daß das in dem Brief stimmt. Und ich glaube nicht, daß Sie mein Vater sind."

„Aber du hast keinerlei Grund für deine Vermutungen?"

„Ich will eben nicht, daß Sie mein Vater sind. Das ist alles."

Quartermain spürte, wie Zorn in ihm aufstieg. „Du glaubst also, du kannst diesen Mann . . ., diesen Lämmle ganz allein abschütteln."

„Ich kann ihn schlagen", sagte Thomas.

Ich darf ihn nicht wie ein gewöhnliches Kind behandeln, dachte Quartermain. Schließlich hat der Junge mit ansehen müssen, wie seine Mutter verbrannte. Und vermutlich hat er auch vorher schon Furchtbares erlebt. „Kann ich dir trotzdem helfen, an dem Wachposten vorbeizukommen?"

„Wenn Sie wollen, schon."

„Ich freue mich, wenn ich mich nützlich machen kann", erklärte Quartermain und bereute seine Worte im selben Augenblick schon wieder. Er wandte dem Jungen den Rücken zu und wartete, bis sein Ärger verflogen war. Dabei überdachte er seine Situation: Ich sitze hier in einem Bauernhof in der tiefsten Ardèche, sagte er sich, sehe mir die stockfleckigen Tapeten an, während Gestapo und Gendarmerie hinter mir her sind . . .

Schließlich drehte er sich zu dem Jungen um und war überrascht: Thomas hatte sich auf das Bett gesetzt. Auf seinem Gesicht lag nicht der triumphierende Ausdruck eines Menschen, der in einem Streit das letzte Wort gehabt hatte. Nervös rang er die Hände, und seine Lippen zitterten.

Ein seltsames Kerlchen, dachte Quartermain, sicher bricht der Junge gleich in Tränen aus. Ein heftiges Gefühl der Zärtlichkeit überfiel ihn. „Thomas", sagte er. „Ich wüßte gern, welchen Plan du dir zurechtgelegt hast. Wie willst du die zweite Sperrlinie von Lämmles Männern überwinden? Möchtest du es mir nicht sagen?"

Schweigen. Noch immer zitterten die Lippen des Jungen.

„Thomas?"

Schließlich nickte der Junge.

Es REGNETE noch immer, als Monsieur Cazes am Nachmittag auftauchte. Er trug eine Jagdweste aus Kaninchenfell und war ein lebhafter, sehr entschlossener Mann. „Ich habe Neuigkeiten für Sie", begann er, indem er sich an Quartermain wandte. „Man sucht nach Ihnen, und zwar fieberhaft. Einsatzkommandos fragen in allen Autowerkstätten nach, ob nicht zufällig ein großer Kerl einen Wagen gekauft oder gemietet hat. Ein kleiner schwarzhaariger Junge soll bei ihm sein. Und noch etwas: Meine Schwester arbeitet in der Telefonvermittlung. Sie hat mir gesagt, daß mehrere Ausländer einen Mann namens Golaz-Hueber im Hotel Noailles in Marseille anrufen."

„Wir fahren noch heute nacht", erklärte Quartermain. „Mein Sohn und ich haben schon eine Idee, wie wir unsere Reise fortsetzen können."

„Sie brauchen einen anderen Wagen. Mit Ihrem Chenard-Walcker kommen Sie nicht weit. Meine Söhne helfen Ihnen."

In der Nacht weckte Quartermain Thomas. Es war ein Uhr und Zeit zum Aufbruch. Sie gingen in die Küche. Madame Cazes stellte ihnen Kaffee hin und bestand darauf, daß sie einen Beutel mit belegten Broten mitnahmen. „Gott beschütze euch – und jetzt haut ab."

Jacques, einer von Cazes' Söhnen, wartete draußen im strömenden Regen. Sie gingen durch den Wald zu ihrem Wagen zurück und schoben ihn aus dem Versteck. Jacques fuhr in einem anderen Wagen voraus.

Etwa eine Viertelstunde lang folgten sie schlammigen Waldwegen. Dann gelangten sie auf eine asphaltierte Straße. Beide Autos hielten an.

„Jetzt müssen Sie allein weiter", sagte Jacques. „Die Kreuzung mit dem Posten ist zweihundertfünfzig Meter entfernt. Viel Glück."

Quartermain schaltete die Scheinwerfer erst ein, als er bereits hundert Meter zurückgelegt hatte. Er beschleunigte. Schließlich erreichte er die Kreuzung. Auf der rechten Straßenseite erschienen die Umrisse

eines Mannes, der offenbar gerade aus seinem Wagen gesprungen war. Quartermain bremste scharf ab und beschleunigte sofort wieder. In letzter Sekunde wich der Mann mit einem Hechtsprung zur Seite aus.

Mit durchgetretenem Gaspedal legte Quartermain die nächsten drei Kilometer zurück, dann erst verlangsamte er das Tempo. Sobald er zwei zu einem Kreuz aufgerichtete Äste am Straßenrand entdeckte, wußte er, daß er bald am Ziel war. Fünfzig Meter vor ihm erschien ein Tor, es stand offen. Er fuhr hinein, hielt neben Monsieur Cazes an, der aufs Trittbrett stieg.

Etwa zweihundert Meter weiter bog Quartermain ab und fuhr in eine Scheune. Hinter dem Chenard-Walcker wurde sofort das Tor geschlossen. In der Scheune erwarteten sie acht Männer. Drei hielten bereits zischende Schneidbrenner in der Hand.

„Sie zerlegen Ihren Wagen in so kleine Teilchen, daß man nicht einmal mehr ein Fahrrad daraus machen könnte", erklärte Cazes voller Stolz. „Und sehen Sie hier!"

„Ein Citroën mit fünfzehn PS!"

„Er läuft präzise wie ein Uhrwerk und schneller als die meisten anderen Wagen. Das ist das Beste, was ich für Sie auftreiben konnte. Der Vorbesitzer hat den Wagen versteckt. Er wollte nicht, daß er beschlagnahmt wird."

Quartermain gab Monsieur Cazes Geld für den Citroën, dann schüttelten sie sich die Hände.

„Steig ein, Thomas", meinte der Amerikaner schließlich. Der Junge kletterte wortlos in den Citroën, ohne sich zu verabschieden. Vielleicht ist er nur erschöpft, dachte Quartermain, während er losfuhr. Er folgte der Straße, die nach Osten führte, in Richtung Schweiz.

## VII

SEIT Stunden war Gregor Lämmle ohne Nachricht, wo sich der Junge mit dem Amerikaner aufhielt und welche Richtung die beiden eingeschlagen hatten. Sind sie nach Spanien unterwegs? fragte er sich. Oder haben sie kehrtgemacht und fahren nach Osten? Gregor Lämmle neigte zu dieser Vermutung, obwohl seine Annahme durch keinen Beweis erhärtet wurde.

Um drei Uhr morgens klingelte das Telefon. Lämmle erfuhr von einem Posten in der Ardèche, daß der Chenard-Walcker mit einem

Mann am Steuer und einem Kind auf dem Beifahrersitz nach Westen fuhr. Lämmle hatte nicht den geringsten Zweifel. Zuviel Zeit war vergangen, seit das Auto an der ersten Linie aufgetaucht war.

„Sie haben irgendwo einen Unterschlupf gefunden und sind erst dann weitergefahren. Die Straßenkarte, Soeft." Noch einmal studierte er die Landkarte. „Die haben sich absichtlich bemerkbar gemacht. Ihre Taktik diente lediglich dazu, daß man alle Polizeisperren aufhebt und weiter nach Westen verlegt. Der Amerikaner und das Ungeheuer kriechen vermutlich irgendwo unter und warten, bis die Sperren verlegt sind, um dann ungestört in Richtung Schweiz fahren zu können ... Das Zweiergespann sieht sich wahrscheinlich schon nach einem anderen Wagen um." Lämmle zögerte einen Augenblick. „Wieviel Männer stehen Ihnen zur Verfügung, Soeft? Sechzehn? Verteilen Sie sie sofort auf alle Kreuzungen im Nordosten und Osten der Region Ardèche. Ich weiß nicht, wo der Amerikaner und das kleine Ungeheuer wiederauftauchen, aber sie bewegen sich mit Sicherheit auf die Rhône zu. Und unsere Männer beziehen genau dort Posten. Ich hab sie, Soeft. Gleich hab ich sie!"

Höchstens, das kleine Ungeheuer hat wieder einen teuflischen Plan ausgeheckt, dachte Lämmle. Es wäre ihm ohne weiteres zuzutrauen. Was bereitet mir diese Jagd doch für ein unglaubliches Vergnügen!

DER Morgen graute, und Thomas hielt die Landkarte in der Hand. „Der Mann mit den gelben Augen hat mit Sicherheit seine Posten schon verlegt."

„Nach Westen?"

„Nein, eher nach Osten. Er hat gemerkt, daß wir bluffen."

„Sie sind doch jetzt hinter uns und nicht vor uns."

„Wir haben Zeit verloren. Vielleicht sind sie schon wieder vor uns." Thomas schaute von der Karte auf und sah den Amerikaner forschend an. Er ist ganz ruhig, dachte der Junge, und ganz bestimmt nicht dumm. Er hat ein paar gute Ideen gehabt. Und er ist ein hervorragender Autofahrer. Außerdem hat er eine ausgezeichnete Beobachtungsgabe. Und nett ist er auch noch, kaum zu glauben. Ich war gemein zu ihm, jeder andere wäre ärgerlich geworden, aber nein, er ist ...

*Hör auf damit!* Wenn du so weitermachst, dann fängst du noch an, ihn zu mögen. Und das wäre sinnlos. Der Amerikaner ist schon so gut wie tot. Der Mann mit den gelben Augen wird ihn umbringen. Er kann ihn nicht ausstehen, weil er annimmt, der Amerikaner sei mein Vater. Deshalb wird er ihn töten.

Quartermain hatte etwas zu ihm gesagt, und er hatte es nicht gehört. „Glaubst du, daß da unten an der Kreuzung ein Posten steht?" wiederholte der Amerikaner nun.

„Ja, vermutlich."

„Was schlägst du vor?" fragte der Amerikaner lächelnd.

„Wir fahren trotzdem durch. Es gibt keine andere Lösung. Die erwischen uns schon nicht, schließlich haben wir ein schnelles Auto."

Quartermain sah zu ihm herüber und nickte. Also doch, dachte Thomas. Er hat begriffen, daß es noch eine Möglichkeit gibt.

„Na schön", sagte der Amerikaner und fuhr den Wagen hinter dichtes Gebüsch. „Aber weißt du, ich habe in solchen Sachen wenig Erfahrung. Es fehlt mir an Übung."

Thomas schwieg. Was hätte er darauf antworten sollen?

„Wartest du hier auf mich, Thomas?"

„Ja."

„Gib mir zwanzig Minuten. Danach verschwindest du, einverstanden?"

„Einverstanden."

„Ich frage dich nicht, ob du weißt, an wen du dich in einem solchen Fall wenden sollst. Aber ich glaube fast, daß du es weißt. Wenn du weggehst, dann nimm das Fernglas und die Karte mit. Hast du Geld bei dir?"

„Ja."

„Also, bis dann."

QUARTERMAIN hatte ungefähr vierhundert Meter zurückgelegt, als er den Waldrand erreichte. Die Straße war in Sichtweite. Er blieb stehen und spähte durch das dichte Laub einiger Eichen. Sogleich entdeckte er den Posten oder zumindest seinen Wagen. Die Motorhaube ragte nur ein kleines Stück hinter einem Transformatorenhäuschen hervor.

Ich habe teuflische Angst, gestand er sich ein. Ich schaffe es nicht. Wie könnte ich auch?

Trotzdem stieg er ruhig den Abhang hinab und setzte dann seinen Weg auf der Straße fort. Dabei rief er sich die schreckliche Szene in Erinnerung, deren Zeuge er geworden war: *Sie* verbrennt bei lebendigem Leibe, Javier Coll wird von den Salven der Maschinenpistolen zerfetzt.

Er langte beim Transformatorenhäuschen an und ging daran vorbei. Dann wandte er sich um, bemühte sich, die Miene eines harmlo-

sen Spaziergängers aufzusetzen, der an der Ecke einen alten Bekannten trifft.

Der Posten war allein. Er saß am Steuer seines Wagens und schaute zu Quartermain hinüber. Der Amerikaner winkte ihm mit überraschtem Gesichtsausdruck zu, näherte sich der Wagentür und klopfte an die Scheibe. „Darf ich Sie um eine Auskunft bitten?"

Verblüfft musterte ihn der Posten und entschloß sich, die Scheibe herunterzukurbeln.

„Ich würde mich gerne mit dem Mann mit den gelben Augen treffen", erklärte Quartermain. „Er ist auch unter dem Namen Gregor Lämmle bekannt." Ruhig streckte er dabei den Arm aus, als wolle er vom Kragen des Mannes eine Fussel entfernen. Doch dann packte er rasch zu, griff mit der anderen Hand nach und drückte dem Mann die Gurgel zu.

Der Posten setzte sich zur Wehr, doch es war schon zu spät. Verzweifelt hielt der Amerikaner die Kehle des Mannes in eisernem Griff. Er hörte ein Röcheln und spürte, wie sich sein Magen umdrehte. Noch einmal dachte er an Javier Coll, an die Gestapomänner und ihre gnadenlose Jagd auf den Jungen.

Endlich war es vorbei, der Posten rührte sich nicht mehr, sackte schließlich schlaff zusammen.

Starr vor Entsetzen ließ Quartermain los. Du hast es getan, sagte er sich. Jeder Mensch ist in der Lage zu töten.

Dann wurde ihm bewußt, daß hinter ihm die Straße war, daß er jederzeit bemerkt werden konnte. Er öffnete die hintere Wagentür, zerrte den Toten hinein, setzte sich ans Steuer und fuhr zu der Stelle, wo er Thomas zurückgelassen hatte.

Der Junge saß noch im Citroën.

Quartermain versteckte den Wagen mit dem Toten im Gebüsch. Langsam bekomme ich Übung in solchen Sachen, dachte er, während er in den Citroën umstieg. Es überraschte ihn, wie ruhig er geblieben war ...

„HALTEN Sie bitte an", sagte Thomas.

Der Amerikaner fuhr an den Straßenrand, und der Junge stieg aus. Er entfernte sich ein Stück vom Wagen und blickte zu einem Haus hinüber, das etwa zweihundert Meter von der Straße entfernt zwischen Bäumen stand. Die blauen Fensterläden waren geschlossen, das Garagentor auch. Es war offenbar unbewohnt.

Thomas überlegte, wie er jetzt dorthin schleichen könnte, ohne daß

es der Amerikaner bemerkte. Nein, dachte er, er würde mich suchen. Außerdem kann ich nicht einfach weggehen, ohne etwas zu sagen.

Er drehte sich um, kehrte zum Wagen zurück und kletterte wieder auf den Beifahrersitz. „Wissen Sie, was ich glaube?" erklärte er dabei. „Ich vermute, daß inzwischen sämtliche Brücken bewacht werden."

„Vom Mann mit den gelben Augen? Wie viele Brücken gibt es?"

„Zwischen Avignon und Lyon achtzehn. Und dann noch die in Lyon."

„Willst du mir nicht gleich sagen, was dir durch den Kopf geht?"

„Wir könnten versuchen, die Rhône in Lyon zu überqueren. Brücken in einer großen Stadt sind schwerer zu bewachen als die auf dem flachen Land oder in kleinen Städten. Das ist doch logisch."

„Aber der Mann mit den gelben Augen wird auch daran denken, nicht wahr?"

„Sicher. Aber er weiß nicht, daß ich durchschaut habe, daß er die Brücken überwachen läßt, und er glaubt, daß wir sie überqueren, ohne aufzupassen. Oder er denkt, daß ich einen Trick gefunden habe, um trotzdem auf die andere Seite zu kommen. Oder er denkt, daß ich mir denken kann, daß er sich denkt, daß ich einen Trick gefunden habe. Dann sagt er sich, daß ich nicht die Rhône überquere, weil ich vorhergesehen habe, daß er das vorhersieht. Also ist es doch die richtige Stelle, um den Fluß zu überqueren."

„Das habe ich nicht verstanden", meinte der Amerikaner. Seit langer Zeit lächelte er wieder. „Kein Wort, um ehrlich zu sein."

„Aber es ist doch ganz einfach ..."

„Sollen wir die Rhône also in Lyon überqueren?"

„Wir sollten es versuchen." Der Junge konnte das Gähnen nicht mehr unterdrücken. „Allerdings bin ich ziemlich müde. Und außerdem habe ich Hunger."

„Wir könnten eine Rast machen", sagte der Amerikaner. „Wenn wir Glück haben, bleibt der tote Posten eine Weile unentdeckt. Falls er den Auftrag hatte, bei unserem Auftauchen Alarm zu schlagen, und er meldet sich nicht, dann nimmt Lämmle sicher an, daß wir nicht dort durchgefahren sind, und sucht uns woanders."

„Wenn Sie sich Mühe geben, können Sie auch ganz schön kompliziert denken", bemerkte Thomas.

„Das Lob kommt von einem Experten, ich weiß das sehr zu schätzen", erwiderte der Amerikaner. „Ich habe gesehen, wie du das Haus mit den blauen Fensterläden beobachtet hast. Glaubst du, daß es leer steht?"

Der Junge nickte. „Gut, Thomas, dann gehen wir!" fügte Quartermain hinzu.

Sie verbrachten den Rest des Vormittags in dem Haus, wo sie bald in einen unruhigen Schlaf sanken. Als Quartermain aufschreckte und auf seine Uhr schaute, war es halb eins. Er ging durch die einzelnen Zimmer, blieb vor den Fenstern stehen und beobachtete durch die geschlossenen Läden die Umgebung. Er entdeckte nichts Verdächtiges. Vom Wohnzimmerfenster aus sah er auf die Straße hinab. Dahinter, zwischen Büschen, erkannte er den Fluß.

Wir könnten ihn natürlich auch durchschwimmen oder mit einem Boot übersetzen, sagte er sich. Drüben müßten wir nur einen anderen Wagen finden, mit dem wir in die Schweiz kommen. Zum Teufel, irgendwo habe ich das Gefühl, der Junge will überhaupt nicht in die Schweiz, zumindest nicht mit mir.

Er kehrte in das Zimmer zurück, wo Thomas schlief. Und wieder empfand er tiefe Rührung beim Anblick der zerbrechlichen kleinen Gestalt. Ja, gestand er sich ein, ich sehne mich nach Ruhe, nach Geborgenheit. In Vermont zum Beispiel, dort würde ich gerne leben, zusammen mit Thomas. Wir könnten fischen und jagen, und er würde mir beibringen, wie man richtig Schach spielt ...

Von der Straße her drang das Geräusch vorbeirollender Fahrzeuge zu ihm herauf. Durch die Lamellen der Fensterläden entdeckte er eine Kolonne von sechs Militärlastern, voll bepackt mit schwerem Gerät. Dann fuhr eine zweite Kolonne vorbei, auch sie verschwand in Richtung Süden.

Er betrachtete das Schauspiel, bis er von hinten plötzlich die Stimme des Jungen hörte. „Wie lange habe ich geschlafen, Monsieur?"

„Über sechs Stunden. Du hast Hunger, nicht wahr?" Er gab Thomas eines von Madame Cazes' Schinkenbroten.

Der Junge biß herzhaft hinein, kaute, hielt dann jedoch inne. „In dem Hotel in Grenoble hat mir der Mann mit den gelben Augen Brote geschmiert. Ich habe ihm gesagt, ich könne sie nicht selbst streichen. Natürlich hat er mir das nicht geglaubt, aber er hat sie mir trotzdem geschmiert, weil er dabei Lust empfindet. Er ist nämlich ein *maricón*."

„Ein was?"

„Ein Mann, der kleine Jungen liebt. Ich hab's im Wörterbuch nachgeschlagen. Javier hat das Wort einmal benützt, als er von jemandem sprach, den er kannte."

Quartermain war entsetzt. „Und woher willst du wissen, daß der Mann mit den gelben Augen so einer ist?"

„Das sieht man eben. Und deshalb bin ich auch bei ihm geblieben, nachdem ich gemerkt hatte, daß er mir in Aix folgte und dann in den Zug nach Grenoble stieg. Er will mich allein fangen, weil er mich für sich haben will."

Ach du meine Güte, dachte Quartermain, der Junge erklärt mir, ohne mit der Wimper zu zucken, daß sich der Anführer der Gestapohäscher in ihn verliebt hat! Und er hat die ... Neigung dieses Mannes berechnend zur Flucht ausgenutzt.

Quartermain ging zum Fenster im Wohnzimmer und beobachtete erneut die Straße. Im Augenblick war weit und breit nichts zu sehen. Das unerklärliche, aber heftige Gefühl beschlich ihn, daß etwas nicht in Ordnung war.

Zunächst war das Grollen kaum hörbar, dann wurde es lauter wie heranrollender Donner. Von der Straße, von Norden her, vernahm man das Rasseln von Ketten. Der Amerikaner schaute durch die Fensterläden. „O Gott!" entfuhr es ihm. Er sagte es so laut, daß auch Thomas aufstand und zum Fenster kam. Der Amerikaner nahm ihn bei der Taille und hob ihn hoch. „Die deutsche Armee will anscheinend die sogenannte freie Zone besetzen", sagte er.

Thomas sah die Lastwagen voller Soldaten, die PKWs, Motorräder und Panzer. Dicht an dicht wälzte sich die Kolonne auf der ganzen Straßenbreite südwärts.

Der Einmarsch der Truppen Adolf Hitlers in die unbesetzte Zone erfüllte Gregor Lämmle keineswegs mit Freude. Er hatte die Neuigkeit noch vor den Franzosen erfahren, denn Joachim Gortz hatte sie ihm einen Tag zuvor spät in der Nacht am Telefon mitgeteilt. „Wir haben beschlossen, Ihnen Verstärkung zu schicken. Sie scheinen doch einige Schwierigkeiten zu haben, sich das ... äh ... Gestohlene wiederzubeschaffen. Vielleicht schießen wir mit Kanonen auf Spatzen, aber jedenfalls steht Ihnen jetzt genügend Personal zur Verfügung."

Ich fange an, den guten Gortz zu hassen, dachte Lämmle.

„Wenn Sie nicht alle Konsequenzen ziehen", hatte Gortz weiter erklärt, „dann wird das die Position Ihres Kameraden beträchtlich stärken."

Im Hauptquartier in Berlin hatte man beschlossen, Hess mit neuen Vollmachten auszustatten. Seine erweiterten Machtbefugnisse sicherten ihm jetzt die Unterstützung der gesamten Besatzungsarmee – und das in ganz Frankreich.

„Mein lieber Lämmle", hatte Gortz schließlich hinzugefügt,

„verlieren Sie keine Zeit, die Gesuchten zu finden, sonst holt Sie die Konkurrenz ein."

Lämmle hatte aufgelegt. Die Überlegungen in den folgenden Stunden hatten ihn in seiner Überzeugung bestärkt: Der Amerikaner und der Junge zogen ahnungslos der deutschen Armee entgegen nach Norden. Sie hatten die Rhône nicht überquert. Denn noch hatten die Posten nichts bemerkt, ihr Auftauchen nicht gemeldet.

„Inzwischen müssen die beiden die Vorhut unserer ruhmreichen Armee bemerkt haben", sagte er jetzt zu Soeft. „Natürlich hätten sie die Stirn, trotzdem an ihrem Vorhaben festzuhalten, aber daran glaube ich nicht. Ich kann mir schlecht vorstellen, daß sich der Amerikaner mit Feldgendarmen unterhält, ohne Verdacht zu erregen ..." Das Telefon klingelte. „Gehen Sie ran, Soeft!"

Soeft hob ab. Sein Gesprächspartner am anderen Ende der Leitung erklärte, daß ein Beobachter fehle. Er sei mitsamt seinem Wagen verschwunden. Lämmle griff zur Karte und erkundigte sich nach der genauen Position. Ein prickelnder Schauder überlief ihn. Es war wie beim Schachspielen, wenn der Gegner einen Zug machte, zu dem er ihn gezwungen hatte.

„Sie haben exakt die vorhergesehene Route eingeschlagen, Soeft. Bis nach Lyon sind sie in der kurzen Zeit nicht gekommen. Die Militärkolonnen haben ihnen den Weg versperrt. Nun gibt es zwei Möglichkeiten. Entweder sie versuchen trotzdem, sich nach Lyon durchzuschlagen, oder sie überqueren die Rhône. In allen anderen Fällen laufen sie dem guten Hess in die Arme ..."

DIE Nacht war nicht völlig dunkel. Quartermain steuerte den Citroën, bog nach links ab. Er fuhr noch immer gemächlich und fühlte sich ruhig und entschlossen. Eigentlich muß ich mich fragen, dachte er, ob meine Gemütsruhe nicht ein Anzeichen ist, daß ich anfange, den Verstand zu verlieren.

Nach langem Schweigen wandte er sich an den Jungen. „Wir müßten in etwa vierzig Minuten an der Brücke sein, Thomas."

Keine Antwort.

Quartermain fuhr weiter. Der Morgen graute, und der Himmel bewölkte sich.

Pausenlos überholten sie Fahrzeugkolonnen, darunter eine von fast einem Kilometer Länge. So erreichten sie Lyon, und bald kam die Brücke in Sicht. Ein Schützenpanzer stand mitten auf der Fahrbahn, und zwei weitere Militärfahrzeuge hatten sich davor postiert. „Das

schaffen wir nicht, Monsieur", erklärte der Junge, „selbst wenn wir sehr schnell fahren."

„Ich bin vollkommen deiner Meinung, Thomas. Wir sollten es auf einer anderen Brücke weiter im Süden versuchen. Vielleicht finden wir eine, die noch nicht besetzt worden ist."

Quartermain fuhr wieder nach Süden, mit dem Zeiger des Tachometers meist am Anschlag. Doch die nächste Brücke war ebenso bewacht wie die übernächste.

Endlich tauchte die vierte Brücke auf, sie führte zur Stadt Valence am anderen Ufer. Quartermain fuhr auf eine Anhöhe und stellte den Motor ab. Er stieg aus und spähte durch das Fernglas. An der Zufahrt entdeckte er einen Lastwagen der Besatzungsarmee und zwei Soldaten.

„Wir könnten es mit dieser hier versuchen, Thomas", erklärte er, nachdem er gehört hatte, daß der Junge ebenfalls ausgestiegen war. „Ich glaube kaum, daß wir etwas Besseres finden."

Stille. Hat sich der Junge etwa heimlich davongeschlichen? fragte sich der Amerikaner besorgt. „Bist du noch da?"

„Ja." Der Junge stand hinter dem Citroën.

„Ehrlich gesagt, ich habe gedacht, du seist schon fort."

„Fort? Wohin hätte ich gehen sollen?" Thomas überlegte. Am liebsten wäre er tatsächlich abgehauen. Er hätte lautlos davonschleichen können. Aber der Amerikaner hatte begriffen, daß er selbst geopfert werden sollte. Er war offenbar sogar damit einverstanden, geopfert zu werden.

„Es ärgert mich ein bißchen", fuhr Quartermain fort, „wenn ich einen Schlachtplan mit jemandem bespreche, den ich nicht sehe, weil er sich hinter einem Wagen versteckt. Komm also bitte her zu mir."

Thomas gehorchte. „Welchen Schlachtplan?" fragte er schließlich.

„Stell dich nicht dumm. Wir haben nicht mehr viel Zeit."

„Ich weiß nicht, ob wir den gleichen Plan haben."

„Ich wette, es ist der gleiche", sagte der Amerikaner, der wieder ganz fröhlich wirkte.

„Sie fahren allein über die Brücke, wir setzen eine Attrappe auf den Rücksitz, Kleider von mir um Zweige gewickelt, zum Beispiel, damit die Posten meinen, ich säße dort. Dann rasen sie hinter Ihnen her, und die Brücke ist frei."

„Gar nicht schlecht."

„Und wie sieht Ihr Plan aus?"

„Es ist derselbe, zumindest, was den ersten Teil betrifft. Ich fahre

mit voller Geschwindigkeit hinüber, so daß mir die Posten auch wirklich folgen. Inzwischen beobachtest du alles durchs Fernglas. Ich lasse es dir da . . ., und dann gehst du zu deinem Treffpunkt."

„Zu welchem Treffpunkt?"

„Du triffst dich doch sicher mit dem unsichtbaren Schützen oder mit jemand anderem."

Er hat wirklich alles begriffen, dachte Thomas. Er ist besser, als ich angenommen habe.

„Thomas", fuhr der Amerikaner fort, während er noch immer durch das Fernglas schaute. „Ich frage nicht, wo du dich mit ihm triffst. Ich hoffe nur, du bist bei ihm besser aufgehoben als bei mir."

Thomas hätte gerne etwas geantwortet, aber er wußte nicht, was er sagen sollte. Die Aussprache mit dem Amerikaner war schlimmer geworden als alles, was er sich vorgestellt hatte.

„Ich werde wie der Blitz über diese Brücke rasen", fuhr der Amerikaner fort.

„Die Soldaten werden Sie umbringen."

„Du hast mich eben noch nie richtig schnell fahren sehen. Möglicherweise gelingt es ihnen, mich einzuholen. Ich will sie so lange wie möglich hinhalten und sie glauben machen, daß du mit mir die Brücke überquert hast und daß ich dich irgendwo an der Straße abgesetzt habe, die in die Schweiz führt . . . Mach doch bitte nicht so ein Gesicht! Spiel deine Partie Schach mit dem Mann mit den gelben Augen, und mach ihn fertig. Einverstanden?"

Der Junge sah äußerst bedrückt auf den Boden.

„Thomas?"

„Einverstanden."


QUARTERMAIN warf einen letzten Blick auf die Attrappe auf dem Rücksitz des Citroën – ein paar Äste und zwei Decken. „So müßte es gehen." Mit dem Fernglas sah er die deutsche Militärkolonne, die er vor ungefähr zehn Minuten überholt hatte. Sie war nur noch etwa fünfhundert Meter von der Brücke entfernt.

Er reichte dem Jungen das Fernglas. „Angenommen, du hättest Lust, mich wiederzusehen, nur einmal angenommen. Weißt du, was du dann tun mußt?"

„Dann müßte ich in eine Ihrer Bankfilialen gehen und Ihnen eine Nachricht übermitteln lassen." Der Junge war den Tränen nahe.

„Genau. Also, mach's gut!" Quartermain setzte sich ans Steuer und fuhr los, ohne sich noch einmal umzublicken.

Ich weiß nicht, ob er mein Sohn ist oder nicht, dachte er, und bestimmt werde ich es nie erfahren. Merkwürdigerweise ist es mir auch vollkommen egal. Ich liebe ihn wie einen Sohn ...

An der Hauptstraße begegnete er der Militärkolonne. Ganz langsam fuhr er an ihr vorüber und winkte gezwungen lächelnd den Fahrern der Panzer zu. Mit seinen Gedanken war er jedoch woanders. Im Grunde war seine einzige kluge Tat in der letzten Woche gewesen, daß er einen Brief an die Pariser Niederlassung seiner Bank abgeschickt hatte. Mit etwas Glück würde das Schreiben seinen Cousin Larry erreichen. Dann wußte wenigstens einer aus der Familie, wo er sich aufhielt.

Er war jetzt zwanzig Meter von der Brücke entfernt. Die ersten Fahrzeuge der Kolonne hatten die Brücke bereits erreicht. Jetzt noch nicht, sagte er sich und hielt an. Verflixt, wenn ich doch nur nicht solch wahnsinnige Angst hätte ...

THOMAS schaute durch das Fernglas und sah den stehenden Citroën, an dem die deutschen Panzerfahrzeuge vorbeirollten. Worauf wartet er denn? fragte sich der Junge.

Dann begriff er: Der Amerikaner wartete ab, bis die ersten Panzer bei den Posten des Mannes mit den gelben Augen angelangt waren. Erst dann würde er an den Posten vorbeifahren, praktisch im Schutz der Panzer. Wenn ihn die Posten entdeckten, konnten sie nicht auf ihn schießen. Er ist wirklich klug, dachte der Junge.

Jetzt fuhr der Citroën an, beschleunigte und erreichte die Brücke. Die Panzer schienen stillzustehen, so schnell raste er an ihnen vorüber.

„Du hast mich eben noch nie richtig schnell fahren sehen", hatte der Amerikaner gesagt, und zweifellos hatte er recht gehabt. In wenigen Sekunden hatte er zu den vordersten Panzern aufgeschlossen, schoß schräg zwischen den beiden ersten hindurch, bremste scharf, bog so abrupt nach rechts ab, daß das Auto ins Schleudern geriet. Er fing den Wagen jedoch wieder und raste am Fluß entlang.

Aufgeschreckt stürzten die Beobachtungsposten zu ihren Fahrzeugen. Der Amerikaner hatte gut zweihundert Meter Vorsprung.

Trotzdem, dachte der Junge, das reicht nicht. Gewiß hat der Mann mit den gelben Augen alles so vorhergesehen. Also hat der Amerikaner keine Chance.

Thomas steckte das Fernglas in das Futteral und hängte es sich über die Schulter. Jetzt bin ich am Zug, sagte er sich.

„DIESER Amerikaner fährt wie der Teufel", klagte der Berichterstatter am Telefon. „Mindestens sechsmal glaubten wir ihn schon zu haben, doch jedesmal ist er uns wieder entwischt."

„Und was ist mit dem Jungen?"

„Er ist natürlich bei ihm. Ich habe jemanden auf der Rückbank sitzen sehen. Das ist knapp eine Dreiviertelstunde her."

Jemanden auf der Rückbank, dachte Gregor Lämmle. Ein eisiger Schauder überlief ihn. Hat der Junge es über die Rhône geschafft, ja oder nein? Er wird doch nicht nach Westen geflohen sein! Dann läuft er direkt Hess in die Arme. Lämmle wandte sich wieder an den Posten. „Wo befindet sich der Citroën jetzt?"

Der Mann am anderen Ende der Leitung erklärte, daß es nach einer unglaublichen Serie von Täuschungsmanövern und Karambolagen gelungen sei, den Amerikaner einzukreisen. Daraufhin sei er am Abend in ein unwegsames Gebiet geflohen, wo es keine Straßen gebe. „Er kann nicht mehr entkommen. Wir haben ihn in der Falle."

Sekundenlanges Schweigen. „Ich will ihn lebend", sagte Gregor Lämmle schließlich mit einer Härte, die ihn selbst erstaunte. „Lebend, hören Sie?"

Er fühlte sich niedergeschlagen. Ich bin gescheitert, dachte er bitter, ich fühle es. Welche teuflische Strategie hat sich das kleine Ungeheuer jetzt schon wieder ausgedacht?

UNENDLICH langsam fuhr Quartermain in der Dunkelheit an einer Bergflanke entlang. Der unbefestigte Waldweg schien nirgends hinzuführen. Erst vierzig Minuten später – er hatte gerade einen Paß überquert – gelangte er auf eine asphaltierte Straße. Er hielt an, stieg aus und lauschte hinein, doch er hörte nur das Rauschen eines nahen Baches.

Wo mögen sie nur stecken? fragte er sich. Ob sie die Jagd abgeblasen haben? Das kann nur eines bedeuten: Sie haben Thomas gefaßt.

Er fuhr weiter. Minuten später kam er zu einer Ortschaft, und endlich entdeckte er vor der Dorfkneipe einen Menschen, einen jungen Mann. Quartermain hielt vor ihm an und kurbelte das Fenster hinunter.

„Ihr Wagen ist in einem ungewöhnlichen Zustand", erklärte der Fremde. Die Tür der Dorfkneipe stand halb offen. Durch den Spalt konnte Quartermain in die Gaststube sehen.

„Sie sollten besser reinkommen", fuhr der junge Mann fort. In seinem Tonfall lag leiser Spott.

Irgend etwas stimmt da nicht, sagte sich Quartermain. Er blickte die Straße entlang, dann über die Schulter zurück. Das Dorf war winzig. Sollte er Vollgas geben und einfach drauflosfahren? „Gibt es einen Grund, der mich an der Weiterfahrt hindern sollte?" fragte er.

„Sehen Sie selbst", antwortete der Mann. Lässig hob er die Hand, und als Antwort auf sein Zeichen leuchtete eine Reihe von Scheinwerfern auf. Sechs Wagen blockierten die Straße. „Sie sollten reinkommen", wiederholte er ruhig. Dabei öffnete er die Wagentür und trat einen Schritt zurück.

„Wenn Sie darauf bestehen", erwiderte Quartermain.

In der Dorfkneipe hielten sich vier Männer auf. Einer war offensichtlich der Wirt – er war barfuß und trug ein Nachthemd, man hatte ihn wohl aus dem Bett geholt. Den beiden anderen sah man auf den ersten Blick an, daß sie von der SS oder der Gestapo waren. Der vierte saß neben dem bullernden Ofen und erhob sich, als Quartermain eintrat. Er war klein und füllig, hatte rotblondes Haar und trug einen eleganten hellen Zweireiher. „Mein Name ist Gregor Lämmle", stellte sich der Mann vor. „Es wäre überaus freundlich, Mr. Quartermain, wenn Sie mir die Ehre erwiesen und mit mir speisten."

DAS Abendessen dauerte schon eine halbe Stunde. „Noch etwas Leberpastete?" erkundigte sich Gregor Lämmle.

„Nein danke!"

„Ich nehme noch ein wenig, Soeft."

Der phlegmatische Mann mit dem blonden Oberlippenbart zog aus einem Weidenkorb eine Terrine mit Leberpastete und legte vor. Lämmle lächelte Quartermain an. „Sie sind mir sehr sympathisch."

„Danke", sagte Quartermain. Er hielt Lämmles Blick stand. Seit dem Beginn ihrer Unterhaltung hatten sie über Amerika und vor allem über amerikanische Literatur geplaudert – über Emerson, Thoreau, Melville und andere Schriftsteller. Gregor Lämmle schien ein gebildeter Mann zu sein.

„Wirklich, sehr sympathisch", wiederholte Lämmle. „Sie werden lachen: Noch vor einer Stunde war ich fest entschlossen, Sie töten zu lassen. Jetzt bin ich unschlüssig."

„Ich bin entzückt", erwiderte Quartermain und kämpfte verbissen gegen seine Benommenheit an.

„Sagt Ihnen der Name Joachim Gortz etwas? Er kennt Ihre Cousins."

„Nein. Wer soll das sein?"

„Der Mann, der mir verboten hat, Sie zu töten. Er behauptet, Sie seien mehr wert als Thomas."

Quartermain nippte an seinem Champagner. „Wer ist Thomas?"

„Wie amüsant. Soeft, was können Sie uns noch anbieten?"

„Languste mit Trüffeln in Aspik", antwortete der SS-Mann.

„Ach, dieser Krieg", stöhnte Lämmle und lächelte. „Stellen Sie sich vor, Mr. Quartermain, es hat Stunden gedauert, bis ich dahintergekommen bin, daß der Junge nicht bei Ihnen im Wagen sein konnte, daß er nicht einmal mit Ihnen über die Brücke gefahren ist ... Meine Leute haben furchtbar geschludert, aber trotzdem hätte ich schneller begreifen müssen, daß er Sie geopfert hat, so, wie man eine Figur beim Schach opfert."

Der phlegmatische SS-Mann fischte zwei Teller aus dem Korb und stellte sie vor die beiden Männer hin.

„Ich spiele sehr selten Schach", sagte Quartermain.

„Jetzt hätte ich doch große Lust, Sie zu töten", erklärte Lämmle. „Glauben Sie, ich mache Scherze?"

„Da bin ich mir nicht ganz sicher."

Die gelben Augen leuchteten. „Los, Soeft, Sie sind an der Reihe."

Soeft trat hinter Quartermain. Der Amerikaner erstarrte. Aber Soeft ging an ihm vorbei und näherte sich dem Wirt. Mit einer verblüffend schnellen Bewegung zog er eine Pistole, richtete den Lauf auf das Herz des Mannes und feuerte zweimal.

Quartermain hatte die Augen geschlossen. Als er sie wieder öffnete, erblickte er Lämmle, der sich vorgebeugt hatte.

„Jetzt geht es mir ein wenig besser", sagte Lämmle. „In gewissem Sinn habe ich Ihre Exekution an einem anderen vornehmen lassen. Wie Sie sehen, bin ich äußerst nervös. Doch nun zu Thomas: Ich bin überzeugt, daß der Junge noch am anderen Rhôneufer ist. Er hat das getan, womit ich überhaupt nicht gerechnet habe: Er flieht nach Westen und läuft geradewegs einem Mann namens Jürgen Hess in die Arme. Ich befürchte das Schlimmste."

Die Leiche des Wirts lag neben dem Tisch. Quartermain schaute für einen kurzen Augenblick voll Entsetzen darauf.

„Bei mir hatte er alle Chancen", fuhr Lämmle fort, „bei Hess hat er keine. Er weiß das, und trotzdem ist er das Risiko eingegangen. Das ist vielleicht ein Teufelskerl! Sie und ich – wir sind nur ein fader Abklatsch, schlechte Kopien, pervertiert durch das, was man Erziehung und Vernunft nennt."

„Sie sind total verrückt", erwiderte Quartermain.

„Seine Mutter war angeblich Ihre Geliebte. Wenn das stimmt, könnten Sie tatsächlich sein Vater sein. Ich sage, könnten! Nun, ich nehme an, Sie haben den Brief noch bei sich, den *sie* Ihnen geschrieben hat, um Sie über den Atlantik zu locken. Soeft wird Ihnen den Brief jetzt abnehmen, und ich werde ihn lesen – bevor ich ihn vernichte. Keine Bewegung, Quartermain! Versuchen Sie ja nicht, mich anzurühren. Und erst recht nicht, mich zu töten."

Stille trat ein. Nur draußen brummten einige Automotoren.

„Der einzige Mensch", fuhr Lämmle schließlich lächelnd fort, „dem ich gestatten würde, mich zu töten, ist Thomas. Ich hoffe, daß er das Versprechen hält, das er mir gegeben hat. Wenn er mich tötet, wird er mir damit gewissermaßen einen Beweis ... seiner Liebe geben. Ich erwarte nicht, daß Sie das verstehen. Sie halten sich für seinen Vater, und das allein scheint mir ein triftiger Grund zu sein, Sie zu hassen. Wenn es Ihnen gelungen wäre, mir Thomas wegzunehmen, hätten Sie sicher einen ganz normalen Jungen aus ihm gemacht, ein sanftmütiges, zärtliches, liebevolles Kind, das allenfalls ein bißchen intelligenter ist als der Durchschnitt. Der Junge hätte die einzigartige Maschinerie in seinem Kopf dazu benützt, seine Examina zu bestehen und Karriere zu machen – allein bei dem Gedanken wird mir übel. Aber was sehe ich da – Sie rühren ja Ihre Languste gar nicht an!"

Quartermain stand auf und trat an die Glastür, die auf die Straße hinausging. Ein Autokonvoi formierte sich hinter einer großen Limousine. Den Citroën konnte er nirgends entdecken.

„Ich werde Sie vorerst nicht töten, Quartermain. Es ist nämlich sehr wahrscheinlich, daß Hess den Jungen in den nächsten Stunden schnappt. Wenn es dazu kommt, gibt es nur noch zwei Möglichkeiten: Entweder wird Thomas lebend gefangen, dann tausche ich Sie gegen ihn aus, da Sie ja offenbar mehr wert sind als er. Oder aber der gute Hess reißt ihm Arme und Beine aus – dann werden Sie nie lebend bei Joachim Gortz ankommen. Und zu diesem Herrn brechen wir jetzt auf, denn wie ich sehe, haben Sie keinen Appetit mehr ..."

THOMAS hatte mit dem Fahrrad schon mindestens fünfzig Kilometer durch die Dunkelheit zurückgelegt. Er hatte es abends vor einer Kirche gestohlen. Sein Trick mit der Milchkanne am Lenker war erfolgreich gewesen. Die Gendarmen hatten ihn ungehindert passieren lassen. Offenbar hatten sie ihn für einen ganz gewöhnlichen Jungen gehalten, der zu einem Bauernhof unterwegs war, um die allabendliche Milch zu kaufen.

Während Thomas in die Pedale trat und seine Pelerine flatterte, überkam ihn eine tiefe Traurigkeit. Du könntest ja ein bißchen an den Amerikaner denken, sagte er sich. Nur ein bißchen. Eine Minute, nicht länger. Du mußt davon ausgehen, daß *sie* in ihrem Brief nicht gelogen hat. Sie hat den Amerikaner geholt, weil er dein Vater ist. Und jetzt ist er tot. Tot. Tot. Tot. So wie sie.

Hör auf, an sie zu denken! Wozu quälst du dich? Das führt zu nichts. Du schwächst dich nur und achtest nicht mehr auf die Straße ...

Er fuhr einsam durch die Nacht. Nach seiner Karte waren es nur noch elf Kilometer bis zum vereinbarten Treffpunkt. Immer häufiger mußte er anhalten und sich im Straßengraben oder hinter Bäumen und Büschen verstecken, da ihm Autos und Lastwagen entgegenkamen.

Und plötzlich witterte er Gefahr – sein sechster Sinn! Das Gefühl wurde so stark, daß er anhielt und abstieg. Die Straße führte durch flaches Gelände, hier und da standen kleine Büsche. Ein Glück, daß es dunkel war, sonst hätte man ihn schon von weitem sehen können. Er hatte größte Lust, weiterzufahren und wie ein Verrückter zu den Hügeln zu radeln, die ein paar Kilometer vor ihm lagen. Doch es wäre dumm gewesen, ein solches Risiko einzugehen.

Dann faßte er den Entschluß, das Fahrrad zurückzulassen. Er legte es in einen Graben, ohne es besonders gut zu verstecken. Es ist ja nur für ein paar Minuten, sagte er sich, sprang über den Graben und ging zwischen den Bäumen hindurch zu einem Hügel, fünfzig Meter neben der Straße. Er kletterte hinauf und hielt Ausschau. Zuerst blickte er in die Richtung, in die er der Karte nach fahren mußte – nichts.

Dann nach rechts. Einige Autos, deren Scheinwerfer brannten.

Eines davon näherte sich. Er betrachtete es durch das Fernglas. Der Wagen fuhr sehr langsam, und die beiden Insassen leuchteten mit Taschenlampen die Straßenränder ab. Blitzartig begriff der Junge, was da vor sich ging. Diese Männer gehörten zu Jürgen Hess' Truppe. Und gleich würden sie das Fahrrad entdecken!

Thomas rannte den Hügel hinunter, im Zickzack zwischen den Bäumen hindurch. Am Fuß des Hügels erstarrte er. Zu spät! Der Lichtkegel einer Lampe fiel auf die Straße und den Graben. Er hätte heulen mögen vor Wut. Ich habe einen schweren Fehler gemacht, dachte er und war furchtbar zornig auf sich.

Der schwarze Wagen hatte angehalten. Einer der beiden Männer stieg aus, hob das Fahrrad in die Höhe und zeigte es seinem Partner.

Thomas verlor keine Zeit und lief los. In Gedanken ging er noch einmal seine Berechnung durch: Elf Kilometer mit dem Fahrrad auf der

Straße, das war in etwa einer halben Stunde zu schaffen. Aber zu Fuß, querfeldein und mit Umwegen? Niemals! Hättest du doch besser aufgepaßt! sagte er sich wütend.

Plötzlich tauchten links von ihm zwei Armeefahrzeuge auf, eines war sogar mit einem beweglichen Suchscheinwerfer ausgerüstet, der Hunderte von Metern weit über die Felder strich. Dann drei weitere Fahrzeuge zu seiner Rechten. Und noch mehr hinter ihm.

Er hatte eine Brücke überquert und noch etwa dreihundert Meter zurückgelegt, als ihn der Suchscheinwerfer beinahe erfaßte. Thomas hatte keine andere Wahl, er mußte in einen der Bewässerungsgräben springen, die die Felder durchzogen! Das Wasser war eiskalt und er selbst schweißnaß, kein Wunder, nach drei Kilometer Dauerlauf! Er arbeitete sich ein Stück vorwärts. Der Graben mündete in eine Betonröhre. So ein Pech! Schlotternd stieg er aus dem Wasser und rannte wieder los, bis er einen dichten Teppich aus Laub unter den Füßen spürte. Er befand sich auf einer Wiese mit Bäumen.

Augenblicklich ging er hinter einem Baumstamm in Deckung. Direkt vor ihm war wie aus dem Nichts eine Lichterkette aufgetaucht. Es waren die Lampen der Suchmannschaft, die sich über eine Kuppe rasch näherte. Dutzende von Männern. Keine Möglichkeit, an ihnen vorbeizukommen.

Thomas schaute nach hinten, dann nach rechts und nach links. Kein Zweifel: Sie hatten ihn umzingelt. Du mußt nachdenken! befahl er sich. Nachdenken, zum Donnerwetter! Und heul nicht ...

Er wartete, bis er absolut sicher war, welche Richtung seine Häscher einschlagen würden, dann suchte er nach einem geeigneteren Versteck. Am besten eine Vertiefung – nichts durfte die Blicke der Männer auf sich ziehen. Er kroch herum, bis er eine Mulde entdeckte. Sie war mit weicher Erde gefüllt, und in unmittelbarer Nähe gab es reichlich faulendes Laub. Er buddelte sich ein und raffte Laub über sich zusammen.

Es klappte. Seine Jäger stapften ganz dicht an ihm vorüber. Er hörte sie sogar miteinander sprechen. Als sie sich entfernt hatten, lugte Thomas vorsichtig unter dem Laub hervor. Ringsum war es dunkel. Kein Licht, keine Taschenlampe. Nur Geräusche aus der Ferne.

Mit unendlicher Vorsicht befreite er sich. Am ganzen Körper vor Kälte zitternd, blieb er auf der aufgewühlten Erde liegen und spähte in die Dunkelheit. Etwa hundert Meter entfernt sah er die Kette der Häscher. Sie waren stehengeblieben. Dort gab es also noch immer kein Durchkommen.

Gut, also mußte er eine andere Möglichkeit finden, ihnen zu entwischen. Er kroch vorwärts, versteckte sich hinter einem Busch, um dem Suchscheinwerfer zu entgehen, dann rollte er sich zur Seite und kauerte sich wieder hin. Sie sind wirklich zu blöd, dachte er grimmig. Wenn sie ihre Scheinwerfer ruhig halten würden, anstatt sie dauernd wie verrückt herumzuschwenken, hätten sie mich schon längst! Es ist doch ganz einfach: Man teilt das Gelände in Quadrate ein und sucht eines nach dem anderen ab.

Jetzt erreichte er den Wassergraben neben einer Straße, wo die meisten Autos geparkt waren. In der Nähe wimmelte es von Soldaten. Thomas sah sie im Scheinwerferlicht hin und her gehen. Da komme ich nicht hinüber, sagte er sich, ausgeschlossen.

Vorsichtig arbeitete er sich im Graben vorwärts. Das Wasser reichte ihm bis zum Hals, er paßte höllisch auf, daß es nicht plätscherte. Ihm war furchtbar kalt. Er hatte schon fünfzig Meter zurückgelegt und näherte sich allmählich ...

Er erstarrte, als er aufgeregtes Bellen hörte. *Hunde!* Die Angst packte ihn. Und das ausgerechnet jetzt, wo er gerade in eine der Betonröhren kriechen wollte. Denk nach, Thomas! ermahnte er sich. Wie beim Schach, wenn dich dein Gegner in die Enge treibt.

Er berührte den Rand der Bewässerungsröhre. Wenn ich da reinkrieche, sitze ich fest. Die Hunde werden kommen und mich stellen. Und ich kann mich nicht einmal wehren, weil ich mich in dieser blöden Röhre nicht bewegen kann.

Für kurze Zeit lähmte ihn panische Angst. Am liebsten wäre er aufgestanden und hätte sich ergeben. Aber sogleich verwarf er den Gedanken wieder.

Thomas beruhigte sich, konzentrierte sich ganz so, wie er es von *ihr* gelernt hatte. Die Denkmaschine arbeitete. Mit geschlossenen Augen rief er sich die Stellung jeder einzelnen Figur dieser Partie gegen Hess ins Gedächtnis. Und dann war alles völlig klar.

Er streifte seine Pelerine ab, rollte sie zu einer Kugel zusammen und drückte sie in die Röhre. Dann kroch auch er hinein, schob die Pelerine vor sich her. Ein schreckliches Gefühl, so eingeschlossen zu sein. Die Betonröhre schrammte gegen seine Schultern und hinderte ihn daran, den Kopf zu heben.

Nur zentimeterweise kam er vorwärts. Bald hatte er das Gefühl, daß er ersticken mußte. Das Wasser schien zu steigen und die ganze Röhre auszufüllen. Er wehrte sich, er schrie im Wasser, die Pelerine legte sich um seinen Kopf wie ein schleimiges, klebriges Tier, das sich

an ihn preßte und ihm das Blut aussaugte. Die Denkmaschine drohte auszusetzen, gleich würde er die Kontrolle verlieren.

*Eins ... zwei ... drei ...* Thomas begann zu zählen, und es funktionierte. Fünfzehn, sechzehn, siebzehn, achtzehn ... Allmählich wurde er wieder ruhiger. Schließlich arbeitete er sich weiter vorwärts. Schon war er etwa fünfzehn Meter weit in die Bewässerungsröhre vorgedrungen. Die Pelerine hatte er unter sich zurückgeschoben; sie saß in der engen Röhre fest wie ein Korken.

Die Hunde waren auf seine Fährte gestoßen und erreichten kläffend den Bewässerungsgraben. Jürgen Hess kam herbeigerannt, beugte sich über die Betonröhre und schrie sowohl auf französisch als auch auf deutsch hinein, Thomas solle auf der Stelle herauskommen.

Stille. Hess befahl seinen Leuten, sofort alle Ausgänge der Bewässerungsröhre zu besetzen und im nächsten Ort vom Bürgermeisteramt einen Plan der Bewässerungsanlage zu besorgen.

Und dann ein letzter Befehl: „Schickt einen Hund da rein. Und wenn er diesen kleinen Mistkerl ein bißchen anknabbert, macht das auch nichts!"

Fünf Minuten später kam der Hund wieder herausgekrochen, triefend vor Nässe und mit der Pelerine zwischen den Zähnen. Hess trommelte sofort seine Leute zusammen. „Diese Rotznase steckt tatsächlich da drin! Los, zerschlagt den verfluchten Beton! Aber ich will ihn lebend!"

Quartermain betrachtete das Gebäude, zu dem er in einer großen Limousine gebracht worden war. Eine herrschaftliche Villa, umgeben von einem großen Garten.

„Sie haben es mir zu verdanken, daß Sie noch am Leben sind", sagte Gregor Lämmle, der mit Quartermain ausgestiegen war. „Hier entlang, bitte ..."

Eine Freitreppe führte in ein Foyer. Zwei Soldaten in Wehrmachtsuniform standen Wache. Quartermain wurde in ein Zimmer eskortiert.

„Fühlen Sie sich ganz wie zu Hause, Mr. Quartermain", fuhr Lämmle fort. „Hier werden Sie bleiben, bis ich weiß, was mit dem Jungen geschehen ist. Gute Nacht, ich glaube, Sie brauchen Ruhe."

Etwa eine Stunde verging. Dann kehrte Lämmle zurück; Soeft folgte ihm auf den Fersen. „Wo ist Thomas?" fragte Quartermain sofort. „Haben Sie Neuigkeiten?"

Der Mann mit den gelben Augen starrte ihn undurchdringlich an. „Er wurde umgebracht", sagte Gregor Lämmle schließlich mit gleichgültiger Stimme. „Hess' Männer haben ihn ersäuft wie eine Ratte. Er ist tot. Ich hoffe, daß Ihnen diese Nachricht großen Kummer bereitet."

Quartermain stürzte sich auf Lämmle, umklammerte seinen Hals und drückte zu. Er erhielt einen Schlag, wohl mit einer Eisenstange, dann noch einen. Sein rechtes Handgelenk wurde zerschmettert. Er ließ los, schlug aber um sich, versuchte die gelben Augen auszukratzen. Wieder trafen ihn Schläge, härter als die zuvor. Einer brach ihm die linke Schulter. Er taumelte durch das Zimmer und krachte gegen einen Stuhl. Weitere Schläge, schrecklich, unerbittlich, schienen ihm sämtliche Knochen im Leib zu brechen. Er ahnte, daß sie ihn vielleicht gar nicht töten wollten, aber er war zu keinem klaren Gedanken mehr fähig. Schließlich kroch er auf die Tür zu in der Hoffnung, dieser fürchterlichen Bastonade zu entgehen. Er sah noch Gregor Lämmle, der in einen Sessel sank. Dann schwanden ihm die Sinne.

Ich werde jetzt sterben, Thomas, war sein letzter Gedanke. Wie schade ...

THOMAS schlüpfte am anderen Ende aus der Röhre und bewegte sich etwa zweihundert Meter im Graben vorwärts. Zur Sicherheit blieb er so tief im Wasser wie möglich, tauchte, so weit es ging. Als er endlich den Kopf aus dem Wasser streckte, war niemand in seiner Nähe.

Es hat geklappt, dachte er. Sie haben geglaubt, ich sei immer noch in der Röhre. Mann, sind die dumm!

Nun watete er im Graben, knapp einen Kilometer weit. Bald schlotterte er am ganzen Körper vor Kälte, und er bekam so heftige Schmerzen im Hals und in der Brust, daß ihm die Tränen kamen. Doch er mußte weiter, denn nur so konnte er die blöden Köter täuschen.

Schließlich verließ er den Graben und rannte auf die Hügel zu. Er lief, so schnell er konnte, fast eine Stunde lang. Am Ende war er völlig erschöpft, und seine Brust schmerzte höllisch. Doch die Maschine in seinem Kopf trieb ihn unerbittlich voran, flüsterte ihm die Worte ein, die Javier Coll vor vielen, vielen Monaten zu ihm gesagt hatte: *Du mußt zwischen den Bäumen hinaufklettern, bis du zu einem Fußweg kommst. Du siehst einen großen Felsblock, der auf einem anderen liegt wie ein Ball in einem Korb ...*

Der Hang wurde sehr steil. Baumstümpfe und Wurzeln, der weiche, schwere Boden und schlüpfriges Laub machten ihm den Aufstieg

zur Qual. Immer wieder rutschte er aus und fiel hin. Dann war er am Ende seiner Kräfte. Er setzte sich hin, wollte nur etwas Atem schöpfen ...

Die Hunde!

Zuerst glaubte er zu träumen. Aber nein! Das Bellen wurde lauter, die Köter kamen näher. Ein Ruck ging durch seinen Körper, und er kletterte weiter. Die Denkmaschine scherte sich nicht einen Deut darum, daß er sich todkrank fühlte und vor Kälte schlotterte und daß er nur ein kleiner Junge war, den man mit Hunden und Gewehren jagte.

Plötzlich tauchte der Fußweg vor ihm auf. Und dort waren auch die beiden Felsen. Er jubelte innerlich, weil er genau an der richtigen Stelle herausgekommen war. *Links siehst du eine Geröllhalde, ein kleiner Pfad führt nach oben ...*

Er erreichte die Geröllhalde und krabbelte auf allen vieren weiter. Dann erfaßte ihn der Strahl der Taschenlampen. „Fangt den kleinen Mistkerl!" hörte er Jürgen Hess auf französisch rufen.

Thomas kletterte vorwärts, jetzt konnte ihn nichts mehr aufhalten. Unter sich hörte er Schüsse und nach einer Weile plötzlich auch über sich. Er kroch noch ein Stück weiter über das Geröll, blind vor Erschöpfung. Und dann glaubte er auf einmal, eine Gestalt wahrzunehmen. Niemand wird mich jetzt aufhalten, sagte er sich zornig, niemand! Wenn ich groß wäre, würde ich ihn töten!

Doch dann berührte ihn die Gestalt und half ihm auf. Er wehrte sich wie ein rasendes Tier, schlug mit Armen und Beinen um sich. Niemand wird mich aufhalten!

*„Tranquillo, Tomás, tranquillo ... Calmate, soy Miquel ..."*

Endlich drang die Stimme, der vertraute Klang des Spanischen, in sein Bewußtsein. „Gott sei Dank", murmelte Thomas. Es ist Miquel, der Unsichtbare, dachte er, ich bin bei ihm! Ich habe es geschafft!

„Habe ich es wirklich geschafft, Miquel? *De verdad?"*

„Ja, Thomas, es ist vorbei." Jetzt erst fiel dem Jungen auf, daß Miquel weinte. Der Spanier schüttelte sich vor Schluchzen. „Alles wird gut, Thomas, alles ist vorbei." Und der weinende Miquel trug ihn auf dem Rücken fort.

„MR. QUARTERMAIN, können Sie mich hören?"

Er reagierte nicht, obwohl er die Stimme schon seit einiger Zeit vernommen hatte. Es war die Stimme eines Unbekannten, der perfekt Englisch sprach.

„Mein Name ist Joachim Gortz, Mr. Quartermain. Ich unterhalte seit fünfzehn Jahren geschäftliche Beziehungen zu Ihrer Familie."

Quartermain gelang es, die Augen aufzuschlagen. Er stellte fest, daß er in einem Krankenhausbett lag.

„Verstehen Sie, was ich sage, Mr. Quartermain?"

Er blinzelte zum Zeichen, daß er verstand. Der Mann, der neben dem Bett stand, war um die Fünfzig, hatte eine rosige Hautfarbe, blaue Augen und graues Haar. Er war auffallend gut angezogen.

„Ich weiß, daß Ihr Kiefer gebrochen ist und Sie deshalb nicht sprechen können", fuhr Gortz fort. „Glauben Sie mir, ich bedaure zutiefst, was Ihnen zugestoßen ist. Ich habe Ihre Familie verständigt. Von jetzt an stehen Sie unter meinem persönlichen Schutz. Ihr Leben ist nicht mehr in Gefahr."

Thomas ..., was ist mit Thomas? Quartermain versuchte vergeblich, seine Lippen zu bewegen.

„Der Junge, der bei Ihnen war, ist verschwunden, Mr. Quartermain. Keinem der Verfolger ist es gelungen, ihn zu fangen. Ich habe nicht die leiseste Ahnung, wo er sein könnte."

Quartermain schloß wieder die Augen. Am ganzen Körper quälten ihn stechende Schmerzen.

„Ich werde Sie nach Deutschland bringen lassen, sobald es Ihr Zustand erlaubt", erklärte Gortz. „Sie sollen die bestmögliche Pflege erhalten."


GREGOR LÄMMLE hielt sich in Lyon auf, im zweiten Stock eines Hotels an der Rhône. Als Jürgen Hess das Zimmer betrat, saß er unbeweglich in seinem Sessel, ein Buch lag geschlossen auf dem Tisch.

Hess berichtete von seinem Fehlschlag. Seine Männer und er hatten bereits die halbe Kanalisation aufgehackt, als sie feststellen mußten, daß der Junge gar nicht drin war. Daraufhin hatte er seine Leute ausschwärmen lassen, und eine Gruppe war tatsächlich auf die Spur des Jungen gestoßen. Doch wieder hatten sie die Verfolgung abbrechen müssen, da plötzlich ein Scharfschütze das Feuer eröffnet hatte.

„Der spanische Leibwächter des Jungen", erklärte Lämmle.

Hess fuhr mit seinem Bericht fort. Ganze fünf Tage lang hatten sie die Gegend durchkämmt, jedoch ohne Erfolg. „Ich vermute, daß der Junge schon über die Grenze ist", schloß Hess.

Schweigen. „Und jetzt sind Sie gekommen, weil Sie meine Hilfe brauchen?" bemerkte Gregor Lämmle nach einer Weile.

Jürgen Hess nickte.

„Was haben Sie mit der Frau gemacht, mit dieser Catherine Lamiel?"

„In Fresnes eingesperrt."

„Sie hat Ihnen Maria Weber ans Messer geliefert, nicht wahr?"

„Ja."

„Sorgen Sie dafür, daß sie erschossen wird. Ich bitte Sie um diesen Gefallen, sagen wir als Gegenleistung für die Hilfe, die Sie von mir erwarten." Es wäre nicht gerecht, dachte er, wenn diese Frau am Leben bliebe. Sie ist schließlich schuld daran, daß *sie* bei lebendigem Leib verbrannt ist. „Versprochen?"

„Ja."

„Gehen Sie jetzt, lieber Hess." Lämmle hob abwehrend die Hand, da er wußte, was Hess fragen wollte – würde er den Jungen wiederfinden und wann? „Gehen Sie."

Lämmle wartete, bis die Schritte von Jürgen Hess im Treppenhaus verhallt waren. „Wir fahren morgen früh nach Grenoble", sagte er zu Soeft, der an der Tür stand.

Tags darauf erreichten sie Grenoble am Nachmittag. Sie suchten umgehend den Gemüsehändler Barthélemy am Place Sainte-Claire auf. Geduldig stellte sich Lämmle in die Reihe der einkaufenden Hausfrauen. Bald kam er an die Reihe. „Ich möchte mit Ihnen über Thomas sprechen", sagte er zu dem stämmigen Spanier.

Und natürlich antwortete der Gemüsehändler, er kenne keinen Thomas und verstehe überhaupt nicht, wovon er spreche. Lämmle lächelte ihn freundlich an und schlug ein Gespräch unter vier Augen vor. „Im Interesse Ihrer Kinder", fügte er hinzu.

Lämmle, Soeft und Barthélemy verließen den Laden und schlenderten den Gehweg am Place Sainte-Claire entlang.

„Sagen Sie mir alles", fuhr Lämmle fort. „In Ihrem eigenen Interesse, im Interesse Ihrer Frau, Ihrer drei Söhne und Ihres Bruders, der Thomas zur Grenze nach Annemasse gefahren hat, um ihn in die Schweiz zu schmuggeln."

„Ich kenne keinen Thomas", wiederholte der Gemüsehändler. Ein letztes stures Aufbäumen.

Lämmle rang soviel Halsstarrigkeit nicht einmal ein Lächeln ab. „Ich brauche nichts weiter zu tun, als einem meiner Untergebenen zu erzählen, welche Rolle Ihre Söhne, Ihre Frau, Ihr Bruder und Sie selbst bei Thomas' Flucht gespielt haben. Er wird sich ein besonderes Vergnügen daraus machen, Sie vom Leben zum Tod zu befördern. Vorher wird er Sie allerdings durch den Fleischwolf drehen, denn schließ-

lich will er von Ihnen erfahren, wo Thomas steckt. Sie würden reden, Monsieur, glauben Sie mir."

Barthélemy senkte den Kopf. Wäre er allein auf der Welt gewesen, ohne Frau und Kinder, hätte er sich lieber bei lebendigem Leib die Haut abziehen lassen, als ein einziges Wort über Thomas zu sagen.

„Ich werde schweigen", meinte Lämmle. „Sie werden also am Leben bleiben, sofern das von mir abhängt. Doch Sie werden Thomas eine Nachricht von mir überbringen lassen. Richten Sie ihm zwei Dinge aus. Erstens: Der Amerikaner ist tot. Und der zweite Punkt betrifft meine eigene Person: Sagen Sie Thomas, daß ich aufgebe. Ich spiele die Partie nicht mehr weiter. Ich lege meinen König auf das Schachbrett. Wiederholen Sie meine Worte bitte so genau wie möglich. Und teilen Sie ihm mit, daß ich die nächsten Monate entweder in meiner Villa im italienischen Fiesole verbringen werde oder im Schwarzwald, in dem ich die Ehre hatte, das Licht der Welt zu erblikken. Können Sie das behalten?"

Der Gemüsehändler rührte sich nicht.

„In Fiesole bei Florenz oder in meinem Haus im Schwarzwald. Er wird mich finden, wenn er sich die Mühe macht. Sie können jetzt zurück zu Ihren Kartoffeln, Monsieur."

In Fiesole erreichte Lämmle einige Monate später tatsächlich ein Brief, aufgegeben in Barcelona, worin der Adressat freilich keineswegs einen Beweis sah, daß sich der Junge dort auch aufhielt. Die Nachricht war kurz. Sie bestand aus einer einzigen Zeile und hatte nur ein „T" als Unterschrift: „Eines Tages werde ich kommen."

# VIII

QUARTERMAIN wußte kaum etwas über seinen momentanen Aufenthaltsort im bayrischen Berchtesgaden. Es war eine Art Klinik, in der er drei Zimmer bewohnte. Wäre er körperlich dazu in der Lage gewesen, hätte er im Park spazierengehen können, die Erlaubnis dazu hatte er. Doch vorläufig war er noch an den Rollstuhl gefesselt, obwohl er seit der letzten der insgesamt zwanzig Operationen, denen er sich innerhalb von sieben Monaten hatte unterziehen müssen, sein linkes Bein wieder einigermaßen gebrauchen konnte. Er schaffte immerhin eine Runde im Zimmer, wenn auch nur auf Krücken.

Der Sommer war gekommen. Die Sonne schien durch die Fenster, die einen herrlichen Ausblick auf die Salzburger Alpen gewährten.

Joachim Gortz, der anfangs nur von Zeit zu Zeit auf kurze Stippvisiten hereingeschaut hatte, besuchte ihn jetzt häufiger. Und eines Tages erhielt Quartermain sogar einen Telefonanruf aus Zürich von Joe Sowinski, der dort in der Bank der Familie arbeitete. Den Namen Joachim Gortz nahm Sowinski nicht ein einziges Mal in den Mund. Er sprach immer nur von „unserem gemeinsamen Freund" und meinte, Quartermain könne ihm rückhaltlos vertrauen, „genau wie mir, David". Eine lange Rede schloß sich an: Wenn er schon in Deutschland sei, warum sollte er dann nicht die Gelegenheit nutzen und die geschäftlichen Interessen der Familie vertreten? „David, wir haben dich für tot gehalten, und ohne unseren Freund wärst du es wohl auch. Du mußt versuchen, vernünftig zu sein. Und was ist das für eine Geschichte mit dem Jungen?"

Quartermain legte entnervt auf. „Laut Sowinski verfolgt meine Familie geschäftliche Interessen in Deutschland. Welche Interessen meint er?" fragte er Gortz, als dieser zu Besuch kam.

„Mr. Quartermain, Sie sind Hauptaktionär und Aufsichtsratsmitglied der größten amerikanischen Ölgesellschaft, der Banner Oil in New York. Und Deutschland braucht dringend Öl."

„Deutschland steht mit meinem Land im Krieg."

Gortz lachte nur. „Bitte ersparen Sie mir die patriotische Tour. Wir reden von Geschäften."

„Und vergessen diesen lästigen kleinen Zwischenfall, meinen Sie?"

„Genau. In ein, drei oder fünf Jahren werden sich unsere Länder ohnehin in Freundschaft verbünden. Der einzige wirkliche Feind steht im Osten. Ihr Onkel und Ihre Cousins haben das begriffen. Überspringen wir also einige Etappen."

„Trotzdem kann ich mir nicht vorstellen, daß ich jemandem den Auftrag geben soll, einige Millionen Tonnen Öl hierher zu liefern, und wenn ich noch so viele Etappen überspringe."

„Das verlangen wir gar nicht von Ihnen. Ihre Gesellschaft hat uns schon soviel Öl geliefert, wie unter den gegebenen Umständen möglich ist, und sie tut es immer noch."

„Ich glaube Ihnen kein Wort."

„Gut, ich werde Ihnen einige Akten schicken, sobald Sie in der Lage sind, sie zu lesen. Aber teilweise kann ich Ihre Frage schon jetzt beantworten. Welche geschäftlichen Interessen? Sie sind – unter anderem – Aktionär und Verwaltungsratsmitglied bei der Hunt Manhattan, einer der drei größten Banken der Vereinigten Staaten, die wie mehrere andere amerikanische Banken nach wie vor eine Zweigniederlassung

in Paris unterhält. Daran hat auch Amerikas Kriegseintritt nichts geändert. Auch heute noch arbeiten wir Bankiers einvernehmlich zusammen. Unter Finanzleuten herrscht eine ausgesprochen herzliche Atmosphäre."

Wieder Schweigen. „Nehmen wir an", sagte Quartermain schließlich, „ich hätte mich direkt an die Bank meiner Familie gewendet, um den Jungen zu finden und aus Frankreich herauszuholen . . ."

Gortz lächelte. „Schade, daß Sie's nicht getan haben. Finanzleute finden doch meist einen Weg der Verständigung, Mr. Quartermain."

Von diesem Tag an kamen Woche für Woche Boten zu ihm. Sie schleppten Akten herein und brachten diejenigen wieder fort, die Quartermain zur Kenntnis genommen hatte. Der Amerikaner studierte sie alle und war über ihren Inhalt bestürzt. Er erfuhr zum Beispiel, daß in den dreißiger Jahren einflußreiche Finanzleute an der Wall Street den Aufstieg Hitlers finanziell unterstützt hatten. Außerdem las er, daß Joe Sowinski sein Einkommen in den letzten zehn Jahren fast verdreifacht hatte, dank der Summen, die ihm ein deutscher Industriekonzern jährlich auf ein Konto in Zürich überwies.

Wochen verstrichen. Quartermain brauchte den Rollstuhl nicht mehr und ging nun am Stock. Hin und wieder verließ er sein Dreizimmergefängnis, um im Park frische Luft zu schnappen, aber er benötigte zwanzig Minuten, um die Treppe hinunterzusteigen.

Er las und las und las. Immer neue Dokumente wurden ihm vorgelegt. Er vertiefte sich in die merkwürdigen Machenschaften internationaler Firmen in der Kriegsindustrie und mußte feststellen, daß nicht nur Banner Oil und die Bank dieses erschreckende Spiel trieben. Gießereien, Automobilfirmen, Maschinenfabriken und Chemieunternehmen. Er las die Akte über einen amerikanischen Lastwagenhersteller, dessen Fabriken in Frankreich auch noch nach dem Kriegseintritt der Vereinigten Staaten im Dezember 1941 unermüdlich weiterproduziert hatten.

„Wenn sich eines Tages Einheiten der Deutschen und der Amerikaner auf europäischem Boden gegenüberstehen, Herr Quartermain", erklärte Gortz lakonisch, „wird sich herausstellen, daß die US-Firma beide Seiten mit Lastwagen beliefert hat. Geschäft ist Geschäft."

JANUAR 1944, ein Sonntagnachmittag. Joachim Gortz begleitete Quartermain, der jetzt täglich Spaziergänge unternahm, in den Park. Die beiden Männer stapften durch den Schnee, der in der Nacht reichlich gefallen war.

„Zu meiner aufrichtigen Freude stelle ich fest", meinte Gortz, „daß Ihre Genesung bemerkenswerte Fortschritte macht. Unsere Chirurgen haben ein Wunder an Ihnen vollbracht."

„Wer hat die Akten zusammengetragen? Darin stecken Monate, wahrscheinlich sogar Jahre an Arbeit."

„Was glauben Sie?"

„Gewiß nicht ein Joachim Gortz allein, sondern mehrere Fachleute. Dutzende, wenn nicht mehr."

„Ganz so viele nun auch wieder nicht", sagte Gortz ironisch.

„Bevor wir weiterreden", erwiderte Quartermain, „möchte ich wissen, ob es etwas Neues über den Jungen gibt."

„Nicht, daß ich wüßte, und auf eine gewisse Art ist das sogar beruhigend. Wenn man den Jungen geschnappt hätte, hätte ich es erfahren."

„Und Lämmle?"

„Alles beim alten seit unserem letzten Gespräch. Er hat sich zurückgezogen."

„Bliebe noch Jürgen Hess."

„Meinen letzten Informationen zufolge kämpft er mit Feuereifer gegen die Russen."

Sie hatten zweihundert Meter zurückgelegt. Quartermain war erschöpft. Er setzte sich auf eine Bank, die man vom Schnee befreit hatte. Joachim Gortz nahm neben ihm Platz.

„Herr Quartermain, zweifellos haben Sie sich darüber den Kopf zerbrochen, warum wir so großen Wert auf Ihre Anwesenheit legen. Sind Sie zu einem Schluß gekommen?"

„Ich bin eine Geisel."

„Etwas knapp für eine sorgfältige Analyse. Aber es stimmt schon: Deutschland ist drauf und dran, den Krieg zu verlieren, das ist nur noch eine Frage der Zeit. Schlimmstenfalls dauert er noch ein Jahr."

„Ich bin ergriffen über Ihre patriotische Begeisterung."

„Ich fasse das als Kompliment auf", antwortete Gortz.

„Wissen Sie, was ich glaube?" meinte Quartermain. „Der Krieg wendet sich immer mehr zum Schlechten, und ich gewinne dadurch mit jedem Tag an Wert für Sie. Mit mir als Geisel haben Sie meine Familie dazu überredet, Deutschland zu unterstützen, und jetzt benützen Sie mich dazu, die Weichen für die Zukunft zu stellen, damit Sie nach dem Krieg an die fruchtbaren Geschäftsbeziehungen wieder anknüpfen können. Allein die Tatsache, daß ich überlebt habe, wird der Beweis sein für Ihre Anständigkeit und Menschlichkeit."

„Sehr originell. War das schon alles, oder gehen Ihre Überlegungen noch weiter?"

Quartermain sah dem deutschen Finanzier in die Augen. „Ich halte es sogar für denkbar, daß Sie mich freilassen ... oder mir zur Flucht verhelfen."

„Warum, zum Teufel, sollte ich so etwas tun?"

„Vermutlich gibt es genug Leute, die Sie an den Galgen brächten, wenn sie wüßten, was für ein Spiel Sie treiben."

„Soll das eine Drohung sein?" fragte Gortz.

Quartermain lächelte. „Ich glaube, daß ich bald Gelegenheit zur Flucht bekomme. Soweit ich mich erinnere, ist es von hier nicht weit bis in die Schweiz."

Joachim Gortz senkte den Blick. „Es ist gut möglich, daß Sie sich eines Tages in der Schweiz wiederfinden", erklärte er. „Und wenn der Krieg erst einmal vorbei ist, werden Sie mich vergessen. Ich bin nur ein Bauer in einem Schachspiel."

„Soviel Bescheidenheit ehrt Sie. Sie waren an der Fahndung nach Thomas beteiligt, nicht wahr?"

„Ich sollte gewisse Bankcodes beschaffen, ja. Die Verhältnisse haben sich geändert. Ich würde mir die Finger verbrennen, wollte ich noch einmal versuchen, an das Geld zu kommen."

„Mag sein. Aber wenn Thomas etwas zustößt, werden Sie und Ihre Freunde nicht mit dem Leben davonkommen."

„Was haben Sie denn nur immer mit dem Jungen? Ich bezweifle, daß er Ihr Sohn ist, Herr Quartermain. Sie werden es niemals beweisen können."

Quartermain zitterte plötzlich vor Wut. Er war selbst verblüfft darüber, denn er hatte gar nicht gewußt, wie sehr er Thomas liebte und wie unwiderruflich diese Liebe war. Endlose Sekunden verrannen, während er mit sich kämpfte, um sich zu beruhigen.

„Die Mutter des Jungen – wer war für ihren Tod verantwortlich?" fragte er schließlich.

„Jürgen Hess und Gregor Lämmle. Aber mir ist nicht ganz klar, wer von den beiden tatsächlich den Befehl gegeben hat. Die Versionen der beiden gehen auseinander."

Eine Krankenschwester war aufgetaucht. Sie brachte Quartermain eine Decke. Der Sonntagnachmittag ging zu Ende, und eisige Kälte legte sich über den Park.

„Ich habe Sie unterschätzt", sagte Gortz. „Sie waren mein Gefangener, und jetzt bin ich der Ihre. Meine einzige Entschuldigung ist, daß

Ihre Familie keine großen Stücke auf Sie hält. Aber vielleicht war der Quartermain, den sie kannte, nicht der Quartermain von heute."

„Vielleicht", antwortete Quartermain in betont gleichgültigem Ton.

„Es ist Zeit", sagte die Krankenschwester.

Quartermain nickte. „Herr Gortz und ich sind ohnehin gerade zu demselben Schluß gekommen."

„MIQUEL?"

„Ich bin hinter dir."

„Verflixt noch mal, mußt du dich eigentlich immer verstecken? Wir sind doch allein!"

„Je mehr ich mich verstecke, desto weniger sieht man mich", erklärte Miquel. Thomas hörte nur seine Stimme.

„Sehr raffiniert!" sagte der Junge und lächelte. Manchmal fand er Miquel richtig lustig. Besonders seine Manie, sich ständig zu verstekken. Du glaubst, daß er Millionen von Kilometern weit weg ist, dachte er, und daß er dich aus den Augen verloren hat, und du fängst sogar schon an, dir Sorgen zu machen. Aber nein, dazu besteht überhaupt kein Grund, denn plötzlich ist er wieder da, ganz lautlos.

„Hättest du nicht Lust, nach Spanien zurückzukehren?"

„*A Mallorca? Claro que sí!* Aber sicher!"

„Deine Verlobte hat bestimmt große Sehnsucht nach dir."

Miquel begriff sofort, worauf Thomas hinauswollte. „Hier ist es doch auch ganz gut."

„Aber es gibt zu viele Widerstandskämpfer, Miquel. Eines Tages werden die Deutschen kommen. Sie werden Panzer und haufenweise Soldaten schicken, und Jürgen Hess wird dabeisein."

Miquel meinte, er werde sie schon rechtzeitig entdecken und dann sei immer noch Zeit zu verschwinden. Vorläufig bestehe keine Gefahr.

Seit über einem Jahr galt Thomas als der Neffe von Dr. Nadal. Auch Dr. Nadal, ein Arzt, stammte aus Mallorca, lebte aber schon seit mehr als fünfunddreißig Jahren in Frankreich. Da die Leute im Dorf ebenfalls die Widerstandsbewegung unterstützten, stellten sie nicht viele Fragen, was den Jungen betraf.

Thomas marschierte weiter. Der Winter neigte sich langsam dem Ende zu, und die Erde roch schon nach Frühling. Der Ort, an dem sie seit über einem Jahr lebten, war tatsächlich nicht schlecht. Es fehlte Thomas beinahe an nichts, nur an Büchern. Die dreihundert spani-

schen und französischen aus der Bibliothek hatte er schon verschlun-
gen. Doch Dr. Nadal war wie ein richtiger Onkel zu ihm, und auch
seine Frau war sehr nett.

„Miquel, glaubst du, daß Jürgen Hess immer noch nach mir sucht?"
*„No sé."*

„Was soll das bedeuten, du weißt es nicht? Ich fange an, mich zu
langweilen, und möchte weg von hier, Miquel."

„Wir müssen noch warten, Thomas."

Aber der Junge wollte nicht auf das Ende des Krieges warten wie ein
Murmeltier auf den Frühling. Er mußte etwas tun, auch wenn Miquel
ihm immer wieder sagte, daß ihn alle Welt in Spanien vermutete. Der
Mann mit den gelben Augen weiß, daß ich nicht in Spanien bin, dachte
er. Er hat den Gemüsehändler Barthélemy nicht angelogen. Er hat die
Partie aufgegeben. Ich aber nicht! Ich will den Mann mit den gelben
Augen tot sehen, ich will ihn eigenhändig umbringen. Das ist so leicht
gesagt: *vergessen!* Ich will nicht vergessen.

„Miquel? Ich muß dir etwas sagen."

*„Sí, Tomás?"*

„Vor einer Woche habe ich etwas durch mein Fernglas beobachtet.
Da waren vier Männer in einer großen Limousine. Sie trugen keine
Uniformen, aber schwarze Mäntel wie die Gestapo. Einen habe ich
schon mal gesehen: Er war damals in Sanary dabei. Ich habe ihn wiedererkannt."

Der Junge hörte Laub rascheln. Es kam nur selten vor, daß Miquel
ein Geräusch verursachte, wenn er durch den Wald ging. Das bewies,
daß er beunruhigt war.

*„Estás seguro, Tomás?* Bist du sicher?"

Thomas machte sich nicht die Mühe zu antworten. Daß er vier
Männer in einem Auto gesehen hatte, stimmte, doch er hatte keinen
wiedererkannt. Aber es waren die gleichen Typen gewesen wie die,
die der Mann mit den gelben Augen nach Sanary geschickt hatte.

Die Partie ging weiter! Thomas wagte sich bis an den Rand des Steil-
abbruches vor, den sie erreicht hatten. Unten floß die Corrèze. Ein
Stück weiter lag die Stadt Tulle. Sie war sein nächstes Ziel.

SEIT drei Tagen war Gregor Lämmle wieder in Paris. Er kam direkt
aus Italien, wo er sich unter dem Schutz seines Schweizer Passes, ausgestellt auf den Namen Golaz-Hueber, längere Zeit aufgehalten hatte.
Verschiedene Gründe hatten ihn bewogen, sein Haus in Fiesole und
seine geliebte Toskana zu verlassen, wobei sicherlich am wenigsten

ausschlaggebend war, daß britische und amerikanische Truppen schon gegen die Hauptstadt Rom vorrückten.

Er war aus Italien abgereist, weil ihn seit einigen Monaten Selbstmordgedanken quälten. Er war mit der vagen Hoffnung in die Toskana gefahren, er könnte an diesem privilegierten Ort, wenn schon nicht den Geschmack am Leben wiedererlangen, so doch zu einer Art resignierter Geduld finden. Aber er hätte sich besser kennen müssen.

In Paris bewohnte Lämmle sein früheres Appartement mit Blick auf den Jardin du Luxembourg. In den ersten drei Tagen war er seinen alten Gewohnheiten nachgegangen: Er hatte einen Streifzug durch die Buchhandlungen unternommen und in der Rue Saint-André-des-Arts einen ganzen Nachmittag lang über französische Philosophie diskutiert.

Am Morgen des vierten Tages klingelte es an seiner Wohnungstür. Draußen stand Soeft, und er kam wegen des Jungen. „Sie sind vor drei Tagen ganz zufällig auf seine Spur gestoßen", sagte er. „Er lebt jetzt in der Nähe von Tulle, ich kenne die Adresse, weil wir Spitzel in die Résistance eingeschleust haben."

„Und wie geht es ihm?"

Soeft zögerte. „Sind Sie immer noch an dem Bengel interessiert?"

„Ja", antwortete er. „Ist der Junge in Gefahr?"

Soeft nickte.

„Soeft, geben Sie mir bitte die Landkarte."

Soeft breitete sie aus, und Lämmle beugte sich darüber. „Er ist in dieser Gegend." Soeft deutete auf das Département Corrèze. „Er wohnt bei einem gewissen Dr. Nadal."

Jetzt hast du geglaubt, die Geschichte sei zu Ende, sagte Lämmle zu sich selbst, doch du hast dich geirrt. „Haben Sie die Information schon weitergegeben?" fragte er.

„Natürlich an Hess." Den hatte man zwar an die Ostfront geschickt, doch war er leider mit Orden behangen von dort zurückgekehrt. Er war zum Standartenführer befördert worden und hielt sich jetzt ebenfalls in Paris auf. „Ich habe mit ihm telefoniert", erklärte Soeft.

Erst vor vier Tagen bin ich aus Italien gekommen, dachte Lämmle, um von Paris Abschied zu nehmen. Ich wollte gerade zurück in den Schwarzwald, um mir eine Kugel in den Kopf zu schießen. Thomas war nur noch eine Erinnerung. Doch nun lasse ich mich erneut auf diese Geschichte ein ...

QUARTERMAIN hatte sich aus einem einzigen Grund für diese Nacht entschieden: Draußen war es stockdunkel. Er hatte über zwei Stunden am Fenster gewartet und hinausgeschaut. Doch er hatte nicht einmal die erste Baumreihe im Park sehen können, obwohl sie nur dreißig Meter vom Gebäude entfernt war. Auch einen Wachposten hatte er nicht entdeckt.

Kurz nach Mitternacht begann er mit dem eigentlichen Ausbruch. Die Tür, die zum Park hinausführte, hatte zwei Schlösser. Normalerweise waren beide verschlossen, heute nur eines. Mit einem Schraubenzieher, den er sich besorgt hatte, schraubte er es ab.

Das Wachhäuschen am Fuß der Treppe war leer. Das ist kein Ausbruch, dachte Quartermain, das ist der reinste Spaziergang. Nach fünfzehnhundert Metern erreichte er einen kleinen Teich, und er hatte das Gefühl, daß ihn jemand beobachtete. Er kam an einem Forsthaus vorüber, das man zum Wachlokal umfunktioniert hatte. Innen brannte Licht. Der Fluchtweg, den Gortz sich für ihn ausgedacht hatte, führte bestimmt nicht dort entlang.

Der Amerikaner bog nach links ab und ging im Schatten einiger Lärchen weiter. Bald darauf ragte die Mauer vor ihm auf, die den Park umgab. Sie war gut vier Meter hoch und oben mit Stacheldraht gesichert. Keine Streife, keine Hunde. Er schlich an der Mauer entlang bis zu einem weiteren Häuschen. Es schien leer zu sein. Er ging hinein und auf der anderen Seite der Mauer wieder hinaus. Die Tür war nicht verschlossen gewesen.

Quartermain folgte einem Fußpfad, und zwanzig Minuten später gelangte er zu einem Dorf. Ein Mercedes war in der Nähe des Gasthofs geparkt, kaum zu übersehen. Die Zündschlüssel steckten. Quartermain brauchte nur einzusteigen, die Handbremse zu lösen und den Motor anzulassen.

Ein Mann hatte am Fenster des Gasthofs gestanden und beobachtet, wie er losgefahren war. Quartermain kümmerte sich nicht darum. Am Ausgang einer Kurve tauchten jedoch plötzlich drei Autos im Scheinwerferlicht auf. Sie blockierten die Fahrbahn. Er hielt an.

Ein mittelgroßer, kräftig gebauter Mann trat aus einer Gruppe dunkler Gestalten. Er trug einen schwarzen Ledermantel, einen braunen Filzhut und Handschuhe. Der Lauf der Luger, die er in seiner rechten Hand hielt, war auf den Boden gerichtet. Er kam zur Fahrertür und bedeutete Quartermain mit der Linken, die Scheibe herunterzukurbeln.

Der Amerikaner gehorchte. „Legen Sie sich flach auf den Boden",

sagte der Fremde auf englisch. „Bitte schnell." Sein Ton war völlig ruhig, und als ihn Quartermain nur anstarrte, ohne sich zu rühren, erschien die Luger. „Ich werde Sie nicht töten, aber niemand hat mir verboten, Ihnen ins Bein zu schießen. Also bitte, legen Sie sich hin."

Quartermain kauerte sich im Fußraum nieder. Sekunden später fielen Schüsse. Eine Salve aus automatischen Waffen traf das Auto, zerfetzte die seitlichen Scheiben. Dann war es still.

„Sie können wieder hochkommen."

Quartermain richtete sich auf. Die Schützen kehrten zu ihren Autos zurück und stiegen ein. Und auf dem Rücksitz des Mercedes hatte soeben der stämmige Mann Platz genommen.

„Sie können weiterfahren."

„Und wohin?"

„Vorerst geradeaus, bis Sie von mir eine andere Anweisung bekommen. Von jetzt an können Sie so schnell fahren, wie Sie wollen."

Quartermain gab Gas, der Mercedes beschleunigte. Sie fuhren an einem See entlang und gelangten an eine Kreuzung. Ein Schild mit der Aufschrift „Salzburg" wies nach rechts. „Bitte nach links. Einen Kilometer weiter kommt ein Polizeiposten. Halten Sie nicht an."

Mit durchgetretenem Gaspedal preschte er durch, vorbei an einem hell erleuchteten Gebäude an der rechten Straßenseite. Vor der Tür standen zwei Soldaten, die mit den Armen ruderten in dem lächerlichen Versuch, seine rasante Fahrt zu stoppen.

„Sind wir jetzt in Österreich?" fragte er.

„Ja, wir haben gerade die Grenze überquert. Rechts wird gleich ein geparkter Lastwagen auftauchen. Halten Sie bitte an, und steigen Sie aus."

Der Laster war ein geschlossener Lieferwagen. Die hintere Tür schwang auf, und ein Mann sprang heraus. Wortlos setzte er sich ans Steuer des Mercedes, nachdem Quartermain ausgestiegen war, und fuhr los.

Quartermain kletterte in den Laderaum des Lieferwagens. Der stämmige Mann nahm auf dem Beifahrersitz Platz. Der Fahrzeugtausch hatte keine fünfzehn Sekunden gedauert.

Der Lieferwagen entpuppte sich als Geldtransporter. Die einzigen Fenster waren vergitterte Schießscharten. Der Fahrer, der im Wagen gesessen hatte, drückte aufs Gaspedal, und zweieinhalb Stunden später erreichten sie Innsbruck. Viermal war der Fahrer an Straßensperren angehalten worden, doch jedesmal hatten seine Papiere für eine ungehinderte Weiterfahrt gesorgt.

Weitere drei Stunden später fuhr der Geldtransporter plötzlich an den Straßenrand. Der stämmige Mann öffnete die hintere Tür. „Würden Sie bitte aussteigen!"

Quartermain sprang hinaus und bezahlte diese kleine akrobatische Einlage mit einem stechenden Schmerz in der Hüfte.

„Wir gehen jetzt zu Fuß weiter. Bis zur Schweizer Grenze ist es nicht mehr weit. Wenn Sie Dummheiten machen, werde ich schießen. Ist das klar?"

„Vollkommen", antwortete Quartermain.

„Gehen Sie bitte voraus."

„Wer bezahlt Sie? Gortz?"

„Meine Befehle lauten, Sie lebend in die Schweiz zu bringen. Wohlgemerkt, nur lebend. Wieviel Blessuren Sie abbekommen, hängt ganz allein von Ihnen ab. Und von jetzt ab keinen Ton mehr. Wir müssen an drei Bauernhäusern vorbei; außerdem wimmelt es hier in der Gegend nur so von Grenzern."

Der Fußmarsch wurde für Quartermain eine einzige Strapaze. Der Fremde befahl ihm bald, den eingeschlagenen Weg zu verlassen und über die aufgeweichten Felder zu gehen. Quartermains Durchhaltevermögen hatte durch die vielen Operationen sehr gelitten. Nur seiner Willenskraft verdankte er es, daß er weitermarschieren konnte.

Ein steiler Hang tauchte vor ihnen auf. Quartermain taumelte den Berg hoch. In jedem Muskel seines Körpers spürte er einen brennenden Schmerz. Auf der Anhöhe machte sein stämmiger Begleiter endlich halt. Quartermain entdeckte im Morgendunst die Hügel einer Vorgebirgslandschaft. „Wo sind wir?" fragte er.

„In Liechtenstein. Der Rhein fließt dort unten im Tal. Die nächste Ortschaft auf der anderen Seite gehört schon zur Schweiz und heißt Sennwald. Das ist drei Kilometer von Ihrem jetzigen Standpunkt entfernt. Ich empfehle Ihnen den Gasthof ‚Zum Hohen Kasten'."

Quartermain ging zögernd weiter. „Von wem werden Sie bezahlt?"

Keine Antwort. Unten im Tal hob sich der Nebel allmählich. Der Rhein schimmerte durch den Morgendunst.

„Und warum haben Sie mich ausgerechnet hierher gebracht?"

Erneut Schweigen. Er drehte sich um: Sein Begleiter verschwand zwischen den Bäumen, ohne sich ein einziges Mal umzudrehen.

Quartermain stieg ins Tal hinab. Er gelangte an einen Weg, dann an eine Straße. Zwanzig Minuten später tauchte tatsächlich eine unbewachte Rheinbrücke auf; ein Schild trug die Aufschrift „Sennwald".

Er ging in den Ort hinein. Der Gasthof, den ihm der Fremde

empfohlen hatte, war noch geschlossen. Er setzte sich auf eine Holzbank zwischen den Geranien.

Kurz darauf hörte er ein Auto. Es fuhr vorüber, bremste scharf ab und stieß zurück. Zwei Männer in dunklen Anzügen stiegen aus. „Sind Sie Mister Quartermain?" fragte einer der beiden. „Mister David Quartermain? Willkommen in der Schweiz. Wir freuen uns, daß wir Sie als erste gefunden haben ..."

Quartermain erfuhr, daß allein im Kanton Sankt Gallen mehr als dreißig Leute die Grenze absuchten.

„Wir wußten nicht genau, an welchem Punkt Sie über die Grenze kommen würden, nicht einmal, ob Sie es schaffen würden. Dürfen wir Sie zu Ihrer Flucht beglückwünschen?"

Sie ließen ihn hinten einsteigen, gaben ihm Decken und Kissen und boten ihm Kaffee aus einer Thermoskanne, Hörnchen und Whisky an.

Quartermain entschied sich für Whisky. „Und wohin fahren Sie?" fragte er.

„Nach Zürich. Mister Sowinski erwartet Sie dort."

JOE SOWINSKI stand am Eingang des Hotels „Baur-au-Lac" und umarmte Quartermain herzlich. „Ich freue mich, daß ich dich wiedersehe, Dave! Was du getan hast, ist phantastisch!"

„Was war das vorhin für ein Blitzlichtgewitter? Wer sind diese Fotografen?"

„Alle amerikanischen und selbst die englischen Nachrichtenagenturen waren da, alter Junge. Mein Gott, was denkst du denn: David Quartermain ist eine der abenteuerlichsten Fluchten des ganzen Krieges gelungen, und die Öffentlichkeit sollte davon nichts erfahren? Deine Familie ist stolz auf dich."

„Joe ...", begann Quartermain und versuchte vergeblich, Sowinskis Redeschwall zu bremsen.

„Ich habe die besten Ärzte der Schweiz zusammengetrommelt", fuhr Sowinski fort. „Sie werden dich untersuchen und feststellen, was man dir angetan hat. Larry hat darauf bestanden. Ich meine das nicht als Vorwurf, Dave, aber du siehst erstaunlich gut aus. Nur etwas magerer bist du geworden, das ist alles."

„Joe, würdest du bitte einen Augenblick deine Klappe halten", sagte Quartermain, ohne die Stimme zu erheben.

Schweigen. Joe Sowinski schaute ihn an und schüttelte den Kopf. „Ich verstehe. Die Nerven, nicht wahr? Sicher bist du etwas nervös, nachdem dich die Nazis in den Klauen hatten."

„Ich erinnere mich nicht, in den letzten sechzehn Monaten einem einzigen echten Nazi begegnet zu sein", erwiderte Quartermain. „Joe, ich brauche um jeden Preis alle verfügbaren Informationen über den Verbleib eines Kindes. Hast du verstanden? Der Junge ist dreizehn Jahre alt und hat graue Augen. Mit Vornamen heißt er Thomas und mit Familiennamen Lamiel, Weber oder anders. Ich muß wissen, ob der Junge in der Schweiz ist oder ob er sich in Spanien aufhält. Du heuerst alle Detektive an, die du auftreiben kannst. Als Belohnung für das Auffinden des Jungen zahle ich jede Summe, eine Million Dollar oder zehn Millionen, das ist mir völlig gleichgültig. Der Junge war in Begleitung eines Spaniers, eines ausgezeichneten Schützen."

Sowinski wollte Einwände erheben, doch jetzt ließ Quartermain ihn nicht zu Wort kommen. „Noch etwas: Wir haben beste Beziehungen zur Hochfinanz in Deutschland. Die Leute sollen nach Thomas suchen, als ginge es um ihr Leben. Ich will diesen Jungen, und zwar lebend. Das ist mein einziger Wunsch. Und ich will hoffen, daß er noch lebt. Sonst wird es wirklich eine Pressekonferenz geben, und dann wird man erfahren, was in den Akten stand, die mir Gortz vorgelegt hat. Und mein Gedächtnis ist ausgezeichnet."

„Aber Dave . . ."

„Außerdem brauche ich alle Informationen über einen ehemaligen Professor der Philosophie. Er lehrte an der Universität Freiburg und heißt Gregor Lämmle. Ich will wissen, wo er sich jetzt aufhält. Er ist etwa ein Meter fünfundsechzig groß, ziemlich korpulent und rotblond. Er hat gelbliche Augen. Ein Leibwächter namens Soeft ist bei ihm. Ich will Lämmle lebend – aus anderen Gründen als das Kind. Joe! Ich brauche außerdem bis in zwei Stunden fünfhunderttausend Dollar. In bar! Und sag allen deinen Ärzten und deinen Journalisten, sie sollen sich zum Teufel scheren."

Quartermain setzte sich und schloß die Augen. Er mußte seine rasende Wut bezähmen, diese Wut, die ihn seit Monaten beherrschte. Es war die größte Dummheit meines Lebens, dachte er, daß ich nicht von Anfang an meinen Einfluß als David Quartermain geltend gemacht habe. Schließlich bin ich die Nummer zwei im Familienclan und in der Hochfinanz. Aber diesen Fehler werde ich nicht noch einmal begehen.

Sowinski war zur Tür gegangen. Er hatte bereits die Klinke niedergedrückt, als er fragte: „Ist der Junge erwiesenermaßen dein Sohn, Dave?"

„Ja", antwortete Quartermain. „Erwiesenermaßen."

Vor zwei Tagen war Thomas mit dem Fahrrad nach Tulle gefahren. Dr. Nadal hatte ihn gebeten, Medikamente zu holen. Nachdem Thomas sie in der Apotheke besorgt hatte, wollte er sich selbst ein Bild vom Feind machen. Systematisch nahm er alle Örtlichkeiten in Augenschein, die ein mögliches Angriffsziel für die Widerstandskämpfer abgeben könnten: das „Hôtel Moderne", den Sitz der Gestapo, die Feldgendarmerie im Hotel „La Trémolière", das Hotel „Dufayet" und das Hotel „Terminus". Die beiden letzteren waren bis unters Dach mit deutschen Offizieren belegt.

Aber er hatte nur einmal besondere Gefahr gewittert, als er am Café „Tivoli" vorüberkam. Sein sechster Sinn schlug sofort Alarm. Etwa zehn Männer saßen im Freien um einen Tisch, tranken und lachten. Er stieg sofort kräftig in die Pedale, nahm aber rasch wieder Vernunft an. Nicht rasen wie ein Verrückter, sagte er sich, sonst fällst du auf.

Das war vor zwei Tagen gewesen. Fast hätte er diesen Ausflug in die Stadt vergessen. Aber jetzt kam er ihm wieder in den Sinn. Ein Irrtum war ausgeschlossen. Denn jetzt sah er zwei der Männer, die im Café Tivoli gesessen hatten, in einer Limousine, die hundert Meter entfernt hinter einem Gebüsch am Straßenrand parkte. Sie wirkten ganz harmlos. Nur konnten sie von ihrem Standpunkt aus hervorragend die Straße überwachen, die zu Dr. Nadals Haus führte.

„Miquel, siehst du sie?"

„Sí."

Thomas ließ das Fernglas sinken. „Ich bin entdeckt worden, und jetzt beschatten sie mich. Sie hätten schon vor zwei Tagen zuschlagen können. Aber sie haben es nicht getan, weil sie auf Befehle warten. Der Mann mit den gelben Augen hat sich zurückgezogen, also kommt nur einer in Frage, für den sie arbeiten: Jürgen Hess ... Man hat mich in Tulle entdeckt; das habe ich nicht gewollt. Auf jeden Fall habe ich einen Fehler gemacht. Ich bin mit dem Fahrrad wie ein Idiot durch die Stadt gefahren. Es tut mir leid."

Miquel antwortete nicht. Thomas ahnte, was geschehen würde: Hess würde wie ein Unwetter über Dr. Nadals Haus hereinbrechen, und ihm war zuzutrauen, daß er alle umbrachte. Und als sich der Junge dieses Bild des Schreckens vorstellte, stiegen Bosheit und Haß wieder in ihm auf, gewaltig und unersättlich. Ich habe zu lange gewartet, dachte er, ich habe mich versteckt, ich habe mich nur noch verteidigt, aber jetzt muß ich angreifen ...

Zwanzig Minuten später erreichte Thomas auf Schleichwegen Dr. Nadals Haus. Dr. Nadal war sehr aufgeregt und bombardierte ihn mit

Fragen. Er wollte wissen, woher dieser Gemüsehändler aus Grenoble, der ihn angerufen hatte, dieser Barthélemy, seinen Aufenthaltsort kannte.

Thomas ging nicht darauf ein. „Was für eine Nachricht hat Barthélemy mir hinterlassen?" fragte er.

Die Nachricht lautete exakt: *Der blonde Dummkopf hat das Versteck des kleinen Ungeheuers gefunden, und der schnelle Autofahrer ist auf dem Weg in den Schwarzwald.*

Dr. Nadal schüttelte den Kopf. „Ich verstehe kein Wort, Thomas. Und du?"

Thomas antwortete, er wisse schon, was gemeint sei. Dann fragte er, ob der Mann am Telefon mit mallorquinischem Akzent gesprochen habe.

„Nein, warum?" antwortete der Arzt erstaunt.

„Dann war es nicht Barthélemy. Er hat keine Ahnung, wo ich bin." Der Junge überlegte kurz. „Mit dem kleinen Ungeheuer bin ich gemeint", fuhr er fort. „Und der blonde Dummkopf ist Jürgen Hess. Das ist der Mann, der hinter mir her ist. Hess weiß, wo ich mich aufhalte. Wir müssen uns beeilen. Vielleicht ist er schon unterwegs mit Soldaten."

„Du fliehst sofort zu den Widerstandskämpfern in die Berge", sagte Dr. Nadal. „Miquel wird dich begleiten. Eure Rucksäcke haben wir schon gepackt."

Thomas dachte angestrengt nach. „Man hat es nicht nur auf mich abgesehen. Sie müssen ebenfalls fliehen. Auf der Stelle."

„Ich bin Arzt, ich werde hier gebraucht", erklärte Dr. Nadal mit unglaublicher Starrköpfigkeit. „Thomas, willst du mir wenigstens dieses eine Mal gehorchen! Wir haben alles vorbereitet. Vier Männer erwarten dich und Miquel am Demoiselle-Felsen. Beeil dich."

Als die Nacht hereinbrach, schlüpfte Thomas aus dem Haus. Er schleppte die beiden Rucksäcke. Neben ihm tauchte ein Schatten auf, der ihm den großen Rucksack abnahm und ihm freundschaftlich auf die Schulter klopfte. Natürlich war es Miquel. „Sie umstellen das Haus", flüsterte er Thomas leise ins Ohr. „Mach nicht das kleinste Geräusch!"

Sie gingen hintereinander her. Die Nachricht stammt natürlich von dem Mann mit den gelben Augen, überlegte Thomas. Er wollte immer verhindern, daß mich Hess zu fassen kriegt. Bliebe noch der zweite Teil der Botschaft: *Der schnelle Autofahrer ist auf dem Weg in den Schwarzwald.* Das würde ja bedeuten, daß der Amerikaner noch

lebt! Ist das möglich? Er will zu dem Haus in der Nähe von Freiburg,
zu dem Mann mit den gelben Augen, der in Freiburg Professor ist.

Miquel war plötzlich stehengeblieben. Thomas folgte seinem Beispiel. Sie duckten sich in die Büsche. Also gut, dachte der Junge. Das
würde bedeuten, daß der Mann mit den gelben Augen beim ersten
Mal gelogen hat und daß der Amerikaner vielleicht doch noch lebt.
Gehen wir mal davon aus. Dann ist er jetzt auf dem Weg in den
Schwarzwald, um den Mann mit den gelben Augen zu töten, aber
vorher will er aus ihm herausbekommen, wo ich, Thomas, bin – das
ist logisch. Das kann bedeuten, daß er irgendwo im Gefängnis gesessen hat und jetzt draußen ist. Entweder hat man ihn freigelassen, oder
er ist ausgebrochen. Lämmle hat es erfahren und mich verständigt.

Damit *ich* komme. Denn ich hätte doppelten Grund, in den
Schwarzwald zu reisen: um Lämmle zu töten und den Amerikaner
wiederzutreffen. Gut gespielt, dachte er. Wirklich ein schöner Zug.

Miquel richtete sich vor ihm ganz langsam wieder auf und winkte.
„Komm." Bis zum Demoiselle-Felsen war es noch eine halbe Stunde
Weg.

Also werde ich in den Schwarzwald reisen, fuhr Thomas in seinen
Gedanken fort. Ich muß dorthin. Der Amerikaner will mich wiedersehen. Ich werde mich ihm anschließen, wenn ich die andere Sache erledigt habe, die ich mir vorgenommen habe. Ich muß sie jetzt erledigen,
denn der Zeitpunkt dafür ist gekommen.

„Miquel? Ich habe nachgedacht. Wir werden nicht zu den Widerstandskämpfern gehen."

Miquel wartete ab, natürlich ohne eine Frage zu stellen.

„Und zwar aus zwei Gründen", fügte Thomas hinzu. „Erstens:
Wenn wir zu den Widerstandskämpfern gehen, wird sich Hess' ganzer
Zorn gegen sie richten, und er wird sie alle massakrieren. Und ich will
nicht länger vor Hess davonlaufen."

Schweigen.

„Der zweite Grund", erklärte Thomas, „sind Dr. Nadal und Tante
Mayo. Es gibt eine Möglichkeit, sie zu schützen. Eine einzige Möglichkeit. Ich muß Jürgen Hess töten. Den anderen Deutschen ist es,
glaube ich, gleichgültig, ob sie mich fangen. Im Moment haben sie
andere Sorgen. Die Amerikaner werden bald landen, und viele deutsche Soldaten werden von den Russen getötet."

Schweigen. Du mußt Argumente vorbringen, die ihn überzeugen,
dachte der Junge. „Wir werden nicht mehr vor Jürgen Hess davonlaufen, Miquel. Er hat Javier, Joan und Tomeo getötet. Und Opa und

Oma Allègre ... Dieser Mann darf nicht am Leben bleiben. Er war es, der *sie* getötet hat ... "

Und dann wurde es ganz merkwürdig still. Sie schwiegen lange. Thomas brachte kein Wort mehr über die Lippen. Auf einmal stieg er wieder in ihm hoch, der furchtbare Haß, der tief in ihm schlummerte und dann ausbrach wie die Lava eines Vulkans. Denk an Jürgen Hess. Überlege, wie du ihn töten wirst ... Thomas drehte sich um und schritt kräftig aus, ohne zu rennen. Er spürte eine unbändige Kraft in sich. Bis nach Tulle waren es zwei Stunden. Er würde noch vor Mitternacht dort eintreffen.

## IX

GREGOR LÄMMLE saß auf der obersten Treppenstufe im dritten Stock eines Gebäudes in der Rue de Lisbonne in Paris. Er wartete schon seit über einer Stunde. Soeft hatte sich als sehr geschickt erwiesen: Er hatte herausgefunden, daß bei einem Industriellen im Ruhestand einen Stock höher ein Telefon installiert war. So konnte er gleichzeitig Wache schieben und seine Anrufe tätigen. In Tulle gab man ihm die Auskunft, daß sich der Junge bei einem gewissen Dr. Nadal versteckt hielt. Doch dort geschah nicht viel, außer daß Hess' Männer das Haus des Arztes aus einiger Entfernung beobachteten.

„Monsieur?" Die Stimme von Soeft erklang aus der oberen Etage.

„Ja, Soeft, was gibt's?"

„Hess hat das Hotel Lutétia verlassen und wird bald hiersein."

Zehn Minuten später ging im Treppenhaus das Licht an, man hörte rasche Schritte vom Hauseingang her. Hess trug die schwarze Ausgehuniform der SS. Er kam die Treppe herauf und blieb stehen, als er Gregor Lämmle entdeckte. „Was tun Sie hier?"

„Ich habe Sie erwartet, mein lieber Hess." Er blickte auf Hess' Eisernes Kreuz. „Ich wollte Sie sprechen."

Hess hatte die Tür zur Wohnung geöffnet, Lämmle trat hinter ihm ein. „Ich habe nicht viel Zeit", erklärte Hess. „Ich reise in einer Viertelstunde wieder ab und wüßte nicht, was wir zu besprechen hätten." Er legte seine Uniformjacke ab, begann sich auszuziehen.

„Über den Jungen", antwortete Lämmle. „Wir müssen über den Jungen sprechen."

Hess sah ihn überrascht an, während er sein Hemd abstreifte. „Welchen Jungen meinen Sie?"

„Noch immer denselben, mein Bester. Den Jungen, den Sie vor zwei Monaten im November fast geschnappt hätten und der Ihnen dann doch entwischt ist. Er hat Sie zum Gespött gemacht. Der Junge, den Sie deshalb jetzt wieder zu fassen versuchen. Oder sind Sie nicht im Begriff, nach Tulle zu fliegen?"

Hess' Miene verriet keine Regung. „Woher wissen Sie das alles?"

„Ich lausche gerne an Türen."

Hess zog sich ganz aus. Lämmle folgte ihm ins Badezimmer.

„Verschwinden Sie, Lämmle!"

Das Badezimmer war von so grauenvoller Geschmacklosigkeit, daß Lämmle erschauderte. Es war in einem erbärmlichen Nilgrün gestrichen, an der Wand hingen einige Hanteln und diese lächerlichen Gummischnüre herum, die man bekanntlich auseinanderzieht, um die Muskeln zu trainieren. „Treiben Sie Kraftsport, Hess?" fragte er. „Das wußte ich nicht. Welch seltsame Beschäftigung."

„Hauen Sie ab, oder ich schmeiße Sie eigenhändig raus." Hess drehte den Kaltwasserhahn an der Badewanne auf.

„Ich glaube nicht, daß Sie den Jungen fassen werden", erklärte Lämmle. „Jedenfalls nicht ohne meine Hilfe. Denn Thomas ist schon jetzt nicht mehr da."

Schweigen. Während sich das Wasser in vollem Schwall in die Wanne ergoß, zuckte Hess für einen Augenblick zusammen.

Ich habe ihn an der Angel, dachte Lämmle. „Sie wußten, wo der Junge war", fuhr er fort, „aber Sie wissen nicht, wo er jetzt ist."

„Sie etwa?"

„Allerdings. Ich weiß sogar, wo er in zwei Stunden sein wird. Sie sollten in die Wanne steigen, solange das Wasser noch kalt ist, Hess."

Hess setzte sich in das eiskalte Wasser. „Und wo ist er Ihrer Meinung nach?"

„Ich glaube", sagte Gregor Lämmle und schlug Hess eine Hantel auf den Kopf, die er von der Wand genommen hatte, „ich glaube, er erwartet Sie in Tulle auf einem Dach gegenüber dem Hotel Moderne. Ein Spanier mit einem Gewehr mit Zielfernrohr ist bei ihm. Und wenn er Sie getötet hat, dann wird er mich töten, und zwar im Schwarzwald." Er schlug ein zweites Mal zu, und Hess verlor das Bewußtsein. Das Wasser in der Wanne färbte sich rot.

Ich gehe mit diesem Ding um wie eine Frau, dachte Lämmle, aber ich habe in meinem Leben noch nie jemandem auch nur einen Faustschlag versetzt, also ist es verzeihlich ...

Er nahm eine wesentlich schwerere Hantel von der Wand und

schlug erneut zu. Endlich ging Hess unter. Lämmle wandte sich um, da er spürte, daß jemand hinter ihm stand. Er erblickte Soeft an der Badezimmertür.

„Sie hätten es mich erledigen lassen sollen", sagte Soeft.

„Es gibt Dinge im Leben, die man lieber selbst tut", antwortete Lämmle.

Um Mitternacht kam Thomas in Tulle an. Er bewegte sich mit ungeheurer Vorsicht. Wenn er eine Straße überqueren mußte, ging er schnell, dann schlüpfte er wieder in dunkle Torbögen. Er wußte nicht, wo Miquel steckte. Aber der Spanier konnte nicht weit sein.

Zweihundert Meter vom Hotel Moderne entfernt zum ersten Mal eine kleine Warnung: Am Gehsteig stand eine schwarze Limousine. Er beschloß, einen Umweg in Kauf zu nehmen. Die Gasse mündete nach ungefähr zwanzig Metern in eine größere Straße. An der nächsten Ecke wollte er nach links abbiegen und seinen Weg fortsetzen, doch dann blieb er plötzlich stehen. An eine Wand gedrückt, spähte er in die Nacht: Er hatte von links Stimmen gehört. Sie kamen aus der Straße, in die er hatte einbiegen wollen. Als er mit dem Fernglas die gesamte Häuserreihe absuchte, entdeckte er schließlich eine Schuhspitze, die aus einem Eingang hervorschaute. Da stand tatsächlich jemand, ein Mann, der sich nicht bewegte.

In den folgenden zwanzig Minuten versuchte es der Junge in vier weiteren Straßen. Jedesmal erblickte er eine dunkle Gestalt.

Na schön, dachte er, da ist nichts zu machen. Sie bewachen ihr verdammtes Hotel. Weshalb? Meinetwegen? Das ergibt keinen Sinn. Woher hätten sie wissen sollen, daß ich hier bin? Vor zwei Stunden habe ich es ja nicht einmal selbst gewußt. Was soll ich denn nur tun? Miquel hat auch schon ewig nichts mehr von sich hören lassen.

Er bog in eine fünfte Straße. Am Ende lag das Hotel Moderne. Ob Jürgen Hess schon dort ist? fragte er sich. In allen Straßen herrschte tiefe Stille. Er ging weiter, suchte nach einem freien Durchgang, schaute sich um. Überall Posten. Also schlug er einen Bogen, um sich dem Hotel Moderne von hinten zu nähern.

Sein sechster Sinn warnte ihn plötzlich. Es war nicht das Telefongeklingel, das ihn in Alarmstimmung versetzte, sondern die Tatsache, daß es abrupt aufhörte. Als hätte jemand abgehoben, genau in dem Augenblick, als er an dem Haus vorbeikam!

Thomas malte sich in Gedanken aus, wie eine Gestalt hinter dem Fenster im ersten Stock lauerte. Der Mann beobachtete jeden seiner

Schritte. Neun Posten hatten ihm den Weg versperrt, vielleicht waren es noch viel mehr. Und sie riefen sich gegenseitig an und gaben durch, wo er gerade war.

Thomas rannte los, lief einige Meter, gerade so lange, bis die Denkmaschine ihm den Befehl erteilte, nicht mehr wie ein Blöder davonzustürmen. Willst du ihnen in die Arme laufen? Ruhe, ruhig Blut!

Der Junge blieb stehen. Hinter sich hörte er ein Geräusch, das leise Knarren einer sich öffnenden Tür. Er drehte sich um. An der Ecke stand regungslos ein Mann auf dem Gehsteig. Er trug einen Ledermantel und einen Filzhut, hatte die Hände in den Taschen vergraben.

Thomas wich zurück, gelangte an die nächste Straßenecke, wo er nach rechts einbiegen wollte ... Noch ein Mann. Er stand wie der erste mitten auf der Straße, die Hände in den Taschen seines schwarzen Mantels.

Thomas eilte weiter, das Herz schlug ihm bis zum Hals. Er war außer Atem, als sei er kilometerweit gerannt. Hinter sich vernahm er Schritte. Na schön, dachte er, du hast Lust, dich umzudrehen, also dreh dich um, aber ruhig. Drei Männer hatten sich in Bewegung gesetzt und kamen näher. Gleich haben sie dich, schoß es ihm durch den Kopf. Miquel, wo bist du?

Sofort korrigierte ihn die Denkmaschine: Es wäre wirklich nicht klug, wenn Miquel sich gerade jetzt zeigen würde. Was sollte das nützen? Mit seinen Schüssen würde Miquel die ganze Stadt aus dem Schlaf reißen, und bald wären Tausende von Soldaten da. Bleib, wo du bist, Miquel!

Thomas gelangte an einen Platz mit Bäumen und erkannte das Café Tivoli. Nur ein paar Stühle und Tische. Und dort saßen Männer. Und wenn ich einfach stehenbliebe? fragte er sich. Wenn ich keinen Schritt mehr täte? Ich habe wahnsinnige Angst!

Er ging auf den Platz und überquerte ihn. Aus den Augenwinkeln sah er die Bewegungen der Gestalten, die ihm wie Schemen folgten. Männer in schwarzen Mänteln tauchten an allen Einmündungen des Platzes auf. Alle Fluchtwege waren blockiert.

Thomas rang nach Luft. Jetzt haben sie mich, dachte er und schaute zu den Männern auf der Terrasse des Café Tivoli hinüber. Einer bewegte sich endlich. Er hob die Hand und zeigte in Richtung Bahnhof.

Der Junge nahm es kaum wahr. Ich setze mich einfach auf diesem blöden Platz auf den Boden, sagte er sich, dann können sie tun, was sie wollen! Tränen stiegen ihm in die Augen, und sofort schaltete sich die

Denkmaschine mit solcher Konsequenz ein, daß er wütend wurde. Der Mann mit den gelben Augen. Hatte er sich das alles wohl ausgedacht?

Thomas machte sich auf den Weg zum Bahnhof und ging direkt zum Fahrkartenschalter. Obwohl um diese Zeit niemand hätte dort sein dürfen, saß doch ein Schalterbeamter hinter der Scheibe, ein alter Mann mit einem Schnurrbart und weißem Haar. Er sah den Jungen ein wenig mitleidig an. „Ich habe etwas für dich", erklärte er, zog etwas unter dem Schaltertisch hervor und hielt es ihm hin. Es war eine Fahrkarte.

„Wohin?" fragte Thomas.

„Nach Mühlhausen. Das liegt in der Nähe der deutschen Grenze. Und da ist noch etwas …" Nun händigte er ihm einen kleinen Briefumschlag aus. Thomas bedankte sich und bekam noch eine Decke. „Der erste Zug fährt um fünf Uhr fünfzig", meinte der Beamte. „In Clermont-Ferrand und Lyon mußt du umsteigen. Das hat man mir übrigens auch noch gegeben." Belegte Brote mit Schinken und Käse.

„Ich habe keinen Hunger", erwiderte Thomas.

„Nimm sie trotzdem. Vielleicht bekommst du später Hunger."

„Sie sind wirklich sehr nett, Monsieur. Ich danke Ihnen vielmals für Ihre Freundlichkeit."

Er ging in den Wartesaal, legte sich auf eine der Sitzbänke und wickelte sich in die Decke. Aber er tat kein Auge zu. Sein Haß war stärker denn je.

Er hatte sich mit dem Rücken zur Eingangstür gelegt, da er wußte, daß die Männer in den schwarzen Mänteln dort stehen und ihn beobachten würden. Er verscheuchte sie aus seinen Gedanken: Sie waren nichts, allenfalls Bauern auf dem Schachbrett. Selbst Hess hatte keine Bedeutung, überhaupt keine.

Thomas rief sich die Szene ins Gedächtnis, als *sie* starb. Er tat dies zum ersten Mal seit vielen Monaten. O ja, es war schrecklich. Aber er hielt es aus, er konnte die Erinnerung ertragen. Wie ein Film liefen die Bilder vor seinem inneren Auge ab. Kein einziges fehlte.

Dann fiel Thomas wieder der Umschlag ein, den ihm der Schalterbeamte gegeben hatte. Er öffnete ihn und entdeckte darin lediglich ein kleines weißes Kärtchen mit der Aufschrift: SCHACH! Na schön, Gregor Lämmle, dachte er, ich komme, seien Sie unbesorgt …

Der Zug lief mit zehn Minuten Verspätung ein. Thomas ließ den Blick über den Bahnsteig schweifen, doch Miquel war nirgends in Sicht. Der Bahnhofsvorsteher pfiff. Thomas stieg ein und sah rechts

und links vier Männer, die ebenfalls in den Zug sprangen. Er fand ein Abteil mit einem freien Platz. Kaum hatte er sich gesetzt, tauchte im Gang eine Gestalt auf. Es war einer der vier Männer, die zusammen mit ihm eingestiegen waren.

Der Zug fuhr los. Hoffentlich ist auch Miquel eingestiegen, dachte Thomas. Miquel *muß* einfach im Zug sein!

GEGEN sieben Uhr morgens befand sich Gregor Lämmle bereits in Mühlhausen und setzte sich telefonisch mit dem Chef der örtlichen Gestapo in Verbindung. Er erhielt ausgezeichnete Neuigkeiten: Alles war nach Plan verlaufen.

„Unsere Männer werden ihm den Weg freimachen", informierte ihn der Gestapomann. „Sie sorgen dafür, daß er sicher in Mühlhausen ankommt."

Das würde mich doch sehr überraschen, dachte Lämmle. So schlau, wie das kleine Ungeheuer ist, wird es den Schergen entwischen und seine Reiseroute selbst festlegen. Der Junge kommt ganz allein über den Rhein. Und so geht die Geschichte ihrem Ende zu, Gregor Lämmle: Sechsundvierzig Jahre lang hast du mit unbestechlichem Scharfblick nur in eine Richtung gesehen. Jetzt wartest du auf das schöne Kind, auf den Tod.

Am Nachmittag fuhren Lämmle und Soeft zurück über den Rhein. Über Badenweiler gelangten sie in den Schwarzwald, wo sie am Abend Lämmles Landhaus mit seinen zweiundzwanzig Zimmern erreichten.

Es war hell erleuchtet. Die Bediensteten – der jüngste war siebzig Jahre alt – hatte Soeft vor ihrer Ankunft verständigt. Sie erwarteten ihre Herrschaft mit Fackeln, wie es seit Generationen bei den Lämmles üblich war. Der nächste Bauernhof lag sechs Kilometer entfernt.

Lämmle schaute wie gewöhnlich zuerst kurz in das Zimmer seiner Mutter. Sie war 1924 gestorben. Alles stand noch an seinem Platz. Dann nahm er ein Bad in der Porphyrbadewanne, die sie ihm zu seinem achtzehnten Geburtstag geschenkt hatte.

Er aß allein zu Abend und las friedlich Montaigne. Die Zeit des Wartens begann.

IN CLERMONT-FERRAND verließ Thomas den Zug und stieg in den nach Lyon. Die vier Bewacher folgten ihm. Zunächst dachte er daran, beim nächsten Aufenthalt aus dem Toilettenfenster zu klettern, aber dann fand er diese Idee idiotisch, so daß er sie sofort wieder fallenließ.

Wie sollte ihm Miquel nachkommen, wenn er einfach abhaute? Das ging höchstens an einem großen Bahnhof mit vielen Leuten. Miquel konnte in der Menge untertauchen und ihm problemlos folgen. Also kam nur Lyon in Frage.

Wenn du überhaupt eine Chance hast, sie zu täuschen, sagte er sich, dann spielst du den unglücklichen Buben. Tatsächlich schlüpfte er in diese Rolle und blickte mit seinen grauen Augen schwermütig ins Leere. Manchmal schien es, als wolle er gleich weinen.

Der Zug fuhr in den Bahnhof ein. Thomas rührte sich nicht, stellte sich schlafend. Schließlich rüttelte ihn der Kerl aus dem Gang am Ellenbogen, und der Junge tat so, als erwache er und wisse nicht, wo er sei. Traurig stieg er aus dem Waggon. Auf dem Bahnsteig wimmelte es von Menschen; ein richtiges Gedränge, die Leute schlugen sich fast um einen Platz im Zug gegenüber, der nach Marseille und Nizza fuhr.

Diesen Augenblick nutzte er. Kaum hatte er seine vier Aufpasser gesichtet, flitzte er unbemerkt am ersten vorbei und verließ das Viereck, das sie um ihn gebildet hatten. Er stieg wieder in den Zug, mit dem er angekommen war. Die Waggons waren nun leer. Blitzschnell rannte er durch die Gänge. Am Schluß des Zuges stieg er aus und wartete geduldig, bis er von einem seiner vier Wächter endlich entdeckt wurde. Dann stürzte er wie kopflos über den Bahnsteig auf den Zug nach Marseille zu. Anstatt einzusteigen, sprang er aufs Gleis hinab und kroch unter dem Zug entlang. Von unten sah er die Beine seiner vier Aufpasser, die den Bahnsteig entlangliefen. Sie sind wirklich dumm, dachte Thomas. Hundert Meter weiter kletterte er nach oben und fand sich zwischen den Reisenden wieder.

Niemand hatte von ihm Notiz genommen. Außer Miquel natürlich. Miquel hatte sich mit Sicherheit nicht vom Fleck gerührt, irgendwo wartete er auf ihn. Einen Augenblick blieb Thomas stehen, damit Miquel ihn sehen konnte.

Dann kehrte er zu dem leeren Zug aus Clermont-Ferrand zurück und stieg ein. Auf allen vieren krabbelte er durch die Waggons bis zum Schlafwagen. Dort gelang es ihm, eine Liege aus ihrer Verankerung in der Trennwand zu lösen. Er verbog das Schnappschloß durch ein paar Schläge mit dem Absatz seines Schuhs, damit es nicht mehr einrasten konnte. Dann kletterte er nach oben, drückte sich ganz nach hinten in die dunkle Nische und ließ die Liege wieder nach oben klappen. Zwischen dem Eintreffen des Zuges aus Clermont-Ferrand, der in Lyon mehrere Stunden Aufenthalt hatte, und der Abfahrt seines Anschlußzuges lagen eine Stunde und zweiundvierzig Minuten. Thomas

begann zu zählen. Bei dreitausendfünfhundert stieg er aus seinem Versteck.

Auf dem Gang war niemand. Doch auf dem Bahnsteig wimmelte es immer noch von Menschen. Die Menge stürmte diesmal den Zug aus Paris. Seine Aufpasser waren fort. Wenn er Glück hatte, fuhren sie inzwischen nach Marseille zurück.

ALS der Zug in Annemasse ankam, war es bereits dunkel. Thomas stieg aus und beobachtete zunächst aus der Entfernung durch das Fernglas die Klosterschule Saint-François. Ein Alarmsignal: Deutsche Soldaten waren im Schulgebäude einquartiert. Vom Garten des Klosters aus kommt jetzt niemand mehr in die Schweiz, dachte Thomas. Was mache ich nur?

Eine Viertelstunde grübelte er angestrengt. Er aß das letzte belegte Brot und fand dabei eine mögliche Lösung.

Erst als die Läden in der Straße schlossen, wurde der Junge unruhig. Er schaute zum Eingang eines nahe gelegenen Hotels hinüber und entdeckte plötzlich ein Ehepaar mit einem Kind. Daß sie in Unannehmlichkeiten steckten, sah er sofort, denn sie blickten sich gehetzt und furchtsam um. Einen einzigen Koffer hatten sie dabei, aber der war schwer. Sie folgten ein Stück weit der Straße, dann kam ein Überlandbus. Die Leute stiegen ein. Thomas stürmte vor und sprang in den Bus, als der Fahrer gerade die Tür schließen wollte. Er bezahlte und ging ganz bis nach hinten durch. Zum Rückfenster schaute er hinaus. Einen Augenblick glaubte er ein Motorrad zu sehen, das dem Bus folgte.

Miquel? Hat Miquel ein Motorrad aufgetrieben? fragte sich der Junge. Bestimmt ist es Miquel.

Bei der Haltestelle in Tholomaz stieg das Ehepaar mit dem Kind aus. Thomas sprang ebenfalls aus dem Bus, ging ein Stück in die andere Richtung, ließ die drei jedoch nicht aus den Augen. Sie zögerten eine Weile, dann bogen sie in einen schmalen Weg ein. Thomas folgte ihnen. Ein Mann tauchte aus dem Dunkel auf. Sie hätten sich wohl verspätet, sagte er und fragte, ob sie das Geld dabeihätten.

Der Mann war offenbar ein Fluchthelfer. Lange marschierten sie über Felder und Obstwiesen. Plötzlich zerschnitten Lichtkegel die Nacht. Ein Spähtrupp deutscher Soldaten machte seinen Kontrollgang. Sie hatten Hunde dabei. Durch das Fernglas entdeckte Thomas den ersten Zaun aus Stacheldraht. Der Drahtverhau erschien unüberwindbar.

Der Junge hatte noch immer den Zaun im Blickfeld. Im Drahtgeflecht war ein Loch. Die deutschen Soldaten sehen es nicht, dachte er. Oder sie sehen es sehr wohl, unternehmen aber nichts ...

Die Patrouille entfernte sich. Der Fluchthelfer führte seine Leute an das Loch im Stacheldraht. Kaum waren sie hindurchgekrochen, gestikulierte er mit den Händen: Weiter, haut ab!

Drei Minuten später schob sich Thomas durch das Loch im Zaun. Er ließ es offen für Miquel. Fünfzig Meter weiter stieß der Junge auf einen zweiten Zaun aus Stacheldraht. Die paar gespannten Drähte waren kein Hindernis. Thomas kroch unter ihnen hindurch. Zuvor hatte er mit seinem Fernglas auf der anderen Seite eine weitere Patrouille ausgemacht. Die Schweizer Grenzer befanden sich links von ihm und waren etwa zweihundert Meter entfernt.

Eine geschlagene Stunde marschierte er zügig nach Osten. Allmählich wurde er müde. Er ging durch Weinberge und mied jeden Weg. Du darfst nicht leichtsinnig werden, sagte er sich, auch wenn du schon wieder in der Schweiz bist. Und plötzlich wurde die Erinnerung übermächtig. Umsonst warnte ihn die Denkmaschine in seinem Kopf, der rechte Augenblick sei noch nicht gekommen. Das Geheimnis, die endlose Liste mit den Namen und Bankcodes, drängte unaufhaltsam in sein Bewußtsein. Der Damm, den er darumgebaut hatte, drohte zu brechen.

Noch nicht! mahnte ihn eine innere Stimme. Nein!

Aber es war nichts zu machen! Die Namen und Zahlen – in Thomas' Kopf ratterte es wie ein Fernschreiber.

Dann ertönte aus dem Nichts eine tiefe Stimme. Vor ihm stand ein Mann mit einer Taschenlampe. „Wer da? Kommen Sie heraus, oder ich schieße. Kommen Sie mit erhobenen Händen ins Licht ..."

Wenn du glaubst, dachte Thomas, daß das die verdammte Litanei in meinem Kopf aufhält, dann hast du dich getäuscht. Sein Gedächtnis spie Namen um Namen aus. Er kauerte sich nieder. Zur Flucht hatte er nicht mehr die Kraft. Es gelang ihm kaum mehr, die Augen offenzuhalten und zu dem Schweizer Gendarmen aufzusehen, der nur noch einen Meter von ihm entfernt war.

Doch plötzlich brach der Mann zusammen. Seine Lampe rollte ein Stück über den Boden, blieb dann liegen, und der Lichtkegel fiel auf Thomas' Knie. Er setzte sich ganz auf den Boden und sank vor Erschöpfung nach hinten. Die Augen fielen ihm endgültig zu.

Da faßte ihn jemand bei den Schultern und zog ihn hoch. „*Estás bien, Tomás?*"

„*Estoy muy cansado, Miquel*", erwiderte Thomas schwach. „Bin so müde."

Miquel nahm ihn auf den Rücken wie das letzte Mal vor vielen Monaten. Er meinte, es sei nicht ratsam, sich länger in der Nähe des bewußtlosen Gendarmen aufzuhalten.

Noch immer sprudelten aus Thomas' Gedächtnis Namen und Codes. Miquel rüttelte den Jungen wach. „Schlaf nicht ein! Wie heißt denn die Telefonnummer des Gemüsehändlers in Genf?"

Endlich! Der rasende Ticker im Kopf des Jungen verstummte. In seinem Gedächtnis hatte sich ein Schubfach geschlossen. Ein anderes öffnete sich statt dessen. „Er hat drei Nummern", erklärte er und nannte sie. Außerdem gab er das Codewort an: *Puerto de Sóller*. „Und er muß mir antworten, daß er nicht von Sóller, sondern von Montuiri ist. Wenn er anders antwortet, dann sag ich nichts mehr."

„*Muy bien*", entgegnete Miquel.

„Miquel? Ich wußte, daß du mir folgst, ich wußte es."

„Natürlich", meinte Miquel nur.

Wieder meldeten sich in Thomas' Gehirn Namen und Codewörter, doch jetzt folgten sie immer langsamer aufeinander. Schließlich schlief der Junge auf dem Rücken seines Freundes ein.

IN SEINER Suite im Hotel Baur-au-Lac beugte sich Quartermain über eine Wanderkarte des Schwarzwaldes. Um Lämmles Haus war mit Bleistift ein Kreis gezogen. Es lag nur etwa zwanzig Kilometer von der Grenze entfernt. Nun breitete der Amerikaner die Luftaufnahmen auf dem Tisch aus, die ihm der „Club Alpin" und die Luftaufklärung der Schweiz beschafft hatten. Das Haus erschien selbst unter der Lupe lediglich als heller Fleck, obwohl es anscheinend ziemlich groß war.

Das Telefon klingelte. Die Rezeption teilte ihm mit, daß der erwartete Besucher da sei. „Bitte schicken Sie ihn herauf", antwortete Quartermain. „Danke."

Eine Minute später klopfte es an der Tür zum Vorzimmer, und ein Mann von etwa dreißig Jahren trat ein. Er hieß Karl Zaugg und war Schweizer.

„Es geht um einen nicht alltäglichen Flug", erklärte Quartermain. „Man hat mir versichert, Sie seien in der Lage, ein Flugzeug auf einer Bergspitze zu landen."

Zaugg sah den Amerikaner an. „Das kommt darauf an, Mr. Quartermain."

„Ich zahle jeden Preis", erwiderte Quartermain. „Und ich stelle das

Flugzeug. Ich habe es erst gestern gekauft. Es ist ein Fieseler Storch. Sind Sie mit der Maschine vertraut?"

„Ja. Um welchen Berg handelt es sich?"

Quartermain zeigte ihm die Karte und die Luftaufnahmen. Zaugg beugte sich darüber und schwieg lange. „Ich verlange fünfzigtausend Dollar", sagte er schließlich.

„Sie bekommen hunderttausend. Die Hälfte beim Abflug, die andere Hälfte nach der Rückkehr."

„Sofern es eine Rückkehr gibt."

„Wenn Sie entdeckt werden, erklären Sie einfach, Sie seien ein Schweizer Pilot, der einen Probeflug durchführt. In der Luft sei Ihnen plötzlich unwohl geworden. Es ist nicht das erste Mal, daß Ihnen das passiert. Ein Arzt in Zürich kann bezeugen, daß Sie sich deshalb vor zwei Jahren einer Behandlung unterzogen haben. Wegen dieses Unwohlseins sind Sie von der Route abgekommen und in den deutschen Luftraum eingedrungen. Und Sie mußten landen, wo Sie Gelegenheit dazu hatten."

„Werden Sie auch an Bord sein?"

„Ja. Aber gleich nach der Landung verschwinde ich. Und was mit mir geschieht, braucht Sie nicht zu kümmern. Ich werde behaupten, ich sei ohne fremde Hilfe über die deutsche Grenze gekommen."

„Ich muß Sie also nur absetzen, sonst nichts?"

„Nun, ich will hoffen, daß Sie mich auch zurückfliegen", meinte Quartermain lächelnd. „Ich brauche Zeit, um vom Landepunkt bis zu dem Haus zu kommen, das auf dem Foto mit einem Kreis versehen ist. Eine Stunde brauche ich in dem Haus, und dann komme ich zurück."

„Ich muß also unter Umständen stundenlang warten und riskiere dabei, daß mich die deutsche Polizei entdeckt."

„Bei genauerer Überlegung macht das zweihunderttausend Dollar", sagte Quartermain.

„Bis wann erwarten Sie meine Zusage?"

„Sie haben genau fünf Minuten Zeit", antwortete Quartermain. „Ach, übrigens – morgen abend will ich fliegen."

## X

DAS Geheimnis. Diese fürchterliche Litanei von Namen und Zahlen. Mein Gott! Sie drängte aus Thomas heraus wie eine sprudelnde Quelle. Es war unfaßbar, wie er all die Zeit über diese Unmenge von

Daten im Kopf hatte behalten können. Die lange Zeit der Flucht war
zu Ende, und nun öffnete sich die Schublade in seinem Gehirn schon
zum zweitenmal.

Seit heute morgen war er in Genf. Er hatte die richtige Kontaktperson ausfindig gemacht, einen Mallorquiner, der jetzt bei ihm war. Der
Spanier hatte ihm neue Papiere ausgehändigt, nach denen er Thomas
Darder war, ein Schweizer, geboren in Genf. Der Mallorquiner hieß
Jean Darder, noch ein Onkel, aber mit Sicherheit der letzte. Seit dreißig Jahren hatte Darder ein Uhren- und Schmuckgeschäft in der Rue
du Rhône. Er sprach Französisch wie ein Genfer. *Sie* und Javier Coll
hatten eine gute Wahl getroffen. Endlich ist es vorbei, sagte sich der
Junge, du bist am Ziel.

Thomas und Jean Darder gingen zu Fuß. Vor sich sahen sie die
Brücken über die Rhône. Thomas konnte sich keinen sanfteren, stille-
ren, friedlicheren Menschen vorstellen als diesen Jean Darder, seinen
neuen Onkel, der ihn bei sich aufgenommen hatte. Keinen außer dem
Amerikaner. Aber denk nicht an den Amerikaner! befahl er sich.
Bring erst zu Ende, was du erledigen mußt. Danach denk, was du
willst.

Und um den Strom der Namen und Zahlen einzudämmen, um die
Litanei noch einige Augenblicke zurückzuhalten, erinnerte er sich an
*sie*. Sie lehrte ihn das Geheimnis, ließ ihn alles wiederholen und
weinte, weil sie es tun mußte. Doch er schüttelte den Kopf, sie sollte
doch nicht weinen. Er sagte, für ihn sei alles ein Kinderspiel, er könne
es auswendig und er würde es nie vergessen.

Jean Darder und Thomas betraten die Bank. Ein Mann im dunklen
Anzug mit einer silbernen Uhrkette am Jackett öffnete ihnen mehrere
Türen, dann eine doppelte, getäfelte Tür mit vier Feldern aus weinro-
tem Leder.

„Geh hinein, Thomas", meinte Jean Darder. „Ich warte draußen auf
dich. Gott segne dich."

Thomas stand in einem großen Sitzungssaal, wo ihn mehrere Herren erwarteten. Er sah sich um: Der Raum war länglich, Fenster mit
Jalousien, ein langer Tisch mit Stühlen drum herum. Tiefste Stille
herrschte. Bei seinem Eintreten hatten sich die Herren erhoben.

Es waren acht Bankiers und ein Stenograph. Einige von ihnen
waren eigens aus Luzern, aus Zürich oder aus Basel zu dieser Sitzung
angereist, und für einen Augenblick erfüllte dies Thomas mit Stolz: Er
war schließlich nur ein Junge in kurzen Hosen. Und doch waren diese
Herren alle seinetwegen gekommen.

Er trat einen Schritt vor. Er hatte nichts mehr im Kopf als *ihre* Stimme. Sie sprach ihm vor, was er nun sagen würde.

„Ich bitte Sie um Entschuldigung", begann er, „aber bevor ich weiterrede, muß ich prüfen, wer Sie sind." Er bat die Herren, Platz zu nehmen, und fragte sie nach ihrem persönlichen Codewort. Alle Antworten waren richtig.

Jetzt gilt es, dachte Thomas. Er blieb ganz ruhig, als er erklärte, er handle im Auftrag seiner Mutter, Maria Weber, und seines Urgroßvaters, Hans Thomas von Gall.

Bald war er nicht mehr er selbst. Er nahm *ihre* Gestalt an, sie war nun nicht mehr tot, weil sie mit seiner Stimme sprach. Thomas setzte sich ans Ende des langen Tisches. Ihm war, als trübten sich seine Augen, als höre er nichts mehr. Plötzlich hatte er den salzigen Geruch des Meeres von Port-Issol in der Nase. Sie saß neben ihm und hörte ihn weinend ab, prüfte, ob er nichts vergessen hatte.

Er enttäuschte sie nicht. Er hatte nichts vergessen. Mit lauter Stimme sagte er die endlos lange Liste sämtlicher Namen und Vornamen, die Namen und Vornamen der Erben, die Adressen und chiffrierten Zahlen, die Codewörter, die Höhe der Einzahlungssummen, das Datum der Einzahlung, Namen und Adressen der Banken. Und das siebenhundertvierundzwanzigmal hintereinander. Denn die Liste umfaßte siebenhundertvierundzwanzig Namen von Klienten, diese Liste, die herauszugeben Thomas von Gall sich geweigert hatte und um derentwillen er hatte sterben müssen. „Er selbst hätte sie nicht im Kopf behalten können, mein Schatz", hatte *sie* gesagt. „Du allein kannst es, Thomas, du mit deinem erstaunlichen Gedächtnis. Und Gott vergebe mir, was ich dir antue ... "

Er war am Ende angelangt und schwieg.

Nach einigen Augenblicken der Stille fragte einer der Herren, ob er die persönlichen Daten von Wilhelm Heinz Dreyer aus Darmstadt wiederholen könne. Thomas erkannte sofort, was der weißhaarige Herr beabsichtigte: Er wollte prüfen, ob er sich auch wirklich genau an alles erinnerte. Deshalb hatte er den zweiten Vornamen absichtlich falsch gesagt ...

„Dreyer, Wilhelm Hans – nicht Wilhelm Heinz", verbesserte Thomas ihn. „Dreyer, Wilhelm Hans, Bahnhofstraße 62, Darmstadt – Erben: Dreyer, August Karl; Dreyer, Alicia Beatrix; Hausser, Edwina Margret – Adressen: 607 Harrison Avenue, New York 10528, Vereinigte Staaten von Amerika – 00050416113 KB – Code: Venezia 11 – 117886 Reichsmark, eingezahlt am 6. August 1931 ... "

„Danke, mein Junge, das genügt", unterbrach ihn der Bankier und schüttelte den Kopf. „Unglaublich! Einfach unglaublich!"

Thomas' Denkmaschine geriet plötzlich ins Stocken. Einen Moment wußte der Junge plötzlich nicht mehr, wo er war. Die Hände hatte er vor sich auf den Tisch gelegt, und nun beugte er sich vor. Am liebsten hätte er die Stirn auf die dunkle Tischplatte sinken lassen und die Augen geschlossen ...

Ich bin völlig leer, dachte er. Das Geheimnis ist ausgelöscht. Und damit auch *sie*, diesmal für immer. Mama! Ich habe alles getan, was du von mir wolltest, dein Auftrag ist erfüllt.

Er stand auf und verließ den Sitzungssaal. Einer der Herren rief ihm freundlich nach: „Warte doch, komm wieder her zu uns. Du bist wirklich ein ungewöhnlicher Junge!" Aber er ging weiter.

Ich weiß genau, daß ich kein gewöhnlicher Junge bin, dachte er. Glauben Sie denn, daß ich darüber glücklich bin?

Jean Darder erwartete ihn. Er legte ihm die Hand auf die Schulter. „Komm, Thomas, wir gehen", sagte er. „Es ist vorbei."

Der Mallorquiner hatte verstanden, was er im Augenblick empfand. „Vielleicht würde uns ein Spaziergang guttun?"

Thomas nickte. Kurz darauf schlenderten sie am Ufer der Rhône entlang. Thomas ging auf die Fußgängerbrücke. Noch war er nicht groß genug, um sich mit der Hand auf das Geländer zu stützen. Er begnügte sich damit, durch das Gitter aufs schnell fließende Wasser hinunterzuschauen.

„Ist wirklich alles vorbei, Onkel Jean?" fragte der Junge.

„Ja."

Minuten vergingen. Na schön, sagte sich Thomas, dann kannst du ja an den Amerikaner denken. Ein komisches Gefühl, jemanden mögen zu dürfen, ohne ihn dadurch automatisch zum Tod zu verurteilen ...

Die Denkmaschine stand völlig still. Aber nein, sie kam schon wieder in Gang, lief ganz langsam an. Thomas fragte Jean Darder, ob er schon einmal etwas von der Bank des Amerikaners gehört habe. Und der Mallorquiner bejahte – jeder in Genf kenne die Bank, zumindest dem Namen nach.

„Wissen Sie, wo die Filiale in Genf ist?"

„Aber sicher", erwiderte Jean Darder.

„Ich möchte mich mit jemandem treffen", fuhr Thomas fort. „Mit einem Amerikaner, er heißt David Quartermain. Er hat mir einmal gesagt, ich soll in irgendeine Filiale gehen und nach ihm fragen."

„Arbeitet er denn in der Bank?"

„Ich glaube, die Bank gehört ihm", meinte Thomas. „Zumindest zum Teil."

„Hast du den Amerikaner erst kürzlich kennengelernt, Thomas?"

„Nein, vor zwei Jahren."

„Hat er dir geholfen?"

„Ja, aber nicht nur deshalb." Einen Augenblick mußte er noch gegen das tiefe Mißtrauen ankämpfen, das ihm bis jetzt jedes überflüssige Wort verboten hatte. Doch dann jagte er alle Bedenken zum Teufel. Er erzählte Jean Darder die ganze Geschichte von David Quartermain, während er versunken in die Strudel der Rhône blickte.

„Vielleicht ist der Mann nach Amerika zurückgekehrt", entgegnete Jean Darder schließlich. „Vielleicht ist er auch längst tot."

„Das glaube ich nicht", antwortete Thomas, und seine Annahme gründete sich auf die Nachricht von dem Mann mit den gelben Augen.

„Ich würde dir gerne eine etwas heikle Frage stellen", sagte Jean Darder.

„Sie dürfen mich fragen, was Sie wollen."

„Glaubst du, daß David Quartermain dein Vater ist?"

Er antwortete nicht, obwohl er die Antwort wußte. „Könnten wir nicht jetzt gleich zu der Bank gehen?" bat er statt dessen. „Natürlich nur, wenn es Ihnen nichts ausmacht."

„Einverstanden", sagte Jean Darder nach kurzem Schweigen.

Sie suchten die amerikanische Bank auf, die ganz in der Nähe lag. Thomas war so klein, daß er nur mit Mühe über den hohen Schalter am Empfang blicken konnte, um mit dem Angestellten dahinter zu sprechen. Ich sollte allmählich ein wenig wachsen, sagte er sich. Also werde ich mich daranmachen, am besten gleich nächste Woche, wenn ich in diese blöde Schweizer Schule gehen muß. So groß wie der Amerikaner werde ich. Vielleicht sogar noch größer.

Jean Darder brachte ihm einen Stuhl. Thomas stellte sich darauf und schob dem Bankangestellten, der ihn erstaunt ansah, einen Zettel zu. „Sagen Sie Monsieur Quartermain", erklärte er, „daß Thomas Darder ihn in einer Woche in Genf sehen möchte. Meine Adresse habe ich auf den Zettel geschrieben. Auf Wiedersehen, Monsieur."

Thomas verließ mit Jean Darder die Bank. „Warum in einer Woche?" fragte der Mallorquiner.

„Wenn er in Amerika ist, braucht er Zeit, um herzukommen. Außerdem möchte ich vorher noch etwas anderes erledigen."

QUARTERMAIN verließ das Hotel Baur-au-Lac in Zürich am frühen Nachmittag. Er hatte alle Vorkehrungen getroffen: Weder Joe Sowinski noch sonstjemand sollte auch nur ahnen, was er vorhatte. Er ging ein Stück weit zu Fuß, und erst in der Altstadt stieg er in den am Tag vorher dort geparkten Wagen, den er gegen Barzahlung gekauft hatte. Zaugg hatte einige Rollen Seil, einen Dolch, ein Fernglas und einen Colt mit vier Reservemagazinen in den Kofferraum gelegt.

Den Brief, den Joe Sowinski später lesen würde, hatte er schon abgeschickt. Für den Fall seines Ablebens oder Verschwindens vermachte er sein gesamtes Vermögen seinem Sohn – Thomas David Lamiel, geboren in Lausanne am 18. September 1931.

Unterwegs dachte er über seinen Plan nach. Zaugg sollte mit seinem Flugzeug gegen fünf Uhr nachmittags bei Rheinfelden auf Schweizer Gebiet landen. Kurz darauf würde er weiterfliegen – mit Quartermain an Bord in den Schwarzwald.

Rheinfelden. Ein und derselbe Name für zwei Städte, eine in der Schweiz und eine deutsche auf der anderen Seite des Rheins. Eine Brücke führte über den Fluß. Vom Schweizer Rheinfelden aus gelangte man über eine schmale Straße zu ihr. Zur Sicherheit suchte Quartermain mit dem Fernglas die Umgebung ab. Der Schweizer Übergang diesseits war kaum gesichert, der andere auf deutscher Seite dagegen streng bewacht.

Er fuhr wieder durch den Ort und gelangte dann zum vereinbarten Treffpunkt. Zaugg war schon da, hantierte am Motor des Flugzeugs. Es war kurz vor fünf. Schon fing es an zu dämmern, und bald verschwand der Wald auf der anderen Seite des Rheins im Dunkel.

In aller Ruhe packten sie die Dinge aus dem Kofferraum des Autos in einen Sack um und luden diesen in das Flugzeug, ehe sie einstiegen. „Also los", sagte Zaugg und startete den Motor.

Das Flugzeug hob überraschend schnell ab. Kaum war der Fieseler Storch in der Luft, drehte Zaugg nach links ab und flog eine weite Schleife. Dann steuerte er nach Norden. „Wir überfliegen jetzt den Rhein", erklärte er nach einer Weile.

Wie zum Teufel sieht er das? dachte Quartermain, während er in die Dunkelheit spähte. Er kann sich höchstens an ein paar Lichtern orientieren.

Nach wenigen Minuten ging Zaugg bereits in den Sinkflug über. Auf der Rechten erschienen Tannenspitzen, beängstigend nah. „Wir sind gleich da", meinte der Pilot. „Es war nur ein Katzensprung."

Der Fieseler Storch neigte sich deutlich nach vorn. Eine Waldwiese

tauchte auf. Dann ein Ruck, die Maschine setzte auf und rollte holpernd über die Erde. Die Spitze einer Tragfläche schien den Boden zu streifen.

Schließlich blieb das Flugzeug stehen. Es war so stark geneigt, daß Quartermain sich am Türgriff festhalten mußte, um nicht auf den Piloten zu rutschen. „Es ist weniger steil, als ich gedacht hatte", sagte Zaugg.

Beide stiegen aus. Quartermain nahm den Sack mit seiner gesamten Ausrüstung aus der Maschine. Fast zwei Stunden mühten sie sich danach ab, um den Fieseler Storch, so gut es ging, mit Zweigen zu tarnen.

„Wo zum Teufel sind wir eigentlich?" fragte Quartermain schließlich.

Beide beugten sich über die Karte. Eine kleine Lampe spendete ihnen Licht. Nach Zauggs Schätzung mußte das Haus acht bis neun Kilometer südöstlich liegen. „Haben Sie einen Kompaß dabei?"

„Nein", erwiderte Quartermain. „Ich habe an alles gedacht, nur daran nicht!"

Zaugg reichte ihm seinen Kompaß. „Und noch etwas, Mister Quartermain . . ."

Der Amerikaner ahnte, was Zaugg sagen wollte.

„Ich warte auf Sie, solange es geht. Aber nur bis Sonnenaufgang. Danach garantiere ich für nichts mehr."

„Das ist schon viel", antwortete Quartermain und verschwand sogleich zwischen den Bäumen. Er dachte an Thomas, und ein Gefühl der Zärtlichkeit stieg in ihm auf. Und tief in seinem Innersten verstärkte es seinen glühenden Haß auf Gregor Lämmle.

SOEFT blieb an der Tür zur Bibliothek stehen. Seine muskulösen Arme, sein geschmeidiger Körper erinnerten Lämmle an eine Raubkatze auf dem Sprung. Andere Menschen waren für die Musik geboren oder für die Zucht von Orchideen. Soeft war der geborene Mörder.

Auf dem Tisch lag ein Telegramm. Lämmle öffnete es nicht sofort, sondern wartete noch ein Weilchen, kostete die bange Ungewißheit ein wenig aus.

Schließlich riß er es auf und las: „Ich habe Ihnen versprochen, daß ich kommen werde . . ."

Und zwei Stunden später kam ein Anruf aus der Schweiz. Die helle, unterkühlte Knabenstimme verriet Zeit und Ort der Begegnung.

„Soeft, lassen Sie mir noch eine Mousse au chocolat bringen!" rief Lämmle. „Und schenken Sie mir bitte einen Chartreuse ein."

*Ich habe Ihnen versprochen, daß ich kommen werde ...*

Lämmle stellte sich vor, wie der Junge in einem Postamt in Genf auf einen Stuhl stieg, damit er dem Angestellten den Zettel mit dem Telegrammtext reichen konnte. Er schloß die Augen, so sehr flammte in ihm die Liebe auf.

Soeft brachte ihm die gewünschte Mousse au chocolat und den Likör. Die Musik aus dem Grammophon war verklungen.

„Legen Sie noch eine Platte auf, Soeft. Grieg bitte."

Stunden vergingen. Mit geschlossenen Augen erklärte Lämmle schließlich: „Ich mache mich jetzt auf den Weg, Soeft. Sie dürfen mich meinetwegen begleiten. Aber nur, wenn Sie sich an unsere Abmachung halten."

SÜDSÜDOST. Immer wieder sagte sich Quartermain die Richtung vor, in die er gehen mußte. Nach seiner Uhr war es über fünf Stunden her, seit er Zaugg und das Flugzeug verlassen hatte. Ob es eine Rückkehr gibt? fragte er sich mit leiser Besorgnis.

Ein Bach versperrte ihm den Weg, zum Glück kein breiter. Aber es war schon der fünfte, den er überqueren mußte. War es immer der gleiche? War er etwa im Kreis gegangen?

Südsüdost ...

Plötzlich stieß er auf eine asphaltierte Straße. Endlich, triumphierte er, ich habe sie gefunden! Er wandte sich nach rechts. Gregor Lämmles Haus dürfte nur noch einen Kilometer entfernt sein.

Er gelangte an eine Gabelung und ging auf dem befestigten Weg weiter. Hinter einer Biegung tauchten Lichter aus dem Dunkel auf. Lämmle schien sich für die Verdunkelungsvorschrift nicht zu interessieren.

Quartermain war noch hundert Meter vom Haus entfernt, als er ein Geräusch hörte – das Geräusch einer Schiebetür. Hastig zog er den Colt aus seinem Gürtel, doch dann besann er sich. Er wagte sich noch näher an das Haus heran und mußte sich schließlich ins Gebüsch zurückziehen. Wozu die Beleuchtung mitten in der Nacht? fragte er sich. Erwartet er mich? Noch dreißig Meter bis zum schmiedeeisernen Tor in der Gartenmauer ...

Im letzten Augenblick sprang er hinter einen Baumstamm: Ein alter Mann war in der Einfahrt erschienen. Er ging mit einer Fackel auf das Tor zu, das er öffnete.

Gregor Lämmles Stimme durchbrach die Stille. Allein ihr Klang ließ Haß in Quartermain auflodern. „Nicht den Rolls-Royce, Soeft. Nehmen Sie doch bitte etwas Bescheideneres."

Quartermain schlich bis an die Mauer vor. Der alte Mann wandte ihm den Rücken zu. Die Fackel hielt er in der Rechten, in der anderen Hand einen Flügel des Eingangstores. Plötzlich leuchteten Scheinwerfer auf, kurz darauf rollte ein Mercedes aus der Garage. Der Wagen fuhr in fünfzehn Meter Entfernung an Quartermain vorüber, doch die riesigen Stämme einiger Fichten versperrten ihm die Sicht. Für den Bruchteil einer Sekunde erblickte er Lämmle. Soeft saß am Steuer. Gleich darauf waren die Rücklichter des Wagens bereits verschwunden.

Quartermain lief zur Garage. Die Schiebetür stand noch immer offen. Er hatte die Wahl zwischen drei Fahrzeugen. Kurz entschlossen setzte er sich ans Steuer eines zweiten Mercedes. Der Zündschlüssel steckte, und zum Glück sprang der Motor sofort an. Ehe der alte Mann das Tor schließen konnte, war Quartermain schon aus der Garage gefahren und zur Einfahrt hinausgeprescht.

Auf der asphaltierten Straße zwang er sich zur Ruhe. Du hast nicht geschossen, sagte er sich, weil du ihn nicht töten wolltest. Hättest du ihn getroffen, hättest du nie erfahren, was er mit Thomas gemacht hat.

Er nahm den Fuß vom Gaspedal und fuhr ein wenig langsamer. Schon nach zwei Kilometern tauchten die Rücklichter von Lämmles Wagen vor ihm auf. Ich bleibe diesem Kerl auf den Fersen, dachte er, und sei es bis ans Ende der Welt.

Die beiden Wagen fuhren nach Norden. Kurz nach vier Uhr morgens kamen sie durch ein Dorf. Die Straße war inzwischen breiter geworden.

Eine Sperre! Quartermain spürte, wie sein Herz pochte. Ein Uniformierter forderte Soeft zum Halten auf. Quartermain fuhr sofort an den Straßenrand, schaltete die Scheinwerfer aus. Er sah einen Unteroffizier, dem Soeft ein Dokument unter die Nase hielt. Der Uniformierte stand mit ausgestrecktem Arm stramm.

Der Wagen mit Soeft am Steuer fuhr wieder los. Verdammt, schoß es Quartermain durch den Kopf, er entkommt mir! Rasch schaute er durch das Fernglas und machte sich wieder Hoffnungen: Kaum zweihundert Meter hinter der Sperre blieb der Mercedes erneut stehen, diesmal vor einem Gebäude. Über dem Bau flatterte die Hakenkreuzfahne im Wind. Gregor Lämmle stieg aus und verschwand in dem Gebäude.

Minuten vergingen, nichts tat sich, eine Viertelstunde verstrich, eine Stunde.

Bald brach der Morgen an. Zaugg ist wahrscheinlich schon abgeflogen, dachte Quartermain. Du bist ein Idiot. Warum bist du nicht fünf Minuten früher am Haus gewesen!

Auf der Straße waren inzwischen einige Autos unterwegs, vor allem Militärfahrzeuge. Sobald ein Wagen an Quartermain vorbeifuhr, warf er sich auf den Sitz. Trotzdem fühlte er sich nicht mehr sicher. Er stieß ein Stück zurück und bog in einen Waldweg ein. Im Schutz der Bäume stieg er aus und legte sich mit dem Fernglas auf die Lauer. Einige Minuten später erschien Gregor Lämmle endlich wieder und stieg ein. Das Wunder geschah, als Quartermain sich gerade entschlossen hatte, mit Höchstgeschwindigkeit durch die Sperre zu rasen. Soeft wendete und fuhr zurück! Kurz darauf kam er schon an der Einmündung des Weges vorüber, in den Quartermain eingebogen war.

Es war bereits hell. Dennoch folgte der Amerikaner Lämmles Wagen, der etwa eine halbe Stunde später in einer Stadt anhielt. Die beiden Deutschen stiegen aus. Eine Diskussion entspann sich zwischen ihnen. Soeft schüttelte den Kopf, als wolle er etwas nicht wahrhaben. Dann zuckte er resigniert mit den Achseln und setzte sich wieder in den Wagen.

Quartermain hatte in zweihundert Meter Entfernung geparkt und stieg nun ebenfalls aus. Er folgte dem Mann mit den gelben Augen, der zu Fuß losgegangen war und soeben die Straße überquerte. Ein Stück weiter blieb Quartermain ein paar Sekunden lang stehen: In der Verlängerung der Straße erblickte er die Rheinfeldener Brücke. Nur einige Kilometer weiter in der Schweiz lag der Platz, von dem er am Vortag abgeflogen war.

Und Lämmle bewegte sich auf den Grenzübergang zu, hinter dem die Brücke in die Schweiz führte ...

THOMAS war tags zuvor mit der Eisenbahn nach Basel gefahren. Im Zug hatte sich in seinem Kopf eine dritte Schublade geöffnet: Die erste war das Geheimnis, die zweite der Amerikaner, die dritte der Mann mit den gelben Augen. Konzentriert hatte der Junge nachgedacht, wie beim Schach bei den letzten Zügen, wenn der Gegner noch so erbittert kämpfte und er ihn trotzdem matt setzte.

Jetzt war er mit dem Fahrrad unterwegs. Jean Darders Sohn, der in Basel lebte, hatte es ihm besorgt. Um Viertel nach sechs war er

losgefahren. Siebzehn Kilometer betrug die Strecke. Das Wetter war nicht besonders gut; tiefhängende Wolken zogen über den Himmel. Als es hell wurde, erkannte Thomas, daß es regnen würde. Dennoch fuhr er unbeirrt weiter.

Schließlich, um drei Minuten nach sieben, kam er in Rheinfelden an. Noch siebenundzwanzig Minuten, sagte er sich, das genügte. Er stemmte sich in die Pedale und radelte bis zum Park hinauf. Von dort überblickte er alles: die Brücke und die Felseninsel, das deutsche Rheinfelden und die beiden Grenzübergänge. Er richtete sein Fernglas zuerst auf die Grenzsoldaten, dann auf die Uhr eines Kirchturms. Noch neun Minuten. Dann suchte er die Straßen ab, die auf die Brücke zu führten.

Er schloß die Augen und öffnete sie wieder. Da war er! Lämmle trug einen beigen Regenmantel und näherte sich langsam dem Grenzübergang. Ein Feldwebel trat auf ihn zu und grüßte. Sicher hatte Lämmle den Vorgesetzten der Grenzsoldaten informiert, damit sie ihn passieren ließen.

Was hatte er vor? Vorsicht, sagte sich Thomas, du weißt doch, daß er ein guter Spieler ist.

Der Junge stieg wieder auf das Rad und fuhr zur Rheinfeldener Brücke. Er brauchte es nur rollen zu lassen, denn es ging steil bergab.


„WIR wissen Bescheid, Herr Professor", sagte der Feldwebel am Grenzübergang.

Lämmle lächelte dem Uniformierten zu, der weit über fünfzig war und wie ein müder, alter Hund wirkte. „Hätten Sie vielleicht ein wenig Kaffee in Ihrer Wachstube?" fragte Lämmle. „Mein Treffen auf der Brücke findet erst in acht Minuten statt."

„Ich habe leider nur Kaffee-Ersatz, Herr Professor."

„Ich hätte trotzdem gern eine Tasse."

Er trank das Gebräu aus einem Henkelbecher, den er in beiden Händen hielt. Dabei schaute er zu dem weißen Strich auf der Brückenmitte hinüber, der die Grenze markierte. Soeft hatte er bereits aus seinen Gedanken verbannt und auch die abschließende Diskussion um Soefts Vorhaben. Nichts von alledem war mehr von Bedeutung. Der Augenblick war gekommen. Tiefer Seelenfrieden erfüllte Lämmle, ein heiterer Gleichmut ...

Als der Junge am anderen Ufer erschien, verursachte ihm das kein Herzklopfen. So ist eben der Lauf der Dinge, sagte er sich. Auch die phantastischsten Ereignisse überraschen nicht mehr, wenn man sie

gedanklich lange genug vorweggenommen hat. Ich fühle eine große Ruhe, sicher ein Vorbote des ewigen Schlafes.

Er gab dem Feldwebel an der Wachstube den leeren Henkelbecher zurück und bedankte sich mit seiner sanften Stimme. Er wartete, bis der Schlagbaum oben war. Dann trat er auf die Brücke. Merkwürdigerweise erfaßte sein Bewußtsein alles mit ungewöhnlicher Schärfe: das Rauschen des Rheins, die Kirchenglocke, die sieben Uhr dreißig schlug, den Dunst, der vom Fluß aufstieg.

Dennoch hatte er nur noch Augen für den Jungen, der den Schlagbaum auf der Schweizer Seite hinter sich gelassen hatte und ihm nun entgegenkam. Endlich standen sie sich an der Mittellinie von Angesicht zu Angesicht gegenüber, jeder auf seiner Seite der Grenze. Ein knapper Meter trennte sie voneinander.

„Guten Tag, Thomas.“

„Guten Tag, Monsieur.“

„Du bist größer geworden.“

„Nicht sehr viel. Aber ich werde jetzt wieder wachsen.“

„Hast du den Amerikaner wiedergetroffen?“

„Ja.“ Thomas' graue Augen waren unergründlich.

„Ich vermute, du hast in Tulle meine Nachricht erhalten?“

„Die Karte mit der Aufschrift ‚Schach‘? Ja, ich habe sie erhalten.“

Einen Moment ließ Lämmle das blasse Gesicht des Jungen aus den Augen. Sein Blick schweifte über die Anhöhen am Schweizer Rheinufer. „Wie heißt er eigentlich, Thomas?“

„Wer?“

„Der unsichtbare Schütze. Ich glaube, du kannst mir seinen Namen jetzt verraten.“

„Ich weiß wirklich nicht, von wem Sie reden, entschuldigen Sie.“

„Weshalb bist du gekommen? Was wolltest du mir sagen?“

„Daß ich die Partie gewonnen habe, Monsieur. Während Sie nach *ihr* gesucht haben, hatte ich alle Codewörter im Kopf. Und ich bin in die Schweiz gereist und habe sie weitergegeben. So wollte *sie* es. Und ich habe den Amerikaner wiedergetroffen. Sie haben verloren.“

„Ich gebe es zu, Thomas: Ich habe verloren.“

„Ich hab Sie schachmatt gesetzt.“

„Ja, es stimmt, schachmatt.“

Als Anerkennung für die eingestandene Niederlage nickte Thomas zögernd.

Gregor Lämmle fürchtete, der Junge würde sich umdrehen und wieder gehen. „Thomas, warte bitte. Ich muß dir noch etwas sagen.

Zwei Dinge: Zunächst einmal weiß ich, daß du dich sehr von mir angezogen fühlst. Denn du ähnelst mir in so vielem …" Erstaunlich, dachte Lämmle, der Junge bleibt noch immer gefaßt! Er reagiert nicht, weil er begriffen hat, daß ich ihn bis zum Äußersten treiben will. „Das andere betrifft deine Mutter, Thomas", fuhr Lämmle fort. „Ich glaube, sie hat es verdient, daß sie bei lebendigem Leibe verbrannt ist. Sie hat dich zu dem gemacht, was du bist. Sie war verrückt, Thomas."

Der Junge ließ den Kopf sinken und drehte sich langsam um.

„Vollkommen verrückt, Thomas. Sie hat dich nicht geliebt."

Der Junge ging zum Schweizer Grenzübergang zurück. Nur die leicht gebeugten Schultern ließen seine rasende Wut und den abgründigen Haß erahnen, den er für Lämmle empfand.

Ich habe wirklich getan, was ich konnte, sagte sich Lämmle. Wenn er noch immer nicht entschlossen ist, was bleibt mir dann noch?

Plötzlich hielt Lämmle den Atem an. Unsägliche Freude überkam ihn: Der Junge war stehengeblieben und drehte sich langsam um. In seinen Augen lag unerbittlicher Haß.

„Na schön, Monsieur, von mir aus", sagte Thomas, ehe er den Arm hob.

Gregor Lämmle wartete.

QUARTERMAIN blieb stehen, als er freie Sicht auf die Brücke hatte. Er beobachtete, wie Lämmle immer weiter auf den Grenzstrich zuging. Quartermain steckte den Colt wieder in die Tasche. Es ist zwecklos, sagte er sich. Aus dieser Entfernung treffe ich ihn nicht.

Der kleine blonde Mann im beigen Regenmantel sprach mit einem grauhaarigen Feldwebel, der ihm einen Henkelbecher brachte. Lämmle trank daraus und lächelte. Er schien auf etwas zu warten …

Das darf doch nicht wahr sein! dachte Quartermain entsetzt. Auf der anderen Seite der Brücke erblickte er Thomas. Er erkannte ihn sofort. Der Junge betrat jetzt ebenfalls die Brücke. Sie würden sich in der Mitte treffen!

Quartermain ging ein Stück zurück und sah sich die Dächer der umliegenden Häuser an. Irgendwo hatte sich gewiß Thomas' Leibwächter postiert – hoffentlich!

Plötzlich schoß ihm ein entsetzlicher Gedanke durch den Kopf: Soeft! Er lief los. Hundert Meter weiter sah er den Mercedes stehen, den der SS-Mann mit dem Oberlippenbart gefahren hatte. Der Wagen war leer. Er kann überall sein, dachte der Amerikaner. Was hättest du an Soefts Stelle getan? Er drehte sich rasch um, mehrere Frauen mit

Einkaufskörben in der Hand blickten ihn erstaunt an. Eines der Häuser erschien ihm als besonders geeignet. Wenn du dich irrst und zu spät kommst, sagte er sich, wirst du deines Lebens nicht mehr froh ...

Er stürzte in einen Hausflur, lief die Treppe hinauf und kam in einen Flur mit mehreren Türen. Er probierte eine Klinke, dann die nächste. Die dritte Tür war offen, und er betrat ein leeres Zimmer. Durch das Fenster sah man die Brücke.

Lämmle stand jetzt vor der Grenzlinie. Quartermain ging wieder auf den Flur hinaus. Die vierte Tür war verschlossen. Er nahm Anlauf und warf sich mit der Schulter dagegen. Im dünnen Holz klaffte ein Spalt. Erbittert vergrößerte er ihn, bis er die Hand hindurchstecken konnte. Schließlich schob er einen kleinen Riegel zurück und gelangte in einen Treppenaufgang. Er hastete die Stufen hinauf und kam zu einer offenstehenden Tür, die auf ein abschüssiges Ziegeldach hinausführte. Er hielt sich mit der linken Hand am Türrahmen fest und zog mit der anderen den Colt.

Keine dreißig Meter vor ihm kauerte Soeft am Rand des Daches. Ganz ruhig lud er sein Gewehr mit Zielfernrohr.

Quartermain nahm den Colt sicherheitshalber in beide Hände und legte auf den Nacken des blonden Mannes an. Sekunden verstrichen, ehe Quartermain die Waffe wieder sinken ließ. Ein Schuß, dachte er, und ich sitze in der Falle. Überall sind deutsche Soldaten. Töte ihn, aber lautlos!

Er behielt den Zeigefinger auf dem Abzug. Ziegel um Ziegel tastete er sich auf einen Kamin zu. Als er ihn umgangen hatte, sah er Soeft wieder. Sein Gewehrlauf zeigte genau auf Thomas, der auf der Rheinbrücke Gregor Lämmle entgegenging.

Soeft strich über den halbrunden Sicherungsbügel. Quartermain starrte auf seinen Zeigefinger. Sobald er den Abzug berührte, würde er abdrücken. Nur noch wenige Meter. Quartermain wollte sich gerade über Soeft beugen, als dieser unvorstellbar flink herumschnellte. Schon hatte er den Lauf des Gewehrs auf den Amerikaner gerichtet. „Die Waffe nützt Ihnen nichts", sagte er und starrte auf den Colt, den Quartermain in der Hand hielt. „Ein Schuß, und Sie sind dran. Die Stadt wimmelt von Soldaten."

„Das ist mir nicht entgangen", antwortete Quartermain. Er schnellte vor und stieß den Dolch in seiner Linken im gleichen Augenblick in Soefts Hals.

Das Gewehr entglitt dem Toten, rutschte das Dach hinunter und fiel auf die Straße hinab. Quartermain rang verzweifelt nach Luft. Hau

sofort ab, sagte er sich, gleich ist die Polizei hier! Wie betäubt starrte er wieder zur Brücke hinüber. Thomas drehte sich um ..., kehrte in seltsam starrer Haltung zur Schweizer Seite zurück.

Jetzt ist es aber Zeit, mahnte sich Quartermain. Er schlich bis zur Tür an der Holztreppe. Ehe er jedoch hinunterstieg, warf er einen letzten Blick zur Brücke hinüber: Thomas hatte den Schlagbaum auf Schweizer Seite erreicht und sich umgedreht; er hob den rechten Arm, als wolle er dem Mann auf der anderen Seite einen letzten Gruß zukommen lassen, Gregor Lämmle, der noch immer in der Mitte der Rheinbrücke stand.

Quartermain wandte sich ab, als er Schritte im Treppenhaus hörte. Rasch wich er von der Tür zurück und lief über das Dach. Jemand rief etwas. Er übersprang mühelos eine schmale Gasse zwischen zwei Häusern, keine zwei Meter breit. Dann kletterte er ein Dach empor und stieg auf der anderen Seite wieder hinunter. Er setzte zum Sprung an und rutschte aus. Im letzten Augenblick konnte er sich noch an der Dachrinne abfangen. Er hing in der Luft, doch gelang es ihm, sich bis zu einem Holzbalkon vorzuhangeln. Dort ließ er sich fallen und landete sicher. Immer mehr Rufe waren zu hören. Kurz entschlossen schlug er eine Glastür ein, lief durch zwei Zimmer, gelangte in einen Flur und auf eine Treppe. Er rannte sie hinunter und stürzte ins Freie.

Auf der Straße packte ihn ein Mann am Ärmel und redete auf ihn ein. Quartermain riß sich los und lief davon.

THOMAS stand bei den Schweizer Grenzern und hob den Arm. Einige Sekunden lang deutete er auf Gregor Lämmle, der ihn immer noch unverwandt ansah. Dann ließ Thomas den Arm wieder sinken. Miquel hatte verstanden.

Der Junge machte kehrt, ging zu seinem Fahrrad zurück und stieg auf. Der Mann mit den gelben Augen wollte, daß du ihn tötest, dachte er. Etwa dreihundert Meter weit war er gefahren, als der Schuß fiel. Ein einziger Schuß.

Er hielt an, zog das Fernglas aus der Tasche und setzte es an die Augen. Die Grenzer waren von beiden Seiten her auf den Mann mit den gelben Augen zugestürzt. Thomas sah deutlich sein blutüberströmtes Gesicht. Er wirkte ganz friedlich. Nur über der Nasenwurzel klaffte ein Loch. Er wollte, daß du ihn tötest, sagte er sich noch einmal.

Thomas stieg ab und schob das Fahrrad. Er kam an ein paar Kindern vorbei, die sich auf dem Schulweg befanden. Sie schauten ihn erstaunt an. Ich sehe sicher aus, sagte er sich, als sei mir gerade der Teufel

begegnet. Wegen dir habe ich es getan, Mama, der Mann mit den gelben Augen konnte nach alledem doch nicht weiterleben. Er wollte, daß ich ihn töte, Mama, und ich habe ihn getötet. Jetzt bin ich unglücklich, am liebsten würde ich weinen.

Für einen Augenblick versteckte sich der Junge in einem Winkel hinter einem öffentlichen Waschplatz. Er preßte die Stirn gegen eine Mauer, aber die Tränen wollten einfach nicht kommen ...

„Es ist vorbei, Miquel", sagte Thomas drei Tage später zu seinem Leibwächter. Der Junge saß auf einer Parkbank in Genf.

„*Sí, Tomás*", erwiderte Miquel, der Unsichtbare. Vermutlich hatte er sich in einem der Büsche versteckt.

„Hast du nun Lust, nach Mallorca zurückzugehen?"

„*Claro que sí* – aber sicher!"

„Also kehrst du nach Mallorca zurück. Du heiratest deine Verlobte und baust für euch ein Haus. Ich werde dich dann besuchen kommen, Miquel. Wie heißt sie eigentlich, deine Verlobte?"

„Catalina."

„Sie ist sicher sehr hübsch, *muy guapa*."

„Ja", antwortete Miquel.

„Der Augenblick ist gekommen, daß wir uns auf Wiedersehen sagen müssen."

„*Estoy muy triste, Tomás* – ich bin sehr traurig." Seine Stimme klang ganz seltsam.

Thomas stand vorsichtig von der Bank auf und ging um den Busch herum. Dahinter war niemand.

Miquel war verschwunden. Bis zum Schluß war er der Unsichtbare geblieben. Und vielleicht hatte er gut daran getan, daß man sie nicht zusammen sah: Nach dem tödlichen Schuß von Rheinfelden hatten die Schweizer Polizisten Thomas verhört. Er hatte noch so sehr beteuern können, er habe keine Ahnung, warum der Mann auf der Brücke sterben mußte. Es war klar, daß sie ihm nicht glaubten. Dennoch hatten sie ihn unbehelligt gehen lassen. Vermutlich verdanke ich das den Männern aus dem Sitzungssaal der Bank, dachte Thomas. Ohne ihren Einfluß hätte das sicher schlimme Folgen gehabt.

Er verließ den Park, doch sogleich überfiel ihn das Gefühl schrecklicher Einsamkeit. Angenommen, überlegte er, ich falle in die Rhône und ertrinke, dann sterbe ich gleich zweimal. Einmal sowieso und zum zweitenmal, weil sich schon nach drei Tagen nicht einmal mehr eine Katze an mich erinnert. Wenn sich niemand an einen erinnert,

dann ist man endgültig tot. Nur deshalb ist *sie* nicht wirklich tot, sie stirbt erst richtig, wenn ich gestorben bin.

Er ging die Rue du Rhône entlang und betrat Jean Darders Geschäft. Der Schmuckhändler winkte ihn zu sich, und Thomas spürte sofort, daß er schlechte Nachrichten hatte. Im Hinterzimmer wartete ein Mann, den Thomas noch nie gesehen hatte. Der Fremde war sicher ein Amerikaner, das sah Thomas schon an der grellen Krawatte.

Der Mann stellte sich als Joe Sowinski vor. „Ihr beide habt wirklich gute Arbeit geleistet, deine Mutter und du", erklärte er. „Ihr habt es geschafft: David ist tot. Er war wohl ein verrückter Kerl gewesen und sicher auch der schlechteste Finanzmann von ganz Amerika, aber wir hatten ihn trotzdem gern. Wir haben ihn aus Deutschland herausgeschleust und glücklich in die Schweiz gebracht, und vor drei Tagen war er noch dort gewesen. Aber dann ist er wieder verschwunden, um dich in Deutschland zu suchen. Ein paar Stunden später haben wir erfahren, daß du dich in unserer Genfer Niederlassung gemeldet hast, du verdammter Bengel ... Nach dem Entschluß von Davids Onkel und seinen Cousins fallen dir fünfzehntausend Dollar zu. Aber sie glauben deshalb noch lange nicht, daß du Davids Sohn bist."

„Wann ist Monsieur Quartermain nach Deutschland gegangen?" fragte Thomas.

„Vor vier Tagen."

Einen Tag bevor ich den Mann mit den gelben Augen getötet habe, dachte er. Nun ist alles klar. „Ich danke Ihnen vielmals für das Geld, das Sie mir geben wollen, Monsieur. Aber ich möchte es nicht haben. Ich will nur, daß Sie so schnell wie möglich gehen. Tut mir leid, daß ich Ihnen das sage, aber ich glaube, Sie sind wirklich sehr dumm." Es war ihm egal, was dieser Sowinski nun für ein Gesicht machte.

Sowinski ging tatsächlich. Jean Darder kam herein und fragte, ob alles in Ordnung sei. „Alles in Ordnung", erwiderte Thomas lächelnd.

Er ging hinaus und eine Weile auf dem Gehweg spazieren. Er hörte die Geräusche der Stadt wie von fern. Als ob du deinen Mittagsschlaf hältst, dachte er, und das Leben geht ohne dich weiter. Du mußt nur daran denken, daß du jetzt in diese Straßenbahn steigen wirst. Du steigst ein, ohne es richtig zu wollen, ganz ohne Grund, einfach so. Du weißt nicht mehr, was du tust. Vielleicht wirst du verrückt ...

Was dann in der Straßenbahn passierte, kam ihm wie ein Traum vor. Was hätte es sonst sein sollen? Der Junge drehte den Kopf nicht um. Er schaute lediglich auf die große, schlanke Hand, die sich ihm auf

die Schulter legte. Und der Amerikaner – der richtige, nicht dieser Sowinski – sagte ganz ruhig: „Na schön, es war nicht einfach, uns wiederzufinden. Aber geschafft haben wir es doch, oder?"

„Ist der unsichtbare Schütze noch immer in deiner Nähe?" fragte Quartermain nach einer Weile. „Das wäre mir unangenehm, wenn er mich durch sein Zielfernrohr beobachten würde."

„Er heißt Miquel Enseñat. Inzwischen ist er schon unterwegs zu seiner Verlobten in Mallorca."

„Ich kann Joe Sowinski absolut nicht ausstehen", sagte Quartermain vorsichtig.

Er fühlte sich, als bewege er sich mit kleinen Schritten durch ein Minenfeld. Der Junge ist sichtlich nervös, dachte er.

Ein falsches Wort kann alles zum Einsturz bringen. Schließlich weißt du nicht, ob der Junge dich überhaupt als Vater will. „Und weil ich Joe Sowinski nicht ausstehen kann, interessiert es mich auch gar nicht, was er zu dir im Geschäft deines Onkels gesagt hat."

Thomas rührte sich nicht, sondern starrte mit weit aufgerissenen Augen vor sich hin.

„Ich könnte dir etwas von Zaugg erzählen", fuhr Quartermain fort. „Zaugg ist Pilot, ein Schweizer. Er hat drei Tage und drei Nächte im Schwarzwald auf mich gewartet. Auf meine Frage, warum er das getan habe, antwortete er nur: ‚Warum nicht?'"

„Was haben Sie denn im Schwarzwald gemacht?"

„Nichts Besonderes. Hast du schon einmal versucht, dich auf einem Marsch durch einen unergründlichen Wald zurechtzufinden? Du mußt einfach im Kreis herumgehen, absichtlich. Dann kann nichts schiefgehen: Am dritten Tag stößt du unweigerlich auf ein Flugzeug mit einem Schweizer Piloten, der auf dich wartet. Am wichtigsten ist, daß er echte Schweizer Schokolade dabeihat." Quartermain ließ das Profil des Jungen nicht aus den Augen.

„Soeft", sagte Thomas plötzlich. „Er hieß Soeft. Gewiß hat er den Mann mit den gelben Augen nicht einfach sterben lassen. Er hat versucht, ihn zu retten, aber Sie haben ihn getötet, nicht wahr?"

Sag auf keinen Fall die Wahrheit! dachte Quartermain. „Mit dem Namen kann ich nichts anfangen", erwiderte er so überzeugend, wie er vermochte.

„Er war groß und blond. Und hatte einen Oberlippenbart."

„Wieso sollte ich ihn töten? Ich bin doch kein Filmheld."

„Sie sind ein ganz normaler Mensch", meinte der Junge.

Quartermain atmete tief ein. „Ist das gut oder schlecht, wenn man ein ganz normaler Mensch ist?"

Stille. „Es ist gut", erklärte der Junge schließlich. „Sehr gut sogar. Und diesen Monsieur Zaugg möchte ich auch einmal kennenlernen." Er starrte noch immer vor sich hin.

„Das läßt sich sicher machen, Thomas."

„Ich würde ihn gern mit Ihnen zusammen besuchen, Monsieur."

Quartermain wußte nicht, wohin mit seinen Händen; deshalb vergrub er sie tief in den Taschen seines Regenmantels. „Thomas", fuhr er sanft fort, „weißt du, irgendwie stört es mich, wenn du Monsieur zu mir sagst."

Keine Antwort.

„Du könntest mich ja zum Beispiel David nennen."

„Ja, vielleicht", entgegnete der Junge.

„Aber das gefällt dir nicht besonders, nicht wahr? Was würdest du denn statt dessen vorschlagen?"

Thomas schwieg. Der Damm bricht allmählich, gab er insgeheim zu, da ist nichts zu machen. Selbst als *sie* starb, ist dir das nicht passiert. Aber jetzt übersteigt es deine Kraft, was beweist, daß alles für immer vorüber ist. Du bist wieder ein ganz normaler Junge. Der Mann mit den gelben Augen hat sich getäuscht. Du bist ihm überhaupt nicht ähnlich. Er war verrückt, er wollte dir nur weh tun ... Es ist doch egal, ob dich alle weinen sehen, es macht nichts. Die Geschichte ist zu Ende und eine andere fängt an. Du bist nicht mehr allein.

Er schluchzte, als ihn die Zuneigung wie eine große Welle erfaßte, die alles mit sich riß und über ihm zusammenschlug. Einen Augenblick weinte Thomas, ohne sich zu rühren. Dann neigte er sich zur Seite und schmiegte die Wange an David Quartermains Schulter. Er weinte noch immer, aber es tat so gut. „Ich werde ‚Daddy' zu dir sagen", meinte er schließlich. „Ist dir das recht, Daddy?"

Foto: Louis Monnier

## Loup Durand

Ist es möglich, daß ein Autor mit zwei Büchern, veröffentlicht unter verschiedenen Namen, auf ein und derselben Bestsellerliste steht? Loup Durand hat es bereits mehrmals bewiesen. Denn seine Schaffenskraft ist so gewaltig, daß gelegentlich zwei seiner Werke gleichzeitig erscheinen. „Ich schreibe sehr schnell", erklärt der sympathische Mittfünfziger, „aber kaum ein Leser würde mir wohl die Behauptung abnehmen, daß ich in der Lage bin, in einem Jahr drei wirklich gute Bücher auf den Markt zu bringen. Deshalb der Einfall mit den Pseudonymen."

Ungewöhnlich? Nicht das einzig Ungewöhnliche an Loup Durand. Schon seine Geburt verlief nicht gerade alltäglich: Seine Eltern waren in Südfrankreich unterwegs, als bei seiner Mutter unerwartet die Wehen einsetzten. In ihrer Not suchte Madame Durand das nächstgelegene öffentliche Gebäude auf, und so erblickte der kleine Loup in Flassans-sur-Issole das Licht der Welt – im Postamt!

Vielleicht verdankt es der Schriftsteller den besonderen Umständen seiner Geburt, daß ihn bereits in jungen Jahren das Fernweh packte. Zum Beispiel ging er nicht nur in den französischen Städten Pau und Toulon zur Schule, sondern auch in Buenos Aires und in Dakar. Die Universität besuchte er in Aix-en-Provence, Paris, Saigon, Oxford und New York. Anschließend übte er die verschiedensten Berufe aus, darunter Barkeeper, Hafenarbeiter, Exportkaufmann, Dolmetscher und Zeitungsredakteur. Als Auslandskorrespondent war er sieben Jahre lang in Südostasien tätig, ehe er nach Frankreich zurückkehrte.

1967 erschien sein erstes Buch, ein Kriminalroman. Seit Ende der siebziger Jahre arbeitet Loup Durand ausschließlich als freier Schriftsteller, der neben Abenteuer- und Spionageromanen, Krimis und Sachbüchern auch Hörspiele und Fernsehdrehbücher verfaßt. Mit seiner Frau, einer Lehrerin, die er in Kambodscha kennenlernte, lebt er auf der Baleareninsel Mallorca. Von dort aus unternimmt er viele Reisen, die ihn oft an die Schauplätze eines Romans führen, an dem er gerade schreibt. Gewiß wird der Autor jedoch zu Hause sein, wenn sein Buch *Daddy*, das zur Zeit von und mit Dustin Hoffman verfilmt wird, in die Kinos kommt.

# GORILLAS IM NEBEL

Eine Kurzfassung des Buches von DIAN FOSSEY
Nach der Übersetzung von Elisabeth M. Walther
Mit zahlreichen Fotos

# RÜCKENFLUG

# MRS. POLLIFAX
## und das Goldene Dreieck

Eine Reise nach Locarno hat natürlich immer ihren Reiz. Für den Reporter Achim Reimers, der von den Weltmeisterschaften im Kunstflug berichten will, gilt dies besonders, nachdem er dort völlig unerwartet eine Jugendliebe wiedertrifft. Merkwürdig nur, daß diese Frau alles über ihn weiß und in der Villa eines hohen Schweizer Militärs aus und ein geht ...

Eigentlich wollte Mrs. Pollifax mit ihrem Mann endlich einmal ganz normal in Urlaub fahren. Doch wer die CIA-Agentin aus Leidenschaft kennt, ahnt schon, daß ihre „Erholungsreise" zu den exotischen Sehenswürdigkeiten Thailands sie wieder einmal mitten in ein aufregendes Abenteuer führt.

# DADDY

# GORILLAS IM NEBEL

*Südfrankreich, September 1942.
Die Späher der Gestapo sind überall. Ihr Anführer: ein Mann von
überragender Intelligenz. Ihr Auftrag: die Sicherstellung von 724 Millionen Reichsmark. Ihre einzige
Spur: ein elfjähriger Junge, der seine
Jäger mit listigen Einfällen narrt.*

*Mit einunddreißig Jahren erfüllt
Dian Fossey sich einen ungewöhnlichen Wunsch: Sie nimmt Abschied
von der Zivilisation und geht in die
Regenwälder Zentralafrikas, um die
vom Aussterben bedrohten Berggorillas zu erforschen. Mit Mut und Engagement stellt sich die junge Frau
den Gefahren der Wildnis und grün-
det eine Forschungsstation, die später weltberühmt wird.*

# Reader's Digest Auswahlbücher

Verlag DAS BESTE
Stuttgart · Zürich · Wien

# Reader's Digest
# Auswahlbücher

„Nyiramachabelli" – die Frau, die ohne Mann im Wald wohnt –, so nannten sie die Eingeborenen. Außergewöhnlich wie dieser Name war auch die Forscherin Dian Fossey. Fast zwanzig Jahre lang lebte die Amerikanerin in den Regenwäldern des Virungagebiets – im hautnahen Kontakt mit den „sanften Riesen". Als noch kaum jemand von Naturschutz sprach, setzte die leidenschaftliche Tierfreundin sich bereits dafür ein. Sie trug dazu bei, daß die Berggorillas heute nicht im Nebel der Vergangenheit verschwunden sind. Ihre Autobiographie erzählt vom täglichen Kampf mit Wilderern und Fallenstellern, von der Überwindung der eigenen Angst, von der Einsamkeit – und von faszinierenden und erfüllten Stunden, wenn es Dian Fossey gelang, das Zutrauen der scheuen Gorillas zu gewinnen.

## Auf der Bergwiese von George Schaller

VIELE Jahre lang habe ich mir gewünscht, nach Afrika zu gehen. Mich lockten die Wildnis und die große Vielfalt freilebender Tiere, die dieser Kontinent beherbergt. Schließlich wurde mir klar, daß sich Träume nur selten von selbst verwirklichen. Um weiteren Aufschub zu vermeiden, verschuldete ich mich auf drei Jahre bei einer Bank, um eine siebenwöchige Reise durch die Gebiete Afrikas zu finanzieren, die mich am meisten interessierten. Nachdem ich monatelang meine Reiseroute geplant hatte, engagierte ich brieflich einen Chauffeur von einem Reiseunternehmen in Nairobi und flog im September 1963 ins Land meiner Träume.

Die beiden Hauptziele meiner ersten Afrikareise waren die Berggorillas des erloschenen Vulkans Mikeno im Kongo und ein Besuch in der Olduvaischlucht in Tansania, wo ich den berühmten Paläontologen und Ethnologen Dr. Louis Leakey anzutreffen hoffte, der dort zusammen mit seiner Frau Mary lebte und mit Ausgrabungen beschäftigt war. Beide Wünsche gingen in Erfüllung. Ich erinnere mich noch gut an Dr. Leakeys lebhaftes Interesse, als er hörte, daß ich unterwegs war zu einem kurzen Besuch der Gorillas in Kabara im kongolesischen Teil der Virungaberge, wo der amerikanische Tierforscher George Schaller vor einigen Jahren erste Freilandbeobachtungen an Gorillas durchgeführt hatte. Dr. Leakey erzählte mir begeistert von weiteren ausgezeichneten Freilandbeobachtungen an Schimpansen in der Gombe-Forschungsstation in Tansania, die damals im dritten Jahr liefen, und betonte, wie wichtig langfristige Freilandstudien an Menschenaffen seien. Ich glaube, daß sich in diesem Moment der Gedanke in meinem Kopf festsetzte, daß ich eines Tages nach Afrika zurückkehren würde, um die Gorillas der Berge zu erforschen.

Anschließend gestattete Dr. Leakey mir, in einigen neuen Ausgrabungsstätten in der Olduvaischlucht herumzusteigen, wo kürzlich ein Giraffenfossil entdeckt worden war. Als ich einen steilen Abhang hinunterrannte, stürzte ich in die Grube mit dem neuen Fund, und meine Begeisterung, unter afrikanischem Himmel zu sein, erhielt unversehens zusammen mit meinem rechten Knöchel einen schweren Knacks.

Die Mitarbeiter der Leakeys mußten mich huckepack aus der Grube hieven. Dr. Leakey verarztete meinen Knöchel, und Mary versorgte mich dann freundlicherweise mit einer kühlen Limonade, während wir sorgenvoll den anschwellenden Knöchel betrachteten. Sowohl die Leakeys als auch mein Chauffeur meinten, daß der beabsichtigte Aufstieg in die Virungaberge ausfallen müsse. Doch trotz des Unfalls war ich fest entschlossen, zu den Gorillas zu gelangen, derentwegen ich nach Afrika gekommen war.

Zwei Wochen nachdem ich die Leakeys verlassen hatte, begann ich mit Hilfe eines Wanderstabes, den mir ein mitleidiger Afrikaner am Wegesrand geschnitzt hatte, den mühsamen fünfstündigen Aufstieg zur Kabarawiese. Mein Chauffeur und ein Dutzend Träger, die das Nötigste an Zeltausrüstung und Lebensmitteln trugen, begleiteten mich. Kabara liegt in 3400 Meter Höhe unmittelbar neben dem 4436 Meter hohen Mount Mikeno im Virunga-Nationalpark in Zaire. 1959 war Kabara das Studiengebiet von George Schaller gewesen. Dieser hervorragende amerikanische Wissenschaftler war der erste, der in 466 Beobachtungsstunden das Verhalten der Gorillas in ihrer natürlichen Umgebung genau erforschte.

Bei meinem ersten Besuch in Kabara hatte ich das Glück, Joan und Alan Root zu treffen, Tierfotografen aus Kenia, die auf der Wiese zelteten und an einer Filmdokumentation über die Berggorillas arbeiteten. Joan und Alan duldeten gnädig das Eindringen einer leicht humpelnden, neugierigen amerikanischen Touristin in ihre abgeschiedene Bergwerkstatt und erlaubten mir, sie bei ihren Dreharbeiten zu begleiten. Ein kongolesischer Parkwächter namens Sanwekwe, der sich als ausgezeichneter Fährtensucher erwies, führte uns.

Nie werde ich meine erste Begegnung mit den Gorillas vergessen. Geräusch kam vor Sicht, und vor dem Geräusch kam noch der Geruch in Form einer betäubenden Mischung aus moschusartigem Stall- und Menschenduft. Plötzlich war die Luft erfüllt von einer Reihe schriller Schreie, denen das rhythmische Rondo dröhnenden Bong-Bong-Brustgetrommels eines großen, männlichen Silberrückengorillas folgte, der von einer schier undurchdringlichen Pflanzenmauer verdeckt war. Joan und Alan bedeuteten mir, Ruhe zu bewahren. Wir drei bewegten uns nicht, bis das Echo der Schreie und des Brusttrommelns verklang. Erst dann krochen wir langsam im Schutz des dichten Buschwerks voran, bis wir ungefähr fünfzehn Meter von der Gorillagruppe entfernt waren. Wir spähten neugierig durch das Dickicht und erblickten eine ebenso neugierige Truppe schwarzer, ledergesichtiger

Menschenaffen, die ihrerseits uns entgegenstarrten. Ihre klaren Augen bewegten sich unruhig unter starken Brauen, als ob sie uns einordnen wollten als vertraute Freunde oder mögliche Feinde. Ich war ganz überwältigt beim Anblick dieser riesigen kohlschwarzen Körper vor den blaßgrünen Farbschattierungen des dichten Laubwerks.

Die meisten weiblichen Tiere waren mit ihren Jungen zum hinteren Ende der Gruppe geflüchtet, während der Anführer, ein Silberrücken, und einige jüngere Männchen im Vordergrund blieben und nun angespannt und mit zusammengepreßten Lippen dastanden. Hin und wieder richtete sich der ranghöchste Gorilla zum Brusttrommeln auf, womit er uns einzuschüchtern versuchte. Das Echo hallte durch den ganzen Wald wider und rief ein ähnliches, wenngleich weniger großartiges Imponiergehabe bei den Gorillas hervor, die sich um den Silberrücken scharten. Vorsichtig stellte Alan seine Kamera auf und begann zu filmen. Seine Bewegungen und das Geräusch der Kamera reizten die Neugier anderer Gruppenmitglieder, die auf Bäume kletterten, um uns besser beobachten zu können. Wie im Wetteifer um unsere Aufmerksamkeit vollführten einige Tiere eine Reihe von Tätigkeiten wie Gähnen, Zerbrechen von Zweigen oder Brusttrommeln. Nach jeder Darbietung blickten die Gorillas fragend auf uns, als ob sie die Wirkung ihrer Vorstellung feststellen wollten. Die individuelle Verschiedenheit der Tiere, verbunden mit der Scheu ihres Verhaltens, faszinierte mich. Diese erste Begegnung mit den Gorillas beeindruckte mich tief. Ich verließ Kabara nur ungern und hatte keinen Zweifel, daß ich eines Tages hierher zurückkommen würde, um mehr über die Gorillas der Nebelberge zu erfahren.

MEIN Wiedersehen mit Kabara, dem Fährtensucher Sanwekwe und den Gorillas verdanke ich einem Besuch von Dr. Leakey in Louisville in Kentucky. Dort arbeitete ich nach meiner ersten Afrikareise wieder als Beschäftigungstherapeutin, um das hohe Bankdarlehen zurückzuzahlen, das ich für die erste Safari aufgenommen hatte. Dr. Leakey, der auf einer Vortragsreise war, erinnerte sich nur noch schwach an die ungeschickte Touristin von vor drei Jahren; sein Interesse wurde jedoch geweckt durch einige Fotos und Artikel, die ich seit meiner Rückkehr aus Afrika veröffentlicht hatte. Nach einer kurzen Unterredung schlug er vor, ich solle das „Gorillamädchen" werden, das er für eine langfristige Freilandbeobachtung suchte. Unsere Unterhaltung endete mit seiner Mahnung, daß ich mir unbedingt den Blinddarm herausnehmen lassen müsse, bevor ich es wagen könne, in die abgeschiedene Wildnis des Verbreitungsgebiets der Gorillas in Zentralafrika aufzubrechen. Damals hätte ich so ziemlich allem zugestimmt, nur um nach Afrika zu kommen, und ich bemühte mich sofort um einen Termin im Krankenhaus.

Als ich sechs Wochen später ohne Blinddarm aus dem Krankenhaus kam, fand ich einen Brief von Dr. Leakey vor. Er begann mit den Worten: „Eigentlich ist es nicht dringend erforderlich, daß Sie Ihren Blinddarm herausnehmen lassen. Das ist nur meine Methode, die Entschlossenheit eines Bewerbers zu testen!" Soweit zu meiner ersten Begegnung mit Dr. Leakeys ungewöhnlichem Sinn für Humor.

Es vergingen weitere acht Monate, bis Dr. Leakey die finanziellen Mittel für die erste Zeit der Forschungsarbeit aufgetrieben hatte. Inzwischen war es mir gelungen, die Afrikareise von 1963 abzubezahlen und die beiden hervorragenden Bücher Dr. Schallers über seine Freilandbeobachtungen an den Berggorillas aus den Jahren 1959/60 buchstäblich auswendig zu lernen – zusammen mit einem Grammatikbuch „Suaheli im Selbststudium". Meine Tätigkeit als Beschäftigungstherapeutin aufzugeben und mich von den Kindern zu verabschieden, die elf Jahre lang meine Patienten gewesen waren, fiel mir ebenso schwer wie der Abschied von den Freunden in Kentucky und von meinen drei Hunden. Die Hunde schienen zu ahnen, daß dies eine Trennung für immer sein würde. Ich sehe sie noch, wie sie hinter meinem vollgepackten Auto herrannten, als ich mein Heim in Kentucky verließ, um mich von meinen Eltern in Kalifornien zu verabschieden. Es war unmöglich, meinen Freunden oder Eltern diesen unwiderstehlichen Drang, nach Afrika zu gehen, um eine Langzeitstudie an den Gorillas zu beginnen, zu erklären. Einige mögen es Verrücktheit nennen. Ich nenne die plötzliche Wendung in meinem Leben einen glücklichen Zufall.

Ende 1966 teilte Dr. Leakey mir mit, daß er noch einen weiteren Geldgeber gefunden habe. Die Wilkie Foundation sei bereit, die Finanzierung einer Langzeitstudie an Menschenaffen zu übernehmen. Mit dieser Unterstützung war die Durchführung meines Projekts gesichert.

So kehrte ich im Dezember 1966 nach Afrika zurück. Diesmal waren ausschließlich die Gorillas mein Reiseziel. Während ich auf dem Londoner Flughafen Heathrow auf die Maschine nach Nairobi wartete, traf ich durch einen unglaublichen Glücksfall Joan und Alan Root, die denselben Flug gebucht hatten. Sie waren recht erstaunt, daß ich im Alleingang die rund 1200 Kilometer von Nairobi in den Kongo

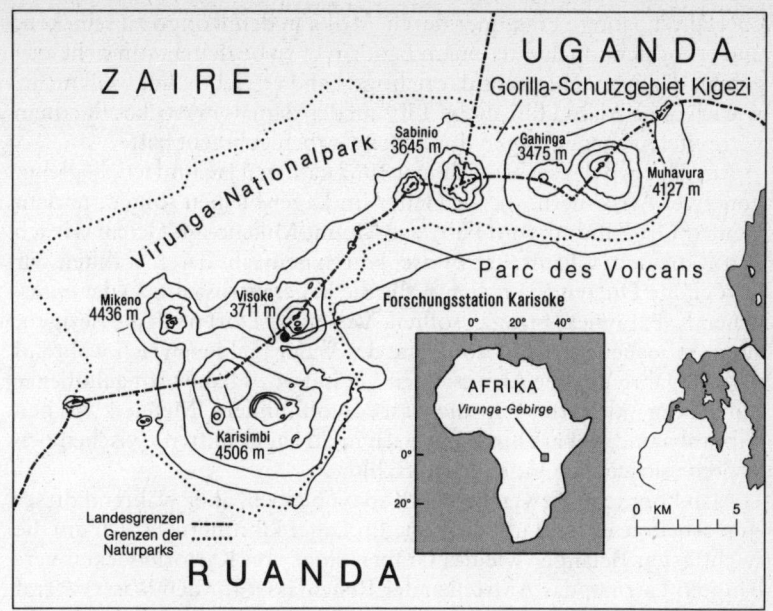

*Das Virungagebiet in Zentralafrika mit der von Dian Fossey gegründeten For-
schungsstation Karisoke*

fahren, dann die offizielle Arbeitserlaubnis beantragen und endlich die
Beobachtungen durchführen wollte. Sie teilten die Ansicht vieler
Freunde, daß alleinreisende Frauen nicht einmal eine dieser „Unmög-
lichkeiten" versuchen sollten, geschweige alle drei zusammen. Nachdem wir in Nairobi eingetroffen waren und Dr. Leakey mir bei einem
Besuch eine Liste der Materialien zusammengestellt hatte, die ich vor
meiner Weiterreise nach Kabara besorgen mußte, begleitete mich Joan
auf fast allen Einkaufstouren. Dank ihrer langjährigen Afrikaerfah-
rung ersparte sie mir viele Stunden und zweifellos viele Fehler, indem
sie mir half, zweckmäßige Ausrüstungsgegenstände zu wählen wie
Zelte, Lampen, Öfen und Bettzeug. Schließlich fehlte nur noch ein
Fahrzeug. Nach einigen abenteuerlichen Probefahrten durch die überfüllten Straßen von Nairobi kaufte Dr. Leakey einen gebrauchten
Landrover mit Plane für mich, den ich später „Lily" nannte.

Alan Root betrachtete das ganze Unternehmen als hellen Wahnsinn.
Er sagte Dr. Leakey sehr deutlich, was er davon hielt, eine völlig

unerfahrene junge Frau quer durch Afrika in den Kongo zu schicken, und erbot sich, mich mit seinem Landrover zu begleiten, um sicherzugehen, daß ich wenigstens das richtige Land erreichte. Ich weiß nicht, wie ich ohne Alans Hilfe meine Lily auf den damals in Afrika allgemein verbreiteten Ziegenwegen durch den Graben gebracht hätte.

Am Morgen des sechsten Januar 1967 kamen Alan und ich, begleitet von zwei Afrikanern, die als Helfer im Lager bleiben sollten, in dem kleinen Ort Kibumba am Fuße des Mount Mikeno an. Genau wie ich es mit meinem Chauffeur vor drei Jahren gemacht hatte, wählten wir dort einige Dutzend Träger aus, die die Lagerausrüstung zu der entlegenen Kabarawiese bringen sollten. Weder das Dorf noch die riesigen, alten, moosbedeckten Kosobäume des Waldes schienen sich während der drei Jahre meiner Abwesenheit verändert zu haben. In gehobener Stimmung kletterte ich die fast zwölfhundert Meter zwischen Kibumba und Kabara hinauf, wo ich mein Lager mitten zwischen den uralten erloschenen Vulkanen aufschlug.

Alan konnte nur zwei Tage in Kabara bleiben, aber während dieser Zeit arbeitete er rund um die Uhr. Im Lager kümmerte er sich um die wichtigsten Belange, wie das Graben einer von Kartoffelsäcken verhängten Latrine, das Aufstellen der Regenfässer für den Wasservorrat und die Planung von Wasserabzugsgräben rund um mein Zelt. Zu unserer beider Bedauern hatten wir während seines zweitägigen Aufenthalts nicht ein einziges Mal Sichtkontakt mit Gorillas, obwohl wir zwei Gruppen beim Austausch von „Heulserien" hoch oben an den Hängen des Mount Mikeno hörten.

Am zweiten Tag machte sich Alan auf den Rückweg. Als ich ihn im Blattwerk am abfallenden Rand der Kabarawiese entschwinden sah, überkam mich ein Gefühl der Panik. Alan war meine letzte Verbindung zur Zivilisation und die einzige englischsprechende Person auf dem Berg gewesen. Ich hielt mich an einer Zeltstange fest, um nicht hinter ihm herzurennen. Wenige Augenblicke nach Alans Abgang fragte einer der beiden Afrikaner, um sich hilfreich zu erweisen: „*Unapenda maji moto?*" Ich verstand ihn nicht. Kein einziges der vielen Suaheli-Wörter, die ich mir im vergangenen Jahr eingeprägt hatte, fiel mir ein. Ich brach in Tränen aus und zog mich in mein Zelt zurück, um eingebildeten „Bedrohungen" zu entgehen. Etwa eine Stunde später, als mir meine Torheit bewußt wurde, bat ich den Kongolesen, seine Worte langsam zu wiederholen. Ob ich heißes Wasser wolle? Er fragte nicht, ob für Tee oder ein Bad, aber Wasser schien das Allheilmittel zu sein, das alle *wazungu* (Weißen) in schweren Zeiten brauchten. Ich nahm mehrere Kübel heißes Wasser mit vielen *ahsante* (danke) so freundlich wie möglich entgegen in der Hoffnung, die Afrikaner überzeugt zu haben, daß ich ihre Anteilnahme gebührend würdigte.

AM NÄCHSTEN Morgen ging es an die Arbeit im Feld, das heißt an die eigentliche Suche nach Gorillas, die Vorrang hatte vor der endlosen Liste der Tätigkeiten, die im Lager zu erledigen waren. Ich hatte mich zu Fuß kaum weiter als zehn Minuten vom Lager entfernt, als ich auf der Kabarawiese einen einzelnen Gorillamann beim Sonnenbad auf einem fast horizontal gewachsenen Baumstamm sah, der über einen kleinen See ragte. Noch ehe ich mein Fernglas aus dem Etui nehmen konnte, sprang das aufgeschreckte Tier vom Baum und verschwand im dichten Pflanzenwuchs des nahe gelegenen Berghangs. Ich versuchte den ganzen Tag lang, ihn einzuholen, aber natürlich waren meine Kletterkünste denen eines verängstigten Gorillas nicht gewachsen. Merkwürdigerweise war diese kurze Beobachtung die erste und einzige, bei der ich einen Gorilla auf einem derart offenen Gelände ruhend angetroffen habe.

Am zweiten Tag stellte sich ein kongolesischer Parkwächter vor, der vorübergehend als Fährtensucher einspringen wollte, bis Sanwekwe, der großartige alte Führer, dem ich erstmals bei Joan und Alan Root begegnet war, ins Lager kommen konnte. Der Ersatzmann war unerfahren im Spurensuchen, was immer deutlicher wurde, als das ziellose Umherirren an einem langen und ermüdenden Tag absolut kein Anzeichen für die Anwesenheit von Gorillas brachte. Der dritte Tag verlief gleichermaßen unergiebig, aber an ihm hatte ich wenigstens viel Grund zum Lachen. Der Kongolese und ich waren stundenlang einem Pfad durch dichtes Gestrüpp gefolgt, als wir plötzlich einen schwarzen Gegenstand von der Größe eines Gorillas erspähten, der sich etwas über dreißig Meter von uns entfernt auf der anderen Seite eines tiefen Grabens zu sonnen schien. Behutsam nahm ich mein Fernglas aus dem Futteral, legte Notizbuch, Schreibgerät und Stoppuhr zurecht, bevor ich ein günstiges Versteck fand, von dem aus ich das Tier beobachten konnte. Mein Studienobjekt bewegte sich eine Stunde lang überhaupt nicht. Der Führer schnarchte friedlich hinter mir, während ich mit der Stoppuhr die Zeit nahm. Obgleich mir klar war, daß Gorillabeobachtungen Geduld erfordern, schien sich dieses große „erste Mal" zu einer ungebührlich langen Geduldsprobe auszuwachsen. Schließlich weckte ich meinen Führer und bat ihn, an seinem Platz zu bleiben; ich selbst schlich vorsichtig an das sonnenbadende

Tier heran. Nie werde ich meinen Ärger vergessen, als ich merkte, daß der „Gorilla", den ich da über eine Stunde lang beobachtet hatte, in Wirklichkeit ein Riesenwaldschwein war. Als es mich bemerkte, kroch es in dichtes Buschwerk und verschwand.

Am vierten Tag in Kabara erlebte ich eine weitere unliebsame Überraschung. Mitten in der Nacht wurde ich derb aufgeweckt und, noch in meinem Schlafsack, vom Feldbett geworfen und auf die andere Zeltseite gerollt. Das ganze Zelt wackelte, als ob sich die aufgestauten Furien der längst erloschenen Vulkane in einem großen Ausbruch befreien wollten. Als ich die dumpfen, polternden Geräusche hörte, war ich eher ärgerlich als ängstlich bei dem Gedanken, daß die Forschungsarbeit, die gerade erst begonnen hatte, zu einem derart abrupten Ende kommen sollte. Nach einer Minute des Gerüttels und Gedröhns war die Luft erfüllt von hör- und riechbaren Hinweisen, welche die Störung erklärten. Drei Elefanten hatten herausgefunden, daß die Zeltstäbe sich gut zum Scheuern ihrer Flanken eigneten, und einer hinterließ seine Visitenkarte unmittelbar vor dem Vorzelt. Die drei Dickhäuter wurden zu häufigen Besuchern des Lagers, und ich war stets fasziniert von ihrer Neugier und Unerschrockenheit. Aus meinem vielversprechenden Gemüsegarten konnte ich sie jedoch nicht heraushalten. Nach dem dritten Elefanteneinfall beschloß ich, den Gedanken an selbstgezogenen Salat endgültig aufzugeben.

Durch die fast täglichen Begegnungen mit Elefanten, Kaffernbüffeln, Riesenwaldschweinen und natürlich den Gorillas war die Zeit, die ich „im Feld" verbrachte, viel aufregender als die Stunden, die ich notgedrungen im Lager zubringen mußte. Von Anfang an steckte ich bis zum Hals in Papierkram. Umfangreiche Aufzeichnungen über alle Beobachtungen, vom Wetter bis zu Vögeln, Pflanzen und Wiltereraktivitäten sowie natürlich sämtliche Einzelheiten, welche die Gorillas betrafen, mußten meist spätabends abgetippt werden.

Das zwei Meter zehn mal drei Meter große Zelt wurde zu einer Kombination von Schlafzimmer, Büro, Bad und Trockenraum für meine in den Regenwäldern ständig nasse Kleidung. Im Zelt dienten Holzkisten, die ich mit exotischen Stoffen der Eingeborenen bespannt hatte, als Schreibtisch, Stühle, Schränke und Ablagekästen. Meine Mahlzeiten kochte und aß ich in der „Männerhütte", einem kleinen, vielleicht dreißig Jahre alten Holzhaus. Die Hilfskräfte, deren Zahl mit der Ankunft von Sanwekwe auf drei angewachsen war, bereiteten ihre Mahlzeiten auf einem offenen Feuer in der Mitte des Raumes zu.

Einmal im Monat ergänzte ich meine Vorräte in Kisoro, einem kleinen Ort in Uganda, zwei Fahrstunden vom Mount Mikeno entfernt, durch Dosen mit Würstchen, Frühstücksfleisch, Margarine, Milchpulver, Thunfisch, Hackfleisch, verschiedenem Gemüse sowie Kartons mit Nudeln und Haferflocken. Brot, Käse und andere frische Lebensmittel hielten sich auf dem Berg nur etwa zwei Wochen. Dadurch zerfiel der Monat in zwei Teile: schlemmen in der ersten Hälfte und magere Kost in der zweiten. Wenigstens gab es immer frische Eier dank einer Henne namens Lucy. Sie und ihr Partner Dezi waren ein Geschenk von Sanwekwe, der annahm, ich würde sie für den Kochtopf mästen. Statt dessen wurden sie meine ersten Haustiere in Afrika, und im Lauf der Jahre gewann ich sie sehr lieb.

Sanwekwe erwies sich als unermüdlicher Fährtensucher und Mensch, dem die Gorillas am Herzen lagen. Er lehrte mich Spurenlesen und war ein zuverlässiger Begleiter, wenn wir viele Tage lang in strömendem Regen durch rauhes Gelände wanderten. Dank Sanwekwes Unterstützung fand ich schließlich drei Gorillagruppen innerhalb von etwa fünf Quadratkilometern an den Hängen des Mount Mikeno.

Gorillas leben in verhältnismäßig stabilen, fest zusammenhängenden sozialen Einheiten, die man Gruppen nennt und deren Zusammensetzung sich durch Geburten, Todesfälle und gelegentlichen Weggang oder Zuzug eines Tieres ändert. Die Gruppengröße schwankt zwischen zwei und zwanzig Tieren, im Durchschnitt sind es zehn. Eine typische Gruppe besteht aus einem Silberrücken, das heißt einem geschlechtsreifen, über fünfzehn Jahre alten Männchen, das der unangefochtene Führer der Gruppe ist und grob geschätzt hundertachtzig Kilogramm oder das Doppelte eines Weibchens wiegt; einem Schwarzrücken, das heißt einem noch nicht geschlechtsreifen Männchen zwischen acht und dreizehn Jahren, das etwa hundertfünfzehn Kilogramm wiegt; drei bis vier geschlechtsreifen Weibchen über acht Jahren, die normalerweise lebenslänglich an den Silberrücken gebunden sind; und schließlich drei bis sechs Jungtieren unter acht Jahren.

Während der ersten Zeit meiner Forschungsarbeiten in Kabara war es schwierig, Kontakte zu den Gorillas herzustellen, da sie sich noch nicht an meine Anwesenheit gewöhnt hatten und meist die Flucht ergriffen, sobald sie mich sahen. Oft konnte ich zwischen zwei Kontaktformen wählen: mich zu verstecken, so daß die Gorillas nicht wußten, daß ich sie beobachtete, oder mich offen zu zeigen, so daß sie sich meiner Anwesenheit bewußt waren.

Versteckte Kontakte waren besonders wertvoll bei Verhaltensweisen, die sonst durch meine Gegenwart gehemmt worden wären. Der

Nachteil dieser Methode lag darin, daß sie nicht zum Gewöhnungsprozeß beitrug. Offene Kontakte dagegen halfen mir, allmählich von
den Tieren akzeptiert zu werden. Das zeigte sich vor allem, als ich
merkte, daß sich die Tiere schneller beruhigten, wenn ich einige ihrer
gewöhnlichen Tätigkeiten wie Kratzen oder Essen oder auch ihre
Behagenslaute nachahmte, als wenn ich sie einfach durchs Fernglas
betrachtete und Notizen machte. Ich wand stets Laubranken um das
Fernglas, um die möglicherweise bedrohlich wirkenden „Glasaugen"
vor den scheuen Tieren zu verbergen. Bei Gorillas wie auch bei Menschen bedeutet direktes Anstarren oft eine Drohung.

Meine ständige Anwesenheit war nicht nur notwendig, um die
Gorillas an das Geschöpf in den Bluejeans zu gewöhnen, auch ich
brauchte einige Zeit, um die einzelnen Tiere einer jeden Gruppe als die
erstaunlichen Individuen zu erkennen, die sie waren. Dabei verließ ich
mich stark auf „Nasenabdrücke" als Erkennungsmerkmal. So wie es
nicht zwei Menschen mit genau den gleichen Fingerabdrücken gibt,
haben nicht zwei Gorillas die gleiche Form der Nasenlöcher und der
auffälligen Vertiefungen auf dem Nasenrücken. Weil ich den Gorillas
anfangs nicht vertraut war, mußte ich das Fernglas benutzen, aber
selbst aus einiger Entfernung konnte ich Skizzen machen von den
Nasenabdrücken der neugierigeren Gruppenmitglieder, die durch
dichtes Buschwerk hindurch zu mir herüberlugten. Diese Skizzen
erwiesen sich als äußerst wertvoll in den Fällen, in denen Nahaufnahmen nicht in Frage kamen.

Manchmal holte ich meine Kamera heraus, besonders wenn die
Sonne schien. Das wohl meistveröffentlichte Foto von freilebenden
Gorillas wurde in Kabara im zweiten Monat meiner Forschungsarbeit
aufgenommen. Es zeigt sechzehn Gorillas, in einer Reihe aufgereiht
wie neugierige alte Tanten auf ihrer Veranda hinterm Haus.

Die Gruppe hatte in ihren Tagesnestern ein Sonnenbad genommen,
als ich mich näherte, und sich daraufhin beunruhigt in dichtes Laubwerk zurückgezogen. Entschlossen, sie mir genauer anzusehen, versuchte ich auf einen Baum zu klettern, was nicht gerade meine Stärke
ist. Der Baum war besonders glitschig, und sosehr ich mich auch
bemühte, kein Ziehen, Greifen oder Klammern brachte mich höher
hinauf als ein kleines Stück über den Boden. Ärgerlich wollte ich
schon aufgeben, als Sanwekwe mir mit einem mächtigen Schubs
gegen mein Hinterteil zu Hilfe kam. Mühsam unterdrückte er ein
Lachen. Ich kam mir so ungeschickt vor wie ein Baby, das seine ersten
Schritte tut. Schließlich gelang es mir, einen Ast zu ergreifen und mich

in eine passable Stellung ungefähr sechs Meter über dem Boden zu ziehen. Zu diesem Zeitpunkt nahm ich natürlich an, mein Keuchen, Fluchen und die brechenden Zweige während meiner anfänglichen Kletterversuche hätten die Gorillas schon längst auf den nächsten Berghang verscheucht. Um so größer war meine Überraschung, als ich feststellte, daß die ganze Gruppe zurückgekehrt war und wie Zuschauer in der ersten Reihe eines Theaters erwartungsvoll zu mir herübersah. Was dem Bild fehlte, waren nur ein paar riesige Tüten Popcorn.

Die Beobachtung dieses Tages ließ mich hoffen, daß die Neugier der Gorillas zur Gewöhnung genutzt werden konnte. Fast alle Gruppenmitglieder hatten völlig unbekümmert dagesessen und vergessen, sich hinter den Laubvorhängen zu verbergen, weil sie wußten, daß der Beobachter durch Kletterprobleme abgelenkt worden war, eine Tätigkeit, die sie kannten.

Die Neugier der Gorillas zu erregen war nur ein Teil des Gewöhnungsvorgangs, wie ich ihn im Lauf der Zeit erlernte. Es dauerte eine Weile, bis ich begriff, daß aufrechtes Stehen oder Gehen die Furcht der zuschauenden Tiere vergrößerte. Nach dieser Entdeckung begann ich mich auf allen vieren fortzubewegen. Wenn ich auf Knöcheln und Knien auf eine Gruppe zukroch und dann den Kontakt im Sitzen aufrechterhielt, war ich dadurch nicht nur auf Augenhöhe mit den Gorillas, sondern erweckte auch den Eindruck, mich niedergelassen zu haben und nicht bei ihnen einzudringen. Nachdem ein Kontakt hergestellt war, zog ich mich hinter einen Busch zurück. Daß meine Person nun teilweise verdeckt war, weckte ihre Neugier und lockte sie unweigerlich hinter ihrem Laubdickicht hervor oder veranlaßte sie, auf Bäume zu klettern, um mich besser sehen zu können. Früher, als ich während eines Kontakts völlig sichtbar blieb, genügte es den Gorillas, verborgen zu bleiben und durch die Blätter zu lugen, was meine Verhaltensbeobachtungen nicht gerade förderte. Deshalb verzichtete ich darauf, zum Beobachten der Gorillas Bäume zu erklettern, und überließ ihnen die Bäume, damit sie mich betrachten konnten.

Anfangs mußte ich oft bis zu einer halben Stunde warten, während ich vorgab, Blätter zu essen, bevor die Gorillas ihrer Neugier nachgaben und die Bäume in der Umgebung erstiegen. Nachdem ihre Neugier befriedigt war, nahmen sie ihre gewohnten Aktivitäten wieder

*Folgende Doppelseite: Die ganze Gorillafamilie hat sich versammelt und verfolgt neugierig, wie die Verfasserin einen Baum zu erklettern versucht.*

auf und vergaßen, daß ich vorhanden war. Das war ganz in meinem
Sinne.

Einige Monate lang ahmte ich das Brusttrommeln der Gorillas
nach, indem ich mir in ihrem Rhythmus auf die Schenkel schlug. Das
Geräusch hatte sofort Erfolg und erregte die volle Aufmerksamkeit
der Gorillas, besonders wenn sie weiter als dreißig Meter entfernt
waren. Ich hielt mich für sehr schlau, wußte aber nicht, daß ich die falsche Botschaft übermittelte. Brusttrommeln ist für Gorillas das Signal
für Aufregung oder Alarm und somit nicht gerade eine Beschwichti-
gungsgebärde, als die es von mir gedacht war. Ich hörte auf, das Brusttrommeln nachzuahmen, und benutze es heute nur noch, wenn ich
versuche, neue Gruppen zum Bleiben zu bewegen, deren Neugier,
wenn sie Brusttrommeln von einem Menschenwesen hören, fast
immer den Fluchtinstinkt besiegt.

Wenn ich mich einer Gruppe zur Kontaktaufnahme näherte, versuchte ich stets, einen Beobachtungsplatz mit einem guten, starken
Kletterbaum für die Gorillas zu wählen, sofern dies nicht – wie oft – an
Übermüdung scheiterte. Das traf besonders zu, nachdem ich mehrere
Stunden lang fünfundvierzig Grad steile Hänge hinaufgeklettert,
durch einen Morast schlammiger Pfade gewatet war und mir einen
Weg durch die Vegetation gehackt hatte. Manchmal blieb mir nichts
anderes übrig, als auf Händen und Knien längere Zeit durch ein wider-
wärtiges Brennesseldickicht zu kriechen. Die meisten Menschen stellen sich Afrika als trockene Ebene unter ständig sengender Sonne vor.
Wenn ich an Afrika denke, fallen mir nur die gebirgigen Regenwälder
der Virungas ein – kalt und dunstig, mit einer durchschnittlichen jähr-
lichen Regenmenge von 1800 Millimetern.

Oft waren die Morgenstunden sonnig, aber ich fand bald heraus,
daß ein solcher Tagesanfang trügerisch war. Deshalb enthielt mein
Rucksack neben Fotoapparat, Objektiven, Filmen, Notizbüchern und
einer Thermosflasche mit heißem Tee stets Regenzeug. Das übliche
Gewicht des Rucksacks von acht Kilogramm war auf längeren Strek-
ken fast nicht mehr zu tragen, wenn das lange Richtmikrofon und das
schwere Tonbandgerät hinzukamen. Ich kann mich nur allzu lebhaft
an die Versuchung erinnern, am Ende besonders mühsamer Such-
aktionen den ganzen Kram wegzuschmeißen. Dann war die Gewißheit, daß die Gorillas irgendwo vor mir waren, der einzige Antrieb
zum Weitermachen.

Die Kabaragruppe lehrte mich viel über Gorillaverhalten. Von ihr
lernte ich, die unterschiedlichen Grenzen, bis zu der sie eine Annähe-

rung duldeten, nie zu überschreiten. Jeder Beobachter ist ein Eindringling in den Lebensbereich eines freilebenden Tieres und sollte die Rechte des Tieres stets über die Interessen des Menschen stellen. Ein Beobachter muß zudem auch bedenken, daß die Erinnerung des Tieres an einen Kontakt sich sehr wohl auf sein Verhalten am nächsten Tag auswirken kann.

Doch für mich sollte es keine „nächsten Tage" mehr mit den Kabaragorillas geben. Als Sanwekwe und ich am frühen Nachmittag des neunten Juli 1967 nach einem unserer Beobachtungsausflüge zur Kabarawiese zurückkehrten, war das Lager von bewaffneten Soldaten umstellt, die mir mitteilten, daß in der Kivu-Provinz von Zaire, dem neuen Namen für Belgisch-Kongo, ein Aufstand ausgebrochen sei. Ich müsse zu meiner eigenen Sicherheit evakuiert werden. Am nächsten Morgen wurde ich von Soldaten und Trägern, die meine gesamte Lagerausrüstung und meine geliebten Hühner Lucy und Dezi schleppten, den Berg hinab „geleitet". Nach dreistündigem Abstieg erreichten wir den Fuß des Mount Mikeno. Ich blickte noch einmal zurück und dachte an den leeren Platz auf der Kabarawiese, wo mein Zelt sechseinhalb Monate lang gestanden hatte.

Zwei Wochen verbrachte ich eingesperrt in Rumangabo, dem Außenposten der Nationalparkverwaltung und des Militärs in diesem Teil der Kivu-Provinz. Niemand in der Nationalparkverwaltung konnte oder wollte mir erklären, warum ich festgehalten wurde. Erst nach einem „Besuch" im Militärlager, wo ich in einem unbeaufsichtigten Moment eine militärische Depesche lesen konnte, wurde mir klar, daß ich für einen General bestimmt war, der bald in Rumangabo eintreffen sollte. Da sich die Aussichten auf meine Entlassung mit jeder Stunde, die ich länger in Gefangenschaft blieb, verschlechterten, beschloß ich, mit Hilfe von Lilys Nummernschildern zu entkommen. Damals war Lily noch ein in Kenia zugelassenes Fahrzeug, und der Austausch der kenianischen Nummernschilder gegen zairische kostete ungefähr vierhundert Dollar. Es gelang mir, die Soldaten zu überzeugen, daß sich meine gesamte Barschaft in Kisoro in Uganda befand und daß wir nur nach Kisoro fahren müßten, um mein Geld zu holen, damit Lily ordnungsgemäß in Zaire registriert werden könnte. Der Verlockung von viel Bargeld und der beabsichtigten Beschlagnahme des Wagens mit Hilfe einer kooperativen Geisel konnten die Soldaten nicht widerstehen. Sie willigten ein, mich unter bewaffnetem Schutz nach Uganda zu „eskortieren".

In heimlicher Nachtarbeit vor der zweistündigen Fahrt gelang es mir, Lily mit meinen Aufzeichnungen, der Fotoausrüstung sowie den Hühnern Lucy und Dezi zu beladen.

Bei der Abfahrt am nächsten Morgen waren die Männer bester Laune, die sich unterwegs durch zahlreiche Zwischenstopps in *pombe*-Bars (Bierkneipen) noch beträchtlich verbesserte.

Die Ausreise nach Uganda entwickelte sich zu einem langwierigen und wortreichen Machtkampf. Die Grenzposten meinten, ich könnte die ungefähr acht Kilometer bis Kisoro laufen und den Landrover bei ihnen lassen; die Soldaten von Rumangabo aber weigerten sich, zu laufen oder mich allein gehen zu lassen. Die Dokumente des Rumangabo-Militärlagers, die meine „vorübergehende" Ausreise nach Uganda genehmigten, gingen zwischen betrunkenen Soldaten und ebenso betrunkenen Zollbeamten von Hand zu Hand. Offensichtlich beeindruckte jedoch der Name des Generals selbst die kriegerischsten Grenzsoldaten. Nach mehreren Stunden hitziger Debatten, bei denen ich mich absolut still verhielt, hatte Lucy ein Ei gelegt. Ich sprang auf und ab, klatschte in die Hände und benahm mich auch sonst sehr albern. Die Soldaten verstummten und starrten mich ungläubig an. Schließlich stimmten alle, Grenzposten und Soldaten, überein, daß ich ein *bumbavu* (Idiot) erster Güte und als harmlos anzusehen sei. Die Schranke wurde für Lily und mich und die Soldaten geöffnet.

Zwölf Jahre vor diesen Ereignissen hatte ein Europäer namens Walter Baumgärtel eine behagliche Bleibe für Gorillaforscher und Touristen errichtet. Sein „Traveller's Rest Hotel" war schon vor mir für viele Forscher zur Oase geworden. Ich hatte Walter 1963 auf meiner ersten Safari kennengelernt, und während der sechseinhalb Monate meines zweiten Forschungsaufenthaltes war er für mich zu einem zuverlässigen Freund in Afrika geworden. Zehn Minuten nach dem Grenzübertritt lenkte ich meinen Wagen in die Einfahrt zu Walters Hotel, schnappte die Autoschlüssel, sprang aus dem Wagen und rannte durch die Eingangstür, wo sich plötzlich eine Ansammlung von neugierigen Flüchtlingen aus Zaire mit aufgerissenen Augen und Mündern einfand. Ich rannte weiter durch das ganze Hotel bis zum hintersten Raum. Dort versteckte ich mich unter einem Bett, wo ich feige verharrte, bis der Tumult abebbte, der dadurch entstanden war, daß dank Walters raschem Eingreifen ugandisches Militär herbeieilte und die Soldaten aus Zaire verhaftete. Als ich wieder auftauchte, gratulierte ich Lucy gebührend zu dem zur rechten Zeit gelegten Ei, das inzwischen in dem Handgemenge zerbrochen war.

In Kisoro wurde ich mehrere Tage verhört. Inzwischen hatte man erfahren, daß ich sofort erschossen würde, wenn ich versuchen sollte, nach Zaire zurückzukehren. So fuhr ich zur amerikanischen Botschaft in Kigali, der Hauptstadt von Ruanda. Von dort aus flog ich nach Nairobi zum ersten Wiedersehen mit Dr. Leakey nach sieben Monaten – nicht gerade ein Wiedersehen, wie wir es uns vorgestellt hatten. Er erwartete mich am Flughafen mit einem breiten Grinsen und beglückwünschte mich zu meiner Findigkeit bei der Flucht aus dem Kongo. Nach einer kurzen Unterredung entschieden wir, daß ich mich besser wieder in die Virungaberge begeben sollte, statt mit Flachlandgorillas in Westafrika oder mit Orang-Utans in Asien zu arbeiten. In Nairobi erfuhr ich, daß ich vom US-Außenministerium als vermißt gemeldet und totgesagt worden war. Deshalb mußte ich mit Dr. Leakey zur amerikanischen Botschaft. Dort erklärte mir der zuständige Beamte in aller Seelenruhe, daß ich unmöglich nach Ruanda zurückkehren könne. Er sagte wörtlich, ich würde „sofort als entflohene Gefangene an Zaire ausgeliefert".

Das war eine Sache nach Dr. Leakeys Geschmack. Er und die Beamten der Botschaft schickten mich hinaus und schlossen die Tür. Fast eine Stunde lang hallten ihre Stimmen durch das Botschaftsgebäude. Schließlich kam Dr. Leakey mit seinem gewohnten Schwung und einem Augenzwinkern heraus, das auf koboldhafte Weise andeutete, daß die Diskussion erfolgreich verlaufen war.

Nur dank der erneuten Großzügigkeit der Wilkie Foundation konnte ich in Nairobi die Grundausrüstung für einen zweiten Anfang beschaffen. Zwei Wochen später flog ich zur ruandischen Seite der Virungaberge. Hier gab es Gorillas zum Aufspüren und Berge zum Erklettern. Ich fühlte mich wie neugeboren.

DIE Suche nach einem neuen Lagerplatz mit den Vorzügen Kabaras war ein aufregendes Abenteuer. Die ersten elf Tage auf der Ruanda-Seite des Mount Karisimbi verliefen wegen des vielen Viehs und der Wilderer im gesamten Parkgebiet allerdings recht entmutigend, und es gab keine Anzeichen für die Anwesenheit von Gorillas. Doch eines klaren, schönen Morgens erklomm ich die öden, einer Mondlandschaft ähnelnden Gebirgswiesen des Karisimbi bis zu einem Aussichtspunkt, von dem aus ich die ganze vierzig Kilometer lange Virungakette mit den erloschenen Vulkanen überblicken konnte. Durchs Fernglas entdeckte ich ein vielversprechendes Gorillagebiet in einer sanft gewellten Senke zwischen dem Mount Karisimbi und dem

Mount Visoke. Ich ließ mich auf der windumtosten Bergwiese nieder und wußte plötzlich, daß hier meine Zukunft lag.

Nach über zehn Jahren sitze ich nun im Lager, schreibe diese Worte und kann dabei dieselbe Bergwiese von meinem Schreibtisch aus durchs Fenster sehen. Die Zuversicht, die ich beim ersten Anblick der Virungakette fühlte, ist noch so lebhaft in meinem Gedächtnis, als wäre es gestern gewesen. Mein Gefühl hat mich nicht getrogen. Ich bin bei den Gorillas heimisch geworden.

## Der zweite Anfang: die Karisoke-Forschungsstation in Ruanda

RUANDA ist eines der am dichtesten bevölkerten Länder der Welt. Bei rund 26 000 Quadratkilometern hat es mehr als 4 700 000 Einwohner, deren Zahl sich bis zum Ende des Jahrhunderts verdoppeln könnte. Ruanda ist gleichzeitig eines der ärmsten Länder der Welt; fünfundneunzig Prozent der Bevölkerung leben am Rande des Existenzminimums auf kleinen Pflanzungen, den *shambas*. Man baut terrassenförmig an, um soviel Land wie möglich zu nutzen. Trotz dieser Anbaumethode kann das Land die Leute nicht ernähren. Alljährlich kommen dreiundzwanzigtausend Familien hinzu, die weitere Flächen zum Anbau von Feldfrüchten und als Weide für ihr Vieh beanspruchen.

1969 wies man fast neuntausend Hektar vom Gebiet des „Parc National des Volcans" zum Anbau von Pyrethrum aus, dessen gänseblümchenartige Blüten zu einem natürlichen Insektizid verarbeitet und gegen Devisen nach Europa verkauft werden. Für den Park verblieben nur zwölftausend Hektar; das sind etwa ein Prozent von Ruandas Gesamtfläche. Es gibt keine Übergangszone zwischen dem landwirtschaftlich genutzten Gebiet und dem Nationalpark. Die Leute bewegen sich zum Holzsammeln ungehindert im Park, sie stellen trotz Verbots Fallen für Antilopen auf, sammeln den Honig wilder Bienen, lassen ihr Vieh dort weiden und legen Kartoffel- und Tabakfelder an. Solche Übergriffe in diesem Landstrich können der Grund dafür sein, daß der Berggorilla zu den sieben seltenen Tierarten gehören wird, die im selben Jahrhundert entdeckt und ausgerottet wurden.

ALYETTE DEMUNCK, eine nette Belgierin, die schon lange in Afrika lebte, half mir bei den Vorbereitungen für eine zweite Expedition zu der Senke, die ich von der Gebirgswiese auf dem Mount Karisimbi aus gesehen hatte. Mein Landrover Lily und Alyette DeMuncks VW-Bus waren schwer beladen, als wir in nordöstlicher Richtung um die Ausläufer von Karisimbi und Visoke auf einer äußerst holprigen, von zahllosen Ziegen- und Rinderherden überquerten Fahrspur entlangtuckerten. Drei Stunden später endete der Weg in einem dicht bebauten Gebiet in etwa dreitausend Meter Höhe zwischen *shambas* und Pyrethrumfeldern. In dem Dorf heuerten wir ein paar Dutzend Träger an, die meine gesamte Ausrüstung fünf Stunden lang zu der dreitausenddreihundert Meter hohen Senke schleppen sollten, die tief im Bergregenwald neben dem fern im Dunst aufragenden Mount Visoke lag. Die barfüßigen Träger, Angehörige des Bantu-Stammes, waren guter Laune, als sie geschickt die Sachen aufluden, die Alyette DeMunck und ich unter ihnen aufteilten. Zunächst formte jeder aus langen Grashalmen ein Kopfschutzpolster für die Last, bevor er seinen Wanderstab, den *fimbo*, aufnahm.

Lily blieb, bestaunt von neugierigen Eingeborenen, in der Obhut eines Wächters zurück, und Frau DeMunck und ich reihten uns hinter den Trägern ein, die sich ungeduldig einen Weg durch die herbeigelaufenen Kinderscharen bahnten. Als sich die lange Kolonne der Träger auf verschlungenen Pfaden durch die Felder wand, flogen muntere Grußworte zwischen den Männern und ihren arbeitenden Frauen hin und her. Es regnete stark, und mich fröstelte trotz meines Regencapes, während die kaum bekleideten Kinder ausgelassen neben unserer Kolonne einhersprangen.

Auf dem Weg durch die neuangelegten Pyrethrumfelder verhüllte dichter Nebel die Verwüstung, die die Rodungen angerichtet hatten. Man konnte jedoch neben dem Pfad die Stümpfe alter Kosobäume sehen, mehr war von dem einst so herrlichen Wald nicht übriggeblieben. Ich sehnte mich nach der heiteren Stimmung, die mich jedesmal auf dem Weg nach Kabara erfüllt hatte. Hier glich der Aufstieg eher einem Gang über ein Schlachtfeld nach einem Krieg.

Etwa eine halbe Stunde bevor wir die Hänge des Mount Visoke erreichten, stießen wir auf ein Bambusgebiet. In ihm war wieder etwas vom Zauber der Wildnis zu spüren. Wir fanden Elefantenspuren und Anzeichen von Gorillas. Aus dem Bambusgürtel führte der Pfad durch einen schattigen Felstunnel von knapp zwei Meter Breite und ungefähr zehn Meter Länge. Die abbröckelnden Lavawände zeugten davon, daß sich seit vielen Jahren Elefanten auf dem Weg vom Wald zum Bambus an ihnen gescheuert hatten.

Der Tunnel bildete ein eindrucksvolles Tor zum Gorillaland. Es war der Übergang von der Zivilisation zu den stillen Wäldern, und als wir hinaustraten, eröffnete sich uns ein Blick auf dichtbewachsene Hänge, wo die Kronen der alten, bemoosten Kosobäume teilweise den Pfad überdachten.

Der Kosobaum ist der häufigste Baum in der Virungasenke. George Schaller vergleicht ihn treffend mit „einem freundlichen, ungepflegten alten Mann". Die Stämme, die einen Durchmesser von fast zweieinhalb Metern erreichen, und die riesigen, sesselartig gepolsterten Äste sind von unzähligen Moosen, Flechten, Farnen und Orchideen bedeckt. Die Gorillas ziehen viele der Schmarotzerpflanzen auf den Kosobaumästen deren langen, gefiederten Blättern oder fliederfarbenen, hängenden Blütentrauben vor. Eine Lieblingsspeise der Gorillas, die auf dem Kosobaum wächst, ist ein schmalblättriger Farn, der von den dickgepolsterten, fast waagerecht abstehenden unteren Ästen herabhängt. Oft setzen sich die Gorillas auf ein bequemes Mooskissen, brechen ein großes Moosstück ab, legen es sich in den Schoß und pflücken gemächlich, Blatt für Blatt, den Farn heraus.

Die ersten anderthalb Stunden des Anstiegs waren am steilsten, und mit zunehmender Höhe wurde das Atmen – wenigstens bei mir – zum Keuchen. Ich war sehr froh, als die Träger eine Verschnaufpause einlegen wollten. Auf einer kleinen Lichtung mit einem Bach, der mittendurch floß, machten wir Rast. Die Luft war wie ein Zaubertrank, das fließende Wasser erfrischend, süß und kalt. Nebel und Sprühregen wichen langsam der hochwillkommenen Sonne. Erstmals übersah ich die ganze Fülle der krautartigen Gewächse an den steileren Hängen des Mount Visoke nördlich von unserem Pfad. Das Gelände schien ein vielversprechendes Gorillagebiet zu sein. Ich konnte es kaum erwarten, ins Innere der Virungas vorzustoßen, und drängte zum Aufbruch.

Die Träger waren nun sichtlich furchtsam und stiller als unten in ihrem Dorf. Nichtsdestotrotz gingen sie bereitwillig weiter, obwohl nur wenige vorher so weit in die Berge vorgedrungen zu sein schienen. Der Aufstieg wurde allmählich leichter, und nach einer Stunde kamen wir an eine Wiese, die übersät war mit den verschiedensten Gräsern, Kleearten und Wildblumen. Wie mächtige Wachtposten über die Wiese verteilt, standen herrliche Kosobäume mit langen Flechtenbärten, die von den orchideenbedeckten Ästen herunterhingen. Die Landschaft lag im Gegenlicht und spiegelte einen Glanz wider, wie ihn keine Kamera festhalten und das Auge kaum glauben kann. Ich habe kein eindrucksvolleres und kein zur Gorillabeobachtung geeigneteres Gelände im gesamten Virungagebiet gefunden.

Am vierundzwanzigsten September um 16 Uhr 30 gründete ich die

Karisoke-Forschungsstation – „Kari" steht für die ersten vier Buchstaben von Mount Karisimbi, der sich im Süden befindet; „soke" für die letzten vier Buchstaben von Mount Visoke, der mit 3711 Meter Höhe die etwa 3300 Meter hoch gelegene Station im Norden überragte. Nach der Platzwahl war der nächste Schritt die Auswahl des Personals aus den Reihen der Träger. Mehrere Männer wollten einen festen Arbeitsplatz, und im Handumdrehen waren diese Karisoke-Mitarbeiter beim Zeltaufbau, Wasserkochen, Holzsammeln und Auspacken der wichtigsten Vorräte und Ausrüstungsgegenstände. Mein Zelt stand neben einem rasch dahinfließenden Bach. Etwa dreißig Meter weiter hinten auf der Wiese, nahe den Hängen des Mount Visoke, wurde ein weiteres Zelt für meine afrikanischen Helfer aufgeschlagen.

Der Neubeginn meiner Forschungsarbeit erfüllte mich mit großer Freude. Damals hatte ich keine Ahnung, daß ich mit dem Aufstellen zweier kleiner Zelte in der Virungawildnis den Grundstein für eine später international anerkannte Forschungsstation gelegt hatte, die von Studenten und Wissenschaftlern aus aller Welt genutzt wurde. Als Pionier war ich gelegentlich einsam, aber mich erfüllte ein Gefühl der Befriedigung, wie es kein Nachfolger je empfinden wird.

Die ersten Forschungsjahre in der Karisoke-Station waren den außergewöhnlich ergiebigen ersten sechs Monaten in Kabara sehr ähnlich, weil ich mich mit nur wenigen Störungen von der Außenwelt der Gorillabeobachtung widmen konnte. Unzählige Tage verbrachte ich damit, die Gorillas, die scheu und noch nicht an mich gewöhnt waren, aufzuspüren und – meist durchs Fernglas – zu beobachten. Abends saß ich auf dem Feldbett im Zelt an einem provisorischen Tisch, der aus einer Transportkiste bestand, und tippte die Tagesnotizen ab. Meist hingen triefende Kleider auf Wäscheleinen, die so dicht über der heißen, zischenden Kerosinlampe gespannt waren, wie es die Sicherheit gerade noch erlaubte.

Für mich war die Lampe wie eine gute Fee, besonders wenn ich ins Freie trat, in die bitterkalte, tintenschwarze Nacht. Der Gedanke, daß diese Lampe, vereinzelte Lagerfeuer von Wilderern ausgenommen, der einzige Lichtfleck in der gesamten Virungabergkette war, flößte mir oft Furcht ein. Aber wenn ich mir die riesige Ausdehnung der unbewohnten Gebirgsgegend um mich herum mit ihrem Reichtum an Wildnis als Hausgarten vorstellte, hielt ich mich für einen der glücklichsten Menschen.

Auch wenn es seltsam klingt – man konnte sich nie wirklich einsam fühlen. Die nächtlichen Geräusche von Elefanten und Büffeln, die zur

Tränke am nahe gelegenen „Lagerbach" kamen, vermischten sich mit
dem Chor der Baumschliefer, der wie das Knarren einer verrosteten
Tür klang, und umfingen mich als Teil des nächtlichen Friedens. Es
waren zauberhafte Zeiten.

WIE allen Naturparadiesen, die der Menschheit noch verblieben
sind, drohte aber auch dem Virungagebiet Gefahr durch Eindringlinge. 1967 hatte der Parc des Volcans in Ruanda nur etwa ein Dutzend
Parkwächter und einen Aufsichtsbeamten, der sich für seine Aufgabe
nicht interessierte. Den meisten dieser Männer war der Urwald völlig
fremd und unheimlich, weshalb sie lieber in den Dörfern bei Familie
und Freunden blieben. So konnten Honigsammler, Rinderhirten mit
ihren Herden und Wilderer ungehindert die Parkgrenzen überschreiten. Außer einer Handvoll ansässiger Europäer, die gelegentlich in den
Bergen wanderten, und den illegalen Eindringlingen war keiner am
Park interessiert. Tatsächlich hatten mir bei meiner Ankunft in
Ruanda viele Weiße gesagt, daß es auf der ruandischen Seite der
Virungaberge, wenn überhaupt, nur wenige Gorillas gäbe und daß
meine Suche nach ihnen reine Zeitverschwendung sei. Ich teilte diese
Ansicht nicht.

Die Hauptbeute der Wilderer im Virungagebiet sind zwei Antilo-
penarten: der Buschbock und der Schwarzstirnducker. Diese anmuti-
gen Tiere werden entweder direkt mit Speeren oder Pfeilen getötet,
oder sie verenden elendiglich in Fallen aus Hanf- oder Drahtschlingen,
die der leichteste Druck auslöst und die das Opfer am Bein festhalten.
Auf ihren Raubzügen im Park wohnen Wilderer und Viehhirten in
sehr einfachen Behausungen, *ikiboogas* genannt, die um große hohle
Kosobaumstämme herum errichtet werden. Je nach Jagdglück verbringen die Wilderer meist mehrere Nächte im Wald, und nachts am
Lagerfeuer rauchen sie gewöhnlich Haschisch. Wenn die Männer die
*ikiboogas* zur Jagd verlassen, verstecken sie ihre Haschischpfeifen und
Reservedrahtschlingen sowie geräuchertes Antilopenfleisch oder
anderen Proviant in tiefen Spalten der Kosobaumstämme. Nach kurzer Zeit wußten wir, wo man nach dem unrechtmäßigen Eigentum
von Wilderern suchen mußte, um die Eindringlinge abzuschrecken.

Auf die Jagd nach kleinerem Wild wie Antilopen gehen die Wilderer
meist allein oder in kleinen Gruppen. Oft haben sie Hunde dabei, die
handgefertigte Metallklappern an Antilopenlederhalsbändern tragen.
Beim Aufspüren des Wildes werden die Klappern mit Blättern ver-
stopft. Haben die Hunde eine frische Fährte gefunden, werden die

Dämpfer entfernt. Geräuschloses Anschleichen ist nun nicht mehr notwendig, und die Hunde leiten die Wilderer zur Beute.

Ich weiß nicht, wie oft ich bei der Suche nach Gorillas auf den Berghängen des Mount Visoke plötzlich das Geschrei der Wilderer und das Geheul und Geklapper ihrer Hunde hörte, die ihre Beute meist zu Tode hetzten. Mitunter ging die wilde Jagd über die Wiesen der Senke unter mir. Manchmal klatschte ich im stillen Beifall, wenn es einem total erschöpften Buschbock gelang, durch geschicktes Hakenschlagen über die grasbewachsene Fläche hinweg bis in das schützende Dickicht am Hang zu gelangen. Die Wilderer und Hunde blieben dann verwirrt zurück und rannten im Kreis auf der Wiese herum, während das verfolgte Tier im Schutz des Gestrüpps ausruhte.

Zu Beginn meiner Forschungsarbeit hatte ich oft das Gefühl, daß es mir und meinen wenigen Mitarbeitern nie gelingen würde, die Wilderer zu vertreiben. Die Wilddiebe sprangen bei ihrer Jagd mit Speeren, Pfeil und Bogen ebenso munter und unverfroren wie ihre Hunde über die Lagerwiese und sogar über die Heringe meines Zeltes.

Weil das langjährige Wildern die Wildbestände an den unteren Parkgrenzen verringert hatte, kamen die Elefanten, Kaffernbüffel und Antilopen in der Senke zusammen, die damit zum Paradies für Wilddiebe wurde. Auf diese Weise nahm die tägliche Wildererbekämpfung, die für das Überleben der Gorillas und der anderen Tiere auf der Senke und im Wald erforderlich war, immer mehr Zeit in Anspruch.

Es ist ein gutes Gefühl, eine Schlinge zu finden und unschädlich zu machen. Ebenso wohltuend ist es, eine unverletzte Antilope zu befreien und dem ihr zugedachten Schicksal entkommen zu sehen. Die biegsamen Stangen der Fallen sind meist aus Bambus. In bewaldetem und krautbestandenem Gelände kann man sie leicht ausmachen. Schwieriger wird das in der Bambuszone. Oft waren die Fallen dort so gut getarnt, daß ich mir nach mehrstündigem Suchen einbildete, überall um mich herum Fallen zu sehen. Die Fährtensucher und ich fanden es manchmal lustig, allerdings auch demütigend, auf der Suche nach Fallen durch ein Bambusdickicht zu kriechen und plötzlich Handgelenke oder Knöchel nach oben gerissen zu bekommen, wenn wir uns versehentlich in den notdürftig mit Erde bedeckten Schlingen verfangen hatten. Wir brachten die Schlingen stets zum Lager, um sie zu verbrennen oder in die Latrine zu werfen, damit sie nicht wieder benutzt werden konnten. Gefährlicher als die Schlingen sind die zweieinhalb Meter tiefen Fallgruben mit den spitzen Bambuspfählen am Boden, auf denen jedes arglose Geschöpf, das das Pech hat hineinzufallen,

Links: *Wilderer, die im Parc des Volcans in Ruanda oder im Virunga-National-park in Zaire jagen, schlafen nachts in ikiboogas, Schutz-hütten, die sie in hohlen Stämmen alter Kosobäume eingerichtet haben.*

Unten: *Erst nachdem die ausgewachsenen Gorillas von Gruppe 5 mit Dian Fossey vertraut geworden waren, erlaubten sie ihr, sich zwischen ihnen und ihren Jungen niederzulassen.*

aufgespießt wird. Ich war solch ein argloses Geschöpf, als ich eines Tages allein den Wald durchstreifte und mir mit der *panga*, meinem Buschmesser, einen Weg durch ein Feld hoher, dichtstehender Nesseln schlug. Es war ein ziemlicher Schock, sich von einer Sekunde zur nächsten zweieinhalb Meter tiefer wiederzufinden – mit brennenden Schmerzen von den zahllosen Nesseln, welche die Grube überwuchert hatten, und ein paar blauen Flecken durch den unsanften Aufprall. Glücklicherweise war es eine alte Grube, deren Pfähle vermodert und umgefallen waren. Mich überkam Panik, als ich zum klaren blauen Himmel über mir aufblickte und daran dachte, daß es noch früh am Morgen war. Meine Helfer würden erst in der Dämmerung, also viele Stunden später, nach mir suchen. Zum Glück war die *panga* mit heruntergefallen. So konnte ich eine Reihe von Hand- und Fußstützen in die abbröckelnde Grubenwand schlagen, bis ich die rankenartigen Wurzeln am oberen Rand der Grube zu fassen bekam. Das war einer der seltenen Fälle in meinem Leben, in denen ich über meine Körpergröße von ein Meter achtzig froh war. Später am Tage kehrte ich zu der Fallgrube zurück und bedeckte sie mit starken Ästen, damit kein anderes Geschöpf mehr hineinfallen konnte.

Mit ihren Fallen gefährdeten die Wilderer auch den Lebensraum der Gorillas. Denn auch Gorillas fangen sich in Schlingen, wenngleich sie meist nicht die beabsichtigten Opfer sind. Dank seiner ungeheuren Kräfte kann sich ein Gorilla aus der Falle befreien und mit der Schlinge entkommen, die seinen Knöchel oder sein Handgelenk fest umschließt. Ich habe drei Gorillas mit Drahtschlingen am Handgelenk beobachtet. Sie lernten, ihre Füße zum Zubereiten und Festhalten der Nahrung zu benutzen; jedoch wurden diese Tiere zunehmend schwächer, bis sie eines Tages ganz aus der Gruppe verschwanden. Ich habe sie niemals wiedergesehen.

Von der Gründung der Karisoke-Station an dauerte es etwa vier Jahre, bis die Senke zwischen Visoke, Karisimbi und Mikeno von Weidevieh und Wilderern gesäubert war. Nun konnten die Gorillas die überbesetzten Hänge verlassen und in die Senke ziehen.

Auf meinen häufigen Kontrollgängen über die Senke bemerkte ich bald, daß die Wilderer die Zerstörung ihrer Fallen sehr übelnahmen. Ein Mißfallensausdruck war *sumu*, ein afrikanisches Wort für „Gift", das in Zentralafrika gemeinhin Schwarze Magie bedeutet. Mitunter schnitten die Wilderer zwei Zweige von einem Baum, formten daraus ein Kreuz und steckten es auf dem Weg zu ihren Fallen in den Boden.

Das christliche Symbol sollte eine Todesdrohung an jeden übermitteln, der die Linie der Kreuze überquerte. Im Einsatz gegen die Wilderer weigerten sich denn auch einige Waldarbeiter aus Furcht, das durch Kreuze abgegrenzte Gebiet zu betreten. Anderen konnte ich ihre Angst ausreden, aber *sumu* hat einen starken Einfluß auf das Alltagsleben vieler Ruander, besonders in der Nähe der entlegenen Kivu-Provinz von Zaire, wo die mächtigsten Medizinmänner praktizieren.

Mit Rauschmitteln versetztes *pombe* (Bananenbier) war die gebräuchlichste Form der Verabreichung von *sumu*. Aber es gab auch andere Methoden. Das Vergraben einer Tierrippe auf dem Weg des ausersehenen Opfers wirkte angeblich selbst dann, wenn nur der Schatten der Person auf die Stelle fiel, wo die Rippe lag. Eine kostspieligere *sumu*-Prozedur war das Schlachten einer Ziege oder eines Huhns durch einen hochrangigen *umuschitsi*, der dabei magische Worte und den Namen des Opfers murmelte; dieses sollte in dem Augenblick, da die Kehle der Ziege oder des Huhns durchschnitten wurde, tödlich erkranken, wo immer es sich auch befand.

Dann und wann wurden alle afrikanischen Arbeiter im Lager der Giftwirkung von *sumu* ausgesetzt. Glaubte einer vergiftet worden zu sein, gewöhnlich durch einen Zusatz zu seinem *pombe*, so war er überzeugt, daß nur die Macht eines kundigen *umuschitsi* ihn retten konnte. Er bereitete sich auf sein Begräbnis vor und trug im Alltag seine besten Gewänder, um bereit zu sein, wenn ihn das Verderben traf. So konnte er sicher sein, daß die Festtagsgewänder mit ihm begraben wurden und keinem anderen in die Hände fielen. Gegenmaßnahmen von einem hochqualifizierten *umuschitsi* sind außerordentlich teuer – sie kosten etwa ein Monatsgehalt. Als ich erstmals um Geld für die Behandlung gebeten wurde, glaubte ich an einen Schwindel. Als jedoch dann einige afrikanische Lagerarbeiter vor meinen Augen buchstäblich dahinzuschwinden begannen, mußte ich akzeptieren, daß *sumu* auf Afrikaner einen Einfluß hat, der das Begriffsvermögen eines Außenstehenden übersteigt. Schließlich gewöhnte ich mich an ihren Zauberglauben. Ich zahlte für die dreißigtägige Behandlung in der Hütte eines Medizinmannes und versuchte, mein Erstaunen zu verbergen, wenn die Männer völlig wiederhergestellt zur Arbeit erschienen.

Nicht alle *sumus* sollen töten. Seregera war ein älterer Afrikaner, der aus der tief abergläubischen Kivu-Provinz in Zaire kam und um Arbeit als Wächter bat. Auf mich wirkte er etwas bedrohlich in Aufmachung und Auftreten. Die drei jüngeren Mitarbeiter fürchteten sich vor ihm. Einer von ihnen, der Ruander Kanyaragana, hatte den Mut, mir Beweise für einen *sumu*-Zauber zu liefern, den Seregera im Lager ausübte. Eines Spätnachmittags kam der Ruander voller Angst in mein Zelt und zeigte mir einen an einen mumifizierten Kopf erinnernden Gegenstand, der zum Teil mit Haaren bedeckt war. Bei näherem Hinsehen entpuppte sich der „Schrumpfkopf" als grobe Holzschnitzerei, die eine gewisse Ähnlichkeit mit meinem Gesicht aufwies. Auf dem Kopf klebte mein eigenes Haar, das Seregera anscheinend wochenlang aus meiner Haarbürste gesammelt hatte. Laut Kanyaragana wurde der Kopf, wenn er ganz mit Haar bedeckt war, von einem Medizinmann pulverisiert und den Speisen und Getränken des Opfers, in diesem Falle also mir, beigemischt. Kurz danach würde ich den Launen des Haarsammlers vollkommen unterworfen sein, vorausgesetzt natürlich, daß ich die merkwürdigen Zusätze in meinem Essen oder Tee nicht bemerkte. Ich gab Kanyaragana das Ding zurück, damit er es zurücklegen konnte, bevor Seregera es vermißte. Dann säuberte ich meine Haarbürste jeden Tag gründlich, eine Angewohnheit, die ich noch Jahre später und sogar in Amerika beibehielt.

## Streiflichter aus dem Karisoke-Forschungsgebiet

WÄHREND meiner ersten Jahre in der Karisoke-Station konzentrierte ich meine Beobachtungen auf vier Gorillagruppen mit insgesamt einundfünfzig Tieren in dem etwa fünfundzwanzig Quadratkilometer großen Beobachtungsgebiet um die Station. Es waren – in der Reihenfolge der Kontaktaufnahme numeriert – die Gruppen 4, 5, 8 und 9. Weitere Gruppen lebten teils am Rande des Hauptstudiengebietes oder auf anderen Bergen, wo ich sie bei der Bestandsaufnahme antraf. Ich versuchte, die Beobachtungsstunden gleichmäßig unter den vier Hauptgruppen aufzuteilen, wodurch mehrere Tage zwischen den Kontakten mit jeder einzelnen Gruppe liegen konnten. Notgedrungen verbesserten sich meine Fähigkeiten im Spurensuchen, denn die Fährten waren älter und länger als bei täglichem Kontakt, und auch meine Ruander hatten noch viel zu lernen.

Erst nach einem halben Jahr trauten sie sich allein zur Spurensuche in den Wald. Doch selbst dann blieben sie lieber im Umkreis von einer Stunde Fußmarsch zur Station und folgten zwei oder drei Tage alten Spuren wegen der Entfernung nur zögernd. Trotzdem war es leichter, diesen Leuten das Spurenlesen beizubringen als den Studenten, die

später zur Karisoke-Station kamen. Die Sinne der Eingeborenen
waren schärfer, besonders ihre Sehfähigkeit. Bei der Anleitung ging
ich stets voraus und erklärte den Grund für den jeweils eingeschlagenen Weg. Mitunter wich ich absichtlich von der richtigen Fährte ab,
um zu sehen, wie lange es dauerte, bis meine Helfer den Fehler
bemerkten. Ein anderer lehrreicher Kniff war, heimlich meine Hand-
knöchelabdrücke in feuchter Erde in der entgegengesetzten Richtung
zu den verfolgten Gorillas zu hinterlassen. Welche Freude Sanwekwe
an diesen kleinen Tricks gehabt hätte! Meine Schüler entdeckten aufgeregt die Knöchelabdrücke und folgten ihnen vertrauensvoll, und
dann gab es gar keine weiterführende Gorillaspur. Das erwies sich als
die wirkungsvollste Methode, den Leuten beizubringen, daß sie auf
schwierigen Pfaden nicht unachtsam umhertappen durften, besonders
nicht auf Pfaden durch die Wiesen und Geröllhalden, wo ein einziger
Stiefelabdruck wichtige Anhaltspunkte zerstören konnte.

Es ist ein Kinderspiel, einer Gorillafährte in dichtem Gebüsch zu folgen. Die meisten Pflanzen neigen sich in Zugrichtung der Gruppe, auf
dem dazwischenliegenden Boden findet man Knöchelabdrücke, und
auch der reihenweise abgesetzte Kot weist in die Zugrichtung.

In extrem hohem Dickicht kann man viel Zeit sparen, wenn man ein
Stück voraus nach Anzeichen an Blättern und Bäumen sucht, die die
Gorillas zum Futtern erklommen haben. Diese Methode ist besonders
hilfreich in Senken, wo der Durchzug von Elefanten oder von großen
Kaffernbüffelherden jegliche Gorillaspur ausgelöscht hat. Zwischen
den Miniaturkratern der Elefantentrittsiegel dienen die Kothaufen der
Gorillas oder Futterreste, wie die unverwechselbaren Hüllen von
Disteln oder Selleriestangen, als Hinweise. Oft vermischen sich Gorillaspuren auf kurzen Strecken mit den Büffelfährten oder führen im
Zickzackkurs hindurch. Wenn dann noch die sichtbaren Anzeichen
vom Pflanzenwuchs verdeckt sind, tastet man am besten mit den Fingerspitzen nach den tiefen Abdrücken der Büffelhufe, um sich zu vergewissern, daß man auf dem falschen Weg ist. Gorillas mögen frische,
nicht zertrampelte Vegetation als Futter, deshalb folgen sie selten über
längere Strecken einer Büffelherde.

Leider trifft das Gegenteil nicht zu. Nach Rinderart halten sich die
Kaffernbüffel an ausgetretene Pfade, besonders im Dickicht. Treffen
sie dann auf Gorillapfade, so folgen sie ihnen wie Kühe ihrem Weg
zum Stall. Des öfteren mußte ich feststellen, daß ich unabsichtlich
Gorillas gefolgt war, denen ihrerseits Büffel gefolgt waren. Zweimal
machten Gorillas aus Ärger oder Übermut kehrt und attackierten die

Büffel, die hastig umdrehten und dann in meine Richtung zurückga-
loppierten. Ich hatte die Wahl, schnell einen Baum in Reichweite zu
erklettern oder mich kopfüber in ein Gebüsch – meist Brennesseln – zu
stürzen, das am Weg der heranbrausenden Herde stand. Stets war ich
bereit, den Büffeln das Wegerecht zu überlassen. Das ist oberstes
Gebot für jeden, der unter Wildtieren arbeitet, doch mancher wird erst
durch Schaden klug.

In POPULÄRWISSENSCHAFTLICHEN Büchern werden Gebrüll, Schreie
oder „Wraagh"-Laute allgemein als Hauptbestandteile der Gorillasprache beschrieben. Tatsächlich hörte ich zu Anfang meiner Studien
diese Laute am häufigsten von noch fremden Tieren, wenn meine
Anwesenheit auf sie bedrohlich wirkte. Die Gorillasprache hat mich
immer interessiert; ich habe sie viele Monate hindurch in freier Wild-
bahn aufgenommen und später an der Universität Cambridge analy-
siert.

An warmen, sonnigen Tagen, wenn die Gorillas sich äußerst wohl
fühlen, kann man während der Futter- und Ruheperioden oft sanfte
Schnurrlaute, ähnlich dem Magenknurren, hören; deshalb nannte ich
sie „Rülps-Sprache". Ein Tier drückt sein Wohlbefinden durch eine
Folge zweisilbiger Rülpslaute, wie „naoom, naoom, naoom" aus.
Diese werden von den Nachbarn erwidert, woraus Position und Identität des Partners hervorgehen. Der Laut ist vorzüglich geeignet zur
Nachahmung durch Menschen bei der Kontaktaufnahme mit Gorillas, die teilweise oder ganz im Gebüsch versteckt sind. Man kann
dadurch den Tieren seine Anwesenheit mitteilen und jegliche Unruhe
wegen der brechenden Zweige in ihrer Nähe beschwichtigen. Es ist
ein ganz besonderes Gefühl, mitten in einer ruhenden Gorillagruppe
zu sitzen und in den Chor zufriedener Rülpser einzustimmen.

Das Rülpsen ist die üblichste Verständigungsart innerhalb der
Gruppe. Dauert es länger an, so drückt es Behagen aus, mit einer ver-
kürzten Version können Jungtiere zur Ordnung gerufen werden.

Ein schärferer Tadel, den die Silberrücken gern zum Schlichten von
Streitigkeiten zwischen Gruppenmitgliedern anwenden, ist das
„Schweine-Quieken", eine Folge greller Stakkato-Quiekser, wie man
sie in einem Schweinestall bei der Fütterung hören kann. Weibliche
Tiere stoßen diese Laute bei Futterstreitigkeiten aus oder wenn es sich
um den Vortritt auf Zugwegen handelt, aber sie richten sie auch gegen
ihre Jungen, besonders in der letzten Phase des Abstillens.

Ende 1972, als zum erstenmal Studenten auf der Karisoke-Station mitarbeiteten, drehte sich einer der ersten Kurse um die Kunst, dieses Rülpsen zu imitieren. Manche der Neuankömmlinge lernten es nie richtig. Bei einem der Studenten klang das Rülpsen wie das Meckern einer Ziege, aber innerhalb weniger Wochen gewöhnten sich die Gorillas sogar an diesen Begrüßungslaut.

MITUNTER standen sowohl die Studenten als auch ich unverhofft einer Gorillagruppe gegenüber, ohne deren Anwesenheit vorher bemerkt zu haben. Solche Begegnungen konnten Attacken auslösen, besonders wenn die Tiere sich in gefährlichem, durch Wilderer unsicher gemachtem Gelände bewegten oder wenn ein Neugeborenes dabei war.

Verständlicherweise versetzten solche Situationen den führenden Silberrücken in höchste Verteidigungsbereitschaft. Einmal wurde ich angegriffen, als ich durch dichten Pflanzenwuchs auf dem Weg zu Gruppe 8, die ich stundenweit entfernt wähnte, einen steilen Hügel emporstieg. Plötzlich zerrissen grelle Schreie die Luft, und ich hörte die Gorillas durch die Pflanzen drohend auf mich zukommen. Der Angriff einer Gorillagruppe ist nur schwer zu beschreiben. Die Schreie waren so ohrenbetäubend, daß ich zunächst nicht wußte, aus welcher Richtung sie stammten. Daß die Attacke von oben kam, merkte ich erst am Nachgeben der hochwüchsigen Vegetation. Es war, als ob ein wildgewordener Traktor direkt auf mich zuraste.

Als das Leittier der Gruppe, der Silberrücken, mich erkannte, bremste er einen Meter vor mir ab, woraufhin die vier nachfolgenden Gorillamännchen sofort ungeschickt auf ihn prallten. In diesem Augenblick sank ich langsam zu Boden, um so unterwürfig wie möglich zu erscheinen. Das Haar auf dem Scheitelkamm der Männchen stand senkrecht zu Berge, die Eckzähne waren entblößt, die normalerweise sanftbraune Iris glühte gelb – eher wie bei Katzen als bei Gorillas –, und die Luft war durchdrungen von Angstgeruch. Eine gute halbe Stunde lang schrien alle fünf Männchen, sobald ich auch nur die kleinste Bewegung machte. Danach gestatteten sie mir vorzugehen, demütig an Pflanzen zu knabbern, und schließlich verschwanden sie steifbeinig hangaufwärts.

Erst jetzt konnte ich mich um die Ursache der menschlichen Rufe kümmern, die ich vom Fuße des Abhangs, etwa hundertdreißig Meter unter mir, gehört hatte. Auf einem Pfad stand eine Gruppe von Watussihirten. Die Schreie der Gorillas hatten sie aus verschiedenen Teilen des angrenzenden Waldes, wo ihr Vieh weidete, angelockt.

Später erfuhr ich, daß die Männer mit Sicherheit annahmen, ich sei in Stücke gerissen worden, und als sie mich dann unversehrt den Abhang herunterkommen sahen, waren sie überzeugt, daß mich ein ganz besonderes *sumu* gegen den Zorn der Gorillas schützen mußte.

Trotz der Gewißheit, daß angreifende Gorillas sich eigentlich nur verteidigen und niemanden verletzen wollen, hat man instinktiv den Drang zu flüchten, was prompt eine Verfolgung auslöst. Ich war immer überzeugt, daß Gorillas im Grunde ihres Wesens sanftmütig und ihre Angriffe Täuschungsmanöver sind. Deshalb zögerte ich nicht, ihnen standzuhalten. Wegen der Intensität der Schreie und der Geschwindigkeit, mit der sich die angreifenden riesigen Gorillas näherten, schaffte ich das freilich nur dadurch, daß ich mich aus Leibeskräften an Pflanzen oder Bäume klammerte. Andernfalls wäre ich in meiner Panik sicherlich davongelaufen. Wer bei den Angriffen seine Stellung hält, bleibt gewöhnlich unverletzt, es sei denn, er wäre den Gorillas unbekannt, aber selbst dann bekommt er nur gelegentlich einen Klaps von einem vorüberziehenden Tier. Menschen, die ausreißen, ergeht es schlechter.

Wie bei allen Angriffen war ich auch an der Attacke von Gruppe 8 selbst schuld, weil ich mich über den steilen Hang unmittelbar unterhalb der Tiere angepirscht hatte, ohne mich zu erkennen zu geben. Ein sehr tüchtiger Student machte einmal denselben Fehler wie ich. Er kletterte durch ungewöhnlich dichten Pflanzenwuchs in einem Wilderergebiet einen steilen Hang empor und hackte mit der *panga* geräuschvoll seinen Weg frei, ohne zu ahnen, daß eine Gorillagruppe in der Nähe war. Mit seiner unkorrekten Annäherungsweise verletzte der Student die „Gorillaetikette" und verursachte den Angriff des Silberrückens, der nicht wußte, mit wem er es zu tun hatte. Als der junge Mann sich instinktiv umwandte und davonlief, warf sich der Gorilla auf den Flüchtenden. Er riß den Studenten zu Boden, zerfetzte seinen Rucksack und wollte ihn gerade in den Arm beißen, als er in ihm den vertrauten Beobachter erkannte. Sofort ließ er sein Opfer los mit einem, wie man mir sagte, „Vergebung heischenden Gesichtsausdruck" und eilte schnurstracks zum Rest der Gruppe 8 zurück.

Die Geschichten, die man sich über Gorillaattacken erzählt, tun diesen friedlichen Tieren unrecht. Ohne menschliches Eindringen in ihren Lebensraum würden die Gorillas gewiß nur ihre Familienangehörigen gegen fremde Artgenossen verteidigen. Es machte mir oft zu schaffen, daß ich Gorillas an Menschen gewöhnt habe. Aus gutem Grund gewöhnte ich sie nicht an meine afrikanischen Mitarbeiter. Die

Gorillas hatten bis dahin Afrikaner nur als Wilderer kennengelernt. Die Sekunde, die ein Gorilla braucht, um zu entscheiden, ob ein Schwarzer nun ein Freund oder Feind ist, kann ihn das Leben kosten.

## Drei Generationen in einer Gorillafamilie: Gruppe 5

OBWOHL ich all die Jahre im Virungagebiet im erbitterten Kampf mit den Wilderern lag, verdanke ich ironischerweise ihnen die Bekanntschaft mit meiner ersten Gorillagruppe, Nummer 4. Zwei Batwa waren mit Pfeil und Bogen auf Duckerjagd gewesen, und als sie ein Mordsgeschrei von den Visokehängen hörten, kamen sie ins Lager, um mir vom derzeitigen Standort der Gorillas zu berichten.

Ich begleitete die Wilderer zu der Gruppe und kehrte sehr ermutigt zur Station zurück, weil es mir gleich gelungen war, Kontakt mit den Gorillas aufzunehmen. Während ich abends im Zelt meine Feldnotizen abtippte, hörte ich Brusttrommeln und Gorillaschreie, die von den Visokehängen herüberschallten. Die Laute waren etwa anderthalb Kilometer von der Stelle entfernt, wo ich am Tage die Gruppe 4 zuletzt gesehen hatte. Da Gorillas nur etwa fünfhundert Meter pro Tag weiterwandern, mußte es sich um eine zweite Gruppe handeln.

Am nächsten Morgen kletterte ich in Richtung der vorabendlichen Geräuschquelle und fand Gorillaspuren, die an einer Reihe hoher Bäume hoch über dem Zeltlager endeten. Dort entdeckte ich eine weitere Gorillagruppe – meine Gruppe 5. Als die Tiere mich sahen, versteckten sie sich sofort. Nur ein Junggorilla blieb zurück, der einen Baumstamm erklomm, brusttrommelte und wichtigtuerisch in den Ästen herumturnte, bis er ins darunterliegende Gezweig plumpste. Ich nannte ihn sofort Ikarus. Die anderen fünfzehn Gruppenmitglieder zogen sich etwas mehr als sechs Meter von der Stelle zurück, wo sie gesessen hatten, und lugten durch dichtes Blätterwerk scheu zu mir herüber. Ikarus aber erklomm wieder kühn einen Baum, entweder um seine akrobatischen Künste zu zeigen oder um neugierig das erste Menschenwesen beim Essen wilden Selleries zu betrachten.

In der ersten halben Stunde bemerkte ich, daß der Gruppe 5 zwei Silberrücken angehörten. Die beiden Männchen waren leicht an ihren unharmonischen Lauten zu erkennen. Den älteren, dominanten Gorillamann mit den tiefen „Wraagh"-Alarmrufen nannte ich Beethoven, den jüngeren mit der höheren Stimme Bartók. Ich konnte es mir nicht verkneifen, ein später identifiziertes schwarzrückiges Männchen

Brahms zu taufen. Außerdem gab es noch vier Weibchen mit knopf-
äugigen Gorillajungen verschiedenen Alters. Eines der Gorillaweibchen saß regungslos unter dem Baum, auf dem Ikarus sich aufspielte.
Sie drückte ihr Junges schützend an sich und schien besorgt über Ikarus' Possen. Ich war sicher, daß sie die Mutter des jungen Akrobaten
war wegen der starken Ähnlichkeit der Gesichtszüge. Ohne besonderen Grund nannte ich das Weibchen Effie und das Junge an ihrer Brust
Piper. Nach fast einstündigem Kontakt begaben sich die Gorillas auf
Nahrungssuche. Eine meiner Grundregeln war, niemals einer abwan-
dernden Gruppe zu folgen. Also ging auch ich meiner Wege, obwohl
Ikarus noch kurze Zeit zwischen den Ästen und Zweigen seines Baumes herumkletterte.

Infolge regelmäßiger Kontakte ging die Gewöhnung der Gruppe 5
reibungslos vonstatten. Innerhalb des ersten Jahres meiner Arbeit
konnte ich mich den Tieren auf sechs bis sieben Meter nähern.

Ikarus belebte die Kontakte mit der Gruppe durch seine unersättli-
che Neugierde und Kühnheit, die oftmals zu gefährlichen Situationen
führten. Eines Tages krachte der kleine Kobold beim Einüben einer
neuen Nummer auf einem zu schwachen Ast zusammen mit diesem zu
Boden. Kaum war das Geräusch des Sturzes verebbt, als die Luft von
ungehaltenen Schreien Beethovens und Bartóks widerhallte. Die beiden Männchen machten eine Scheinattacke auf mich, und die Weibchen der Gruppe folgten ihnen dicht – sie sahen in mir wohl die Schuldige an dem Sturz. Die Tiere kamen drei Meter vor mir zum Stehen,
als sie bemerkten, daß Ikarus, nachdem er sich von seinem ersten
Schreck erholt hatte, schon wieder munter auf einen Baum kletterte.
Der mutwillige Zwerg schien von engelgleicher Unschuld, aber die
beiden Silberrücken blieben recht angespannt. Ihr stechender Angstgeruch hing in der Luft. Ich ließ die klebrige Pflanze los, an die ich
mich in meiner Panik geklammert hatte, als zu meinem Schrecken Ikarus' kleine Schwester Piper auf das abgebrochene Bäumchen kroch,
das er gerade verlassen hatte. Die Kleine machte ein paar unkoordi-
nierte Drehungen, warf die Beinchen hoch und patschte sich auf die
Brust. Sie platzte fast vor Stolz ob meiner und der Gorillas Aufmerksamkeit für sie. Die Blicke der Silberrücken schossen unruhig zwischen Piper und mir hin und her, als ob sie befürchteten, daß ich jeden
Moment aufspringen und das Junge ergreifen könnte. Wenn sich
unsere Blicke trafen, brüllten sie mißbilligend. Ikarus war es, der mit
seinen Späßen die allgemeine Spannung schließlich löste. Er hopste
übermütig in Pipers Bäumchen und begann ein Verfolgungsspiel, das

beide Tiere wieder zu der besorgten Gruppe zurückbrachte. Die zwei
Silberrücken rannten erleichtert und brusttrommelnd durch das hohe
Gebüsch und führten die Ihren bergauf und davon.

An einem Hang fühlen sich Gorillas stets sicherer, wenn sie sich
oberhalb der näher kommenden Menschen oder anderer Gorillas
befinden. Ich hatte stets ein ungutes Gefühl, wenn ich unmittelbar
unterhalb einer Gruppe aufsteigen mußte, aber manchmal war ich
durch die dichte Vegetation dazu gezwungen. Ich erinnere mich lebhaft an eine solche Kontaktaufnahme, als ich mit einem schweren
Tonbandgerät zu Gruppe 5 hinaufstieg. Etwa sieben Meter unterhalb
der Gorillas, die ich über mir fressen hörte, gab ich leise Geräusche von
mir, um mich bemerkbar zu machen. Ich installierte das Mikrofon in
einem benachbarten Baum und verankerte das Aufnahmegerät fest am
Boden. Ein paar neugierige Gorillajunge kletterten in die Bäume über
mir und starrten gespannt auf das ungewohnte Gerät. Als sie mich
erkannten, fingen sie wilde Spiele in den dünnen *Vernonia*-Bäumchen
an. Die Eßgeräusche der ausgewachsenen Gorillas, die noch weiter
oben und außer Sicht waren, verstummten, während sich die Jungen
gegenseitig zu immer wilderen Kunststückchen antrieben. Wie zu
erwarten, führten die Silberrücken die Weibchen mit hysterischem
Geschrei zu einem Scheinangriff bis auf etwa drei Meter heran. Durch
die unglaubliche Intensität der Schreie geriet die Nadel des Modula-
tionsmessers außer Rand und Band und sprang weit über die Skala
hinaus. Ich beugte mich vorsichtig nieder, um den Ton leiser zu drehen, aber die geringste Bewegung löste bei den überreizten Tieren
neue Attacken aus. Ohne an das Mikrofon zu denken, flüsterte ich dra-
matisch: „Hier komme ich nicht lebend raus!" Als das Band abgelau-
fen war, konnte ich nur reglos dastehen und abwechselnd auf die
beunruhigten Silberrücken direkt über mir und das rotierende, leere
Band in dem Apparat zu meinen Füßen schauen. Erst als sich die
Gruppe schließlich entfernte, wagte ich, das Aufnahmegerät abzustellen. Als ich am Abend in der Hütte das Band abhörte, war ich völlig
überrascht, zwischen zwei Gorilla-Angriffsschreien meine theatrali-
schen Worte zu hören, die ich in der Aufregung völlig vergessen hatte.
Nun konnte ich darüber lachen.

1969, im zweiten Forschungsjahr in der Karisoke-Station, als wir
das Gelände der Senke noch nicht völlig von Weidevieh gesäubert hatten, blieb Gruppe 5 in den südlichen Visokehängen. Oft konnte ich der
Gruppe bis zum Rand der Felswand folgen und die Tiere beim Sonnenbad in der Tiefe sehen.

An einem der seltenen Sonnentage kamen zufriedene Rülpslaute von Gruppe 5, die es sich in einer ihrer Lieblingsmulden mit kräftigem Kräuterwuchs bequem gemacht hatte. Leise kroch ich zum Rand der Mulde und legte mich zwischen die Büsche, um die ruhende Familie mit dem Fernglas zu beobachten. Beethoven, der Patriarch, hatte sein Nest in der Mitte des Sonnenflecks – ein gewaltiger, silberner Berg, doppelt so groß wie seine zusammengekuschelten Weibchen. Ich schätzte sein Gewicht auf rund hundertfünfzig Kilogramm und sein Alter auf etwa vierzig Jahre. Die Silberfärbung reichte über Schenkel, Nacken und Schultern, wo sie stärker meliert war als in dem fast rein weißen Sattel auf dem Rücken. Weitere Geschlechtsmerkmale waren, außer der gewaltigen Größe und dem Silberfell, ein Scheitelkamm und die Eckzähne – Merkmale, die man bei weiblichen Gorillas nie findet.

Langsam bewegte Beethoven seinen massigen Körper, wälzte sich auf den Rücken, seufzte zufrieden und betrachtete nachdenklich den sechs Monate alten Puck, seinen jüngsten Sproß. Der krabbelte übermütig auf den Bauch seiner Mutter Effie. Sanft hob Beethoven den quirligen Puck am Genick hoch und ließ ihn über sich baumeln, bevor er ihm lässig das Fell pflegte. Puck verschwand fast in der Riesenhand des Gorillas, der schließlich das Baby mit seinen erstaunt aufgerissenen Augen wieder auf Effies Bauch setzte.

Dieser Umgang eines Silberrückens mit seinem Nachwuchs ist typisch, und wir sahen ähnliche Szenen immer wieder. Die außerordentliche Sanftheit des ausgewachsenen Gorillamannes gegenüber seinen Jungen straft alle King-Kong-Märchen Lügen.

Als Anführer der Gruppe 5 hatte Beethoven das absolute Begattungsrecht auf die Weibchen der Gruppe, die er entweder im Lauf der Jahre von anderen Gruppen abgeworben oder nach dem natürlichen Tod seines Vorgängers „geerbt" hatte. Zwar duldete Beethoven die nachgeordneten Männchen Bartók und Brahms in der Gruppe, mit Erreichen der Geschlechtsreife konnten die beiden jüngeren Silberrücken jedoch nicht mehr in der Gruppe bleiben, weil es dort für sie keine Fortpflanzungsmöglichkeit gab – Effie und die übrigen Weibchen gehörten ja Beethoven. Folglich verließen Bartók und Brahms die Gruppe 5 und lebten als „Randzonen-Silberrücken" etwa neun Monate lang im Umkreis von dreihundert Metern in der Nähe der Gruppe, bis sie Einzelgänger wurden, die sich auf der Suche nach geeigneten Gebieten und Weibchen für einen eigenen „Harem" immer weiter von der Gruppe entfernten.

Im Juni 1971 verließen Brahms und Bartók endgültig die Gruppe 5.

Ein halbes Jahr zuvor hatte Beethoven ein bis dahin kinderloses Weibchen bei einer Auseinandersetzung mit Gruppe 4 bekommen, das wir
Bravado nannten. Doch selbst zehn Monate nach ihrem Anschluß an
Gruppe 5 schien Bravado sich noch nicht in die Gorillafamilie eingegliedert zu haben. Im Oktober konnte sie ihre Bekanntschaft mit der
alten Gruppe während einer zweitägigen Auseinandersetzung zwischen den Gruppen 4 und 5 erneuern. Diese fand direkt hinter der Station in einem Gebiet statt, das wir die „Treffpunkt-Kämme" nannten.
Die beiden Kämme sind durch eine etwa dreißig Meter breite Schlucht
getrennt, die damals die Grenze zwischen den Aufenthaltsgebieten der
Gruppen bildete. Die Wahrscheinlichkeit eines Zusammentreffens
war dort am größten, weil die Bergkämme den Silberrücken beider
Gruppen den besten Sichtkontakt gewährten, was der Zurschaustellung ihres eindrucksvollen Imponiergehabes zugute kam.

Beethoven war als Anführer wesentlich erfahrener als Onkel Bert,
der Silberrücken von Gruppe 4. Er schien den Jüngeren, der auf seinem Bergkamm unausgesetzt hin und her stolzierte, brusttrommelte
und Zweige abbrach, fast nachsichtig zu betrachten. Onkel Bert
begleitete sein Imponiergehabe auch noch mit Heulgesängen, die er
meist vor dem Brusttrommeln ausstieß. Diese Heulgesänge bei den
Auseinandersetzungen der Silberrücken sind kilometerweit zu hören.

Am ersten Tag der Auseinandersetzung beantwortete Beethoven
nur einige der Heulgesänge von Onkel Bert, und die ausgewachsenen
Weibchen von Gruppe 5 schienen ebenfalls unbeeindruckt vom Gebaren des jüngeren Silberrückens. Bravado zog es jedoch gleich zu ihrer
alten Gruppe, und sie durchquerte die ganze Schlucht. Ihr folgten Ikarus und Piper, die Jungtiere aus Gruppe 5. Auf der Seite von Gruppe 4
angekommen, tobten sie auf den Hängen unterhalb von Onkel Bert
mit einigen der jüngeren Tiere wild umher. Obwohl sie einander zehn
Monate lang nicht gesehen hatten, erinnerten sich Bravados alte Gruppengenossen offensichtlich an sie. Die Gorillas umringten sie begeistert und umarmten sie, bevor eine längere Spielphase einsetzte.

Dummerweise entschloß sich Onkel Bert gegen Ende des Tages,
auf Beethovens Seite der Schlucht hinüberzuwechseln, zusammen mit
einer ungeordneten Prozession seiner Gruppenmitglieder, denen sich
auch Bravado, Ikarus und Piper anschlossen. Diese törichte Handlung
des „Schmalspur"-Silberrückens konnte Beethoven nicht einfach hinnehmen. Mit wilden Blicken starrte er auf die verstreute Reihe der
Gorillas in der Schlucht unter sich und ging ihnen ohne seine Gruppe
mit deutlichem Imponiergehabe entgegen. Die beiden Anführer

näherten sich einander bis auf reichlich einen Meter und blieben parallel versetzt zueinander stehen, ohne sich anzusehen. Die angespannte Erregung der beiden Silberrücken übertrug sich auf alle übrigen Tiere, die gleichfalls bewegungslos verharrten.

Schließlich hielt Onkel Bert es nicht mehr aus. Sich auf die Hinterbeine aufrichtend, trommelte er auf seinem Brustkorb und klatschte laut auf die Pflanzen zwischen sich und Beethoven. Das war zuviel für den älteren Gorilla, der bis dahin ein Muster an Duldsamkeit gewesen war. Mit zornigem Gebrüll stürzte er sich auf Onkel Bert. Der junge Silberrücken floh feige bergab, der Rest seiner Gruppe mit hysterischem Geschrei hinter ihm her. Anstatt ihn zu verfolgen, stand Beethoven nur da und blickte verachtungsvoll den verwirrten Angehörigen der Gruppe 4 nach. Knapp zwanzig Meter weiter unten blieb Onkel Bert stehen. Zweifellos gab ihm der größere Abstand mehr Sicherheit, und er nahm sein Imponiergehabe wieder auf mit Brusttrommeln, Heulgesängen und Rennen durchs Gebüsch. Verachtungsvoll wandte sich Beethoven ab und stolzierte zu seinen wartenden Angehörigen auf den Bergkamm zurück. Zweimal hielt er an und gab vor, Distelblätter zu essen, die er langsam und bedächtig abriß, um Onkel Bert besser im Auge behalten zu können. Beethovens kleinste Tochter Piper war ihrem Vater nachgelaufen, während Ikarus und Bravado unschlüssig am Fuß der Bergkette warteten und sehnsüchtig zu Gruppe 4 hinüberblickten.

Onkel Bert verpfuschte wieder alles, indem er zum Fuß der Bergseite von Gruppe 5 zurückkehrte, um Bravado in seine Gruppe zurückzuholen. Wütend sauste Beethoven bergab und trieb den jungen Silberrücken zurück zu der aufgeregten Gruppe 4. Der ältere Gorilla stand eine Weile regungslos vor Onkel Bert und starrte ihn an. Dann wandte er sich ab und schubste Bravado und Ikarus vor sich her auf seinen Bergkamm.

Da der Ort der Handlung unmittelbar hinter der Station lag, hatte ich erwartet, während der Nacht einen Austausch von Heulgesängen und Brusttrommeln zu hören. Doch es blieb ruhig, und ich nahm an, daß sich die Gruppen getrennt hatten und jede in ihr Territorium zurückgekehrt war. Um so mehr überraschte es mich, als ich am nächsten Morgen an den Treffpunkt-Kämmen Onkel Bert vorfand, wo er sich mit kräftigem Brusttrommeln und klagenden Heulgesängen für die Auseinandersetzungen des zweiten Tages stark machte.

Voll böser Vorahnungen wegen des „unvorschriftsmäßigen" Verhaltens des jungen Silberrückens kletterte ich in die Schlucht zwischen den beiden Bergkämmen und war erstaunt, Bravado zusammen mit Ikarus und Piper auf dem Weg zum Kamm der Gruppe 4 anzutreffen. Sie wurden von den Jungtieren dieser Gruppe freudig begrüßt, und bald waren alle beim fröhlichen Spiel mit Ringkämpfen und Purzelbäumen.

Ungefähr fünfzehn Meter weiter oben auf dem Kamm fuhr Onkel Bert triumphierend mit seinem Imponiergehabe fort, löste damit aber keine erkennbare Reaktion bei Beethoven aus. Es dauerte fast zwei Stunden, bis sich Beethoven langsam aus seiner Wachstellung erhob und sich ruhig, aber bestimmt auf den Weg zu Gruppe 4 machte. Sofort verstummte Onkel Bert. Er stolzierte steifbeinig und mit übertriebenen Bewegungen auf dem Kamm umher wie eine Marionette, deren Beine mit Schnüren am Körper befestigt sind und halbkreisförmig schwingen, bevor sie den Boden berühren. Der Körpergeruch der beiden Silberrücken wurde immer stärker, selbst dreißig Meter weiter, wo ich saß, konnte man ihn riechen. Langsam kam Beethoven auf Onkel Bert zu, bis die beiden einander in extremer Imponierhaltung mit aufgestelltem Kopfhaar gegenüberstanden.

Nach wenigen Sekunden machten die beiden Männer kehrt wie Spielzeugsoldaten und entfernten sich voneinander, Beethoven bergab und Onkel Bert hinauf zu seiner schweigend wartenden Gruppe, in der sich Bravado befand. Plötzlich drehte sich Beethoven um und rannte bergauf mitten in die Gruppe 4. Als die ganze Gruppe mit aufgeregtem Geschrei auf ihn zustürzte, mußte er sich zunächst zurückziehen, ließ sich aber in seiner Absicht nicht beirren und lief zu der inmitten der Gruppe in Demutstellung knienden Bravado. Er packte das junge Weibchen am Nackenhaar und führte es aus der Gruppe, die etwas zurückwich. Beim Abstieg trafen sie auf die beiden anderen Mitglieder von Gruppe 5, die von Beethoven mit gebieterischem Schweinegrunzen zum Mitkommen aufgefordert wurden. Ikarus und Piper gehorchten mit gespitzten Lippen und ängstlichem Gesichtsausdruck. Als sie etwa dreißig Meter unterhalb von Gruppe 4 waren, durchbrach Onkel Bert die Stille mit Brustgetrommel und Heulgesängen. Beethoven hielt sofort an, wandte sich um und blickte den jüngeren Mann herausfordernd an, bevor er seine widerspenstige Sippschaft weiter zum Fuß des Berges trieb. Unten angekommen, begannen die Jungtiere sogleich ein Laufspiel, um die Spannung abzubauen. Beethoven verbarg sich vor Onkel Bert im Laub und beendete mit diesem taktischen Rückzugsmanöver die Auseinandersetzung.

An den folgenden Tagen blieben beide Gruppen in ihren jeweiligen

Gebieten und verbrachten die Zeit mit Ruhen und Nahrungsaufnahme und weniger mit Umherstreifen, ein Verhalten, das nach Auseinandersetzungen typisch ist.

Gerade diese Auseinandersetzung, eine der ersten, die ich vollständig beobachten konnte, war ein eindrucksvolles Beispiel dafür, wie sehr Gorillas darauf bedacht sind, körperliche Kämpfe zu vermeiden. Der ältere, erfahrenere Beethoven von Gruppe 5 hätte den grünen Onkel Bert von Gruppe 4 sehr wohl schwer verletzen können, wenn er gewollt hätte. So aber wurde durch die Einschüchterungsrituale der sich gegenüberstehenden Kontrahenten jeglicher Schaden vermieden. Es gab aber auch Auseinandersetzungen, die bei weitem nicht so glimpflich abliefen. Jahre später, im April 1976, kam ich an eine Stelle, wo offenbar ein heftiger Kampf zwischen Gruppe 5 und einer unbekannten Randgruppe stattgefunden hatte. Ich fand die Kampfstätte übersät mit blutigen Haarbüscheln von Silberrücken, Durchfallpfützen und abgebrochenen Sämlingen. Ich folgte dem Fluchtweg, fand die Gruppe und war entsetzt, als ich Beethovens linken Oberarmknochen durch die zerfetzte Haut am Ellbogen vorstehen sah. Daß der damals etwa vierzehnjährige Ikarus seinen Vater bei dem erbitterten Kampf unterstützt hatte, bezeugten acht tiefe Bißwunden an seinen Armen und am Kopf.

Beethoven, der mittlerweile schätzungsweise sechsundvierzig Jahre zählte, war bei Auseinandersetzungen mit anderen Gruppen oder einzelnen Silberrücken immer mehr auf Ikarus' Hilfe angewiesen. Dieser hatte inzwischen Geschlechtsreife erlangt und suchte die Gesellschaft anderer Gorillas, um sich eigene Weibchen zu beschaffen. Im Gegensatz dazu hatte Beethoven längst seinen Harem und war deshalb nicht an Begegnungen mit anderen Gruppen interessiert. Dennoch war das Vater-Sohn-Team für beide vorteilhaft, weil es dem alternden Beethoven Rückendeckung gab und Ikarus wertvolle Erfahrungen im Umgang mit fremden Silberrücken sammeln ließ. Ikarus akzeptierte Beethoven aufgrund der starken verwandtschaftlichen Bindung weiterhin als den Führer der Gruppe.

Mehrere Wochen nach dem blutigen Kampf lagen Beethoven und Ikarus während einer ausgedehnten Tagessiesta Kopf an Kopf und tauschten leise Rülpser aus, als wollten sie sich gegenseitig ihres Mitgefühls für ihre Verletzungen versichern. Die Wunden des Sohnes verheilten schneller als die des Vaters, und bald wurde es Ikarus langweilig. So streifte der junge Silberrücken oft mit anderen Angehörigen der Gruppe 5 im Umkreis von über hundert Metern von den

Tagesnestern umher, um nach Nahrung zu suchen. Beethoven blieb sitzen und lauschte mit seitlich geneigtem Kopf den Stimmfühlungslauten seiner Familie, wie ein alter Mann, der leiser Musik aus dem Radio zuhört. Als pflichtbewußter Anführer erhob er sich nach zehn oder fünfzehn Minuten des Alleinseins und folgte der Fährte der Gruppe mit wuchtigen Schritten. Hätte Ikarus beabsichtigt, mit Gewalt die Führung an sich zu reißen, wäre die sechsmonatige Rekonvaleszenzzeit des Vaters gewiß der geeignete Zeitpunkt gewesen.

AM ERSTEN APRIL 1976 erhielt Gruppe 5 durch Effie weiteren Nachwuchs. Das reizende Kleine, ein weibliches Tier, wurde von mir Poppy genannt und kam fast vier Jahre nach seiner Schwester Tuck und acht Jahre nach seinem Bruder Puck zur Welt. Effies Älteste, Piper, war vor drei Jahren in eine andere Gruppe abgewandert.

Die verschiedenen Charaktere von Effies Kindern entwickelten sich frühzeitig. Jedes war ungeheuer neugierig sowohl im Hinblick auf natürliche Dinge im Gelände als auch auf Gegenstände wie Kameraobjektive, Thermosflaschen und andere Sachen, die ich mitbrachte. Ihr Interesse an diesen Dingen erleichterte meine Verhaltensbeobachtungen, weil die Tiere dadurch eher in Sichtweite kamen, statt sich in dichtem Laubwerk zu verstecken. Ich hatte nicht die Absicht, sie mit Spielzeug zu versorgen; das hätte ihr natürliches Verhalten empfindlich gestört. Oft waren die gierigen Händchen der Kleinen jedoch derart flink, daß ich meine Habseligkeiten nicht schnell genug in Sicherheit bringen konnte.

Auf einem kleinen Stück Land im Aufenthaltsgebiet von Gruppe 5 wurde von den Eingeborenen die harte, pampelmusengroße *Mtanga-Tanga*-Frucht angebaut. Sie ist beliebt bei den Elefanten, die nach reichlichem Genuß in einen Rauschzustand geraten. Gorillas essen diese Frucht nicht. Effies Jungen aber war kein *Mtanga-Tanga*-Baum zu hoch, um an die Früchte zu gelangen, die als Spielzeug dienten. Als kleines Kind benutzte Puck sie als Prestigeobjekte. Er hielt den Stengel mit den Zähnchen fest und schlug mit der Faust gegen seine Brust. Das ergab einen tiefen Brusttrommellaut, den ich beim besten Willen nicht nachahmen konnte. Die Frucht wurde von den Jungtieren der Gruppe 5 aber auch für die verschiedensten Ballspiele benutzt.

Während Beethoven weiterhin seine Armverletzung auskurierte, dauerten die Ruheperioden am Tag länger als sonst. Täglich versank der Silberrücken mehrere Stunden lang in Tiefschlaf, schnarchte mit offenem Mund, zuckte im Traum mit den Beinen und verzog das

Oben: *Karisoke und Dians Hütte liegen in der Abenddämmerung. Dieses stimmungsvolle Foto gibt die Atmosphäre am oft kühlen und nebligen 3711 Meter hohen Visoke getreu wieder.*

Unten: *Der Silberrücken Icarus bewacht die Mitglieder von Gruppe 5.*

Gesicht bei Fremdgeräuschen, die aus der Ferne zu ihm drangen. Im dritten Monat seiner Genesungszeit wurden den jüngeren Tieren, besonders Puck, die ausgedehnten Tagesruhepausen zu langweilig.

Puck zeigte seine Langeweile meist als erster. Er klopfte dann mit dem Zeigefinger auf seinem Arm herum oder blickte sich gähnend nach etwas Abwechslung um. Der Inhalt meines Rucksacks kam ihm daher mehr als gelegen: Fotoapparat, Objektive und Fernglas wurden genau untersucht und als Spiegel benutzt. Das Fernglas hielt er sich verkehrt herum vor das Gesicht, weil es nur so zwischen seine Augen paßte. Ich war sicher, daß er nicht nur menschliches Verhalten nachahmte, sondern tatsächlich hindurchsah, weil er sich so ausgiebig für die optisch entfernten Bilder von Pflanzen oder seinen Fingern interessierte. Er wackelte mit den Fingern einer Hand unmittelbar vor dem Fernglas herum, bis er es rasch senkte, um angelegentlich seine Fingerkuppen zu betrachten, als ob er prüfen wollte, ob sie tatsächlich an seiner Hand angewachsen waren. Sein Erstaunen über die Verzerrung von Gegenständen in der Umgebung war faszinierend und komisch zugleich.

Puck erfand ein Admiral-Nelson-Spiel mit meinem 300-mm-Objektiv, bei dem er sich in „Land-in-Sicht"-Manier um seine eigene Achse drehte, während er Pflanzen oder Gruppenangehörige forschend ansah, die es entschieden merkwürdig fanden, daß einer der Ihren ein solches Gerät handhabe. Er beherrschte auch das Madame-Curie-Spiel, wobei er das 300-mm-Objektiv sorgfältig auf den Boden richtete und konzentriert auf die Pflanzen am anderen Ende starrte.

Während einer besonders ausgedehnten Tagesruhe hatte ich einmal eine ausgezeichnete Gelegenheit, Nahaufnahmen von den völlig entspannten Tieren zu machen. Ich weigerte mich, Puck die um meinen Hals gehängte Kamera zu überlassen, wie hartnäckig er auch daran zerrte. Nach etwa zehn Minuten gab er beleidigt auf und baute sich dicht neben mir ein Tagesnest. Mit stark übertriebenen Bewegungen riß er Laub für den Nestbau ab, als ob es eine Schwerarbeit wäre. Dann ließ er sich mit einem ostentativen Plumps in dem unordentlichen Gebilde nieder und zappelte und grollte fast eine Stunde lang, während der Rest der Gruppe ruhte. In der Hoffnung, den schmollenden Kleinen zu besänftigen, durchbrach ich eine meiner Regeln, den Gorillas

Rechts: *Um Pucks Aufmerksamkeit von ihrer Kamera abzulenken, bot Dian Fossey ihr eine Nummer der Zeitschrift* National Geographic *an und war überrascht, wie interessiert sie die großen Farbfotos betrachtete.*

niemals Gegenstände zu reichen, und gab Puck ein Heft der Fachzeitschrift *National Geographic*. Die Geschicklichkeit, mit der er es durchblätterte, erstaunte mich. Die großen Farbfotos von Gesichtern schienen ihn besonders zu interessieren. Er gab keine Lautäußerung von sich, ob ihm das Gesehene gefiel oder nicht, aber wenigstens langweilte es ihn nicht.

Nach etwa einer halben Stunde legte er das Heft zur Seite, denn die Gruppe ging auf Futtersuche. Puck stand sofort auf, rannte zu mir und schlug mit beiden Händchen auf mich ein, als hätte er diesen Vergeltungsakt während der Ruhezeit geplant. Beethoven, der nicht zu sehen war, grunzte ärgerlich wegen des lauten, störenden Geräuschs, das Pucks Schläge auf mein Regencape verursachten. Als der mürrische Kleine den Ordnungsruf des Vaters hörte, hielt er kurz an, bevor er sich wieder vor mir aufstellte, um mich noch schlimmer zu verprügeln. Das reichte! Beethoven kam wutschnaubend auf uns zugerannt und hielt direkt vor mir. Ich blieb hocken, ohne mich zu bewegen. Mit gefurchten Brauen und zusammengepreßten Lippen starrte er dann Puck an, der sich hinter mir in Sicherheit gebracht hatte. Der Anführer von Gruppe 5 verharrte still und regungslos, bis Puck kleinlaut davonschlich.

In Pablo, dem zweieinhalbjährigen Sohn von Lisa, einem anderen Gorillaweibchen aus Gruppe 5, hatte Puck einen gleichgesinnten Spießgesellen gefunden. Wenn Pablo in Höchstform war, kam ich mir oft vor wie eine Krake bei dem Versuch, Rucksack oder Notizen vor ihm in Sicherheit zu bringen. Eines Nachmittags nach einem erfolgreichen dreistündigen Kontakt legte ich mein Notizbuch aus der Hand, in dem die Aufzeichnungen der Tagesbeobachtungen standen. Zufrieden wollte ich gerade meine Fotoausrüstung wegpacken, als Pablo angerannt kam und sich fröhlich mein Notizbuch schnappte. Ich kroch, so schnell es ging, hinter ihm her, aber der Halunke lief schnurstracks zu Beethoven, wo er sich niederließ und eine Seite nach der anderen aus dem Notizbuch herausriß. Hilflos mußte ich mit ansehen, wie er jede Seite meiner sorgfältig eingetragenen Beobachtungen zu Brei zerkaute. In der Hoffnung, vielleicht doch noch etwas retten zu können, durchsuchte ich am nächsten Morgen mit großem Zeitaufwand Pablos Schlafnest, aber es war umsonst. In Akademikerkreisen hätte man ihn mit Recht einen Dieb geistigen Eigentums genannt.

Pablo war Erziehungsversuchen unzugänglich und stiftete oft die anderen Jungtiere zu wilden Spielen in unmittelbarer Nähe Beethovens an. Tuck, die zweieinhalb Jahre älter war als Pablo, gehörte zu seinen liebsten Spielkameraden. Als Ältere bekam sie Beethovens ungehaltene Reaktionen oft zu spüren, wenn dieser vom Hämmern und Trommeln kleiner Hände und Füße gegen seine silbrige Massigkeit aus tiefem Schlaf hochschreckte. Pablo hingegen, der sich darauf verstand, das Unschuldslamm zu spielen, wurde übersehen. Die auf diese Weise zum Sündenbock gemachte Tuck reagierte wie ein ungerecht behandeltes Menschenkind. Sie verzog langsam das Gesicht und wimmerte kläglich. Wollte das Gewimmer gar nicht mehr enden, wandte Beethoven ärgerlich den Kopf nach ihr und klapperte furchterregend mit dem Gebiß, worauf Tuck trostsuchend zu Effie rannte und sich das eigene Fell pflegte. Sie schien damit ihre inneren Konflikte zu lösen – wie ein Mensch, der sich in befremdlichen Situationen Kopf oder Haut kratzt.

Mitte 1976 war Beethoven wieder gesund und so übermütig wie ein von der Leine gelassener junger Hund. Mir gegenüber entwickelte er eine neue Annäherungsweise, indem er vorgab, mich nicht zu beachten, bis er ganz nahe war. Dann trommelte er auf seinem Brustkorb, überhäufte mich mit abgerissenem Laub, stampfte neben mir auf den Boden, wälzte sich auf dem Rücken und strampelte mit den Beinen in der Luft, und alles mit einem spitzbübischen Gesichtsausdruck. Wenn das auch nicht würdevoll aussah, war es doch eine erfreuliche Abwechslung nach seiner monatelangen Teilnahmslosigkeit.

Wie in alten Zeiten war der Patriarch wieder umgeben von seinen Weibern und Kindern. Der damals ungefähr vierzehneinhalb Jahre alte Ikarus hatte inzwischen die Rolle des Wachhundes der Gruppe übernommen. Als ich mich einmal der Gruppe 5 näherte und zu einem hohen Kosobaum aufsah, saß dort Ikarus und beobachtete ruhig, wie ich auf Händen und Knien vorwärtskroch. Als ich unter seinem Baum ankam, glitt er wie ein rundlicher Feuerwehrmann herab, blickte mir gelassen ins Gesicht und fing an, ein Tagesnest zwischen meinem Standort und der Gruppe zu errichten. Nach einer Weile schlief er vertrauensvoll ein, und ich mußte wohl oder übel bleiben, wo ich war, doch seine Zutraulichkeit freute mich.

Im Frühjahr 1977 bewegte sich Gruppe 5 weit südwestlich von ihrem gewöhnlichen Aufenthaltsgebiet. Sie traf auf eine kleine Randgruppe mit zwei Silberrücken und einem Schwarzrücken. Bei dem folgenden Kampf wurden Beethoven, Ikarus, Puck und Effie verwundet. Effies Verletzungen waren sehr viel schwerer als die der anderen und lagen vorwiegend am Hinterkopf, Nacken und Schultern, so daß sie sie nicht selbst erreichen konnte.

Innerhalb einer Woche fingen die Bißwunden stark zu eitern an, und ohne die Hilfe von Effies fünfjähriger Tochter Tuck wären sie wohl wesentlich langsamer verheilt. Tuck erwies sich als aufmerksame, ja übereifrige Pflegerin und schob jedes Tier weg, das ihr bei der „Arbeit" in die Quere kam. Mit großer Ausdauer beleckte und betastete sie die Bißwunden ihrer Mutter, bis alle nach sechs Wochen verheilt waren.

Vermutlich um weiteren Kämpfen mit der Randgruppe aus dem Weg zu gehen, entfernte sich Gruppe 5 noch mehr in südwestlicher Richtung von ihrem Stammgebiet und geriet dadurch in eine Gegend, in der ich sie noch nie angetroffen hatte. Beethoven schien die Orientierung verloren zu haben; er führte die Gruppe in eine 4330 Meter hoch gelegene subalpine Bergwiesenregion am Mount Karisimbi. Dort hielten sich die Tiere in schmalen, bewaldeten Streifen verkrüppelter *Hypericum*-Bäume auf, die von offenem Grasland und Sümpfen umgeben waren. Die Gegend war bei den Wilderern beliebt, weil sie das Wild auf dem offenen Grasland leicht mit Speeren erlegen oder in den dazwischenliegenden Waldstreifen in Schlingen fangen konnten.

Die Hochebene lag mehrere Kletterstunden vom Lager entfernt. Das ermöglichte den Wilderern, ihre Fallen schneller wieder aufzustellen, als wir sie zerstören konnten. Mir schien es nur eine Frage von Tagen zu sein, bis sich ein Tier aus Gruppe 5 in einer Drahtschlinge verfangen würde. So entschloß ich mich, wenn auch ungern, die Fährtensucher und einen netten Studenten zu bitten, Gruppe 5 zu ihrem gewohnten Gebiet am Mount Visoke zurückzutreiben.

Für diese Aktion rüstete ich alle meine Helfer mit den Klappern der Wildererhunde aus, die ich im Laufe der Jahre aus den *ikiboogas* (den Hütten der Wilderer) zusammengetragen hatte. Nachdem die bedrohte Gorillagruppe ohne Kontaktaufnahme ausgemacht war, verteilten wir uns für die Gruppe unsichtbar etwa fünfzig Meter hinter ihr im Gelände. Dann täuschten wir mit Geklapper und „Jagdgeschrei" einen Wildererangriff vor.

Das Unternehmen verlief glatt. Beethoven führte die Seinen von den unsichtbaren „Wilderern" weg zum Visoke, und der inzwischen im Umgang mit Menschen und anderen Gorillas gleichermaßen erfahrene Ikarus bildete die Nachhut.

Nach Abschluß der Treibaktion ruhte sich Gruppe 5 mehrere Tage lang an den Visokehängen aus. Ich war erleichtert, sie wieder „zu Hause" zu wissen, aber die nächste Gefahr zeichnete sich bereits ab. Die Bambussaison stand vor der Tür. Hochsaison ist im Juni und im

Dezember, wenn die Gorillas sich zu etwa neunzig Prozent von Bambus ernähren. Bambus wächst jedoch nur in einer unmittelbar an das bebaute Land angrenzenden Region, die vor der Abtrennung zum Nationalpark gehörte.

Es gibt keine Pufferzone zwischen dem Park und den Pyrethrumfeldern, und so können die Dorfbewohner sehr leicht Antilopenfallen im Park, nur wenige Minuten zu Fuß von ihren Hütten entfernt, aufstellen. Die Mitarbeiter der Karisoke-Station und ich versuchten stets, den schmalen Bambusstreifen an der Ostgrenze des Parks rechtzeitig von Fallen zu säubern. Doch diesmal stiegen die Gorillas zur Bambuszone hinab, bevor wir sie hatten überprüfen können. Gemeinsam mit dem Fährtensucher Rwelekana folgte ich ihren Spuren. Als wir in die Nähe von Gruppe 5 kamen, hörten wir lautes Stimmengewirr von Dorfbewohnern von einer Stelle an der Grenze her. In Sorge, den Gorillas könnte etwas passiert sein, rannten wir dorthin. Zu meiner Erleichterung sah ich die Gruppe auf den Felsen hocken und neugierig nach den Bauern schauen, die unten ihre Pyrethrumfelder hackten.

Gorillas scheinen Menschen in der Nähe der Parkgrenze nicht zu fürchten, weil man dort häufiger Leute antrifft. Im Waldesinnern dagegen haben die Tiere vor menschlichen Lauten Angst. Umgekehrt lassen die Bauern die Gorillas in Frieden, weil sie wissen, daß es in den Pyrethrumfeldern nichts gibt, was wilde Tiere anlockt. Die jahreszeitlich bedingte Rückkehr von Gruppe 5 zur Parkgrenze ist für die Dorfbewohner stets ein Ereignis. Sie kommen zusammen und rufen: „*Ngagi! Ngagi!* – Gorilla! Gorilla!"

An diesem Tag verließ die Gruppe 5 bald die Felsen und setzte die Nahrungssuche fort, und die Afrikaner hackten weiter. Als ich jedoch auf die Felsen kletterte, um der Gruppe zu folgen, tönte erneut das Stimmengewirr der Leute herauf. Sie riefen: „*Nyiramachabelli! Nyiramachabelli!*" Das heißt soviel wie „Die alte Frau, die ohne Mann im Wald lebt". Mein neuer Name mag ja sehr lyrisch geklungen haben, aber ich muß gestehen, daß mir seine Bedeutung nicht gefiel.

Mehrere Wochen lang kontrollierten die Fährtensucher und ich als Vorhut täglich den Weg der Gruppe auf Fallen, bis wir den vier Kilometer langen Bambusstreifen für sicher hielten und, statt Fallen zu zerstören, wieder ganztägig beobachten konnten.

Ungefähr zu dieser Zeit, an einem Spätnachmittag im Juli 1977, beschloß Gruppe 5, ihre Tagesruhe auf einer kleinen Lichtung abzuhalten, die nahe der Parkgrenze lag und von Bambusgebüsch umgeben war. Den jüngeren Gorillas schien aber dieses unfreiwillig enge

Beisammensein nicht zu behagen. Nach einer unruhigen halben Stunde erhob sich Ziz, ein sechseinhalbjähriges Gorillajunges, und streunte in das Gebüsch. Sofort folgte ihm seine Mutter Marchessa. Als ob die anderen Tiere erleichtert seien, daß es endlich weiterging, eilten sie hinter Marchessa her. Beethoven bildete die Nachhut.

Plötzlich, als alle Tiere in der Dunkelheit des Bambusdickichts verschwunden waren, erscholl ein fürchterliches Geschrei. Es steigerte sich zu ohrenbetäubender Lautstärke, bis Beethoven eine Reihe von scharfen Grunzlauten ausstieß, denen barsche Grunzlaute der anderen folgten. Dieser Ausbruch dauerte etwa drei Minuten und erzeugte eine Stimmung hysterischen Schreckens, die der bei unerwartetem Zusammentreffen mit Wilderern ähnelte. Da die Gorillas keine Anstalten zur Flucht machten, waren jedoch bestimmt keine Wilderer im Spiel. Die einzige Erklärung war eine Falle.

Ich kroch in den dichten Bambus, konnte aber nur eine kreisförmige Masse schwarzer Gestalten vor mir sehen. Beethoven zwängte sich mit barschen Grunzlauten durch die versammelten Gorillas, die um eine straff heruntergebogene Bambusstange standen. In Sekundenschnelle war sein silbriger Rücken wieder von zusammengekauerten schwarzen Leibern verdeckt. Weil ich auf dem einzig möglichen Rückzugspfad der Gruppe kniete, bewegte ich mich langsam wieder rückwärts durch den Bambustunnel ins Sonnenlicht. Nach wenigen Minuten kam Beethoven heraus, ihm folgten Ziz und der Rest der Gruppe. Die Tiere nahmen keinerlei Notiz von mir und begannen sofort, einander mit Rülpslauten zu trösten, während sie schnurstracks in Richtung Visoke marschierten, ihrem Zufluchtsort in Gefahrenzeiten. Ich versuchte, ihnen in angemessenem Abstand zu folgen, um zu sehen, wer wohl die gefürchtete Drahtschlinge trüge, konnte aber mit der Gruppe nicht Schritt halten.

Am nächsten Morgen kehrte ich mit Rwelekana zum Ort des Schreckens zurück. Wir fanden einen Kreis von etwa sechs Meter Durchmesser mit zertrampelter Erde, umgeben von abgebrochenen Sämlingen. Im aufgewühlten Staub entdeckten wir dicke Büschel von Gorillahaaren sowie Abdrücke der nackten Füße eines einzelnen Mannes. Jemand war uns zuvorgekommen. Die Einzelheiten des gestrigen Vorfalls wurden nun klar. Eine kleine Grube von vielleicht fünfzehn Zentimeter Durchmesser war von dem Fallensteller offenbar erst am Morgen hastig mit lockerer Erde aufgefüllt worden. Bambusstange, Drahtschlinge und die Pflöcke, welche die Schlinge hielten, bis ein Tier die Falle auslöste, waren entfernt worden. Außerdem hatte der

Wilderer offenbar den Versuch unternommen, die Gorillaspuren in der Umgebung der Falle zu verwischen.

Auf Händen und Knien kriechend, fanden Rwelekana und ich eine kaum erkennbare menschliche Spur, welche zu einer weiteren Drahtschlinge führte, die noch gespannt war und sich unterhalb des Ruheplatzes der Gruppe 5 vom Vortag befand. Binnen einer Stunde entdeckten wir noch acht weitere Drahtschlingen und beschlagnahmten sie mit Genugtuung. Diese Gegend war also gesäubert, und wir kehrten zu der ersten Falle zurück, um dort die frische Menschenspur vom Morgen aufzunehmen. Die Fußabdrücke führten hinunter zu den Pyrethrumfeldern an der Parkgrenze, wo sie sich in einem Wirrwarr von Spuren auf den vielbegangenen Wegen der Dorfbewohner verloren. Offensichtlich war es unmöglich, dem Wilderer bis zu seiner Türschwelle zu folgen. Also kletterten wir wieder den weiten Weg bergauf, um Gruppe 5 ausfindig zu machen.

Das Opfer der Falle war Ziz gewesen. Um sein rechtes Handgelenk verlief wie ein Armband eine schmale, tiefe Fleischwunde, er hatte frische rosa Abschürfungen in der rechten Handfläche, und vom Bizeps bis zum Handgelenk klaffte ein langer Riß. Nach den Ereignissen des Vortags und besonders nach Beethovens Eingreifen war ich überzeugt, daß der alte Silberrücken die Drahtschlinge entfernt hatte, indem er sie mit den Zähnen etwas gelockert und über den Arm gezerrt hatte, bis sie sich über die Hand seines Sohnes ziehen ließ.

Ziz hätte sich niemals selbst befreien können. Seine rechte Hand war durch die Schlinge straff nach oben gezogen und außer Reichweite seiner Zähne. Vermutlich hatte Beethoven mit einer Hand den Arm von Ziz festgehalten und die Schlinge mit den Zähnen den Arm hinuntergezogen, wodurch der klaffende Riß entstanden war. Schließlich mußte er den Draht mit den Zähnen über Ziz' Hand gestreift haben, was die Schürfwunde an seiner Handinnenfläche erklärte.

Bereits nach einer Woche schonte Ziz seinen verletzten Arm beim Laufen, Klettern oder Spielen nicht mehr. Der Rest des Sommers in der Bambuszone verlief ohne weitere Zwischenfälle. Offenbar war den Schlingenlegern klargeworden, daß Gruppe 5 täglich von Beobachtern aus der Karisoke-Station besucht wurde. Durch unsere Wildererpatrouillen hatten die Eindringlinge mehr zu verlieren als zu gewinnen.

Beim Niederschreiben der Geschichte von Gruppe 5 merke ich, wie vielfältig die Erinnerungen sind – lustige, erstaunliche, traurige, zärtliche, liebevolle. Während der Zeit meiner Beobachtungen haben einunddreißig Individuen zum dauernden Bestand ihrer Großfamilie beigetragen. Von den fünfzehn Tieren der Anfangsgruppe sind nur drei, nämlich Beethoven, Effie und Ikarus, übriggeblieben.

Ich hatte das große Glück, das Heranwachsen und die Entwicklung von Gorillas wie Ikarus und Puck durch die Lernphase ihrer Kindheit bis ins Erwachsenenleben verfolgen zu können, in der sie ihre notwendigen, mitunter schmerzlichen Erfahrungen sammelten, um selbst erfolgreiche Eltern zu werden. Puck, den ich lange Zeit für ein Männchen hielt, sorgte später noch für eine große Überraschung. Am 14. November 1978 bekam „er" ein Junges. Als ich die Nachricht von einem ungläubigen Studenten hörte, der eigentlich nur zu einer Routinebeobachtung bei Gruppe 5 gewesen war, rief ich aus: „It can't be!" (Das darf doch nicht wahr sein!) So kam Pucks erstes Kind zu seinem Namen Cantsbee, und Puck wurde eine ebenso mustergültige Mutter wie es seinerzeit Effie gewesen war.

Mehr als jede andere der fünf untersuchten Gruppen haben mich die Angehörigen der Gruppe 5 gelehrt, wie die starken Blutsbande zum langjährigen Zusammenhalt einer Gorillafamilie beitragen. Der Erfolg von Gruppe 5 ist ein Verhaltensbeispiel für die menschliche Gesellschaft – Beethovens Vermächtnis an uns.

Waisen aus der Wildnis, zur Gefangenschaft verdammt:
Coco und Pucker

ETWA vierzehn Monate nach Gründung der Karisoke-Forschungsstation, gegen Ende 1968, hatte ich angesichts der bevorstehenden Weihnachtszeit große Befürchtungen wegen der drohenden Zunahme der Wilderei im Parc des Volcans. Während der Feiertage stieg die Nachfrage nach Wildfleisch und Trophäen zusammen mit den Schwarzmarktpreisen für illegal getötete Tiere. Im Parc des Volcans gab es damals nur die Patrouillen gegen Wilderer, die ich organisiert hatte. Sie wurden von Parkangestellten durchgeführt unter der Bedingung, daß ich sie bezahlte und Verpflegung und Uniformen für sie stellte.

So war ich zunächst sehr erfreut, als kurz vor Weihnachten der junge ruandische Aufsichtsbeamte des Parks unangemeldet in der Station erschien. Wie ich glaubte, bedeutete der Besuch, daß die Parkverwaltung nunmehr selbst die Verantwortung für die Bekämpfung des Wildererunwesens übernehmen wollte. So war ich nicht wenig erschrocken, als der Beamte um meine Hilfe beim Fang eines jungen

Gorillas aus einer meiner Beobachtungsgruppen nachsuchte. Der Aufsichtsbeamte berichtete, daß Vertreter der Stadt Köln einen Berggorilla für den Kölner Zoo haben wollten. Dafür boten sie einen Landrover sowie einen Geldbetrag für die Naturschutzarbeit im Parc des Volcans.

Ich versuchte den Ruander zu überzeugen, daß ein solches Ansinnen gerade für einen Aufsichtsbeamten des Parks völlig indiskutabel sei. Ich wies auf die starken Familienbande bei Gorillas hin und versicherte, daß ein Großteil der Gruppenmitglieder umgebracht werden müßte, ehe sie es zuließen, daß eines ihrer Jungen gefangen würde. Die Aussicht auf ein Massengemetzel schien den jungen Beamten, der mit der Beschaffung des Gorillas beauftragt war, weniger zu beeindrucken als die eventuelle internationale Vergeltungsmaßnahme, die der Fangversuch nach sich ziehen könnte. Über diese Dinge schien er ernsthaft nachzudenken, und ich hielt die Sache damit für erledigt.

Die Feiertage forderten den erwarteten Blutzoll von Antilopen, Büffeln und Elefanten. Soviel ich wußte, waren jedoch keine Gorillas bei der großen Wildererinvasion zu Schaden gekommen.

Meine Erleichterung darüber sollte jedoch nicht allzu lange anhalten. Am vierten März kam ein Freund aus der nächstgelegenen Ortschaft Ruhengeri zur Station, um mir zu erzählen, daß vor etwa sechs Wochen ein junger Gorilla von Wilderern gefangen worden sei, der sich nun in einem kleinen Drahtkäfig im Büro des Aufsichtsbeamten befinde.

Sofort stieg ich den Berg hinab und fuhr zu den Baracken, die den zahlreichen Beamten, die damals den Park verwalteten, als Büro dienten. Auf einem kleinen Platz standen ein paar Schuppen, deren größter die Garage für den neuen Landrover des Aufsichtsbeamten war. Eingequetscht zwischen dem Landrover und einem Holzstapel befand sich eine sargähnliche Kiste, um die sich eine Menge lachender Menschen, hauptsächlich Kinder, scharte. Ich schob die johlenden Kinder beiseite und öffnete vorsichtig den Verschluß der Holzkiste, um mir den Gefangenen anzusehen, der sich so weit wie möglich ins dunkle Innere zurückgezogen hatte. Im selben Augenblick stürzte sich die kleine, schwarzbehaarte Gestalt auf mich und schrie vor Angst und Wut. Schnell schloß ich die Klappe, während die Umstehenden laut über ein Unrecht lachten, das sie nicht begriffen. Ich ließ die Kiste ins Büro des Aufsichtsbeamten bringen, wo es relativ ruhig war. Gegen seinen Willen öffnete ich die Klappe – diesmal, um das Gorillababy herauszulassen. Wieder kam das dunkle Wollknäuel hervorgestürzt.

Bevor der Beamte ausweichen konnte, hatte das kleine Gorillamädchen ihn ins Bein gebissen. Dann floh es zum Fenster, wo die versam-
melte Menge den Vorgang von draußen lautstark bejubelte. Das
verängstigte Gorillakind trommelte mit solcher Kraft gegen die Scheiben, daß ich dachte, sie würden zersplittern. Da die Kleine fast verdurstet war, konnte ich sie jedoch mit einem Aschenbecher voll Wasser
wieder in die Kiste locken.

Ich befragte den Beamten nur kurz, wie er an den jungen Gorilla
gekommen war, weil ich das Tier so schnell wie möglich zur Station
bringen wollte. Jede Minute war kostbar, wenn das völlig geschwäch-
te Wesen überhaupt noch gerettet werden konnte. Ohne die geringste
Verlegenheit gab der Beamte zu, den größten Wilderer der Gegend,
Munyarukiko, mit dem Fang beauftragt zu haben. Munyarukiko und
seine Männer hatten den Mount Karisimbi erstiegen und die erstbeste
Gruppe mit einem Jungtier ausgewählt. Später erfuhr ich, daß bei dem
Fang zehn Gorillas getötet worden waren. Das Gorillajunge war mit
Draht an Ärmchen und Beinchen an eine Bambusstange gefesselt und
zu einem Dorf an der Parkgrenze gebracht worden. Dort hielten die
Parkwächter einen eigens dafür angefertigten Drahtkäfig bereit, in
dem das Tierchen weder stehen noch sich umdrehen konnte, und man
fütterte es mit Mais, Bananen und Brot, bis es nach Ruhengeri
gebracht wurde. Hier steckte man es in die sargähnliche Holzkiste und
fütterte das Tier zusätzlich mit Suppe, weil den Fängern wegen seines
Zustands Bedenken kamen und ihnen nichts Besseres einfiel.

Es wird mir ewig ein Rätsel bleiben, wie das verwaiste Gorillajunge
in dem engen Käfig, bei der kargen Kost und den entzündeten Wunden von den Drahtfesseln überleben konnte. Irgendwie hatte es den
Lebenswillen für zwei weitere Wochen in Ruhengeri aufgebracht, bis
ich von ihm hörte. Da ich nicht noch mehr Zeit im Büro des Aufsichtsbeamten verlieren wollte, teilte ich ihm mit, daß ich das Kleine mit zur
Station nehmen würde. Er hatte keine Einwände. Im Gegenteil, er
schien höchst erfreut zu sein, mir die Verantwortung für das Schicksal
beziehungsweise den wahrscheinlichen Tod der Gefangenen überlassen zu können.

Am dringendsten brauchte das Kleine jetzt Flüssigkeit, Vitamine
und Glukose, später wollte ich es so bald wie möglich wieder auf
natürliche Pflanzenkost umstellen. Unglücklicherweise mußte ich für
die erforderlichen Medikamente nach Kisoro in Uganda, wodurch
sich der Transport des Gorillas zur Station um einen weiteren Tag ver-
zögerte.

Lily, mein Landrover, beförderte die Kiste aus dem Trubel von Ruhengeri zu dem vergleichsweise ruhigen Haus eines befreundeten europäischen Ehepaars, das ziemlich nahe an der Parkgrenze am Visoke wohnte. Dort angekommen, brachte ich den kleinen Gorilla in einem Kinderlaufstall unter, den ich in Anbetracht des anstehenden Transports zur Station oben zunagelte. Als es Nacht wurde, legte ich mich neben dem Laufstall nieder, um das Gorillamädchen zu trösten, falls es im Schlaf weinen sollte.

In dieser langen Nacht faßte ich den Vorsatz, die Kleine wieder freizusetzen und zu versuchen, sie in einer meiner Gruppen unterzubringen, anstatt zuzulassen, daß sie im Kölner Zoo in einen anderen Käfig gesteckt wurde. Ich schätzte ihr Alter auf zweieinhalb bis drei Jahre – alt genug zum Überleben in der Wildnis im Schutz erwachsener Gorillas. Zum Andenken an ein altes Weibchen aus Gruppe 8, das kürzlich eines natürlichen Todes gestorben war, nannte ich die Kleine Coco.

Am nächsten Morgen begann die zweite Etappe von Klein-Cocos Reise: eine vierzigminütige Fahrt zum Fuß des Mount Visoke und anschließend der fünfstündige Aufstieg zur Station auf einem schlammigen Elefantenpfad. Die Karisoke-Helfer hatten den zweiten Raum meiner Hütte für die Ankunft meines Schützlings hergerichtet. Auf einem Zettel, den ich einem Träger zur Station mitgegeben hatte, hatte ich darum gebeten, die Fenster zum Schutz der Glasscheiben und der kleinen Coco mit Maschendraht zu überziehen und eine Drahttür zwischen den beiden Räumen anzubringen. Außerdem sollten die Fußbodenbretter von Cocos Raum mit Gorillafutter und Grünzeug zum Nestbau ausgelegt und *Vernonia*-Stämmchen zwischen Boden und Decke zum Klettern verteilt werden. Als Coco und ich auf der Station ankamen, war der Raum zu einem Miniatur-Gorillawohngebiet umgestaltet.

„Es ist alles fertig!" riefen mir die Männer aufgeregt entgegen, als ich mit der Reihe der Träger aus dem dichten Wald auf die offene Wiese um die Station trat. Ich war wirklich beeindruckt von der Veränderung in der Hütte. Zwei Wassernäpfe waren mit großen Steinen teilweise bedeckt, damit die halbverdurstete Gefangene nicht zuviel auf einmal trinken konnte. Dann schafften es die Träger unter viel Geschrei, den Laufstall durch die Tür zu quetschen und inmitten der Bäumchen niederzusetzen. Und schließlich war ich mit dem Gorillababy allein in himmlischer Ruhe.

Vorsichtig löste ich die Abdeckung des Ställchens, gespannt, was nun geschehen würde. Würde die Kleine schüchtern, aggressiv oder apathisch reagieren? Ich war entzückt, als Coco prompt den Laufstall verließ und wie benommen über das Grünzeug lief. Dabei berührte sie die Blätter und Stengel, als ob sie sich vergewissern wollte, daß sie echt waren. Wegen ihrer geschwächten Verfassung machte sie nur ein paar bescheidene Imponierversuche, wohl um anzudeuten, daß sie mit dieser neuen Lage schon fertig werden würde. Dann stand sie vor mir und schaute mich fast eine Minute lang eindringlich an, ehe sie sehr zögernd auf meinen Schoß krabbelte. Ich hätte sie am liebsten umarmt, unterließ es aber, um nicht das erste Zutrauen zu gefährden, das sie einem menschlichen Wesen entgegenbrachte.

Coco saß einige Minuten lang ruhig auf meinem Schoß, dann ging sie zu den Fenstern, von denen aus man die Visokehänge überblicken konnte. Mühsam kletterte sie auf eine lange Bank, die unter den Fenstern stand, und starrte auf den Berg. Plötzlich begann sie zu schluchzen und Tränen zu vergießen, was ich weder vorher noch nachher je bei einem Gorilla gesehen habe. Als es schließlich dunkelte, rollte sie sich in einem Blätternest ein, das ich für sie vorbereitet hatte, und weinte sich leise in den Schlaf.

Ich hatte etwa eine Stunde lang außerhalb der Hütte zu tun und erwartete, Coco bei meiner Rückkehr friedlich schlafend vorzufinden. Statt dessen erblickte ich, als ich die Tür öffnete, ein vollständiges Chaos. Die „gorillasichere" Abdeckung, die die Männer über die Lebensmittelvorräte auf den Regalen an der Wand genagelt hatten, war abgerissen. Mitten zwischen den aufgereihten Blechdosen saß Coco und probierte zufrieden Zucker, Mehl, Marmelade, Reis und Spaghetti. Mein anfänglicher Ärger über die Verwüstung, die sie angerichtet hatte, wich sofort der Freude, als mir klar wurde, daß das Gorillamädchen genug Neugier und Energie aufgebracht hatte, um ein solches Durcheinander anzurichten.

An den beiden folgenden Tagen aß Coco immer mehr natürliche Pflanzennahrung, Labkraut, Disteln und Nesseln, und – nach einem Machtkampf – nahm auch ein Milchmischgetränk zu sich, dem ich alle für sie lebensnotwendigen Zutaten beigefügt hatte. Dennoch jammerte sie häufig, besonders wenn sie zum Fenster hinausschaute.

Am dritten Tag schwand die relative Zufriedenheit mit ihrer neuen Umgebung, und plötzlich ging es ihr schlechter. Die gleiche Veränderung findet meines Wissens bei jedem gefangenen Gorilla statt. Jedes Tier scheint ein gewisses Maß an Mut und Überlebenswillen zu haben, aber nur zu oft ist das Trauma der brutalen Fangaktion zusammen mit der körperlichen Vernachlässigung von seiten der Fänger einfach zuviel. Hilfe kommt meist zu spät. Coco nahm keine Nahrung mehr zu sich. Zusammengekauert lag sie auf einem Haufen Nestmaterial und zitterte unkontrolliert. Was ich auch tat, einschließlich des Abspielens von Bestandsaufnahmen mit Stimmen anderer Gorillas, nichts konnte sie aus dem teilnahmslosen Dahindämmern herausreißen. Ich behandelte sie mit Antibiotika, aber sie schien auf nichts anzusprechen und verfiel in beängstigender Weise.

In ihrer sechsten Nacht auf der Station nahm ich Coco mit in mein Bett in der Annahme, daß dies wohl ihre letzte Nacht wäre. Alles, was ich ihr noch geben konnte, waren Wärme und Geborgenheit.

Am nächsten Morgen schien Coco wie durch ein Wunder etwas lebendiger, und ich hoffte, daß die Krise vorübergegangen sei. Ich gab ihr ihre Medikamente und trug sie ins Freie in ein großes, drahtgeschütztes Gehege neben ihrer Kammer, damit sie etwas Sonne abbekam. Die Tür zwischen Kammer und Gehege wurde geschlossen, so daß ich mit den Männern den Raum gründlich desinfizieren konnte, bevor frisches Laub und Sämlinge hineingebracht wurden. Damit waren wir noch beschäftigt, als ich plötzlich näher kommende Stimmen hörte. Ich ging hinaus und sah sechs Männer, die auf den Schultern etwas schleppten, was wie ein riesengroßes Bierfaß zwischen Bambusstangen aussah. Der Vormann der Gruppe überreichte mir einen Brief. Er war von einem Freund in Ruhengeri, dem ich von Coco erzählt hatte. Ich öffnete das Kuvert und las: „Die Wilderer haben noch einen Gorilla gefangen und wollen nun, daß du ihn gesund pflegst. Ich wußte nicht, wie ich ihn anders zu Dir schaffen sollte. Hoffe, mit dem ersten geht alles gut. Bezweifle, daß der es schafft."

Ungläubig entlohnte ich die Träger und ließ das Faß in Cocos Kammer bringen, während Coco im Außengehege in der Sonne blieb. Höchstwahrscheinlich war der Aufsichtsbeamte vor einer Woche deshalb so daran interessiert gewesen, Coco loszuwerden, weil er sie dem Tode nahe glaubte. Nun hatte er wohl ein zweites Tier als Ersatz für den Kölner Zoo beschafft.

Ich zog die Nägel aus dem Faß und hob den Deckel ab. Anders als Coco weigerte sich der Neuankömmling, seinen Behälter zu verlassen, und kauerte in der hintersten Ecke. Auch als ich Coco als „Lockvogel" in den Raum brachte, reagierte das Tier nicht. Ich ließ die beiden allein und beobachtete sie von meinem Zimmer aus. Coco war sehr neugierig auf den Neuankömmling und lugte in das Faß; dabei stieß sie leise Grunzlaute aus, sobald er sich auch nur ein bißchen bewegte. Dann und wann tasteten die beiden nacheinander, um jedoch die Hände kurz vor der Berührung wieder zurückzuziehen.

Noch immer machte der Gefangene keine Anstalten, aus dem Faß herauszukommen. Da ging ich in die Kammer, kippte das Faß auf die Seite und „entleerte" es sanft auf den laubbedeckten Boden. Ich war entsetzt, als ich sah, daß das zum Vorschein kommende viereinhalb bis fünf Jahre alte Weibchen noch viel ausgemergelter war als Coco bei ihrer Ankunft. Eitrige Wunden an Kopf, Handgelenken und Knöcheln rührten offensichtlich von Drahtfesseln her. Der klägliche Zustand des Tieres ließ mich vermuten, daß es fast gleichzeitig mit Coco gefangen worden war, aber beinahe eine Woche länger bei seinen Fängern verbringen mußte.

Sobald die neue Gefangene mich erblickte, zog sie sich so weit wie möglich in eine dunkle Ecke unter dem Tisch zurück. Coco lief mit Imponierschritten vor ihr auf und ab, eine für Gorillas typische Fortbewegungsweise beim Kennenlernen. Es freute mich, bei Coco nur Stunden nach ihrem äußerst bedenklichen Zustand neuerwachtes Interesse am Leben zu sehen, ich bezweifelte aber, daß Pucker (das englische Wort für Runzel) – so genannt wegen ihres grämlichen und betrübten Gesichtsausdrucks – jemals ähnlich lebhaft werden würde.

Ich brachte den beiden Tieren frischen Sellerie, Disteln, Labkraut und eine Schale mit wilden Brombeeren, die meine Mitarbeiter gesammelt hatten. Pucker zeigte ein Fünkchen Interesse an der vertrauten Nahrung, gab aber, vielleicht weil sie sie an früher erinnerte, klägliche Laute von sich, genauso, wie Coco es in der gleichen Lage getan hatte. Coco antwortete mit Weinen und geschürzten Lippen, bevor sie zu der Schale ging und ein paar reife Brombeeren aussuchte. Ich ließ die beiden allein, um sie durch die Drahttür zu beobachten. Pucker näherte sich langsam der Lieblingsspeise und griff zögernd nach einer Beere. Bei dieser ersten Erfahrung im „Teilen" brach ein leichter Grunzstreit zwischen den beiden aus. Dann ergriffen beide Jungtiere so viele Beeren, wie sie mit ihren Händen fassen konnten, und nahmen ihre Beute mit in verschiedene Ecken des Raumes, von wo sie einander beim Verzehren angrunzten. In diesem Moment wußte ich, daß Futterneid die Triebfeder für ihren Überlebenswillen sein würde.

Der erste Tag des Kennenlernens war eine Mischung aus leicht abweisendem Verhalten und einem rührenden Bedürfnis nach Anschluß. Gegen Ende des Tages kuschelten sich die beiden schließlich in einem Laubnest aneinander, weinten leise und schliefen engumschlungen ein.

Es dauerte drei Tage, bis ich die beängstigend teilnahmslose Pucker dazu brachte, das gleiche mit Medikamenten und Aufbaustoffen angereicherte Milchgetränk anzunehmen, das auch Coco trank. Während Pucker immer apathischer wurde, steigerte sich Cocos Anhänglichkeit mir gegenüber. Ständig wollte sie schmusen und spielen. Wenn ich ihre Forderungen um Beachtung nicht sofort erfüllte, wuchs sich ihr Gewinsel oft zu lauten Temperamentsausbrüchen aus, die wiederum Pucker veranlaßten, von ihrem Nest auf einem leeren Regalbrett schwache Rülpslaute auszusenden, als ob sie die jüngere Mitgefangene trösten wollte. Die dauernde Anregung durch Cocos Anwesenheit half Pucker über die Phase der Verzagtheit hinweg. Langsam interessierte sie sich wieder für Nahrung und brachte sogar genug Mumm auf, um sich ihren Anteil an Leckerbissen zu sichern, wenn Coco ihr diese wegnehmen wollte.

Das waren wirklich anstrengende Tage. Sie wurden noch beschwerlicher dadurch, daß der neue Koch die Arbeit niederlegte, als ich ihn um Mithilfe bei der Zubereitung der Milchmischgetränke und der Sterilisation der Fläschchen bat. Mit hochmütiger Miene teilte er mir auf suaheli mit: „Ich koche für Weiße, nicht für Tiere." Auch einige andere Männer drohten, die Station zu verlassen, weil sie ständig im Wald nach frischem Futter suchen mußten.

Glücklicherweise war Coco inzwischen begeistert von der angereicherten Milch, die dreimal täglich in einer flachen Schüssel verabreicht wurde, und zwar nicht nur für sie, sondern auch für Pucker. Pucker fand Cocos Gier nach einem Gesöff, das ihr abscheulich schmeckte, befremdlich. Und wieder löste der Futterneid das Problem. Je eifriger Coco Puckers Schüssel mit der Milch durch Schubsen und Grunzen an sich bringen wollte, desto entschiedener wurden Puckers Verteidigungsanstrengungen. Schließlich trank Pucker mit verzerrtem Gesicht das stärkende Getränk, bevor Coco es erreichen konnte.

Ich war Coco sehr dankbar für die unbeabsichtigte Unterstützung, weil Pucker es auch nach acht Tagen nicht duldete, daß ich sie anfaßte. Im Gegensatz zu Coco machte sie nie Annäherungsversuche. Ich nahm an, daß Pucker, die etwa ein Jahr älter war als Coco, infolge der Veränderungen im Zusammenhang mit ihrer Gefangennahme mehr Angst vor den Menschen hatte als das jüngere Weibchen.

Puckers erste Annäherung an mich geschah unter dem Vorwand, Coco zu „beschützen", die immer mehr durch Handgreiflichkeiten daran gehindert werden mußte, bei ihrem Lieblingsspiel „Hausabreißen" die Wand- und Deckenverkleidung zu demolieren.

Wenn ich Coco mit Ablenkungsmanövern von beabsichtigten Missetaten abhielt, versuchte Pucker meist, die Kleine von mir wegzubekommen, indem sie umherrannte, grunzte und auf meine Beine einschlug oder leicht in sie hineinbiß. Anscheinend wollte Pucker nur in das Spiel einbezogen oder sogar auf den Arm genommen werden, obgleich sie mir so weit denn doch noch nicht traute. Ich fand dieses eifersüchtige Verhalten rührend. Mit sehr schlechtem Gewissen konzentrierte ich weiterhin meine Aufmerksamkeit auf Coco in der Hoffnung, Pucker aus der Reserve zu locken.

An einem Abend, fast zwei Wochen nach Puckers Ankunft, schlich sie sich zu Coco und mir, als wir auf einer Bank in dem Gorillazimmer spielten. Pucker schnappte sich Cocos Arm und wollte die kichernde Kleine von meinem Schoß zerren. Als Coco sich nicht rührte, versuchte Pucker mit nervösem Schmatzen, eine meiner Hände von Cocos Körper loszuklauben. Sanft begann ich, Pucker zu streicheln. Sie zuckte sofort zusammen, ihr Körper wurde starr vor Angst, und sie wandte den Kopf ab. Dadurch, daß sie mich anfaßte, hatte sie wenigstens einen winzigen Schritt in Richtung Kontaktaufnahme mit einem menschlichen Wesen gemacht. Innerhalb der nächsten zwei Tage baute sie die Annäherungsversuche aus, indem sie kurz meine Hände umfaßte, wenn ich Coco hielt.

Schließlich kam der Tag, an dem es Coco so gut ging, daß sie sich frei auf den Wiesen rund um die Station aufhalten konnte. Pucker ließ ich zurück, denn ihre Verletzungen waren noch nicht genügend verheilt, und ich traute meinem Einfluß auf sie nicht. Bei unserem ersten Ausflug außerhalb der Hütte mußte ich Coco auf dem Rücken tragen, weil sie offenbar von der weiten offenen Fläche ringsumher so überwältigt war, daß sie allein keinen Schritt machen wollte. Selbst als wir uns auf einem riesengroßen Kosostamm niederließen, der mit Labkraut und anderem Gorillafutter überwachsen war, wich sie nicht von meinem Schoß.

Die Rückkehr in die „Wildnis" führte uns nur etwa fünfzig Meter von der Hütte weg. Pucker, die in den Außenkäfig gegangen war, um Coco und mir nachzuschauen, begann nach kurzer Zeit leise zu weinen. Ihr Gewimmer steigerte sich bald zu lautem Schluchzen und endete mit schrillen Schreien, als Coco und ich uns weiter entfernten. Ich mußte früher als beabsichtigt zurückgehen. Als wir wiederkamen, verstummte das Geheul schlagartig, aber Pucker – typisch für sie – ignorierte unser Eintreffen völlig und täuschte plötzlich Interesse am Futter vor. Man hätte ihr Verhalten komisch finden können, weil es dem verwöhnter Menschenkinder so ähnlich war; dennoch berührte es mich; schließlich drückte es ein tiefes Verlustgefühl aus.

Ich nahm Coco noch einige Tage allein mit hinaus; stets begleitete uns Puckers Geschrei von der Hütte. Coco gewöhnte sich rasch an die Umgebung der Station, die mit ihren großen Wiesen, gackernden Hühnern und meiner äußerst geduldigen und spielfreudigen Hündin Cindy bestimmt kein Gorillabiotop war. Coco rannte begeistert hinter den Hühnern her und haschte nach ihren Schwanzfedern. Auch machte es ihr Freude, auf Cindys Rücken zu reiten und sie immer wieder im Kreis herumzujagen, bis beiden schwindlig war und sie erschöpft ineinandersanken.

An dem Morgen, als ich beide Gorillas ins Freie lassen wollte, kamen unerwartet die Parkwächter zur Station. Die beiden Kleinen waren in ihrem Außengehege, als sich die Wächter geräuschvoll mit Speeren und Gewehren näherten. Entsetzt flüchteten die Kleinen in ihren Raum, kletterten auf das höchste Regalbrett und klammerten sich für den Rest des Tages aneinander. Die Wächter verlangten, daß ich ihnen umgehend die Gorillas für den Transport zum Kölner Zoo aushändigen sollte. Nach einer Stunde wurde ich die Eindringlinge los, nachdem ich sie überzeugt hatte, daß die Gorillas noch nicht reisefähig seien, was zumindest für Pucker auch zutraf. Es dauerte zwei Tage, bis die verschreckten Kleinen aus ihrem Raum gelockt werden konnten.

Endlich ging es beiden Gorillas so gut, daß sie in der relativ unbegrenzten Freiheit ihres natürlichen Lebensraums mit Cindy als bereitwilligem und zuverlässigem Spielgefährten umhertollen konnten. Durch ihre Gutmütigkeit hatte die Hündin das Vertrauen von Coco und Pucker gewonnen. Das beeindruckte mich doch sehr, denn zweifellos waren ja Hunde beim Fang der Gorillas von den Wilderern eingesetzt worden. Einer der Gründe, warum sich die beiden Gorillas meiner treuen Hündin so willig anschlossen, lag vielleicht darin, daß Cindy, die seit ihrer Ankunft auf der Station vor mehr als zwei Jahren keinen Hund mehr gesehen hatte, nicht mehr zu wissen schien, wie man bellt.

Wenn Coco und Pucker richtig aufgedreht waren, hatte Cindy es nicht leicht. Sie wurde gezwickt, gehauen, geritten, an den Ohren gezogen, beschnüffelt, gejagt und manchmal fast in Stücke gerissen bei den wilden Spielen im Freien. Mitunter hatte ich den Eindruck, daß Cindy nicht mehr wußte, ob sie ein Hund oder ein Gorilla war. Am deutlichsten und schmerzlichsten muß ihr der Unterschied klar-

geworden sein, als Coco und Pucker auf Bäume kletterten und sie auf der Erde zurückließen, während sie den Baumstamm mit ihren tapsigen Pfoten anging.

Die Zeit, die Cindy und die Gorillas im Freien verbrachten, war der Höhepunkt vieler Tage, an denen das Wetter unsere Ausflüge von der Hütte aus zuließ. Meine beiden Schützlinge überwanden nie ganz die Furcht vor den weiten Wiesenflächen um die Station, aber wir mußten sie überqueren, um zu den baumbestandenen Hügeln mit den guten Kletter- und Spielmöglichkeiten und den verschiedensten Futterpflanzen zu gelangen. Auf dem Hin- und Rückweg wollte Coco allerdings fast immer auf dem Arm getragen werden, während Pucker darauf bestand, entweder huckepack zu reiten oder sich an mein Bein zu klammern – zappelnde Lasten, die das Überqueren der Wiese für mich zu einem recht mühseligen Treck machten.

Ich versuchte Coco dazu zu bringen, ihre eigenen Beine zu gebrauchen, aber ebensogut hätte ich einen Elefanten das Fliegen lehren können. Wenn ich Coco stehenließ, begann sie meist zu weinen, erst kamen eine Reihe kläglicher, gedämpfter „Huu-huu-huus", die sich allmählich zu schrillen Tobsuchtsanfällen steigerten und mich nötigten, umzukehren und sie auf den Arm zu nehmen.

Meist erwachten Coco und Pucker von selbst gegen sieben Uhr morgens. Lautstark ließen sie mich dann wissen, daß sie ausgeschlafen hatten, indem sie ungestüm gegen die Drahttür zwischen den beiden Räumen schlugen. Nachdem wir drei uns zur Begrüßung umarmt hatten, gab ich ihnen ihr Milchmischgetränk in die zwischen den Gitterstäben des Laufstalls verkeilten Schüsseln. Dann bot ich Bananen und wilde Brombeeren im Außengehege an, um die Kleinen loszuwerden, damit meine Helfer und ich den Boden und die Wandbretter in dem Zimmer abschrubben und Futterreste oder anderen Abfall vom Vortag entfernen konnten. Währenddessen holten andere Mitarbeiter frisches Grünzeug als Futter und zum Nestbau, so daß die Gorillas, wenn sich endlich die Tür zu ihrem Reich wieder öffnete, in einen „frischen Wald" kamen, wenn der auch leicht nach Desinfektionsmitteln roch.

Bei bedecktem oder kühlem Wetter aßen die beiden Tiere etwa eine Stunde lang zufrieden, bis sie in dem frischen Laub ihre Nester bauten. Wenn die Sonne schien, wollten sie ins Freie, wo sie ihre aufgestaute

Links: *Ermüdet nach einem Morgen mit anstrengenden Spielen, machen Coco und Pucker eine kurze Ruhepause unter einem Kosobaum.*

Energie in Ringkämpfen, Hetzjagden und Klettertouren loswerden konnten.

Mittags brachte ich sie in die Hütte zurück; dort wiederholte sich die morgendliche Zeremonie mit Medikamenten, Lieblingsfutter und frischem Laub. Das Nachmittagsprogramm hing wieder vom Wetter ab, obwohl die beiden Raufbolde um diese Tageszeit ganz gern ruhten. Gegen vier Uhr wurde wieder das Laub gewechselt und ein Haufen *Vernonia*-Sämlinge hereingebracht für die Schlafnester, die zunächst ich und später die Kleinen selbst errichteten. Um fünf Uhr war es wieder Zeit für Medikamente und Futter, und die beiden durften eine Stunde lang in Ruhe essen. Dann wurden ihre zufriedenen Summ- und Rülpslaute vom Klappern meiner Schreibmaschine im Nebenraum übertönt, was stets ein heiterer und harmonischer Tagesausklang war.

Bei diesem ungezwungenen Zusammensein erfuhr ich vieles über Gorillaverhalten, was ich zuvor bei freilebenden Tieren, die noch nicht völlig an meine Anwesenheit gewöhnt waren, nicht erforschen konnte. Wenn Coco und Pucker einander kitzelten, entstand viel lautes Gekicher, und es verlängerte ihre Spielphasen. Versuchsweise kitzelte ich zunächst Coco, und nach ihrer sehr positiven Reaktion versuchte ich es auch bei Pucker. Nach einigen Wochen wechselte ich vom kurzen „Kille-kille" zum längeren „Ei-dei-dei-dei-dei", wie es Eltern praktizieren, wenn sie mit den Fingern auf dem Bäuchlein ihres Kindes krabbeln. Der Ausdruck Ei-dei-dei-dei-dei steht in keinem Wörterbuch, aber er scheint überall menschliche und nichtmenschliche Primaten zum Lachen zu bringen. Später hatte ich Gelegenheit, freilebende Junggorillas in gleicher Weise zu krabbeln, und erzielte damit die gleichen entzückten Reaktionen wie bei Coco und Pucker. Ich tat dies freilich äußerst selten, weil ja stets zu beachten war, daß der Beobachter sich nicht in das Verhalten freilebender Studienobjekte einmischen sollte.

Wenn ich glaubte, die Tiere hätten genug vom anstrengenden Spiel, brach ich die buschigen Spitzen von *Vernonia*-Zweigen ab und legte sie auf die frischen Moosbettchen auf dem obersten Regalbrett. Das war für die Kleinen das Signal, die Schlafnester aufzusuchen. Nach rund sieben Wochen konnten Coco und Pucker ihre Schlafnester selbst bauen. Ich freute mich über ihre Selbständigkeit, denn sie war genau das, was die beiden brauchten, um in freier Natur zu überleben. In der Stille der Nacht machte mich der Gedanke an die unvermeidliche Trennung von den beiden Gorillas oft traurig, andererseits war ich

aber auch wieder froh bei der Vorstellung, daß die beiden als Angehörige von Gruppe 8 ihr weiteres Leben im Wald verbringen würden.

Kurze Zeit später erhielten wir wieder unerwarteten Besuch in
Gestalt des Aufsichtsbeamten, den Coco vor sieben Wochen in
Ruhengeri in ihrer Panik gebissen hatte. Das Verhalten der beiden
Tiere bei seiner Ankunft spiegelte meine eigenen Empfindungen
wider: Coco versteckte sich, und Pucker knallte die Tür zwischen den
beiden Räumen zu, was ich amüsant fand.

Der Aufsichtsbeamte hatte den langen Aufstieg zur Station
gemacht, um die beiden Gorillas endgültig mitzunehmen. Er verlangte die sofortige Übergabe der Kleinen an den Kölner Zoo. Abermals beschwor ich ihn, die Tiere hierzulassen, da sie noch nicht transportfähig seien. Während ich noch Zeit zu schinden versuchte, war
von nebenan unglücklicherweise ausgelassenes Getobe zu hören. Im
stillen verfluchte ich die beiden Wildfänge wegen des ungünstigen
Zeitpunkts für ihr Spiel, obgleich es mich freute, daß sie trotz der
Anwesenheit des Aufsichtsbeamten so munter waren. Je mehr ich bet-
telte, sie behalten zu dürfen, desto entschiedener bestand er darauf, sie
mitzunehmen. Wohlweislich erzählte er mir nicht, daß der Kölner
Zoo ihm eine Reise nach Deutschland bezahlte, angeblich als „Begleit-
person" für die Gorillas. Bei seiner Ankunft sollte ihm ein ehrenvoller
Empfang von seiten des Zoos und der Stadtverwaltung zuteil werden.
Das war für einen Mann, der nie über die Grenzen seines Landes hin-
ausgekommen war, ganz sicher eine große Verlockung.

Nach einem langen Streitgespräch sagte der Aufsichtsbeamte rund-
heraus, wenn ich ihm nicht augenblicklich Coco und Pucker über-
gäbe, würde er Munyarukiko und andere Wilderer ausschicken, um
zwei andere junge Gorillas zu fangen. Damit blieb mir keine Wahl.
Noch am selben Tag telegrafierte ich an die Kölner Zooverwaltung,
sie könnten die Gorillas haben, sobald diese für die weite Reise transportfähig seien.

Dieses Telegramm, das weiteres Gemetzel verhindern sollte, war
einer der größten Kompromisse, die ich in den Jahren meiner Gorillaforschung schließen mußte. Damals gab es nur wenige Vorschriften
für die Aus- und Einfuhr bedrohter Arten. Die Drohung des Aufsichtsbeamten, noch mehr junge Gorillas zu fangen, zwang mich,
Coco und Pucker der ewigen Gefangenschaft auszuliefern. Sobald der
Mann gegangen war, betrat ich das Gorillazimmer und wurde von
beiden Tieren stürmisch begrüßt. Als ich sie an mich drückte, kam ich
mir wie eine Verräterin vor.

Die Tage vergingen. Coco und Pucker genossen ihr unbeschwertes Dasein. Ihr lebhaftes Verhalten war wie bei zwei ausgelassenen kleinen Mädchen in der Sommerfrische, die unbegrenzt Zeit haben. Doch für mich war die Freude, sie zu normalen, spielfreudigen Junggorillas heranwachsen zu sehen, dahin. Das Wissen um die Kürze der ihnen verbleibenden Zeit im Wald bedrückte mich ständig, um so mehr, als ich nichts tun konnte, um ihr Schicksal abzuwenden. Ich schrieb an den Kölner Zoodirektor und bat ihn inständig um sein Einverständnis, die Gorillas bei einer „Stiefgruppe" wieder freizulassen. Als Antwort erhielt ich eine klare Ablehnung.

Einige Wochen nach dem Besuch des Aufsichtsbeamten kamen die Parkwächter wieder zur Station und verlangten die Übergabe der Gorillas, wobei sie mit verrosteten Flinten vor mir, den Kleinen und meinen Helfern herumfuchtelten. Inzwischen hatten sich Coco und Pucker an die Angestellten der Station gewöhnt, blieben aber ängstlich und scheu gegenüber fremden Afrikanern. Daher war ich sehr überrascht, als die Gorillas die Wächter „anzugreifen" versuchten, indem sie brüllten und kräftig gegen den Draht zwischen sich und den vermeintlichen Fängern schlugen. Das war für mich die Gelegenheit, die Wächter aufzufordern, nach nebenan zu gehen und sich die Gorillas selbst zu holen. Nicht einmal der zu erwartende Zorn des Aufsichtsbeamten konnte die Männer dazu bringen, den Raum mit den tobenden Gorillas zu betreten, und nach wenigen Minuten zogen sie unverrichteter Dinge ab. Wie ich später erfuhr, erzählten sie dem Aufsichtsbeamten, die jungen Gorillas wären aus gesundheitlichen Gründen noch nicht transportfähig.

Einige Tage danach erschien der Aufsichtsbeamte persönlich auf der Station. Er war in Begleitung mehrerer Wächter, die eine kleine, neuangefertigte sargähnliche Kiste trugen, in der die Gefangenen von Kigali in Ruanda als Luftfracht nach Brüssel befördert werden sollten. Von dort würden sie weiterfliegen nach Köln. Als einzige Öffnung hatte die Kiste ein dreißig Zentimeter großes Fensterchen. An weitere Luftlöcher war nicht gedacht worden. Ich protestierte und konnte den Aufsichtsbeamten davon überzeugen, daß die Tiere den Transport in dieser Kiste nicht überleben würden. Er hatte ein Einsehen, besaß aber die Frechheit, von mir Geld für den Behälter zu verlangen. Als er schließlich ging, hatte er den Gegenwert von dreißig Dollar in der Tasche. Es freute mich trotzdem, weil ich mit dem vollständigen Umbau der Transportkiste den schrecklichen Abreisetag um einige Wochen hinausschieben konnte.

Bob Campbell, ein Fotograf der Fachzeitschrift *National Geographic*, kam um diese Zeit zur Station, um eine umfassende Bilddokumentation von freilebenden Gorillas, aber auch von Coco und Pucker zu machen. Mit Bobs Hilfe gelang es meinen Mitarbeitern und mir, die Kiste umzubauen. Nachdem wir sie und das Türchen vergrößert sowie ein paar Dutzend Luftlöcher in Seiten und Decke gebohrt hatten, stellten wir sie in den Raum der Gorillas, damit die Tiere sich daran gewöhnen konnten. Ihre Lieblingsspeisen und die Milchmischung wurden ihnen in die Kiste gestellt.

Nach wenigen Tagen hatten sie ein Fangspiel rund um die Kiste erfunden. Gern versteckte Coco sich auch mitten in der Jagd im Innern der Kiste, worauf Pucker mehrmals wild außen herumrannte, bis sie merkte, wohin Coco verschwunden war. Soviel Spaß ihnen auch ihr Riesenspielzeug machte, für mich war es eine ständige Mahnung an die bevorstehende Trennung und all das Schreckliche, das die Kleinen erwartete.

Als der gefürchtete Abreisetag kam, erklärte sich Bob Campbell bereit, die Gorillakinder zu dem kleinen Flugplatz in Ruhengeri zu begleiten, von wo sie nach Kigali fliegen sollten, um Afrika endgültig zu verlassen. Alle Reisevorbereitungen waren beendet. Seitenlange Anleitungen für die Betreuung der beiden Jungtiere auf ihrer langen Reise wurden mitgegeben. Blechdosen mit der Milchmischung befestigten wir an der Seite der Kiste, und ein frischer Futtervorrat aus dem Wald, für sie wohl der letzte, wurde eingepackt. Dann legte ich noch zwei große Konsolenpilze in die Kiste. Sowie die Kleinen nichtsahnend hineinrannten, um nach dem besonderen Leckerbissen zu greifen, schloß sich das Türchen hinter ihnen.

Wenige Minuten später kamen die Träger für den Transport. Da hielt ich es nicht mehr aus. Ich rannte aus der Hütte, über die Wiesen, wo wir unzählige Male gegangen waren, und tief hinein in den Wald, bis ich nicht mehr konnte. Den Schmerz über den Verlust meiner beiden Schützlinge kann ich nicht beschreiben, selbst heute, zehn Jahre danach, noch nicht.

NOCH einige Jahre lang schickte mir ein Angestellter des Kölner Zoos regelmäßig Berichte über ihr Befinden und Fotos. Aus den Fotos war zu ersehen, daß die beiden Gorillas schwer unter ihrem Käfigdasein litten. Während ich dieses Buch schreibe, erreicht mich die Nachricht, daß Coco und Pucker 1978 innerhalb eines Monats nacheinander im Kölner Zoo gestorben sind.

## Menschen zu Besuch auf der Karisoke-Forschungsstation

WÄHREND der Jahre intensiver Feldbeobachtung im Umkreis der Karisoke-Station genügte es mir vollauf, wenn ich monatelang außer den Mitarbeitern, meiner Hündin Cindy und den Gorillas keinen sah. Nach einigen Jahren und ein paar Veröffentlichungen über die Station aber war unser Frieden durch plötzlich und ungebeten auftauchende Fremde aus der „zivilisierten Welt" gefährdet.

Der Ansturm unerwünschter Touristen, Reporter und Fotografen traf die Station völlig unerwartet. Weil die Forschungsstation in einem öffentlichen Park liegt, hielten viele der Eindringlinge unsere Wohnhütten für Allgemeingut und versuchten während der Hochsaison die Forschungsstation in ein Touristenlager zu verwandeln. Natürlich gab es auch Leute, die der Gastfreundschaft würdig waren, aber wenn sie einmal gewährt wurde, verbreitete sich die Kunde davon wie ein Buschfeuer. Es hieß dann, daß die Station Besuchern offenstünde, und es kamen noch mehr Fremde, ohne sich anzumelden.

Eines Spätnachmittags erschien eine große Touristengruppe und verlangte Unterkunft in den Hütten und mich als persönlichen Führer zu den Gorillas. Der Koch versicherte, ich sei in Zaire, während der Holzsammler schwor, ich sei in Uganda. Die Fremden schöpften Verdacht und schlugen unbeirrt ihre Zelte etwa sechzig Meter von meiner Hütte entfernt auf. Drei Tage und Nächte saß ich in meiner Hütte in der Falle und verließ sie nur für menschliche Bedürfnisse oder die täglichen Kontakte mit den Gorillas. Um mich davonschleichen zu können, borgte ich mir die Gewänder des Holzsammlers, setzte eine schwarze Strickmütze auf und nahm eine Ladung Holz auf die Schultern, bis ich außer Sichtweite der Station war. Schließlich gaben die Touristen die Belagerung auf und zogen ihrer Wege.

Fernsehleute erwiesen sich nur zum Teil als Störenfriede bei der Forschungsarbeit in Karisoke. Die meisten von ihnen gaben so viel, wie sie nahmen, und wurden nach ihrer Abreise oft schmerzlich vermißt. Das traf besonders auf ein Team des amerikanischen Senders ABC zu. Der Großzügigkeit dieser Leute verdankte die Karisoke-Station eine Lichtmaschine, einen Kühlschrank und viele andere willkommene Gaben in Form von Lebensmitteln, Kleidung und Ausrüstung. Das neunköpfige Team leistete uns Gesellschaft, ohne uns bei der Arbeit zu behindern, und war am Schicksal der Berggorillas aufrichtig interessiert. Andere Fernsehleute jedoch hatten nur ihren Terminkalender im Kopf und waren unfähig, über ihre Kameraobjektive und Komfortbedürfnisse hinauszudenken. Sie hinterließen in der Karisoke-Station ein Gefühl der Verbitterung.

Außer gleichgültigen Berufsfotografen gab es immer wieder ungebetene Touristen, die darauf bestanden, die an Menschen gewöhnten Gorillas der Karisoke-Studiengruppen zu sehen. Die meisten dieser Schaulustigen versuchten, sowohl die Station als auch mich zu umgehen. Gewöhnlich kamen die Touristen in großen, undisziplinierten Horden und bestachen die Parkwächter aus Ruanda, damit sie sie zu den Gorillas brachten, obwohl ich mit der Verwaltung des Parc des Volcans eine Übereinkunft getroffen hatte, wonach die Tiere des Forschungsprojektes nicht durch Touristen gestört werden durften.

Da das Aufenthaltsgebiet von Gruppe 5 in der Nähe der östlichen Parkgrenze und des Hauptträgerpfades zur Karisoke-Station lag, bekam diese Gruppe den Touristenansturm mit voller Wucht zu spüren, besonders während der Sommerferien und an allen Wochenenden im Jahr. Bald war Gruppe 5 ständig auf der Hut vor Touristen. Ikarus und Beethoven hatten schnell heraus, daß sie die Touristen mit Scheinangriffen auseinandertreiben konnten, selbst wenn die Parkwächter ihre Gewehre auf sie richteten – auf zwei Silberrücken, die nur ihre Familie gegen ein immer zahlreicher und aufdringlicher werdendes Publikum verteidigen wollten.

ZWEI Jahre nach Gründung der Karisoke-Forschungsstation mußte ich mir eingestehen, daß ich meine Arbeit bei allem Einsatz nicht allein bewältigen konnte. Wenn ich die Forschung und die Naturschutzbestrebungen der Karisoke-Station erweitern wollte, brauchte ich Unterstützung durch studentische Mitarbeiter. Hilfsbereit, wie Dr. Leakey stets war, schickte er mir einen zweiundzwanzigjährigen Amerikaner, der sich berufen fühlte, in Afrika Freilandforschung zu betreiben. Nach dem dreistündigen Aufstieg zur Station brach er vor meinen Füßen zusammen. Verzweifelt nach Luft ringend, stieß er hervor: „Das schaffe ich nicht." Hier – mitten im Urwald – war ihm sofort klargeworden, daß er der Einsamkeit und der körperlichen Belastung dieser unwirtlichen Landschaft nicht gewachsen war.

Später sollte ich erfahren, daß die Symptome der Leute, die zur Karisoke-Station kamen und das Leben dort und bei der Forschungsarbeit nicht aushielten, eine auffällige Ähnlichkeit mit denen von Astronauten haben, die sich vor Weltraumfahrten einem Isolationstraining unterziehen müssen. Das kann sich durch Schweißausbrüche, unkontrolliertes Zittern, plötzliche Fieberanfälle, Appetitlosigkeit und schlimme Depressionen mit anhaltenden Weinkrämpfen äußern. Ich nannte diesen Zustand den „Astronauten-Blues", eine echte Krankheit. Nachdem ich bemerkt hatte, wie stark manche Leute davon betroffen waren, versuchte ich nicht mehr, sie zum Bleiben und zur Arbeit in der Feldforschung zu ermuntern.

Der zweite Besucher in der Station war Bob Campbell, der Fotograf von *National Geographic*, der Cocos und Puckers letzte Tage bei mir so umfassend in einem Bildbericht festgehalten hat. Fast drei Jahre lang kam Bob immer mal wieder zur Station und machte sich dann äußerst nützlich: Er half uns dabei, mit den Patrouillen Wilderern auf der Spur und beim Hüttenbau auf dem laufenden zu bleiben, wie auch beim Anlernen zusätzlicher Ruander und beim Reparieren von Kerosinlampen und -kochern. Es war immer so entmutigend, wenn man nach einem anstrengenden Tag des Kletterns im Regen und des seitenweisen Aufzeichnens von Beobachtungen zur Station zurückkam und merkte, daß die Lampe in der Hütte nicht funktionierte. Bob Campbell entpuppte sich als einer der wenigen Besucher in Karisoke, welche die Geduld aufbrachten, den Mitarbeitern – die von Kerosinlampen keine Ahnung hatten – beizubringen, wie man die „gute Fee des Urwalds" in Gang hielt, wenn solche Lampen oder Ersatzteile in Ruanda nicht erhältlich waren. Da ich die Aufzeichnungen eines Tages noch am selben Abend abtippen und auswerten wollte, waren tadellos funktionierende Kerosinlampen bei mir zur fixen Idee geworden. Die Kerosinkocher waren ähnlich launenhaft, standen aber auf der Prioritätenliste an zweiter Stelle, weil das Abtippen mir nun einmal wichtiger war als mein leerer Bauch. Ein knurrender Magen kann warten, aber die Tageseindrücke von Kontakten mit Gorillas werden schal, wenn man sie nicht sofort verarbeitet.

In dem Maße, wie die Arbeit an den Karisoke-Studiengruppen erweitert wurde, begann ich, mich auch mehr und mehr für den Gesamtbestand der im Virungagebiet lebenden Gorillas zu interessieren. Als George Schaller im September 1960 seine ausgezeichnete Freilandstudie beendete, schätzte er die Gesamtzahl der Berggorillas auf vierhundert bis fünfhundert Tiere. Bedauerlicherweise machte es die politische Situation Schaller damals unmöglich, eine genaue Zählung der Gorillas in dem ruandischen Parkgebiet durchzuführen. Während der sechs Monate meines Aufenthalts in der Kabara im Jahre 1967 hatte ich dort drei Gorillagruppen mit den drei vergleichen können, die

Schaller sechseinhalb Jahre zuvor beobachtet hatte. Die augenfälligsten Veränderungen in den drei Gruppen während der Zeit zwischen Schallers und meinen Studien war die Verringerung der Mitgliederzahl von zwanzig auf zwölf. Ein weiterer auffälliger Unterschied zeigte sich im veränderten Verhältnis von Erwachsenen zu Jugendlichen von 1,2 : 1 auf 2 : 1.

Aufgrund dieser Erkenntnisse hielt ich es für dringend erforderlich, den gegenwärtigen Bestand der restlichen Gorillas im Virungagebiet zahlenmäßig zu erfassen. Die unrechtmäßige Landnahme zog immer weitere Kreise. Daher war es mir wichtig, genau zu wissen, wo sich die Gorillas aufhielten, um auf längere Sicht Schutzmaßnahmen in diesen Gebieten durchsetzen zu können.

1969 begann ich mit Hilfe der Belgierin Alyette DeMunck und des Fotografen Bob Campbell die Bestandsaufnahme – also das Zählen der Gorillas und das Abschätzen ihrer Aufenthaltsgebiete. Während dieser Arbeit wohnten wir in kleinen Zelten und schleppten buchstäblich alles an Verpflegung und Ersatzkleidung in Rucksäcken mit uns herum. Die Zelte, eine Reiseschreibmaschine, eine Lampe und ein kleiner Kocher sowie ein paar Töpfe, Wasserbehälter und Schlafsäcke wurden von zwei Trägern transportiert. Die jeweilige Lagerzeit hing von den Wasserversorgungsmöglichkeiten und von Spuren ab, die auf die Anwesenheit von Gorillas im Umkreis von vier Stunden Gehzeit schließen ließen. Die Arbeit war äußerst mühselig und stellte hohe körperliche Anforderungen. Jeden einzelnen der sechs Virungaberge mußten wir von der Talsenke bis zum Gipfel absuchen, wobei keine Rinne, keine Schlucht und kein Abhang ausgelassen werden durfte. Trotzdem gehört die Erforschung des Vulkangebiets für mich zu den liebsten Erinnerungen an die Wälder – die Herausforderung der Suche, die freudige Erregung beim Entdecken einer neuen Gorillagruppe, die ehrfurchtgebietende Schönheit der Berge, die sich hinter jeder Wegbiegung erneut auftat, und das Abenteuer, in einem Zelt mitten in der Wildnis zu Hause zu sein.

In den folgenden elf Jahren kamen an die einundzwanzig Zähler zur Karisoke-Station, die für Forschungsprojekte auf verschiedenen Außenposten im Virungagebiet ausgebildet werden sollten. Die meisten dieser Studenten waren den Anforderungen der schweren Arbeit nicht gewachsen. Viele kehrten nach kurzem Aufenthalt nach Hause zurück. Ich war ganz selbstverständlich davon ausgegangen, daß jeder Bewerber vom Wunder der Berge und von der Möglichkeit, Gorillas zu begegnen, ebenso begeistert sein würde wie ich. Mir kam gar nicht in den Sinn, daß ermüdende Klettertouren auf endlos langen Schlammpfaden, Übernachten im feuchten Schlafsack, das Anziehen von nassen Jeans und Stiefeln nach dem Aufstehen und altbackene Kekse gegen den Hunger nicht jedermanns Traum vom Paradies sind.

An Forschungsprojekten bestand kein Mangel – noch viele Fragen waren offen, die das Verhalten der Gorillas und die Ökologie der Virungaberge betrafen. Viele Studenten hatten keine speziellen Projekte im Sinn und konnten daher aus einer ganzen Liste auswählen: Dominanzverhalten, Entwicklung im Kleinkindalter, Ernährung, Futtersuche, Fellpflege, Nestbau, Mutter-Kind-Beziehungen, Lautgebung, Auseinandersetzungen, Parasitologie.

Die *National Geographic Society* trug weiterhin in großzügiger Weise zum Unterhalt der Karisoke-Forschungsstation, meiner selbst und der afrikanischen Hilfskräfte bei. Die Doktoranden wurden gewöhnlich von ihren Universitäten unterstützt oder von privaten Geldgebern, mit denen sie die Unterhaltsfrage vor ihrer Ankunft in der Karisoke-Station geklärt hatten. Ich selbst habe nie ein Gehalt bezogen; ich fand, die Forschungsarbeit war Lohn genug.

ANFANG 1975 kam ein zerstreuter Professor in die Karisoke-Station, um ein dreimonatiges botanisches Forschungsprojekt durchzuführen. Für seine Reisekosten, Ausrüstung und Versorgung hatte ich die Finanzierung sichergestellt. Zwei Bedingungen waren daran geknüpft: Die neuen Ausrüstungsgegenstände sollten nach Abreise des Botanikers in der Station bleiben, und er sollte seine Ergebnisse binnen einer bestimmten Frist nach seiner Rückkehr in die Vereinigten Staaten veröffentlichen. Leider wurde letztlich keine dieser Bedingungen erfüllt. Acht Tage nach seiner Ankunft brannte der Professor aus Versehen seine Hütte ab, weil die Gestelle, die er zum Trocknen der Pflanzen über dem Holzofen angebracht hatte, schlecht befestigt waren. Die gesamte neue Ausrüstung, die Einrichtung der Hütte, meine unersetzlichen Botanikbücher und unser neues Kurzwellenradio wurden durch das Feuer vernichtet. Das Personal der Station und ich bekämpften den Brand stundenlang mit Wasser, das aus dem etwa dreißig Meter entfernten Bach eimerweise herbeigeschafft werden mußte. Am Ende dieses Tages war von der Hütte und ihrem wertvollen Inhalt nur eine verkohlte Masse übrig. Die Afrikaner und ich hatten schwere Rauchvergiftungen und Brandverletzungen davongetragen. Wir waren gerade erschöpft neben den schwelenden Trümmern niedergesunken, als der Botaniker von seiner Tagesarbeit im Wald zurückkam. Er hatte nichts Besseres zu tun, als seinem Ärger über die vorübergehende Unterbrechung seiner Forschungsarbeit mit Verwünschungen Luft zu machen. Für mich und die Ruander war der Brand die erste von mehreren Katastrophen, die über die Station, die wir gemeinsam in der Wildnis errichtet hatten, hereinbrachen.

Eine zweite Hütte brannte ab, als eine Studentin ihre Kleider zum Trocknen auf dem Kamin gelassen hatte. Immerhin bemühte sich die Schuldige, die Hütte in mehrwöchiger Arbeit wieder aufzubauen. Damit gab sie mir etwas von dem Glauben an das Format der Leute zurück, die sich entschlossen hatten, das Leben der Gorillas zu erforschen.

Ein anderer Student hatte absolut keinen Orientierungssinn und kam nicht einmal mit Kompaß und auf gekennzeichneten Pfaden zurecht. Die Spurensucher und ich fanden uns schließlich mit dieser Eigenart ab, aber sie kostete uns viele Stunden des Suchens nach dem Umherirrenden. Trotz der Vorschrift, daß jeder um siebzehn Uhr dreißig auf der Station zurück sein sollte, hatten wir uns bald daran gewöhnt, in der Nacht an den unmöglichsten Orten nach dem Vermißten zu suchen. Dennoch schätzte ich diesen scheuen und etwas zurückhaltenden Studenten sehr, denn er hatte eine fabelhafte Beziehung zu den Gorillas. Während der zehn Monate seines Aufenthalts gingen wir mehrmals gemeinsam zur Kontaktaufnahme, und ich sah mit Freuden, daß er die Belange der Gorillas über seine eigenen stellte. Er mutete den Tieren nie mehr zu, als sie ertragen konnten, was bei vielen anderen Mitarbeitern nicht der Fall war, die nur daran interessiert waren, die nötigen Daten für ihre Doktorarbeit zu bekommen.

Es gab also auch Studenten, die in den Virungabergen ebenso zu Hause waren wie ich und denen die Tiere des Urwalds über ihre persönlichen Interessen gingen. Im Sommer 1976 war ich auf der Rückfahrt zum Visoke, nachdem ich vier Zähler am Fuß des Mount Mikeno in Zaire abgesetzt hatte. In der Karisoke-Station gab es zu dieser Zeit keine Studenten, und ich machte mir schon Sorgen, wie ich mit den Afrikanern die Arbeit an den Hauptstudiengruppen und die ganzen Patrouillen gegen Wilderer bewältigen sollte. Unterwegs hielt ich an, um einen schwerbepackten Anhalter mitzunehmen. Tim White, ein Amerikaner, der sich allein auf einer Weltreise befand, verkörperte alles, was man sich von einem Assistenten auf einer Station in der Wildnis wünschen konnte. Ursprünglich wollte er nur einen Tag im Gebirge verbringen, aber er blieb zehn Monate in der Karisoke-Station. Er setzte Hütten und Ausrüstungsgegenstände instand, spürte Studiengruppen, Randzonengruppen und Zählungspopulationen auf, und nachdem ich ihm ein paar Lektionen in Sachen Gorillaforschung erteilt hatte, tippte er auch noch allabendlich seine Tagesnotizen ab. Sein ausgeglichenes Wesen war eine Wohltat für mich und die Ruander. Als neue Studenten zur Station kamen, beschloß Tim, seine Reise fortzusetzen. Die Karisoke-Station wird sich stets an seinen Einsatz erinnern, den wir damals so dringend brauchten.

Ein anderer Assistent, den ich sehr schätzte, war Ric Elliot. Als er sich von England aus um Arbeit auf der Station bewarb, vermittelte der sparsame Gebrauch der Wörter „ich" und „mich" in seinem Brief bereits den Eindruck, daß es sich um einen Menschen handelte, dem die Ziele der Station mehr am Herzen lagen als seine eigenen Absichten. Die zehn Monate, die Ric auf der Station verbrachte, bestätigten das. Ric interessierte sich besonders für Tiermedizin und machte sich sehr nützlich beim Ausbau des Autopsieprogramms für Gorillas und bei parasitologischen Untersuchungen. Sein Weggang hinterließ eine Lücke.

Anderthalb Jahre später setzte Ian Redmond, ebenfalls aus England, das parasitologische Projekt da fort, wo Ric Elliot aufgehört hatte. Was seine Arbeit anbetraf, war er fanatisch, und mit seiner Begeisterung gelang es ihm schließlich, die anfänglichen Befürchtungen der Afrikaner zu zerstreuen, die gleich mir überwältigt waren von seinem Eifer und den Hunderten von Flaschen, Schalen und Plastikbeuteln mit Präparaten, die sich bei ihm ansammelten.

Bald liebten die Afrikaner Ian aufrichtig. Am Ende eines Tages saß er gerne an ihrer Feuerstelle und aß mit ihnen Mais, Bohnen und Kartoffeln oder was es sonst gerade an Gemüse gab. Kein anderer Europäer war so im Urwald zu Hause wie Ian. Es machte ihm nichts aus, auf Patrouillen gegen Wilderer zu gehen oder bei den Bestandszählungen mitzuwirken. Er schaffte leicht eine Strecke von fünfzehn Kilometern pro Tag beim Aufspüren der Gorillas oder Wilderer, und wenn er zu weit von der Station weg war, um zurückzukehren, verbrachte er die Nacht behaglich unter einem riesigen Kosobaum, wobei ihm Moos als Matratze und ein Umhang als Decke diente. Die Afrikaner, die ihn auf solchen Exkursionen begleiteten, beklagten sich nie; seine Begeisterung wirkte einfach ansteckend.

Für Ian war keine Gorillagruppe, die untersucht werden sollte, zu weit von der Station entfernt. Kurz bevor er nach England zurückkehrte, berichtete uns ein Spurensucher von einer Randzonengruppe auf der gegenüberliegenden Seite des Visoke. Ohne lange zu überlegen, verließen Ian und der Spurensucher früh am nächsten Morgen die Station, um die einzelnen Tiere zu identifizieren und die Schlafnester zu zählen.

Die Tagesstrecke war außergewöhnlich lang. Ian und der Spurensucher folgten geduldig den Gorillas, als sie plötzlich auf drei frisch aufgestellte Drahtschlingen für Ducker stießen. Während sie in gewohnter Weise die Bambusstangen zerbrachen und die Schlingen an sich nahmen, hörten sie, wie etwa fünfzig Meter weiter weg Bambusstämmchen geschlagen wurden. Ian und sein Begleiter versteckten sich hinter einem kleinen Hügel, um ruhig abzuwarten, bis die Wilderer fertig waren, und dann die neuen Fallen unschädlich zu machen. Als alles still geworden war, wollte sich Ian gerade erheben, um nachzusehen, wohin die Fallensteller gegangen waren, als unmittelbar vor ihm plötzlich drei wippende Speerspitzen auftauchten. Die Wilderer waren ausgerechnet auf den kleinen Hügel gestiegen, hinter dem Ian und der Spurensucher Deckung gesucht hatten, und waren mindestens ebenso erstaunt wie er.

Ian stand langsam auf, damit die Wilderer sehen konnten, daß er unbewaffnet war. Trotzdem erschreckte die unerwartete Nähe eines *Wazungu* (Europäers) die Eindringlinge. In der ersten Panik flohen zwei der Männer. Der dritte, der Ian Auge in Auge gegenüberstand, ließ sein Buschmesser fallen und schleuderte seinen Speer mit beiden Händen auf Ians Herz. Instinktiv legte Ian seinen linken Arm schützend über die Brust und duckte sich. Der Speer traf mit voller Wucht sein Handgelenk, was zweifellos sein Leben rettete. Als der Wilderer sah, was er angerichtet hatte, gab er Fersengeld. Die Verletzung am Handgelenk war schlimm, aber nachdem sie verbunden war, zerstörten Student und Spurensucher die anderen Fallen. Erst danach kehrte Ian zur Station zurück, um sich zur Behandlung ins Krankenhaus von Ruhengeri zu begeben. Mit der Zeit heilte sein Handgelenk, aber es kam nie wieder ganz in Ordnung.

Tim White, Ric Elliot und Ian Redmond werden immer eine Sonderstellung einnehmen unter all den Studenten, die in der Karisoke-Station gearbeitet haben. Sie sind nicht nur für mich ganz außergewöhnliche Menschen geblieben, auch die Afrikaner der Station erinnern sich ihrer als guter Freunde.

Selbstverständlich hätte die Station nicht bestehen können ohne die Treue meiner afrikanischen Helfer. In unserer Zusammenarbeit verfolgten wir das gemeinsame Ziel, eine Zukunft für die Wildtiere der Virungas zu schaffen. Der Sinn unserer Arbeit war so einfach und klar

wie bei unserem Beginn mit nur zwei Zelten im Jahre 1967. So wie die
Wälder stets mein eigentliches Zuhause sein werden, so werden diese
Männer immer meine besten Freunde bleiben. Sie haben von mir
gelernt, so wie ich von ihnen lernte. Gemeinsam haben wir den Traum
von der Karisoke-Forschungsstation verwirklicht.

### Anpassung an einen neuen Silberrücken-Führer: Gruppe 4

So GUT ich mich mit den Menschen auf der Station verstand, die Berei-
cherung aus den Wäldern bedeutete mir immer mehr, besonders als
die Gorillas zutraulicher geworden waren.

Wie schon erwähnt, hatte das Karisoke-Forschungsprojekt einen
vielversprechenden Anfang gemacht, als mich gleich am ersten Tag
zwei Wilderer zu einer Gorillagruppe führten, die sie westlich der Station an den Visokehängen gehört hatten. Ich nannte sie Gruppe 4. Die
erste Begegnung mit dieser Gruppe ist mir noch lebhaft in Erinnerung.

Fast fünfundvierzig Minuten lang merkten die Tiere nichts von
meiner Anwesenheit in einem etwa dreißig Meter entfernten Versteck
auf der gegenüberliegenden Seite einer Schlucht. Mit dem Fernglas
konnte ich drei Tiere deutlich identifizieren. Der ältere, dominante
Silberrücken bemerkte mich als erster. Mit warnendem Schnauben
floh er zu seiner Gruppe, und dabei hatte er es so eilig, daß er sich an
dem steilen Hang überschlug. Dieser alte Silberrücken bekam den
Namen Whinny nach den gepreßten Lauten, die er von sich gab und
die fast wie Pferdegewieher klangen (to whinny = wiehern). Ich selbst
hatte bis dahin solche Laute noch nie von einem Gorilla gehört, wohl
aber in George Schallers Studien davon gelesen. Später fand ich heraus, daß sie atypisch waren und in Whinnys Fall von einer fortge-
schrittenen Lungenentzündung herrührten.

Hinter Whinny kam ein kläräugiger, neugieriger Wollball, der
wegen seines verdrehten Mittelfingers, den er sich wohl einmal gebrochen hatte, den Namen Digit erhielt (digit = Finger). Die starke Ähnlichkeit der Gesichtszüge und der enge Anschluß des Jüngeren an den
dominanten Silberrücken ließ mich vermuten, daß Digit Whinnys
Sohn war. Digit hatte keine besonderen Beziehungen zu den vier
erwachsenen Weibchen der Gruppe, und ich nahm an, daß seine Mutter gestorben war, bevor ich die Gruppe im September 1967 traf.

Bei meiner ersten Begegnung mit Gruppe 4 hätte der etwa fünfjährige Digit gern nach der Ursache der Warnung geforscht, aber er gehorchte Whinnys Alarmruf und rannte ihm nach. Dann flüchteten alle Tiere aus meinem Blickfeld. Nur ein erwachsenes Weibchen, das offenbar die Nachhut bildete, blieb zurück. Sie machte ein Gesicht, als hätte sie gerade Essig geschluckt, und starrte mich mit zusammengepreßten Lippen in der steifen Imponierhaltung an, die normalerweise nur von ausgewachsenen Männchen eingenommen wird. Wegen des Gesichtsausdrucks erinnerte sie mich an eine alte Ziege. Daher wurde sie schon bald auf den Namen Old Goat (goat = Ziege) getauft.

Außer Whinny gab es zwei weitere Silberrücken in Gruppe 4. Den jüngeren nannte ich Onkel Bert wegen einer bemerkenswerten Ähnlichkeit mit einem meiner Verwandten. (Aus meiner Sicht war das ein Kompliment, aber mein Onkel hat es mir nie recht verziehen.) Der dritte, schon etwas ältere Silberrücken, der sich meist von der Gruppe absonderte, wurde schließlich Amok genannt wegen seines unberechenbaren Wesens und seines unerklärlich häufigen Imponiergehabes mit Geschrei und Umherrasen – eine Abweichung vom Normalverhalten, die möglicherweise in einer chronischen Erkrankung ihre Ursache hatte.

Während der ersten Beobachtungsmonate mit Gruppe 4 verschlechterte sich Whinnys Gesundheitszustand. Old Goat, die beim ersten Kontakt mit der Gruppe kein Junges hatte, übernahm deshalb immer mehr Führungsaufgaben. Ihre maskulinen Körper- und Verhaltensmerkmale waren höchst ungewöhnlich. So spielte sie und nicht der jüngere Silberrücken Onkel Bert den „Wachhund" der Gruppe, wenn Whinny in seinem Schlafnest zurückblieb.

Wegen des Verhaltens, das dieses Weibchen zeigte, versuchte ich oft, Gruppe 4 aus einem Versteck zu beobachten, um nicht die anderen Mitglieder der Gruppe zu beunruhigen. Außer den bereits Genannten waren dies vier noch kinderlose Weibchen, zwei ältere, die schon mehrfach Nachwuchs gehabt hatten, und ein weibliches Jungtier.

Mitte November fand ich die Gruppe auf der gegenüberliegenden Seite einer breiten Schlucht. Hinter dichtem Gebüsch hockend, sah ich Old Goat und ein zweites erwachsenes Weibchen, Flossie, etwa dreißig Meter unterhalb der restlichen Gruppe 4 dahinziehen. Schwerfällig hievte Flossie ihre Massen am Hang entlang und pflückte in aller Muße Labkraut. Mit ihrem linken Arm hielt sie ein glänzendes, sich windendes Neugeborenes fest umklammert. Die rosa Haut seiner Hand- und Fußflächen bildete einen krassen Gegensatz zu dem lackschwarzen Haar am Hinterkopf, als es mit seinem Schnäuzchen nach

Flossies Brustwarze suchte, offenbar ohne Unterstützung der „frisch-
gebackenen" Mutter.

Während Old Goat ungelenk aufwärts kletterte, ging Flossie nun
auf allen vieren weiter nach oben, wobei das Kleine sich aus eigener
Kraft an ihrem Brustfell festhielt. Als Old Goat Flossies Ruheplatz
erreicht hatte, ließ sie sich nieder und lehnte sich gegen den Hang. Sie
lockerte ihren linken Arm und gab ebenfalls ein Neugeborenes frei, an
dem eine etwa zehn Zentimeter lange Nabelschnur hing. Old Goat
schaute gespannt, fast spöttisch, auf ihr Neugeborenes, ehe sie es mit
der Schnauze berührte und an sich zog. Während ich sie beobachtete,
nannte ich ihr Kleines Tiger, weil ich überzeugt war, daß jeder
Abkömmling von Old Goat diesem Namen Ehre machen würde.
Gleichzeitig nannte ich Flossies Neugeborenes Simba, nach dem Suaheliwort für Löwe.

Im März 1968 war es für Whinny zu anstrengend geworden, mit seiner Gruppe zu ziehen, die sich nun auf den Berghängen aufhielt. Das
alte Männchen blieb oft allein in der verhältnismäßig ebenen Senke
neben dem Mount Visoke. Sein Aktionsradius wurde immer enger, er
aß wenig und ruhte die meiste Zeit. Im letzten Monat seines Lebens
kam er selten weiter als fünfzehn Meter am Tag voran.

Am 3. Mai 1968 fanden wir Whinnys ausgemergelten Körper tot in
seinem Schlafnest. Es war der zweite natürliche Todesfall bei den
Karisoke-Beobachtungsgruppen. Meine Helfer und ich banden die
Leiche auf eine Bahre aus dünnen Stämmchen und transportierten sie
den Berg hinab zur Autopsie nach Ruhengeri. Die Untersuchung
ergab, daß Whinny fortgeschrittene Bauchfellentzündung, Rippen-
fellentzündung und Lungenentzündung gehabt hatte.

Nach Whinnys Tod übernahm Old Goat die Führung von Gruppe 4 und bestimmte das Tempo und die Richtung der Wanderungen.
Sie schlichtete Streitigkeiten innerhalb des Verbandes und drohte mir
mit Brusttrommeln und anderen einschüchternden Gesten, wenn ich
mich bei den Beobachtungen offen sehen ließ. Anfangs half ihr Onkel
Bert gelegentlich dabei. Er war rund fünf Jahre jünger als sie und
wußte nicht recht, welche Verantwortung mit Whinnys Tod auf ihn
übergegangen war. Der liebenswerte junge Silberrücken tollte vorerst
noch lieber mit den jüngeren Mitgliedern der Gruppe 4 umher, die
sich alle stark zu ihm hingezogen fühlten.

Einmal beobachtete ich aus einem Versteck den ungefähr fünfein-
halbjährigen Digit, der auf Onkel Berts Schoß kletterte wie ein Hünd-
chen, das beachtet werden möchte. Faul in der Sonne liegend, hatte

Onkel Bert den Kleinen kommen sehen und rasch eine Handvoll weißer Strohblumen abgerissen, mit denen er über Digits Gesicht strich,
als ob er das junge Männchen kitzeln wollte. Digit kicherte laut und
entblößte beim Lachen die Zähne. Dann ließ er sich gegen Onkel Berts
Körper fallen und krallte sich verzückt fest, bevor er wieder zu den
Spielkameraden seiner Altersklasse rannte.

Das erste Anzeichen, daß Onkel Bert den Ernst des Lebens zu
begreifen begann, entdeckte ich kurz nach Whinnys Tod, als der ältere
Amok nach einer mehrmonatigen Phase des Randzonendaseins wieder zu Gruppe 4 zurückwollte. Weit oben an den Visokehängen brach
Geschrei und Gebrüll bei Gruppe 4 los. Als ich mich der Stelle näherte,
von der der Lärm kam, eilte Onkel Bert geschwind bergauf zu den
dichtgedrängten Gruppenmitgliedern, die auf ihn zu warten schienen,
bevor sie alle aus meinem Gesichtsfeld flüchteten.

Sie hinterließen einen großen Fleck niedergetrampelter, blutbe-
fleckter Vegetation, wo Amok bewegungslos zusammengesunken
unter einem Baum saß, den Kopf auf die Brust gelegt. Minuten später
langte er mit schmerzverzerrtem Gesicht nach ein paar Labkrautranken. An seinem Halsansatz sah ich eine tiefe, etwa zehn Zentimeter
lange Bißwunde, aus der Blut sickerte. Den Rest des Nachmittags
ruhte Amok, soweit er nicht kraftlos seine Wunde pflegte. In der
Dämmerung baute er mühevoll ein Schlafnest. Von diesem Tag an
wurde der ältere, kränkliche Silberrücken nie wieder bei einem Versuch gesehen, sich unter die Gruppe 4 zu mischen, die sich im Laufe
der vierjährigen Beobachtungszeit immer mehr der Führung von
Onkel Bert anvertraute. Die Gruppe überstand in diesem Zeitraum
viele einschneidende Veränderungen, ohne auseinanderzugehen. Sie
hatte ihren alten Anführer Whinny durch natürlichen Tod verloren.
Doch dank der Blutsbande konnte Onkel Bert als Whinnys ältester
Sohn die Gruppe mit Hilfe des ranghöchsten Weibchens Old Goat
zusammenhalten. Es war keineswegs ein Wunder, daß Gruppe 4 als
intakte Sozialeinheit überlebte. Eher war es eine anschauliche Demonstration, wie Verwandtschaftsbande in Gorillagesellschaften über
lange Zeiträume hinweg wirken. Während die jungen, heranreifenden
Weibchen der Gruppe 4 sich verstreut hatten, um sich mit nichtver-
wandten Silberrücken zu paaren, sammelte Onkel Bert Erfahrungen
in der Leitung einer Gruppe und zeugte vier Junge; und schließlich
begann auch der Schwarzrücken Digit allmählich, seine Führungsver-
pflichtungen zu erlernen.

Durch die Abwanderung seiner drei Halbschwestern im Jahre 1971 verlor Digit seine Altersgenossen, mit denen er in der Übergangszeit vom Jugendlichen zum Schwarzrücken gespielt hatte. Jetzt war er neun Jahre und damit zu alt zum Herumtollen mit den Kleinsten der Gruppe, andererseits aber auch noch zu jung für einen engeren Anschluß an die älteren Weibchen der Gruppe 4. Vielleicht war das der Grund, warum Digit sich stärker zu Menschen hingezogen fühlte als andere Junggorillas in den Beobachtungsgruppen, in denen Geschwister und Gleichaltrige vorhanden waren.

Ich hatte den Eindruck, daß Digit sich tatsächlich auf die täglichen Kontakte mit den Beobachtern der Karisoke-Station freute, weil sie eine unterhaltsame Ablenkung bedeuteten. Schließlich bewies er sogar, daß er zwischen Männern und Frauen unterscheiden konnte. Männer griff er im Spaß an und verprügelte sie, mit weiblichen Wesen verfuhr er dagegen äußerst zurückhaltend. Digit war jedesmal der erste von Gruppe 4, der erschien, um festzustellen, wer an diesem Tag gekommen war. Es schien ihm zu gefallen, wenn ich Fremde mitbrachte. Dann ließ er mich links liegen, um die Neuen durch Beschnüffeln und Abtasten von Kleidung und Haar zu überprüfen. Wenn ich allein kam, forderte er mich oft zum Spiel auf, indem er sich auf den Rücken plumpsen ließ und mit seinen Stummelbeinen strampelte. Dabei schaute er mich an, als ob er fragen wollte: „Bin ich nicht unwiderstehlich?" Ich fürchte, daß in solchen Fällen meine wissenschaftliche Objektivität dahinschmolz.

Wie Puck von Gruppe 5 war auch Digit fasziniert von Thermosflaschen, Notizbüchern und meiner Kameraausrüstung. Er untersuchte, beschnüffelte und behandelte alles sehr schonend und gab gelegentlich sogar Gegenstände an die Besitzer zurück. Das geschah natürlich nicht, weil er fremdes Eigentum achtete, sondern nur, weil er herumliegende „Menschensachen" in seiner Umgebung nicht mochte.

Das staatliche Fremdenverkehrsamt von Ruanda bat mich um ein Gorillafoto für ein Werbeplakat des Parc des Volcans. Als Gast im Lande kam ich dem Wunsch nach. Ich wählte ein Dia von meinem geliebten Digit für die Fremdenverkehrsbehörde. Bald danach konnte man große Plakate von Digit, wie er auf einem Holzstück kaut, in ganz Ruanda finden, in Hotels, Banken, der Parkverwaltung, auf dem Flugplatz von Kigali und in Reisebüros weltweit. Die Aufschrift lautete in verschiedenen Sprachen: „Kommt und besucht mich in Ruanda!" Als ich die Plakate in Ruanda erstmals sah, hatte ich gemischte Gefühle. Bis dato war Digit unbekannt, ein junges Gorillamännchen, das in seiner Stammgruppe heranwuchs. Plötzlich war sein Gesicht allgegenwärtig. Mir war, als würde seine Privatsphäre verletzt. Ganz gewiß hatte es nicht in meiner Absicht gelegen, Menschenmassen auf Gruppe 4 aufmerksam zu machen, gerade zu einem Zeitpunkt, als diese Gorillagruppe endlich auf dem Weg zu einer gefestigten Familieneinheit war.

Obwohl Digit noch ein Schwarzrücken und noch nicht geschlechtsreif war, schickte er sich an, nach bestem Vermögen Aufgaben zu übernehmen. Als zweitältester Mann in Gruppe 4 hatte er im Oktober 1971 Onkel Bert bei der Auseinandersetzung mit Gruppe 5 unterstützt, wobei er offensichtlich durch Beethoven eingeschüchtert wurde, aber gleichzeitig freudig erregt über das Wiedersehen mit dem Gorillaweibchen Bravado war. Ich bin nicht sicher, ob es von Digit oder Old Goat ausging, daß diese beiden viel Zeit miteinander verbrachten, aber plötzlich wurde das alte Weibchen außerordentlich duldsam gegenüber Digits Gesellschaft am Rand der Gruppe 4. Diese Entwicklung kam der ganzen Gruppe zugute. Old Goat konnte ihre Bewacheraufgaben mit einem anderen teilen; Digit hatte eine Funktion in seiner Stammgruppe; und Onkel Bert hatte zur größeren Sicherheit der Familie nun zwei Aufpasser statt nur einen.

Digits neue Aufgaben wurden deutlich sichtbar, als sich Gruppe 4 Anfang 1972 vermehrt in der Senke aufhielt. Die neue Gegend ermöglichte es den Tieren, den Überschneidungsgebieten mit den Gruppen 8 und 9 fernzubleiben, und sie bot eine Fülle von Bäumen und anderer Vegetation. Anders als an den Berghängen war jedoch die Sicht in der verhältnismäßig ebenen Senke, wo Gruppe 4 nun umherstreifte, begrenzt. Dadurch verstärkte sich noch die Interessengemeinschaft zwischen Old Goat und Digit zum Schutz der Gruppe.

Wenn Digit Onkel Bert bei Auseinandersetzungen mit anderen Gruppen unterstützte, barg das für ihn das Risiko, von älteren Männern verwundet zu werden. Bei einer nicht beobachteten Auseinandersetzung mit Gruppe 9 im März 1972 erhielt Digit mehrere Bißwunden im Gesicht und am Hals. Die tiefe Halswunde wurde zu einem Infektionsherd, der Digit noch jahrelang zu schaffen machte. Digits fortschreitende Reife ließ sein Interesse an den menschlichen Beobachtern schwinden wegen seiner Doppelrolle als Wächter und künftiger Vater. Ich war darüber sehr erleichtert, denn ich hatte schon befürchtet, er könnte zu „menschenfreundlich" werden. Als ich Gruppe 4 an einem kalten Regentag beobachtete, widerstand ich dem dringenden Wunsch, mich zu Digit zu setzen, der sich gegen den Regenguß zusammengekauert hatte und etwa zehn Meter von den übrigen

Tieren entfernt unter einem Baum hockte. Seit einiger Zeit zeigte er kein Interesse mehr an Beobachtern, und ich wollte seine zunehmende Selbständigkeit nicht unterbrechen. Ich überließ ihn seiner Einsamkeit und ließ mich ein paar Meter neben der Gruppe nieder, die in dem dichten Nebel nur als formloser Haufen aneinandergedrängter Gestalten zu erkennen war. Nach wenigen Minuten fühlte ich einen Arm um meine Schultern. Ich schaute auf in Digits sanfte braune Augen. Er stand da und blickte nachdenklich auf mich herunter, bevor er mir den Kopf tätschelte und sich neben mir niederplumpsen ließ. Ich legte meinen Kopf in Digits Schoß, wodurch ich nicht nur hochwillkommene Wärme, sondern auch einen idealen Blickwinkel zum Betrachten seiner Halsverletzung hatte. Die Wunde näßte nicht mehr, hatte aber eine tiefe, zweieinhalb Zentimeter lange Narbe hinterlassen.

Vorsichtig holte ich meinen Fotoapparat hervor, um ein Bild von der Narbe zu machen. Sie war aber zu nah zur Scharfeinstellung. Nach etwa einer halben Stunde ließ der Regen nach, und Digit legte unvermittelt seinen Kopf zurück und gähnte. Schnell drückte ich auf den Auslöser. Das dabei entstandene Foto zeigt meinen sanften Digit als King-Kong-Monster, weil sein zum Gähnen aufgerissener Mund seine mächtigen Eckzähne in höchst eindrucksvoller Weise entblößt.

## Dezimierung durch Wilderer: Gruppe 4

IM JANUAR 1977 war Onkel Bert zu einem achtunggebietenden Gruppenführer herangewachsen. Acht Jahre hatte es gedauert, bis aus dem jungen, unerfahrenen Silberrücken ein souveräner „Herrscher" geworden war, den alle Familienangehörigen respektierten. Eine Reihe von Auseinandersetzungen mit anderen Gruppen, das Schlichten von Streitigkeiten innerhalb der eigenen Gruppe und die zunehmende Verantwortung für die von ihm gezeugten Jungen und die Nachkommen seines verstorbenen Vaters Whinny hatten zu diesem Reifeprozeß beigetragen. Im zehnten Jahr der Karisokestudien gehörten elf Tiere zu Gruppe 4. Es hatte acht Todesfälle, fünf Abwanderungen geschlechtsreifer Weibchen, sechs Geburten und die Zuwanderungen eines Weibchens und eines Männchens gegeben.

Rechts: *Im Jahre 1972 war der elfjährige Digit eine Berühmtheit unter den Gorillas. Dieses Plakat nach einem Foto der Autorin hing in den Reisebüros und lockte Touristen aus aller Welt nach Ruanda.*

# Come to
# meet him in Rwanda

**Office Rwandais du Tourisme et des Parcs Nationaux, B. P. 905, Kigali**

An einem hellen, warmen Morgen traf ich die Gruppe beim Sonnenbad auf einer kleinen, von Hügeln umschlossenen Wiese in der Senke. Das Geräusch meiner Annäherung ließ Onkel Bert auffahren. Als er mich erkannte, rülpste er leise zur Begrüßung und legte sich wieder zurück in die warme Sonne. Dabei setzte er sein „Schmalzgesicht" auf, wie ich es nannte, eine Miene höchsten Wohlbefindens und Behagens.

Tiger, der am Rand der Gruppe herumgetobt hatte, gesellte sich zur Familie, die wie gewöhnlich um Onkel Bert versammelt war. Mit der Zeit war die Beziehung zwischen dem inzwischen zehnjährigen Tiger und Onkel Bert enger geworden als bei anderen Mitgliedern der Gruppe 4. Nachdem die beiden Männchen einander ein bißchen das Fell gezaust hatten, legten sie sich hin und dösten lächelnd ein. Mittlerweile ruhte die ganze Familie in einem Kreis dicht beieinander – außer Digit, der am Rand der Gruppe auf seinem Wachtposten saß. In diesem Augenblick hätte ich nicht gewußt, wo ich lieber gewesen wäre als inmitten von Gruppe 4. Ich war ebenso zufrieden mit der Sonne und der Abgeschiedenheit wie die Gorillas.

So verging ungefähr eine halbe Stunde mit Bienengesumm, als ich glaubte, von der Kuppe des nächstgelegenen Hügels einen Pfiff zu hören. Onkel Bert, der so tief geschlafen hatte, daß seine Unterlippe auf das Schlüsselbein herabhing, setzte sich sofort auf und schaute in die Richtung, aus der der Laut gekommen war. Augen, Ohren und Nase des Silberrückens waren empfindlich wie Antennen. Etwa fünf Minuten verharrte er regungslos. Digit, der auf dem Hang oberhalb der Gruppe geruht hatte, kletterte auf die Geräuschquelle zu. Tiger, jetzt ernsthaft und hellwach, verließ Onkel Bert und folgte Digit hügelauf. Während der nächsten Stunde war nichts zu hören. Onkel Bert entspannte sich wieder und führte seine Gruppe zur Futtersuche, jedoch in die der Geräuschquelle entgegengesetzte Richtung.

Die Gelassenheit der ziehenden Gruppe ließ mich den weiten Rückweg zur Station beruhigt antreten. Etwa zwanzig Minuten später sah ich einen Wilderer, der Speer, Bogen und Pfeile hoch über den Kopf hielt, über eine große Wiese rennen. Wie eine Antilope flog der Mann buchstäblich über das Gras und verschwand im dichten Wald, wo die anderen Wilderer mit ihren Hunden auf ihn warteten. So schnell ich konnte, rannte ich ihnen nach. Im Wald versteckte ich mich und ahmte die Pfiffe der Wilddiebe nach, um die verstreuten Männer und Hunde zu mir zu locken. Als sie mich sahen, brüllten sie jedoch nur aufgeregt „*Nyiramachabelli*" und flohen.

Nach ergebnisloser Verfolgung bat ich auf der Station Ian Redmond und den hervorragenden Fährtensucher Rwelekana, die Spur der Wilderer da aufzunehmen, wo ich aufgegeben hatte. Ich ging inzwischen zu Gruppe 4, um mich über ihr Schicksal zu vergewissern. Der Weg, auf dem die Wilderer gekommen waren, verriet mir, daß die Männer, denen ich begegnet war, dieselben waren, die gepfiffen hatten, als ich bei den Gorillas saß. Sie schienen einer Kette neuerrichteter Fallen gefolgt zu sein, die auf dem Hügel über dem Tagesruheplatz von Gruppe 4 endete. Auch hatten sie wohl gerade einen Ducker mit dem Speer getötet und waren dabei gewesen, ihn aufzuschneiden, als ich auf die Wiese kam. Das erklärte, wieso sich der Wilddieb so offen gezeigt hatte. Er hatte erfolgreich versucht, meine Aufmerksamkeit von der getöteten Antilope abzulenken. Nachdem ich nochmals nach den Gorillas geschaut hatte, zerstörte ich die Fallen der Wilderer und ging wieder zur Station. Ian und Rwelekana kehrten schließlich auch zurück. Sie trugen die Überreste von sechs weiteren gewilderten Dukkern sowie Speere, Bogen, Pfeile und Haschischpfeifen, die sie den Wilderern weggenommen hatten, bei sich.

Nach diesem Zwischenfall gestalteten sich die Sommermonate für Gruppe 4 recht idyllisch. Friedlich durchstreiften die Tiere das Gebiet der westlichen Senke, unbehelligt von Wilderern oder anderen Gorillagruppen. Die Gorillas verbrachten ihre Zeit in vollkommener Harmonie mit Sonnenbaden, Spielen und Futtern. Zwischen August und September führte eine von Digits Kopulationen mit dem Gorillaweibchen Simba zur Empfängnis. Danach wehrte Simba alle weiteren Annäherungsversuche Digits ab, suchte nur noch selten die Gesellschaft der anderen Tiere und verbrachte mehr Zeit mit der Nahrungssuche – das typische Verhalten eines tragenden Weibchens. Digit widmete sich wieder voll und ganz seinen Wächterpflichten und postierte sich manchmal über dreißig Meter weit entfernt von Gruppe 4.

Dann nahte die Weihnachtszeit mit ihrer alljährlichen Bedrohung durch den vermehrten Publikumsverkehr im Park. Die Panik, die mich stets um diese Zeit erfaßte, hielt sich diesmal etwas in Grenzen, weil unsere Patrouillen sehr erfolgreich waren im Konfiszieren von Wildererwaffen und dem Zerstören von Fallen. Aber da die Zahl der Mitarbeiter und die Mittel nicht ausreichten, konnten wir jeweils nur einen Teil der weiträumigen Senke begehen. Deshalb wechselten wir systematisch mit den patrouillierten Abschnitten ab.

Am ersten Januar 1978 kehrte mein Helfer Nemeye sehr spät zur Station zurück und berichtete, er habe Gruppe 4 nicht finden können.

Ihre Spur habe sich mit vielen Fährten von Kaffernbüffeln, Elefanten, Wilderern und Hunden vermischt. Beunruhigt fügte er hinzu, daß er auch Blut und dünnflüssigen Gorillakot entlang der Spur gefunden habe. Am folgenden Tag verließen wir zu viert – Ian Redmond, Nemeye, Kanyaragana, der Hausangestellte, und ich – in der Morgendämmerung die Station, um zu suchen, was auch immer die weite Senke enthüllen mochte.

Ian fand schließlich Digits verstümmelten Leichnam in einer Ecke auf blutgetränktem Boden mit plattgetretenen Pflanzen. Digits Kopf und Hände waren abgehackt, und sein Körper wies mehrere Speerwunden auf. Ian und Nemeye ließen die Leiche liegen, um nach mir und Kanyaragana zu suchen, da wir einen anderen Abschnitt abgingen. Sie wollten uns von der Katastrophe berichten, damit ich nicht selbst Digits Leiche fände.

Es gibt Augenblicke, in denen man eine Tatsache nicht akzeptieren kann aus Angst, daran zugrunde zu gehen. Während ich die furchtbare Nachricht vernahm, ging mir Digits ganzes Leben durch den Sinn seit unserer ersten Begegnung vor zehn Jahren, als er noch ein verspieltes, schwarzes Wollknäuel war. Wie betäubt hörte ich Ians Worte. Ich wollte sie nicht verstehen.

Digit, der so lange als Wächter für seine Gruppe lebenswichtig war, wurde am 31. Dezember 1977 von Wilderern umgebracht, während er Wache hielt. Während er seine Gruppe zu schützen versuchte, empfing Digit fünf tödliche Speerwunden. Er hielt sechs Wilddiebe und ihre Hunde auf, damit seine Familie einschließlich seiner Gefährtin Simba und ihres ungeborenen Kindes in die Sicherheit der Visoke-hänge entfliehen konnte. Digits letzte Schlacht war einsam und heldenhaft. In tapferem Kampf hatte er einen der Wildererhunde getötet, bevor er starb. Ich habe versucht, mir die Vorstellung zu verbieten, welche Qual und Pein Digit ausgestanden haben muß, als er zu begreifen versuchte, was Menschen ihm antaten.

Träger brachten Digit zur Station, wo er einige Meter von meiner Hütte entfernt begraben wurde. Doch der Schmerz über diesen Verlust war damit nicht vergessen. An diesem Abend erörterte ich mit Ian Redmond zwei Möglichkeiten: Die Nachricht von Digits Abschlachten zurückzuhalten oder seinen Tod öffentlich bekanntzumachen, um dadurch mehr Unterstützung für den Naturschutz im Pàrc des Volcans zu erhalten, damit der Park durch vermehrte Kontrollen ein für allemal von Eindringlingen befreit werden konnte.

Ian, auf diesem Gebiet noch wenig erfahren, hatte optimistische

Ansichten, was alles durch die Bekanntmachung von Digits Tod erreicht werden könnte. Er glaubte, daß die öffentliche Entrüstung über das sinnlose Abschlachten Druck auf die Regierungsstellen von Ruanda ausüben würde, Wilderer länger in Haft zu behalten.

Ich teilte Ians Optimismus nicht. Seit elf Jahren arbeitete ich nun in den Virungabergen. Ich hatte nur ganz wenige Parkwächter oder Verwaltungsbeamte kennengelernt, die nicht der allgemeinen Trägheit und der Misere ihrer armen und übervölkerten Länder zum Opfer gefallen waren. Einer der größten Nachteile des Virungagebiets besteht darin, daß es zu drei Ländern gehört, von denen jedes wesentlich dringendere Probleme hat als den Schutz wilder Tiere. Ich stimmte Ian zu, daß ein öffentlicher Aufschrei große Summen nicht zweckgebundenen Geldes nach Ruanda strömen lassen könnte, aber nur wenig davon würde letztlich für die Patrouillen gegen Wilderer verwendet werden. Nach dem Fang von Coco und Pucker hatten die damals zuständigen Verwaltungsleute sowohl Geldmittel als auch einen neuen Landrover erhalten, aber weder das Geld noch der Wagen kamen den Interessen des Parks zugute. Am meisten fürchtete ich, daß die Welt sich gutgläubig für eine Aktion „Rettet den Gorilla!" einspannen ließe, wenn Digits Tod bekannt würde. Konnte das nicht dazu führen, daß Digit nur ein erstes Opfer aus den Gorillagruppen sein würde, wenn auf die Nachricht von seiner Abschlachtung die „Belohnung" in klingender Münze folgte?

Der schwarze Nachthimmel ging schon in eine dunstiggraue Morgendämmerung über, als ich einsah, daß ich ebensowenig wie Ian wollte, daß Digit vergebens gestorben wäre. Ich beschloß, eine Digit-Spendenaktion zum Schutz der Gorillas ins Leben zu rufen, deren Gelder ausschließlich zur Erweiterung der Fußpatrouillen innerhalb des Parks verwendet werden durften. Dafür mußten Afrikaner angeworben, ausgebildet, ausgerüstet und bezahlt werden, die willens waren, viele Stunden damit zu verbringen, Fallen zu zerstören und Wildererwaffen wie Speere, Bogen und Pfeile zu beschlagnahmen. Eigentlich hätte ich lieber Parkwächter mit dieser Arbeit beauftragt. Die Zusammenarbeit mit den Behörden ist wichtig, besonders wenn man nur Gast in einem fremden Land ist. Die Parkwächter, nicht ich, hatten das Recht, Wilderer zu verhaften, und sie hätten ein zusätzliches Einkommen zur Aufbesserung ihres monatlichen Gehalts, das rund sechzig Dollar betrug, gut gebrauchen können. Doch mein Vertrauen in die Parkwächter war längst dahin. Meine anfängliche Naivität hatte geendet, als ich merkte, daß die eingefleischten Wilderer auf bestem

Fuß mit den Parkwächtern standen und sie regelmäßig mit Francs oder Wildbret für die „Jagdgenehmigung" im Park bezahlten. Außerdem erfuhr ich, daß die „Gefangenen", welche die für die Karisoke-Station arbeitenden Wachen angeblich machten, in Wirklichkeit Freunde oder Verwandte waren, die auf dem Weg ins Gefängnis stets „entkommen" konnten. Ich hatte anfangs den Fehler gemacht, den Wächtern für jeden gefaßten Wilddieb eine Prämie zu zahlen statt einer Pauschale für jeden Einsatztag. Das passierte mir nie wieder, als ich später mit vom Parkdienst unabhängigen Leuten arbeitete, und nur diese konnte ich zu ehrlicher und wirkungsvoller Leistung bewegen.

Mehrere Tage lang verfolgten Ian, das Personal der Station und ich die Spuren von und zu Digits Sterbeplatz. Zwischendurch nahmen wir den Kontakt zu Gruppe 4 auf. Die Gorillas hielten sich gut versteckt an den Visokehängen auf, während wir über die anstehenden Entscheidungen nachdachten. Es stellte sich heraus, daß Digit nicht um der Trophäen von Kopf und Händen willen getötet worden war, wie wir ursprünglich angenommen hatten. Sechs Wilddiebe hatten ihre Fallen kontrolliert, als sie bei der letzten zufällig auf Digit trafen. Digits Leiche lag nur siebenundzwanzig Meter von der letzten Schlinge und ungefähr neunzig Meter vom Tagesruheplatz der Gruppe 4 entfernt, wo er allein Wache gehalten hatte.

Beim Verfolgen der Wildererspur stellte sich heraus, daß die Männer schon zwei Tage lang auf Antilopenjagd und zum Fallenstellen im Park gewesen waren, als sie auf Gruppe 4 stießen. Nachdem sie Digit getötet hatten, flüchteten sie zur Ortschaft Kidengezi am Osthang des Mount Karisimbi, wo der berüchtigte Wilddieb Munyarukiko lebte. Dort erst kam ihnen der Gedanke, Digits Kopf und Hände zu holen, weil sich Gorillaextremitäten früher gewinnbringend an Weiße verkaufen ließen. Digit war nicht Trophäenjägern zum Opfer gefallen. Er verlor sein Leben für die Rettung seiner Familie, die sich unglücklicherweise zum falschen Zeitpunkt am falschen Ort aufgehalten hatte.

Schließlich entschieden Ian und ich uns dafür, Digits Ermordung bekanntzugeben. Wenige Tage später erfuhren die Fernsehzuschauer der Vereinigten Staaten in den Nachrichten von Digits Tod. Der Parkaufsichtsbeamte von Ruanda wurde zur Station gebeten, um sich Digits Leiche anzusehen, bevor wir sie begruben. Er kam mit Paulin Nkubili, dem Polizeichef. Dieser war ehrlich entsetzt beim Anblick der verstümmelten Leiche und versprach, sein möglichstes zu tun, um jeden Wilderer zu verhaften, dessen seine Leute in Ruhengeri habhaft werden konnten.

Sechs Tage nach Digits Ermordung saß ich beim Tippen in meiner Hütte, als ich den Holzsammler schreien hörte: *„Bawindagi! Bawindagi! Wilderer! Wilderer!"* Die vier Ruander, die auf der Station arbeiteten, nahmen sofort die Verfolgung eines fremden Mannes auf, der sich eingeschlichen und versucht hatte, eine der vielen Antilopen zu töten, die sich inzwischen in der Umgebung der Karisoke-Station sicher fühlten. Nach langer Verfolgungsjagd wurde der Wilderer gefangen und zu meiner Hütte gebracht. Er trug ein gelbes T-Shirt, das einige eingetrocknete Blutflecken aufwies. Auch hatte er einen Bogen und blutbefleckte Pfeile bei sich. Beim Verhör kam heraus, daß es sich tatsächlich um Digits Blut handelte.

Der Polizeichef stieg abermals zur Station herauf, diesmal mit einer bewaffneten Eskorte, um den Wilderer zu verhaften, der später in einer Gerichtsverhandlung zu einer Gefängnisstrafe verurteilt wurde, die er in Ruhengeri absitzen mußte. Nkubili verhörte den Mann gleich in der Karisoke-Station und bekam die Namen von fünf anderen Wilderern heraus, die für Digits Tod mitverantwortlich waren. Innerhalb einer Woche wurden zwei von ihnen gefangengenommen. Drei der schlimmsten Wilderer in den Virungas – Munyarukiko, Sebahutu und Gashabizi – entgingen der Verhaftung, da sie sich rechtzeitig im Wald versteckt hatten.

Ich nahm meine Beobachtungen der Gruppe 4 wieder auf, konnte aber Digits Tod lange Zeit nicht verarbeiten. Unwillkürlich suchte mein Blick immer wieder am Rand der Gruppe nach dem mutigen jungen Silberrücken. Tiger wollte Digit als Wachtposten ersetzen. Jedoch wurde das junge Männchen oft durch wilde Spiele mit seinen Gefährten abgelenkt. Die Gorillas duldeten mich wie früher in ihrer Nähe. Ich glaubte, dieses Vorrecht nicht mehr zu verdienen. Kurz nach ihrer Flucht auf die Visokehänge führte Onkel Bert seine Familie wieder in die Senke. Gruppe 4 ging direkt zu Digits Sterbeplatz und bewegte sich dort tagelang im Kreise, als ob sie nach Digit suchte, dessen Ermordung sie natürlich mit angesehen hatte. Das überraschte mich. In den zehn vorausgegangenen Forschungsjahren hatten Gorillas es meist vermieden, nach Begegnungen mit Viehherden, Fallen oder Wilderern sofort wieder in die Gebiete zurückzukehren, wo ihnen Gefahr gedroht hatte.

WEGEN all der Schrecknisse, die Gruppe 4 hinter sich hatte, war mir gar nicht wohl bei dem Gedanken, die Tiere auf die relativ sicheren Visokehänge, weg von der Gefährdung durch Wilderer und Fallen in der Senke, zu treiben. Das konnte für die Gruppe erneut zu einem traumatischen Erlebnis werden. Meine Unentschlossenheit wich jedoch, als ich den jungen Tiger mit einer frischen Drahtschlingenverletzung am rechten Handgelenk sah.

Der Tag des Treibens war für Gruppe 4 ebenso furchtbar wie für mich. Die rasenden Gorillas ahnten ja nicht, daß ihnen die unsichtbaren Verfolger nichts Böses antun wollten und daß sie absichtlich hin zu ihrem Lieblingsaufenthaltsort am Visoke gedrängt wurden. Nur dieses Wissen ließ meine Mitarbeiter und mich die Schreckensschreie der Gruppe 4 auf ihrer Flucht zum Berg ertragen.

Vierundzwanzig Stunden später waren der Gruppe 4 keine Nachwirkungen der vorausgegangenen Panik anzumerken. Die Tiere wirkten im Gegenteil so ruhig wie lange nicht mehr, obwohl verständlicherweise diese äußerliche Ruhe hauptsächlich der Müdigkeit zuzuschreiben war.

Fast sechs Monate lang blieb Gruppe 4 auf den Visokehängen, ohne anderen Gorillagruppen oder Wilderern zu begegnen. Dem Gorillaweibchen Simba, mit Digits erstem und einzigem Nachwuchs schwanger, war ihr Zustand immer deutlicher anzumerken. Die Jungtiere der Gruppe 4 fühlten sich stark zu dem jungen Weibchen hingezogen, aber meist blieb Simba lieber für sich.

Drei Monate und sieben Tage nach Digits Ermordung kam seine Tochter zur Welt. Ich nannte das Gorillamädchen Mwelu, ein afrikanisches Wort für „ein Hauch von Glanz und Licht". Digits Fortbestehen manifestierte sich in einem außerordentlich hübschen Kind mit langen Wimpern um die klaren, funkelnden Augen.

Im Juli 1978 führte Onkel Bert seine Gruppe von den Visokehängen wieder hinunter in die Senke, wo dank der vermehrten Patrouillen seit Monaten keine Anzeichen von Wilderern mehr gefunden worden waren. Eine Woche lang sonnten sich die ausgewachsenen Gorillas der Gruppe 4 selig, während die Jungen ihre aufgestaute Energie beim Klettern und Fangspiel auf riesigen Kosobäumen abreagierten. Alle nutzten die saftige und vielseitige Pflanzenkost in der Senke. So war jeder Tag nach ihrer Rückkehr in die bevorzugte Gegend ein Fest.

Am Morgen des 24. Juli 1978 klopfte einer der vier damals in Karisoke arbeitenden Studenten an meine Tür. Ich war überrascht, als ich ihn sah, denn er hatte die Station erst vor einer Stunde verlassen, um Gruppe 4 aufzusuchen. Ein Blick in sein Gesicht genügte mir, um zu wissen, daß etwas Furchtbares geschehen war. „Wilderer", sagte ich nur. Es war eher eine Feststellung als eine Frage.

„Onkel Bert wurde ins Herz geschossen und geköpft", stieß der Student hervor. Er war sofort bereit, in Begleitung von Mitarbeitern zum Tatort zurückzukehren. Die Männer überprüften stundenlang ein Gewirr von Fluchtwegen, die von Onkel Berts Leiche zu den Visokehängen führten. Schließlich stießen sie auf eine nicht an Menschen gewöhnte Randgruppe von dreizehn Tieren, die der Gruppe 4, die von dem zehneinhalbjährigen Tiger tapfer verteidigt wurde, erregt gegenüberstand. Als sie die menschlichen Beobachter sahen, flohen die Tiere der Randgruppe, und Gruppe 4 sammelte sich um Tiger, ihren neuen Anführer.

In der Gruppe fehlte ein Gorillaweibchen, das ich Macho genannt hatte, weil es ungewöhnlich große Augen hatte und *macho* das Suaheliwort für Augen ist. Wir nahmen an, daß es der Randgruppe gelungen war, das Weibchen mitzunehmen. Machos dreijähriger Sohn Kweli weinte jämmerlich. Diese Nacht verbrachte Kweli, der noch nie allein geschlafen hatte, mit seinem Halbvetter Tiger, der sich rührend um den Kleinen kümmerte. Mit einem Mal waren all das Grauen und Entsetzen, das Digits Ermordung ausgelöst hatten, wieder da. Doch es sollten noch gräßlichere Einzelheiten über das letzte Gemetzel ans Licht kommen.

Zwei Fährtensucher und ich folgten den Fußspuren der Wilderer von Onkel Berts Leiche zu einem noch schwelenden Feuer, an dem die Mörder die Nacht verbracht hatten. Die Wildererspuren führten direkt nach Kidengezi, dem Dorf Munyarukikos. Die Spuren verrieten auch, daß die Wilderer durch das Auftauchen des Studenten gestört worden waren und Onkel Berts Leiche nicht noch mehr hatten verstümmeln können. Dadurch waren die Hände des Silberrückens unversehrt geblieben. Im Gegensatz zu der langsamen, qualvollen Tötung Digits durch Pfeile, Speere und Hunde war Onkel Bert durch eine einzige Kugel, die ihn ins Herz traf, umgekommen. Wahrscheinlich hatte er nur einen kurzen Moment des Schreckens vor seinem Tod verspürt.

Wir trugen Onkel Berts Leiche zur Station und begruben ihn neben Digit. Dann machte ich mich auf den Weg nach Ruhengeri und benachrichtigte Paulin Nkubili von dem neuerlichen Mordfall. Der Polizeichef stellte sofort einen Stoßtrupp zusammen für eine Razzia in Munyarukikos Ortschaft und forderte mich auf mitzukommen. Durch den Überraschungseffekt konnten die Soldaten das Dorf noch in derselben Nacht umstellen, rasch eindringen und die kleinen, strohgedeckten Hütten durchsuchen. Innerhalb einer Stunde hatten sie

einen Haufen Speere, Bogen, Pfeile und Haschischpfeifen sicherge-
stellt. Darüber hinaus fanden sie unter einer Bettstelle in einer der Hüt-
ten Gashabizi, den drittschlimmsten Wilderer des Virungagebiets.
Ihm wurde später nachgewiesen, daß er sowohl an Digits als auch an
Onkel Berts Ermordung beteiligt gewesen war. Munyarukiko konnte
abermals entkommen, doch die Ergreifung von Gashabizi war den
Einsatz in dieser langen Nacht wert. Gashabizi wurde später vor
Gericht gestellt und zu zehn Jahren Gefängnis in der Haftanstalt von
Ruhengeri verurteilt.

Am nächsten Morgen führte der Polizeichef überraschend eine weitere Razzia in einem kleinen Ort durch, wo Sebahutu, ebenfalls ein
tückischer Wilddieb, mit seinen sieben Frauen und zahlreichen Kindern lebte. Wie in der vorangegangenen Nacht umzingelten die Soldaten die Hütten und kämmten sie nacheinander sorgfältig durch. Das
Resultat war in grausiger Weise lohnend. Berge von Speeren, Bogen,
Pfeilen und Haschischpfeifen türmten sich im Zentrum der Ansiedlung. Dann wurden Sebahutus durchweichte, blutbefleckte Kleidung
sowie mehrere blutbefleckte Messer und *pangas* unter einer Strohma-
tratze hervorgezogen. Sebahutu selbst war nicht da.

Angesichts der Beweislast stimmten seine Weiber ein lautes Geheul
an und beteuerten die Unschuld des gemeinsamen Gatten. In diesem
Augenblick kam ein Mann in hellrotem Pullover hinter der Hecke hervor, welche die Ansiedlung umgrenzte. Als er uns sah, rannte er fort.
Die Soldaten erwischten ihn und brachten ihn zur Vernehmung zu den
Hütten. Sebahutu, der Wilderer, war gefangen. Später stellte sich heraus, daß er es war, der Onkel Bert erschossen hatte. Ein Gericht sprach
ihn schuldig, und er wurde in die Haftanstalt von Ruhengeri eingelie-
fert. Nun war nur noch Munyarukiko auf freiem Fuß.

Auf dem Rückweg zur Station erwartete mich am Fuß des Mount
Visoke ein Träger mit einem Zettel. Man hatte die Leiche des Gorilla-
weibchens Macho fünfzig Meter von der Stelle entfernt gefunden, wo
Onkel Bert umgebracht worden war. Macho war ebenfalls von einer
einzigen Kugel getötet worden, die in den Brustkorb eingedrungen
war und vor ihrem Austritt das Rückgrat zerschmettert hatte.

Benommen und fassungslos fuhr ich wieder nach Ruhengeri und
dachte dabei an Macho mit ihren großen, treuen Augen. Ich machte
mir auch Sorgen um den kleinen Kweli. Würde der Dreijährige ohne
Mutter und Vater überleben können?

Sechs Tage nach Onkel Berts und Machos Tod stellten wir auch die
Ursache für Kwelis unaufhörliches Gejammer fest. Das Gorillajunge

war bei der Ermordung seiner Eltern verletzt worden. Eine Kugel hatte Kwelis Schlüsselbein zersplittert.

Nach derselben Methode ausgiebigen Spurensuchens, die sich bei der Aufklärung von Digits Tod so bewährt hatte, deckten wir den Ablauf der Ereignisse bei den letzten Morden auf. Kweli war anscheinend das erste Opfer der Wilderer gewesen. Sebahutu hatte von einem Baum aus auf ihn geschossen, als Gruppe 4 gerade ihre Schlafnester verließ und sich zur üblichen Morgenmahlzeit zerstreute. Macho wurde erschossen, als sie herbeirannte und vergeblich versuchte, ihrem Sohn zu helfen. Auf der Flucht vor den Wilderern befand sich Onkel Bert an der Spitze seiner Gruppe, die zu den Visokehängen eilten, als ihn die Schreie von Kweli und Macho zur Umkehr veranlaßten und er die Wilderer zur Verteidigung seiner Gefährtin und seines Sohnes angriff. Die Einschußstelle bewies, daß der Silberrücken aufrecht gestanden haben mußte. Er war tot, noch bevor er mit durchschossenem Herzen auf dem Boden aufschlug. Nur das Eingreifen seiner Eltern hatte es dem kleinen Kweli letztendlich ermöglicht, mit Gruppe 4 zu flüchten. Sowohl Onkel Bert als auch Macho wären davongekommen, hätten sie nicht versucht, ihren Sohn zu beschützen. Sie gaben ihr Leben für Kweli.

Der verwaiste Kweli wurde ohne seine Mutter Macho und seinen Vater Onkel Bert infolge der Schußverletzung völlig abhängig von Tiger, der seine Wunde pflegte und ihm Nestwärme gab. Mit besorgtem Gesichtsausdruck blieb Tiger in der Nähe des Dreijährigen und antwortete auf sein Weinen mit tröstendem Rülpsen. Als neuer Anführer von Gruppe 4 verlangsamte Tiger das Tempo bei Futtersuche und Umherstreifen, sobald Kweli nicht mitkam. Hilflos mußte ich mit ansehen, wie Kweli täglich teilnahmsloser und verzagter wurde, obwohl Tiger versuchte, ihm Vater und Mutter zu ersetzen.

Drei Monate nach seiner Schußverletzung und dem Verlust beider Eltern war Kwelis Lebenswille geschwunden. Er lag im Schlafnest, das er mit Tiger geteilt hatte, und konnte nur noch schwache Jammerlaute von sich geben, als sich die Gruppe am Morgen auf Futtersuche langsam von ihm entfernte. Auf seine Notrufe hin kamen die Gorillas während des Tages mehrmals zu ihm zurück, um ihn mit Rülpslauten oder sanften Berührungen zu trösten. Alle Mitglieder der Gruppe 4 wollten offenbar helfen, konnten aber nichts tun. Sie verbrachten ihre Tagesruhephase in der Nähe des zusehends schwächer werdenden Jungtiers, und jedes Mitglied der Gruppe ging zu Kweli und schaute ihm ein paar Sekunden lang ernst ins Gesicht, bevor es sich wieder auf

Futtersuche begab. Es war, als ob die Gorillas wüßten, daß Kwelis Ende nahte.

Am Spätnachmittag brachten wir die Leiche des kleinen Kweli zur Station und begruben ihn zwischen seinen Eltern Macho und Onkel Bert.

DIE Weihnachtsfeiertage verliefen 1979 für die Studien- und Randgruppen um die Karisoke-Station friedlich. Die Digit-Stiftung hatte die von der Forschungsstation aus durchgeführten Patrouillen fast achtzehn Monate lang bezahlt. Diese Spendenaktion und der US-Tierschutzverein ermöglichten es, daß meine Leute endlich wasserdichte Stiefel, Regenzeug, leichte Zelte, warme Kleidung und Handschuhe bekamen. Nach jedem Arbeitstag im Freien warteten eine warme Mahlzeit und ein trockener Schlafplatz auf sie.

Wenn die Männer zu ängstlich waren, ihre Kontrollgänge weiter als vier bis fünf Stunden von der Station entfernt zu machen, weil da die Gefahr, auf Wilderer mit Schußwaffen zu stoßen, größer war, gingen Ian Redmond oder ich mit ihnen, um sie moralisch zu unterstützen. Ihre Arbeitswilligkeit unter schwierigen Bedingungen ging einher mit großer Aufrichtigkeit und der Überzeugung, persönlich für den Schutz der noch vorhandenen Wildtiere in den Virungas verantwortlich zu sein. Alle diese Männer waren keine behördlich anerkannten Parkwächter, sondern standen im Dienst der Schutzbestrebungen der Karisoke-Station. Diesen Patrouillen gelang es, in den ersten anderthalb Jahren fast viertausend Wildererfallen zu zerstören.

AM MORGEN des ersten Januar 1980 klopfte es laut an meine Hüttentür. Ich öffnete, und da stand einer unserer Lebensmittelträger mit einem prallgefüllten Kartoffelkorb auf dem Kopf. Ich wollte ihm gerade sagen, daß wir keine Kartoffeln bestellt hatten, als er aufgeregt rief: „*Iko ngagi!* – Es ist ein Gorilla!" Mir sank das Herz in die Hose. Wir stellten den Korb in einem selten benutzten Raum ab. Langsam öffnete ich ihn. Heraus krabbelte ein erbärmlich schwaches Gorillamädchen von vielleicht drei Jahren.

Man hatte es Wilderern aus Zaire weggenommen, als sie versuchten, es am Neujahrstag einem französischen Arzt in Ruhengeri für umgerechnet tausend Dollar zu verkaufen. Es war der Klugheit dieses Arztes zu verdanken, daß man das Tier den Wilderern abgenommen und diese anschließend ins Gefängnis gesteckt hatte. Auch hier zeigte sich wieder, daß die Durchführung der Gesetze der beste Naturschutz ist. Ich habe nie erfahren, wie viele Gruppenmitglieder beim Fang des jungen Weibchens umgebracht worden waren. Mit Sicherheit ließ sich sagen, daß das Gorillamädchen etwa sechs Wochen lang in einem feuchten dunklen Kartoffelkeller nahe der Parkgrenze am Mount Karisimbi gefangengehalten und mit Brot und Obst gefüttert worden war. Wie all die anderen Fangopfer war auch dieses Gorillajunge fast verdurstet.

Die Anwesenheit von Menschen entsetzte es, und es versteckte sich, als es mich sah, sofort unter einem Bett. Dorthin zog es sich zwei Tage lang zurück, sobald jemand den Raum betrat. Wir brachten ihm frisches Pflanzenfutter und Nestmaterial, und ich war froh, als es endlich anfing zu essen und nachts in dem Nest schlief, das ich ihm gebaut hatte. Weil die Kleine am Neujahrstag zu uns gekommen war, nannte ich sie Bonne Année (der französische Neujahrswunsch).

Sechs Wochen Pflege waren nötig, bis es Bonne Année gut genug ging, daß sie auf den Wiesen um die Station spielen konnte. Weitere sechs Wochen dauerte es, bis das Gorillamädchen fähig war, wieder zu klettern und ihr Futter herzurichten – wie Selleriestangen abzuziehen und Blätter von Disteln und Labkrautranken abzustreifen. Es war eine Freude, die Verwandlung vom kränklichen Gefangenen zu einem lebhaften Junggorilla mit anzusehen. Zu Bonne Années Gesundung trug auch Cindy bei, die sich um das Kleine ebenso kümmerte wie vor elf Jahren um Coco und Pucker. Obgleich recht alt geworden, war der Hund immer zur Stelle, wenn Bonne Année in ihren Ruhepausen Körperkontakt oder -wärme suchte. Cindy beteiligte sich auch an vorsichtigen Ringkämpfen und Fangspielen während der zweimonatigen Rekonvaleszenz des Gorillas.

Der ruandische Parkdirektor in Kigali war von Bonne Années Ankunft unterrichtet worden und auch von meiner Absicht, sie in eine freilebende Gruppe einzugliedern, sobald sie sich erholt hatte. Ich war froh über seine Zustimmung. Die Durchführung der Gesetze hatte sich gewaltig gebessert seit 1969, als Coco und Pucker in die Bundesrepublik Deutschland verschoben worden waren.

Meiner Ansicht nach hatte Bonne Année die besten Überlebenschancen bei der sich neu bildenden Gruppe 4, der einzigen Gruppe im Studiengebiet ohne starke Blutsbindungen und ohne Kleinkinder.

Im März war Bonne Année völlig wiederhergestellt. Ihre Freilassung durfte nicht länger hinausgeschoben werden. Zunächst mußte sie entwöhnt werden von den Annehmlichkeiten der Karisoke-Station, wie Lieblingsfutter, warme Hütte und den vielen Bewohnern einschließlich Cindy und der Besucher, welche die Kleine mit ständiger Beachtung verwöhnt hatten. Zu diesem Zweck wurde ein nur mit Schlafsäcken ausgestattetes Zelt im Aufenthaltsgebiet der Gruppe 4 weit weg von der Station aufgeschlagen. Unter Anleitung eines hilfswilligen Studenten, John Fowler, und eines afrikanischen Mitarbeiters erhielt Bonne Année dort vier Tage und Nächte lang eine Art von Überlebenstraining.

Der Tag, an dem Bonne Année freigelassen werden sollte, war von Anfang an wie verhext. Es goß in Strömen, und zudem war Gruppe 4 weit vom Zeltplatz entfernt in einen Kampf mit einer Randgruppe verwickelt. Weil sich alle in großer Aufregung befanden, war es unwahrscheinlich, daß Gruppe 4 zu diesem Zeitpunkt Bonne Année angenommen hätte. Auf dem Rückweg zum Zelt beschlossen wir, wohl oder übel zu versuchen, Bonne Année am nächsten Tag der Gruppe 5 zuzugesellen. Bei Gruppe 5 befand sich das Gorillaweibchen im Unterschied zu Gruppe 4 in einem verhältnismäßig wildererfreien Gebiet. Andererseits gefährdeten hier starke Blutsbande die Aufnahme eines fremden Jungtiers.

Die größte Bedrohung schien von dem dominanten Weibchen Effie auszugehen, für das bei der Einführung einer neuen Blutlinie in Gruppe 5 am meisten auf dem Spiel stand. Ich wußte nicht, daß Effie drei Monate vor der Niederkunft war. Ebensoviel Sorge machte mir das herausfordernde Verhalten von Effies Tochter Tuck, die gerade die Geschlechtsreife erlangt hatte und häufig von Ikarus bestiegen wurde. In Ikarus selbst sah ich keine Bedrohung für Bonne Année, ein Irrtum, wie sich zeigen sollte. Damals, im Frühjahr 1980, wußte ich noch nicht, wozu ein Silberrücken fähig ist, wenn es um die Reinhaltung der Blutlinie seiner Familie geht.

Als ich mit John Fowler und Bonne Année auf dem Weg zu Gruppe 5 war, vertieften sich meine Befürchtungen. Es wunderte mich, daß sich meine Nervosität nicht auf die Kleine übertrug, die während des langen morgendlichen Ganges fröhlich auf Johns Rücken ritt. Als wir bei Gruppe 5 ankamen, die auf dem Südhang des Visoke im Nieselregen ihre Siesta hielt, waren wir erleichtert, keine anderen Gruppen oder einzelnen Silberrücken anzutreffen. Vielleicht würde der Freisetzungsversuch doch glücken.

Ich suchte mir einen Baum in der Nähe der Gruppe aus. Von einem Baum aus hatte Bonne Année die Wahl, bei uns zu bleiben, wenn sie Angst hatte, oder wieder zu uns zurückzukommen, falls die Gruppe sie nicht annahm. Wir drei erstiegen einen hohen, leicht geneigten

Kosobaum, der etwa siebzehn Meter von der ruhenden Gruppe entfernt stand. Nach fünf Minuten ungläubiger Vergewisserung stieß
Beethoven einen kurzen Alarmruf aus. Er schaute fragend auf Bonne
Année, als ob er prüfen wollte, ob sie zu seiner Gruppe gehörte. Die
Kleine gab den Blick zurück, als hätte sie den Silberrücken schon
immer gekannt. Man konnte es kaum glauben, daß Beethoven seit
drei Monaten der erste Gorilla war, den Bonne Année sah.

Beethovens Alarmruf hatte die anderen Mitglieder von Gruppe 5
auf uns aufmerksam gemacht. Sofort stolzierte Tuck mit zusammengepreßten Lippen auf den Baum zu und drosch unterwegs nervös auf
das Gebüsch ein. Ihre Mutter folgte ihr. Effie ging ebenfalls steifbeinig
umher und machte ein böses Gesicht.

Für Bonne Année hatten die Menschen aufgehört zu existieren. Sie
verließ langsam Johns Arme und kletterte den Stamm hinunter, um zu
ihren Artgenossen zu gelangen. Als sie an mir vorbeikam, griff ich beinahe instinktiv nach ihr wie eine Mutter, die ihr Kind vor einer Gefahr
beschützen will. Dann aber zog ich meine Hand zurück, denn ich
wußte genau, daß ich mich nun nicht mehr einmischen durfte. Bonne
Année kletterte hinab zu Tuck. Die beiden umarmten einander zärtlich. John und ich strahlten. Vergessen waren unsere Ängste und
Zweifel. Jedoch sollte das unser letztes Lachen für den Rest des Tages
sein. Alle Befürchtungen wurden wahr. Effie stolzierte auf Tuck zu.
Die beiden Weiber kämpften um das Kleine, zogen an seinen Armen
und Beinen, zerrten es sich gegenseitig weg und bissen es. Bonne
Année schrie vor Angst und Schmerz. Nach zehn Minuten hielt ich es
nicht mehr aus. Meine guten Vorsätze, eine objektive Wissenschaftle-
rin zu bleiben, waren dahin. Ich brüllte die Gorillas an: „Haut ab! Haut
ab!" Dann stieg ich vom Baum, um das Kleine zu retten. Ich gab es
John, der damit höher hinaufkletterte. Nach kurzem Erschrecken ob
meines Eingreifens kamen Effie und Tuck wieder zurück und starrten
uns von unten drohend an, als ob sie auf den Kosobaum klettern und
Bonne Année holen wollten.

Dann verließ Bonne Année zu unserer größten Überraschung den
Schutz von Johns Armen und begab sich wieder zu Tuck und Effie.
Diesmal versuchte ich nicht, sie zurückzuhalten. Das Gorillamädchen
war eindeutig entschlossen, ein Mitglied der Gruppe 5 zu werden.

Tuck und Effie setzten sogleich ihre Katz-und-Maus-Quälerei fort.
Bonne Année schrie wieder. Die Roheit der beiden Weiber war
scheußlich mit anzusehen, die Schreie der Kleinen unerträglich. Sie
veranlaßten Beethoven, mit Gebrüll zu dem Baum zu rennen und

Effie und Tuck zu vertreiben. Völlig aufgelöst ging Bonne Année schnurstracks zu dem alten Silberrücken, der an ihr schnupperte, jedoch auf ihre rührenden Bemühungen hin, gehalten oder liebkost zu werden, nicht die Arme ausbreitete. Als es wieder stark zu regnen anfing, kehrte Beethoven der Kleinen den Rücken zu und schützte sich im dichten Buschwerk vor dem Guß. Bonne Année preßte sich zitternd an seinen massigen silbergrauen Rücken.

Nachdem der Regen etwas nachgelassen hatte, kamen andere Mitglieder der Gruppe 5 herbei, um den kleinen Fremdling prüfend zu beschnuppern. Die Anwesenheit anderer Jungtiere schien Bonne Année moralisch zu stärken. Sie mischte sich unter sie, setzte sich nieder und begann, in aller Ruhe zu fressen. Plötzlich trat Ikarus auf den Plan und verscheuchte die Jungtiere, indem er mit zusammengepreßten Lippen drohend umherstolzierte. Dann rannte er direkt auf Bonne Année zu und zerrte sie am Arm durchs Gebüsch. Effie und Tuck eilten herbei, um an seinem Angriff auf das Junge teilzunehmen, und stießen es um, wenn es aufstehen wollte. Durch die Beteiligung von Ikarus waren die Mißhandlungen diesmal viel schlimmer. Gewalttätig entriß er Bonne Année den Weibchen, packte sie mit den Zähnen und lief mit ihr etwa fünf Meter weiter weg. Die Kleine brüllte vor Angst. Das veranlaßte Beethoven und die anderen Gorillas zum Angriff auf Ikarus, der Bonne Année fallen ließ und flüchtete.

Meine Erleichterung ob des Dazwischentretens von Beethoven war nur von kurzer Dauer. Nach einer Minute stieg der alte Silberrücken wieder den Berg hinab, um zu fressen.

Sobald Beethoven weg war, kehrte Ikarus in Begleitung von Tuck zurück und piesackte Bonne Année nur noch schlimmer. Schließlich gab die Kleine ihre schwachen Verteidigungsversuche auf. Sie legte sich nieder, verhielt sich ganz ruhig und gab keinen Laut von sich. Das war völlige Unterwerfung.

Ikarus schnappte die Kleine und zerrte sie den Berg hinunter, wo er sie zur Seite schleuderte und sein Imponiergehabe mit einem Drohlaut und Brusttrommeln abschloß. Wie durch ein Wunder gelang es Bonne Année, zu unserem Baum zurückzukrabbeln, aber sie hatte nicht mehr genug Kraft hinaufzuklettern. Wie gelähmt über den Ausbruch von Fremdenhaß bei Gruppe 5, kam ich fast zu spät zur Rettung. Ich konnte Bonne Année gerade noch ergreifen und an John weiterreichen, als Ikarus und Tuck unter dem Baum anlangten und uns kampflustig anstarrten. John verbarg das Kleine unter seiner Wetterjacke. Wir konnten nur beten, daß Bonne Année nicht ihr übliches Protestgeschrei gegen diese Einschränkung ihrer Bewegungsfreiheit anstimmen würde. Ich zweifelte nicht daran, daß Ikarus dann den Baum erklimmen und sie gewaltsam holen würde.

Die jüngeren Tiere strömten nun zu dem Baum und begannen, am Stamm emporzuklettern, um nach Bonne Année zu suchen. Als sie an mir vorbeiwollten, mußte ich sie kneifen, leicht treten oder beiseite schieben, wenn Ikarus gerade nicht hinsah. Verblüfft über diese ungewohnte Behandlung von mir, wichen sie zurück, ohne jedoch das Interesse an dem Neuankömmling zu verlieren. Ich war dankbar, daß das abgeschirmte Kind sich nicht rührte und keinen Laut von sich gab. Ikarus vertrieb die Jungtiere, dann erklomm er den Baum. Ich werde nie das Gefühl vergessen, wie der heiße Atem des jungen Silberrückens durch mein aufgeweichtes Schuhwerk drang und sein Kopf wenige Zentimeter von meinen Füßen entfernt war. Nur weil John und ich oberhalb von ihm saßen und wir zu zweit waren, verfolgte Ikarus Bonne Année nicht weiter.

In der folgenden Stunde hielten Ikarus und Tuck feindselig Wache am Fuß des Baumes und knurrten oder grunzten, sobald John oder ich auch nur das leiseste Geräusch verursachten. Die Haare auf dem Kopf des Männchens standen zu Berge, und er strömte einen stechenden Geruch aus, der seine Erregung anzeigte. Beide Tiere gähnten mehrmals, entblößten dabei ihre Zähne und schüttelten die Köpfe rasch hin und her. Mir schien, daß sie angreifen wollten, sich aber mit zwei Menschen über sich nicht getrauten, den Stamm hochzuklettern. Ich hatte mich nie hilfloser gefühlt.

Ein paarmal ließ Ikarus seinen Aggressionen freien Lauf, indem er brusttrommelnd hangabwärts sauste und auf die Büsche einschlug. Leider kehrte er jedesmal zurück und bezog wieder seinen Wachtposten. Nach fast einer Stunde ging der Rest von Gruppe 5 auf Futtersuche. Ikarus und Tuck folgten nach, kamen aber bald im Imponierschritt zurück und beäugten uns mißtrauisch. Erst als das Paar in dichtem Buschwerk verschwunden war, konnte John vom Baum springen und mit dem vollkommen verstummten Gorillajungen unter der Jacke bergauf rennen. Ich folgte ihm fünf Minuten später und erwartete, jeden Augenblick von hinten angesprungen zu werden. Am Abend erzählte mir John, daß er genausoviel Angst wie ich gehabt hatte. Keiner von uns fühlte sich sicher, bis wir eine halbe Stunde von der Gruppe entfernt waren. Das verrückte Verhalten von Tuck und besonders von Ikarus stellte alle bis dahin bestehenden Hypothesen in Frage. Man konnte nicht mehr sicher sein, ob Ikarus' Verhalten, das augenscheinlich als Reaktion gegen einen Fremden aufzufassen war, ihn für ihn selbst ebenso unberechenbar gemacht hatte wie für uns.

Wieder auf der Station, wurde Bonne Année abgetrocknet und mit einer Kiste Lieblingsfutter in ihren Schlafkäfig gebracht. Sie hatte keine ernstlichen Verletzungen und schien froh, wieder in vertrauter Umgebung zu sein. Nach zwanzig Tagen, als die Verletzungen von ihrer Begegnung mit Gruppe 5 verheilt waren, wurde Bonne Année problemlos der Gruppe 4 zugesellt. Da in dieser Gruppe keine starken verwandtschaftlichen Beziehungen bestanden, wurde die Kleine sofort aufgenommen. Schon nach einer Stunde in ihrer Stieffamilie spielte Bonne Année mit den anderen Jungtieren. Endlich war sie ein Gorilla der Berge geworden.


# Nachwort

DIE Studie der Karisoke-Forschungsstation an den Berggorillas von 1967 bis 1983 umfaßt nur einen winzigen Zeitabschnitt. Vor Jahrhunderten waren fünfzehn Jahre nur ein flüchtiger Augenblick in der Gesamtlebensdauer einer Tierart. Gegenwärtig schätzt man jedoch, daß in den nächsten zwei Jahrzehnten zwanzig Großtierarten aussterben werden. Die Menschheit muß jetzt entscheiden, ob die Berggorillas dazugehören und noch im Jahrhundert ihrer Entdeckung ausgelöscht werden sollen oder nicht. Das Schicksal der Gorillas liegt in den Händen derer, die Afrika, den Lebensraum und die Heimat der Berggorillas, zu Lehen haben.

Von Herzen danken möchte ich den vielen unerschrockenen Helfern in Ruanda und Zaire, die mich bei der Verwirklichung der gegenwärtigen Ziele zur Erhaltung der Berggorillas unterstützt haben. Für Digit, Onkel Bert, Macho und viele andere Gorillas bin ich leider zu spät gekommen, um die Torheiten vieler Europäer und Afrikaner zu verhindern, die in der Hoffnung auf ein besseres Morgen erst noch lernen müssen, daß die Umgehung der allereinfachsten Schutzmaßnahmen schließlich auch Beethoven, Ikarus und Tiger, deren Gefährtinnen und Nachkommen endgültig in den Bergnebel der Vergangenheit versinken lassen könnte.

## Dian Fossey

„Dian Fossey hat mehr über Gorillas herausgefunden als die bedeutendsten Zoologen unseres Jahrhunderts", urteilte die *New York Times* in einer Buchkritik nach der Veröffentlichung von *Gorillas im Nebel*. Mit ihrem ersten und einzigen Buch über die Lebensweise der Berggorillas, in das Erfahrungen und Beobachtungen von zwei Jahrzehnten eingeflossen sind, begeisterte die aus San Francisco stammende Autorin nicht nur die Wissenschaftler. Dian Fossey weckte allgemein das Bewußtsein für eine bedrohte Tierart und verstand es darüber hinaus, einer breiten Öffentlichkeit das Wesen der Gorillas in anschaulicher Weise näherzubringen. Leser aus aller Welt nahmen bei der Lektüre dieser faszinierenden Biographie endgültig Abschied vom Bild des monströsen King-Kong-Ungeheuers und schlossen Freundschaft mit liebenswerten Geschöpfen wie Beethoven und Onkel Bert, Coco und Pucker, Effi und Digit. Mit ihrem Engagement für die Gorillas und dem oft in aller Härte geführten Kampf gegen jene, die den Lebensraum dieser Tiere gefährdeten, machte sich die Forscherin allerdings auch zahlreiche Feinde. Nicht jeder konnte ihren Enthusiasmus für die Wildnis teilen und den Absolutheitsanspruch verstehen, mit dem sie ihrer Lebensaufgabe nachging.

Die begeisterte Aufnahme ihres Buches in der „zivilisierten Welt" hat Dian Fossey noch erleben dürfen. Zwei Jahre später, am siebenundzwanzigsten Dezember 1985, fand das harte, aber erfüllte Leben der Vierundfünfzigjährigen ein gewaltsames Ende. Mitarbeiter entdeckten Dian Fossey tot in ihrer Hütte – ermordet mit einem Buschmesser. Vom Täter fehlt bis heute jede Spur.

Dian Fosseys Leiche wurde nicht nach Amerika überführt. Man hat die Forscherin dort begraben, wo ihr Herz zu Hause war – auf der Forschungsstation Karisoke.

# RÜCKENFLUG

Eine Kurzfassung
des Buches von
**RUDOLF
BRAUNBURG**

**Illustrationen
von Peter Klaucke**

*Atemberaubende Sturzflüge, Rollen und Loops gehören zum Programm der Piloten, die am Lago Maggiore ihre Weltmeisterschaften im Kunstflug austragen. Als nicht minder aufregend erweist sich das Geschehen am Rande der Wettkämpfe – mysteriöse Vorgänge, in die der Reporter Achim Reimers Licht zu bringen versucht: Da ist Maud Borowski, die Sensationsfliegerin im selbstgebauten Doppeldecker, in deren Werkstatt verschlüsselte Nachrichten hinterlassen werden. Da ist Oberst Stähli, ein Schweizer Rüstungsexperte, auf den ein Attentat verübt wird. Und da ist Boris Kasakow, der sowjetische Kunstflugstar, für den es um weit mehr zu gehen scheint als um Sieg oder Niederlage …*

## 1

DER Kirchturm schoß senkrecht wie eine Rakete in den blauen Himmel. Ihm folgten gelb und rosa getünchte Häuser, bis sich schließlich das ganze Dorf wie zur Himmelfahrt von der Erde löste und schwerelos über einem weißen Wolkenmeer hängenblieb. In den winzigen Fenstern blitzte der erste Sonnenstrahl auf. Ich lehnte mich über die Staumauer und starrte fasziniert auf die Sinnestäuschung.

Von Gordola aus war ich das Verzascatal bis zum Staudamm hinaufgefahren und hatte hier den üblichen Zwischenstopp eingelegt. Eine geradezu kultische Handlung, wenn ich nach wochenlangen Reisen in der großen, weiten Welt wieder ins Tessin zurückkehrte, in die Abgeschiedenheit meiner Behausung am Ende des Tals. Dichter Nebel hatte Stausee und Dörfer überzogen. In der Morgensonne waren die Dunstwolken von einem aufkommenden Fallwind hinabgedrückt worden. Im diffusen Licht schien nicht der Nebel zu sinken, sondern das Dorf in die Lüfte zu steigen.

Ich setzte mich ans Steuer meines Coupés und wollte gerade weiterfahren, als in einem schmalen Streifen Himmelsblau, den der Nebel noch gelassen hatte, ein Flugzeug auftauchte, ein winziger Tiefdecker. Wo eben noch oben gewesen war, mußte jetzt unten sein. Denn die Maschine flog mit dem Fahrwerk himmelwärts. Das Cockpit, tief unten, streifte dicht über die Edelkastanien am Hang hinweg.

Er hatte es also geschafft. Er war da: Boris Kasakow, der zweiunddreißigjährige Kunstflugstar aus der Sowjetunion. Bis zu meinem Abflug nach New York vor zehn Tagen war es noch nicht sicher gewesen, ob er teilnehmen würde. Ich hatte eindeutig seine karminrote Su 26 erkannt. Also würden in knapp zwei Wochen die Kunstflugweltmeisterschaften in Locarno nicht ohne ihn beginnen müssen; nicht ohne den Flieger, den viele für den besten der Welt hielten.

Gut gelaunt trat ich aufs Gaspedal und jagte durch die kurzen Tunnels zwischen dem Staudamm und Vogorno. Als endlich die Felshäuser von Brione hinter den Rebhängen auftauchten, spürte ich wieder dieses unbändige Gefühl von Heimat, von Nachhausekommen. Die Gipfel des Monte Zucchero und des Madone Grosso erhoben sich vor mir wie zur Begrüßung. Endlich Frasco; jetzt trennten mich keine zehn Kilometer mehr von meinem Haus. Ob Tamara wie immer eine Flasche Nostrano entkorkt auf die Anrichte gestellt hatte?

Ich fuhr auf Sonogno zu. Ein Kaff am Ende der Welt, zumindest am Ende des bebaubaren Teils des Tals. Doch mein Domizil lag noch anderthalb Kilometer hinter dem Ende der Welt, dort, wo sich die Berge so eng zusammenschließen, daß kein Durchkommen mehr ist. Endlich war ich angekommen.

Tamara hatte tatsächlich alles erstklassig hergerichtet und sich danach wieder in ihre *Grotto*, ein kleines Restaurant, in dem ich oft zu Gast war, zurückgezogen. Ich sah mich um. Auf meinem Arbeitstisch lag sauber aufgestapelt die eingegangene Post, und auf der Anrichte stand der Nostrano.

Entspannt ließ ich mich in einen Sessel fallen und nahm einen Schluck Wein. Länger als drei, vier Tage würde es mich diesmal nicht hier oben halten. Die Kunstflugweltmeisterschaften warfen ihre Schatten voraus. Boris Kasakow, die große Sensation, war wie eine Droge, die alle Teilnehmer und Beobachter gleichermaßen berauschte. Ein legendärer Flieger, zum erstenmal im Westen. Angeblich flog er die schwierigsten Figuren mit noch nie gezeigter Präzision.

Zwei Wochen lang würden sich die nach und nach in Locarno-Gordola eintrudelnden Piloten eingewöhnen und die markantesten Landmarken als Orientierungspunkte festlegen. Ich wollte schon bei den Trainingsflügen dabeisein. Immerhin würde ich nicht nur für deutsche Zeitschriften berichten, sondern sogar – Erfolg meiner soeben beendeten USA-Reise – für die renommierteste amerikanische Fliegerzeitschrift.

Ich trank mir gerade in genießerischer Selbstbeweihräucherung zu, als mein Blick auf einen Brief fiel, der seitlich aus dem Stapel herausragte. Eine Handschrift, die mir bekannt vorkam. Ich konnte sie nicht unterbringen, aber ich wußte, sie hatte mir einmal viel bedeutet. Als ich den Absender sah, riß ich den Brief sofort auf. Ich las und wurde um Jahrzehnte zurückversetzt.

Stella Brahm ... Wie alt war ich damals gewesen? Siebzehn, achtzehn? Sie schrieb:

> Hallo, alter Freund, ich weiß gar nicht, wann haben wir uns zum letztenmal geschrieben? Gesehen ... Das weiß ich noch. Es war 1958, das Jahr, in dem Elvis Presley Soldat wurde. Das Jahr, in dem die Atomgegner zum erstenmal einen Ostermarsch veranstaltet haben. Schon im Dezem-

ber vorher war die Hündin Laika mit einem sowjetischen Satelliten im All gewesen. Doch Du und ich, wir hatten von alldem kaum eine Ahnung. Wir waren beide unbekümmerte Teenager. Du weißt sicher noch, daß ich die Beamtenlaufbahn eingeschlagen habe. Ich habe viel von Dir gelesen, daher kenne ich nun auch endlich Deine Adresse. Ich werde in den nächsten Wochen in Ascona sein, rein beruflich. Sehen wir uns mal? Ich wohne im Hotel Eden Roc, Telefon 35 01 71. Ruf mich an, wenn Du Lust hast – nach all den Jahren ... Deine Stella

Der Brief berührte mich eigenartig. Sie war damals, fiel mir ein, siebzehn, ich neunzehn gewesen. Wir hatten unsere Träume von Glück und Erfolg im Leben noch vor uns gehabt. Später hatten wir uns ein paarmal geschrieben, doch schließlich war der Kontakt abgerissen.

Damals war ich ein verträumter Jüngling gewesen, der alles durch eine romantisch verklärte Brille sah. Ich hatte Stella, das Mädchen mit dem Pferdeschwanz, heiß und innig geliebt. Dann war sie wie eine Märchenprinzessin entschwunden – und die späteren Briefe hatten nichts mehr von unserer kurzen, allzu kurzen Jugendromanze ahnen lassen ...

Ihre Handschrift auf dem leicht grünlich getönten Umschlag ließ mein Herz schneller schlagen: meine erste große Liebe.

Erst später fielen mir zwei eigenartige Dinge an diesem Brief auf. Erstens war es sicherlich nicht alltäglich, wenn sich eine Frau von sechsundvierzig Jahren an ihre Teenagerträumereien erinnerte und dabei historische Ereignisse aufzählte, die uns damals überhaupt nicht interessiert hatten. Das hing wohl mit ihrem jetzigen Interessengebiet zusammen. Derartige Daten schienen für sie wichtig zu sein. Der zweite Punkt verblüffte mich weitaus mehr: Niemand auf der ganzen Welt hatte die Adresse meiner Behausung in Sonogno. Jede Redaktion, jede Behörde, jeder private Briefschreiber adressierte seine Briefe ans Hotel Muralto, in dem mir stets ein Zimmer zur Verfügung stand und in dem ich wohnte, wenn ich beruflich in der Schweiz unterwegs war. Tamara holte jede Woche die Post ab, die dort für mich einging. Niemand kannte meine Privatadresse. Woher also wußte Stella, wo ich wirklich wohnte?

Im Spätsommer leuchtet die Tessiner Landschaft in allen Farben. Aus den Edelkastanien prasseln die Maronen ins Laub, überall flackern die ersten Herbstfeuer auf. Die Luft wird klarer und durchlässiger.

Nach der langen Flugreise hatte ich ausgiebig geschlafen – über den Mittag, Nachmittag und frühen Abend hinweg. Als ich aufwachte, lag das Tal bereits in tiefem Schatten. Ich hatte mich gerade in meinen Lieblingssessel sinken lassen, als das Telefon läutete.

Meine Telefonnummer war nur Kollegen und einigen Verlagen bekannt, mit denen mich berufliches Interesse verband. Trotzdem dachte ich sofort an Stella. Wenn sie meine private Adresse kannte, wußte sie auch meine Nummer. Erwartungsvoll nahm ich den Hörer ab.

„Spreche ich mit Achim Reimers?"

Es war eine weibliche Stimme. Ich schoß senkrecht im Sessel hoch. Nach so vielen Jahrzehnten noch immer die alte, jünglingshafte Erregung. „Stella?"

„Ich weiß nicht, wer Stella ist", entgegnete die Stimme pikiert. „Ich jedenfalls bin Maud Borowski."

„Was für eine Kombination", entfuhr es mir. „Ein englischer Vorname, ein östlicher Nachname."

„Da müssen Sie sich bei meiner englischen Mutter und meinem ostdeutschen Vater beschweren. Sind Sie es nun oder nicht?"

„Ich bin es immer, so oder so. Um was geht's?"

„Um mein Flugzeug natürlich. Es ist fertig. Morgen findet der Roll-out statt. Gleich hinter dem Flugplatz. Sie wissen doch ... Vorausgesetzt, Sie sind Achim Reimers."

Maud Borowski, natürlich! Wie hatte ich nur glauben können, diese jugendliche Stimme könne Stella gehören. Jetzt erinnerte ich mich. „Sie wollten mit Ihrem selbstgebastelten Flugzeug am Trainingslager teilnehmen in der Hoffnung, daß Sie jemand für die Weltmeisterschaften vorschlägt."

„Immerhin war ich 1986 bei den deutschen Kunstflugmeisterschaften dabei."

„Sie kamen auf den zwölften Platz. Oder war es der dreizehnte?"

„Der elfte. Einige der Koryphäen, die Sie immer in Ihren Berichten herausstellen, haben es auch nur auf Platz acht und neun gebracht."

„Die träumen auch nicht von einer Weltmeisterschaft."

„Sie mögen mich nicht, wie?"

„Ich finde Sie bewundernswert", erwiderte ich gelassen. „Nur, für die kommenden Weltmeisterschaften sind Sie nicht geschaffen. Die Liste steht ohnehin schon fest."

„Sie mißverstehen alles. Typisch Mann. Ich will nicht gewinnen, ich will teilnehmen. Hören Sie – es war noch nie da, daß sich eine Frau ihr eigenes Flugzeug bastelt. Aus einem Bausatz, der ihr aus Amerika geschickt wird."

„Für neunzigtausend Dollar. Ich erinnere mich. Sie haben mir das in einem Interview in Ascona erzählt. Sie sprachen damals von zweitausend Arbeitsstunden. "

„Zweitausendfünfhundert, allein. Doch ich habe einen Elektrikfachmann fürs Verlegen der Stromkabel aufgetrieben. Er heißt Marco Cazzola. "

„Es handelt sich also um Ihre Pitts S 2a, oder genauer – Ihr Baukastenprodukt nennt sich, glaub ich, Christen Eagle II. "

„Ich wußte, daß Achim Reimers einsame Spitze ist. An was erinnern Sie sich noch?"

„Ihre Augenfarbe ist kastanienbraun, lapislazuliblau und badekachelgrün, stimmt's?"

„Sie sind ein übler Bursche. Aber ich finde, für einen namhaften Fachjournalisten wäre das schon ein Thema: Da baut sich eine Fliegerin ihren eigenen Doppeldecker und macht damit sogar Kunstflug. "

„Ich weiß, mit diesem abenteuerlichen Gedanken spielten Sie damals schon. Sie können jedoch nicht mit einem gerade fertig gebastelten Flugzeug an Wettkämpfen teilnehmen. "

„Aber ich habe schon jahrelang die Pitts geflogen. Im Trainingslager kann ich noch zwei Wochen lang üben. Kommen Sie zu meinem Roll-out? Das Fernsehen wird auch dabeisein. Lassen Sie sich nicht die Schau stehlen. "

„Sie tanzen auf vielen Hochzeiten, wie? Okay. Wann und wo genau?"

„Magadinoebene, gleich hinter dem Platz. Wenn Sie in den Weg hinter dem Fluß rechts abbiegen, dann stoßen Sie kurz vor dem Delta auf eine vergammelte Baracke mit verrostetem Wellblech. Dort findet das historische Ereignis statt. Morgen um halb drei. Mit Ihrer Hilfe schieben wir mein Produkt direkt auf den angrenzenden Flugplatz. "

„Verlassen Sie sich lieber aufs Fernsehen", schlug ich vor und hängte ein. Kaum hatte ich es mir wieder bequem gemacht, als es erneut klingelte: Wolf Rabau, der Bundestrainer der deutschen Mannschaft, der ebenso wie die Schweizer, Amerikaner, Polen, Russen und Kanadier seine Leute drei Wochen lang gehörig gedrillt hatte, um herauszubekommen, wer schließlich an den Weltmeisterschaften teilnehmen könnte.

„Wieder zurück, Achim?"

„Alles okay. Kasakow ist tatsächlich da?"

„Woher weißt du es? Ja, phantastisch, nicht wahr? Er ist hier die ganz große Sensation. Wann kommst du runter?"

„Übermorgen. Für morgen hat mich diese Maud Borowski in ihren Fängen."

„Ah ja ..., die Borowski. Sie ist sehr wichtig für uns."

„Sie macht sich wichtig, das stimmt. Du nimmst sie doch hoffentlich nicht als Bewerberin für die Weltmeisterschaft auf."

„Als Bewerberin schon. Achim, du weißt doch, wie es beim Fernsehen mit der Berichterstattung über Kunstflug aussieht. Wir brauchen Reklame, müssen endlich raus aus der Versenkung. Eine Frau kann da nicht schaden. Noch dazu eine so attraktive. Bau sie auf, Achim, sie ist uns mehr wert als eine komplette Werbeabteilung."

„Okay, ich sehe mich morgen mal bei ihr um."

„Und vergiß nicht: übermorgen um acht fängt hier das ganz große Training an. Wenn du lückenlos berichten willst, solltest du dabeisein."

„In Ordnung. Bis dann!" Ich legte auf. Allmählich meldete sich der Hunger. Ich ging in die Küche und aß, was der Kühlschrank zu bieten hatte: Salami und Mortadella, Appenzeller Käse und Paprikasalat. Dazu das frische Landbrot, das mir Tamara bereitgestellt hatte. Sobald ich satt war, ging ich wieder ins Wohnzimmer hinüber und setzte mich in meinen Sessel. Schlafen konnte ich noch nicht. Immer wieder wanderten meine Gedanken zu dem eigenartigen Brief zurück, den ich bekommen hatte.

Stella Brahm ... Wir trafen uns auf dem Weg nach Montagnola im Jahr 1958. Ich wollte mir das Haus des Dichters Hermann Hesse ansehen: Ich war gerade neunzehn geworden und schwelgte in romantischen Gefühlen. Frauen waren für mich verehrenswerte Wesen einer höheren Welt, großherzig und von edlem Gemüt. Ich träumte davon, ein großer Dichter zu werden. Mit einiger Mühe kraxelte ich den steilen Weg hinauf. Ein Gewitter war niedergegangen, und die von Wolken umgebenen Berge sahen aus, als hätten sie sich wegen des Donners Watte in die Ohren gestopft. Endlich sah ich das rote Haus, das ich von vielen Bildern her kannte, durch die Bäume schimmern. Hinter einem hohen Zaun mit einer vergitterten Holztür lag der halbverwilderte Garten. Eine Steinterrasse blinkte durchs Laub.

Und da saß sie auf einer Bank und massierte ihre rechte Wade. Ihr Gesicht hatte einen leichten Anflug von Sommersprossen, ihr Tweedrock war verrutscht, und ihre flachen Schuhe waren verschlammt vom Regen. Ihre Augen waren von einem hellen, fast farblosen Blau, und sie musterte mich mit kühlem Blick. Ihr langes dunkelbraunes Haar war zu einem Zopf geflochten. Ich setzte mich zu ihr, weil ich vom langen Aufstieg erschöpft war. Damals war ich viel zu schüchtern, um auf diese Art mit einem Mädchen anzubändeln.

Sie nahm mir sofort die Sorge um den ersten Satz und fragte: „Gehörst du auch zu diesen Jünglingen, die sogar aus Australien anreisen, bloß um mal am Gartenzaun des großen Meisters zu stehen?"

„Nicht aus Australien, sondern aus Meersburg."

Sie sah mich spöttisch an. „Und welche tiefgründigen Weisheiten sind dir am Gartenzaun des Dichters aufgegangen?"

Ich schwieg eine Weile, bevor ich antwortete. „Ich bin auf den Unterschied zwischen Dichter und Schriftsteller gekommen. Ein Dichter lebt das Leben, worüber er schreibt. Ein Schriftsteller schreibt nur darüber."

„Himmel, jetzt wird er philosophisch, der angehende Dichterfürst."

„Und du? Du sitzt hier und beobachtest nur?"

„Ich habe einen Wadenkrampf. Aber er geht schon vorbei. Ich muß zurück nach Lugano. Meine Eltern werden toben, wenn ich zu spät zum Abendessen komme."

„Darf ich dich begleiten?"

Die Maronenwälder dampften. Die Oleander- und Hibiskusblüten wirbelten in den Windböen. Die düsteren Gewitterwolken lösten sich allmählich auf. Als wir unten am See von Murano ankamen, hockten wir uns ans Schilfufer und beobachteten, wie die untergehende Sonne die Häuser von Sorengo wie von innen heraus aufleuchten ließ. Überall am Ufer blühten wilde Orchideen.

„Eine Schlange! Eine Schlange!"

Stellas Schrei schreckte mich aus meinen Träumen auf. Das Reptil, das sich durchs Schilf wand, war eine harmlose Ringelnatter. Aber als ich das Tier mit einem Gabelast hinter dem Kopf gepackt und ins Wasser geschleudert hatte, war ich in Stellas Augen ein Held.

Ich war ihr Retter und Geliebter. Nicht weil ich unsterbliche Verse geschrieben, sondern sie vor einer harmlosen Ringelnatter gerettet hatte.

Von nun an taumelten wir wie trunken durch die Tessiner Bergwelt. „Liebst du mich?" fragte sie.

„Seit dem ersten Tag unserer Begegnung. Letzte Nacht habe ich dir ein neues Gedicht geschrieben."

„Ich will nicht deine Gedichte. Ich will deine Küsse."

Sie war gerade siebzehn, aber sie wußte, worauf es ankam. Trotzdem war noch immer ein Rest von Kindlichkeit in ihr.

„Achim ... Da steht ein Einhorn. Jag es weg!" Oder am Luganer-
See-Ufer im Nebel: „Hier gibt es Hexen. Sie wollen uns in einen tau-
sendjährigen Schlaf versetzen, damit wir uns nicht lieben können.
Willst du, daß wir uns ewig lieben?"

„Wir sind füreinander bestimmt."

Sie nickte und sah mir tief in die Augen. „Nichts soll uns je trennen."

Wenige Tage danach trennten uns die Reisepläne ihrer Eltern. Wir
schrieben uns ein paar Jahre lang. Doch von dem ursprünglichen Zauber unserer Begegnung war bald nichts mehr zu spüren.

Ich schrak auf. Trotz meiner lebhaften Erinnerungen hatte ich das
Gefühl, eingeschlummert gewesen zu sein. In diesem Zwischenreich
zwischen Traum und Wachen war mir meine Begegnung mit Stella
wie ein ferner Mythos erschienen.

Jetzt suchte ich Stellas Brief mit der Telefonnummer heraus. Es war
kurz vor vier Uhr morgens. Draußen breitete sich bereits die zitronen-
gelbe Helligkeit aus, vor der sich die Berge in schwarzen Konturen
abzeichneten.

Sie hatte mich gebeten, sie anzurufen. Eine Uhrzeit hatte sie nicht
vorgeschlagen. Ich fand, daß vier Uhr morgens eine gute Zeit sei, eine
alte Jugendliebe anzurufen. Sorgfältig wählte ich Ziffer für Ziffer und
hatte sofort das Eden Roc Hotel in der Leitung. Ich verlangte Signora
Brahm und wurde mit ihrem Zimmer verbunden.

Eine Männerstimme: *„Permesso?"*

„Signora Brahm, *per favore!"*

*„Momento prego!"*

Mehrere Männerstimmen durcheinander; ich hörte das ganz deutlich.

Es war wohl doch keine gute Idee, morgens um vier Uhr eine alte
Jugendliebe anzurufen.

Ich legte auf.

2

Für die Touristen endet das Verzascatal in Sonogno. An den Wochenenden und während der Ferienzeit ergießt sich der Strom der Besucher
durch die engen Gassen des Dorfes. Manchmal wälzt sich die Masse
bis dicht an mein Haus. Doch meistens schützt mich Tamaras *Grotto*

*Efra* wie ein Damm. Spätestens hier enden die letzten Wogen vor ihrem Tessiner Teller oder der hausgemachten Minestrone.

Wie immer, bevor ich nach Locarno hinunterfuhr, nahm ich hier ein ausgiebiges Frühstück ein, das bis zum Abend vorhielt. Tamaras Cappuccino hätte Tote aufwecken können. Sie servierte ihn immer noch so, wie er heute kaum noch zubereitet wird: mit eiskalter, geschlagener Sahne, durch die man den glühendheißen Kaffee schlürft.

Ob ich von meinem wunderschönen Haus schon wieder genug habe und hinunter ins Hotel wolle? Was für ein Jammer. Und die blühenden Kamelien auf dem Balkon. Aber sie werde sich, wie immer, darum kümmern ...

Zwei Stunden später kam ich in Locarno an. Kaum hatte ich nach den üblichen Schwierigkeiten einen Parkplatz gefunden, überfiel mich die alte Begeisterung. Der See war voll von Segel- und Tretbooten, von Jachten und Fährschiffen. Die Straßencafés waren überfüllt. Eine klare Herbstsonne beschien, immer noch heiß, die Seepromenade Lungolago.

Restaurants und Straßen waren voll mit Liebespaaren. War das wirklich fast dreißig Jahre her, daß ich über diese Promenade Arm in Arm mit Stella gebummelt war? Wie sie jetzt wohl aussah?

Das Verlangen, Stella wiederzusehen, wurde mit einemmal so stark, daß ich meine telefonische Enthaltsamkeit verfluchte. Ich mußte mir eingestehen, daß ich sie nicht wiedersehen wollte, wie man unverbindlich einen Schulfreund wiedersieht. Was ich herbeisehnte, war die Wiederholung von damals. Das gleiche Liebesverhältnis, die gleichen romantischen Eskapaden und Küsse. Gedankenverloren schlenderte ich die Via Balli hinauf zum Hotel Muralto.

Gustavo stand an der Rezeption und begrüßte mich herzlich wie immer. „Das alte Zimmer? Dreihundertneunzehn?"

„Ja, ab übermorgen."

Er blätterte in seiner Kladde und trug die Reservierung ein.

„Übrigens, da war gerade ein Anruf für Sie." Er zog einen Zettel hervor und schob ihn mir zu. „Vor zehn Minuten."

„*Grazie*. Du weißt ... Ich bin nur über dieses Hotel ..."

„*Amichissimo*, wer weiß das hier nicht."

„Hast du noch nie meine wirkliche Adresse verraten?"

„Noch nie. Ich schwöre."

„Also bis übermorgen."

„*Ciao*, Signore Reimers."

Während ich zu meinem Wagen ging, studierte ich die Notiz. Ich blieb so plötzlich stehen, daß ein einbiegender Alfa Romeo kreischend bremsen mußte.

Die hingekritzelte Notiz Gustavos lautete: *Informazione Signora Brahm, Ascona: Bitte melde Dich umgehend. Möchte Dich endlich sehen.*

Ich stürzte in die nächste Telefonzelle und wählte die Nummer ihres Hotels. Diesmal hatte ich sie sofort am Apparat. Kann man nach dreißig Jahren einen Menschen an der Stimme erkennen? Ich hätte sie aus hundert anderen erkannt.

„Hallo, Stella.“

„Hallo, Achim. Sehen wir uns mal?“

„Was für eine Frage. Von mir aus sofort.“

„Sofort geht nicht. Wie wär's mit heute abend?“

„Gern. Ich habe dich übrigens schon mal angerufen, aber da hattest du Besuch.“

„Wann war das?“

„Oh . . ., gegen vier Uhr morgens.“

„Du warst das also. Ja, da paßte es schlecht.“

„Wie geht es dir denn so?“

„Das sind vielleicht Fragen! Sag lieber, wo wir uns treffen sollen.“

Am liebsten hätte ich gesagt: Wie wäre es denn mal wieder bei Hermann Hesses Haus, wo wir uns zum erstenmal begegnet sind? Doch unser Alter und die Zeiten – sie waren wohl nicht mehr danach. Man verabredet sich zum Drink oder Dinner im Restaurant. Also schlug ich die *Osteria Nostrano* an der Strandpromenade in Ascona vor, ein rustikales Restaurant, in dem man Spaghetti in zwölf verschiedenen Zubereitungsarten bestellen kann.

Sie war sofort einverstanden. „Um acht?“ Sie schien die Sturzflut von Fragen zu ahnen, die ich auf sie loslassen wollte. „Alles andere können wir heute abend in Ruhe besprechen.“

Sie hatte gesagt: besprechen. Es hatte sachlich geklungen, als würde eine Konferenz stattfinden. Auf diese Art pflegte ich mich mit Verlegern und Chefredakteuren zu verabreden. Verblüfft starrte ich auf den Telefonhörer, als sie längst aufgelegt hatte. Ich würde den alten Romantiker in mir wohl nie loswerden. Noch immer träumte ich davon, mit ihr händchenhaltend durch abgelegene Täler zu schweifen.

Am frühen Nachmittag fuhr ich zum Flugplatz Locarno-Gordola hinaus. Ich kämpfte gegen die Versuchung, schon jetzt Wolfgang Rabau und seine Mannen zu begrüßen und erste Eindrücke zu sammeln.

Doch heute nachmittag würden die Kunstflieger sowieso noch nicht üben. Theoretische Diskussionen und sportliche Fitneßübungen würden den Stundenplan ausfüllen. Darauf konnte ich verzichten.

Also fuhr ich am Flugplatz vorbei und bog in die schmale Holper-straße ein, die ins Naturschutzgebiet des Deltas führte. Dichtge-drängte Holunderbüsche gaben nur gelegentlich einen Blick auf den Flugplatz frei. Ansonsten war man hier im Delta völlig abgeschirmt. Bussarde kreisten, Grasmücken und Weidenmeisen huschten durchs Gebüsch. Kurz vor dem Seeufer endete die staubige Autopiste.

Ich stieg aus und folgte dem Fußpfad. Salweidengebüsch versperrte mir den Durchgang. Doch dahinter sah ich die verwitterte Fassade einer Baracke. Ich nahm meinen Fotoapparat zur Hand und machte eine Aufnahme.

H<small>IER LEBT, DENKT UND BASTELT</small> M<small>AUD</small> B<small>OROWSKI</small>.

Das Pappschild war unübersehbar an die halb ausgehängte Tür gepinnt, die in eine primitive Art von Büro führte. Das allerdings sah erstaunlich aufgeräumt aus. Hinter dem Schreibtisch aus rauhem Fich-tenholz saß die Frau, um die es mir ging: Maud Borowski, gerade sechsundzwanzig geworden, wie ich meinen Notizen von früher ent-nommen hatte. Sie erhob sich. Ihre hautengen Jeans waren ver-schmiert, ihre olivgrüne Bluse zeigte Risse.

„Sie kommen viel zu früh. Das Fernsehen ist noch gar nicht da."

„Ich komme immer zu früh. Ich möchte gern erfahren, wie sich Menschen benehmen, die sich auf ein fernsehträchtiges Ereignis vor-bereiten. Sie wollen doch die Hauptrolle darin spielen."

Sie schüttelte ihr üppiges kastanienbraunes Haar aus der Stirn. „Ich weiß, daß Sie mich nicht leiden mögen. Aber ich bin auf Sie angewie-sen. Kommen Sie, mein Flugzeug ist fertig zum Roll-out."

Sie führte mich hinüber in die Halle. So vergammelt alles von außen aussah, hier im Inneren herrschte penible Sauberkeit.

Und da stand er dann, der kleine, gedrungene Doppeldecker. Ein wahres Kraftpaket. Die Plexiglashaube über den Sitzen, die wie eine riesige, gestreckte Seifenblase aussah, war zurückgeklappt.

„Wollen Sie sich mal ins Cockpit setzen?" bot sie mir an.

„Ich kenne den Typus", lehnte ich ab. „Ganz schön eng da drin."

„Dann tätscheln Sie wenigstens mal den Rumpf oder die Motor-haube. Das hier ist solide Bauarbeit. Das Schweizerische Luftfahrt-bundesamt hat mich nicht nur bei der Endabnahme, sondern auch bei allen Zwischenprüfungen mit Lob bedacht. Die Christen Eagle ist nicht nur eine aufgemotzte Pitts, sie ist ein völlig neues Gerät, eine neue Erfahrung, wie sie bisher . . . "

„Sparen Sie sich die Werbesprüche. Ich bin kein potentieller Käufer. Mich interessiert, weshalb Sie diese zweitausendfünfhundert Baustunden absolviert haben. Wenn Sie unbedingt fliegen wollen, könnten Sie ja auch eine Pitts leihen. "

„Es ist aber keine Pitts! Sie hat, was ganz schön wichtig ist für eine Frau wie mich, viel, viel leichtere Steuerdrücke. Himmel, wie habe ich mich früher mit meinen Hanteln abquälen müssen, um . . . "

„Hanteln?"

„Ich konnte diese enormen Steuerdrücke mit meiner bescheidenen Armkraft einfach nicht bewältigen. Einmal kräftig bis zum Anschlag am Knüppel gerissen – und drei Tage Muskelkater. Hätte ich von Anfang an diese Maschine gehabt . . . "

„Ihren Kunstflug haben Sie bislang auf der Pitts S 2a gemacht. Wie stellen Sie sich Ihre Mitwirkung bei diesen Weltmeisterschaften vor?"

„Ich werde die Lücken ausfüllen. Immer dann, wenn das Publikum vor Langeweile gähnt. Diese raffinierten Mätzchen da hoch oben, davon verstehen doch die Zuschauer nicht die Bohne. Die möchten es möglichst tief, laut und riskant. Ich werde die Zwischeneinlagen geben. Damit die Leute nicht zwischen zwei hochdifferenzierten Kunstflugdarbietungen schlichtweg einpennen. "

„Hängen dem Fuchs da nicht einfach die Trauben zu hoch?"

Sie sah mich durchdringend an. „Die Frage kann ich zurückgeben. Sie schreiben ausgezeichnete Reportagen. Aber haben Sie nicht irgendwann mal davon geträumt, ein berühmter Dichter zu werden?"

„Wie kommen Sie denn auf diesen Blödsinn?"

Sie lächelte. „Menschen wie Sie und ich riechen einander über dreißig Längengrade hinweg. Wahrscheinlich sind Sie deswegen immer so ruppig zu mir. "

Ich überlegte mir gerade eine passende Antwort, als mit lautem Getöse der Jeep des Schweizer Fernsehteams heranbrauste, quer über den Flugplatz hinweg. Eigentlich hätte ich gerne noch ein paar Fragen gestellt. Doch ich war nicht der ruppige Typ, von dem die Borowski gesprochen hatte. Ich zog mich still ins Hallendüster zurück und beobachtete das Roll-out, das vor den laufenden Kameras der Fernsehleute stattfand.

Und dann stand die Maschine im vollen Sonnenlicht eines Tessiner Frühherbsttages. Die Räder stromlinienförmig verkleidet. Die Tragflächen in hellem Orange, die Verstrebungen in dezentem Silber gehalten. Man roch den frischen Lack, das Fichtenholz der Flügelspanten. Und die Borowski davor wie ein Playgirl in einem Werbespot für Breitreifen – da hatte sie keine Skrupel. Während ich ein paar Aufnahmen machte, sah ich den Star des Tages mit einer Flasche Champagner auf mich zueilen. Heftig atmend blieb sie vor mir stehen. „Sie sollen mein Flugzeug taufen. Bitte, ja?"

„Und auf welchen Namen?"

„Keine Ahnung. Das überlasse ich Ihnen." Und, mit einem Blick auf das filmende Fernsehteam: „Nun machen Sie schon!"

Da stand ich nun mit der aufgezwungenen Flasche in der Hand an der Motorhaube und rief: „Hiermit taufe ich das Flugzeug unserer bewundernswert fleißigen Maud Borowski, der Erbauerin, auf den Namen ..., auf den Namen ... *Esperanza*."

Ich schmetterte die Flasche mit voller Wucht gegen die Motorhaube. Und natürlich: In meiner Furcht, die Flasche könne heil bleiben, hatte ich sie so heftig geschleudert, daß in der Motorhaube eine hübsche Delle prangte. Doch schon hatte ich die Erbauerin am Hals hängen und spürte ihren Kuß auf meinen Wangen; das Schweizer Fernsehen filmte. „Auf daß ..." Ich versuchte mich freizuringen ... „Auf daß alle ihre Hoffnungen in Erfüllung gehen mögen. Und auf daß auch unsere Hoffnungen sich erfüllen mögen, was die kommenden Weltmeisterschaften betrifft."

Es war mehr ein Happening als ein seriöser Roll-out.

Irgendwann gegen Abend kamen wir nochmals kurz zu einem ungestörten Gespräch zusammen. „Diese Delle ..., ich werde sie nicht ausbeulen lassen", erklärte Maud Borowski. „Sie wird mein Talisman sein. Gehen wir heute abend zusammen essen?"

„Heute abend bin ich schon vergeben." Ich blickte auf meine Uhr. „Aber wir werden uns sicher noch häufig sehen. Ab übermorgen bin ich täglich dabei. Übrigens, wo steckt Ihr Marco Cazzola? Er hat Ihnen doch geholfen. Darf er nicht dabeisein?"

„Selbstverständlich darf er. Er kann nur nicht. Hat bereits neue Aufträge."

„Bis bald also."

„Ich werde Ihnen zuliebe besonders tief fliegen."

„Oh, bitte nicht", sagte ich. „Es lohnt sich nicht, für mich ein Risiko einzugehen. Und ich hasse Tiefflieger. In meiner Heimat gibt es zu viele davon."

„Meine Spezialität ist der Rückenflug", sagte sie. „Drei Meter über dem Boden."

Icʜ parkte mein Coupé neben einem weißen Porsche und ging an die Bar der Osteria Nostrano. Stella war noch nicht da. Ich bestellte einen Campari und suchte nervös die Tische im Restaurant und die Stühle im Freien ab. Der Tisch, den ich telefonisch reserviert hatte, war noch nicht besetzt. Er bot einen freien Ausblick auf den Lago Maggiore.

„Hallo, Achim." Die noch immer vertrauté Stimme! Ein leichtes, ockerfarbenes Sommerkostüm brachte Stellas Figur vorteilhaft zur Geltung. Sie hatte große graue Augen – früher schienen sie mir eine Spur blauer gewesen zu sein. Noch immer hatte sie den herben Zug um den Mund, der mich damals so fasziniert hatte, und ihr Kinn war noch energischer geworden. Sie war keine ausgesprochene Schönheit. Aber für mich ging von ihr noch immer die alte, geheimnisvolle Anziehung aus.

Während der Kellner unsere Bestellung aufnahm, kam eine Blumenverkäuferin an unseren Tisch. Ich kaufte einen großen Strauß roter Rosen und legte ihn Stella in den Arm. „Du kriegst sie mit dreißigjähriger Verspätung", sagte ich. „Damals hatte ich weder den Mut noch das Geld dazu."

„O danke." Sie legte sie neben sich. Es waren duftende Freilandrosen, doch sie schien es nicht zu bemerken. „Was waren wir damals bloß für Kinder." Sie steckte sich eine Zigarette an.

Der Kellner brachte einen alten Tessiner Krug und stellte die Rosen hinein. Als er endlich mit dem Blumenarrangieren fertig war, sagte ich: „Was für ein Zufall, dich gerade jetzt zu den Kunstflugweltmeisterschaften hier anzutreffen. Endlich bleibe ich mal ein paar Wochen im Lande. Ansonsten bin ich viel unterwegs. Du wahrscheinlich auch?"

Sie nickte flüchtig. „Ich bin Beamtin bei einer Behörde. Und natürlich bin ich mit einem bestimmten Auftrag hier. Und da dachte ich: Sieh dir doch mal an, was aus deinem alten Jugendfreund geworden ist."

Ich wollte die Frage stellen, woher sie meine Geheimadresse hatte, doch in diesem Moment brachte der Kellner den Wein. Nachdem er eingeschenkt hatte, fragte ich statt dessen: „Erlauben denn die schweizerischen Behörden solche Aktivitäten?"

Sie klopfte die Asche von ihrer Zigarette und sah mich durchdringend an. „Die deutschen und schweizerischen Behörden arbeiten eng mit uns zusammen, auf meinem Gebiet."

„Auf welchem Gebiet?"

„Wir überprüfen vermögende Deutsche, die sich in der Schweiz einen zweiten Wohnsitz verschafft haben."

„Oh", erwiderte ich, „du bist also bei der Finanzbehörde. Und du beschäftigst dich mit Steuersündern."

Sie wiegelte ab. „Nicht ganz so ... Es ist sehr kompliziert zu erklären."

„Na, jedenfalls ist mir jetzt klar, woher du meine Privatadresse hast."

Sie lachte mir freundlich zu. „Alles drin im Computer. Aber keine Bange, Achim ..." Sie drückte ihre Zigarette aus. „Ich wollte dich nur mal wiedersehen. Nach so vielen Jahren."

„Weißt du noch – unsere erste Begegnung vor dem Haus von Hermann Hesse?"

„Haben wir uns nicht auf dem Tretboot kennengelernt?"

„Aber nein. Wir trafen uns auf der Bank. Du hast mich verspottet, weil ich zu Hermann Hesse gepilgert bin."

„Achim, das ist so lange her ... Mich interessiert das Hier und Jetzt. Da kommen unsere Spaghetti."

Als Dessert nahmen wir eine Zabaione. Unsere Unterhaltung drehte sich um Banalitäten. Zwar hatte ich Stella kurz meinen Lebenslauf geschildert, doch sie hakte nie nach und gab sich mit oberflächlichen Bemerkungen zufrieden. Umgekehrt ging sie allen persönlichen Fragen nach ihrem Leben aus dem Weg.

Ihren spärlichen Auskünften entnahm ich, daß sie Soziologie studiert und sich zunächst mit verschiedenen Jobs auf Ämtern durchgeschlagen hatte. Schließlich war sie in den Staatsdienst übernommen und nach Bonn-Bad Godesberg versetzt worden, wo sie bis heute wohnte. Doch worin genau ihre jetzige Tätigkeit bestand, erfuhr ich nicht. Immerhin: Sie war nicht verheiratet.

Nach dem Cappuccino schien sie zum erstenmal aufzutauen. „Laß uns ein bißchen durch Locarno bummeln. Da gibt es so hübsche Gäßchen, gleich beim Castello Visconti."

Ich nickte erfreut, und nachdem ich bezahlt hatte, verließen wir das Restaurant.

Draußen umfing uns die brodelnde Atmosphäre eines herrlichen Herbstabends. Auf der Promenade flanierten unzählige Menschen. Alle Caféstühle waren besetzt. Auf dem See leuchteten die Lichter der Motorboote. Die Luft war erfüllt von spätem Blütenduft.

Und Stella an meiner Seite. Fast ein Déjà-vu-Erlebnis. Vertraut aus meinen Träumen. Wir schlenderten zum Parkplatz hinüber.

Kurz vor meinem Auto blieb sie stehen und schlug vor, mich mit ihrem Wagen nach Locarno zu fahren. „Ich bin gern unabhängig, weißt du. Auf einem Beifahrersitz habe ich mich noch nie wohl gefühlt." Sie trat an den Porsche neben meinem Wagen und schloß die Tür auf.

„Du fährst einen Porsche?"

„Was dagegen?"

„Nicht gerade ein Beamtenauto."

Sie lehnte sich über das Dach: „Du gehörst doch nicht zu den unausstehlichen Menschen, die einen Autotyp mit der Psyche seines Fahrers in Verbindung bringen? Komm, steig ein."

Sie warf sich in den Sitz und griff an den rechten Türknopf. Nachdenklich stieg ich ein. Etwas stimmte nicht. Während sie rückwärts auf die Straße schoß, verblüffend rasch schaltete und auf die Via Borgo zu steuerte, die nach Locarno führt, erkannte ich, was mich auf dem Parkplatz irritiert hatte.

„Als ich vor unserem Treffen mein Auto parkte, stand dein Porsche schon da. Trotzdem war ich vor dir im Restaurant."

Sie lachte. „Ich hätte gleich zu Fuß gehen sollen. Schließlich ist das Eden Roc keine fünfhundert Meter weiter. Ich hatte meine Zigaretten vergessen und bin also zu Fuß nochmals ins Hotel zurück."

Eine Viertelstunde später waren wir in der Altstadt Locarnos unterwegs. In den schmalen Gassen war es totenstill. Alles, was Beine hatte, tummelte sich unten auf der Promenade.

Ich griff nach Stellas Hand. Es war das Äußerste an körperlicher Annäherung, das ich bisher gewagt hatte. „Du hast dich überhaupt nicht erkundigt, wie es mir inzwischen ergangen ist."

Sie warf mir einen schelmischen Blick zu. „Aber es ist doch alles im Computer drin." Sie drückte meine Hand. „Nein, im Ernst, Achim. Ich habe viel von dir gelesen. Hast du nicht mal einen Journalistenpreis gekriegt für die beste Reportage des Jahres? Über Kunstflug?"

„Das waren die Deutschen Meisterschaften 1985. Darüber habe ich im Fernsehen berichtet."

„Und jetzt wirst du dir hier in Locarno den ganz großen Lorbeer verdienen? Vielleicht komme ich mal raus, wenn die Weltmeisterschaften angefangen haben."

„Du hast also davon gehört?"

„Die Zeitungen sind doch voll davon."

„So voll nun auch wieder nicht. Kunstflug ist ein Stiefkind des Sports."

„Es ist doch dein Verdienst, daß diese Flugsportart immer populärer wird. Ich weiß das, Achim, obwohl ich nichts von der Fliegerei verstehe."

„Laß uns lieber beim Privaten bleiben. Weißt du noch, Stella, wie wir uns mal im Innenhof der Madonna del Sasso verabredet haben?"

„Ein Kloster, wenn ich mich recht erinnere ..."

„Hast du Lust, mit der Zahnradbahn hinzufahren?"

Sie mußte lange überlegen. Es war fast dunkel, und der Wind war kühler geworden. Sie hakte sich schließlich bei mir unter, schien sich sogar anzuschmiegen. „Gut, fahren wir mal rauf."

Ich schlug den kürzesten Weg zur *Stazione Funicolare* ein. Endlich begann ich auch bei ihr etwas zu spüren von der Erinnerung an die alte Zeit unserer Liebe.

Als wir am Bahnhof ankamen, mußten wir uns in eine lange Warteschlange einordnen. Offenbar hatte sich die ehrwürdige Wallfahrtsstätte mit der goldlockigen Madonna zu einem Treffpunkt für Liebespärchen entwickelt. Neben dem Fahrkartenschalter hatte ein Kiosk Zeitungen ausgehängt. Stella studierte die Schlagzeilen.

Plötzlich schien sie zu erschrecken. Sie kniff mir so schmerzhaft in den Arm, daß ich einen Schrei unterdrücken mußte.

„Was ist los?"

„Achim, sei mir nicht böse. Ich kriege plötzlich eine entsetzliche Migräne. Ich kenne das. Da hilft nichts mehr. Bringst du mich zurück?"

„Die Höhenluft könnte dir guttun ..."

Sie schüttelte energisch den Kopf. „Im Gegenteil. Ich merke das beim Fliegen. Tut mir leid, Achim."

Also fuhren wir zurück. Ich hatte ihr angeboten, mich ans Steuer zu setzen, doch sie hatte abgelehnt und fuhr noch immer ausgezeichnet. Sie wirkte sehr beherrscht, sah aber blaß aus.

In Ascona angekommen, schlug ich vor, direkt zu ihrem Hotel zu fahren. Die paar Meter bis zu meinem Wagen wollte ich zu Fuß gehen. Sie nickte und bog wenige Minuten später in die Auffahrt zum Eden Roc ein. Ich quälte mich rasch aus dem engen Schalensitz, um ihr auf der anderen Seite die Tür aufzuhalten. Doch als ich ums Heck bog, stand sie schon draußen und schloß ab.

Ich atmete tief die Nachtluft ein. „Hättest du dir damals träumen lassen, daß wir uns einmal vor einem Porsche verabschieden würden? Auf dem Parkplatz eines Luxushotels?"

„Ich habe damals schon davon geträumt. Du nicht?"

„Ich bestimmt nicht. Ich stamme aus ärmlichen Verhältnissen, weißt du. Da habe ich höchstens von einem Fahrrad mit Hilfsmotor geträumt, um von Jugendherberge zu Jugendherberge zu kommen."

Sie strich sich über die Stirn. „Laß uns beim nächstenmal darüber reden, ja? Mir geht's wirklich mies. Tut mir leid, daß ich den Ausflug verpatzt habe." Sie nahm meine Hand. „Höre ich von dir, großer kleiner Junge mit dem Jugendherbergskomplex?"

„Wann kann ich dich erreichen?"

„Morgen ab vier im Hotel. In Ordnung?"

„In Ordnung."

Verwirrt ging ich durch den abendlichen Promenadentrubel zu meinem Wagen. Die Straßencafés voller lachender Menschen. Ferienstimmung allüberall. Nur in meiner Seele nicht. Meine Jugendliebe so nah und doch so fern.

Enttäuscht stieg ich ins Auto und fuhr zurück nach Locarno und hinauf zur *Stazione Funicolare*, fand aber keinen Parkplatz. Ich hielt im Halteverbot, sprang aus dem Wagen und eilte auf den Bahnhofskiosk zu. Aufmerksam studierte ich die Zeitungen und ihre Schlagzeilen, trat zurück und versuchte die Auslage aus dem gleichen Blickwinkel wie eben noch mit Stella zu betrachten. Es kam nur eine einzige Zeitung in Frage, deren Schlagzeilen so dick gedruckt waren, daß man sie aus unserer Entfernung hatte lesen können. Es war die *Südschweiz*, ein deutschsprachiges Blatt des Tessins. Ich kaufte die Zeitung und machte mich auf den Heimweg.

Genau um Mitternacht kam ich in meiner Wohnung an und studierte noch einmal in Ruhe die migräneträchtige Nachricht. Die Schlagzeile lautete: BOMBENANSCHLAG! OBERST STÄHLI OPFER EINES TERRORAKTES!

ICH schlief ausgiebig bis elf Uhr. Die Sonne kam gerade hinter dem Cramosino hervor. Als ich das Fenster weit aufmachte, atmete ich schon einen Anflug der Herbstkühle. Der Himmel über den Gipfeln · war von einem kalten, makellosen Blau.

Bei einem doppelten Espresso aus der Kaffeemaschine studierte ich noch einmal den Zeitungsbericht, der den gestrigen Abend mit Stella so früh hatte enden lassen: Oberst Frédéric Stähli also. Er war höchster Geheimnisträger und hielt mit seiner Sonderabteilung die Verbindung zu gewissen amerikanischen Stellen ähnlicher Art. Offensichtlich ging es dabei um den Austausch streng geheimer militärischer Informationen. Oberst Stähli war in Genf durch eine Autobombe verletzt

worden. Bedingt durch glückliche Umstände, war er jedoch glimpflich davongekommen, so daß er schon in wenigen Tagen aus dem
Krankenhaus entlassen werden würde.

Weshalb befaßte sich eine Zeitung wie die *Südschweiz*, die für Ereignisse südlich der Alpen zuständig war, überhaupt so ausführlich mit
einem Vorfall in Genf? Oberst Frédéric Stähli hatte sein privates
Domizil im Tessin.

Über die Gründe für den Anschlag und über den mutmaßlichen
Täter schwieg sich das Blatt aus.

Der Zwischenfall hätte mich normalerweise nicht interessiert, wäre
da nicht die Reaktion Stellas auf ebendiese Schlagzeile gewesen.

Für eine deutsche Beamtin, die sich mit deutschen Steuersündern in
der Schweiz befaßte, lag der Fall Stähli weit außerhalb ihres Ressorts.
Was also hatte sie damit zu schaffen?

## 3

DER winzige Doppeldecker bäumte sich auf, verlor mehr und mehr
Fahrt, kippte über die linke Tragfläche ab, holte im Sturzflug
Geschwindigkeit auf, drehte eine halbe Rolle und setzte zu einem
Loop an, blieb jedoch im Scheitelpunkt hängen, legte sich mit einer
halben Rolle wiederum auf den Rücken und flog in dieser Lage einen
Vollkreis.

Der Betrieb auf dem Flugplatz war in vollem Gange. Man hatte zum
Training drei Übungsräume in der Luft zur Verfügung gestellt, die
sich bis weit über den See nach Brissago hinzogen. Den Piloten würde
es zunächst um die geographische Orientierung im Gelände gehen. Sie
ist das A und O beim Kunstflug. Man brauchte Eisenbahnlinien, markante Gebäude, Türme und Erhebungen, um die Grenzen des festgelegten Flugraumes zu erkennen. Die lokalen Windverhältnisse mußten erflogen werden, und für einige Figuren bot nur der Sonnenstand
einen Bezugspunkt.

Als ich in die Zufahrtsstraße zum Flugplatz einbog, stellte ich fest,
daß ich meine Presseplakette für die Windschutzscheibe vergessen
hatte. Leise fluchend schlängelte ich mich mit meinem Coupé zwischen den geparkten Wagen hindurch. Noch war es kein Problem,
ungehindert bis ins Trainingslager hinter den Gebäuden zu fahren,
doch bald würden die ersten Kontrollen einsetzen. Wohl oder übel
würde ich in den nächsten Tagen nach Sonogno zurückfahren müssen.

Ich bog nach links zu den Flugplatzgebäuden ein und fuhr am Restaurant und an der Baracke der Flugschule vorbei.

Und da standen sie, die Pitts-Doppeldecker und Zlin-Tiefdecker, die Akrostars und Christen Eagles. Zwei Reihen solider Holzbaracken waren inzwischen hochgezogen worden. Darin konnte, wer wollte, spartanisch, aber unmittelbar am Ort des Geschehens wohnen. Viele Teilnehmer würden die Hotels vorziehen. Doch es gab auch schlichte Flieger, die am liebsten im Cockpit übernachtet hätten.

Überall herrschte Hektik. Mechaniker klappten Motorhauben auf, krochen mit dem Schraubenzieher unter das Fahrwerk, wälzten sich auf den Rücken unter einen Ölkühler. Piloten diskutierten heftig miteinander, andere fielen sich in die Arme und feierten ein Wiedersehen.

Ich hockte mich ins Gras, um in aller Ruhe die Atmosphäre zu genießen. Dann sah ich sie: die Suchoi 26, das Flugzeug von Boris Kasakow. Sie wurde gerade aus einer Halle geschoben. Eine schwere, imposante Maschine mit einem Bullen-Sternmotor.

Ich stand auf und ging auf die Maschine zu in der Hoffnung, daß Boris Kasakow aus dem Chaos der Halle mit ihren Feuerlöschern, Leitern und Werkbänken auftauchen würde. Aber ich entdeckte nur einen Mechaniker. Gerade wollte ich Ausschau nach Wolf Rabau halten, um mir endlich eine vollständige Teilnehmerliste geben zu lassen, als ich einen zart hingehauchten Kuß hinter dem linken Ohrläppchen spürte.

„Sie schon wieder", seufzte ich.

„Sie doch auch", erwiderte sie. „In fünfzehn Minuten starte ich zu meinem Erstflug. Wenn Sie Glück haben, dürfen Sie mich fotografieren und kriegen das erste Interview nach der Landung."

„Na, wunderbar. Aber ich habe zu tun."

„Was denn genau, bitte?"

Ich hatte mich ins Gras fallen lassen. Sie ging neben mir in die Hocke und sah mich mit gespitzten Lippen gespannt an. Sie trug eine hellbraune Bluse und eine hautenge Leinenhose.

„Sie verstehen sich zu kleiden", wich ich aus. „Aber damit gewinnt man keine fliegerische Anerkennung."

Sie sah mich lächelnd an, sprang auf, streckte mir ihre Hand entgegen, als erwarte sie einen Handkuß, und tänzelte davon. „*Ciao, amigo.* Ich werde nur für Sie fliegen."

In diesem Augenblick kam Wolf Rabau auf mich zu. „Prima, daß du da bist."

„Diese Borowski ist eine Nervensäge." Ich sah ihn vorwurfsvoll an. „Steht sie wirklich unter deiner Schirmherrschaft?"

„Das Volk will Show. Ob eine kubanische Acht einwandfrei zelebriert wird, kann Lieschen Müller nicht erkennen. Aber wenn da eine Halbverrückte vorbeitobt, möglichst tief und laut ... Das reißt die Leute aus dem Fernsehsessel." Er blickte zur Halle hinüber. „Da startet sie."

Der orangefarbene Doppeldecker rollte an den Start. Wäre er das einzige Flugzeug weit und breit gewesen, hätte er mit seiner rassigen Form, der aparten Farbgebung und der Tatsache, daß eine Frau im Pilotensitz saß, Aufsehen erregt. Doch auf dem Platz wimmelte es nur so von Flugzeugen.

Maud Borowski rollte behutsam an, gab fast zögernd Gas und hielt die Maschine länger am Boden, als unbedingt nötig zu sein schien. Nach dem Abheben flog sie stur geradeaus auf den See zu. Erst in einer Höhe von etwa fünfhundert Metern riskierte sie die erste flache Kurve.

„Sie geht wirklich vorsichtig an die Sache ran", meinte Wolf Rabau zu mir.

Ich nickte bestätigend und ärgerte mich gleichzeitig, daß ich so gespannt ihren Flug verfolgte. „Was mich viel mehr interessiert: Wie komme ich an unseren Star Boris Kasakow ran? Ist er heute gar nicht da?"

„Bis jetzt nicht. An ihn kommt man sowieso schlecht ran. Du kennst ja dieses sowjetische Verfahren. Im Ausland paßt stets so eine Art Gouvernante auf den Ehrengast auf. In diesem Fall ist es wirklich eine. Sie heißt Irina Labas. Der arme Junge ist schon ganz verschüchtert und überläßt jede Entscheidung seiner Ersatzmutti."

Ich beobachtete, wie die Borowski auf die Gegengerade ging und eine vorbildliche Platzrunde flog.

„Kannst du mir eine Kontaktaufnahme mit Mama Labas vermitteln?"

Rabau zuckte die Schultern. „Vielleicht triffst du sie im Flugplatzrestaurant. Wenn sie hier ist, pflegt sie gewöhnlich gegen zwei Uhr dort zu essen."

Ich sah auf die Uhr. „Da versuche ich es am besten gleich mal." Ich stellte fest, daß die orangerote Eagle einwandfrei landete, ohne zu hüpfen. „Sie kann wirklich fliegen, deine Reklame-Borowski."

„Warum machst du sie so herunter? Sie hat eine einwandfreie Platzrunde geflogen."

„Der Kleister scheint zu halten", bestätigte ich.

Er sah mich amüsiert an. „Achim, was ist los mit dir? Wo bleibt

deine vielgerühmte Sachlichkeit? Du bist doch wohl nicht etwa …
Du hast dich doch wohl nicht –"

„Ich geh mal rüber ins Restaurant", unterbrach ich schroff. „Mich
interessiert heute nichts so sehr wie die große russische Mutter."

FÜR ein Flugplatzrestaurant hielt der Besitzer Giovanni Sacerdote
ein erstaunliches Sortiment an guten Weinen bereit. Ich erwischte eine
freie Sitzecke und bestellte ein Glas Merlot. Giovanni kam höchstper-
sönlich an meinen Tisch. „Na, wie geht's?"

„Danke, gut." Ich sah auf die Uhr. „Ist diese sowjetische Gouvernante für Kasakow schon aufgetaucht?"

„Du meinst die Irina? Aber ja, sie sitzt dort hinten."

Als er in der Küche verschwunden war, sah ich mich im Raum um.
Unter den Gästen entdeckte ich nur zwei weibliche Besucher: eine elegant gekleidete Frau von etwa vierzig in einer farbenprächtigen Bluse
und dunklen Leinenhosen und eine etwa fünfzigjährige Matrone mit
erdfarbenem Blazer und weitem Kordrock, der trotzdem kaum ihrer
Leibesfülle gewachsen war. Ein blasses Gesicht mit harten Zügen. Es
brauchte keine weiteren Hinweise Giovannis.

Ich stand auf und ging zu ihrem Tisch hinüber. Sicherheitshalber
sprach ich sie auf englisch an. *„You are Mrs. Labas, I suppose?"*

Sie sah mich mit einem seltsam irritierten Blick an. „He? Können
Sie nicht wenigstens Schwyzerdütsch sprechen?"

„Sind Sie nicht Frau Labas aus Moskau?"

„Seh ich so aus?"

Sie war es also nicht. Ich entschuldigte mich, verfluchte mich wegen
meiner Klischeevorstellung und steuerte jetzt zielbewußt auf die einzig in Frage kommende Person zu. Sie hatte gerade ihren Teller mit
Spaghetti Bolognaise geleert und trank einen Cappuccino.

„Frau Irina Labas?"

Sie forderte mich auf, Platz zu nehmen, zurückhaltend kühl, und
sah mich von schräg unten an. Sie sprach ein grammatikalisch einwandfreies Deutsch, doch ihr starker slawischer Akzent ließ keinen
Zweifel an ihrer Nationalität. „Wer sind Sie, bitte?"

„Ein Reporter. Achim Reimers."

„Ah, Herr Reimers, ich kenne Sie." Sie glättete ihr Haar. „Ich
schätze Ihre Artikel sehr."

„Ich habe nie für eine sowjetische Zeitung geschrieben."

„Natürlich nicht. Aber ich lese alles, was im Westen zu unserem
Thema erscheint."

„Das betrachte ich wirklich als Kompliment." Ich setzte mein gewinnendstes Lächeln auf. „Frau Labas, ich würde mich freuen, wenn ich Ihren Schützling bevorzugt interviewen dürfte."

„Boris Kasakow?" Sie nippte an ihrem Cappuccino. „Herr Reimers, ich sage Ihnen ehrlich – außer Ihnen wüßte ich keinen, dem ich die Erlaubnis für ein Gespräch erteilen würde."

„Wo und wann könnte ich ihn sprechen?"

„Ihnen kann es wohl nicht schnell genug gehen, was?" Sie schrieb mir Termin und Ort für ein Interview auf einen Zettel, und ich steckte ihn ein, ohne noch einen Blick darauf zu werfen. Sie lächelte und meinte dann: „Sie scheinen zu wissen, was Sie wollen. Das gefällt mir. Ich glaube, wir können gut miteinander auskommen."

Wir kamen dann während des halbstündigen Gesprächs tatsächlich gut miteinander aus.

Irina Labas hätte es mit jeder westlichen Public-Relations-Dame aufnehmen können. Ich notierte mir ihre Angaben über Boris Kasakow, seine vielen Preise und Auszeichnungen, seine gewonnenen Meisterschaften. Ihr Entgegenkommen kam mir unheimlich vor. Sie kannte mich zwar, aber ich war gewiß nicht der einzige westliche Journalist, dessen Berichte sie gelesen hatte. Und gelegentlich spürte ich unter ihrer verbindlichen Art die alte sowjetische Härte und dogmatische Sturheit.

Abschließend stellte ich die Frage, die mich besonders beschäftigte: „Ihr Boris Kasakow siegt seit fünf Jahren unentwegt in allen sozialistischen Ländern. Weshalb nimmt er erst jetzt zum erstenmal im Westen an den Weltmeisterschaften teil?"

Sie lächelte mir zu und leerte ihre Tasse mit einem energischen Schluck. „Herr Reimers, wenn wir einen Mann in den Westen schicken, dann senden wir einen, der siegen wird."

„Sie sind ganz sicher? Sonst hätten Sie Boris Kasakow nicht teilnehmen lassen?"

„Wir haben ihn geschickt, weil er Sieger wird."

ALS ich aus dem Restaurant auf das Vorfeld hinausging, sah ich gerade, wie eine Zlin rasant aus der „Box" fiel.

Die Box ist ein Kasten, den es konkret nicht gibt. Er mißt tausend mal tausend Meter im Quadrat; man kann ihn sich nur denken. Der Deckel befindet sich sozusagen in tausend Meter Höhe, der Boden in hundert Meter Höhe über dem Boden. In ihm spielt sich der Kunstflug ab. Wer herausfällt aus der Box, wird von den Schiedsrichtern mit

Strafpunkten bedacht. Fünfzig Punkte für seitliches Abdriften und gar hundert, wenn man zu tief gerät.

Die Zlin driftete rasant in Richtung Monte Ceneri ab, der mit seinem Gipfel garantiert außerhalb der Box lag. Mühsam rappelte sich der Pilot aus einer senkrecht herabgestoßenen Rolle wieder auf und nahm Kurs auf den Platz. Um mich herum war der Betrieb in vollem Gang. Ich begab mich zu meinem Wagen, und als ich über die Schnellstraße nach Locarno zurückfuhr, konnte ich über dem See noch eine Reihe recht imposanter gestoßener Rollen, horizontaler Achten und chinesischer Loops sehen. Ich parkte in der Nähe des Muralto, auf dem für das Hotel reservierten Parkplatz. Wenige Minuten später war ich auf meinem Zimmer. Balkon wie immer zum See.

Als ich so im Liegestuhl auf den See blickte und die Spätnachmittagsstimmung genoß, mußte ich wieder an Stella denken. Leider war unsere erste Begegnung nicht ganz so verlaufen, wie ich es mir vorgestellt hatte. Mein Blick fiel auf die erste Seite der *Zürcher Zeitung*, die ich mir von der Rezeption mitgenommen hatte. Wieder stand der ominöse Oberst Stähli im Mittelpunkt.

OBERST STÄHLI IM BESITZ GEHEIMER DOKUMENTE?
GALT DER MISSLUNGENE BOMBENANSCHLAG NICHT DEM OBERST, SONDERN DESSEN PAPIEREN?

Ich las den ausführlichen Bericht und erfuhr zum erstenmal Näheres von einem Militärprojekt, über das mir bislang wenig bekannt gewesen war. Der Oberst hatte offenbar technische Unterlagen überprüft, die sich mit den Geheimnissen des Stealth-Bombers befaßten. Er hatte diese Unterlagen von den Amerikanern; ob legal oder nicht war zur Stunde nicht bekannt. Als er in Genf von einer internationalen Geheimkonferenz gekommen und in sein Auto gestiegen war, hatte er mit dem Einschalten der Zündung eine Bombenexplosion ausgelöst. Glücklicherweise war die Wirkung des Sprengkörpers hauptsächlich auf den Rücksitz ausgerichtet gewesen, und so hatte der Umstand, daß Stähli an diesem Tag auf seinen Fahrer verzichtet hatte, ihm möglicherweise das Leben gerettet. Unmittelbar nach der Explosion waren zwei Männer in einem schnellen Wagen am Tatort aufgekreuzt, hatten den Diplomatenkoffer des Obersts an sich genommen und waren Sekunden später wieder davongebraust.

Die Verletzungen des Obersts waren harmloser als ursprünglich angenommen. Er würde das Krankenhaus schon bald verlassen können. Ob die Geheimpapiere nun tatsächlich im Koffer gewesen waren, darüber schwiegen sich alle aus. Vom Stealth-Projekt wußte ich bislang nur, daß es dabei um eine Art Tarnkappe ging: einen Jagdbomber, der für den gegnerischen Radar unsichtbar sein sollte.

Für weitere Informationen brauchte ich nur in meinem Archiv in Sonogno nachzuforschen. Dorthin mußte ich sowieso mal zurück, schon wegen meiner vergessenen Presseplakette.

Ich holte den Zettel hervor, auf den Genossin Labas mir den Interviewtermin notiert hatte. Erstaunt stellte ich fest, daß ich bereits am kommenden Morgen um elf erwartet wurde. Die zweite Verblüffung: nicht auf dem Flugplatz, sondern in der Privatunterkunft sollte das Interview stattfinden. Die lag in Arcegno, westlich von Ascona und in den Bergen, also nicht gerade in unmittelbarer Nähe des Flugplatzes.

Beim Stichwort „Ascona" fiel mir siedendheiß mein Versäumnis ein. Hatte Stella nicht angedeutet, sie sei telefonisch ab vier Uhr nachmittags zu erreichen?

Ich eilte zum Telefon und rief sie an. Die Hotelvermittlung bedauerte: Keine Antwort aus dem Zimmer. Nervös trommelte ich mit den Fingern auf den Balkontisch. Das Gefühl, eine entscheidende Begegnung versäumt zu haben, deprimierte mich. Vor allem aber fragte ich mich, wie es bloß möglich war, daß ich meine zweite Kontaktaufnahme mit meiner Jugendliebe einfach vergessen hatte.

4

„BORIS KASAKOW, Sie fliegen seit Ihrem vierzehnten Lebensjahr?" Ein kleiner, gedrungener Mann saß vor mir. Sah so ein Held der Lüfte aus?

Um so markanter präsentierte sich Irina Labas. Sie stützte ihre Ellbogen vor einem Stapel Zeitungsausschnitte auf den Tisch.

„Mit vierzehn Jahren habe ich mit dem Segelflug begonnen." Wie Frau Labas sprach Kasakow ein grammatikalisch einwandfreies Deutsch, mußte aber seine Worte sorgfältiger abwägen. „Meinen ersten Motorflug habe ich mit siebzehn gemacht."

Ich nickte, überprüfte kurz den Lauf der Kassette und setzte zu interessanteren Fragen an. „Boris, Sie sind zum erstenmal im Westen, sind aber mehrfacher Meister innerhalb des Ostblocks. Weshalb kommen Sie so spät?"

Irina Labas schaltete sich sofort ein: „Diese Frage habe ich Ihnen schon bei unserem ersten Gespräch beantwortet."

„Ich hätte die Antwort gern von Boris selbst gehört."

Sie warf mir einen giftigen Blick zu, hatte sich aber schnell wieder in der Gewalt und strahlte Verbindlichkeit aus.

Wir saßen in einer kleinen, aber geschmackvoll eingerichteten Studiowohnung an einem Hang in Arcegno. Die Aussicht zwischen Zypressen, Pinien und Feigenbäumen hindurch auf den Lago Maggiore war atemberaubend schön.

Boris hatte ein paar flüchtige Blicke mit seiner Gouvernante gewechselt. „Es ist schwer, sich an die Einstellung der westlichen Punktrichter zu gewöhnen", sagte er zögernd. „Wir Russen begeistern uns für etwas und beurteilen es vom Gefühl her. Hier im Westen wird viel zu geschäftsmäßig und nüchtern eingeordnet. Wir mußten erst ganz sicher sein, daß wir mit den westlichen Bewertungsmethoden klarkommen."

„Und gewinnen", ergänzte die Labas.

Ich wechselte das Thema. „Was reizt Sie am Kunstflug? Das Fliegen? Oder das Siegen?" Ich beobachtete, wie Boris entspannter und selbstsicherer wurde. Auf fliegerischem Gebiet konnte ihn niemand gängeln – da war er einsamer Herrscher.

„Das Beherrschen eines hochkomplizierten technischen Gerätes. Kombiniert mit den Gegebenheiten im Luftraum. Mit natürlichen Luftströmungen, Verwirbelungen, Temperaturen, Aufwinden, Abwinden." Er hielt kurz inne, dann fügte er hinzu: „Natürlich. Wenn ich dann in den Westen komme ..., das sowjetische Arbeiter- und Bauernvolk bezahlt mir meine Reise ..., dann kann ich nur heimkommen, wenn ich den Sieg mitbringe."

„Und andernfalls?" fragte ich und beugte mich vor.

„Es gibt kein Andernfalls." Wiederum hatte sich die Genossin Gouvernante eingemischt.

Boris lächelte. „Das ist der Grund, weshalb wir gerade jetzt im Westen sind. Ich bin auf dem Höhepunkt meines Könnens. Ich bringe den Sieg heim."

„Hoffentlich wissen das die Schiedsrichter schon." Ich konnte mir den Satz nicht verkneifen. „Das erspart ihnen viel Kleinkram."

Ich wollte gerade zu einer neuen Frage ansetzen, als das Telefon klingelte. Irina Labas ging an den Apparat und meldete sich auf deutsch. Ich konnte die Stimme am anderen Ende nicht richtig hören. Doch die Andeutung eines Tonfalls, ein leiser Sprechrhythmus drang aus der Muschel bis zu mir. Kein verständliches Wort. Trotzdem hatte ich das deutliche Empfinden, daß der Anrufer mir vertraut war ..., als hätte ich schon einmal mit ihm gesprochen ...

Irina Labas antwortete nur: „Ich rufe zurück" und legte auf. Plötzlich schienen mir alle weiteren Fragen unwichtig.

Krampfhaft suchte ich nach einer abschließenden Frage: „Boris, Sie treten gegen Asse wie den Weltmeister Leitenbacker an. Auch im deutschen Team gibt es einige Spitzenmänner. Wenn Sie Ihres Sieges so sicher sind, müssen Sie ein phantastisches Selbstvertrauen haben."

„Das hat er", schaltete sich wieder die Labas ein. „Und nicht nur das Selbstvertrauen, sondern vor allem das Können!"

„Wann kann ich Sie am Platz sehen? Ich möchte Fotos machen."

„Morgen ab zehn Uhr."

„Boris, ich wünsche Ihnen, daß die Schiedsrichter Ihr überragendes Können gerecht beurteilen."

Die Sonne brannte noch immer heiß vom Himmel herab. Als ich in meinen Wagen stieg, kam Irina Labas die Terrassenstufen herunter und auf mich zu, obwohl sie mich im Zimmer bereits verabschiedet hatte. Und plötzlich war sie nicht mehr die mißtrauische Aufsichtsdame, sondern eine charmante Frau, die mich entschuldigend anlächelte. „Herr Reimers, wir sollten miteinander in Kontakt bleiben. Es wäre möglich, daß ich Ihnen von Nutzen sein könnte, wenn Sie Ihre endgültigen Berichte schreiben."

„Könnte sein", sagte ich und gab Gas.

AN DIESEM Nachmittag tummelte sich alles am Himmel, was nur irgendwie über dem Tessin Platz hatte.

Der amerikanische Champion Charly Leitenbacker war zur Stelle, dazu die Ungarn, die Franzosen, Schweizer, Tschechen, der Russe und das deutsche Team: der jüngste, Werner Wullach, auf der Laser EA 230, knapp dreiundzwanzig, und die beiden älteren, Rainer Sundermann, zweiunddreißig, und Friedrich Guttenmaier, dreiunddreißig, auf der Zlin 50, die inzwischen runde dreihundert PS unter die Haube brachte. Alles ruhige, sportliche Männer. Keine waghalsigen Abenteurer, sondern seriöse Flieger, die ihr Flugzeug freilich wie im Schlaf beherrschten. Der Star des Teams war Guttenmaier, ein hoch aufgeschossener, leidenschaftlicher Pilot mit Schnurrbart.

Ich hatte mich in einen bequemen Liegestuhl fallen lassen und beobachtete vom Vorfeld aus das turbulente Geschehen. Ich war nicht der einzige Reporter. Inzwischen hatten sich Dutzende von Sportjournalisten eingefunden. Doch ich war bislang der einzige Reporter gewesen, der Boris Kasakow hatte interviewen dürfen.

Der Russe übte im Raum zwei; und ich konnte genau die Schwächen und Stärken seiner Su 26 studieren. Scheinbar mühelos schnurrte sie durch die einzelnen Figuren. Sie zeigte eine erstaunliche Richtungsstabilität. Gerade deswegen fielen ihr die gerissenen Rollen schwer. Daran konnte auch, wie ich sah, ein Kasakow nichts ändern. Wenn sie in niedriger Höhe Geschwindigkeit verlor, dauerte es lange, bis sie wieder auf Speed kam.

Ich wollte mich gerade auf die weiteren Übungen Kasakows konzentrieren, als vom Lago Maggiore her ein orangefarbener Doppeldecker herantobte. Er hüpfte über Häuser, Bäume und Büsche hinweg und war plötzlich in weniger als zehn Meter Höhe über dem Platz. Genau vor mir legte er sich auf den Rücken, drückte bis auf knapp fünf Meter herunter und fegte mit Höchstgeschwindigkeit an den abgestellten Flugzeugen vorbei, zog aus der Rückenlage hoch zu einem halben Loop und tauchte oben korrekt, mit dem Fahrwerk unten, wieder auf: Maud Borowski.

„Diese verrückte Eule wird sich noch den Hals brechen!" Rabau stand plötzlich neben mir. „Ganz schön mutig, die Kleine."

„Das kann man wohl sagen", sagte ich und beobachtete, wie sie schon wieder steil andrückte und den Rückenflug wiederholte. Kopfunter kam sie herangerauscht. Ich hatte schon viele Tiefflüge in Rükkenlage erlebt, doch keinen, der so tief und haarscharf über jeden Maulwurfshügel dahinjagte. Sie hätte nur ihre Hand auszustrecken brauchen, und sie hätte Gänseblümchen pflücken können. Unwillkürlich stöhnte ich auf.

„Warum stöhnst du so?" fragte Rabau amüsiert.

„Sie soll verflixt noch mal dieses U-Boot-Spielen aufgeben", schimpfte ich. „Sie treibt es wirklich auf die Spitze."

„Sie weiß, daß du sie beobachtest", sagte Wolf Rabau und grinste.

„Was soll das heißen?"

„Sie will dir imponieren. Merkst du das nicht?"

WEIL ich meinen Fotoapparat dabeihatte, machte ich probeweise schon mal einige Aufnahmen. Doch an diesem Nachmittag schien mir der beste Standort dafür fernab des Platzes zu sein, im Naturschutzgebiet des Maggadinodeltas und in der Nähe von Maud Borowskis Baracke. Ich setzte mich in meinen Wagen und fuhr hinüber auf die andere Seite, parkte an der gleichen Stelle wie beim erstenmal und ging zu Fuß in Richtung der Blechbaracke. Ein Schild kam in schulterhohem Gras und Schilf zum Vorschein: A VENDERE – ZU VERKAUFEN. Darunter eine Telefonnummer.

Ich erinnerte mich, daß Maud Borowski das Gebäude nur für die Dauer der Basteleien an ihrem Flugzeug gemietet hatte. Sie war ausgezogen. Ich vermißte die Türaufschrift mit der Mitteilung HIER LEBT, DENKT UND BASTELT MAUD BOROWSKI. Die öde Aufgeräumtheit und Verlassenheit des Büros erweckte den Eindruck, als sei hier ein Mensch für immer davongegangen. Und dabei hatte ich doch eben noch die einstige Bewohnerin beschimpft wegen ihrer riskanten Flüge. Ich sah mich um. Alle Tische und Regale waren leer geräumt worden. In einer Ecke entdeckte ich, unter ein paar Holzkisten verborgen, einen Papierkorb. Er war bis an den Rand mit zerknülltem Papier gefüllt. Endlich ein konkretes, persönliches Lebenszeichen.

Erfreut begann ich zu wühlen und auseinanderzufalten: Skizzen von Flügelholmen und Verankerungen für den Benzintank. Dazwischen Kritzeleien wie Wutausbrüche: *Und das soll zusammenpassen? Den möchte ich sehen, der das hinkriegt ...*

Ich begann zu fotografieren. Natürlich würde ich Maud Borowski um Erlaubnis fragen müssen, diese Randbemerkungen veröffentlichen zu dürfen. Sie sagten mehr über die Qualen des Selbstbauens aus als jede Beschreibung in einem Interview.

Ich wühlte mich immer tiefer in den Papierkorb hinein. Plötzlich stieß ich auf etwas Festes. Ich zog daran und zerrte einen grünen Briefumschlag hervor. Er war offen und nicht adressiert. In ihm steckte eine sorgfältig gezeichnete Skizze. Sie zeigte eine Art Dreieck.

Erstaunt betrachtete ich den Fund. Hatte die Borowski den Umschlag weggeworfen? Stammte das Dreieck von ihr? Mit der Aerodynamik eines Flugzeuges hatte das nichts zu tun. Ich steckte alles ein und nahm mir vor, sie später zu fragen.

Als ich ins Freie trat, rollten und trudelten über mir noch immer die Zlins und Pitts; doch mein Interesse am Fotografieren war erlahmt. Ich ging zurück zum Auto, bog aber nicht mehr in die Straße zum Flugplatz ein, sondern fuhr direkt nach Locarno und zurück ins Hotel.

Als ich am Spätnachmittag meinen Schlüssel bei Gustavo abholte, schob er mir einen Zettel zu. Ein Anruf von Stella. Vor knapp einer Stunde.

Ich ging auf mein Zimmer und überlegte, wen ich zuerst anrufen sollte: Stella oder Maud Borowski. Ich entschied mich für Stella. Doch die Rezeption des Eden Roc teilte mir mit, sie habe schon vor Stunden das Zimmer verlassen. Sie mußte wie der Teufel hinter den deutschen Steuersündern in der Schweiz her sein. Wieder fühlte ich bei diesem Gedanken einen unangenehmen Druck in der Magengegend.

Ich wollte gerade die Nummer Maud Borowskis wählen, als Gustavo von der Rezeption anrief: „Da ist ein Herr, der möchte Sie unbedingt sprechen."

„Schicke ihn an die Bar. Ich komme runter."

„Ich glaube", informierte mich Gustavo noch, „der Herr ist von der Polizei."

ER SASS in der dunkelsten Ecke der Hotelbar und stopfte gerade umständlich seine Pfeife. Mit geradezu lächerlich wirkender Förmlichkeit erhob er sich und winkte mich heran: ein Mann etwa in meinem Alter, korrekt in grauem Anzug und mit blauer Krawatte.

„Herr Achim Reimers?" Er forderte mich lächelnd zum Sitzen auf.

„Kennen wir uns?"

„Ich kenne Sie natürlich." Er sog an seiner Pfeife und blies bedächtig den Rauch aus. „Ich bin ein Verehrer Ihrer Reportagen, und ich freue mich, daß ich Ihnen das einmal ganz persönlich sagen darf."

Er versteckte sein Schwyzerdütsch ausgezeichnet. Nur die rauhen Ch-Laute kamen durch.

„Danke. Deswegen sind · Sie aber bestimmt nicht ins Tessin gereist?"

Er legte seine Pfeife ab und sah mich gedankenverloren an. „Ja, ich hätte mich längst vorstellen sollen." Er zog seine Identitätskarte aus der Brieftasche und hielt sie mir unter die Nase. Kodeworte wie SECURITÉ, SICHERHEITSBEAUFTRAGTER und Abkürzungen wie NSD tanzten vor meinen Augen. „Ich habe hier im Tessin zu tun. Und da wollte ich nicht die Gelegenheit versäumen, Sie einmal persönlich kennenzulernen."

„Sie gehören zum Nationalen Schweizer Sicherheitsdienst?"

„Nehmen Sie das nicht allzu ernst. Wir überwachen Ausländer, die in der Schweiz tätig sind."

Da war er wieder, der Druck in der Magengrube. Stella: die deutsche Finanzbeamtin, die Steuersünder in der Schweiz überprüfte. Arbeitete sie mit diesem Mann zusammen? Seinen Namen hatte ich, mühsam genug, auf seinem Dienstausweis entziffert: PAUL SCHNYDRIG, NSD.

„Ich arbeite hier seit Jahren. Völlig legal."

„Aber Herr Reimers." Er sah mich amüsiert an. „Es geht doch nicht um Sie. Außer daß ich mich freue, Sie einmal persönlich kennenzulernen." Er sog an seiner Pfeife. „Sie waren heute nachmittag am Flugplatz?"

„Das ist mein Arbeitsrevier für die nächsten zwei Wochen."

„Eine schöne Tätigkeit, natürlich ..., und in Ihrer Eigenschaft als Journalist haben Sie sich ja heute nachmittag dort ausgiebig ... wie sagt man? ... umgesehen?"

„Umgesehen?"

Er kam mit seiner Pfeife nicht klar, stopfte nach, sog schmatzend, sah den Rauchwölkchen hinterher und setzte seinen Gedankengang fort. „Es geht mich wirklich nichts an ... Wirklich nicht. Aber haben Sie sich heute nachmittag nicht an der Westseite des Fluggeländes aufgehalten? Gibt es dort nicht eine alte Baracke?"

„Natürlich. Eine Pilotin namens Maud Borowski hat dort ihren Doppeldecker im Eigenbau hergestellt. Ich wollte mal schauen, wie ein Arbeitsplatz aussieht, nachdem er verlassen worden ist."

„Gute Idee. Und?"

„Was und?"

„Haben Sie gefunden, was Sie gesucht haben?"

„Ich habe nichts gesucht."

Schnydrig nickte bedächtig. „Stand da nicht ein Papierkorb in der Ecke?"

„Ein Papierkorb?" Mein Mund wurde trocken.

„Herr Reimers, entschuldigen Sie die dumme Frage: Sie haben nicht zufällig darin gewühlt?"

„Warum sollte ich in einem Papierkorb wühlen?"

„Natürlich, warum ..." Er schien in meditatives Nachdenken zu verfallen. „Ich kann keinen Grund nennen. Sie vielleicht?"

Ich zuckte die Schultern und zog es vor zu schweigen.

Er stocherte in seiner Pfeife herum, bis sie endgültig den Geist aufgab, und erhob sich. „Nun ja, da kann man nichts machen. Außerdem wollte ich ja auch nichts anderes, als Ihnen endlich einmal meine Anerkennung für Ihre Reportagen auszusprechen." Er steckte die Pfeife in seine Jackettasche und fuhr gemächlich fort: „Sie haben da wirklich nichts gefunden – in diesem Papierkorb?" Und, als ich abermals verneinte: „Es wäre jammerschade, wenn Sie da etwas übersehen hätten oder wenn es Ihnen verlorengegangen wäre."

„SIGNORE REIMERS, Sie sehen blaß aus. Ist Ihnen nicht gut?"

„Guido, bringen Sie mir bitte einen doppelten Whisky."

Ich war an den Hoteleingang geeilt und hatte beobachtet, wie Schnydrig auf einen Citroën CX 24 zugegangen war – einen Wagentyp, der von hohen Schweizer Behördenvertretern benutzt wurde.

Kein Zweifel: Schnydrig war Sicherheitsbeamter eines Geheimdienstes.

Guido brachte den Whisky und sah mich besorgt an. „Alles in Ordnung?"

„Alles wieder *va bene.*"

Nichts war in Ordnung. Welcher Teufel hatte mich nur geritten? Warum hatte ich ihm die Skizze nicht an den Kopf geworfen? Was ging mich das an? Entweder hatte ich sie ihm vor der Nase weggeschnappt, oder, noch schlimmer, er hatte mich beobachtet, wußte alles und spielte jetzt Katz und Maus mit mir. Warum? War Maud Borowski eine Art Mata Hari und deponierte Geheimbotschaften in toten Briefkästen?

Ich starrte gedankenverloren in mein Glas. Guido schreckte mich auf. „Telefon für Sie."

Während ich an den Apparat auf der Bartheke ging, überlegte ich rasch: die Borowski oder nochmals Schnydrig?

„Hallo, Achim. Du läßt überhaupt nichts mehr von dir hören."

„Stella! Ich habe dich immer wieder angerufen . . ."

„Meine Behörde schenkt mir nichts. Ich habe einen harten Zwölfstundentag."

„Und jetzt hast du Zeit?"

„An einem Freitagabend, ja. Hast du denn Zeit?"

„Natürlich." Ich überlegte: Ich hatte noch immer nicht meine Presseplakette aus meiner Wohnung geholt. Und ich konnte mir nichts Großartigeres vorstellen, als mit Stella das Verzascatal bis zu meiner Wohnung hinaufzufahren und sie dort, ich war bescheiden geworden, zu einem Drink einzuladen. „Warum fahren wir nicht zu mir nach Sonogno? Ich muß heute abend sowieso hinauf."

„Eine ausgezeichnete Idee. Ich bin wahnsinnig gespannt auf deine Wohnung. Nur eine Bedingung. Wir fahren in meinem Porsche. Du weißt, ich bin gern unabhängig."

„Alles klar", willigte ich ein. In diesem Punkt war sie anscheinend etwas eigen. „Wann bist du hier?"

„In zehn Minuten", versprach sie. „Mein Porsche kann sehr schnell sein."

Sie hielt die Zeit exakt ein. Ihr grünes Kostüm betonte ihre Figur ausgezeichnet, ohne aufdringlich zu wirken. Eine schmale Goldkette am Hals zeigte, daß sie nicht zu einem Berufstrip in ihren Porsche geklettert war.

Eine Viertelstunde später brausten wir bereits in ihrem Wagen die

Serpentinen zum Staudamm hinauf. Stella hatte darauf gedrängt, gleich loszufahren.

Im Schatten der Berge war es fast dunkel geworden. Hoch über uns blinkte die Venus, und ein paar Föhnwolken ahmten den Gipfel des Vogorno nach. Am Stausee bat ich sie anzuhalten. Ich zeigte auf die kleine Ortschaft Corippo am gegenüberliegenden Ufer. Im Abenddunst schien sie schwerelos über dem Tal zu schweben.

„Das letzte, noch völlig vom Fortschritt unberührte typische Tessiner Bergdorf. Wollen wir rasch rüber?"

Sie schüttelte den Kopf. „Vielleicht ein anderes Mal. Ich muß spätestens um Mitternacht wieder im Körbchen sein. Harter Tag morgen."

„Was genau machst du eigentlich?"

„Behördenkram. Akten wälzen, Besprechungen mit zuständigen Beamten. Das Übliche."

Auch in Lavertezzo war sie nicht zu einem längeren Stopp zu überreden. Ich hätte gern mit ihr auf der alten Steinbrücke gestanden und Erinnerungen ausgetauscht. So preschten wir weiter talaufwärts. Wenigstens erfüllte sich ein kleiner Traum, als wir schließlich mein Haus erreichten. Als ich es vor wenigen Tagen verlassen hatte, hätte ich mir zumindest eine Rückkehr in Begleitung Stellas nicht träumen lassen.

„EINE Riesenbibliothek hast du dir hier zugelegt." Sie stand vor einem der vielen Bücherregale und stellte die übliche Frage: „Hast du die wirklich alle gelesen?"

„Es ist meine Art von Realität. Ich halte sie für wirklicher als die sogenannte Wirklichkeit."

„Diese Auffassung würde von meinen Vorgesetzten nicht unbedingt geteilt werden."

„Vorgesetzten?" Ich ging an den Kühlschrank. „Was möchtest du trinken?"

„Einen leichten Weißwein vielleicht. Und wieso ziehst du meine Vorgesetzten in Zweifel?"

„Weil du einen sehr selbständigen Eindruck machst. Ich dachte, du bist dein eigener Herr."

„Da hast du falsch gedacht, schließlich muß es jemanden geben, der mir diesen Luxusaufenthalt hier bezahlt."

Ich suchte einen leichten Fendant heraus und rückte zwei Sessel zurecht. Als wir saßen und uns den ersten Schluck zutranken, schlug ich ihr vor, mir aus ihrem Leben seit damals zu berichten.

Hinterher war ich verblüfft, wie wenig sie mit vielen Worten gesagt hatte. An meinem Lebenslauf war sie nicht interessiert. Und schließlich kamen wir rasch durch eine ironische Frage von mir wieder zur Gegenwart. Ob sie ihre Migräne seit der letzten Begegnung überwunden habe? O ja, natürlich. Aber die Nacht sei scheußlich gewesen. Besonders, wenn man am nächsten Morgen früh auf den Beinen sein müsse.

Ich gab meinem Herzen einen Stoß und ging auf klaren Kollisionskurs. „Wie findest du diese Affäre um den Oberst Stähli?"

„Oh ..." Sie schien einen Augenblick unsicher, dann meinte sie schulterzuckend: „Ich weiß auch nur, was in der Zeitung gestanden hat. Die Attentäter versuchten offenbar, in den Besitz wichtiger Geheimpapiere zu gelangen."

„Hatte der Oberst denn welche bei sich?"

„Das haben die Täter zumindest angenommen. Man kann sie nicht fragen, sie sind ja unerkannt entkommen."

„Vermutlich Geheimdienstleute aus dem Ostblock."

„Ja. Und sie wollten Papiere an sich bringen, die mit diesem neuen Stealth-Bomber zu tun hatten. Es geht dabei um Tarnung gegen Radarstrahlen. Aber über so etwas weißt du sicher besser Bescheid."

„Es interessiert mich nicht übermäßig", sagte ich. „Im übrigen bin ich der Meinung, daß es uns nur recht sein kann, wenn viele militärische Geheimnisse an die jeweilige Gegenpartei gelangen. Um so weniger besteht nämlich die Gefahr, daß die entsprechenden Waffen tatsächlich zum Einsatz kommen. Das gilt für beide Seiten." Ich stand auf, um eine neue Flasche zu holen und bei dieser Gelegenheit auch die Außenbeleuchtung einzuschalten.

Stella blickte durch die Panoramascheiben auf meinen halbverwilderten Garten, in dem es üppig blühte. „Machst du mal einen kurzen Gang mit mir durch deinen Dschungel?"

Wir gingen hinaus, und ich führte sie an den Wildrosenbüschen vorbei, die trotz des späten Abends noch immer ihren würzigen Geruch verströmten. „Es sind die Ururgroßmütter der heutigen Teehybriden", erklärte ich. „Das da drüben ist eine schottische Heckenrose."

„Und dieser gigantische Baum hier?"

„Das ist ein Ginkgo biloba. Er kann viertausend Jahre alt werden."

„Das werden wir schlecht überprüfen können", meinte sie.

„Immerhin ist er jetzt schon ein stattlicher Baum, der hier seit Jahrhunderten wächst. Ich habe mein Haus sozusagen um ihn herum gebaut."

„Ja, er muß uralt sein. Er hat eine tiefe Kerbe in seinem Stamm. Eine Art Höhle."

„Darin hat sogar schon ein Waldkauz genistet."

Sie strich fast zärtlich mit ihrer Hand über die Kerbe des Stammes. „Wie nett." Prüfend ließ sie ihre Blicke umherschweifen. „Das ist wohl dein ältester Baum?"

„Ja, und ich bin sehr froh, ihn in meinem Garten zu haben."

„Seltsam." Sie bedachte mich plötzlich mit einem Blick, der mir in Erinnerung bleiben sollte. Wie ein Laserstrahl, dachte ich. „Mit dem Beruf eines hartgesottenen Reporters paßt das alles überhaupt nicht zusammen."

„Wieso nicht?" erwiderte ich gereizt. „Darf ein Mann, der Gefallen an der Fliegerei findet, sich nicht auch für Rosen und Ginkgobäume interessieren?"

„Man kann nicht über alles Bescheid wissen", entgegnete Stella kühl.

„Eine bequeme Ausrede für allgemeine Gleichgültigkeit", hielt ich ihr verstimmt dagegen.

ALS mir später bewußt wurde, zu welch idiotischem Verhalten wir uns beide hatten hinreißen lassen, war es bereits zu spät. Die rechte Romantik wollte trotz knisterndem Kaminfeuer nicht mehr aufkommen. Unser Gespräch blieb distanziert und unpersönlich.

Schließlich war es sogar Stella, die ihr Bedauern zum Ausdruck brachte. „Achim, ich hätte mir wirklich gewünscht, wir hätten uns ein bißchen privater unterhalten. Jetzt muß ich aber zurück."

Ich winkte ihr nach, als sie in ihren Porsche stieg und davonbrauste. In meinen Außenleuchten fingen sich Schmetterlinge und Nachtfalter und verschmorten am heißen Glas.

Und erst, als Stella hinter der Grotto Efra verschwunden war, wollte ich sie zurückhalten und rufen: He, du mußt mich mitnehmen! Mein Wagen steht unten in Locarno. Wie soll ich zurückkommen, verflixt noch mal?

Doch da war sogar schon das Röhren ihres Motors verklungen. Da ich zu so später Stunde ohnehin nichts mehr unternehmen konnte, ging ich zurück ins Haus und machte mich an die Arbeit. Aus meinem Kellerarchiv suchte ich alles hervor, was ich über das Stealth-Projekt finden konnte. Anschließend ließ ich mich mit einem ganzen Stapel von Artikeln im gemütlichen Sessel im Wohnzimmer am Kamin nieder.

Stealth also. Der unsichtbare Bomber. Ein Projekt der Northrop-Flugzeugwerke, von dem angeblich bereits hundert Stück bestellt worden waren. Die ersten sollten 1991 als Bomber mit besonders großer Reichweite von der US-Luftwaffe in Dienst gestellt werden. Ihr Vorteil: Sie waren „radarschlüpfrig" und auf den Warngeräten angeblich so gut wie gar nicht mehr auszumachen. Denn Radarstrahlen werden insbesondere durch kantige, eckige Formen reflektiert. Beim Stealth aber hatte man streng auf eine flache Form und runde Übergänge zwischen den einzelnen Teilen geachtet. Blanke Metallflächen, ebenfalls besonders radarintensiv, wurden mit Kunststoff, zum Beispiel Kohlenfaserstoffen, beschichtet. Um diese neuen Werkstoffe ging es den Ingenieuren. Und um eine neuartige Aerodynamik. Der Bomber würde ein „Nurflügler" sein. Ein fliegendes, erstaunlich flaches Dreieck.

Die Sowjets hatten nichts Gleichwertiges in der Entwicklung. Sie waren auf Agentenschmuggelware aus dem Westen angewiesen. Und Oberst Stähli schien geheime Unterlagen zu besitzen.

Gegen eins war ich mit der Sichtung meiner Unterlagen fertig und legte mich schlafen. Nicht ohne vorher meine Presseplakette in die Brieftasche gesteckt zu haben.

AM NÄCHSTEN Morgen stand ich gegen zehn Uhr auf und genoß auf der Terrasse die herbstliche Kühle. Im wildwuchernden Garten stellten Rosen, Kamelien, Hibisken und Bougainvilleen ihre letzten Blüten zur Schau. Mein Blick fiel auf den alten Ginkgobaum. Wieder ging mir der gestrige Abend durch den Kopf. Was, um Himmels willen, war nur mit Stella passiert? Oder lag es an mir, daß ich keinen Zugang zu ihr fand? Hatten mich meine Jugendträume so von der Wirklichkeit entfernt, daß wir zwangsläufig aneinander vorbeireden mußten?

Der Bus fuhr um elf am Postamt ab. Obwohl es Samstag war und ich eigentlich das Wochenende in meiner Wohnung hätte verbringen können, hielt es mich hier oben nicht mehr. Außerdem wußte ich, daß unten am Flugplatz auch samstags noch trainiert wurde.

Nach dem ominösen Besuch Stellas hatte ich das dringende Bedürfnis, mich mit Maud Borowski zu unterhalten. Insbesondere über ihren Papierkorb.

IM TRAININGSLAGER war die Hölle los: kaum jemand in der Luft, aber um so dickere Luft am Boden. Wolf Rabau tobte. Im Team hatte der erste durchgedreht. Das normale Erscheinungsbild also. Diesmal war es Werner Wullach, den der Koller gepackt hatte. Er hatte zwei der fünf Schiedsrichter flüchtig kennengelernt. Und weil er sie für Vollidioten hielt, weigerte er sich, seine Leistungen durch sie bewerten zu lassen.

„Die heben ihr müdes Haupt nur noch, um zu beurteilen, ob du deine Maschine ordentlich geputzt hast", wütete er. „Wenn am Reifen noch ein Dreckklumpen klebt, hast du schon ein halbes Dutzend Minuspunkte. Den Rest erledigt ihr Radar. Nur nicht aus der Box fallen, das ist ihr A und O."

„Dann bleib doch gefälligst drin!" polterte Rabau. „Vorhin hast du ein paar Loops hingeschmiert, dagegen ist jedes zerquetschte Osterei kugelrund!"

Ich floh aufs Vorfeld und sah gerade noch, wie die Suchoi Kasakows mit einem Abschwung heruntergeröhrt kam und nach einer äußerst knappen Steilkurve perfekt aufsetzte.

Boris Kasakow war ein Könner, der ausgezeichnete Siegeschancen hatte. Doch plötzlich fragte ich mich, ob seine Maschine nicht negativ auf das ästhetische Empfinden der Schiedsrichter wirkte. Sie hatte nicht die Eleganz einer Zlin. Nach dem, was ich gerade von Wullach gehört hatte, würde es der Russe mit seiner Suchoi jedenfalls nicht leicht haben.

Und dann stand er vor mir. Sein Mechaniker machte sich intensiv am Sternmotor zu schaffen.

„Ah, Herr Reimers. Wissen Sie zufällig, wo sich Genossin Labas aufhält?"

„Ich habe sie eben noch am Schreibtisch in ihrer Baracke gesehen."

Er streifte sich die Pilotenhaube ab. Sein Kopf war hochrot von den Anstrengungen. Schweiß perlte auf seiner Stirn. Die Augen waren blutunterlaufen. Es war schon eine verdammte Schinderei. Und am Himmel sah alles so federleicht und lässig aus. „Ich hätte Sie gern einmal gesprochen. In aller Ruhe."

„Jederzeit", sagte ich. „Kein Problem."

„Nicht hier", meinte er und schaute mich ernst und eindringlich an.

„Wo dann?" fragte ich.

„Es gibt hier oben ..., oberhalb von Locarno, so eine Art Kloster. Eine Madonna ist dort ..."

„Madonna del Sasso."

„Genau ... Können wir uns dort treffen? Es ist wirklich dringend."

„Wann?"

„Heute abend um zwanzig Uhr."

„Um zwanzig Uhr im Innenhof der Madonna del Sasso", bestätigte ich.

Eigentlich hatte ich mein Tagespensum damit bereits erfüllt, fand ich. Eine Weile blieb ich noch am Platz und hielt vergeblich Ausschau nach Maud Borowski. Dann fuhr ich ins Hotel zurück.

5

EIN Strom von Menschen ergoß sich von der Endstation der Zahnradbahn bis hinunter zur Madonna. Ungestört würden wir nicht gerade sein am Samstag abend.

Auch im Innenhof des Klosters herrschte Gedränge. Die Wochenend- und Urlaubsstimmung rings umher griff auf mich über. Lieber hätte ich mich hier mit Stella getroffen, obwohl ... Warum fiel es mir so schwer, mir meine Enttäuschung einzugestehen? Dann stellte ich mir eine Verabredung mit Maud Borowski vor. Warum nur war ich bisher ihr gegenüber so ablehnend gewesen?

Ich wurde plötzlich aus meinen Gedanken gerissen durch Kasakow, der unversehens hinter mir stand und mich am Ärmel zupfte. „Herr Reimers, ich bin Ihnen sehr dankbar, daß Sie gekommen sind. Ich weiß, daß Sie wenig Zeit haben. Ich habe aber ein Problem. Wo können wir in Ruhe darüber sprechen?" Er wirkte ziemlich nervös. Wahrscheinlich hatte er sich heimlich aus der Obhut seiner „Gouvernante" davongeschlichen.

„Von hier aus führt ein Waldweg ins Tal. Wir könnten dort ein bißchen spazierengehen."

„Gute Idee."

Zwischen den uralten Bäumen war es dunkel geworden. Die wenigen Bänke waren mit Liebespärchen besetzt.

„Also, legen Sie los", forderte ich ihn auf. „Wo drückt der Schuh?"

Er räusperte sich ein paarmal, bevor er zu sprechen begann. „Herr Reimers, Sie sind ein Mann, der Kontakt zu allen Fliegern hier hat, der anerkannt ist und dessen Wort etwas gilt. Außerdem habe ich Vertrauen zu Ihnen. Ich bin in einer verzweifelten Lage."

„In welcher genau?"

„Herr Reimers ... Ich muß hier siegen. Sonst brauche ich gar nicht mehr zurückzukehren."

„Dann bleiben Sie doch hier", antwortete ich. Reimers, der abgebrühte Reporter.

Er lachte bitter. „Als ob das so einfach wäre. Ich liebe meine Heimat. Ich liebe meine Freunde und Nachbarn. Ich will nicht fort. Ihr Westen reizt mich nicht."

„Es ist nicht mein Westen", korrigierte ich.

„Herr Reimers, ich habe den Eindruck, daß ich mit meiner Flugkunst noch so gut sein kann, ich werde nicht Erster werden. Ich habe einfach das falsche Flugzeug. Meine Suchoi ist eine herrliche Maschine. Aber sie hat nicht die Eleganz einer Zlin oder Laser. Das wird die Schiedsrichter beeinflussen."

„Möglich. Dann werden Sie eben Zweiter oder Dritter."

„Sie verkennen meine Lage vollkommen. Wenn ich nicht als Sieger zurückkomme, wird es ganz, ganz schlimm werden. Für alle."

„Für alle?" Ich blickte ihn verständnislos an.

„Ich kann Ihnen weiter nichts dazu sagen. Wirklich nicht. Sie haben eine Möglichkeit, mir zu helfen. Für mich steht fest, daß vor allem zwei deutsche Piloten mich daran hindern können, Erster zu werden. Der Schweizer ist zu langsam und schafft nicht genügend Figuren. Der Amerikaner Leitenbacker kommt bisher mit der Geographie nicht klar. Für mich sind in erster Linie die Deutschen Sundermann und Guttenmaier eine Gefahr. Reden Sie mit ihnen. Machen Sie ihnen meine verzweifelte Situation klar. Bitten Sie sie . . ."

„. . . nicht Erster werden zu wollen?" Ich blieb abrupt stehen. „Boris, das ist nicht Ihr Ernst. Sie glauben doch nicht, daß sich ein Sportler davon abbringen läßt, Erster zu werden, wenn er reelle Siegeschancen hat? So etwas läuft hier nicht." Ich sah ihn fassungslos an.

„Bitte, verstehen Sie mich nicht falsch." Er wurde rot. „Es geht nicht darum, daß ich persönlich Erster werden will. Das ist mir wirklich völlig gleichgültig. Es geht um ganz andere Dinge."

Ich hielt es für angebracht, wieder bergauf in Richtung Kloster und Bahnstation zu gehen. Als ich mich umdrehte, erblickte ich oben auf dem Plateau des Klosters einen Mann, den ich kannte und der uns eindeutig beobachtet hatte.

Ich nickte Boris zu und versuchte, mich möglichst natürlich zu geben. „Und diese anderen . . . Dinge – darüber können Sie mich nicht aufklären?"

„Unmöglich. Aber glauben Sie mir: Es ist eine Sache auf Leben und Tod. Für uns alle."

„Das ist eine sehr, sehr vage Aussage. Dafür kann ich doch nicht meinen guten Ruf als Reporter aufs Spiel setzen." Ich schielte zum Kloster hin. Der Mann hatte sich zurückgezogen.

„Sie wollen mir also nicht helfen?"

„Boris, verstehen Sie doch. Was Sie verlangen, ist schier unmöglich." Es ging ziemlich steil bergauf, und ich mußte stehenbleiben, um Atem zu schöpfen. „Ich werde gern Ihren Sieg verkünden, aber er muß ehrlich errungen sein."

„Schade, schade", meinte er und legte einen Schritt zu, als wolle er sich wegen der Absage rächen. „Ich mag Sie richtig gern. Deshalb bedauere ich, daß die Sache nicht gut ausgehen wird."

„Soll das eine Drohung sein?"

Jetzt war er es, der stehenblieb. Er umarmte mich und klopfte mir auf die Schulter. Die russische Art, Mißverständnisse aus der Welt zu räumen. „Es sollte nur eine Warnung sein. Niemand will Sie erpressen."

„Ich bin bestimmt nicht erpreßbar."

„Da irren Sie sich", widersprach er bitter. „Jeder ist erpreßbar."

Wir waren beim Kloster angekommen. Von nun an, bis zur Bahnstation und hinunter ins Tal, plauderten wir nur noch über Belangloses. Das heiße Thema war abgeschlossen – mit einer Endgültigkeit, die mich verblüffte und beunruhigte. Kasakow nahm sich ein Taxi, und ich ging die paar Schritte zum Hotel zu Fuß.

Ich dachte an den Mann, der uns vom Kloster aus beobachtet hatte. Ich war sicher, sein Gesicht erkannt zu haben: Paul Schnydrig vom Nationalen Schweizer Sicherheitsdienst.

ZURÜCK im Hotel, betrachtete ich noch einmal genau die Zeichnung aus dem Papierkorb. Eine eigenartige geometrische Figur. Es hätte sich um ein gleichschenkliges Dreieck handeln können. Wären da nur nicht zwei Grundlinien statt einer gewesen, die eine davon nach unten, die andere nach oben abgeknickt. Während der obere Knick genau in der Mitte der Linie lag, war der untere Knick leicht nach links verschoben. Erst jetzt entdeckte ich in der linken Ecke der Zeichnung eine winzige Zahl: 200. Sie half mir nicht weiter.

Natürlich: Wenn Maud Borowski selber die Schöpferin war, würde sich rasch alles aufklären lassen. Wieso aber sollte sie einen zugeklebten Briefumschlag in den eigenen Papierkorb werfen? Wer war sie überhaupt? Weshalb war sie in die Schweiz gezogen? Wolf Rabau würde vielleicht Informationen über sie haben oder besorgen können. Doch wenn schon der Geheimdienst ihre Baracke beobachtete, war fraglich, ob die Wahrheit so einfach ans Licht kommen würde.

In diesem Moment klingelte das Telefon.

„Hier Reimers. "

„Hier Maud Borowski. "

„Sie kommen mir gerade recht. Ich wollte Sie ebenfalls anrufen. Ich hätte Sie gern mal in Ruhe gesprochen. "

„Ich Sie auch. Ist das nicht wunderbar?"

„Kommt ganz auf das Thema an. Wie wär's mit einem kleinen Schiffsausflug? Morgen früh um elf an der Anlegestelle, hier unten an der Promenade in Locarno?"

„Aber ja. Ich frage mich bloß, was steckt dahinter?"

„Ihre verdammte Baracke steckt dahinter", sagte ich. „Ich bin nochmals in Ihren heiligen Räumen gewesen und habe etwas gefunden. "

„Na so was, da bin ich aber gespannt. Und Sie dürfen's auch sein. Ich habe nämlich auch eine Neuigkeit für Sie. "


„SPENDIEREN Sie eine Stunde Bootsfahrt?" Maud Borowski sah mich mit funkelnden Augen an. „Heute am Sonntag nehme ich mir mal die Zeit, Touristin zu spielen. "

Wir standen unter der gewaltigen Platane seitlich des Piers, und mir wehte ein belebender Hauch von Unbekümmertheit und jugendlicher Frische entgegen. Maud trug einen leichten dunkelblauen Rock und eine lockere hellrosa Bluse. Zum erstenmal freute ich mich, sie bei mir zu haben. Die Ferienstimmung der Touristenmassen, die sich auf den Ausflugsbooten und vor der Kasse drängten, ging auch auf mich über. „Wohin soll die Fahrt denn gehen?" fragte ich schmunzelnd.

„Nehmen wir einfach die kleine Rundfahrt über den Lago. "

Als das Schiff abgelegt hatte und wir uns Sitzplätze in einer ungestörten Ecke erobert hatten, starteten vom Flugplatz bereits wieder einige unentwegte Kunstflieger.

„Sie können es nicht lassen", kommentierte Maud und setzte demonstrativ ihre Sonnenbrille auf. „Dabei sollte das Wochenende eigentlich frei vom Training bleiben. " Sie sah mich über die Brille hinweg an. „Fragen Sie jetzt endlich mal, weshalb ich Sie unbedingt sprechen wollte?"

„Weshalb wollten Sie mich unbedingt sprechen?"

„Brav. Hören Sie ... Ich bin da auf eine ganz eigenartige Sache gestoßen. Gibt es hier nichts zu trinken?" Als ich aufspringen wollte, um ihr etwas von der Bordbar zu holen, kam sie mir zuvor: „Lassen Sie mich mal. Sie sind nicht mehr der Jüngste. "

„Ich kann mich gerade noch ohne Krücken fortbewegen", erwiderte ich und beobachtete, wie sie leichtfüßig Richtung Theke entschwebte, sich mit unwiderstehlichem Charme vormogelte und rasch mit zwei Gläsern Sekt zurückkam.

Wir tranken uns zu, während das Boot Kurs auf die Isola di Brissago nahm. Die Palmen des botanischen Gartens und der weiße Palazzo mit den vier Frauenstatuen hoben sich flimmernd aus dem See, dessen Aquamarinblau einen prächtigen Hintergrund für die Segel der Jachten und Surfer bildete.

„Jetzt passen Sie gut auf …" Sie sah sich mißtrauisch um und begann: „Vorgestern bin ich noch einmal in meine Baracke zurückgekehrt. Den Mietvertrag habe ich inzwischen gekündigt. Ich hatte noch eine Menge Skizzen und private Aufzeichnungen dort liegen. Also räumte ich meine Regale und meinen Arbeitstisch auf. Und dabei fand ich eine seltsame Sache, die mir nicht gehörte." Sie machte eine bedeutungsvolle Pause. „Es war ein Briefumschlag. Er war verschlossen, aber die Klappe ließ sich leicht lösen."

„Wo haben Sie den gefunden?"

„An einer eigenartigen Stelle. Die Rückwand der Baracke besteht aus dicken Planken, die zum Teil schon recht wurmstichig sind. Dort hatte man den Umschlag in eine Spalte zwischen zwei Brettern gesteckt wie in einen Briefkasten. Er ragte nur mit einer winzigen Ecke heraus, aber meinen Argusaugen entgeht nichts." Sie lachte und drehte ihr halbleeres Glas. „Im Umschlag war eine Zeichnung. Ich fühlte mich unliebsam an meine Schulzeit erinnert."

„Eine physikalische Versuchsreihe?"

„Ein Dreieck, aber irgendwie mißlungen. Spitzwinklig und gleichschenklig. Aber mit einer seltsamen Basis. Zwei abgeknickte Linien. Eine mit einem Knick nach oben, die andere mit einem Knick nach unten."

„Was haben Sie damit gemacht?"

„Jetzt kommt der Clou der Story. Ich wollte mir gerade, ausnahmsweise, ein paar Gedanken dazu machen, da sah ich ihn."

„Wen? Den großen Unbekannten?"

„Ich war zu Fuß vom Platz über die Wiesen zu meiner Baracke gelaufen. Doch unterwegs hatte ich schon ein Auto beobachtet, das parallel zu mir auf dem Schotterweg durchs Vogelschutzgebiet fuhr. Im Schrittempo, als wolle mich jemand beobachten."

„Farbe? Wagentyp?"

„Ein grauer Citroën. Einer von den ganz großen."

„Wie viele Insassen?"

„Zwei, glaub ich. Aber später … Also, als ich da dieses Dreieck in

der Hand hielt, da sah ich nur einen. Er umschlich meine Halle wie ein
Spürhund. Ich bin sicher: Es ging ihm um diesen Umschlag. Nun, was
habe ich gemacht?"

„Sie haben den Umschlag rasch verschwinden lassen."

„Natürlich. Dieser Schnüffler war eindeutig hinter ihm her. Motto:
toter Briefkasten. Das gibt's doch, oder?"

„Ein Agent also? Mal sehen ... Wo könnten Sie den Umschlag in
Ihrer Eile wohl versteckt haben?"

„Na, raten Sie mal, Sie Sherlock Holmes!"

„In einem Wandschrank? Nein, zu weit weg. In der Schreibtisch-
schublade? Zu eindeutig. Also ..., ich an Ihrer Stelle, ich hätte ihn in
den Papierkorb geschmissen."

„Bravo." Sie klatschte Beifall. „Nicht schlecht mitgedacht. Genau
dort ist er gelandet. Sie sind wirklich gut!"

„Und dann?"

„Der Herr zog sich dezent zurück. Als er sich beobachtet fühlte,
pflückte er Blumen und studierte Mineralien."

„Kein hochkarätiger Agent, würde ich sagen."

„Mir hat's gereicht. Ehrlich gesagt, ich hatte Angst. Ich bin zum
Flugplatz zurückgerannt, um Hilfe zu holen. Und natürlich haben
mich alle ausgelacht: die Borowski mal wieder. Die ist ja immer auf
Publicity aus. Filmstars lassen sich ihre Diamanten klauen. Die
Borowski sieht Agenten am hellichten Tag ... Ich raste also wieder
zurück, um wenigstens das Kennzeichen des Wagens zu notieren.
Aber da war er schon fort."

„Und natürlich fehlte auch der Umschlag im Papierkorb."

„Erraten, Sherlock. Sie sind gar nicht schlecht ..."

„Also nicht mal die Nummer des Citroën haben Sie?" Ich sah sie
vorwurfsvoll an. „Können Sie denn wenigstens den Mann an der
Baracke beschreiben?"

Sie beschrieb ihn, und ich erkannte, daß es sich nur um den zwielich-
tigen Herrn handeln konnte, der mich im Hotel besucht hatte: Monsieur Schnydrig.

Ich holte zu meinem großen Auftritt aus. „Arme Maud. Wenn tatsächlich ein Agent hinter dem Papier her ist, sind Sie in Gefahr. Man
wird glauben, Sie hätten dieses Dreieck und stünden mit der Gegen-
seite in Verbindung." Ich zog langsam den Reißverschluß meiner
Umhängetasche auf und nahm einen grünen Briefumschlag heraus.
„Aber ich glaube, dieses Papier hier könnte Ihnen aus der Klemme helfen."

„Aber das ist ja der gleiche Umschlag wie ...“

„Nicht der gleiche“, korrigierte ich sanft. „Derselbe.“ Ich hob die Klappe hoch und griff hinein. „Und das hier dürfte Ihr ominöses Dreieck sein.“ Meine Finger tasteten immer wieder nach dem Papier. Doch der Umschlag war leer!

„WENN Sie sich brav verhalten, lade ich Sie zu einem Nachmittagskaffee in meine bescheidene, aber geschmackvoll ausgestattete Behausung ein.“ In Mauds Stimme schwang leichter Spott mit.

Ich dagegen war am Boden zerstört: Der große Achim Reimers, der mit seinem Coup Eindruck schinden will, fällt gehörig auf die Nase. Verzweifelt hatte ich während der Bootsfahrt über den Diebstahl gebrütet. Am Abend vorher hatte ich, kurz vor dem Anruf Mauds, die Zeichnung studiert. Ich hatte sie in den Umschlag gesteckt und diesen in meiner Brieftasche verstaut. Nach dem Anruf war ich noch auf einen kurzen Spaziergang an den See gegangen – ohne Brieftasche. In der Zeit mußte jemand in mein Hotelzimmer eingedrungen sein.

„Fahren wir mit Ihrem oder meinem Auto?“ fragte ich jetzt.

Maud schob mich auf einen elfenbeinfarbenen, aber total verstaubten Honda zu, der am Straßenrand gegenüber der Anlegestelle geparkt stand. „Natürlich mit meinem Honda. Soll ich später zu Fuß runter von Orselina, um ihn zu holen?“

„Und wie komme ich zurück ins Muralto?“

„Ich werde Sie zurückbringen, keine Bange.“ Sie warf mir einen spöttischen Blick zu, bevor sie einstieg. „Noch vor Sonnenuntergang.“

Kurze Zeit später saßen wir bei einem Cappuccino in der „bescheidenen, aber geschmackvoll ausgestatteten Behausung“.

Das Apartment war wirklich winzig: unten ein Wohnzimmer mit Kochnische, oben, über eine schmale Wendeltreppe erreichbar, ein Schlaf- und Arbeitszimmer mit Bad. Maud hatte die Wände und Ecken originell gestaltet, mit Postern, japanischen Blumenarrangements und abstrakten Farbkompositionen Paul Klees, die sie als „Originalkopien“ bezeichnete.

„Nichts erinnert hier an Ihre Fliegerei“, stellte ich erstaunt fest, als wir in ihrem Wohnzimmer saßen, in das gerade zwei Sessel und ein Tisch hineinpaßten, wenn man sich noch ein bißchen frei zwischen den mit Bücherregalen vollgestellten Wänden bewegen wollte.

„O doch“, entgegnete sie. „Ich habe hier den Neil Williams stehen. Die Bibel aller Kunstflieger: *Loopings and Turns*.“ Sie schob sich eine

Haarsträhne aus der Stirn. „Doch nun zu den wichtigen Dingen." Sie blickte mich strahlend an. „Mir scheint, wir beide stecken mitten in einer richtig aufregenden Sache."

„Ich sehe das nicht ganz so optimistisch. Man verdächtigt Sie, das Dreieck entwendet zu haben. Dann habe ich es an mich genommen, und mir wurde es wiederum von einem Unbekannten gestohlen." Ich starrte in meine halbleere Tasse. „Ich fürchte, wir sind da in eine dumme Geschichte hineingerutscht. Was, um Himmels willen, kann dieses komische Dreieck bedeuten?"

„Vielleicht sollten wir versuchen, aus dem Gedächtnis dieses Dreieck nachzuzeichnen", schlug sie vor.

Ich nickte, und wir machten uns – jeder für sich – an die Arbeit. Wir waren rasch fertig und verglichen die Skizzen. Die Form war bei beiden gleich. Nur war Mauds Dreieck etwas kleiner geraten.

Wir starrten gedankenverloren auf unsere Blätter.

„Das bringt uns auch nicht weiter", meinte ich. „Jedenfalls jetzt noch nicht." Ich spielte mit der Tasse, und Maud faßte das als Aufforderung auf, einen weiteren Cappuccino zu bereiten.

Unterdessen schilderte ich ihr den Besuch Schnydrigs. „Dieser Mann scheint recht bedrohlich zu sein", schloß ich meinen Bericht. „Andererseits ist diese Idee mit einem Spalt in der Wand als totem Briefkasten für Geheimdokumente einfach zu kindisch. Vielleicht war das Ganze nur als Ablenkungsmanöver gedacht."

„Waren wir denn jemandem auf der Spur, von dem wir abgelenkt werden mußten?"

Ich zuckte die Schultern. Sie schenkte nachdenklich den Kaffee ein und verzierte ihn mit einem Sahnehäubchen. Wir tranken und lehnten uns entspannt zurück. Der Ausblick durch das blumenumrankte Fenster entschädigte für die räumliche Enge. Das ganze Panorama der Bergwelt um den See breitete sich im leichten Nachmittagsdunst in einer Weite aus, die atemberaubend war.

„Schön, nicht wahr?" sagte sie und sah mich lächelnd an. Sie nestelte an ihrem Haar. „Seltsam: Erst hatte ich den Eindruck, Sie mögen mich nicht leiden. Jetzt bin ich nicht mehr so sicher."

„Ich muß oft genug mit Leuten zusammenarbeiten, die mich nicht interessieren. Trotzdem kann die sachliche Zusammenarbeit phantastisch sein. Und wir wollen doch auch weiter nichts als sachlich zusammenarbeiten, nicht wahr?"

„Uns geht's also nur um das Dreieck?"

Ich ging nicht darauf ein. „Haben Sie eine Ahnung", fragte ich,

„weshalb man ausgerechnet bei Ihnen ein Geheimdokument verstekken könnte?"

„Hätte ich eine Ahnung, würde ich den Fall allein lösen. Sie gehören nämlich nicht gerade zu den Partnern der charmantesten Art."

Als sie mich zurück an den See fuhr, schlug ich ihr ein Abendessen in der Osteria Nostrano in Ascona vor.

Kurze Zeit später saßen wir an der Hafenmeile und bestellten beide Lasagne und einen sehr leichten Merlot.

Derselbe Kellner wie beim vorigen Mal bediente uns und meinte zwischendurch: „Nett, Sie so rasch wieder bei uns zu haben, Signore."

Prompt hakte Maud nach: „Führen Sie alle sachlichen Mitarbeiterinnen hierher?"

Ich schüttelte den Kopf und berichtete ihr von meinem vorigen Besuch. Auf diese Art wollte ich wohl meine Enttäuschung über Stella loswerden.

Maud schlug die Hand vor den Mund, als ich ihr ungeniert von meinen Hoffnungen und Erwartungen erzählte. „Wie alt sind Sie eigentlich?" Dann fügte sie etwas wohlwollender hinzu: „Ein berühmter Mann hat einmal gesagt, daß man niemals an die Stätten seiner Jugend zurückkehren soll. Das gilt auch für die frühen Geliebten."

„Danke für Ihre Warnung." Unsere Lasagne kamen, und wir aßen mit Appetit.

„Nachdem Sie nun meine Sünden kennen, möchte ich gerne mal mehr über Sie hören. Wie sind Sie denn hierher ins Tessin gekommen?" erkundigte ich mich.

„Ich erzähle es Ihnen gern, aber erst beim Dessert. Es gibt hier sicher eine ausgezeichnete *Mousse au chocolat*."

Als wir sie vor uns stehen hatten und der Barpianist anfing, leise zu spielen, begann Maud: „Ich stamme aus einem winzigen Kaff im Hunsrück. Das größte Ereignis des Jahres findet statt, wenn die Mauersegler im Frühjahr zurückkehren und sich in einem alten, brüchigen Schornstein einnisten. Das ist schon fast ein Nationalfeiertag; das ganze Dorf ist auf den Beinen. Ansonsten passiert dort so gut wie gar nichts."

„Und wie, um Himmels willen, sind Sie ins Tessin geraten?"

„Eine Tante von mir hat mich hierhergeholt, als meine Eltern kurz nacheinander gestorben sind. Inzwischen lebt auch diese Tante nicht mehr. Immerhin darf ich jetzt ihr kleines Apartment in Orselina bewohnen. Mehr zum Leben brauche ich nicht. Das wahre Leben spielt sich auf einer ganz anderen Ebene ab."

„Bei Ihnen sozusagen im Rückenflug."

„Sie glauben gar nicht, wie sehr sich dadurch der Horizont erweitert." Sie lauschte einen Augenblick versonnen auf den Pianisten, dann fiel ihr Blick auf ihre Armbanduhr. „Nehmen wir noch einen Espresso? Danach fahre ich Sie zurück ins Hotel. Morgen früh geht's wieder rund auf dem Platz."

„So ein bißchen Rumturnerei zwischen den Darbietungen der anderen Flieger kann doch nicht so anstrengend sein", provozierte ich sie.

Doch sie durchschaute mich und gab nicht einmal eine Antwort.

„Glauben Sie mir, ich weiß, was Sie leisten, kopfunter drei Meter über der Grasnarbe", lenkte ich ein.

Wir schlürften unseren Espresso, der Pianist spielte verträumte Melodien, und als sie mich in Locarno vor dem Muralto absetzte, hatte sie eine letzte Anmerkung.

„Sie haben sich heute benommen, als wäre ich Ihnen nicht mehr ganz so zuwider wie vorher."

„Ach ja?" fragte ich.

„O ja", betonte sie. „Vielleicht sollten wir uns in Zukunft nicht mehr so streng sachlich gegenüberstehen. Wir haben ein Problem, das wir gemeinsam lösen müssen. Bilden wir also eine Sondereinheit zur Entschlüsselung des Dreiecks."

„Wie macht man das?" fragte ich.

„So", sagte sie und zog mich sanft an sich.

Ihr Kuß ging mir noch lange nach – auf dem Hotelzimmerbalkon, als ich zur Mondsichel hinaufblickte, die über dem Monte Ceneri in der violetten Nachtluft schwebte.


„Es ist die verrückteste Figur, die sich je jemand ausgedacht hat", sagte Boris Kasakow.

Eine ganze Meute von Reportern hatte sich auf dem Vorfeld um ihn und seine Maschine versammelt. Alle schrieben eifrig mit, hielten ihm ihre Mikrofone entgegen oder fotografierten.

Es mußte vom Lomkowak die Rede sein. Eine wirklich unglaubliche Kunstflugfigur, die noch vor wenigen Jahrzehnten für unmöglich gehalten wurde. Das Besondere dabei ist, daß der Lomkowak nicht mit dem Ruder gesteuert werden kann. Vielmehr macht man sich die Kreiselwirkung des Motors zunutze. Für den Laien sieht das Ganze so aus, als würde ein Flugzeug steuer- und motorlos wie ein welkes Blatt abwärts taumeln, vom Wind aufgefangen und irgendwohin geweht werden, sich wieder fangen, stillstehen – und weitertaumeln . . .

Als Kasakow mich entdeckte, winkte er mich freudig heran. Vergessen schien unser Gespräch, das für ihn mehr als unbefriedigend ausgegangen war. Ganz offenbar war er alles andere als nachtragend.

„Ich erkläre gerade den Lomkowak", erläuterte er mir und wandte sich dann wieder den anderen Reportern zu. „Es ist so, als ob Sie mit einem Flugzeug mit gedrosseltem Motor anschwebten und plötzlich zum Durchstarten Vollgas geben müßten. Wenn Sie nicht hart gegensteuern, legt sich die Maschine dabei auf den Rücken. Das macht die Kreiselwirkung."

Ich bewunderte wieder einmal das Deutsch Kasakows; er mußte eine ausgezeichnete Schulung gehabt haben. In meinem Reporterdasein hatte ich viele russische Sportler kennengelernt: Skispringer und Bobfahrer, und ich kannte auch die Leiterin des Bolschoiballetts. Doch selbst sie sprach nur ein gerade verständliches Deutsch. Das der Sportler reichte kaum aus, sich primitiv zu verständigen. Woher und wozu hatte Boris Kasakow so ausgezeichnete Sprachkenntnisse?

WEIL man im „Ristorante Aeroporto" bei all den Reportern, Piloten und Zuschauern nicht ungestört essen konnte, hatte ich mich in ein winziges Gartenrestaurant in Gordola zurückgezogen. Hier gab es einen ausgezeichneten Parmaschinken. Der reichte mir, zusammen mit einem Glas Merlot, zum Mittagessen. Neben dem Teller hatte ich eine Landkarte ausgebreitet. Ich wollte mir eine hübsche Tour ausdenken, die ich vielleicht nächstes Wochenende, kurz vor den Weltmeisterschaften, mit Maud machen könnte. Vielleicht durch das Centovalli in Richtung Italien. Oder sollte ich sie zu mir einladen? Um auch aus meinem Haus die Erinnerung an Stella zu tilgen?

Seltsam, wie sich um mich plötzlich alles zu konzentrieren begann. Erst die Weltmeisterschaft. Dann Stella. Jetzt Maud Borowski. Und in Locarno war Herr Schnydrig im Muralto aufgetaucht. Verspielt, wie ich war, zog ich mit dem Bleistift Kringel um die Orte, die für mich wichtig geworden waren. Hoch oben im Norden meine eigene Wohnung. Rechts unten der Flugplatz. Hier hatte ich Maud kennengelernt und ihr Flugzeug getauft. Dann das Muralto in Locarno. Darüber Orselina mit der Wohnung Mauds. Weiter links unten Stellas Hotel in Ascona ...

Während der Kellner Teller und Glas abräumte, starrte ich auf meine Karte. Die Kringel erinnerten mich an etwas, das ich einmal in ähnlicher Form gesehen hatte. Ich kam nicht darauf ... Ich kam beim besten Willen nicht darauf ...

IM FERNSEHEN sah man einen gutgelaunten Oberst Stähli, wie er unter dem Schutz zweier Leibwächter das Genfer Krankenhaus verließ. Er stieg in eine schwarze Limousine, die von einem Chauffeur in Zivil gesteuert wurde. Auch der Oberst war in Zivil. Er war längst aus dem aktiven Dienst ausgeschieden und als wissenschaftlicher Berater des Militärdepartements tätig. Er habe, so der Kommentator, die Aufgabe gehabt zu prüfen, ob eine neuartige, gerade erfundene Metallegierung sich als Material für bestimmte Bauteile des Stealth-Bombers eigne. Nur deshalb hätten die Amerikaner die Schweizer überhaupt eingeweiht.

Der Oberst winkte und glitt in seiner Limousine davon. Schnitt. Gezeigt wurden Standfotos des Schweizer Diplomingenieurs Ernst Huwyler, der seine Erfindung dem Schweizer Militär angeboten hatte. Es handelte sich dabei um eine besonders widerstandsfähige Metallegierung. Sollte es zu einem Geschäft mit dem Schweizer Militär kommen, so der Kommentar, dann nur, falls auch die Amerikaner die bahnbrechende Bedeutung des neuen Werkstoffs bestätigten. Der lachende Dritte im Bunde wäre dann die Firma Swissmetall in Genf, die zum größten Teil dem Oberst Stähli gehörte.

Ich schaltete den Fernsehapparat aus und setzte mich auf den Balkon. Nebel war aufgekommen. In der Kühle des Abends verdichtete er sich rasch und wirkte bleiern und schwer. Auf der Promenade hasteten die Spaziergänger fröstelnd in die Restaurants. Plötzlich griff ich zum Fernglas, das ich mir für die Flugzeugdarbietungen mitgebracht hatte. Über die Lungolago rollte langsam ein weißer Porsche. Ich konnte das Kennzeichen nicht entziffern, aber es war ein deutsches Schild. Am Steuer saß eine Frau, und als der Wagen nach rechts abbog, sah ich, daß jemand mit breiten Schultern neben ihr saß. Dann war der Wagen nicht mehr zu sehen.

Ich gab mich wieder der Abendstimmung hin.

Warum sollte Stella, falls sie es war, nicht durch Locarno fahren? Und daß sie Männer kannte, wußte ich durch meinen ersten Telefonanruf.

Du mußt die Dinge nun mal so nehmen, wie sie kommen, alter Junge ... Während ich zurück ins Zimmer ging, um mich in die Arbeit zu stürzen, sprach ich mir selbst Mut zu.

Ich zerrte den Stapel alter Zeitschriften, Notizen und Reportagen auf den Tisch, den ich aus meinem Archiv mitgebracht hatte, und durchblätterte eine Mappe mit Archivaufnahmen: „Die Luftfahrt der UdSSR, 1978–1987". Ein befreundeter Redakteur der Schweizer Luftfahrtzeitschrift *Interavia* hatte sie mir geschickt. Viele Aufnahmen stammten aus Geheimarchiven.

Ich versuchte, mich über die Geschichte des russischen Kunstflugs zu informieren. Doch ein solches Kapitel gab es nicht. Vielmehr entdeckte ich Aufnahmen eines MiG-Überschallbombers, der so geheim war, daß es noch nicht einmal einen NATO-Kodenamen dafür gab. Er war noch im Teststadium und an die Luftwaffe nicht ausgeliefert worden.

Und da stieß ich dann plötzlich auf ein Foto, das mir den Atem verschlug. Ich starrte auf dieses grobkörnige Bild, als habe sich die geheime MiG plötzlich in einen weißen Schwan verwandelt.

Doch es war nicht das Flugzeug, dessen Anblick mir das Herz stokken ließ. Da kletterte ein Testpilot die kurze Leiter aus dem Cockpit herab, der sein Gesicht voll der Kamera zuwandte. Sein Name wurde nicht genannt. Er brauchte nicht genannt werden. Denn trotz Grobkörnigkeit gab es für mich keinen Zweifel: Das war ganz eindeutig das markante Gesicht von Boris Kasakow!

AM NÄCHSTEN Morgen war ich um elf Uhr auf dem Flugplatz. Das Training aller teilnehmenden Nationen war bereits voll im Gange. Trotzdem standen viele Maschinen lahmgelegt am Boden, von Mechanikern umkrochen, die sich an ihren Motoren oder Steueranlagen zu schaffen machten.

Hier ein Reifenwechsel, dort ein Zündkerzenaustausch. Der deutsche Pilot Sundermann, die Schirmmütze tief über seine Glatze gezogen, in heftigem Disput mit Rabau. Ein paar Meter weiter ein gestikulierender Engländer, der sich darüber beschwerte, daß die Borduhr im Cockpit an der falschen Stelle eingebaut sei.

Das alles ließ mich kalt an diesem Morgen. Ich hielt Ausschau nach Kasakows Gouvernante Irina Labas.

Ich fand sie, ohne lange suchen zu müssen. Über Notizen gebeugt, saß sie in der Flugvorbereitungsbaracke.

Sie erkannte mich sofort und winkte mir zu. „Wie weit sind Sie mit Ihrem Bericht über Boris?" fragte sie und drückte ihre Zigarette in einem Aschenbecher aus, der schon fast überquoll.

„Ich konnte noch gar nicht anfangen, weil mir die Biographie Ihres

Schützlings noch nicht vollständig erscheint ... Da fehlen wichtige Daten."

„Alles, was wir für wichtig erachten, haben Sie erfahren", entgegnete sie knapp.

„Ich würde schon gern das schreiben, was ich selbst für wichtig halte."

„Und was, bitte, fehlt Ihnen da noch an Informationen?"

Ich spürte, wie sie sich mit Gewalt zu Gelassenheit und Freundlichkeit zwang.

„Mich interessiert seine fliegerische Laufbahn. War er nicht auch bei der Luftwaffe?"

„Natürlich war er bei der Luftwaffe. Jeder sowjetische Pilot, der unseren Staat im Ausland vertritt, hat seine Pflicht dem großen sowjetischen Vaterland gegenüber erfüllt. Das ist bei Ihnen kaum anders."

Sie hatte sich aufgerichtet, und sie hatte jetzt die gespannte Aufmerksamkeit einer Kobra, die sich züngelnd zu orientieren versucht, um eine mögliche Bedrohung abzuwehren.

„War er nur bei der regulären Luftwaffe, oder wurde er auch mit Spezialaufgaben betraut, zum Beispiel geheime Flugzeugprojekte zu testen?"

Sie schoß vor. Aber es war ein Scheinangriff oder eine nervöse Überreaktion. Sie verwandelte sich zurück in die lauernde Schlange, die eine Beute kalt beäugt, von der sie weiß, daß sie ihr nicht entgehen kann. „Wie kommen Sie bloß auf diese absurde Idee? Nach der Entlassung aus der Luftwaffe hat sich Boris als Kunstflieger hochgearbeitet. Oder haben Sie andere Informationen?"

Forsch entgegnete ich: „Hat Ihr Boris nicht auch als Testpilot geheime MiG-Bomber geflogen?"

„Ich kann Ihnen versichern, eine solche Verbindung hat es nie gegeben. Und sollten Sie, Herr Reimers, trotzdem darauf bestehen, fürchte ich, daß dies das Aus für Sie wäre." Dieser Angriff war echt und knallhart.

Plötzlich begriff ich, daß ich mich gefährlich weit vorgewagt hatte. Und endlich reagierte ich entsprechend. „Also gut. Keine weiteren Fragen über Boris Kasakow."

„Wer ist Ihr Informant?" fragte sie.

„Es gehört zu den westlichen Gepflogenheiten, daß man Informanten nicht zu nennen braucht", sagte ich.

„Wie Sie wollen." Sie sah mich drohend an. „Schade. Es sieht nicht mehr so gut für Sie aus wie anfangs."

„SEIT wann fährst du Rolls-Royce?" fragte Wolf Rabau. Ich hatte, im Rollfeldgras kniend, Boris Kasakow beobachtet, wie er mit atemberaubender Präzision seine gesteuerten Viertelrollen in einer Acht flog. Er war wirklich ein phantastischer Flieger. Er wollte, er mußte Sieger werden. Ein berühmter Pilot, der sogar in Geheimmissionen verwickelt war. Und ein solcher Mann mußte befürchten, nicht ungeschoren in die UdSSR zurückkehren zu können, wenn er nicht siegte? Was für ein Widerspruch.

„Beim Rolls-Royce klemmt der Deckel vom Aschenbecher", sagte ich. „Deshalb bevorzuge ich mein bescheidenes Coupé."

„Dort drüben steht trotzdem ein Rolls-Royce für dich bereit", wiederholte Rabau. „Mit Chauffeur."

Ich sah mich um. Da stand mitten im Gras des Vorfelds, schwarz und mit glänzendem Lack, ein echter Rolls-Royce. Hinter dem Steuer saß ein Mann in einer Livree. Mit Goldbiesen und Tressen, Lametta und einer Mütze, um die ihn jeder Flugkapitän beneidet hätte, wirkte er wie einem Hollywoodfilm entstiegen.

„Das muß eine Verwechslung sein", sagte ich zu dem Livrierten, als ich bei ihm ankam.

„Der Herr Oberst irrt sich nie", entgegnete der Mann, ohne mir auch nur einen Blick zu gönnen. „Wenn Sie bitte im Fond Platz nehmen würden." Er betätigte einen Schalter, und wie von Geisterhand bewegt, öffnete sich die hintere Tür. Kaum war ich eingestiegen, setzte der Chauffeur mit vornehmer Verhaltenheit sein kostbares Gefährt zurück und glitt mit mir sanft über Rollfeldrasen, Flugplatzausfahrt und Bundesstraße davon. Die Fahrt ging in Richtung Locarno, später über die Maggia nach Ascona und daran vorbei. Bei San Michele hatten wir wieder die Uferstraße erreicht. Wir folgten ihr bis Porto Ronco, dann bogen wir steil bergauf auf die Serpentine nach Ronco ein. Natürlich, hier versteckte sich die High-Society in Villen, die durch riesige Zypressen und Pinien oder gepflegt bewachsene Gemäuer dem profanen Blick entzogen waren.

Als der Chauffeur die Auffahrt zur weit geschwungenen Empfangstreppe hinauffuhr, entdeckte ich hinter Bougainvilleenhecken und Magnolienbäumen hier und da einen Sicherheitsbeamten.

Ein Butler führte mich vom Vorbau einer weißgetünchten Villa in die Empfangshalle. Überall riesige chinesische Porzellanvasen voller Blumen, geschmackvoll arrangiert. Teile der Wände mit Eichenholz getäfelt. Kupferstiche, die alte Ansichten des Tessins zeigten.

Hier stand ich also: im Domizil eines der mächtigsten und geheimnisvollsten Männer der Schweiz – sofern man dem Fernsehen glauben durfte.

Kurz darauf saß ich Oberst Stähli persönlich gegenüber. Seine joviale Herzlichkeit verblüffte mich genauso, wie sie mich mißtrauisch machte.

„Herr Reimers, Sie können nicht ahnen, wie ich mich freue, Sie kennenzulernen."

„Danke."

„Kommen wir rasch zur Sache. Sie haben diese üble Affäre verfolgt, den Anschlag auf mich. Man vermutete offensichtlich äußerst wichtige Dokumente bei mir, die ich aber nicht bei mir hatte. Wer dahintersteckte, weiß ich nicht, es interessiert mich aber auch nicht übermäßig. Damit muß man leben." Er zuckte die Schultern. „Wie Sie sicherlich wissen, bin ich in zahlreichen Fachgremien Berater und außerdem Teilhaber mehrerer international bekannter Betriebe. Wie zum Beispiel bei der Swissmetall AG in Genf. Sie kennen sie, und damit sind wir beim Thema. Sie wissen bestimmt auch, daß unser Ingenieur Ernst Huwyler dem Militär eine Erfindung verkauft hat, die bahnbrechend für die zukünftige Entwicklung des Stealth-Bombers werden könnte."

Ein Diener trat lautlos an den Tisch und servierte Champagner in langstieligen Gläsern. Stähli prostete mir zu, ehe er fortfuhr: „In unserem armseligen Europa sind Journalisten von Format selten geworden. Ich kenne alles von Ihnen; und als ich mit dem Chefredakteur der *Interavia* neulich eine Sache besprach, die Sie betrifft, war er gleich begeistert."

„Wenn ich Sie recht verstehe, soll ich in einer Reportage die Genialität Ihres Ingenieurs herausstellen, dazu den hohen Leistungsstand Ihrer Firma ganz allgemein, einerseits Rücksicht nehmen auf die absolute Geheimhaltung des Projektes, andererseits jedoch genug durchsickern lassen, um den Namen der Swissmetall ins rechte Licht zu rükken", faßte ich seinen Vortrag zusammen.

Er klatschte so begeistert in die Hände, daß er fast den kostbaren Champagner verschüttet hätte. „Herr Reimers, Sie sind mein Mann."

Ich wollte gerade genüßlich ablehnen, als mir Stella einfiel: ihre Reaktion, als sie vom Attentat auf den Oberst erfahren hatte. „Eine schwere Aufgabe."

„Ich kann Ihnen da eine phantastische Hilfestellung geben. Dafür vertraue ich Ihnen ein Geheimnis an, das erst in den nächsten Tagen publik wird." Er machte eine bedeutungsvolle Pause. „In drei Tagen wird ein neuer Stealth-Bomber mit dreifacher Schallgeschwindigkeit den Nordatlantik überqueren und auf Rheinau eintreffen."

Rheinau war der neue, noch völlig geheimgehaltene Militärflughafen der Schweizer in der Nähe des Rheindeltas am Bodensee. „Und Sie können mir Zugang dazu verschaffen?"

„Sie werden als einziger deutscher Reporter an Ort und Stelle sein, wenn die Maschine eintrifft. Alle übrigen Reporter werden erst durch eine knappe dpa-Meldung von diesem Flug erfahren. Und *Interavia* möchte einen Exklusivreport von Ihnen darüber."

„Und was im einzelnen muß ich dafür tun?"

„Sie werden *Interavia* einen ausführlichen Bericht liefern. Sie werden darin dann beiläufig erwähnen, daß ein Schweizer Ingenieur, besagter Huwyler, Chefingenieur bei Swissmetall, durch seine aufsehenerregende Erfindung einen wichtigen Beitrag zur Perfektionierung des Stealth-Bombers leisten kann."

Ich schob das leere Champagnerglas von mir. „Tut mir leid. Das klingt nach Werbung. Ich werde mir die Demonstration ansehen. Was ich darüber schreibe, entscheide ich hinterher."

Er nickte geradezu begeistert. „Eine andere Antwort habe ich von Ihnen nicht erwartet. Natürlich können nur Sie entscheiden, was Sie veröffentlichen."

Ich sah ihm an, wie die ganze Macht seines Geldes und Einflusses auf das Anzeigengeschäft ihm eine solch tolerante Haltung leichtmachte. Ich würde für die Zeitschrift so schreiben, wie er es wünschte, oder nie wieder.

Der Oberst war aufgestanden. „Sie wohnen im Muralto, falls ich richtig informiert bin. In drei Tagen, um acht Uhr fünfzehn, wird mein Chauffeur Sie dort abholen und zum Flugplatz nach Lugano fahren. Sie werden dann um neun Uhr mit meiner Piper Aztec nach Rheinau fliegen. Alles klar?" Er streckte mir seine Hand entgegen. „Herr Reimers, Sie wissen gar nicht, wie sehr ich mich freue, Sie kennengelernt zu haben."

Ich wußte es sehr wohl, behielt diese Erkenntnis jedoch für mich. Der Butler erschien wieder, diesmal durch eine Schiebetür, die den Blick in ein weiteres Zimmer freigab. Es schien sich mehr um eine Gemäldegalerie zu handeln, denn die Wände waren mit modernen, größtenteils abstrakten Bildern behängt.

„Sie sind ein Liebhaber moderner Kunst?" erkundigte ich mich.

„O ja", bestätigte er erfreut und drängte mich sanft in dieses Nebenzimmer.

„Ihr Jackson Pollock hängt falsch herum", bemerkte ich trocken.
Er starrte mich verblüfft an.

Das Bild zeigte weiter nichts als ein Gewirr von Linien und Kleck-
sen in Schwarz, Karminrot und Ocker.

„Es steht keine Signatur darunter", wandte er ein. „Woran haben
Sie es gemerkt?"

„Jedes Bild, auch das abstrakteste, hat einen Schwerpunkt. Der
zwingt es in eine ganz bestimmte Position. Hier liegt der Schwerpunkt
falsch."

Er war begeistert. „Sie haben recht, natürlich. Wissen Sie ..." Er
wollte das Bild abnehmen, hielt aber plötzlich inne. „Es ist da eine
Schnur gespannt auf der Rückseite, die das Bild in eine gewisse
Schräglage bringt. Weil sie genau in der Mitte des Rahmens befestigt
ist, kann man das Bild sowohl so herum als auch ..."

„Natürlich", sagte ich. „Mich stört es halt, wenn ein Künstler wie
Pollock im Rückenflug präsentiert wird."

„Ich lasse das richten", versprach mein Gastgeber und rührte keinen
Finger mehr, um das Bild umzuhängen.

AM NACHMITTAG saß ich wieder in meinem Hotelzimmer und versuchte, die Gedanken an die Begegnung mit Oberst Stähli erst einmal
beiseite zu schieben. Ich war mit dem Rolls-Royce zurück nach
Locarno gefahren worden und wollte die nächsten Stunden für die
ersten Zeitungsartikel nutzen. Ich hatte gerade die erste Seite vollge-
schrieben, als das Telefon schrillte und gleichzeitig an die Tür geklopft
wurde.

Ich riß sie auf und stürzte dann an den Apparat, hielt aber inne und
sah mich verblüfft um: Maud stand in der Tür.

Inzwischen drangen an mein Ohr aufgeregte italienische Laute.
Tamara aus der Grotto rief an. „Signore Reimers, bitte sofort kommen. Hier sitzt ein Mann von der Polizei. Sagt, er hat Hausdurch-
suchungsbefehl, aber nur mit Ihnen zusammen. Sie herkommen,
prego." Die gute Tamara war völlig außer sich. „Ich passe auf, daß er
nicht Ihr Haus betritt ohne Sie."

„Hat der gute Mann auch einen Namen?" Obwohl ich wußte, wer
dort oben seine dreckigen Hände ausstreckte, wartete ich geduldig die
Antwort ab.

„Signore Reimers, er nennt sich Signore Schnydrig."

„Danke, Tamara. Sagen Sie ihm, ich bin in einer Stunde da." Ich
legte auf. Vor mir stand Maud Borowski in einem geradezu betören-

den Ausgehkleid für den kleinen Stadtbummel, Einkaufstüten in der Hand. Fast unvorstellbar, daß diese Frau oft in einem ölverschmierten Overall steckte.

„Gibt es Ärger?" fragte sie.

„Ja", gab ich zurück. „Wir werden jetzt beide rausfahren nach Sonogno. In Ordnung?"

„Natürlich", sagte sie. „Wir arbeiten doch zusammen an der gleichen Sache."

„Fein. Und weshalb sind Sie eigentlich vorbeigekommen?"

„Diese Dreiecksache. Sie hat mich an etwas Bestimmtes erinnert. Das Ganze sieht nach einer Navigationsaufgabe aus. Man startet an einem Punkt und trägt den Kurs in eine Karte ein. Über zwei weitere Punkte kehrt man zum Ausgangspunkt zurück."

Ich dachte an die Kringel, die ich um meinen Wohnort und das Muralto gezogen hatte. Und plötzlich wußte ich, daß mich dieses Dreieck immer schon an Flugkurse erinnert hatte.

„Klingt plausibel. Wir sollten uns in jedem Fall damit beschäftigen, wenn wir zurückkommen."

Zehn Minuten später jagte ich, Maud neben mir, wieder einmal in meinem Coupé die Serpentinen zum Stausee hinauf.

Maud hatte von ihrem Einkaufsbummel eine ganze Tasche voller Knabbereien mitgebracht: gesalzene Erdnüsse und Kartoffelchips. Davon begann sie jetzt abwechselnd zu naschen. Ihr Geknabber störte mich irgendwie. „Wenn Sie vielleicht etwas leiser knistern und knakken könnten?" schlug ich ärgerlich vor, als wir an der Auffahrt zur Staumauer vorbeifegten.

Sie sah mich vorwurfsvoll an. „Oje, heute kriechen Ihnen aber Läuse über die Leber. Darf man wissen, warum?"

„Dieser Schnydrig geht mir auf die Nerven. Er sucht noch immer dieses verdammte Originaldreieck bei mir. Jedenfalls tut er so."

Sie riß andächtig eine weitere Packung Chips auf. „Ich glaube, der übt nur Terror aus. Kann man denn so einfach eine Wohnung durchsuchen?"

„Angeblich hat er einen Durchsuchungsbefehl."

Sie sah mich nachdenklich an. „Sind wir eigentlich schon dahintergekommen, wie dieses Originaldreieck aus Ihrem Hotelzimmer verschwunden sein könnte?"

„Nein. Ehrlich gesagt: Ich sehe auch keinen Sinn in diesem Diebstahl. Wir haben das gleiche Dreieck hinterher aus dem Gedächtnis rekonstruiert."

„Dann muß das wahre Geheimnis woanders liegen."

„Oder das Ganze ist ein Affentheater, um uns unter Druck zu setzen."

Sie nickte. „Darauf ist sogar schon die alte Nervensäge Borowski gekommen."

Als wir an Tamaras Grotto vorfuhren, waren wir uns restlos einig: Ein Dreieck, das man so leicht aus dem Gedächtnis nachzeichnen konnte, war den ganzen Aufwand, der hier durch Herrn Schnydrig getrieben wurde, nicht wert. Es sei denn, es steckte etwas ganz anderes dahinter.

TAMARA kam uns in heller Aufregung entgegengelaufen. Für diese brave, weltfremde Seele war ein Polizist mit einem Durchsuchungsbefehl eine unerhörte Sensation. Ja, er säße noch immer drinnen, beim dritten Kaffee, und habe schon gedroht, ohne mich Haus und Garten zu durchsuchen.

„Hat der Mann garantiert noch keinen Fuß auf mein Grundstück gesetzt?" fragte ich Tamara eindringlich.

Sie legte feierlich die gespreizten Finger über ihre linke Brust. „No."

In diesem Augenblick kam Schnydrig die moosüberwachsenen Stufen herunter und warf zunächst einen irritierten Blick auf Maud.

„Ich glaube, wir kennen uns", begrüßte sie ihn ungeniert. „Sie sind neulich um meine Werkstatt geschlichen und haben herumgeschnüffelt."

Er zog es vor, sie zu ignorieren, und wandte sich ernst an mich. „Nach unseren Informationen hätten Sie sich heute hier aufhalten sollen. Sie waren falsch; ich gebe das unumwunden zu. Mir ist diese Mission unangenehm. Ich möchte sie rasch hinter mich bringen. Können wir gehen?"

Ich stellte fest, daß er an der Frau, in deren Baracke das Geheimdokument versteckt worden war, zur Zeit kein Interesse hatte, und ging mit ihm bis zur rosenumrankten Gartenpforte.

Er wollte einfach die Balkentür aufschieben, doch ich hielt ihn zurück. „Die Genehmigung, bitte. Ich möchte sie in Ruhe durchlesen."

„Selbstverständlich. Ein unverzeihlicher Fehler von mir."

Das Schreiben, eine DIN-A4-Seite mit drei Stempeln, in denen wieder schwach die Wörter SECURITÉ und NSD zu erahnen waren, schien echt zu sein.

Er deutete meinen fragenden Blick richtig. „Sie möchten wissen, wie ein einzelner Mann ein ganzes Haus lückenlos durchsuchen soll. Sie sehen daran, die Angelegenheit ist nichts als eine Formsache, die mir sehr unangenehm ist und die ich nun endlich vom Tisch haben möchte."

„Welche Formsache denn, Herr Schnydrig?" Ich hatte ihn in den Flur geführt und war dort stehengeblieben, um alles Weitere ihm zu überlassen.

„Es geht noch immer um dieses ominöse Papier. Obwohl Sie mich persönlich überzeugt haben, nichts darüber zu wissen, ist meine Dienststelle anderer Ansicht. Diese furchtbare Bürokratie, Sie kennen das sicher." Er betrachtete mich nachdenklich, setzte mit demonstrativer Gemütlichkeit seine Pfeife in Brand und überraschte mich mit der Frage: „Sind Sie schon lange mit Frau Borowski bekannt?"

„Sie kennen sie also. Weshalb fragen Sie sie nicht selbst?"

„Um genau zu sein: Gegen Frau Borowski liegt ein viel schwerwiegenderer Verdacht vor als gegen Sie. Ich bin überrascht, daß Sie offensichtlich auch privat mit ihr verkehren."

Ich war kurz davor, ihn in einem Wutanfall hinauszuwerfen. Doch er drehte sich um und ging in meine Küche. Ich hatte nicht vor, ihm zu folgen, und schenkte mir an der Hausbar im Wohnzimmer einen Whisky ein.

Durchs Fenster konnte ich bis zu Tamaras Grotto hinunterblicken. Maud saß im Gartenrestaurant und ließ sich offensichtlich ein Glas Wein wohlschmecken.

Ich hatte gerade meinen Whisky ausgetrunken, als Schnydrig zurückkehrte. Er drohte neckisch mit dem Finger. „Nun machen Sie nicht so ein böses Gesicht. Sie können mir glauben, ich habe nichts durchwühlt. Ich sagte Ihnen doch, eine reine Formsache, die ich jetzt endgültig abgehakt habe."

„Fein", entgegnete ich. „Und für so was mußte ich extra im Eiltempo hierherkommen?"

„Dafür haben Sie jetzt endgültig Ruhe vor mir."

„Dann auf Wiedersehen", sagte ich und öffnete ihm die Tür.

„Eben nicht auf Wiedersehen", korrigierte er und trat nach draußen. „Einen zauberhaften Garten haben Sie da. Ich liebe diese verwilderte Natur. Herrlich."

Ich konnte ihn nicht daran hindern, seine großen Füße in meinen geheiligten Garten zu setzen. Er bewunderte meine Magnolien, die im Frühjahr seiner Meinung nach herrlich blühen mußten, und schnupperte begeistert an den wild wuchernden Rosen.

Ich hätte ihn am liebsten mit der Nase in die Dornen gedrückt. Doch da hatte er das Prachtstück meines Gartens entdeckt, den Ginkgobaum.

„Was für ein wunderbarer alter Baum", bekundete er. „Eiche?"

„Ginkgo", erwiderte ich knapp und machte ihm den Weg zum Ausgang frei.

„Herrlich", sagte er und strich mit der Hand über den genarbten Stamm. „Wir Menschen sollten viel mehr Bewunderung für die Natur haben."

„Bestimmt", bestätigte ich und beobachtete, wie er mit der Hand in den Spalt fuhr, in dem einst einmal ein Waldkauz genistet hatte. Plötzlich stutzte er und sah mich an, als habe ihn eine Vogelspinne gebissen. „Da steckt etwas drin!"

„Ziehen Sie es doch einfach raus", schlug ich vor.

Er zog ein zerknülltes Papier heraus und entfaltete es. Es war der Zettel mit der Dreieckszeichnung, den man mir aus dem Hotelzimmer entwendet hatte! Kein Zweifel: Hier hatte er gesteckt. Ich war meinem ungebetenen Gast so dicht auf den Fersen geblieben, daß er keine Gelegenheit gehabt hatte, etwa den Zettel aus dem Ärmel in den Spalt hineinzuzaubern. Er hatte längst dringesteckt.

„Lieber Herr Reimers, ich bin, mit Verlaub gesagt, erstaunt. Ein so wichtiger Fund. Und Sie haben nichts davon gewußt. Soso ..." Er prüfte das Papier und ließ dabei seine Pfeife ausgehen. „Und Sie haben natürlich keine Ahnung, wie dieses überaus wichtige Dokument hierhergelangt sein könnte? In Ihren eigenen Garten?"

Ich zuckte die Schultern und überlegte, ob ich mich überrascht zeigen oder den primitiven Trick belächeln sollte. Doch da kroch etwas in mir hoch, eine Angst, die mir die Kehle zuschnürte. Unwillkürlich griff ich mir an den Hals. „Sie haben recht. Es ist mein eigener Garten. Daher weiß ich auch, daß von mir nichts in dem Baum versteckt worden ist. Aber ich war, wie Sie wissen, tagelang nicht hier."

Er nickte. „Natürlich. Es wird sich eine einleuchtende Erklärung finden lassen. Bis dahin muß ich Sie allerdings bitten, Locarno nicht zu verlassen. Sie sollten sich zu unserer Verfügung halten. Jederzeit."

Ich schwieg und biß mir auf die Lippen.

„Es sieht schlecht für Sie aus", äußerte er besorgt und steckte das Papier sorgfältig weg. „Ehrlich gesagt, Herr Reimers, ich bin schokkiert. Ich verehre Sie als ..."

„Sparen Sie sich den Schmonzes", sagte ich grob. „Verhaften Sie mich, oder verschwinden Sie! Auf der Stelle!"

Er verschwand, wenn auch nicht auf der Stelle. Am Gartenausgang drehte er sich noch einmal um. „Lieber Herr Reimers, ich habe Sie vor einigen Tagen beobachtet. Rein zufällig natürlich. Ich liebe es, von der Madonna del Sasso auf den See hinunterzublicken, insbesondere gegen Abend. Sie verstehen?"

„Inzwischen habe ich Ihre Liebe zur Natur kennengelernt", entgegnete ich.

„Fein. Sie haben sich dort mit einem Piloten aus der Sowjetunion getroffen. Natürlich, warum nicht. Es ist den Russen, die an diesem Wettkampf teilnehmen, gestattet, ihren gegenwärtigen Aufenthaltsort innerhalb eines Umkreises von fünfundzwanzig Kilometern zu verlassen. Und die Madonna liegt innerhalb dieses Radius. Kein Problem ..." Er runzelte nachdenklich die Stirn. „Allerdings frage ich mich: Weshalb gerade dort? Sie können den Mann doch täglich auf dem Flugplatz treffen?"

Ohne meine Antwort abzuwarten, drehte er sich um und ging. Ich starrte hinter ihm her und wußte nicht mehr, ob ich belustigt, empört oder beunruhigt sein sollte.

„Das ging ziemlich unter die Haut", kommentierte ich meinen Bericht, als Schnydrig in seinem Citroën endlich verschwunden war.

„Wie wär's, wenn wir das ganze Problem mal an anderer Stelle diskutieren würden", unterbrach mich Maud. „Nun sind wir schon mal hier, nun will ich auch Ihre sturmfreie Bude sehen."

Sie inspizierte meine Wohnung interessiert und gewissenhaft. Als wir uns endlich an der Kaminecke niedergelassen hatten, begann ich zögernd: „Ich hasse diese leichtsinnige Duzerei. Vielleicht bin ich altmodisch, aber dieses Durch-die-Bank-Duzen auf den blödesten Partys – und zwei Wochen später kennt man seine Duzfreunde nicht mehr ..."

„Schreiben Sie genauso kompliziert, wie Sie jetzt herumschwafeln?" fragte sie mich amüsiert. „Was mich betrifft, pflege ich eine Duzfreundschaft immer mit einem guten Tropfen zu besiegeln. Wenn Sie den auftreiben können, bin ich mit allem einverstanden."

Ich holte eine Flasche Walliser Sekt aus dem Keller, und wir stießen an. Dann machten wir uns, ganz sachlich, an die Aufarbeitung unserer Probleme.

Während Maud interessiert die Bücher in meiner Regalwand musterte, begann ich aufzuzählen: „Also, da inszeniert dieser Schnydrig eine Durchsuchungsschau und ist doch nur darauf aus, ein

Dokument aufzustöbern, von dem er weiß, daß es in einem ganz bestimmten Baum versteckt ist."

„Genauso muß es davor bei mir in der Baracke versteckt worden sein. Du und ich – wir sollten beide kompromittiert werden. Man wollte uns dem Verdacht aussetzen, Spionage oder ähnliches zu treiben. Aber warum?"

Ich starrte versonnen in mein leeres Glas und schenkte uns beiden nach. „Eines Tages wird Schnydrig an uns herantreten und seine Forderungen stellen."

„Aber das alles ist doch so leicht durchschaubar. Jeder wird uns unsere Unschuld glauben."

„Nicht wenn man erst ins Netz der Geheimdienste geraten ist. Man könnte uns zum Beispiel aus der Schweiz ausweisen." Ich überlegte einen Moment. „Vielleicht geht es aber nur darum, uns von irgendwelchen Vorgängen fernzuhalten."

„Aber wir haben uns doch in nichts eingemischt", widersprach sie. „Die Frage ist: Wer kannte das Versteck in deinem Baum draußen?"

„Ja, das ist die Frage", bestätigte ich. Dann lief es mir kalt den Rücken herunter. Es gab nur einen einzigen Menschen, dem ich diesen Baum gezeigt hatte! „Stella Brahm."

Maud zog die Augenbrauen hoch. „Die alte Jugendliebe, sieh an. Nun, dann ist auch dieses Problem gelöst."

Ich sah sie entsetzt an. Stella und Schnydrig unter einer Decke? Ich sträubte mich, daran zu glauben. Andererseits hätte es auch erklärt, wer der Mann in ihrem Porsche gewesen war, den ich vom Hotelbalkon aus gesehen hatte. „Aber Stella ist doch nur eine deutsche Finanzbeamtin, die hinter Steuersündern her ist."

Maud sah mich zweifelnd an. „Das werden wir klären müssen. Fest steht: Das Ganze ist ein billiger Trick, uns verdächtig werden zu lassen. Fest steht dann aber auch ... Na, sag's schon, Sherlock!"

„Fest steht dann auch, daß dieses Dreieck nicht die geringste Bedeutung hat. Ein Bluff, weiter gar nichts."

„Trotzdem erinnert mich dieses Ding an etwas."

„Mich auch. Wenn ich nur wüßte, woran."

„Wir werden es herausfinden." Sie trank ihr Glas aus und erhob sich. „Ich glaube, wir müssen zurück."

„Morgen stürzen wir uns erst einmal wieder voll in die Kunstfliegerei", sagte ich und stand auf.

„Ich muß früh trainieren", sagte sie. „Diese Querwinde am Westteil der Piste machen mir zu schaffen."

Wir gingen an der offenen Tür meines Schlafzimmers vorbei. „Ist das dein Schlafzimmer?" fragte sie.

„Ja", sagte ich, „das ist mein Schlafzimmer."

„Hübsch", bemerkte sie.

7

„DAS größte Geheimnis an diesem Ding", sagte ich zu meinem Kollegen Harald Wimsey vom *Aviation Monthly*, „ist immer noch, wieso jeder von diesem Geheimnis weiß."

Das „Ding" war der neue Stealth-Bomber, der den neckischen Namen *Angel of Death – Todesengel* trug.

Die Schweizer Industrie blieb keineswegs im Abseits, wenn es um neue Technologien ging, die militärisch genutzt werden konnten. Unter anderem hatte offenbar der ehemalige Luftwaffenoberst Stähli ein außergewöhnliches Interesse am Verkauf einer tatsächlich bahnbrechenden Metallegierung an die Amerikaner. Sie hatten ihm dafür geheime Unterlagen über den Bomber zur Verfügung gestellt, die man ihm vergeblich bei dem Anschlag zu entwenden versucht hatte. Ich war pünktlich mit der Piper Aztec hierherbefördert worden, eine kurze Alpenüberquerung von Lugano aus. Beim Anflug auf Rheinau hatte ich Scharen Schaulustiger gesehen. Sie wurden durch Polizei und Stacheldraht daran gehindert, weiter vorzudringen. Doch alle schienen von dem Geheimflug gewußt zu haben. Und hier stand ich nun und sah mir dieses Flugmonster an, wenn auch nicht als einziger. Nicht nur Wimsey, den ich von Amerika her kannte, war da. Zwei Engländer entdeckte ich, einen Franzosen und einen Holländer. Immerhin war ich der einzige offizielle Vertreter Schweizer Reporter. Wir durften bewundernd den *Todesengel* umschreiten, nachdem wir vorher auf versteckte Kameras untersucht worden waren. Der Bomber war einsitzig, besaß zwei Triebwerke und schien aus nichts als Dreiecken zu bestehen, die raffiniert ineinander verschachtelt worden waren.

Das flach aufgesetzte Cockpit hatte eine abgerundete Dreiecksform, der Bug und die Tragfläche sowieso, auch die beiden schräg angesetzten Seitenleitwerke. Alles war abgerundet und ging flüssig ineinander über. Keine Ecken und Kanten, an denen sich Radarstrahlen fangen konnten. Das matte Schwarz stand dem *Todesengel* ausgezeichnet zu Gesicht.

Oberst Stähli entdeckte ich nicht. Er war schon am Abend vorher nach Rheinau geflogen.

Eine halbe Stunde nach dem Rundgang auf dem Platz wurde unser Häuflein von sechs Exklusivjournalisten in einen Barackenraum gebeten, in dem der zuständige Presseoffizier, ein legerer Amerikaner namens Pete Yossarian, uns in die Geheimnisse des Flugzeuges einweihte, sofern sie freigegeben waren.

Nachdem wir alle auf den harten Bänken Platz genommen hatten, begann Pete Yossarian mit seinem Vortrag. „Obwohl seit 1984 mindestens zwanzig Flugzeuge dieses oder ähnlichen Typs hergestellt wurden, stellt diese Maschine hier ein Novum dar. Ihr charakteristisches Merkmal ist die Oberflächenbeschichtung. Es geht darum, Radarstrahlen zu absorbieren. Dieses Problem ist noch immer nicht befriedigend gelöst. Wir erhoffen uns hier, *in Switzerland*, wertvolle Informationen über einen neuen Werkstoff, der angeblich ideal unseren Vorstellungen entspricht. Unsere amerikanischen Experten werden die Angebote wohlwollend prüfen." Er lächelte selbstgefällig und fügte dann noch eine Reihe weiterer Erklärungen hinzu.

Als endlich die Reporterfragen gestellt werden konnten, meldete ich mich als erster. „Wie lange wird das Flugzeug auf Rheinau bleiben?"

„Etwa zehn Tage."

Also bis nach den Kunstflugweltmeisterschaften. Da konnte ich auch später nochmals kommen und vielleicht doch versuchen, heimlich Aufnahmen zu machen.

„Welche Rolle spielt Oberst Stähli bei den Verhandlungen über den neuen Werkstoff?" fragte ich weiter.

„Kein Kommentar."

„Wie sieht der Leistungsstand bei den Russen aus? Arbeiten auch sie an einem ähnlichen Projekt?"

„Bestimmt. Aber sie sind nicht halb so weit wie wir."

„Da sind sie an diesem Geheimprojekt doch sicher aufs höchste interessiert?"

„Bestimmt."

„Dann verstehe ich nicht, weshalb man dieses Geheimflugzeug überhaupt in die Schweiz geflogen und hier zehn Tage stehenläßt. Im östlichsten Ziel dieser Europatour."

„Nun, wie ich schon sagte ..." Yossarian zögerte. „Wir werden hier besonders eng mit den Schweizern zusammenarbeiten. Sie scheinen ein paar gute Ideen zu haben ..."

„Finden Unterhandlungen statt zwischen Oberst Stähli und Fachgremien der amerikanischen Industrie?"

„Kein Kommentar. Das sollte nicht unser Thema sein. Noch Fragen technischer Art? Vielleicht von anderen Reportern?"

DER Oberst hatte mir ein ausgezeichnetes Hotelzimmer in Sankt Gallen reservieren lassen. Meine Kollegen traf ich dort nicht wieder. Sie mußten sich wohl mit bescheideneren Unterkünften zufriedengeben.

Abends, vor dem Fernseher, fiel mir zum erstenmal ein, daß ich das Gebot des NSD mißachtet hatte. Hatte Schnydrig mir nicht untersagt, mich aus dem Umkreis Locarnos zu entfernen? Wer war mächtiger, er oder Stähli? Nach meinen bisherigen Erfahrungen konnte die Geld- und Industriemafia sich fröhlich über sämtliche Gesetze hinwegsetzen. Aber auch über die der Sicherheitsdienste?

Ich war sicher, Stähli würde gegen den lächerlichen Schnydrig allzeit gewinnen.

Als um acht die Nachrichten begannen, stellte ich den Ton lauter und beugte mich gespannt vor. Endlich kam die Meldung, die mich interessierte.

„Auf dem Schweizer Militärflughafen Rheinau landete heute nacht der neue amerikanische Geheimbomber *Todesengel*, ein sogenanntes Stealth-Flugzeug der zweiten Generation." Unscharfe Bilder, die frühmorgens bei der Landung geschossen worden waren, folgten. Ich erkannte Oberst Stähli. Hinter ihm ein paar unbekannte Personen, wahrscheinlich Leibwächter. Einer, ein Mann von kleiner Statur und sehr athletisch, kam mir irgendwie bekannt vor. Doch sein Gesicht war nicht zu erkennen, und auch seine Figur tauchte nur als Schatten für ein paar Sekunden auf. Gedankenverloren starrte ich noch auf den Bildschirm, als dieser bereits längst andere Bilder zeigte.

Wer war dieser Mann mit der athletischen Statur? Ich kannte ihn und konnte ihn doch nicht unterbringen.

KUNSTFLUG gehört gleichermaßen zu den strapaziösesten und unterschätztesten Sportarten. Die scheinbare Leichtigkeit, mit der die winzigen Flugzeuge durch den Luftraum taumeln, erinnern den Laien an Schmetterlinge. Doch nichts ist komplizierter als Kunstflug.

Vor dem Start ziehen sich die Piloten die Gurte so stramm an Bauch und Schultern, daß sie fast ins Fleisch schneiden. Wenn die gigantischen g-Kräfte auf den menschlichen Körper zu wirken beginnen, scheint eine Riesenfaust auf Magen und Wangen einzuschlagen, das Gesicht verzerrt sich zur Grimasse, der Körper zittert und vibriert. Schweißergüsse lassen sich nicht fortwischen: Die Arme versagen den Dienst. In Sekundenschnelle wird man zu einem uralten Mann.

„Heutzutage dominiert bei unserem Sport doch die pure Mechanik, und das ist gut so", erklärte Werner Wullach.

„Wo bleibt denn da die Freude am kreativen Fliegen?" hielt ihm Friedrich Guttenmaier entgegen.

Gemeinsam mit einem halben Dutzend Reportern saß ich am nächsten Morgen mit den beiden deutschen Piloten zusammen, die wieder einmal in eine Grundsatzdiskussion verwickelt waren, wie sie die Anhänger des Kunstflugs längst auswendig kannten.

Wullach war der geborene Mathematiker. Er würde niemals eine Figur fliegen, von der er nicht vorher auf dem Zeichenbrett nachgewiesen hatte, daß sie fliegbar war. Guttenmaier hingegen war der impulsive, gefühlsbetonte Flieger, der alles am Himmel ausprobierte und gern in Kauf nahm, daß er mal aus einer Rolle oder einer horizontalen Acht fiel.

„Die Freude am Fliegen? Die habe ich, wenn ich nach meinen nächtlichen Stunden am Zeichenbrett feststelle: Es hat geklappt. Diese neue Figur ist fliegbar", betonte Wullach.

„Das stelle ich lieber oben fest. Ich bin Pilot, kein Konstrukteur. Ich probiere eine neue Figurenkombination aus, wenn ich Lust und Laune habe", entgegnete Guttenmaier.

Ich mußte unwillkürlich lächeln. Ich mochte diese Dispute und hätte stundenlang zuhören können. Doch heute zog ich mich so rasch wie möglich vom morgendlichen Stammtisch zurück. Nur noch drei Tage bis zu den Wettkämpfen – und ich wollte vorher unbedingt diesen eiligen Auftrag über den Stealth-Bomber zu Papier bringen.

Aus Rheinau war ich frühmorgens auf die gleiche vornehme Art zurückbefördert worden, wie man mich hingebracht hatte. Der Chauffeur hatte mich am Flugzeug abgeholt und zum Muralto gefahren.

Beim Aussteigen hatte er mir einen verschlossenen Umschlag ausgehändigt. Ich hatte ihn gleich aufgerissen und den Brief gelesen.

Mein lieber, hochverehrter Achim Reimers,
ich bin sicher, Sie haben von der einzigartigen Möglichkeit, den neuen Bomber kennenzulernen, profitiert. Bitte liefern Sie doch den Bericht bis spätestens kommenden Freitag ab. Und bitte denken Sie daran: Der

Name meines Ingenieurs sollte mindestens einmal genannt werden, der Name „Swissmetall" genau dreimal. Das alles werden Sie in altbewährter Manier erledigen. Ich habe mit der Redaktion ein entsprechendes Honorar für Sie vereinbart. Mit den besten Wünschen für Ihre weitere Zukunft, stets Ihr ...

Ärgerlich knüllte ich den Brief zusammen. Ich hatte mich zum Werbeschreiber degradieren lassen. Das wurde mir jetzt immer klarer.

Schlecht gelaunt war ich zum Flugplatz hinausgefahren, hatte die Fachsimpeleien am Stammtisch über mich ergehen lassen und war dann, als ich Maud nicht entdeckt hatte, gegen Mittag wieder ins Hotel zurückgefahren. Ich hatte gerade noch einmal meine Notizen von der Besichtigung des Bombers durchgesehen, als sie in der Tür stand: Maud Borowski, die Strahlende.

„Hallo." Sie ließ sich in einen Sessel gleiten und verkündete pathetisch: „Ich habe eine Sensation für dich."

Trotz meiner schlechten Laune mußte ich lächeln. „Na, dann mal los." Ich schenkte uns einen Whisky aus der Zimmerbar ein.

Und dann wartete Maud tatsächlich mit einer echten Sensation auf. „Das Geheimnis unseres Dreiecks ist entschlüsselt!"

Hatte ich recht gehört? Sie griff in ihre Tasche und zog einen ganzen Stapel Landkarten hervor. Dazu das Dreieck, das ich aus dem Gedächtnis nachgezeichnet hatte.

„Sieh mal, Sherlock ..." Sie breitete auf dem Tisch mehrere Karten vom Tessin aus. „Ich wußte, daß es irgendwie mit Kursen und Richtungen zu tun hatte. Als du mich zum erstenmal mitgenommen hast nach Sonogno, habe ich mir überlegt: Immer dieser Umweg über Locarno, von mir aus gesehen. Was ist, wenn ich ihn mal rasch von Orselina aus besuchen will? Gibt es da eine direktere Strecke?"

Ich las ihr sozusagen jeden Buchstaben von den Lippen ab. „Das ist es, Maud. Genau das ist es! Ich wußte, es hat mit der Geographie zu tun. Dieser rechte Schenkel des Dreiecks ..."

„... ist genau die Verbindungslinie zwischen dem Flugplatz und deinem Wohnsitz in Sonogno. Denn eine direkte Verbindung von Orselina nach Sonogno gibt es nicht. Man muß immer erst über das Verzascatal hinweg auf die östliche Seite."

„Doch was ist mit dem anderen Schenkel – und mit dieser doppelten Grundlinie?"

„Da lag auch für mich das Problem. Hier dein Dreieck, in Originalgröße. Es paßte aber einfach nicht auf meine Karten ..."

Sie zeigte mir eine Karte im Maßstab 1:400 000 und eine andere mit

1:50000. Himmel, waren wir beide in trauter Gemeinsamkeit blöd!

„Die Zahl zweihundert am Rand ...“

„Genau. Das Dreieck paßt nur auf eine Karte im Maßstab 1:200000. Hier ist sie, die entsprechende Karte.“

Ich sah ihr fasziniert zu, wie sie ein ausgeschnittenes Pappdreieck anlegte. Der rechte Schenkel stellte haargenau die Verbindung zwischen Locarno und Sonogno dar. „Und wo liegen die übrigen Bezugspunkte?“

„Schau mal! Diese obere, abgeknickte Grundlinie. Siehst du, wo der obere Knick steht?“

„Auf – auf Orselina.“ Ich sah sie verblüfft an. „Dort wohnst du.“

Sie nickte triumphierend.

„Und was ist mit dem unteren Knick?“ fragte ich.

„Dafür mußte ich erst mal recherchieren.“ Sie sah mich bedeutungsvoll an. „Ich wußte ja nicht, daß deine Stella im Eden Roc in Ascona wohnt. Aber der untere Knick ist genau an der Südostseite von Ascona. Dort liegen die Strandhotels!“

Ich schluckte. „Und der linke Basiswinkel befindet sich irgendwo bei Arcegno?“

„Nicht irgendwo“, sagte sie. „Sondern leicht südlich. Bei Porano.“

„Porano?“ fragte ich. „Dort hat Oberst Stähli seine Villa.“

„Und von dort führt die linke Seitenlinie hinauf nach Sonogno, und so sind durch dieses Dreieck eigentlich alle Personen verbunden, die offenbar miteinander zu tun haben.“

„Also gut, du und ich, dann Stella, der Oberst und jemand auf dem Flugplatz. Einer fehlt allerdings im Geometrieprogramm: Schnydrig.“

„Seltsam. Müßte sich ja rausfinden lassen, wo er hier sein Domizil aufgeschlagen hat.“ Sie überlegte. „Wie wär’s, wenn ich die Beschattung Schnydrigs übernehme, sobald er auftaucht?“

„Maud, du siehst entschieden zu viele Fernsehkrimis. Aber was das Dreieck betrifft: Angenommen, unsere Entschlüsselung stimmt – wer sollte ein echtes Interesse an der Aufstellung dieser vier, fünf Namen haben? Das ist doch der reine Bluff.“ Ich lächelte bitter. „Na ja, zumindest hat es mir eine Erkenntnis gebracht: Stella ist nicht die biedere Finanzbeamtin. Sie hat mit Geheimdiensten zu tun.“

„Vielleicht wollte dich jemand in dieses Tarngeheimnis einweihen.“

„Dann versteckt er den Zettel doch nicht in deiner Baracke. Dann legt er ihn mir ins Hotelpostfach.“

„Auf jeden Fall wissen wir jetzt: Alle diese Leute haben irgendeine Beziehung zu Oberst Stähli. "

„Das braucht man aber doch nicht so kompliziert festzustellen. " Ich überlegte einen Moment. „Mir scheint, man will mich mit einer primitiven Methode fernhalten von irgendwelchen anderen Vorgängen. Schnydrig verdächtigt mich und gibt mir zu verstehen, daß ich unter Beobachtung stehe. "

„Andererseits schickt dich der Oberst zu einem Geheimbomber. Wer arbeitet hier eigentlich gegen wen? Wer arbeitet zusammen? Schnydrig und Stella? Das werde ich herausfinden. Schnydrig für den Oberst? Der Oberst mit dir gegen Schnydrig? Und was habe ich eigentlich mit der ganzen Sache zu tun, außer daß dieses vermaledeite Dreieck in meiner Baracke gefunden wurde?"

Ich kam zu einem Entschluß. „Fest steht, diese ganze idiotische Affäre hält uns von dem Wichtigsten ab, was hier stattfindet: von den Weltmeisterschaften. In drei Tagen ist es soweit. Ich müßte jetzt täglich am Flugplatz bei den Piloten sein. Davon hat man mich auf jeden Fall abgehalten, schon durch diese blöde Bombersache in Rheinau, die sich als reine Werbeaktion für Stähli entpuppt hat, und ich Idiot mach da mit . . . Und du hast auch noch anderes zu tun, schätze ich. "

„Vergessen wir also diese kindische Affäre bis nach den Wettkämpfen?"

„Vergessen wir sie. "

8

Kasakows Suchoi hing am Himmel, als könne sie sich nicht zwischen Trudeln und Absturz entscheiden. Sie schüttelte sich unwillig, nickte dann, als habe sie einen Entschluß gefaßt, und fiel einfach wie ein Stein senkrecht herab. Kasakow ließ sie fallen und gab erst Vollgas, als es schon aussah, als wolle er ein Morgenbad im See nehmen. Langsam ging die Senkrechtbewegung in eine horizontale über, bis er unerwartet steil mit Vollgas hochzog und zu einem quadratischen Loop ansetzte. Eine ziemlich riskante Kunstflugfigur. Der geringste Fehler konnte sie mißlingen und die Belastungsgrenzen überschreiten lassen. Ich sah, wie Kasakow relativ gut mit der Figur klarkam, wenn auch nicht genial.

Rabau drängte sich zwischen den Beobachtern auf dem Vorfeld an meine Seite und meinte grinsend: „Da wartet schon wieder jemand auf

dich. Im Restaurant. Diesmal allerdings nicht im Rolls-Royce. Du
mußt dich mit einem weißen Porsche zufriedengeben."

„Mit einem weißen Porsche?" Ich griff ihn an die Schulter. „Eine
attraktive Dame, etwa in meinem Alter?"

„Auf jeden Fall attraktiver als du."

„Ich wette, die Porschedame heißt Stella Brahm."

„Junge, du hast es diesmal aber mit den Frauen, wie? Natürlich, ich
bin dir dankbar, daß du dich der Borowski angenommen hast, aber
mußt du gleich übertreiben?"

„Maud Borowski war deine Idee", erwiderte ich und machte mich
auf den Weg.

SIE trug ein hellgraues Leinenkostüm, zu dem sie mit Seidenschal
und Gürtel dunkelrote Akzente gesetzt hatte. Ich spürte wieder die alte
Ausstrahlung. Da war sie wieder, meine Hoffnung, alles möge sich
noch zum Guten wenden.

„Ich kam gerade vorbei und wollte nur mal sehen, was hier so passiert", begann sie. „Das letzte Mal kamen wir nicht so recht klar miteinander. Ich finde, wir sollten das vergessen. Erklärst du mir ein bißchen was über den Flugbetrieb hier?"

Sofort schmolz meine kühle Zurückhaltung dahin wie Butter in der
Sonne. Sobald der Kellner, der uns einen heißen Cappuccino brachte,
sich wieder zurückgezogen hatte, legte ich beschwörend meine Hand
auf ihren Unterarm. „Stella, bitte erkläre doch mal, was genau du hier
wirklich machst, in Locarno."

„Aber gern", sagte sie lächelnd, und ich spürte, wie ich bereits wieder unter ihren Einfluß geriet. „Eigentlich bin ich als Finanzprüferin
hier. Jetzt aber bin ich hier, um etwas von dir über Kunstflug zu erfahren. Was mich interessiert, ist: Wie beurteilt man eigentlich die Leistungen? Und wie viele Schiedsrichter gibt es?"

„Diesmal sind es fünf. Zwei Schweizer, ein Deutscher, ein Franzose
und ein Holländer."

„Und diese Kunstflugrichter – worauf achten die besonders?"

„Kunstflugrichter", erklärte ich ihr, „sind durch Leistungen überhaupt nicht zu beeindrucken. Sie sehen nur die Patzer."

„Das ist in der Bürokratie auch nicht anders. Du kannst dich jahrelang für die Firma erfolgreich ins Zeug gelegt haben. Ein einziger kleiner Fehlschlag, und du bist für alle Zeiten geliefert."

„Was für eine Firma?"

„Unsere Behörde. Wir nennen sie so."

„Ich weiß, daß Agenten so von ihrem Geheimdienst reden."

„Die auch. Du wolltest mir aber vom Kunstflug erzählen. Da gibt es so einen italienischen Namen, klingt wie Amnestie."

„Ist aber spanisch und heißt Aresti. Der Graf José Aresti, ein Oberst der spanischen Luftwaffe, hat um 1974 den Kunstflug genormt. Er hat sämtliche Kunstflugfiguren und Manöver festgelegt und in neun verschiedene Familien aufgeteilt."

„Ich habe nur vom Looping gehört."

„Und der heißt heute auch nur noch Loop. Die anderen Familien heißen: Trudeln, Turns, Männchen, Linien und . . ."

„Achim, so genau wollte ich es nicht wissen."

„Jede Figur wird um den Faktor K erweitert. Das ist der Schwierigkeitsgrad. Die Herren Richter bewerten also eine Figur mit den Noten ‚Eins' bis ‚Zehn'. Diese Bewertung multiplizieren sie dann mit dem K-Faktor der Schwierigkeit. Beim Inside-Loop beträgt der K-Faktor beispielsweise zwölf. Also kann der beste Flieger damit hundertzwanzig Punkte machen."

„Und dieser . . . Aresti hat auch so eine Art Stenogramm entwickelt für das ganze Programm, das einer fliegen will?"

„Richtig. Das hängt der Pilot sich dann vorn ins Cockpit. Für jede Rolle, jede Kurve, jede Trudelbewegung gibt es ein graphisches Symbol. So kann jeder Pilot sich sein Programm mit Symbolen zusammenschreiben und dann an Hand der Skizze ausführen. Es gibt die ‚bekannte Pflicht'. Dann die ‚unbekannte Pflicht'. Dann die ‚Aresti-Kür' und die ‚freie Kür'. Bei der letzten kann der Pilot sich sein Programm zusammenstellen, wie er will."

„Ich glaube, jetzt weiß ich wirklich genug, um mir die Dinge mal in der Praxis anzusehen."

„Dann also nichts wie los. Gehen wir hinaus aufs Vorfeld."

Auf dem Vorfeld herrschte wie immer hektische Betriebsamkeit. Kasakow landete gerade und warf sich mehr aus seinem Cockpit, als daß er ausstieg. Er schien völlig verzweifelt. Als er mich sah, hellte sich seine Miene auf. Er wollte auf mich zueilen, entdeckte aber zunächst meine Begleiterin, dann Irina Labas, die in einen lebhaften Disput mit einem Mechaniker verwickelt war. Er stutzte und winkte mir kurz zu. Irina Labas blickte auf und sah mich und dann Stella. Ihr Blick blieb ganz kurz auf Stella haften. Die Blicke der beiden Frauen kreuzten sich. In diesem Bruchteil der Sekunde war ich sicher: Die beiden waren miteinander vertraut.

Schon war alles vorüber. Ich mußte mich geirrt haben; was ich

beobachtet hatte, war zu absurd. Stella riß mich aus meinen Gedanken: „Welche Figur fliegt der da drüben gerade?" Sie deutete auf eine
Suchoi über dem See.

Ich erklärte ihr die Lazy-Acht: „Man fliegt sie am besten in den
Wind. Aber dieser Tscheche fliegt sie bei Seitenwind. Auch sehr wir-
kungsvoll."

Gemeinsam beobachteten wir noch den Loop eines amerikanischen
Doppeldeckers sowie die gerissenen Rollen einer Pitts, dann sah Stella
auf die Uhr. „Ich muß zurück. War nett, hier einen Eindruck zu
gewinnen, zumindest einen flüchtigen. Sehen wir uns bald mal?"

Bevor ich antworten konnte, hatte sie sich schon in Richtung Parkplatz davongemacht, während ich durch Wolf Rabau aufgehalten
wurde. „Hör mal, Kasakow macht Rabatz. Er hat gestern und heute
nacht stundenlang auf mich eingeredet. Ob wir nicht bewerkstelligen
könnten, daß er Weltmeister wird. Er müsse unbedingt gewinnen,
sonst sei alles zu spät. Auch für uns. Verstehst du das? Er hat deinen
Namen erwähnt, Achim. Du wüßtest Bescheid."

„Er fällt in Ungnade, wenn er nicht als Weltmeister zurückkehrt",
erläuterte ich. „Er möchte, daß wir unsere deutschen Piloten dazu
bringen, schlechter zu fliegen."

„So ein Blödsinn. Dann schnappen uns die Amerikaner den Sieg
weg."

„Die Amerikaner sind bisher schlechter als er. Es sind vor allem
Sundermann und Guttenmaier, die ihm den Titel streitig machen können."

„Trotzdem geht es nun mal nicht. Sport ist Sport. Auch wenn bei
anderen Sportarten manchmal derartige Absprachen über Sieg und
Niederlage getroffen werden."

Ich dachte an Stellas Fragen über die Schiedsrichter. „Glaubst du,
Wolf, die Schiedsrichter sind bestechlich?"

„Natürlich, das passiert schon mal."

„Es muß also einer nur mit genügend viel Geld kommen", sinnierte
ich. „Hör mal, Wolf, leihst du mir deinen Audi? Ich bring ihn dir bis
spätestens siebzehn Uhr zurück."

Er gab mir die Schlüssel, und ich stürzte hinter Stella her. Sie kannte
mein Coupé, und sie durfte mich nicht sehen. Ihr Porsche fuhr schon
staubaufwirbelnd vom Parkplatz vor dem Restaurant in Richtung
Bundesstraße, als ich keuchend bei Wolfs Audi ankam. Ich schaffte es
eben noch, Anschluß zu halten, und folgte Stella nach Locarno.

Als ich erkannte, daß sie die ganz normale Route nach Ascona fuhr, fragte ich mich nüchtern, was ich mir von einer solchen Verfolgung versprochen hatte. Sie war offensichtlich auf dem Weg in ihr Hotel. Da war die Maggia, jetzt würde sie zur Küstenstraße einbiegen ... Nein, sie bog nicht ein, sie jagte die Straße nach Losone hinauf. Auch von hier aus konnte man zu den Hügelvillen oberhalb der Küstenstraße kommen. Doch ich kam erst spät darauf, daß diese Serpentinenstraße auch dorthin führte, wo die Straße von Porto Ronco aus hingeführt hatte, ins Villenviertel von Arcegno und Porano ...

Da war sie, versteckt im Pinienhain, umgeben von blühenden Kamelienbüschen, Magnolien und Hortensien: die Villa Stählis.

Stellas weißer Porsche glitt die Auffahrt hinauf; da ich keinesfalls riskieren wollte, entdeckt zu werden, blieb mir nichts anderes übrig, als langsam vorbeizufahren und mich auf den Rückweg zum See zu machen.


„FALLS du hier Stella beschatten willst, gib's auf. Ich komme gerade von ihr", sagte ich zu Maud, die ich im Café des Eden Roc antraf. Ich hatte eigentlich nur an der Uferstraße Asconas einen kleinen Imbiß zu mir nehmen wollen, als ich plötzlich ihren Honda vor dem Eden Roc entdeckt hatte.

„Hat dich die alte Hexe wieder in ihren Bann gezogen?" fragte Maud bissig.

„Ich habe einen Nebenbuhler", berichtete ich so gleichgültig wie möglich. „Oberst Stähli. Sie befindet sich zur Zeit bei ihm."

Das war für sie nun doch eine kleine Sensation. Sie hatte ebenfalls eine für mich. „Deine Stella hat noch einen zweiten Verehrer. Er wohnt hier im Hotel, nur einen Stock tiefer."

Der Kellner kam mit dem bestellten Kaffee.

„Da du hinter Schnydrig her warst, nehme ich an, er ist es."

Sie nickte, dann zogen wir gemeinsam Bilanz: Paul Schnydrig von einem der Schweizer Geheimdienste in Kooperation mit Stella Brahm, die einem der deutschen Geheimdienste angehören mußte. Verbindung mit Oberst Stähli, wahrscheinlich, weil die Stealth-Unterlagen in seinem Besitz waren und geschützt werden mußten.

„Soweit alles klar", resümierte Maud. „Aber was haben wir damit zu tun?"

Ich zuckte ratlos die Schultern. „Es hat damit angefangen, daß Stella sich bei mir meldete und mich unbedingt sprechen wollte. Bald stellte sich heraus, daß sie mit mir gar nicht mehr viel im Sinn hatte. Und, ach ja, sie war entsetzt wegen des Anschlags auf Oberst Stähli."

„Deutsche und Schweizer Agenten sind also auf den Oberst angesetzt, weil sie offensichtlich einen neuen Anschlag befürchten. Es geht schließlich um Geheimdokumente. Und weil die Kunstflugweltmeisterschaften eine Menge Leute aus dem Ostblock ins liebliche Tessin gebracht haben, gibt's auch genügend Verdächtige."

„Boris Kasakow zum Beispiel? Aber der Mann hat hier ganz andere Probleme. Er muß als Weltmeister zurückkehren, sonst sind seine Landsleute höchst pikiert." Ich trank einen Schluck Kaffee. „Das Seltsame ist nur: Ich habe herausgefunden, daß Kasakow in der UdSSR Testpilot gewesen ist und mit Geheimprojekten zu tun gehabt hat. Und seine Aufpasserin, diese Irina Labas, leugnet das."

„Also doch nicht so harmlos", meinte Maud mit einem Seufzen.

EINE Stunde später sah ich Maud vom Vorfeld aus bereits wieder durch die Lüfte toben. Aufschwung, Abschwung, gerissene und gesteuerte Rollen, alles in dem Bereich, den sie als „Bodenakrobatik" bezeichnete.

Ich hatte nicht die geringste Angst, daß sie zu spät abfangen würde. Sie flog dazu zu exakt und beherrscht.

Kurz vor Sonnenuntergang sauste Maud dann noch einmal extrem tief über die Grasmatte, legte ihre Maschine direkt vor mir auf den Rücken, zog steil hoch und zurück in die Normallage, riß das Gas heraus und fiel fast senkrecht auf die Piste, rollte kurz, stand schon und kam mit aufheulendem Motor direkt auf mich zugerollt.

„Hat es dir gefallen? Ich hab's nur für dich geflogen."

Ich versuchte mal wieder mit großer Mühe, kühl zu bleiben. „Bei den Rasenmäherfirmen wirst du dich unbeliebt machen. Du rasierst mit deinem Propeller die Grasnarbe weitaus besser ab. Fahren wir zusammen nach Hause?"

„Was soll das heißen: nach Hause?"

„Rauf zu dir nach Orselina, meine ich. Wir könnten deinen Wagen schonen und nur meinen nehmen. Platz ist für zwei."

„Ehrlich: Ich finde dein Angebot schockierend, aber ich habe nichts dagegen."

Es war ein herrlicher Herbstabend. Verschwenderisch schienen die Gärten und Parks alles an Farben und Düften herzugeben, was sie für die letzten Tage zurückgehalten hatten.

Wir hatten die Wagenfenster heruntergekurbelt, und immer wieder hielt Maud ihr Gesicht in den Fahrtwind, um die prickelnden Düfte einzuatmen. Ich hatte absichtlich von Gordola aus die Panoramastraße über Mondacce, Costa und Brione gewählt, um dem Abendverkehr unten auf der Via San Gottardo zu entgehen.

Wenn es so etwas wie Glück gab, fühlte ich jetzt einen Hauch davon. Maud hatte ihren kaffeebraunen Arm in die Fensteröffnung gelegt. Ihr kastanienbraunes Haar flatterte, ihre Augen glühten. Eine himmlische Stunde.

Ich sagte: „Ich komme mir wie schwerelos vor. Wir schweben beide durch ein Reich aus Düften, Farben und Klängen ..."

„Du solltest mal kurz aufhören zu schweben und einen Blick in den Rückspiegel werfen", bemerkte sie nüchtern. „Wir werden verfolgt. Seit der Ausfahrt am Flugplatz."

„Dieser blaue Fiat?" Ich riß mich mühsam aus meinen Träumen. Wir hatten gerade die letzten Häuser von Brione passiert. Die Via Orselina machte jetzt einen kurzen, scharfen Knick nach Süden und verlor sich dann in einem Wald. Kaum waren wir auf der einsamen Waldstrecke, da überholte uns der Fiat mit ohrenbetäubendem Hupen, bremste scharf und stellte sich quer.

Zwei Männer stiegen gemächlich aus. Bullige Gestalten mit weit aufklaffenden Jacketts, in deren Taschen man die Kanonen schon mehr sah als ahnte.

Langsam kamen sie auf uns zu. Der erste, ein schwarzhaariger, italienisch aussehender Bursche, blieb neben dem Fenster stehen. „Aussteigen!" befahl er, während sich der zweite neben Mauds Tür postierte.

Wir stiegen aus, und die beiden hielten es nicht einmal für nötig, ihre Waffen zu zeigen. Beide trugen olivgrüne Militärhosen und Schnürstiefel. Der eine der beiden Schlägertypen setzte sich mit Maud nach hinten, und ich durfte wieder ans Steuer und Gas geben. Der andere fuhr mit dem Fiat hinter uns her.

Über die Via Brione wurde ich nach Orselina dirigiert. Als wir fast die Piazza di Rocco erreicht hatten, tippte mir mein Bewacher auf die rechte Schulter: „Abbiegen!"

Also fuhr ich steil bergauf in einen dichten Wald hinein, bis die kurvenreiche Straße jäh endete. Wir hielten, mußten aussteigen, dann band man uns schwarze Tücher vor die Augen.

Steil stapften wir etwa eine halbe Stunde lang über einen Fußpfad bergauf. Ich strauchelte ein paarmal über Baumwurzeln, die aus dem Moosboden ragten. Dann hatten wir wieder ebenen Boden unter den Füßen: eine schmale, aber geteerte Straße. Schließlich wurden wir eine schmale Treppe hinaufgedrängt.

„Stopp!"

Obwohl es fast dunkel war, fühlte ich den Rest des Tageslichts um mich wie einen Stich, als mir die Binde abgenommen wurde. Hektisch versuchte ich, möglichst viel von der Umgebung zu registrieren. Hinter uns eine schmale Straße, neben uns Appartements und Ferienhäuser für Touristen.

Die beiden Entführer klopften; die Tür wurde geöffnet.

Wir wurden eine Steintreppe hinuntergeschubst und standen plötzlich in einem Kellerraum, von dessen feuchten Wänden die letzte Tünche blätterte. Er war zu einem Arbeitszimmer umfunktioniert worden. Hier hatte man offenbar eine Art Kommandozentrale eingerichtet. Sender und Empfänger, Verstärker und Tonbandgeräte standen in wildem Chaos durcheinander. UKW-Geräte zum Abhören des Polizeifunks und des Flugsicherungsverkehrs. Dazwischen ein paar obskure Geräte ohne Skalen, die wie Decoder oder Verschlüsselungsgeräte aussahen. Eine Agentenzentrale, wie sie im Buche stand.

Plötzlich lief mir ein eiskalter Schauer über den Rücken. Auf einem Tisch erblickte ich zwei Stehlampen mit grellen Birnen, die auf zwei Stühle gerichtet waren. Das sah nach Verhör, vielleicht sogar nach Foltermethoden aus.

Zum erstenmal seit unserer Verschleppung blickte ich Maud an. Doch sie zuckte nur mit den Schultern. Ich bewunderte ihre Gelassenheit. Als wir saßen, drehte ich mich kurz um. Der Kerl, der hinter uns hergefahren war, stand als Wachhund an der Tür. Mein Reiseführer indessen war verschwunden, offensichtlich, um höhere Chargen von unserer Einlieferung in Kenntnis zu setzen.

Wer würde uns hier begrüßen und verhören? In meinem Kopf spukten die abenteuerlichsten Vorstellungen und Personen herum.

Endlich hörte ich, wie hinter mir die Tür aufging und jemand eintrat. Ich hütete mich, meinen Kopf zu wenden. Dann spürte ich, wie jemand an mir vorbeiging und hinter dem Tisch Platz nahm. Ich blickte auf.

Es war Stella!

„Hallo", sagte sie gut gelaunt. „Endlich sehen wir uns unter Umständen, die mir sympathischer sind als alle anderen vorher."

Mir war, als würde unter mir eine Falltür geöffnet. Ich fiel ins Bodenlose. Da nützte der langgehegte Verdacht wenig, daß Stella nicht die harmlose Finanzbeamtin war. So unerwartet mit der Realität konfrontiert zu werden übertraf in der Wirkung die schlimmsten Vermutungen.

Glücklicherweise lenkte Maud durch ihre Empörung von meinem Entsetzen ab. „Was fällt Ihnen ein, uns hier nach Gangstermanier zu entführen?" fuhr sie sie an. „Wir leben in einem Land, das seinen Bürgern bestimmte Rechte zusichert. Dazu gehört, daß wir, unter Angabe der Gründe, ordnungsgemäß verhaftet werden."

Stella lächelte amüsiert, zündete sich gelassen eine Zigarette an und blies den Rauch demonstrativ in unsere Richtung. „Natürlich hätten wir euch ordnungsgemäß verhaften lassen können. Durch die eidgenössische Polizei. Dann würdet ihr für Wochen in Untersuchungshaft sitzen und ganz öffentlich der geheimdienstlichen Tätigkeit angeklagt werden. Insofern ist dieser kleine Abstecher hierher geradezu ein Akt der Humanität von uns."

„Und aus welchem Grund befinden wir uns hier?" fragte Maud.

Stella warf ihr einen Blick zu, und ich erschrak über die Eiseskälte in ihren Augen. „Sie sind hierhergebracht worden, weil in einem Gebäude, in dem Sie, Frau Borowski, den Bau eines Flugzeuges vorgenommen haben, ein sogenannter toter Briefkasten eingerichtet worden ist. Die Nachricht wurde von Ihnen entdeckt und geriet dann in die Hände von Achim Reimers." Sie wandte sich an mich. „Das Normale für dich, Achim, wäre gewesen, mit deinem Fund zur nächsten Polizeidienststelle zu gehen. Doch du hast diesen Fund verheimlicht und verleugnet. Zum Beispiel meinem Schweizer Kollegen Paul Schnydrig gegenüber – ja, wir arbeiten eng zusammen. Also mußten wir dir diesen Fund erst einmal entwenden. Das hat einer unserer Mitarbeiter erledigt, als du nicht auf deinem Hotelzimmer warst." Sie rekelte sich genüßlich in ihrem Sessel. „Von jetzt an hatten wir dich! Doch wir wollten eine doppelte Sicherung. Das Dokument, dessen Besitz du so hartnäckig geleugnet hast, wurde in dem Baum in deinem Garten gefunden. Damit bist du erledigt. Endgültig."

Stella drückte ihre nur halb gerauchte Zigarette im Aschenbecher aus. „Und die Weltmeisterschaft könnt ihr beide vergessen."

„Ich wußte, daß es darauf hinauslaufen würde", stieß ich empört hervor. „Nichts als gemeine Erpressung."

„Pfui, warum so häßliche Formulierungen! Natürlich hatten wir dich von Anfang an eingeplant. Eine ganz harmlose Sache."

„Wer eigentlich ist ‚wir'?"

Sie warf mir einen ironischen Blick zu. „Du weißt inzwischen, daß ich mit Schnydrig zusammenarbeite."

„Den meine ich nicht." Ich beobachtete sie jetzt ganz genau. „Du gehst auch bei Oberst Stähli ein und aus."

Ich hatte getroffen, das sah ich. Doch Stella bekam sich sofort wieder unter Kontrolle.

„Er ist der Grund, weshalb aus der harmlosen Sache eine komplizierte wurde." Sie fingerte eine neue Zigarette aus ihrer Schachtel. „Ursprünglich wollten wir weiter nichts von dir, als daß du während der Weltmeisterschaften ein wenig die Augen offenhältst. Wenn die Sowjets mal jemanden in den Westen lassen, dann hat er meistens geheimdienstliche Aufträge. Deshalb dachte ich mir: Du bist der geeignete Mann, um die Russen, Tschechen und Ungarn unauffällig zu überwachen. Doch schon am ersten Abend unserer erneuerten Bekanntschaft wurde die Sache ernster. Ich erfuhr von dem Attentat auf Oberst Stähli."

„Ich weiß. Ich kam rasch dahinter."

„Was du nicht weißt, ist, daß ich dir unbemerkt gefolgt bin bis zur Station der Bergbahn, als du herauskriegen wolltest, weshalb ich stutzig geworden bin."

„Eins zu null für dich."

„Fein. Dann folgte die Sache mit dem toten Briefkasten in der Flugzeugbaracke. Sie ist wirklich noch immer ein Rätsel für uns. Doch immerhin ergab sich dadurch eine gute Gelegenheit, dich in Verwirrung zu stürzen."

„Und was willst du jetzt von uns?"

Stella schwieg bedeutsam. Während sie dem Aufpasser an der Tür bedeutete hinauszugehen, begann Maud wütend mit den Fingern auf die Stuhllehne zu trommeln. Schließlich konnte sie sich nicht länger beherrschen. „Also, in zwei Tagen spätestens muß ich auf dem Platz sein. Sonst gibt es einen Riesenskandal."

Stella lächelte. „Der Skandal, meine Beste, besteht darin, daß Sie wegen des Verdachts der Spionage und der Nachrichtenübermittlung an einen Ostblock-Geheimdienst verhaftet wurden."

„Also doch Erpressung." Ich versuchte mühsam, mich zu beherrschen. „Was sollen wir tun?"

„Endlich eine vernünftige Frage. Darüber läßt sich reden."

Und dann redete sie, und Maud protestierte, und ich schloß mich ihr empört an. Eiskalt ging Stella ans Telefon und wählte die Nummer des Polizeikommissariats. Dreimal lief dieses Spiel ab, bis wir beide zerknirscht aufgaben.

Stella nickte befriedigt; und ich dachte an die Zeit vor fast dreißig Jahren zurück, als wir uns den ersten Kuß gegeben und an die hehren Ideale der Welt geglaubt hatten.

DER große Tag war da, die Kunstflugweltmeisterschaften wurden eröffnet. Begrüßungsansprachen und Dankesreden an die Gastgeber wechselten einander ab.

Endlich dann der erste Start; Motoren sprangen an, hektische Tätigkeit auf dem Vorfeld, alles rannte durcheinander, Lautsprecherdurchsagen, das Publikum drängte heran ... Kurz, das übliche Durcheinander eines Eröffnungstages breitete sich aus.

Gesteuerte Rolle nach oben in die Rückenlage, gestoßene Rolle nach unten, Männchen ... Charly Leitenbackers Laser sackte vorschriftsmäßig zwei Flugzeuglängen über das Heck abwärts und kippte. Immer wenn der favorisierte Amerikaner in der Box auftauchte, waren die Reporter und Zuschauer gespannt bei der Sache. Nur Kasakow konnte es an diesem Tag mit ihm aufnehmen.

Auf ihn und Leitenbacker stürzte sich abends im großen Pressezelt alles, was sich zur Berichterstattung eingefunden hatte. Ich beobachtete das aufgeregte Treiben und hörte mir ein paar Fragen an, die man Kasakow stellte. Seine Antworten schienen darauf hinzudeuten, daß er immer noch hoffte, man würde ihn siegen lassen, weil er sonst bei der Rückkehr Repressalien zu befürchten hätte. War Kasakow wirklich so naiv? Oder war er einfach nur ein Mensch, der sein Gewissen beruhigen wollte: Ich habe euch ja gewarnt. Ihr seid verantwortlich für das, was später passiert. Doch was würde passieren?

Ich hatte Irina im Blickfeld, die stets hinter ihrem Schützling saß. Mehr und mehr schien sie sich mit einer Beobachterrolle zufriedenzugeben. Als wäre sie nicht mehr interessiert daran, daß ...

Ich drängte mich vor. Plötzlich kam mir ein Verdacht, dem ich nachgehen mußte.

„Frau Labas ..." Da sie nahezu unbeachtet im Hintergrund saß, war es leicht, an sie heranzukommen. „Haben Sie ein gutes Gefühl bei den heutigen Leistungen von Boris?"

„Aber natürlich. Der Amerikaner ist besser, das sehe ich ganz deutlich. Aber Boris erfüllt unsere Erwartungen."

„Vielleicht wird er nun doch nicht Erster", meinte ich.

Sie lächelte. „Wir geben uns gern mit einem zweiten Platz zufrieden. Es ist unser erster Wettkampf im Westen. Das bedeutet also noch immer einen überragenden Erfolg für die Sowjetunion."

Ich lächelte zurück. Wußte Irina Labas wirklich nichts von den Verzweiflungsakten ihres Zöglings? Oder war ihr vielleicht sogar daran gelegen, daß er nicht als Sieger zurückkehrte?

„SOWEIT alles klar?" fragte ich Maud.

Im fahlen Widerschein Locarnos sah sie noch blasser aus, als sie sowieso schon war.

„Klar wie bei aufliegendem Nebel", seufzte sie.

„Gleich sind wir da", sagte ich und schlug mir wütend ein paar der Zweige aus dem Gesicht, die hartnäckig immer wieder zurückfederten. „Bei Neumond ist die Nacht nun mal dunkler als bei Vollmond."

Wir kämpften uns durch das Vogelschutzgebiet vor der alten Baracke, in der Maud ihre *Esperanza* gebaut hatte. Eigentlich müßten wir hier jeden Strauch auswendig kennen, dachte ich und zog meinen linken Schuh mühsam aus einer Pfütze des sumpfigen Marschbodens.

„Diese verdammten Mücken!" hörte ich Maud leise schimpfen.

„Schöne Plackerei, auf die wir uns da eingelassen haben", stimmte ich ihr zu.

Worauf wir uns eingelassen hatten, war uns erst so recht klargeworden, als wir vor zwei Tagen mit Stellas und der Geheimdienste Segen aus dem Keller nördlich von Orselina entlassen worden waren. Keine Haft während der Weltmeisterschaften. Dafür waren wir bereit, alles zu versprechen.

Stella hatte uns äußerst knapp in unsere Aufgabe eingewiesen. „Übermorgen Punkt Mitternacht sitzt ihr beide in der ehemaligen Flugzeugbaracke. Zutritt ungesehen von hinten, nicht vom Platz aus. Gegen halb eins wird der Briefkastenonkel auftauchen, der auch die erste Nachricht im toten Briefkasten versteckt hat. Aufgabe: feststellen, um wen es sich handelt. Haarfarbe, Kleidung, Augen, Gangart, den ganzen erkennungsdienstlichen Zirkus. Nachdem er fort ist, sofort die Unterlagen fotografieren. Mit dieser Kamera."

Sie zog eine Schublade auf und reichte mir einen kleinen und sehr handlichen Fotoapparat.

„Im Stockdunkeln?" fragte Maud verblüfft.

„Elektronenblitz. Seite für Seite fotografieren und danach sofort wieder zurücklegen. Spätestens nach einer halben Stunde wird der Empfänger auftauchen. Ihr müßt herauskriegen, wer er ist. Ich bin sicher, ihr kennt ihn."

„Und danach?" wollte ich wissen.

„Nichts weiter. Am nächsten Morgen bin ich um zehn im Flugplatzrestaurant und möchte Film und Personenbeschreibung haben."

Damit waren wir entlassen. Einer der beiden Schlägertypen hatte uns mit düsterer Miene wieder an unser Auto gebracht.

Und so kam es, daß wir um Mitternacht in der alten Baracke hockten, notdürftig in einem Schrank versteckt, aus dem wir erst einmal eine ganze Armada von Ungeziefer vertrieben hatten.

Sobald wir eine Stellung eingenommen hatten, von der wir hofften, wir würden sie eine halbe Stunde lang ertragen, fiel mir ein, wie blödsinnig die Idee war, zu zweit in einem Schrank zu stecken, durch dessen Spalt ohnehin nur einer blicken konnte.

„Einer von uns beiden sollte sich draußen vor der Baracke verstecken", schlug ich vor. „Wir haben dann mehr Chancen, den Kerl zu identifizieren."

„Bei Neumond besonders einfach", monierte sie . „Na gut, ich verschwinde. Ich merke schon, du magst mich nicht."

„Ach Blödsinn! Aber wenn ich deine Nähe suche, schließe ich mich nicht gerade mit dir in einen Spind ein. Bleib du hier, ich suche mir draußen was."

Bevor ich draußen war, drückte sie mir einen sanften Kuß auf die Stirn. „Hilfst du mir, wenn ich in Schwierigkeiten gerate?"

„Mal sehen", sagte ich und verschwand. Die Jagdleidenschaft hatte mich gepackt. Wer war der geheimnisvolle Briefträger? Und wer würde die Nachricht abholen?

Inzwischen hatte ich sämtliche Leute im Verdacht, die ich in den letzten Tagen kennengelernt hatte.

Ich hatte mich gerade hinter einem gewaltigen Strauch eingerichtet, als ich eine Gestalt von der Flugplatzseite auf die Baracke zukommen sah.

Verzweifelt versuchte ich Größe, Statur und Haltung zu erkennen. Ohne Mondlicht ein vergebliches Unterfangen. Nichts als ein dunkler Schatten, der heranschlich, unsichtbar wurde und bereits eine knappe Minute später wieder in der gleichen Richtung verschwand. Hoffentlich hatte Maud mehr Glück gehabt. Ich erreichte sie, als sie bereits die letzte der drei Seiten fotografiert hatte.

„Was ist los? Hast du ihn erkannt?"

„Natürlich habe ich ihn erkannt", flüsterte sie verwirrt. „Aber es ist unglaublich."

„Wer ist es?"

Sie packte mich schmerzhaft an der Schulter. „Paß auf! Da kommt schon der Abholer." Sie raffte die Papiere zusammen und stolperte im

Halbdunkel los, um sie an die alte Stelle zu stecken. Ich lief geduckt hinaus und verschwand wieder hinter meinem Strauch.

Die Gestalt, die jetzt ebenfalls vom Flugplatz her auf die Baracke zukam, zeichnete sich markanter als ihr Vorgänger ab. Denn auf der Straße von Gordola nach Lugano hatte nach Kasinoschluß die große Heimwärtsfahrerei eingesetzt. Gegen den Lichtschimmer der Autoscheinwerfer hob sich deutlich eine Kontur ab, die ich sofort identifizierte.

Ich kämpfte mit der Versuchung, auf ihn zuzugehen und ihm zur Begrüßung die Hand zu schütteln: Hallo, so spät noch unterwegs?

Natürlich: Es war Boris Kasakow.


„SO NATÜRLICH finde ich das nicht", protestierte Maud, als wir hundemüde zurück nach Locarno fuhren. „Was, um Himmels willen, fängt ein harmloser Kunstflieger mit geheimen Militärunterlagen an?"

„Er ist kein harmloser Kunstflieger, sondern er hat in der Sowjetunion als Testpilot geheime Flugzeugtypen geflogen."

„Jedenfalls hat mir der Überbringer einen größeren Schock verursacht."

Der Mann, der als Überbringer fungiert hatte, war jemand gewesen, den ich völlig aus dem Bewußtsein gelöscht hatte: Marco Cazzola, der Elektrotechniker, der Maud während der Bauzeit assistiert hatte. Wir hatten nach dem Erstflug nie wieder von ihm gehört.

„Wozu der Zirkus mit dem Geheimfach?" überlegte ich, als wir auf die Schnellstraße einbogen. „Die beiden hätten sich doch die Papiere im Flugplatzrestaurant übergeben können. Eine Zeitschrift als Tarnung reicht dazu völlig aus. Genau das machen wir morgen früh, nein, heute morgen doch auch. Wir übergeben unsere Fotos an Stella."

„Als Sherlock Holmes warst du schon mal überzeugender. Solche toten Briefkästen sind nötig, damit der Überbringer den Empfänger nie kennenlernt."

„Marco hätte doch nur ein paar Minuten warten zu brauchen."

„Theoretisch, ja. Aber er konnte gar nicht wissen, wann seine Post abgeholt wird. Manchmal dauert das Tage oder gar Wochen."

„Es geht doch nichts über eine Frau, die sich Agentenfilme ansieht." Ich beobachtete einen Citroën CX 24, der permanent hinter uns blieb, obwohl ich kaum achtzig fuhr.

Plötzlich zog der Wagen mit einem jähen Spurt mit uns gleich und drängte uns behutsam nach rechts auf einen Parkplatz ab. Schnydrig sah genauso übermüdet aus wie wir, als er bei mir an der Fahrertür auftauchte. Ich kurbelte die Scheibe herunter und blickte ihn abwartend an.

„Ich wußte doch, daß ich mich nicht geirrt habe", strahlte er. „Sie haben sicher den Auftrag planmäßig ausgeführt? Ich will Sie keinesfalls bedrängen. Im Gegenteil, ich wollte Ihnen Arbeit abnehmen. Darf ich um die Papiere bitten?"

„An und für sich sollten wir sie morgen früh, das heißt heute morgen ..."

„Frau Brahm ist leider verhindert; Sie können Ihre Verabredung im Flugplatzrestaurant vergessen."

Ich blickte zu Maud hinüber. „Wir sollten sie ihm geben", entschied ich.

Maud öffnete die Tasche und zog den Umschlag hervor. Schnydrig nahm ihn und steckte ihn in die Innentasche seines Jacketts. Dabei wurde kurz sein Pistolenhalfter sichtbar, das er sich um die linke Schulter geschnallt hatte.

Ich wollte das Fenster bereits wieder hochkurbeln, da beugte sich Maud weit auf meine Seite herüber. „Monsieur Schnydrig, dürfte ich Ihnen eine Frage stellen?"

„Es wird mir ein Vergnügen sein."

„Wir befinden uns doch hier, falls ich mich nicht irre, in der Schweiz. Richtig?"

„Das war nicht die Frage, nehme ich an?"

„Die Antwort dürfte aber ‚ja' lauten; ich sehe es Ihrem Gesicht an. Was hat dann Ihre deutsche Kollegin Frau Brahm hier verloren?"

„Ich hatte gehofft, Sie würden eine Frage stellen, die ich beantworten kann. Zum Beispiel die Frage: Was machen wir nun mit unserem Herrn Reimers? Er hat die Auflage erhalten, sich nicht von seinem Wohnort zu entfernen. Doch er ist nach Rheinau geflogen, mit welcher Absicht auch immer. Wir könnten jetzt an der nächsten Polizeiwache vorbeifahren und den Fall melden. Dann dürften seine weiteren Reportagen zum Thema Flugkunst gestorben sein."

„Kunstflug", korrigierte ich. „Sie mit Ihren Erpressermethoden. Wir müssen für drittklassige Aushilfsaktionen herhalten, damit die großen Herren ihre Spielchen treiben können."

„Aber, aber ... Was für harte Worte. Sie tun mir unrecht." Schnydrig sah mich durchdringend an. „Glauben Sie mir, ich will nur das Beste für Sie."

Ich hatte das merkwürdige Gefühl, er könnte recht haben.

AM NÄCHSTEN Morgen drängte schon früh ein dichter Fahrzeug-
strom in Richtung Flugplatz. Wir mieden deshalb die neue Schnellstraße und benutzten die alten Schleichwege.

„Locarnos Flugplatz ist entschieden zu klein für das größte Kunst-
flugereignis der Welt", stellte ich fest, als wir uns bis zu unseren reservierten Parkplätzen durchgequetscht hatten, ausstiegen und uns den
Menschenmassen anschlossen.

Maud warf einen skeptischen Blick auf den Windsack. „Hoffentlich
dreht der Wind nicht quer. Sonst fällt mein Rückenflug an der Tribüne
entlang flach."

„Dann kannst du dir wenigstens nicht das Genick brechen", meinte
ich gut gelaunt. „Tröste dich damit, daß wir diese gräßliche Spionage-
affäre endlich los sind. Wir haben unsere Papiere abgeliefert. Die Aussicht, Stella um zehn Uhr zu treffen, hätte mir den ganzen Tag versaut.
Ich will sie nie, nie mehr wiedersehen."

Am Gras unter unseren Füßen merkte ich, daß wir auf dem Vorfeld
angekommen waren. Die Massen verteilten sich. Plötzlich hatten wir
klare Sicht auf die Informationstafeln. An erster Stelle lag, nach der
„bekannten Pflicht", Charly Leitenbacker mit 5181,70 Punkten. An
zweiter Friedrich Guttenmaier mit 4981,44 Punkten. Boris Kasakow
folgte an dritter Stelle mit 4825,12. Seinen Wunsch, Weltmeister zu
werden, konnte er sich damit wohl endgültig abschminken.

Wir ließen uns ins Gras fallen. Tausende von Zuschauern jubelten
gerade dem amerikanischen Champion Charly Leitenbacker zu, der
zu seiner freien Kür aufstieg. Die Stimmung war ausgezeichnet. Und
auch das Wetter spielte mit. Ein ganz leichter Wind ließ über dem
Monte Ceneri ein paar flüchtige Leewölkchen aufleben und sofort
wieder absterben.

Gebannt starrte ich an den blauen Himmel, wo die Laser 230 gerade
in die Box eintauchte. Leitenbacker war wirklich ein Könner. Scheinbar mühelos flog er seine Loops, Rollen und Turns. Dann kletterte er
höher, um ins Flachtrudeln zu kommen. Er machte das großartig, es
erinnerte mich an all diese herbstlichen Kastanienwälder, aus denen
jetzt pausenlos die Blätter herabtrudelten.

Gegen Ende der Kür gab es nochmals einen Höhepunkt: Im rasan-
ten Messerflug steuerte Leitenbacker die Schiedsrichter an und beendete sein Programm mit einer gerissenen Rolle.

Ein gewaltiger Applaus empfing ihn; Taschentücher, Schals, Kopf-
tücher und Mützen wurden in die Luft geworfen, als er ausstieg.

„Als nächstes sind die Engländer dran", sagte ich zu Maud. „Die muß man nicht unbedingt sehen. Laß uns lieber ins Pressezentrum gehen und feststellen, ob Kasakow da ist. "

Die Flughafenverwaltung hatte zwar wegen Platzmangels auf dem Vorfeld keine Pressetribüne errichten können, doch es gab für die Piloten, Journalisten und Mannschaftsbetreuer in den ehemaligen Unterrichtsräumen einer Flugschule eine ganze Reihe von Snackbars und gemütlichen Ecken, in denen man ungestört Interviews führen oder sich zu Besprechungen zurückziehen konnte. Wir entdeckten einen leeren Tisch; und während Maud sich anstellte, um uns Schinkensandwiches zu besorgen, hielt ich nach Kasakow Ausschau.

Plötzlich hörte ich, wie mein Name über Lautsprecher ausgerufen wurde. „Herr Achim Reimers bitte in die Telefonzelle sieben. "

Ich eilte zu dem angegebenen Telefon. Maud stand noch immer brav in der Reihe für Sandwiches an.

„Hallo, Achim?" Die bekannte Stimme, die in mir jedoch keinerlei Gefühle mehr auslöste.

„Was gibt's? Ich bin beschäftigt. "

„Weißt du, wie spät es ist? Ich hatte gesagt, daß ihr um zehn Uhr eure Post bei mir abliefern sollt. Hier im Flugplatzrestaurant. Jetzt ist es zehn Uhr siebzehn. "

Ich schluckte meine Überraschung hinunter. „Du hast unsere Post noch nicht erhalten?"

„Wir hatten ausschließlich diese eine Art von Übergabe festgelegt. Also, komm rüber. Hängst du irgendwo fest?"

„Ich habe die Post nicht mehr. "

Eine lange Pause trat ein. Inzwischen wurden über Lautsprecher neue Aufrufe durchgegeben. Maud war bis zur Bedienung vorgedrungen.

„Was heißt das, du hast die Post nicht mehr?"

„Eure Zusammenarbeit ist katastrophal", erklärte ich. „Du solltest mal deinen wackeren Mitstreiter Schnydrig fragen. "

„Soll das heißen, du hast die Post Schnydrig ausgehändigt?"

„Er hat mich darum gebeten. Aber das müßtest du doch alles wissen. Arbeitet ihr denn nicht mehr zusammen?"

Ein kurzes Knacken. Stella hatte aufgelegt.

Ich ging an den Tisch zurück, wo Maud sich bereits ihrem Sandwich widmete, und verkündete triumphierend: „Eine sensationelle Neuigkeit. Stella Brahm sitzt im Restaurant und wartet, wie abgesprochen, auf unsere Post. "

Maud schluckte die Nachricht gleichzeitig mit einem herzhaften

Sandwichhappen hinunter. „Soll das heißen, Schnydrig und dein traumhafter Engel arbeiten nicht zusammen? Oder: nicht mehr zusammen?"

„Es sieht so aus. Und soll ich dir was verraten? Es läßt mich vollkommen kalt."

„Jetzt hinter Stella herfahren", sinnierte Maud. „Das gäbe eine echte Detektivstory."

Ich faßte sie am Handgelenk. „Hör mal, Maud. Ich will von dieser idiotischen Geschichte nichts mehr hören. Schluß. Vorbei. Finito. Ich muß endlich mal anfangen zu arbeiten."

„Ich auch. Ich habe meiner *Esperanza* noch nicht einmal guten Morgen gesagt. Und in fünfzig Minuten muß ich schon mit ihr starten. Also gut, kündigen wir endgültig unseren Dienst als Agenten."

DIE alte Dame löste sich plötzlich aus dem Pulk der Zuschauer, zerschlug mit ihrem Regenschirm die Absperrung zum Vorfeld, rannte mit wehendem Rock auf einen Doppeldecker zu und kletterte hinein. Zwei aufgebrachte Platzwächter stürzten hinter ihr her. Doch mit bemerkenswerter Geschicklichkeit hatte die alte Dame den Motor gestartet und rollte, wild Gas gebend, ihren Verfolgern in wüsten Schlangenlinien davon. Schon wendete sie am Platzende, gab Vollgas, kam von der Startrichtung ab und raste direkt auf die Zuschauer zu. Schrille Panikschreie, erste Fluchtversuche. Im letzten Augenblick schlug die orangerote Maschine mit den silbrigen Verstrebungen einen scharfen Haken, rollte zurück auf die Piste und hob schwankend mit aufheulendem Motor ab.

Schon schlug sie wieder einen Haken, diesmal in der Luft, und kam wieder auf die provisorisch errichteten Tribünen zu. Im letzten Augenblick riß sie hoch, legte sich dabei auf den Rücken, taumelte wild davon, zog hoch, kam zurück und hielt eindeutig auf den Kontrollturm zu. Inzwischen fuhr auf dem Platz mit grellen Warnlichtern die Feuerwehr mit zwei Wagen aus, vom Turm wurde wie wild aus der Signalpistole rot geschossen.

Der Doppeldecker stürzte haarscharf am Turm vorbei, taumelte in knapp fünf Meter Höhe davon, wendete sofort wieder und versuchte eine Rückenwindlandung, setzte erst mit dem linken, dann mit dem rechten Rad auf, rollte und brach abrupt aus – wieder auf die Tribüne zu. Er rollte haargenau zwischen den beiden Feuerwehrwagen durch und kam mit quietschenden Bremsen genau einen Meter vor den Zuschauern zum Stehen.

Heraus sprang die alte Dame, spannte ihren Regenschirm auf und bedankte sich herzlich für den frenetisch ausbrechenden Applaus, warf Häubchen und Schirm ab und ließ den Rüschenrock fallen. Da stand sie dann im eng sitzenden Fliegeroverall: Maud Borowski.

Ein Kabinettstückchen, wie es in den guten alten Tagen der Showfliegerei ein Muß gewesen war. Nie durfte die alte Dame fehlen, die verbotenerweise in ein Flugzeug stieg, das sie gar nicht fliegen konnte. Doch Maud hatte diese Einlage aus den zwanziger und dreißiger Jahren durch technische Perfektion zu einem neuen Meisterstück gemacht.

AM NACHMITTAG kam Kasakow bei der „unbekannten Pflicht" so groß heraus, daß er alle anderen weit hinter sich ließ. Im Gegensatz zur „bekannten Pflicht", die den Piloten rechtzeitig bekanntgegeben wird, damit sie in Ruhe trainieren können, bleibt bei der kurzfristig festgelegten „unbekannten Pflicht" keine Gelegenheit mehr dazu.

Vor dem Wettkampf boten die wartenden Piloten das übliche Bild. Sie liefen nervös auf und ab, „flogen" mit den Händen die verschiedenen Figuren und versuchten, sie zeitlich aufeinander abzustimmen. Werner Wullach hantierte immer wieder mit Navigations- und Taschenrechner. Doch ausgerechnet dem exakten Wullach passierte dann ein peinliches Mißgeschick. Gewissenhaft, wie er nun mal war, hatte er seine elektronische Borduhr zur Überprüfung in die Werkstatt gegeben. Er hatte sie auch pünktlich zurückerhalten. Doch der zuständige Mechaniker hatte vergessen, sie einzubauen. Wullach merkte es erst, als er den Motor schon gestartet hatte. Er beschloß, sich auf seine Armbanduhr zu verlassen. Doch während seines Programms erreichte die Belastung zeitweilig zehn g. Diesen Belastungen war die Mechanik seiner Uhr nicht gewachsen. Sie begann nachzugehen. Genau so viel, daß er seine erlaubte Zeit um sechs Sekunden überschritt. Da prasselten die Strafpunkte nur so auf ihn herab.

Im Gegensatz zu allen anderen Piloten war Boris Kasakow vor seinem Flug die Ruhe selbst. Verblüffend, nachdem er doch so darauf aus gewesen war, als Sieger zurückzukehren. Er kletterte gelassen ins Cockpit, verstellte Gurte und Seitenruderpedale, heftete seine Karte am Instrumentenbrett fest und startete.

Am Himmel bot er eine Leistung dar, die zum Höhepunkt der ersten beiden Tage wurde. Mit einer Perfektion und einem Timing, das roboterhaft anmutete, absolvierte er das nie geübte unbekannte Programm.

Und er flog nicht nur alle Figuren exakt, er hielt auch den Zeitplan sekundengenau ein. Als er seine Maschine auf die Landebahn setzte, brandete ein Applaus auf wie nie zuvor.

Erregt lief ich zu Maud, die sich am Fahrwerk ihrer *Esperanza* zu schaffen machte. „Hast du das gesehen? Wie kann es sein, daß Kasakow so exakt eine ‚unbekannte Pflicht' fliegt? Nachdem er am ersten Tag alles andere als super war?"

„Das Dreieck vielleicht? Mich hat es immer auch an die Route eines Flugzeugs erinnert. Glaubst du, daß ihm jemand im voraus die ‚unbekannte Pflicht' verraten hat, damit er sich in Ruhe darauf vorbereiten kann? Er ist sie wirklich perfekt geflogen." Sie wischte sich ihre verschmierten Hände am Overall ab. „Aber du weißt, wie kompliziert die Figuren im Aresti-Katalog aussehen. Mit so ein paar primitiven Linien kann man das nicht nachvollziehen."

„Es sei denn", sagte ich und beobachtete, wie Guttenmaier startete, hochzog und in die Box hineinstieg, „die einzelnen Spitzen oder Winkel der geometrischen Figur deuten auf etwas ganz anderes hin. Vielleicht muß man nur die richtige Textunterlage darunterhalten."

„Und jetzt", verkündete der Ansager auf dem Tower über zwölf Lautsprecheranlagen, „erleben wir eine Weltpremiere. Da ist sie wieder, unsere Maud Borowski. Perfekt im Rückenflug. Doch jetzt wird sie mit ihrer *Esperanza* ein Schautanzen zeigen, wie Sie es bisher nur von den internationalen Tanzpaaren gewohnt sind."

Und da ging sie bereits in die Luft, stieg fast bis auf fünfhundert Meter. So hoch hatte ich sie noch nie fliegen sehen. Aus den Lautsprechern erklang Ravels Bolero. Mauds *Esperanza* begann im gleichen Rhythmus zu schwingen. Sie ließ ihren winzigen Doppeldecker nach der Musik, die sie im Kopfhörer hörte, tänzeln wie einen Hengst aus der Wiener Hofreitschule.

Dann folgten Passagen aus *I love Paris*, und sie vollführte zärtliche Kurven, sanfte Steig- und Sinkflüge, bis die Melodie plötzlich von einem flotten Rockrhythmus abgelöst wurde. Jetzt taumelte sie wild durch die Luft; doch auch der Laie konnte erkennen, wie exakt da jede Bewegung gesteuert wurde.

Als sie landete, brandete ein Jubel auf, wie ich ihn bisher in Locarno noch nicht erlebt hatte.

Die komplizierten Flugfiguren hoch oben in den Boxen waren den meisten wohl zu abstrakt und gleichförmig. Doch das hier war Fliegerei zum Anfassen. Die Zuschauer waren begeistert. Und plötzlich rissen sich auch Reporter und Fotografen um Maud. Und sie, bestürmt und pausenlos abgelichtet, kam auf mich zugerannt, flog mir an den Hals und flüsterte: „Ich war gut, nicht wahr? Ich war echt galaktisch gut."

WUTAUSBRÜCHE. Begeisterung. Morddrohungen: So endeten die Kunstflugweltmeisterschaften in Locarno. Die Amerikaner waren begeistert. Sie hatten den ersten Preis durch ihren Leitenbacker erzielt. Die Russen mit Boris Kasakow waren Zweite geworden. Ein Ergebnis, das Kasakow als glatte Niederlage empfinden mußte. Wenn er nicht als Weltmeister zurückkehrte – welche Gegenleistung mußte er dann erbringen? An dritter Stelle ein Deutscher, Friedrich Guttenmaier, der die Konkurrenten aus seinem Team weit hinter sich gelassen hatte.

Unabhängig von diesem Ausgang aber hatte es für mich nur einen einzigen Sieger gegeben: Maud Borowski.

## 10

„WAS ich jetzt noch brauche, ist ein Foto von Kasakow, wie er mit seiner Suchoi startet und Kurs nach Osten nimmt", sagte ich.

„Dann fahren wir am besten mal wieder zu meiner Baracke", schlug Maud vor. „Von dort aus kannst du seinen Start heimwärts am besten festhalten."

Wir fuhren also hinaus zum Vogelschutzgebiet, auf die alte Piste, die wir nun schon so oft benutzt hatten. Als habe sie eine Vorahnung, schlug Maud vor, den Wagen versteckt abzustellen.

„Hier treiben sich in der letzten Zeit seltsame Gestalten herum", stimmte ich zu.

Wir bogen in einen Feldweg ein, der abseits von der Baracke lag, und parkten hinter einer Hecke.

Um den Abflug der Teilnehmer zu beobachten, waren wir extra früh aufgestanden. Am orangeroten Himmel zeigten sich die ersten Vögel. Ich stellte mir gerade vor, wie ich die startende Suchoi zusammen mit einem Vogelschwarm erwischen könnte, als Maud mir so kräftig auf die Schulter schlug, daß ich ins Gras ging. Sie duckte sich schon neben mir. „Da steht ein Auto vor meiner Baracke."

Sofort tauchte in meiner Vorstellung ein Porsche oder Citroën auf. Doch was da, hinter Salweiden versteckt, stand, war ein grauer Ford mit einem Züricher Kennzeichen. Der Wagen war leer; kein Mensch in der Nähe.

„Seltsam", sagte ich. „Der scheint da schon seit einiger Zeit zu stehen. Sieh mal die Blätter auf dem Dach und die dreckverkrusteten Reifen."

„Wer sollte hier einen Wagen abstellen, und warum? Wir müssen der Sache nachgehen."

Ich beobachtete gerade, wie unter den Flugzeugen, die sich fertigmachten zum Abflug, auch Kasakows Suchoi angelassen wurde, und bremste Mauds kriminalistischen Eifer. „Jetzt laß mich erst einmal ein paar Bilder von der Suchoi schießen. Danach kümmern wir uns um den Wagen."

„Na gut. Da drüben sind sie schon – Boris und seine Gouvernante."

Ich richtete mein Teleobjektiv aus und fixierte das Cockpit: Da hockten sie hintereinander, Boris und Irina. Die Suchoi wollte auf die Startbahn.

„Guten Flug", murmelte ich und stutzte. „Bis jetzt hat Kasakow doch immer hinten gesessen, nicht? Jetzt sitzt er vorn."

„Die Suchoi hat Doppelsteuerung, das weißt du doch."

„Natürlich. Aber Kasakow ist bisher immer vom hinteren Sitz aus geflogen. Offenbar kann Irina Labas fliegen."

„Vielleicht wollen sie sich ablösen", meinte Maud.

„Gleich auf dem ersten Streckenabschnitt? Seltsam."

Ich wollte gerade die ersten Bilder schießen, als die Suchoi vor ihrem letzten Schwenk zum Start jäh stoppte. Das Kabinendach wurde zurückgeschoben, und Kasakow stemmte sich blitzschnell aus dem vorderen Sitz. Er ließ sich an der rechten Rumpfseite hinabgleiten, die vom Tower aus nicht einsehbar war.

„Er steigt aus und läßt seine Gouvernante allein starten!" stieß Maud hervor. „Duck dich!"

Die Suchoi rollte mit aufheulendem Motor an, raste über die Piste, hob ab und verschwand nach Osten.

Wir lagen flach im Gras und beobachteten, wie Kasakow geduckt von der Piste auf die Baracke zurannte.

„Er will ans Auto", flüsterte ich. „Man hat es für ihn bereitgestellt."

Wir sahen, wie Kasakow mit einem Schlüssel die Tür öffnete, den Motor anließ und an uns vorbeijagte.

„Hinterher!" forderte Maud mich auf.

„Bist du verrückt?" fauchte ich sie an. „Laß ihn fahren, um Himmels willen!"

„Und deine Reportagen über ihn? Sollen die alle für die Katz gewesen sein, weil sie nur die halbe Wahrheit enthalten? Das hier gibt doch eine Riesensensation."

„Also los, hinterher."

SPÄTESTENS als wir auf der Schnellstraße nach Bellinzona waren, wußten wir, daß die Reise über den Sankt Gotthard in die Nordschweiz gehen würde. Im morgendlichen Verkehr kamen wir nur langsam voran. Doch Kasakow war kein übermäßig guter Fahrer. Wir konnten ihm leicht auf den Fersen bleiben.

„Was kann er nur vorhaben?" fragte Maud, als wir Biasca hinter uns gelassen hatten.

„Er wird sich nach Deutschland absetzen", sagte ich. „Er will nicht zurück und wird um politisches Asyl bitten."

„Gut, aber was ich nicht verstehe: Seine Flucht ist ein abgekartetes Spiel mit seiner Aufpasserin Irina. Sie fliegt unter seinem Namen die Suchoi nach Rußland zurück. Rätselhaft."

„Wenn er in Deutschland Asyl sucht", überlegte ich, „dann wäre Stella eigentlich die geeignete Person für die Vermittlung." Ich stutzte. „Natürlich, das erklärt alles: ihre Anwesenheit in Locarno, sogar ihre Kontaktaufnahme zu mir. Es ist ihr von vornherein um Kasakow gegangen. Sie hat ihn nach Deutschland schaffen wollen. Und sie weiß, daß er Testpilot für Geheimprojekte gewesen ist."

„Und weshalb spielt Irina dieses Spiel mit? Mit einer solchen Komplizenschaft kann sie sich doch in der Sowjetunion nicht mehr blicken lassen."

„Was kann sie dafür, wenn ihr Schützling beim Start in Locarno aus dem Cockpit hüpft. Soll sie hinter ihm her rennen?"

Maud nickte. „Ein blaues Auge wird sie trotzdem dabei abkriegen. Schließlich war sie für Boris verantwortlich."

„Da fällt mir ein . . ." Ich schlug erregt aufs Steuerrad. „Als ich bei Irina zum Interview war, kam ein Anruf. Ich hörte vom Anrufer nur ganz entfernt den Sprechrhythmus. Er kam mir bekannt vor. Jetzt weiß ich, wer der Anrufer war: Stella."

„Stella und Irina stecken demnach also unter einer Decke. Ihre Organisation, der westdeutsche Geheimdienst, hat Irina eine Menge Geld geboten, wenn sie ihnen dafür Boris Kasakow überläßt."

„Eine Frage beschäftigt mich aber trotzdem", sagte ich einige Zeit später, als wir in den Sankt-Gotthard-Tunnel einfuhren. „Wenn das alles von Stella eingefädelt worden ist – wo steckt sie dann? Hätte nicht sie mit ihrem Porsche auf Kasakow vor deiner Baracke warten müssen? Und ihn auf dem schnellsten Weg zur nächsten Grenzstation bringen müssen?"

In ratlosem Schweigen fuhren wir durch den Tunnel. Als wir endlich ans Tageslicht kamen, ließ ich mich etwas weiter hinter Kasakow zurückfallen.

Nach einer Weile fragte Maud: „Warum verfolgen wir Boris eigentlich noch? Wir wissen doch jetzt, was er vorhat. Den Rest hören wir heute abend in den Nachrichten."

„Gute Frage", sagte ich. „Irgendwie hat uns wohl die Jagdleidenschaft gepackt. Doch der Hunger gewinnt bei mir allmählich die Oberhand. Ich kenne in Andermatt ein nettes Lokal, wo wir in Ruhe zu Mittag essen können."

„Unser Boris muß das gehört haben!" rief Maud erregt und beugte sich im Sitz nach vorn. „Verpaß die Ausfahrt nicht."

Der graue Ford war in die Ausfahrt nach Andermatt eingebogen. Ich konnte gerade noch nach rechts ausscheren und die Kurve nehmen. „Er fährt gar nicht zur deutschen Grenze", stammelte ich überrascht.

„Damit wäre unser geplantes Mittagessen wohl gestrichen", stellte Maud lakonisch fest.

Wenige Minuten später beobachteten wir aus sicherer Entfernung, wie Kasakow in die Auffahrt zu einem der wenigen Luxushotels in Andermatt einbog. Glücklicherweise parkte er den Ford an einer Stelle, die wir einsehen konnten.

Kasakow stieg aus, hatte aber offenbar den Zündschlüssel steckenlassen und schloß nicht ab.

„Da steht ein Rolls-Royce!" stieß ich hervor. „Er hat eine Tessiner Nummer, und die kenne ich."

Unglaublich: Da saß der mir bekannte Chauffeur hinter dem Steuer, und im Fond wartete eine Art Leibgarde, ein Hüne von Mann, der jetzt heraussprang und Kasakow Platz nehmen ließ. Keine halbe Minute später stieg auch der Chauffeur aus und öffnete beflissen die rechte Vordertür für einen Gast, der sich vom Hoteleingang näherte.

Es war niemand anders als Oberst Stähli!

„SO VORNEHM möchte ich auch mal über die Grenze geleitet werden", kommentierte Maud, nachdem wir Andermatt wieder verlassen hatten und hinter dem Rolls-Royce herbrausten.

„Ich bin mir gar nicht mehr so sicher, daß er über die Grenze nach

Deutschland will", entgegnete ich. „Das hier ist jedenfalls die Paßstraße nach Chur und Liechtenstein."

„Kannst du dir vorstellen, was er in Liechtenstein will?"

„Man kann natürlich auch an Liechtenstein vorbei- und weiter am
Rhein entlangfahren bis zum Bodensee", überlegte ich. „Weißt du,
wo man dann landet?"

„Im Wasser, nehme ich an."

„Auf dem Militärflughafen Rheinau", sagte ich und gab Gas.

WIR hatten an einer Stelle geparkt, die uns aus gebührender Entfernung Einblick auf das Vorfeld des Militärflughafens bot. Wir konnten
im Wagen sitzen bleiben. Die meisten Maschinen waren zweisitzige
Düsentrainer; nur gelegentlich landete oder startete eine Mirage oder
ein Transportflugzeug. Und da stand er noch immer, der *Angel of
Death*, mattschwarz, den Bug in den Himmel gereckt, der sich im
Abendlicht rot zu färben begann.

Ich schaute durch mein Fernglas, das ich für die Kunstflugbeobach-
tungen immer bei mir hatte. Um den Stealth-Bomber war eine ver-
botene Zone geschaffen worden. Für sie hatten die Amerikaner ihre
eigenen Bewacher mitgebracht. Zwei US-Soldaten in Luftwaffenuni-
form, die Maschinenpistolen lässig neben sich gelegt, hockten unter
der Tragfläche und führten ein angeregtes Gespräch miteinander. Ich
wußte von meinem Besuch her, daß der geheimnisumwitterte Bomber stets vollgetankt und startbereit stand, um sofort den unsicheren
europäischen Boden verlassen zu können, wenn ein Terrorakt oder
eine Katastrophe drohte.

Ich beobachtete, wie der Rolls-Royce nach kurzem Anhalten durch
den Haupteingang des Flugplatzgeländes fuhr und vor der Kommandantur hielt. Stähli stieg aus und betrat in Begleitung eines Schweizer
Offiziers das Gebäude. Wir warteten geduldig. Inzwischen machte ich
eine weitere Entdeckung: Stählis zweimotorige Piper Aztec war
bereits da. Sie stand zwischen einer Gruppe von Geschäftsflugzeugen
und Militärtrainern.

„Stähli hat es sich nicht nehmen lassen, den Überläufer Kasakow
persönlich herzufahren", sagte ich und war gespannt, mit wem Stähli
wiederauftauchen würde. „Aber er wird bestimmt mit der Piper
zurück in sein Domizil fliegen."

„Und was hat Boris hier zu suchen? Die Amerikaner erlauben ihm
doch keinen Einblick in ein Flugzeug mit der höchsten Geheimhal-
tungsstufe."

„Warum eigentlich nicht? Das Geheimnis des Bombers liegt ja weniger in seinem Aussehen. Davon gibt es ohnehin Bilder. Vielmehr dreht sich alles um die neuartigen Metallegierungen und die Oberflächenbeschichtung. Dazu brauchst du die Formeln und Konstruktionszeichnungen", entgegnete ich und beobachtete, wie Stähli mit einem amerikanischen Luftwaffenoffizier zurückkam. Aber an seiner Seite war noch jemand anders. Ich kannte ihn nur von Zeitungsfotos her: Ernst Huwyler, Diplomingenieur und Erfinder einer Werkstoffkombination von höchstem militärischem Wert.

Während der Luftwaffenoffizier seine beiden Gäste aufforderte, das Vorfeld zu betreten, stieg aus dem Rolls-Royce der Leibwächter, der im Fond neben Boris Kasakow gesessen hatte. Gleichzeitig trat aus der Tür der Kommandantur noch ein Mann in Zivil, der sich offensichtlich leicht verspätet hatte, und schloß sich der Gruppe an.

„Eine ganz gewöhnliche Beobachtergruppe", verharmloste ich den Vorgang. „Stähli ist ein mächtiger Mann. Seine Industrie- und Wirtschaftslobby sorgt dafür, daß die Politiker die ihm genehmen Entscheidungen durchsetzen."

„Jetzt also darf sein Gast Boris sogar das Cockpit dieses Geheimbombers betreten? Ich muß sagen, das finde ich mehr als großzügig."

Ich sah im Fernglas, wie Kasakow die durch Knopfdruck herausgeklappte Metalleiter bestieg, die ins Cockpit führte. Er trug noch immer seine Fliegerkombination, mit der er aus der Suchoi gesprungen war. Der Offizier kletterte hinter ihm her, beugte sich halsbrecherisch ins Cockpit, in das sich Boris hatte fallen lassen, und versuchte, ihm die Instrumente zu erklären.

Was dann passierte, sah wie ein absurdes Theaterstück aus, das mit doppelter Geschwindigkeit ablief. Mit einer kurzen Bewegung stemmte sich Boris hoch und stieß den Offizier von der Leiter. Die beiden amerikanischen Bewacher, die inzwischen am Fuß der Leiter mit umgehängter MP standen, sanken lautlos zu Boden. Hinter ihnen hatte der Bewacher aus dem Rolls-Royce gestanden, der offenbar beide unschädlich gemacht hatte. Der zweite Mann, der verspätet die Kommandantur verlassen hatte, erledigte den Offizier, der bereits am Boden lag. Und auch Stähli war blitzschnell außer Gefecht gesetzt worden. Sein Chauffeur hatte ihn mit einem kräftigen Fausthieb zu Boden gestreckt. Der Oberst lag neben dem Bomber auf dem Beton und rührte sich nicht mehr. Nur Huwyler gelang es, die Flucht zu ergreifen. Er rannte im Sprinttempo auf die Kommandantur zu.

Da heulten die beiden Turbinen des Todesengels auf. Boris hatte sie angelassen und rollte zur Startbahn, auf der gerade eine Mirage mit aufbrüllendem Nachbrenner abhob.

Maud sah mich wild erregt an. „Wir müssen etwas tun!"

„Schon zu spät", stellte ich fest, während der Todesengel auf die Startbahn schwenkte. „Bevor wir am Kontrolltor angekommen sind und dem Posten klargemacht haben, worum es geht, ist Kasakow längst ... Da startet er schon."

„Unglaublich", stieß Maud hervor. „Der weiß doch gar nicht, wie er ein solches supermodernes Flugzeug zu fliegen hat." Sie verfolgte verblüfft, wie der Russe die Maschine beschleunigte, bis sie mit ohrenzerreißendem Fauchen über den Beton raste, gehorsam das Bugrad hob und steil in den Abendhimmel stieg – Richtung Osten. „Selbst wenn er in Rußland moderne Geheimtypen getestet hat – das ist absolut unmöglich."

„Es sei denn, das Ganze ist von langer Hand vorbereitet worden!" rief ich erregt. „Vielleicht hat er bereits alle Flugdaten gehabt, die Bedienungsverfahren trainiert und zumindest die ganze theoretische Handhabung durchgepaukt ..." Der Zettel mit dem Dreieck kam mir wieder in den Sinn. „Jetzt wird Alarm gegeben", kommentierte ich überflüssigerweise das infernalische Sirenenheulen. „Doch jetzt ist er schon über Österreich. Die Schweizer Luftwaffe braucht erst gar nicht mehr zu starten, und die Österreicher werden sich hüten, einen amerikanischen Geheimbomber vom Himmel zu holen. Und dann ist er schon über der Tschechoslowakei, und mit denen dürfte der Fall abgesprochen worden sein." Ich schüttelte fassungslos den Kopf. „Wenigstens wissen wir jetzt, worauf das alles hinauslief ..."

„Da würde ich nicht so sicher sein", sagte plötzlich eine Stimme an der rechten, heruntergekurbelten Scheibe.

Wir schauten entgeistert in ein pockennarbiges, brutales Gesicht.

„Scheibe hoch!" schrie ich Maud zu. Doch der Mann hatte seine Pranken dazwischen. Eher wäre das Glas zersplittert, als daß er die Hände zurückgezogen hätte. An der linken Schulter wurde ein Halfter mit einer locker herausbaumelnden Pistole sichtbar.

„Lieber doch Scheibe runter!" befahl der Mann kalt. „Ihr steigt beide aus und geht brav vor mir her. Und keine Tricks, sonst knallt's!"

Also stiegen wir aus und gingen los.

Nach einigen Metern blieb ich so abrupt stehen, daß Maud gegen mich prallte. Da stand ein Porsche, den ich nur allzugut kannte. Die Frau am Steuer ließ keinen Zweifel darüber, wer sich für uns interessierte.

„Steig ein!" sagte Stella und beugte sich herüber, um die Tür zu öffnen.

„Und Maud?" fragte ich impulsiv.

„Keine Bange. Sie folgt in deinem Coupé, wenn auch nur als Fahrgast."

Ich sah, wie zwei Männer hinter einem Strauch hervortraten, wo sie sich versteckt gehalten hatten. Einer davon ging auf meinen Wagen zu, während der andere sich zu Stella gesellte.

„Ich möchte, daß Maud hier mitfährt", verlangte ich.

Stella warf mir einen spöttischen Blick zu. „Sei nicht kindisch. Hinter uns ist nur der Notsitz. Da möchte ich meinen persönlichen Leibwächter plazieren. Aber im Tessin sind wir wieder alle miteinander vereint."

Ich sah zum Rollfeld hinüber. Krankenwagen jagten heran, Sanitäter luden Leute auf Bahren und schoben sie in die geöffneten Ladeflächen. Aus zwei Kommandantur-Pkws sprangen Schweizer Luftwaffenoffiziere und versuchten, sich einen Überblick zu verschaffen. Auf der Bahn neun starteten zwei Mirage-Abfangjäger.

Stella gab Gas und kurvte mit quietschenden Reifen auf die Gegenfahrbahn. Hinter mir setzte sich mein Coupé mit Maud im Fond und einem Bewacher neben ihr in Bewegung; dahinter folgte ein dritter Wagen mit weiteren zwei Insassen. Waren sie alle uns die ganze Zeit von Locarno bis Rheinau gefolgt? Und ich hatte es nicht bemerkt. Schande über mich!

„So ein Riesenaufwand", sagte ich, als wir uns auf der Schnellstraße zurück nach Liechtenstein befanden. „Das alles für zwei harmlose Menschen, die weiter nichts wollen als an den Weltmeisterschaften teilnehmen. Jeder auf seine Art."

„Jeder auf seine Art", wiederholte Stella gut gelaunt und ließ ihren Porsche an anderen Autos vorbeizischen. „Wir erweisen euch hiermit sozusagen die letzte Ehre."

„Wie wär's mit einem ordentlichen Drink?" fragte Stella und winkte einen der beiden Wachposten von der Tür heran. „Ihr beide könnt eine Erfrischung gebrauchen. Die Nacht ist noch lang."

Sie wartete unsere Antwort nicht ab. Der Zerberus, den sie mit „Aldo" ansprach, ging an die winzige Bar, die inmitten der Bücherregale eingebaut war, und entkorkte eine Flasche Calvados. Während er auch Stella ein Glas zuschob, rekapitulierte ich nochmals verblüfft, was kurz zuvor passiert war: Als wir die Außenbezirke Locarnos

erreicht hatten, war ich der festen Überzeugung gewesen, wir würden wieder über Orselina ins Hauptquartier fahren. Statt dessen näherten wir uns Ascona. Es hatte trotzdem noch eine Weile gedauert, bis ich begriff, daß wir nicht in Stellas Hotel, sondern in die Villa des Oberst Stähli fuhren.

Da saßen Maud und ich nun nebeneinander auf zwei Stühlen in einem der zahlreichen Arbeitszimmer des Obersts, und Stella residierte hinter dem Schreibtisch, als sei sie hier immer schon zu Hause gewesen. Auf der Teakholzplatte lag eine einzige Akte, ein Schnellhefter mit einer Reihe von Blättern.

Als Aldo wieder brav an der Tür neben dem anderen Zerberus Aufstellung genommen hatte, setzte Stella zu einem Monolog an. Die Standuhr mit dem Westminstergong hatte gerade neun Uhr geschlagen, als sie, bequem in einen Sessel zurückgelehnt, begann. Wieder spürte ich ihre Ausstrahlung, die mich noch immer in Bann schlug. Doch je länger sie sprach, um so mehr Kälte ging von ihr aus, bis ich endlich begriff, daß ich eine Frau vor mir hatte, die bereit war, über Leichen zu gehen.

„Romantische Gefühle zahlen sich in dieser Welt nie aus", sagte sie. „Dieser Schmarren mit einer Jugendliebe – was für ein Kitsch. Die Zeit geht weiter, Achim, auch wenn du das auf deiner rosa Wolke noch nicht begriffen zu haben scheinst. Aber ich will dir und deiner lieben Maud Borowski gern knallhart sagen, in welcher Welt ihr zu Hause gewesen seid. Ihr werdet beide den morgigen Tag nicht mehr erleben." Sie warf einen Blick auf die Uhr: 21 Uhr 10. Daneben stand ein Fernsehgerät. Sie griff in eine Schublade, zog die Fernbedienung heraus und schaltete die Nachrichten ein. Gerade wurde die Sensationsmeldung des Tages geboten:

Verschwommene Standfotos vom Stealth-Bomber. Ein bislang unbekannter Pilot habe ihn in einem einzigartigen Gewaltakt entführt. Wahrscheinlich in die Sowjetunion oder in ein anderes Land des Warschauer Pakts. Gerüchte, nach denen der bei den Kunstflugweltmeisterschaften in Erscheinung getretene sowjetrussische Pilot Boris Kasakow bei der Entführung eine Rolle gespielt habe, hätten sich als falsch erwiesen. Kasakow sei am frühen Morgen mit seiner Suchoi in Begleitung seiner Mitarbeiterin Irina Labas zum Rückflug in die Sowjetunion gestartet und inzwischen zum Auftanken in der ČSSR gelandet. Weder die Schweizer noch die österreichische Luftwaffe seien in der Lage gewesen, den Entführer zu stoppen. Bedauernswertes Opfer sei auch Oberst Stähli geworden, der sich zur gleichen Zeit mit seinem Ingenieur Ernst Huwyler auf dem Platz befunden habe.

Und während auf dem Bildschirm die erregten Schuldzuweisungen begannen, griff sich Maud an die Schläfe und verstand die Welt nicht mehr. „Aber Boris Kasakow ist doch weder vermummt noch heimlich ins Flugzeug geschmuggelt worden. Jeder auf dem Militärflughafen konnte ihn sehen."

Stella stellte den Fernseher ab und fixierte Maud mit eiskaltem Blick. „Alle, die ihn gesehen haben, reden nicht mehr. Nur zwei können noch gefährlich werden: Sie und mein Jugendfreund Achim!"

„Aber", stammelte ich, „da gibt es den Wachposten, und auch Zaungäste könnten wie wir irgendwo am Rollfeldrand gestanden haben."

Stella lächelte. „Was den Posten und ein paar weitere Randpersonen betrifft, so sind sie inzwischen, sagen wir, aus dem Verkehr gezogen worden. Und sollte irgendwann einmal ein sogenannter Augenzeuge auftreten, so gibt es Mittel und Wege, ihn zum Schweigen zu bringen. Mit ein bißchen Geld läßt sich da viel bewirken. Bei euch beiden freilich sieht die Sache anders aus." Sie schlug die Beine übereinander. „Ihr habt euch einfach zu weit vorgewagt. Die Quittung dafür ist euch sicher. Daher kann ich euch gern aufklären über das, was eigentlich gelaufen ist. Diesen letzten Spaß mit euch möchte ich schon haben."

„Soll das heißen", schrie ich los, „es ist deine Absicht gewesen? Kasakow sollte den Stealth-Bomber entführen? Und wie paßt das zu einer Agentin eines deutschen Geheimdienstes?"

„Das eine schließt das andere nicht aus." Sie genoß es sichtlich, mich belehren zu können. „Natürlich hat auch der Westen ein Interesse daran, daß Geheimprojekte von Zeit zu Zeit gezielt in die Sowjetunion gelangen. Wie sollten wir sonst Gründe finden, weiter aufzurüsten, wenn die Sowjets nicht mit uns gleichziehen können?"

„Das sagst du mir so einfach und fällst nicht tot um vor Scham?"

„Was für ein Romantiker du bist. Jeder, der ein bißchen Durchblick hat, kennt das Spielchen. Im übrigen haben wir lange überlegt, ob wir Kasakow abfangen sollten oder nicht. Er wußte selber nicht, was er eigentlich wollte. Alles hing davon ab, ob er Erster würde oder nicht."

Mir kam mein Gespräch bei der Madonna del Sasso wieder in den Sinn. „Wieso?" fragte ich dumm.

„Er hatte Angst, abserviert zu werden, wenn er als Verlierer zurückkommen würde. Daher hat man von ihm als Gegenleistung mehr oder weniger die Sache mit dem Stealth-Bomber erwartet. Niemand wußte genau, wann der Todesengel eintreffen würde, wie sich das mit den Wettkämpfen koordinieren lassen würde und welche Chancen für eine Entführung bestanden. Doch als sie dann da war, die große Chance ... Es paßte wirklich alles so hervorragend zusammen, daß Kasakow mit seinem schlechten Gewissen gar nicht anders konnte."

„Und wieso darf niemand wissen, daß Kasakow der Entführer ist? Ihm kann doch nichts mehr passieren."

„Man merkt, daß du ein politischer Analphabet bist. Stell dir vor: Ein berühmter sowjetischer Kunstflieger, Gast der Schweiz, entführt als Dank einen amerikanischen Geheimbomber. Kannst du dir nicht die diplomatischen Verwicklungen vorstellen, die sich daraus ergeben würden? Die Sowjetunion wäre sogar auf Grund interner Abkommen verpflichtet, das Flugzeug umgehend zurückzugeben."

„Und wieso hat Oberst Stähli heimlich den Entführer in den Bomber geschmuggelt?"

Maud hatte sich endlich gefangen und widersprach: „Er wollte ihm doch nur den Bomber zeigen. Dann hat man ihn zu Boden geschlagen, und Kasakow ist entkommen."

„Na bitte ..." Stella sah auf die Uhr: kurz vor zehn. „Und nun zu dir, Achim. Weshalb habe ich dich in die ganze Sache hineingezogen?" Sie machte eine kleine Pause. „Wir ahnten, daß Kasakow etwas vorhaben könnte, wußten aber nicht genau, was. Schließlich arbeiten wir nicht mit ihm zusammen. Wir hatten dich als Kontaktperson eingeplant und verunsicherten dich, um hinterher über dich verfügen zu können. Wir können es jetzt; aber du bist, ihr beide seid uns von keinem Nutzen mehr. Ihr wißt, was passiert ist."

„Bis auf die Sache mit dem Dreieck", monierte Maud. Sie war leichenblaß; längst hatte sie klarer erkannt als ich, worum es ging: um unser Todesurteil. Wir hatten für ein Spiel gehalten, was im Konkurrenzkampf der Großmächte tödlicher Ernst war. Dabei allerdings fielen zwei Tote nicht mehr ins Gewicht. „Vielleicht dürfen wir auch dieses Geheimnis noch erfahren?"

„Gern." Stella hob die vor ihr liegende Akte hoch. „Hierin steht alles. Ihr Techniker, dieser Marco Cazzola, hat als Kontaktmann fungiert. Er war von den Sowjets angeheuert worden, lange bevor Kasakow hierherkam. Er hat die Betriebsanleitungen und Checklisten für den Stealth-Bomber ausgekundschaftet. Wissen Sie, werte Frau Borowski, weshalb sich Cazzola bei Ihnen als Helfer beworben hat? Ursprünglich hatte er vor, seine ausgekundschafteten Unterlagen in Ihren Selbstbau einzuschweißen und mit ihm in die Sowjetunion zu entfliehen. Doch dann tat ihm die Sowjetunion den Gefallen und schickte Kasakow. Damit war sein Plan überflüssig geworden. Er hat sich darauf beschränkt, Kasakow die notwendigen Informationen zu liefern, die zum Fliegen des Bombers nötig waren."

„Aber dieses Dreieck hat doch eindeutig ... Wir haben das herausgefunden ..." Maud schnappte nach Luft. Sie war völlig erschöpft und gab sich ganz offen. „Die Verbindung zwischen all den Aufenthaltsorten."

Stella lachte schallend los. „Da haben wir uns einen köstlichen Scherz erlaubt. Wir haben dieses Manuskript hier nach dem Dreieck angefertigt. Spaß muß sein." Sie hob einen durchsichtigen DIN-A4-Bogen hoch und legte ihn dann auf eine Textseite. Die Spitzen des Dreiecks zeigten jetzt auf ganz bestimmte Wörter. Fügte man sie im Uhrzeigersinn aneinander, ergaben sich, das fand ich rasch heraus, Punkte einer Checkliste. Es war die Checkliste des Stealth-Bombers. Danach folgten Angaben über die wichtigsten Betriebswerte zur Bedienung des Flugzeuges. Einwandfrei konnten wir Checklistenpunkte entziffern wie: *Generators – on normal. Oxygen – 100%. Flaps – 20°*. Geduldig schlug Stella Seite für Seite um, legte jedesmal das Dreieck darüber.

Woher mochten diese Angaben stammen? Wer hatte die Checkliste besorgt? Da Stella ohnehin dabei war, uns aufzuklären, wollte ich gerade entsprechend nachfragen. Doch sie winkte unwirsch ab und setzte ihren Monolog fort. „Natürlich hast du dich immer wieder gefragt, Achim, weshalb ich dich überhaupt in diese Sache hineingezogen habe. Ich muß dir einen blamablen Fehler eingestehen, eine totale Fehleinschätzung deiner Fähigkeiten. Tatsächlich waren wir alle davon überzeugt, ein Mann wie du müßte selbst erfahrener Pilot sein, um so berühmt mit seinen Reportagen zu werden. Irgendein Vollidiot hat das entsprechend in den Computer gespeichert. Wir wußten anfangs noch nicht genau, wofür wir dich verwenden konnten. Immerhin schienst du uns als erfahrener Flieger von Nutzen zu sein." Sie schluckte plötzlich, als habe sie etwas ergänzen wollen, das sie noch nicht preisgeben wollte, und fuhr fort: „Ich selbst verstehe nichts vom Fliegen. Mir sind Flugreisen ein Greuel. Na, immerhin hat deine neue Freundin und Trösterin einen Pilotenschein ..."

„Damit dürfte sie kaum in der Lage sein, einen Stealth-Bomber auch nur bis zur Startbahn zu rollen", ereiferte ich mich. „Beantworte mir noch eine Frage. Wieso habt ihr die Entführung des Bombers geplant und sonnt euch jetzt im Erfolg, während du gleichzeitig hier in der Villa Stählis zu Hause bist? Der wurde doch Opfer der Entführung."

Stella sah mich amüsiert an. „Armer Achim", sagte sie nur, erhob sich und verschwand durch die Tür, die ihr einer der beiden Wachposten öffnete.

Als sie hinausgegangen war, sagte Maud: „Da ist eine Sache, die ich nicht verstehe. Wenn deine Stella eine so eiskalte Agentin ist, wie sie sich hier darstellt..., dann verstehe ich den Eifer und die Genugtuung nicht, mit denen sie uns ihr ganzes Vorgehen präsentiert. Ist das der Stil einer großen, harten Geheimdienstbeamtin?"

„Sie ist eine alternde Frau", entgegnete ich und genoß meine Gehässigkeit.

Nicht lange. Denn die Tür, durch die Stella verschwunden war, wurde geöffnet. Herein trat Oberst Stähli.

MAUD zuckte zusammen, als sie den im Krankenhaus vermuteten Oberst so quicklebendig vor sich sah. Er wirkte vitaler denn je und genoß sichtlich den Überraschungseffekt.

„Ich sehe, Sie haben sich meinetwegen Sorgen gemacht." Er lächelte Maud zu und setzte sich in den Sessel hinter dem Tisch. „Wie freundlich von Ihnen."

Stähli verstand sich darauf, den Charmeur zu spielen, den netten alten Herrn mit gebräuntem Gesicht. Als er unsere leeren Gläser sah, winkte er Aldo heran und bat ihn nachzuschenken. Wie Stella vor ihm, genehmigte er sich ebenfalls ein Gläschen Calvados.

„Ich nehme an, Sie sind freiwillig zu Boden gegangen", fuhr ich ihm ärgerlich in die Parade. „Eine kleine Theateraufführung zwecks Irreführung der Öffentlichkeit. Niemand wird vermuten, daß Sie selbst hinter dem Entführungscoup stecken."

„Herr Reimers, Sie wissen, wie sehr ich Sie schätze. Ich habe Sie sozusagen als Werbefaktor eingesetzt und nach Rheinau geschickt. Es war der letzte Versuch. Ich hätte gern weiterhin mit meinem eigenen Land zusammengearbeitet und ihm die Früchte unserer Erfindung zukommen lassen. Doch gegen die Schweizer Bürokratie ist eine Schnecke ein Formel-1-Rennwagen. Erst wenn diese Traumtänzer erfahren, daß sich die Sowjets unsere Produkte zunutze machen, werden sie sich an mich wenden. Doch bis dahin werde ich die Formeln längst den Amerikanern verkauft haben. Zum Wohl auch Ihnen, gnädige Frau."

Maud starrte ihn wütend an. „Ihre Produktionspläne interessieren mich einen Dreck, wenn ich daran denke, daß Sie uns umbringen wollen."

„Na so was", meinte der Oberst bedauernd. „Nicht so harte Worte. Niemand bedauert mehr als ich, daß sich alles in diese Richtung entwickelt hat. Warum mußten Sie auch dabeisein, als Kasakow aus der Maschine sprang." Er räusperte sich und fuhr gedankenverloren fort: „Tja, Sie sind in diese Affäre auf seltsame Art hineingeraten. Leider können wir keinerlei Risiko eingehen. Sie werden dafür Verständnis aufbringen. Morgen früh gehen Sie beide auf die letzte Reise." Er drückte einen Klingelknopf. „Ein kleines Beruhigungsmittel scheint mir für die verbleibende Zeit das beste zu sein. Keine Bange, es bringt Sie nicht um. Sie haben einen stilvolleren Tod verdient."

Die Tür wurde geöffnet. Herein kam ein Mann, dessen weißer Kittel auf einen Arzt schließen ließ. Er stellte seine Tasche ab und begann eine Spritze aufzuziehen.


## 11

ALs ich aufwachte, schien mir die Morgensonne ins Gesicht. Leises Surren und Vibrieren um mich.

Erste Erkenntnis: Ich saß in einem Flugzeug.

Zweite Erkenntnis: eine zweimotorige Dornier Do 28. Links vor mir Oberst Stähli persönlich am Steuer. Neben ihm einer seiner Sicherheitsbeamten. Neben mir, hinten, ein zweiter Bewacher, den ich schon vom Calvados-Abend her kannte.

Dritte Erkenntnis: Ich war gefesselt. An Händen und Füßen.

Stähli wandte sich halb zu mir um. „Ah, wie schön, daß Sie wach sind. Wir haben gerade Genua überflogen." Er zeigte nach unten. „Sehen Sie nur, Sie können die gesamte italienische Riviera überblicken."

Mit Südostkurs flogen wir auf das Meer hinaus. Fern am Horizont voraus wurden die Gebirgskonturen Korsikas sichtbar.

„Wo ist Maud?" fragte ich benommen und versuchte, den Schleier von meinem Gehirn zu ziehen.

„Ihr wird nicht die gleiche große Ehre zuteil wie Ihnen, Herr Reimers. Auch für den Fall, daß man Sie eines Tages aus dem Mittelmeer fischen sollte, wäre es unklug, wenn dann auch noch Ihre schöne Begleiterin in dieser Gegend gefunden werden würde. Außerdem muß zumindest eines Ihrer Autos verschwinden. Es gibt da eine herrliche Paßstraße im Vallicento, wo ein Wagen fast von selbst in den Abgrund rollen kann. "

Zum erstenmal packte mich die nackte Angst. Am Beispiel Mauds erkannte ich nun überdeutlich mein eigenes Schicksal.

Ich starrte hinab aufs Meer. „Sie sind ein eiskalter Mörder!" Verzweifelt zerrte ich an den Fesseln, erreichte damit aber nur, daß sie mir um so tiefer ins Fleisch schnitten.

Der Oberst warf mir einen vorwurfsvollen Blick zu und ging zum Sinkflug über. „Sie sollten zu schätzen wissen, daß ich mich persönlich um Ihren Abgang kümmere. Ihre Begleiterin stirbt würdeloser." Er legte die Maschine in eine leichte Kurve. Am südlichen Horizont dämmerte die Berglandschaft Korsikas herauf. Nun gab der Oberst dem neben mir sitzenden Bewacher ein Zeichen. Dieser entriegelte daraufhin die Tür neben mir, indem er sich über mich beugte. Er brauchte mir nur einen Stoß zu versetzen, und ich würde abwärts taumeln. Kein Schiff unter uns. Nicht einmal ein Segler als Zeuge. Stähli sah sich nochmals um. „Glauben Sie mir, verehrter Herr Reimers, die Dinge laufen nicht immer so, wie man sie sich wünscht. Als ich Sie mit einem Auftrag nach Rheinau schickte, geschah das in bester Absicht. Ich gehe jetzt auf hundert Meter hinunter. Der Aufprall auf dem Wasser wird Sie sofort betäuben. Sie werden also nichts spüren. "

Er drückte jetzt steil an, und ich sah die Schaumkronen wie die mahlenden Gebisse überdimensionaler Seeungeheuer direkt unter mir.

„Nein!" schrie ich.

„Doch", sagte Stähli und gab das Zeichen.

Ich hörte das schrille Klingeln, sah das Aufblinken einer gelben Lampe am Mittelpodest des Cockpits. Das bedeutete, daß der Pilot vom Boden aus auf einer bestimmten Frequenz gerufen wurde.

Die Nachricht, die durchkam, hatte eine verblüffende Wirkung auf Stähli. Er wurde kalkweiß, zog unwillkürlich am Steuer, so daß wir wieder stiegen, und schien alles um sich vergessen zu haben. Endlich schien sich der Schock in Wut zu entladen. Er begann, ins Mikrofon zu brüllen. Ich schnappte Worte auf wie: „Unglaublich ... Sauerei ... Bin von Vollidioten umgeben. "

Stählis Handlanger neben mir sah ratlos aus. Im Begriff, mich aus dem Flugzeug zu wälzen, hatte er mitten in der Anstrengung aufgehört.

„Tür zu!" schnauzte Stähli ihn an. Er riß die Maschine herum, und wir flogen zurück. Langsam gingen wir wieder auf Höhe.

Stähli war noch immer außer sich vor Wut. „Ja", bestätigte er sich nochmals, „ich bin von Vollidioten umgeben. Und Sie, Reimers, profitieren davon."

Ich atmete tief durch. Mir stand der Schweiß auf der Stirn. Nackter Angstschweiß. Die Kabinentür war wieder verriegelt, wir flogen zurück zum Lago Maggiore.

Als wir Genua passiert und Kurs auf Locarno genommen hatten, wandte Stähli sich zu mir um. „Sie haben sich da schon ein Herzchen von Freundin ausgesucht", sagte er.

Wieder stand mir vor Augen, daß Maud an diesem Morgen hätte sterben sollen. „Lebt sie noch?" stieß ich hervor.

„Sie ist lebendiger, als mir lieb ist. Erinnern Sie sich an meine Bibliothek, in der ein Bild auf dem Kopf hing?"

„Natürlich."

„Dahinter befindet sich der Safe, in dem die Unterlagen zum Stealth-Bomber untergebracht waren. Sie sollten in der kommenden Nacht unter amerikanischem Geleit abgeholt und zurückgegeben werden. Wie ich soeben erfahre, ist der Safe geöffnet, die Papiere sind gestohlen worden."

„Was hat das mit Maud zu tun?"

„Frau Brahm sollte sich um ihre Eliminierung kümmern. Doch dazu ist es nicht gekommen. Diese Borowski muß ein Teufelsweib sein. Ich habe Nachricht erhalten, daß sie die Dokumente in ihren Besitz gebracht und offenbar Frau Brahm unschädlich gemacht hat."

„Und wo befindet sich Maud Borowski jetzt?"

„Sie werden es genausowenig glauben wie ich. Ihre Freundin ist seit einer Stunde in ihrem Doppeldecker unterwegs. Zuletzt wurde sie nördlich von Bayreuth gesichtet, Kurs Nord und dicht vor der DDR-Grenze. Wußten Sie nicht, daß Maud Borowski eine hochkarätige DDR-Agentin ist?"

MIT meiner Menschenkenntnis hatte ich noch nie glänzen können. Ich konnte Menschen zwar auf Distanz sehr skeptisch betrachten. Doch sobald es zu einer persönlichen Beziehung kam, schmolz mein Urteilsvermögen dahin wie Schnee in der Sonne. So war es mit meiner Jugendliebe Stella gewesen.

Und jetzt Maud Borowski!

Ich hätte es wissen müssen. Freilich ergab unter dem neuen Gesichtspunkt nichts von allem Vorangegangenen einen Sinn. Doch ich war jetzt ohnehin nicht imstande, logisch zu denken. Ich litt unter

Nachwirkungen meiner Todesangst. Mühsam kämpfte ich gegen den Brechreiz an, während Stähli den Flugplatz Locarno anflog.

Der Platz bot wieder ein normales Bild. Alle Weltenbummler in Sachen Kunstflug waren abgereist. Etwas jedoch war noch genauso wie während der Weltmeisterschaften. Obwohl kaum Betrieb war, war die Zufahrtsstraße gesperrt. Jetzt sah ich, daß auch die Parallelstraße, die zur ehemaligen Baracke Mauds führte, gesperrt war. Keine Menschenseele zwischen den Flugzeughallen; nur der Tower übermäßig stark besetzt. Ich registrierte das alles, während Stähli auf die Landung konzentriert war. Rumpelnd setzten wir auf, rollten aus und schwenkten zu den Hallen ein. Vier Mechaniker, die ich hier nie gesehen hatte, standen in makellosen weißen Overalls davor.

Irgend etwas stimmte nicht. Was ging hier vor?

Fand Stähli das alles normal? Offenbar. Allerdings kannte er sich hier auch kaum aus. Er stellte den Motor ab, führte die Parking Checks aus, löste die Gurte, warf einen Blick zurück und kletterte als erster aus der Maschine. Zwei der Mechaniker kamen auf uns zugeschlendert.

In diesem Augenblick mußte bei uns allen gleichzeitig die Alarmglocke geschrillt haben. Mein Bewacher neben mir riß seine Pistole heraus und drückte den Lauf gegen meine Stirn. Stählis Leibwächter vor mir sprang aus der Maschine, zog ebenfalls seine Waffe und warf sich unter die Dornier in Deckung.

Blitzschnell hatten alle vier „Mechaniker" ihre Pistolen in der Hand. Doch Stähli reagierte nicht. Aufrecht und ohne eine Spur von Erstaunen ging er zwischen den hektisch herumfuchtelnden Polizisten auf die Halle zu, wo plötzlich weitere Polizisten auftauchten. Er ließ sich widerstandslos in Gewahrsam nehmen und wurde durch eine Tür meinen Blicken entzogen. Alles wäre gutgegangen, hätten nicht meine beiden Bewacher durchgedreht. Der Mann unter der Maschine begann zu feuern. Einer der beiden Polizisten griff sich an die Hüfte und sank mit einem Aufschrei ins Gras.

Sofort eröffnete der Mann neben ihm das Feuer, bis er plötzlich merkte, daß er mich ins Schußfeld bekam. Mein Bewacher hatte mich vom Flugzeugsitz hochgezerrt und hielt mich wie einen Schild den Polizisten entgegen. Die Pistole hatte er dabei auf mich gerichtet. Als er mich in der richtigen Position als Geisel hatte, traf ihn ein Geistesblitz. Er griff mit der Linken in seine Jacke nach seinem Messer – schon waren meine Nylonfesseln durchgeschnitten. Konnte der Mann wirklich vorausahnen, mit welchen Ausflüchten sein Chef sich später gegen alle Anschuldigungen zur Wehr setzen würde?

Immer mehr Polizisten tauchten auf. Doch niemand schoß. Mein Bewacher zwang mich aus dem Flugzeug und ging zu seinem schieß- wütigen Kollegen hinter dem Rumpf in Deckung, während ich ste- henblieb und meinen Kopf feilbieten mußte. Aber seltsamerweise spürte ich kaum Angst.

Und ich sah, was meine beiden Wächter nicht sahen: Von hinten kamen drei weitere Polizisten herangestürmt. Mindestens zehn Meter bis zu mir mußten sie deckungslos überwinden. Noch schauten meine beiden Bewacher zur Halle hin. Ein Blick rückwärts, und es konnte um mich geschehen sein.

„Dort, hinter der Halle!" schrie ich ihnen zu. Instinktiv starrten sie auf den angegebenen Punkt. Doch mein Leibwächter durchschaute mich, wandte sich um, sah die heranstürmenden Polizisten, schrie: „Du Schwein!" und wollte abdrücken. Da trat ich zu, verstauchte mir den Fuß und hörte den Schuß ...

## 12

NACHT und Nebel und ein Weißkittel, der sich mit einer Spritze über mich beugte. Ein kahler Hallenraum. Erneute Dunkelheit und beklemmende Alpträume. Plötzlich eine bekannte Stimme: „Sie haben nicht das Zeug zum Helden, doch jetzt haben Sie es überstan- den."

Vor mir tauchte nebelumschleiert ein Mann auf: Paul Schnydrig. Er zog sich einen Hocker an mein Bett, winkte die Krankenschwester hinaus und zog seine Tabakspfeife aus der Jackentasche, ohne sie anzu- zünden. „Es freut mich, von der Schwester zu hören, daß Sie nur einen Streifschuß am Bein haben. Morgen schon werden Sie entlassen. Da ich bereits heute zurück nach Genf fahre, hier nur rasch ein paar Fragen zum Abschluß. Eine reine Routineangelegenheit, um die Bürokratie zu befriedigen, Sie verstehen."

„Wer sind Sie eigentlich?" fuhr ich ihn wütend an. Ich richtete mich auf und spürte einen Stich in meinem rechten, bandagierten Bein. „Sie haben mich grundlos verfolgt und verdächtigt. Und jetzt tauchen Sie hier auf, während die Dokumente, die Sie schützen sollten, längst in der DDR sind."

Schnydrig sah mich amüsiert an, beherrschte sich aber und wurde ernst. „Zunächst stelle ich die Fragen. Erstens: Aus welchem Grund sind Sie mit Oberst Stähli unterwegs gewesen?"

„Er wollte mich umbringen", erklärte ich schlicht. „Über dem Mittelmeer wollte er mich hinauswerfen."

„Das ist aber eine arge Räuberpistole, die Sie mir da auftischen. Wer soll Ihnen das glauben? Oberst Stähli ist einer der führenden Industriellen der Schweiz. Er hat mehr Orden und Ehrenzeichen, als Sie Knochensplitter im Bein haben. Er sagt aus, er habe Sie auf einen kleinen touristischen Abstecher zum malerischen Mittelmeer mitgenommen."

„Aber ich war gefesselt!" Ich zeigte ihm meine Handgelenke. Die Einschnitte waren nur noch schwach sichtbar.

„Haben Sie die sofort nach Ihrer . . . Befreiung vorgezeigt? Die können Sie sich doch längst selber beigebracht haben. Damit kommen Sie nie durch."

„Warum hat er dann seine Gorillas auf die Polizei schießen lassen?"

„Er mußte annehmen, daß die Polizisten nicht echt waren. Gerade hatte er über Funk vom Diebstahl seiner Dokumente erfahren. Da mußte er annehmen, daß man weitere Aktionen gegen ihn plant."

„Weshalb hat er sich dann so seelenruhig in die Gewalt der Polizisten begeben?"

„Der Oberst haßt Blutvergießen und wollte Ihr Leben nicht gefährden. Er konnte nichts dafür, daß seine Bewacher durchdrehten."

„Aber das ist doch der totale Blödsinn!" empörte ich mich.

Schnydrig spielte wieder an seiner Pfeife. „Ja", sagte er ruhig. „Das ist der totale Blödsinn. Aber ein berühmter Mann wie er, der die Sympathie der Bevölkerung auf seiner Seite weiß, kommt damit immer durch. Dazu gibt es zu viele Interessenvertreter, die von ihm leben." Er sah mich nachdenklich an. „In mir haben Sie einen Mann, der Ihnen die Sache mit dem Mordversuch über dem Mittelmeer glaubt. Nur helfen, helfen wird Ihnen das nicht." Er lächelte. „Aber vielleicht hilft Ihnen eine Dame weiter, die gleich eintreten wird." Er nickte mir zu und verließ das Zimmer. Einige Sekunden später öffnete sich die Tür.

Vor mir stand Maud Borowski!

„Ich dachte, du seist in der DDR", sagte ich unsicher. „Wollten sie dich nicht?"

Sie sah erschöpft aus. „Ist es schlimm mit deinem Bein?" fragte sie besorgt und setzte sich auf die Bettkante. Sie hatte noch immer den blauen Overall an, den sie am liebsten beim Fliegen trug. Ihre Hände waren ölverschmiert. „Ich war über sechs Stunden unterwegs, mit Zwischenlandung. Mir reicht's. Immerhin bin ich unverletzt."

„Und ich wollte ein bißchen den Helden spielen", antwortete ich grinsend. „Aber keine Sorge, mein Bein ist in zwei, drei Tagen in Ordnung, sagt Schnydrig. Wer, um Himmels willen, ist dieser Mann eigentlich?"

„Der einzig Vertrauenswürdige im ganzen Spiel", sagte sie ernst und betrachtete die schwarzen Schmutzränder unter ihren Fingernägeln. „Er muß deine Stella von Anfang an in Verdacht gehabt haben, auch wenn es zuerst anders aussah."

„Und was genau hat Stella gemacht? Ich dachte, du seist mit ihr in die DDR getürmt."

„Wäre ich fast, aber nur, weil sie mich dazu zwingen wollte. Doch ich erzähle dir die ganze Geschichte lieber von Anfang an . . .

„SICHER erinnerst du dich, wie sie dir in Stählis Arbeitszimmer eine Spritze verpaßt haben", begann Maud ihren Bericht. „Danach schleppten sie dich hinaus, und gleich darauf tauchte Stella wieder auf. Ihr folgten zwei Männer, denen man ansah, daß sie nicht mit sich spaßen lassen würden.

‚Fühlen Sie sich in der Lage, mich ein bißchen durch die Gegend zu fliegen?' fragte mich Stella.

‚Mitten in der Nacht?'

Stella musterte mich eiskalt. ‚Sie haben doch eine besondere Genehmigung, nachts zu fliegen. Wir fahren jetzt gemeinsam nach Locarno zu Ihrer Maschine. Die bereiten Sie dann für einen mehrstündigen Flug vor. Ziel Bayreuth. Sie ist ja vollgetankt, wie ich inzwischen weiß. Und Sie können die Flugfreigabe über Funk vom Cockpit aus anfragen.'

‚Sie haben einen guten Berater', antwortete ich. Dann machten wir uns auf den Weg. Einer der Männer fuhr, Stella saß vorn neben ihm, ich hinten mit dem zweiten Bewacher. Als wir in die Straße zum Flugplatz einbogen, zog Stella aus ihrer Kostümjacke eine Smith & Wesson. ‚Und damit Sie sich keinen Illusionen hingeben, liebes Kind. Eine defekte Maschine akzeptiere ich nicht. Also keine Tricks.'

Zehn Minuten später saßen wir beide in der *Esperanza*. Doch ich merkte, daß für Stella inzwischen zwei Punkte nicht so gelaufen waren wie geplant. Offenbar war sie der Meinung gewesen, der Pilot sitze in der *Esperanza* vorn, der Gast hinten. Da ich mir jedoch alle wichtigen Navigations- und Zusatzgeräte hinten hatte einbauen lassen, blieb Stella nichts anderes übrig, als vor mir Platz zu nehmen. Und noch etwas war anders, als sie es sich vorgestellt hatte. Wir mußten offen fliegen, denn die Plexiglashaube der Maschine lag unbrauchbar in der Halle, da sie am Ende der letzten Kunstflugvorführung im vorderen Teil zersplittert war.

Stella befürchtete allerhand Tricks von mir, aber zu diesem Zeitpunkt dachte ich noch nicht sehr intensiv über Möglichkeiten zur Gegenwehr nach. Ich trieb sogar eine zweite Kopfhaube mit Windschutzbrille für meinen Gast auf. Bayreuth als Flugziel klang nicht übel. Danach würde ich allein zurückfliegen dürfen, das hat Stella mir zugesichert.

Dann saßen wir in der Maschine und warteten. ‚Soll ich schon mal die Starterlaubnis einholen?' fragte ich. Wir verständigten uns akustisch über die Bordsprechanlage.

Stella schüttelte den Kopf. ‚Wir warten noch auf Post.'

Normalerweise ist der Tower nachts gar nicht besetzt. Doch weil die Militärs, die hier auch noch zu Hause sind, jetzt nach den Wettkämpfen den Flugplatz wieder intensiv nutzten, versah ein müder Fluglotse gelangweilt seinen Dienst.

Endlich fuhr ein Wagen an die Maschine, und ein Mann übergab Stella eine Aktentasche. Sie vergrub sie tief zu ihren Füßen und befahl: ‚Wir können loslegen!'

‚Da ist ein Problem', sagte ich. ‚Bayreuth liegt im Ausland. Wenn wir dort landen, brauche ich eine Zollabfertigung. Der Zoll ist aber erst wieder ab sieben Uhr morgens besetzt.'

‚Wer hat Ihnen denn gesagt, daß Sie in Bayreuth landen sollen?'

‚Ohne Fallschirm wird der Absprung aber hart werden.'

‚Sie werden einen Überlandflug bis Bayreuth und zurück anmelden', ordnete Stella eiskalt an, ‚ohne Zwischenlandung. Den Rest überlassen Sie bitte mir.'

Zehn Minuten später waren wir in der Luft.

Eine Alpenüberquerung bei Nacht ist kein Kinderspiel; auch bei Vollmond nicht. Ich hatte alle Hände voll zu tun, mich durch das Valle Leventina hinaufzumogeln zum Sankt Gotthard und hinunter nach Andermatt.

Über dem Bodensee meldete sich Stella nach langem Schweigen. ‚Wenn wir über Bayreuth ankommen, werden Sie Ihre Anweisungen ausschließlich von mir erhalten. Sollten Sie nicht entsprechend reagieren, bezahlen Sie mit dem Leben.'

‚Sie ebenfalls', konterte ich.

‚Ich würde Sie nicht in der Luft erschießen, sondern sofort nach der Landung.'

‚Sie würden am Boden nicht weit kommen und als Mörderin verurteilt werden.'

‚Das dürfte Sie dann kaum interessieren. Denn Sie wären tot.'

Beeindruckt durch diese Logik, flog ich weiter. Über Nürnberg wurde es hell. Bis Bayreuth waren es noch rund sechzig Kilometer. Ich wurde unruhig. ‚Wir nähern uns jetzt der Verteidigungszone an der DDR-Grenze, in die ich nicht hineinfliegen darf. Was also machen wir über Bayreuth?'

Plötzlich wurde Stella gesprächig. ‚Für wen halten Sie mich eigentlich?'

‚Für eine deutsche Agentin, die versucht, durch Industriespionage zusätzlichen Reibach zu machen.'

Stella lachte so laut, daß ich meinen Kopfhörer verschieben mußte. ‚Und, was glauben Sie, ist in der Tasche?'

‚Es sind Dokumente, über die Stähli verfügt hat. Er hat die Entführung eines Geheimflugzeuges in die UdSSR ermöglicht. Sie haben eine Zusammenarbeit mit ihm vorgetäuscht. Doch Sie werden die Formeln, Dokumente und Testergebnisse einer deutschen Flugzeugfirma übergeben, für die Sie wahrscheinlich spionieren.'

‚Fast richtig. Deutsche Firma stimmt, wenngleich –'

‚Wir nähern uns der Sperrzone an der DDR-Grenze', unterbrach ich sie nervös und überprüfte die Anzeigen. ‚Entweder runter oder umkehren.'

‚Geradeaus weiter!' befahl Stella. ‚Ziel: deutsche Firma.'

‚Man wird uns abschießen! Ich muß hier umkehren.'

‚Keine westdeutsche Grenzverteidigung schießt einen verirrten Sportflieger ab. Und die in der DDR wissen Bescheid, daß wir kommen.'

‚Die wissen Bescheid?'

‚Natürlich. Steuern Sie Kurs vierzig Grad. Das führt uns etwa nach Goldkronach. Dort kriegen Sie weitere Informationen, wenn Sie auf die Frequenz 122,85 umschalten.'

‚Sie sind also nichts als eine schäbige Ostagentin? Noch dazu eine, die gegen die Machenschaften des Obersts angeht, der für die UdSSR arbeitet?'

‚Warum so aufgeregt? Nach Ihrer Landung werde ich mich für Sie einsetzen. Es wird Ihnen nicht schlecht ergehen.'

‚Und Achim Reimers?'

‚Ach, Kindchen ...' Stella schien gerührt zu sein. ‚Sie sind naiv. Um Ihren Herzallerliebsten ist es geschehen. Er wird sofort nach

Sonnenaufgang zum Mittelmeer geflogen werden und dürfte von dort wohl kaum zurückkehren . . .'

‚Sie werden ihn wirklich umbringen?' schrie ich auf.

‚Das war doch schon vorher abgemacht. Sie hingegen können durchaus davonkommen.'

‚Was für ein Schweinebetrieb! Sie alle, alle sind Schweine!'

Entsetzliche Bilder standen mir vor Augen. Schock, Verzweiflung und Angst ließen mich innerlich erstarren. Dann plötzlich stellte sich ein neuer Gedanke ein, die Vision eines rettenden Strohhalms. Blitzschnell durchdachte ich alle Möglichkeiten – es waren nicht allzu viele. Wichtig war, daß Stella ihre Pistole zog . . .

Während ich vierzig Grad steuerte, nahm mein Plan feste Umrisse an. Ich begann leicht mit den Tragflächen zu wackeln.

Sofort reagierte Stella unruhig: ‚Lassen Sie das. Glauben Sie ja nicht, ich würde jetzt noch zögern, Sie zu erschießen.'

Trotz der Drohung ließ ich die Maschine erneut leicht taumeln. Ich überprüfte unsere Höhe: tausendfünfhundert Meter. Kein Problem für das, was ich vorhatte. Wenn nur Stella endlich ihre Pistole aus der Jacke gezogen hätte.

‚Ich möchte sehen, ob Sie mich wirklich erschießen, wenn ich jetzt umkehre', provozierte ich sie.

‚Versuchen Sie es doch mal, Kindchen', gab Stella zurück.

Kurz entschlossen kurvte ich vom Nordostkurs auf Nordwest. Da war sie endlich, Stellas Smith & Wesson. Mühsam drehte Stella sich um und richtete den Lauf auf mein Gesicht. ‚Sie gehen sofort wieder auf Kurs, sonst knallt's!'

‚Na gut', antwortete ich. Dann drückte ich die Maschine steil an und gab Gas zu einem Loop vorwärts.

Ein solcher Loop gehört bekanntlich zum Schlimmsten, was einem Nichtflieger passieren kann. Er wird dabei nicht in den Sitz gedrückt, sondern hinausgeschleudert. Und obwohl die Gurte ihn im Cockpit festhalten, zerren extreme Zentrifugalkräfte an seinem Kopf, den Augäpfeln, den Eingeweiden. Sie vermitteln ihm das panische Gefühl, unweigerlich ins Leere zu stürzen.

Als ich die Maschine unten auf der halben Figur abfing, war die Smith & Wesson schon in hohem Bogen davongeflogen. Jetzt jagte ich im Rückenflug in entgegengesetzter Richtung weiter. Unter mir, das heißt eigentlich über mir, entdeckte ich den Flugplatz von Bindlach. Ich überlegte noch, wie lange eine nicht mehr ganz junge Frau wie Stella die mörderischen g-Kräfte ertragen konnte, ohne gesundheitlichen Schaden zu nehmen, da konnte ich die *Esperanza* schon zum Landeanflug geradelegen und sanft in Bindlach aufsetzen ... Während ich hektisch nach der Polizei verlangte, bemerkte ich, daß ich mich durch Stella nicht mehr bedroht zu fühlen brauchte. Die hing bewußtlos in den Gurten. "

„DAS war alles fast schon ein Kinderspiel." Maud saß vor mir und hatte ruhig und sachlich berichtet. „Danach jedoch begann der harte Kampf für mich. Ich wußte doch, sie wollten dich umbringen. Jede Minute konnte die letzte für dich bedeuten. Aber in der ganzen Gegend zwischen Bayreuth und Hof war so früh am Morgen niemand bereit, die Initiative zu ergreifen. Mir blieb daher nichts anderes übrig, als deinen verhaßten Paul Schnydrig vom Sicherheitsdienst zu verlangen. Das klappte dann endlich auch. "

„Und nachdem du Schnydrig erreicht hattest, was passierte dann?"

„Er hat seine Leute – es müssen mindestens zwei Dutzend sein, die mit diesem Spionagefall befaßt sind – alles für den Empfang Stählis vorbereiten lassen. Und vorher hat er über Stählis Mitarbeiter am Funkgerät und mit vorgehaltener Pistole Stähli über den geplanten Coup Stellas informiert. Das mußte den Oberst erschüttern. Doch zu der Zeit wußten wir nicht, ob du noch am Leben warst. "

„Und das hast du alles nach deiner Landung in Bayreuth geschafft?"

„Zunächst hat die Polizei mal Stella festgenommen, weil ich sie der versuchten Entführung in die DDR beschuldigt hatte. Mich natürlich auch. Hätte ich Schnydrig nicht sofort am Apparat gehabt, säße ich jetzt noch mit ihr in der gleichen Zelle. Doch das Stichwort Geheimdienst setzt alle normalen demokratischen Spielregeln außer Kraft. Somit durfte ich, nach raschem Volltanken, sogar weiterfliegen. "

„Und Stähli?" fragte ich. „Was ist mit ihm?"

„Er muß sich zur Verfügung halten. Schließlich hat man ihm wichtige Dokumente rauben wollen. Der CIA und der Schweizer Geheimdienst stehen kopf. "

„Und du bist die große Heldin. Denn du hast die Dokumente vor der Weitergabe an die DDR bewahrt. "

„Du sagst es. Draußen drängeln sich die Reporter und Militärs, die Polizisten und Fernsehgesellschaften. Doch du bist hier gut abgeschirmt. Das erste Verhör oder Interview mit dir darf erst in einer Stunde beginnen. "

„Aber Stähli ... Er hat die Flugzeugentführung Kasakows unterstützt ..."

„Wir beide sind wohl die einzigen Zeugen."

„Das heißt, er wird uns umbringen lassen. Bei mir hat er es gerade versucht."

Sie schüttelte den Kopf. „Das glaube ich nicht. Er hat behauptet, er habe dich nur zu einem kleinen Rundflug mitgenommen, als Dank für deine Reportage über den Stealth-Bomber. Und obwohl alle Eingeweihten Bescheid wissen, wird sich juristisch wohl nichts machen lassen. Auf jeden Fall wird er sich hüten, erneut Verdacht auf sich zu lenken. Im Gegenteil. Er kann nur dankbar sein, daß alles so gelaufen ist, wie es lief. Wenn eine Ostagentin wie Stella Papiere in die DDR zu entführen sucht, dann müssen die von unschätzbarem Wert sein. Und prompt ist der erste Vertreter der größten Schweizer Rüstungsfirma bereits eingetroffen und hat mir einen riesigen Strauß gelber Rosen überreicht. Für meine Heldentat."

Sie machte eine pathetische Geste, und ich mußte grinsen. „Na gut, du Heldin. Hältst du es für unter deiner Würde, einem armen Verletzten etwas zu trinken zu besorgen? Ich komme um vor Durst."

Maud erhob sich von der Bettkante und drückte mir einen flüchtigen, aber zärtlichen Kuß auf die Stirn.

„Natürlich." Doch an der Tür prallte sie zurück.

Draußen auf dem Flur wogte die Masse der Reporter und Fotografen. Wollten sie alle zu mir? Wie konnte Maud sie jetzt noch zurückhalten?

Sie warf mir einen letzten Blick zu und rief, bevor sie im Gedränge verschwand: „Manche Probleme lassen sich am besten im Rückenflug bewältigen."

## Rudolf Braunburg

Faszination des Fliegens – im Leben des 1924 in der Mark Brandenburg geborenen Rudolf Braunburg spielte sie schon seit frühester Jugend eine entscheidende Rolle. Nachdem der Vater auf der Suche nach Arbeit die Familie 1934 mit nach Holland nahm, geriet der Junge in eine Umgebung, in der die Flugbegeisterung keine Grenzen kannte. „Ein Taumel hatte alle erfaßt", erinnert sich der Autor in seiner Autobiographie *Ein Leben auf Flügeln.* „Wenn es beispielsweise hieß, die Fokker F 18 *Snip* sei von einem Rekordflug auf der Heimreise, aber über Amsterdam-Schiphol liege dichter Nebel, dann pilgerte halb Holland nach Schiphol hinaus ... Ich selbst radelte häufig zum Flugplatz Soesterberg", ergänzt Braunburg. „Was mich immer wieder begeisterte, war jedoch nicht der röhrende Triumph der Technik. Es war die Könnerschaft, mit der die Piloten ihre Steilkurven, Verbandsflüge, Rollen, Turns und Loopings flogen."

Freilich hätte sich der Junge damals nie träumen lassen, die ersten fliegerischen Erfahrungen ausgerechnet in der Luftwaffe Adolf Hitlers sammeln zu müssen. Sein Wunsch, Verkehrsflieger zu werden, erfüllte sich erst 1955, als er zur wiederentstandenen Lufthansa ging. In ihren Diensten lernte er dann, die großen Jets zu fliegen, und war bis 1979 auf allen wichtigen Flugrouten unterwegs. So schwer Braunburg danach der Abschied vom Fliegen auch fallen mochte, den neu gewonnenen zeitlichen Freiraum konnte er gut gebrauchen, da er sich längst zu einem sehr erfolgreichen Schriftsteller entwickelt hatte. Neben Romanen wie *Piratenkurs* und *Der verratene Himmel,* die auch in den Reader's Digest Auswahlbüchern erschienen sind, zeugen zahlreiche Erzählungen, Essays und Zeitschriftenartikel von Braunburgs sprachlichem Können und beeindruckendem Sachverstand.

„Stets ist bei mir mindestens ein halbes Dutzend Manuskripte in Arbeit", berichtet der im Raum Köln beheimatete Autor. Um so höher ist es einzuschätzen, daß sich Braunburg neben der Pflege seiner Hobbys Malen, Saxophonspielen und Reisen auch noch die Zeit nimmt, engagiert für die Erhaltung von Naturreservaten und für praktische Belange des Umweltschutzes einzutreten.

# MRS. POLLIFAX
## und das
## Goldene Dreieck

Eine Kurzfassung des Buches von
DOROTHY GILMAN

Nach der Übersetzung von Lore Straßl
Illustrationen von Ray Yeldham

*„Es* handelt sich wirklich nur um einen ganz kleinen Auftrag: Sie brauchen lediglich in Chiang Mai ein Päckchen mit Informationen von einem Mann namens Ruamsak abzuholen", beschwört der CIA-Mann Bishop seine alte Bekannte Emily Pollifax, die dem amerikanischen Geheimdienst schon so oft aus der Verlegenheit geholfen hat. Doch nach der Ankunft von Mrs. Pollifax in Thailand kommt dann plötzlich alles ganz anders: Am vereinbarten Treffpunkt stößt sie auf eine Leiche, ihr Ehemann Cyrus ist plötzlich verschwunden, und ehe sie sich's versieht, befindet sie sich in Begleitung eines wildfremden Mannes auf Verbrecherjagd im thailändischen Dschungel.

DIE Stadt Chiang Saen in Nordthailand liegt am Mekong, nahe der Spitze des Goldenen Dreiecks, wo die Länder Laos, Birma und Thailand aneinandergrenzen. Palmen spenden der Hauptstraße Schatten, und auch die Strohdächer einer langen Reihe von Häusern bieten Einheimischen wie Fremden angenehme Kühle. Hier haben sich gutgehende Geschäfte angesiedelt, in denen der öffentliche Handel der Stadt betrieben wird. Daneben gibt es einige Pensionen und Gästehäuser, in denen die privateren Geschäfte abgewickelt werden, und ein Restaurant mit Blick auf den breiten, träge dahinfließenden Mekong und die niedrigen Bäume und den gelben Sand des gegenüberliegenden laotischen Flußufers. Während des Essens kann man hier in aller Ruhe die schmalen, langen Motorboote beobachten, die gemächlich stromauf- oder stromabwärts tuckern. Einem Touristen, der sich für die Geschichte dieser Gegend interessiert, bietet sich vor allem der Besuch zweier nahe gelegener Tempel an, nämlich des Wat Pa Sak und des Wat Prathat Chom Kittos; letzterer wurde im zehnten Jahrhundert erbaut, als Chiang Saen die Hauptstadt eines reichen Fürstentums war.

Es war an einem Nachmittag im Oktober, als in einem der strohgedeckten Gästehäuser ein Mann die Akten eines amerikanischen *Farangs,* eines Fremden, durchwühlte. Wenn der Bewohner, der auf einer niedrigen Couch im selben Zimmer lag, den Eindringling wahrnahm, so ließ er es sich zumindest nicht anmerken: Mit weit aufgerissenen Augen, deren Pupillen unnatürlich stark vergrößert wirkten, starrte er blicklos zur Decke empor, und sein Gesichtsausdruck verriet, daß seine Sinne von einer inneren Welt der Unwirklichkeit und Täuschung gefangengehalten wurden.

Während der Eindringling die Unterlagen rasch durchblätterte und ihren Inhalt überflog, seufzte er mehrmals enttäuscht und ließ dabei seinen Blick zu dem Mann auf der Couch wandern. Dann legte er die Papiere, bis auf eines, sorgsam wieder an ihren Platz zurück. Nur dieses interessierte ihn wirklich. Es enthielt eine Adresse: MR. JAMES T. CARSTAIRS, P.O. BOX 4023, BALTIMORE, MARYLAND, USA. Er notierte sie sich mit einem Bleistift auf einem zerknitterten Zettel, wobei er die Buchstaben mit großer Sorgfalt abmalte. Als er damit fertig war, huschte er auf Zehenspitzen durch das Zimmer und nahm einen Kugelschreiber, einen Briefumschlag, ein paar Briefmarken und ein Blatt Schreibpapier an sich. Danach verließ er das Haus und schloß leise die Tür hinter sich.

Am Fluß setzte er sich unter einen Baum und schrieb eine Nachricht auf den Briefbogen, was einige Zeit in Anspruch nahm, denn es handelte sich um eine lange Mitteilung. Anschließend holte er ein Stempelkissen hervor, drückte seinen Daumen darauf und unterzeichnete die Botschaft mit seinem Fingerabdruck, dem er in Blockbuchstaben den Namen RUAMSAK hinzufügte. Nachdem er den Umschlag frankiert und zugeklebt hatte, hielt er ihn einen Augenblick prüfend in der Hand, als schätze er sein Gewicht ab; doch tatsächlich dachte er daran, welch mühsamen Weg er nun einschlagen mußte. Es war zu gefährlich, in Chiang Saen einen Brief an einen Empfänger in den Vereinigten Staaten aufzugeben, denn das hätte bei bestimmten Leuten Neugier erregt; und daher würde er nun nach Mae Sai oder gar bis nach Chiang Rai fahren müssen, um sein Schreiben abzuschicken. Er seufzte bei dem Gedanken, wie beschwerlich und zeitraubend diese Fahrt für einen vielbeschäftigten Mann wie ihn sein würde. Aber es gab einen guten Grund, diese Anstrengungen auf sich zu nehmen: Er hatte herausgefunden, daß für bestimmte Informationen gutes Geld gezahlt wurde, und er hatte sich gefragt, warum andere an seiner Stelle abkassieren sollten, wenn eigentlich er die Nachrichten lieferte. Er hatte sich vorgenommen, darauf zu bestehen, daß man ihn in Gold entlohnte, und um die *Phi*-Geister zu besänftigen, würde er den Mönchen etwas Geld spenden.

Das Datum des Poststempels würde der 17. Oktober sein, und er rechnete mit einer baldigen Antwort, denn er war sicher, daß die Amerikaner an seinen Informationen sehr interessiert sein würden.

## 1. Kapitel

WIE flüssiges Gold ergoß sich das Licht der milden Januarsonne über den Eichenboden. Auf dem Dach taute das Eis, und das Schmelzwasser tropfte mit rhythmischem, melodischem Klang auf die Terrasse. Mrs. Pollifax blickte von der Liste in ihrer Hand zweifelnd auf die beiden Koffer an der Eingangstür. „Cyrus, bist du ganz sicher, daß wir nichts vergessen haben?" fragte sie besorgt.

„Emily, du bist diese Liste heute bereits viermal durchgegangen", erwiderte Cyrus Reed trocken. „Bei meinem streng logischen Verstand und deinem Einfallsreichtum, wie hätten wir da irgend etwas übersehen können?"

„Das ist es ja gerade! Ich bin mir eben nicht sicher, ob mir wirklich alles Wichtige eingefallen ist", gestand sie. „Ich weiß zwar, daß ich deinen Notproviant, die sechs Dosen Ölsardinen, eingepackt habe – aber ich bin mir inzwischen gar nicht mehr sicher, ob auch meine Malariatabletten dabei sind, und wenn ja, wo?"

Statt einer Erwiderung faßte Cyrus sie an den Schultern und schob sie entschlossen in die Küche. „Frühstück, Emily!" verkündete er. „Also wirklich, nach all den Reisen, die du schon gemacht hast ..."

Sie schenkte ihm ein strahlendes Lächeln, wofür sie den Kopf ziemlich weit zurücklegen mußte, denn Cyrus war immerhin fast einsneunzig groß. „Sicher, gereist bin ich viel, aber ich war noch nie wirklich auf Urlaub. Touristin habe ich bisher nur gespielt – für Carstairs und das Department, weißt du noch?"

„Und ob ich das noch weiß!" antwortete er amüsiert. Das Ungewöhnliche an seiner Frau war nämlich die Tatsache, daß sie als Gelegenheitsspionin arbeitete, eine alte Liebhaberei aus der Zeit vor ihrer Ehe mit Cyrus. Damals, als Witwe, deren erwachsene Kinder bereits aus dem Haus waren, hatte sie mit dem ihr eigenen Einfallsreichtum ein Mittel gegen die drohende Langeweile entdeckt: Sie war als „freie Mitarbeiterin" dem CIA beigetreten!

„In Sambia hast du dir fast den Schädel einschlagen lassen ...", fuhr Cyrus fort.

„Ich hätte dich nie kennengelernt, wenn ..."

„... ganz zu schweigen davon, daß du es geschafft hast, in China den KGB auszukundschaften", beendete Cyrus seine Feststellung.

Es entging ihr nicht, daß er wohlweislich ihr letztes Abenteuer verschwieg, bei dem ihr Glück sie im Stich gelassen hatte. Nur um Haaresbreite war sie mit dem Leben davongekommen. Dieses Ereignis hatte sie verändert, und sie empfand eine tiefe Dankbarkeit dafür, daß sie Cyrus jeden Morgen beim Frühstück gegenübersitzen und ihn anschauen konnte: seinen dichten weißen Haarschopf, seine breiten Schultern, sein verträumtes Lächeln und die Augen, deren ungewöhnliche Form ihn ein wenig wie einen chinesischen Mandarin erscheinen ließ.

„Es ist eben ungewohnt für mich", murmelte sie und setzte sich zu ihm an den Tisch. „Ein richtiger Urlaub! Ohne Sorgen, ohne Verpflichtungen ... Köstlich, deine Rühreier", lobte sie, als sie eine Gabel voll probiert hatte. „Was hast du denn heute dran getan?"

„Knoblauch, Petersilie und eine Prise Salz." Er schenkte Kaffee ein.

„Ich werde versuchen, mich daran zu erinnern, wenn ich an der Reihe bin", versprach sie. „Glaubst du, ich habe die Malariatabletten zu den Vitaminpillen gepackt, Cyrus?"

Er lächelte und hob sein Glas Orangensaft. „Auf Thailand, mein Liebling – und auf die Malariatabletten, die ganz bestimmt zusammen mit den Vitaminpillen im Koffer sind!"

Sie nickte glücklich. „Auf Tempelglocken und Tänzerinnen und auf Elefanten", erwiderte sie seinen Trinkspruch, und sie stießen mit ihren Gläsern an. Da läutete die Türglocke durchdringend. Seufzend stellte sie das Glas ab. „Wer in aller Welt kann an einem Sonntagvormittag um zehn Uhr etwas von uns wollen?"

„Es gibt nur eine Möglichkeit, das herauszufinden", entgegnete Cyrus lächelnd.

„Bleib sitzen, ich gehe schon. Immerhin hast du das Frühstück gerichtet." Sie schob ihren Stuhl zurück und eilte davon. Nachdem sie sich an den Koffern vorbeigezwängt hatte, öffnete sie die Tür – und dann blieb ihr vor Überraschung für einen Moment die Luft weg. Ein gutaussehender dunkelblonder Herr in Lammfelljacke, der einen Diplomatenkoffer in seiner Rechten hielt, strahlte sie an.

„Bishop?" rief sie verblüfft aus. „*Bishop?*"

Cyrus war ihr zur Tür gefolgt. „Oh, Bishop?" sagte er ebenfalls erstaunt. „Wir haben uns doch im vergangenen Juni kennengelernt, nicht wahr? Sie sind doch Bishop?"

„Offenbar gibt es heute vormittag Schwierigkeiten, mich zu erkennen", meinte Bishop fröhlich. „Aus Ihrem Erstaunen könnte man ja fast schließen, ich sei ein Geist. Ich darf Ihnen versichern, ich bin quicklebendig. Wenn Sie mich allerdings noch einen Augenblick hier in der Kälte stehen lassen, werde ich mit größter Wahrscheinlichkeit erfrieren. Gestatten Sie, daß ich eintrete?"

Mrs. Pollifax nickte. „Schnell, kommen Sie rein, Bishop, aber Sie müssen doch zugeben ..." Sie führte ihn ins Wohnzimmer, ohne ihren Satz zu beenden, denn unterdessen überschlugen sich in ihrem Kopf bereits die Gedanken. Was mochte sein unerwarteter Besuch wohl zu bedeuten haben? Bishop arbeitete nämlich als Assistent für Carstairs, einen der wichtigsten Männer des CIA, und obwohl sie und Bishop sich blendend verstanden, sahen sie einander doch immer nur dann, wenn es um einen neuen Auftrag für Mrs. Pollifax ging. Und dieses Mal kam er nun wirklich im denkbar ungünstigsten Augenblick, so kurz vor ihrer Abreise nach Bangkok! Einen neuen Auftrag würde sie jedenfalls ablehnen müssen. Schließlich hatten Cyrus und sie so viele Wochen lang Pläne für diesen Urlaub geschmiedet!

„Eier sind leider keine mehr da", teilte Cyrus mit. „Aber wie wär's mit einem Kaffee?"

„Ah, hab ich ein Glück!" freute sich Bishop und folgte ihm in die Küche.

„Setzen Sie sich doch, und wärmen Sie sich erst mal auf!" Mrs. Pollifax kam mit der Kaffeekanne an den Tisch.

„Wir sollten Ihnen vielleicht nicht verschweigen, daß wir in vier Stunden in den Urlaub fliegen", platzte Cyrus unverblümt heraus.

Bishop hatte es sich auf einem Stuhl bequem gemacht, nahm nun einen Schluck Kaffee und lehnte sich dann zufrieden zurück. „Es geht doch nichts über eine gemütliche Tasse Kaffee! Ich bin wirklich zu alt für diese Hetzerei, aber Gott sei Dank habe ich Sie noch rechtzeitig erreicht. Ich mußte mich so beeilen, daß ich nicht einmal mehr Zeit hatte, Sie anzurufen."

„Kaum zu glauben", meinte Cyrus amüsiert.

„Ich bin um drei Uhr in Virginia aufgebrochen – um drei Uhr morgens, wohlverstanden", betonte er. „Eine ganz schöne Quälerei."

So gequält sieht er nun auch wieder nicht aus, dachte Mrs. Pollifax. Trotz des hektischen Lebens, das er als Carstairs' rechte Hand führte, wirkte er immer noch erstaunlich jungenhaft. „Darf man fragen, was dieses heftige Bedürfnis ausgelöst hat, mit uns Kaffee zu trinken?" erkundigte sie sich.

„Thailand. Auf Ihrer Weihnachtskarte haben Sie geschrieben: ‚Cyrus und ich fliegen am 12. Januar nach Thailand, um Urlaub zu machen, nichts als Urlaub! Ist das nicht toll?'"

„Mit dem ‚nichts als Urlaub' ist es dann wohl vorbei?" fragte Cyrus trocken. Trotz seiner knappen Redeweise und seines schläfrigen Blicks täuschte der phlegmatische Eindruck, den er auf andere machte. Mrs. Pollifax wußte, daß er Bishop die ganze Zeit genau beobachtete.

Bishop lächelte entwaffnend. „Nun, Sie haben schon alles für Ihren Urlaub gepackt und sind startklar – und das genau in dem Moment, wo wir ein harmloses Touristenpaar in Thailand brauchen. Wenn das kein Zufall ist! Wohin wollen Sie denn als erstes?"

„Wir wollen uns in Ruhe ein bißchen umsehen", antwortete Mrs. Pollifax. „Erst ein paar Tage in Bangkok, dann fliegen wir nach Sukhothai, dem alten Königreich. Wir wollen dort alle Tempel besuchen. Dann geht es weiter in Richtung Norden, bis nach Chiang Mai. Das ist dann unsere letzte Station. Ich habe gelesen, daß es noch weiter nördlich für Touristen nicht sicher genug ist."

Bishop setzte seine Kaffeetasse ab und schüttelte den Kopf. „Da irren Sie sich. Vermutlich haben Sie das aus einem veralteten Reiseführer. Es besteht keinerlei Gefahr im Norden, solange man nicht von den Wegen abweicht. Dank einer Straße, die bis zur laotischen und birmanischen Grenze führt, wurde die Gegend vor ein paar Jahren zugänglich gemacht. Aber das tut alles nichts zur Sache, denn wir möchten Sie lediglich bitten –"

„Gibt's dort immer noch Opium?" warf Cyrus ein.

„Opium?" wiederholte Bishop verwirrt. „Ach so, das Goldene Dreieck, meinen Sie das? Ja, das stimmt natürlich, Opium läßt sich nicht so leicht ausrotten. Immerhin bauen die Bergstämme im Norden den Schlafmohn, aus dem man das Opium gewinnt, seit vielen Generationen an. Aber der König fördert den Anbau von Kaffee, Tabak und anderen Nutzpflanzen, und jeder Bergstamm darf nur noch eine beschränkte Anzahl von Hektar mit Mohn für den Eigengebrauch bepflanzen. Zur Kontrolle werden regelmäßig auf den Mohnfeldern Razzien durchgeführt, was die USA übrigens unterstützen, wie Sie wahrscheinlich gelesen haben. Natürlich kommt noch eine Menge von dem Zeug aus Birma ins Land."

Mrs. Pollifax nickte wissend. „Die Schan?"

„Wie bitte?"

„Die Schan in Birma, gleich auf der anderen Seite des Gebirges, die sich immer noch gegen den Anschluß an Birma auflehnen."

„Ich sehe schon, Sie haben sich gut auf Ihren Urlaub vorbereitet", lobte Bishop. „Ja, soweit es den Drogenschmuggel betrifft, sind dafür zum großen Teil diese Bergvölker verantwortlich – sie wollen immer noch einen autonomen Staat, wollen unabhängig von Birma sein, und die einzige Möglichkeit, sich Geld und Waffen zu beschaffen, ist für sie der Opiumhandel."

„Mit Thailand", ergänzte Cyrus.

„Ja, das stimmt, aber das hat nichts zu tun mit ... Hören Sie, wir möchten, daß Sie so schnell wie möglich Chiang Mai aufsuchen. Könnten Sie – würden Sie vielleicht Ihren Reiseplan ändern und als erstes nach Chiang Mai fliegen? Es handelt sich wirklich nur um einen ganz kleinen Auftrag", fügte er hinzu. „Sie brauchen lediglich am Donnerstag vormittag in Chiang Mai ein Päckchen mit Informationen von einem Mann namens Ruamsak abzuholen."

„Wie um alles in der Welt schreibt sich das?" fragte Mrs. Pollifax.

Bishop buchstabierte ihr den Namen. „Ein äußerst geheimnisvoller Bursche! Wir wissen überhaupt nichts über ihn, außer daß er uns zweimal erstaunlich wertvolle und exakte Informationen geliefert hat."

Cyrus hatte Bishop die ganze Zeit nicht aus den Augen gelassen. „Bin mir nicht so sicher, daß Emily sich so kurz nach dem schlimmen Erlebnis in Hongkong wieder auf so etwas einlassen sollte. Sie hat sich immer noch nicht völlig davon erholt."

Bishop blickte Mrs. Pollifax besorgt an. „Immer noch Alpträume?" Sie schüttelte den Kopf. „Jetzt nicht mehr." Sie lächelte. „Cyrus hat mir eine wundervolle Therapie verschrieben: Ich nehme Unterricht im Zaubern bei einem ehemaligen Zauberkünstler."

Bishop pfiff anerkennend durch die Zähne. „Nicht schlecht! Karate, Joga und jetzt auch noch Zauberei! Haben Sie schon jemand in zwei Hälften zersägt?"

Sie lachte. „Nein, aber Münzen kann ich schon recht gut verschwinden lassen."

Er nickte interessiert. „So weit, so gut. Sie haben also keine Alpträume mehr und können Münzen verschwinden lassen; aber wie geht es Ihrem Rücken?"

„Er heilt allmählich."

Bishop sah sie an und schüttelte nachdenklich den Kopf. „Es war wohl doch sehr unüberlegt von mir. Langsam wird mir klar, daß ich Ihnen den Chiang-Mai-Auftrag nicht aufhalsen darf, und wenn er noch so harmlos ist. Das Department kann gelegentlich recht skrupellos sein, aber ich bringe das einfach nicht fertig! Wenn Sie sich immer noch nicht völlig von der Hongkong-Sache erholt haben, verabschiede ich mich lieber."

Mrs. Pollifax überlegte. „Aber sagt man nicht ..." Sie zögerte. „Sagt man nicht, wenn jemand vom Pferd gefallen ist, sei es das beste, wenn er sofort wieder aufsitze? Und wenn es im Grunde nicht mehr als ein Botengang ist ..."

Bishop nickte. „Ja, das ist alles."

Einen Augenblick lang sagte niemand etwas. Dann brach Cyrus das Schweigen. „Ist Ihr Department in Thailand denn nicht bereits so ausreichend vertreten, daß jemand von Ihnen diesen Auftrag ausführen könnte? Ich meine, es ist ein befreundetes, verbündetes Land, eine Bastion der Freiheit und so weiter."

„Nun ja, ehrlich gestanden sind wir dort nicht so besonders beliebt", antwortete Bishop bedächtig. „Auf den nachdrücklichen Wunsch der Thai verließen wir 1976 das Land. Wir gaben unsere

Radarstation auf, zogen unsere Flugzeuge und Soldaten zurück, und sofort schlossen die Thai Freundschaftsverträge mit China und Kambodscha – oder vielmehr Kamputschea, wie es jetzt heißt. Reiner Selbsterhaltungstrieb, könnte man sagen, denn im Westen befindet sich Birma, Thailands traditioneller Feind seit Jahrhunderten, und im Norden ist China. Im Nordosten liegt Laos, das nun von Hanoi erobert worden ist, und im Südosten Kambodscha – Verzeihung, Kamputschea, in das die Vietnamesen ebenfalls einmarschiert sind, was, wie Sie wissen, zu einer wahren Flüchtlingswelle geführt hat. Also ist Thailand gewissermaßen umzingelt. Vermutlich hat die Regierung befürchtet, daß sie sich nicht auf unseren Schutz verlassen kann, und so hat sie sich entschlossen, zur Selbsthilfe zu greifen." Er seufzte. „Ich sollte vielleicht hinzufügen, daß Thailand sich um ein demokratisches System bemüht, damit aber noch nicht sehr weit gekommen ist. Das Militär hat die Macht über die Regierung, und deshalb kam es bisher laufend zu Staatsstreichen. Die Regierungen kommen und gehen, nur der König und der Buddhismus halten das Ganze zusammen ..., jedenfalls bis jetzt. Unter diesen Umständen", fügte er mit schwachem Lächeln hinzu, „bemühen wir uns um private Informationsquellen, um zu erfahren, was hinter den Kulissen vorgeht."

„Natürlich", stimmte Mrs. Pollifax einsichtig zu. „Aber – was haben wir damit zu tun, Bishop?"

„Nun, um ganz ehrlich zu sein ..."

„Darum möchten wir bitten", forderte sie ihn freundlich auf.

„Wir möchten, daß niemand, weder Thai noch Amerikaner, von dieser – äh – Quelle erfährt. Ruamsak ist neu und erweist sich als ein sehr wertvoller Informant."

Mrs. Pollifax nickte. „Cyrus, was meinst du dazu?"

„Das mußt du entscheiden, meine Liebe. Hört sich einfach an, wie üblich", fügte er ironisch hinzu. Er blickte Bishop an. „Was wäre es denn genau, was wir da abholen müßten?"

„Informationsmaterial, gut getarnt – wie, wissen wir allerdings nicht. Uns wurde nur mitgeteilt, daß es sich um ein belastendes Dokument handelt und daß es zu gefährlich wäre, es mit der Post zu schikken. Deshalb soll es Donnerstag vormittag persönlich übergeben werden."

Mrs. Pollifax spürte nichts von der üblichen Nervosität, die Bishop sonst jedesmal an den Tag legte, wenn er ihr einen Auftrag übermittelte, der möglicherweise mit Gefahr verbunden war. Sie beschloß daher, ihm zu glauben, und blickte Cyrus fragend an. „Würde es dir etwas ausmachen, das Vergnügen mit etwas Geschäftlichem zu verbinden?"

Cyrus studierte ihre Miene, und offenbar beruhigte ihn ihre Gelassenheit. „Natürlich nicht, solange du ein gutes Gefühl dabei hast."

Bishop stieß einen tiefen Seufzer der Erleichterung aus. „Großartig!" Er öffnete sein Köfferchen. „Ich habe einen Stadtplan von Chiang Mai für Sie . . ."

Cyrus runzelte die Stirn. „Chiang Mai – das erinnert mich an etwas. Ist John Lloyd Matthews nicht während eines Aufenthalts in Chiang Mai verschwunden?"

Bishop blickte ihn überrascht an. „Aber das ist doch eine halbe Ewigkeit her – fast zehn Jahre müssen es sein! Und daran erinnern Sie sich?"

„Ich kannte ihn gut", erklärte Cyrus. „Aus unserer High-School-Zeit in Connecticut. Waren auch im selben Boxteam. Er hatte eine gute Linke!"

„Um wen in aller Welt geht es hier eigentlich?" wollte Mrs. Pollifax wissen.

„Um John Lloyd Matthews", erklärte ihr Bishop. „US-Diplomat in Bangkok, verschwand vor einigen Jahren."

Da die Umstände seinerzeit so aufsehenerregend gewesen waren, erinnerte sich nun auch Mrs. Pollifax wieder. „Ach ja, richtig", sagte sie eifrig. „Hat er nicht eine brennende Zigarre auf der Terrasse liegenlassen – und ein aufgeschlagenes Buch? Man hatte ihm gerade Kaffee gebracht, und als sein Gastgeber wenige Minuten später zurückkam, war er verschwunden. War es nicht so?"

„Stimmt alles", bestätigte Bishop und breitete unterdessen einen Stadtplan von Chiang Mai auf dem Tisch aus. „Es gab nicht die geringste Spur. Man nahm schließlich an, daß er wegen Lösegeld von Rebellen oder Drogenhändlern entführt, umgebracht und im Regenwald verscharrt wurde."

„Ich habe mich damals gefragt, ob er für Sie gearbeitet hat", warf Cyrus ein.

„Da waren Sie nicht der einzige", antwortete Bishop amüsiert. „So was bringt immer die Gerüchteküche zum Brodeln. Aber ich versichere Ihnen, er hat nicht für uns gearbeitet. Er hat vielmehr dafür gesorgt, daß Thailand ein gutes Geschäft machte, als wir dort Luftwaffenstützpunkte errichteten – er liebte Thailand. In Ihrem Reiseführer sind bestimmt mindestens zwei Statuen erwähnt, die man ihm zu Ehren errichtet hat, eine sogar im Garten der US-Botschaft. Ah, hier ist es ..." Er glättete den Stadtplan, und sie beugten sich über den Tisch. „Ich habe zwar alle Einzelheiten aufgeschrieben, aber hier sehen Sie genau, wo der Treffpunkt ist: hinter einem der Läden in der Nähe des Osttors. Sehen Sie hier die Tha-Pae-Straße? Zwischen dem Pekanant-Seidengeschäft – der Name steht sowohl auf englisch als auch auf thai über der Tür – und dem Apichat-Lackkunstladen verläuft ein schmaler Privatweg. Dem folgen Sie. Hinter dem Lackwarengeschäft befindet sich eine kleine, verlassene Hütte, die von einem Holzzaun umgeben ist. Ruamsak schreibt, der Zaun sei vor lauter Bougainvilleen kaum zu sehen. Er wird sein Päckchen demjenigen geben, der am Donnerstag zwischen acht und zwölf Uhr zu diesem Ort kommt."

„Finden Sie es nicht ziemlich auffällig, wenn ein Touristenpaar sich auf einem Privatweg herumtreibt?" brummte Cyrus.

Bishop grinste. „Touristen mit Fotoapparaten wird alles nachgesehen! Vergessen Sie bloß die Kameras nicht!"

„Keine Angst." Mrs. Pollifax' Interesse wuchs. „Aber wie will dieser Ruamsak wissen, daß wir keine gewöhnlichen Touristen sind?"

„Weil Sie ihm das hier geben werden." Bishop brachte einen Gegenstand aus Terrakotta zum Vorschein und legte ihn auf den Tisch.

Mrs. Pollifax griff danach und stellte fest, daß er gut in ihre Handfläche paßte, aber viel schwerer war, als man aufgrund seiner Größe vermutet hätte. Sie streckte ihn Cyrus hin, damit auch er ihn sehen konnte: Es war eine längliche, ovale Terrakottaplastik, in die man ein primitives Buddhabild geprägt hatte.

„Eine Art Votivtäfelchen, wie sie in Thailand als Amulett getragen werden", erklärte Bishop. „Dieses ist in Wirklichkeit ein Goldbarren, der zur Tarnung mit einer dünnen Terrakottaschicht überzogen ist."

„Als Bezahlung?" fragte Cyrus.

„Manchmal." Bishop schloß seinen Diplomatenkoffer und lächelte die beiden an. „So, das wär's also. Durch die Zeitverschiebung kommen Sie am späten Montag abend in Bangkok an. Ich schlage vor, daß Sie am Mittwoch nach Chiang Mai weiterfliegen, dann haben Sie vorher einen ganzen Tag, um sich auszuruhen. Wir buchen zwei Plätze für Sie nach Chiang Mai und bestellen ein Zimmer für Sie im Hotel Orchidee. Wo steigen Sie in Bangkok ab?"

„Im Hotel Oriental."

„Gut. Wir kümmern uns darum, daß Ihnen Ihre Flugscheine dorthin gebracht werden." Er stand auf und bedachte sie nochmals mit einem freundlichen Lächeln. „Ich kann Ihnen gar nicht sagen, welch angenehmes Gefühl es ist, daß wir uns diesmal keine Sorgen um Sie machen müssen – um Sie alle beide natürlich! Ich wünsche Ihnen einen wunderschönen Urlaub. Oh, noch etwas: Wir wären Ihnen sehr dankbar, wenn Sie uns gleich nach Ihrem Treffen am Donnerstag von Chiang Mai aus anriefen. Carstairs möchte immer gern sofort wissen, wenn eine Sache erledigt ist, damit er sie auf seiner Liste abhaken kann."

„Das werden wir tun, und grüßen Sie ihn von uns", bat Mrs. Pollifax.

Bishop gab Cyrus die Hand und umarmte Mrs. Pollifax. „Nochmals vielen Dank, und passen Sie gut auf sich auf." Sie nickte freundlich, und Cyrus begleitete ihren Gast hinaus.

Mrs. Pollifax blieb am Tisch sitzen und starrte nachdenklich auf den Rest ihrer Rühreier. Sie sagte sich, daß die Striemen auf ihrem Rücken vernarbt waren, die Alpträume aufgehört hatten und sie bislang sicher gewesen war, daß der schreckliche Vorfall in Hongkong keineswegs ihren Unternehmungsgeist beeinträchtigt hatte.

Das hatte er doch auch nicht – oder?

Nur ein kleiner Gefallen, sagte sie sich eindringlich, holte tief Luft und stand auf, um das Frühstücksgeschirr abzuräumen. Wenn Cyrus gleich zurückkam, würde er genau wissen wollen, wie sie zu Bishops kleinem Auftrag stand, und sie wollte auf keinen Fall, daß er ihre plötzliche Unsicherheit spürte. Während sie das Geschirr in die Spülmaschine stellte, überlegte sie, mit welchem Thema sie ihn ablenken könnte.

Als er die Küche betrat, blickte sie ihm lächelnd entgegen. „Ich hatte keine Ahnung, daß du mit einem späteren Diplomaten auf der High-School warst. Erzähl mir doch von ihm."

Erleichtert sah sie, wie seine ernste Miene einem Schmunzeln wich. „Na ja, damals nannten wir ihn nicht John Lloyd, sondern ‚Joker‘ Matthews. Sehr diplomatisch war er übrigens nicht gerade. Joker war starrsinnig wie ein Maultier."

„Aber du hast ihn gemocht?" fragte sie lächelnd.

„Sehr sogar", versicherte er eifrig und begann, ihr alles von Joker Matthews zu erzählen. Während sie zuhörte, merkte sie, daß sie nicht nur Cyrus, sondern auch sich selbst von ihren Zweifeln abgelenkt hatte. Nun war sie bereit für Thailand.

BISHOP stieg in seinen Wagen, stellte sein Köfferchen auf den Beifahrersitz und fuhr los in Richtung Schnellstraße. Er griff nicht sofort zum Autotelefon, um Carstairs Bericht zu erstatten, sondern wartete, bis er zu einem Rastplatz kam. Dort hielt er an und ließ sich zu Carstairs durchstellen. „Alles ist glattgelaufen, sie haben sich einverstanden erklärt", meldete er.

„Großartig! Keine Probleme?"

„Cyrus war zunächst dagegen, weil er sich Sorgen um seine Frau machte – ein neuer Auftrag, so bald nach Hongkong, schien ihm riskant –, aber Mrs. Pollifax hatte keine derartigen Bedenken. Was ist passiert, nachdem Sie mich weggeschickt haben? Gibt's was Neues?"

Nach kurzem Schweigen sagte Carstairs tonlos: „Nachdem Sie weg waren, haben die oben beschlossen, daß wir herausfinden müssen, wer oder was Ruamsak ist, und ..."

„Was?" schrie Bishop.

„... und deshalb wird er beschattet, sobald Emily und Cyrus Kontakt mit ihm aufgenommen haben."

„Ich kann es nicht glauben!" stöhnte Bishop. „Das ist doch genau das, was Sie vermeiden wollten!"

„Beschattet durch jemand, der von oben empfohlen wurde", fuhr Carstairs fort, ebenso ausdruckslos wie zuvor. „Und zwar durch einen jungen Mann von der Bangkoker Abteilung. McAndrews heißt er."

„Aber das ist doch deren Computerfachmann!" rief Bishop erstaunt aus.

„Man hat mir versichert, daß er auch für die Überwachung von Personen ausgebildet worden sei."

„Wer in aller Welt ist auf diesen brillanten Einfall gekommen?"

„Mornajay."

„Mornajay!" explodierte Bishop. „Mit welchem Recht ordnet der so etwas an?"

„Immerhin ist Mornajay einer meiner Vorgesetzten, deshalb hat er wohl das Recht dazu", antwortete Carstairs kühl. „Und da er während des Vietnamkriegs zehn Jahre in Thailand verbracht hat, kann ich nur hoffen, daß er auch weiß, was er tut. Jedenfalls soll McAndrews Emily und Cyrus von dem Augenblick an auf den Fersen bleiben, in dem sie am Flughafen Chiang Mai ankommen, und am Donnerstag soll er ihnen zu der Hütte folgen."

„Das ist doch idiotisch!" machte sich Bishop Luft. „Es ist doch wohl klar, daß wir nie wieder von Ruamsak hören werden, wenn er entdeckt, daß ihm nachspioniert wird! Und dann haben wir einen verdammt nützlichen Informanten verloren!"

„Es bringt nichts, wenn Sie sich aufregen, Bishop", mahnte Carstairs. „Wenn Sie mir die Ankunftszeit von Emily und Cyrus in

Chiang Mai sagen, kann ich sie diesem – diesem McAndrews rüber-
telegrafieren. "

Bishop entging das Mißfallen in Carstairs' Stimme nicht, und er
freute sich im stillen darüber. Er kramte seine Notizen aus dem Akten-
koffer hervor und gab Carstairs die Flugzeiten durch. Sein Schlafman-
gel begann sich allmählich bemerkbar zu machen, und außerdem
ärgerte er sich über Mornajays Einmischung, was seine Stimmung
nicht gerade hob.

„In Ordnung, ich habe alles notiert", bestätigte Carstairs, als
Bishop seine Durchsage beendet hatte. „Parken Sie immer noch an der
Straße?"

„Allerdings", gab Bishop zur Antwort.

„Nun, dann schlage ich vor, daß Sie sich sofort wieder in Bewegung
setzen. Sie werden nämlich im Sudan gebraucht. Schlafen können Sie
im Flugzeug. "

„Schlafen?" echote Bishop und startete seinen Wagen. „Dieses Wort
ist mir vage vertraut, aber vielleicht könnten Sie es mir trotzdem näher
erläutern, während ich fahre. "

Doch Carstairs hatte bereits aufgelegt.


## 2. Kapitel

ZWEI Tage später – in ihrer neuen Zeitzone war es ein Dienstag – saß
Mrs. Pollifax auf der Terrasse des Hotels Oriental und betrachtete
erfreut ihre Umgebung. Sie blühte förmlich auf bei dieser Pracht von
Palmen, Bougainvilleen und Jasmin. Am Vortag waren sie spätabends
angekommen, und jetzt war es Mittag in Bangkok. Wieviel Uhr es
gerade zu Hause war, wußte sie nicht – mitten in der Nacht, nahm sie
an; Cyrus jedenfalls schlief tief und fest in ihrem Hotelzimmer. Sie
selbst fühlte sich überhaupt nicht müde, und hier wurde ihr auch nicht
langweilig, denn an den anderen Tischen hatten sich mittlerweile
Gäste verschiedenster Nationalitäten niedergelassen. Sie hatte bereits
ein paar französische Worte aufgeschnappt, in einer Ecke saß eine
größere Gesellschaft von Japanern, und das Paar hinter ihr sprach mit
britischem Akzent.

Das Treiben auf dem Fluß, dem sie von der Terrasse aus zusehen
konnte, interessierte sie ebenfalls. Die Strömung trug lange grüne
Ranken von Wasserhyazinthen an der Terrasse vorbei, und drei Kähne
mit winzigen Häuschen am Heck fuhren soeben flußabwärts. Als sie

außer Sicht waren, tuckerte in der Mitte des Stroms ein Touristenboot mit buntem Sonnendach vorbei und ließ fröhlich seine Sirene ertönen.

So sieht also Thailand aus, dachte sie verträumt, verbesserte sich jedoch sogleich, da sie sich erinnerte, daß weite Gebiete Thailands ländlich sind. Das hier war Bangkok, das sie besichtigen würden, sobald Cyrus ausgeschlafen hatte. Das Häuschen, das vom Hotel aus gleich um die Ecke lag und das erzürnte Geister besänftigen sollte, hatte sie bereits bewundert, und in einem Laden auf der anderen Straßenseite hatte sie sich ein riesiges Tuch aus Thaiseide gekauft. Sie trug es jetzt um den Kopf geschlungen, wußte aber, daß sie es bald gegen den handgeflochtenen, breitkrempigen Strohhut würde austauschen müssen, den sie mitgebracht hatte, denn es wurde immer wärmer und feuchter. Zwei Kellner kamen herbei und stellten an jedem Tisch gestreifte Sonnenschirme auf.

In diesem Augenblick ging ein junger Mann, mit einer Handglocke klingelnd, an den Tischen vorbei und hielt dabei eine Tafel hoch, auf der MRS. REED-POLLIFAX stand. Sie winkte ihn zu sich und ließ sich die Nachricht mitteilen. Danach bezahlte sie ihre Rechnung und verließ die Terrasse.

Cyrus wartete bereits in der Hotelhalle auf sie; unter den kleineren und schmächtigeren Thai und Japanern wirkte er wie ein Riese. Er schwenkte einen Umschlag in seiner Hand. „Die Flugtickets nach Chiang Mai, Emily! Eben abgegeben."

„Und du bist ausgeschlafen?"

„Ausgeschlafen und bereit, Bangkok zu besichtigen!"

„Hast du denn keinen Hunger?"

Er lächelte. „Schon erledigt ..., hab den Zimmerservice gerufen und in der Badewanne gefrühstückt. War sehr erholsam."

„Wie ein Urlaub ja auch sein soll", stimmte sie ihm strahlend zu.

„Als erstes zum Goldenen Buddha?" schlug er vor, während sie die Glastür durchschritten, die ein Page in orientalischem Kostüm ihnen schwungvoll geöffnet hatte. „Cyrus", flüsterte sie, „könnten wir eines von diesen *Tuk-tuks* nehmen, wie sie hier diese Motorrikschas nennen?"

„Später." Cyrus nahm ihren Arm. „Ich möchte dich wirklich nicht um dein Vergnügen bringen, mein Liebling, aber ich halte nichts davon, zwischen zwei Bussen zerquetscht zu werden. Laß uns lieber ein Taxi nehmen", schlug er ruhig, aber bestimmt vor. Sie stiegen in ein wartendes Fahrzeug. „Zum Wat Trimitr – zum Goldenen Buddha", wies Cyrus den Taxifahrer an.

Es gibt nichts Anregenderes, als sich in eine neue Kultur zu stürzen und mit ihr vertraut zu machen, dachte Mrs. Pollifax. Als sie angekommen waren, stellte sie fest, daß die Besichtigung des Wat Trimitr ihr half, viele der inneren Widersprüche in Bangkok und Thailand zu begreifen. Zu ihrer Verwunderung stand der Tempel in der Nähe des Bahnhofs, in einer heruntergekommenen, überfüllten Straße eines Viertels, das man in New York als Slum bezeichnet hätte. Doch im Innenhof des Tempels, umringt von einer dichtgedrängten Menschenmenge, saß der Buddha, gewaltig und schwer mit seinen fünfeinhalb Tonnen puren Goldes, und lächelte heiter auf alle herab, die hereinspazierten, sich dreimal verbeugten, niederknieten und kleine Opfergaben wie Papierblumen, Bänder oder Räucherwerk darboten.

„Und kein Aufseher weit und breit", flüsterte sie Cyrus überrascht zu.

„Dafür aber jedem zugänglich", gab Cyrus zu bedenken.

Sie mußte zugeben, daß ihr das gefiel. „Ich würde mir trotzdem Sorgen machen um ihn", fügte sie dann aber nachdenklich hinzu. „Nicht daß ich glaube, irgend jemand in Thailand käme auf die Idee, diesen Buddha zu rauben; immerhin ist er ein Heiligtum. Aber wenn man bedenkt, daß Kunstgegenstände überall gestohlen werden …"

„Er ist etwas unhandlich", erinnerte Cyrus sie. „Oder überlegst du etwa schon, wie man den Raub bewerkstelligen könnte?"

„Natürlich nicht!" entrüstete sie sich, aber sie errötete dabei. „Na ja", gab sie zu, „ein bißchen was von einem Kriminellen schlummert vielleicht in jedem von uns."

Cyrus zwinkerte verschmitzt. „Schließ nicht von dir auf andere, meine Liebe."

Da haben wir's wieder, dachte sie zerknirscht. Ihre Phantasie war beklagenswert ungezügelt. Die abenteuerlustige Emily hatte schon immer unter der Oberfläche der braven Mrs. Pollifax gesteckt, die zwei Kinder großgezogen und Geranien gezüchtet hatte, die Vorsitzende von Kleingärtnervereinen gewesen war und Teegesellschaften gegeben hatte, doch diesen seltsamen Hang hatte sie als widernatürlich angesehen – zumindest, bis sie anfing, für Carstairs und das Department zu arbeiten. Seitdem hatte sie festgestellt, daß eine Neigung zum Ungewöhnlichen für eine Agentin recht nützlich war.

Trotzdem blieb ein gewisser Zweifel, denn wenn diese verdrehte Betrachtungsweise für eine Agentin auch unabdingbar sein mochte – manchmal fragte sie sich doch, ob das alles Cyrus nicht gelegentlich ein bißchen störte. Immerhin hatte er jahrelang als Richter Kriminelle verurteilt, und nun war er plötzlich mit einer Frau verheiratet, die den braunen Karategürtel tragen durfte und sich ab und zu in die Unterwelt begab, wo die gleichen Gesetze, die Cyrus vertreten hatte, verdreht oder sogar gebrochen wurden. Das muß er doch geradezu als Ironie des Schicksals empfinden, dachte sie; aber Cyrus mochte Ironie. Einen Augenblick lang fragte sie sich, ob die riskanten Aufträge, die sie von Carstairs bekam, nicht vielleicht ihre Denkweise verändert hatten. Nein, versicherte sie sich dann, sie hatte immer noch Skrupel, und zu wissen, wie der Verstand eines Verbrechers funktionierte, war ihr nicht wichtiger, als Geranien zu ziehen. Als sie sich das klargemacht hatte, verwarf sie ihre Zweifel und gab sich ganz dem Vergnügen hin, mit Cyrus den „Grand Palace" zu besichtigen.

Hier durchstreiften sie ein wahres Märchenland bunter Farben und glitzernder Pracht, einen regelrechten Wald von *Chedis*-Türmen mit mosaikgeschmückten oder goldenen hohen Spitzen. Wenn sie unter den kunstvoll geschwungenen Mauern der Tempel mit ihren schrägen Dächern stehenblieben, wanderte ihr Blick über vergoldete Verzierungen, blaue Fliesen, Fresken in leuchtenden Farben, Bäume, Blumen und dazwischen eigenartige, hohe Bauwerke, die wie gewaltige Goldkelche aussahen. Schließlich gelangten sie zum Tempel mit dem Smaragdbuddha. Mrs. Pollifax war enttäuscht, denn sie hatte erwartet, daß er zumindest so groß wäre wie der fünfeinhalb Tonnen schwere Goldene Buddha, aber er war nur knappe siebzig Zentimeter lang und obendrein durch den Qualm der Räucherstäbchen kaum zu erkennen. Als die Hitze zu groß wurde, kehrten sie in ihr Hotel zurück und gaben sich anderen Urlaubsfreuden hin: Sie speisten im Restaurant des Hotels und kosteten dessen exotisches Angebot.

„Stark gewürzt", bemerkte Cyrus. „Bin froh, daß ich meine Sardinen mitgebracht habe."

„O Cyrus, doch nicht schon jetzt?"

„Nein, noch nicht", beruhigte er sie, „aber ich bin ein großer Mann und brauche Protein."

Sie lachte. Später, als sie wieder in ihrem Zimmer waren, mußte sie erneut lachen, als er zwei Sardinendosen in die Hülle des Fotoapparats steckte. Und sie lächelte immer noch, während sie Ansichtskarten an ihren Sohn Roger schrieb, an ihre Tochter Jane und an ihre frühere Nachbarin Miß Hartshorne. Doch ihre Gedanken waren nicht ganz bei den heiteren Zeilen, die sie verfaßte. Immer wieder mußte sie daran denken, daß sie morgen nach Chiang Mai fliegen würden, um einen Mann namens Ruamsak zu treffen.

RUAMSAK kam schon früh am Morgen zu der Hütte hinter der Tha-Pae-Straße, doch auf Umwegen: Um von hinten an das Haus zu gelangen, wählte er eine andere Straße, kletterte dort über eine Mauer, wobei er eine Entenschar aufschreckte, und schlich dann auf Zehenspitzen durch Gemüsebeete auf den vereinbarten Treffpunkt zu. Am Tag zuvor hatte er sich hier bereits umgesehen und kannte sich daher einigermaßen aus, aber trotzdem ließ er größte Vorsicht walten. Behutsam näherte er sich der Hütte, die auf nicht ganz zwei Meter hohen Pfählen stand und aus gespaltenem Bambus und Stroh gebaut war. Zunächst verbarg er sich unter ihrem Boden und lauschte, ob ihm nicht jemand zuvorgekommen war. Nachdem er einige Minuten lang nichts als das Zirpen eines Geckos vernommen hatte, kletterte er durch das rückwärtige Fenster. Drinnen überprüfte er den Sand, den er tags zuvor auf dem Fußboden verstreut hatte. Niemand war hiergewesen. Dann schaute er hinter der Bambuswand nach, die etwa bis zur Mitte des Zimmers verlief, und ließ sich schließlich mit überkreuzten Beinen dahinter nieder.

Er erwartete hier zwei Personen, die im Lauf der nächsten Stunden eintreffen sollten: den Unbekannten, dem er die Information aushändigen würde, und noch vorher den Mann, dem er den Brief anvertraut hatte – den Brief, der den unwiderlegbaren Beweis für all das enthielt, was er in Erfahrung gebracht hatte. Er hatte lange überlegt, wie er diesen Brief am unauffälligsten verbergen könnte, und er fand, daß er einen wirklich guten Einfall gehabt hatte. Zunächst hatte er den Brief so zugeschnitten, daß er so groß war wie das *Yantra*, das er sich von seiner Schwester ausgeliehen hatte. Er war sicher, daß es ihm Glück bringen würde, und Glück konnte man gar nicht genug haben. Dieses besondere *Yantra* war ein quadratischer Bogen Papier, auf den diagonal wiederum vier Quadrate gezeichnet waren, so daß an jeder der vier Ecken Halbquadrate blieben, in die mystische Zahlen und Zeichen geschrieben waren. An einer Seite hatte er lose den zugeschnittenen Brief befestigt, dann die beiden Bogen zusammengerollt und schließlich das Ganze am Tag zuvor zu einer abgelegenen Lackwarenfabrik gebracht. Dort hatte er darum gebeten, daraus einen *Phyot*-Armreif zu machen. Doch trotz der hohen Summe, die er auf den Tisch legte, sah sich der Mann außerstande, die Arbeit bis zum Abend fertigzustellen. Der Lack, der die Bogen in Form eines Armreifs zusammenhalten werde, brauche seine Zeit im Trockenkeller, erklärte er entschieden. Er sei ein guter Handwerker, betonte er, und in diesen Dingen müsse man ihm schon glauben!

Also hatte Ruamsak die Hälfte der Summe auf dem Tisch wieder eingesteckt und dem Mann versprochen, daß er sie bei Lieferung erhalten werde. Außerdem hatte er ihm in Aussicht gestellt, daß der Betrag um so höher ausfallen werde, je früher am Morgen er den Reif bekomme. Jetzt schaute Ruamsak auf die schräg durch die Fenster einfallende Sonne und nickte zufrieden. Er war sicher, daß der Mann aus der Lackwarenfabrik vor acht Uhr hier eintreffen würde. Danach konnte er den Armreif dem Fremden aushändigen und würde dafür sein Gold kriegen.

Er drehte den Kopf. Sein scharfes Gehör hatte das schwache Knarren von Bambus wahrgenommen. Jemand betrat das Haus! Lautlos erhob er sich und wartete. Die Schritte hielten kurz inne, dann kamen sie auf die Trennwand zu. Jemand streckte den Kopf um die Ecke und betrat im nächsten Augenblick die Zimmerhälfte, in der sich Ruamsak befand.

Es war nicht der Mann aus der Lackwarenfabrik, sondern jemand, den Ruamsak noch nie gesehen hatte. Ob das der Fremde war, dem er den Brief aushändigen sollte? Er wollte ihn schon begrüßen, als der Mann einen Schritt näher kam und Ruamsak das Messer in seiner Hand erblickte. Ein eisiger Schauer lief über seinen Rücken. *Jacoby,* dachte er, Jacoby hat gemerkt, daß etwas von seinen Akten fehlt, und jetzt schickt er diesen Mann, um mich zu töten!

Er machte sich Vorwürfe, daß er leichtsinnigerweise unbewaffnet hierhergekommen war. Nun konnte er nur warten. Der Tod hatte dieses Zimmer betreten.

Mrs. Pollifax und Cyrus hielten ihre Fotoapparate deutlich sichtbar in der Hand, als sie um zehn nach acht in ein Taxi stiegen, um zur Tha-Pae-Straße zu fahren. Bisher gefiel ihnen Chiang Mai sehr. Ganz gewiß war es eine gemütlichere Stadt als Bangkok, so gemütlich, daß Cyrus sich am Tag zuvor sogar bereit erklärt hatte, sich in ein *Tuk-tuk* zu setzen. Am Abend hatten sie im Restaurant des Kulturzentrums „Old Chiang Mai" gespeist und sich dort anschließend eine Aufführung von Stammestänzen angesehen. Bei dieser Gelegenheit hatten sie angeregt mit einem jungen Amerikaner namens McAndrews geplaudert, der offenbar zufällig immer das gleiche vorhatte wie sie: Sein *Tuk-tuk* hatte ihres überholt, sie hatten ihn in der Halle ihres Hotels gesehen, und genau wie sie hatte er im Kulturzentrum zu Abend gegessen. Ein netter junger Mann, fand Mrs. Pollifax. Aber es war seltsam, wie verlegen er ausgesehen hatte, als Cyrus ihn ansprach.

Die Morgenluft war angenehm kühl, und die fernen Berge schimmerten in einem dunstigen Blau. Das Taxi fuhr an von Bäumen umstandenen Villen vorbei und an modernen Regierungsgebäuden, bis die Straßen allmählich schmaler und verkehrsreicher wurden und sie die Tha-Pae-Straße erreichten. Mrs. Pollifax, die Bishops Anweisungen studiert hatte, hielt aufmerksam nach dem Apichat-Lackwarengeschäft Ausschau. „Dort!" rief sie, und das Taxi hielt am Bordstein. Sie bezahlten und traten auf die Tha-Pae-Straße hinaus.

„Donnerstag morgen, und wir sind pünktlich hier!" sagte Cyrus. Er nahm seinen Fotoapparat aus der Tasche und hätte dabei fast die beiden Ölsardinendosen auf den Boden geworfen.

„Und dort ist der Privatweg", stellte Mrs. Pollifax mit leiser Stimme fest.

Sie waren vor dem Lackwarengeschäft ausgestiegen, dessen Tür weit offenstand. Eine Auswahl erlesener handwerklicher Meisterstücke war als Blickfang auf Regalen ausgestellt: Tassen, Vasen, Tabletts, Schmuckkästchen. Im Innern des Ladens saß eine zierliche Greisin auf einem Stuhl und beobachtete die Ankömmlinge. Mrs. Pollifax lächelte die alte Frau an, hob ihre Kamera und fotografierte sie. Damit wir wie echte Touristen wirken, dachte sie, während sie sich langsam dem Privatweg näherte.

Cyrus hatte ihn bereits erreicht und war stehengeblieben, um einen riesigen Tonkrug zu bewundern, der an der Ecke des Lackwarengeschäfts stand. „Emily", rief er ihr zu, „sieh dir das an!"

Sie blieb davor stehen und verspürte sofort den Wunsch, ihn zu besitzen – was sonst äußerst selten vorkam. „Würde er in unserem Garten zu Hause nicht wundervoll aussehen!" rief sie begeistert. „Meinst du, er ist zu verkaufen?"

Cyrus blickte sie amüsiert an. „Und wie, glaubst du, sollen wir ihn in die Staaten transportieren?"

„Spielverderber!" schmollte sie und strich bewundernd mit dem Finger über die glatte Oberfläche. Nur widerwillig riß sie sich von dem Anblick los. Schließlich waren sie nicht auf der Tha-Pae-Straße, um Wasserkrüge zu bewundern. Sie ging ein paar Schritte in den Privatweg hinein, dann blickte sie über die Schulter zurück. „Kommst du, Cyrus?"

„Gleich", versicherte er ihr und hob seine Kamera, um den Terrakottakrug zu fotografieren.

In diesem Augenblick wäre Mrs. Pollifax fast mit einem einfach gekleideten Thai zusammengestoßen, der in großer Eile aus dem

Privatweg gerannt kam. Er streifte Cyrus, wich mit einer gemurmelten Entschuldigung aus, zögerte und lief weiter. Mrs. Pollifax konnte unbehindert ihren Weg fortsetzen. Als sie etwa die Hälfte des Privatwegs zurückgelegt hatte, blieb sie stehen und stellte erstaunt fest, daß sich Cyrus nicht wie erwartet unmittelbar hinter ihr befand, sondern immer noch am Anfang des Weges stand, und zwar mit einem ausgesprochen merkwürdigen Gesichtsausdruck. Sie wollte schon umkehren, um ihn zu fragen, was er denn habe, aber dann überlegte sie es sich anders. Es wäre ja wohl ziemlich auffällig, den Weg zunächst entlangzuschlendern, dann rasch zur Straße zurückzugehen und hernach wieder umzukehren, dachte sie. So spazierte sie lieber weiter, die Kamera in der Hand. Gleich darauf hatte sie ihr Ziel erreicht.

Es sah genauso aus, wie Bishop es beschrieben hatte. Bougainvilleen überwucherten den baufälligen Zaun – eine leuchtende Farbexplosion vor einer Szene in düsterem Rotbraun. Mrs. Pollifax ging durch die Lücke im Zaun und überquerte einen kahlen Hof aus festgestampfter braunroter Erde. Dann erblickte sie vor sich eine Bambushütte auf Pfählen mit einem Strohdach. In ihrer Mitte befand sich eine Öffnung ohne Tür, und links und rechts davon war jeweils ein Fenster. Mrs. Pollifax stieg fünf Stufen hinauf und spähte in ein dunkles, rauchverfärbtes Zimmer. Sie trat ein, und als sich ihre Augen an das Dämmerlicht gewöhnt hatten, sah sie ein leeres Zimmer vor sich. Eine geflochtene Bambuswand unterteilte den Raum in zwei Hälften. „Ist hier jemand?" rief sie gedämpft. Alles blieb still und regungslos bis auf einen kleinen Gecko, der sie erschreckte, als er über den Boden kroch. Wo mag Cyrus nur bleiben? fragte sie sich. Warum braucht er so lange, um hierherzukommen?

Sie ging um die Bambusabtrennung herum und schaute in den Raum dahinter, der ebenso düster war wie der vordere. Dieser Teil des Zimmers war bewohnt. Sie blieb stehen, als sie den Mann erblickte. Er lag schlafend auf dem Rücken und hatte ein helles Tuch über seinem Gesicht, um sich vor dem Licht zu schützen. Sie fragte sich irritiert, welches Licht ihn wohl in einem so dämmrigen Zimmer stören mochte. Er wirkte so entspannt, als ob ihn der Schlaf plötzlich überkommen und er sich in diesem Moment einfach auf dem Boden der Länge nach ausgestreckt hätte. Sie zögerte, ihn zu wecken. Taktvoll hüstelte sie, und als er sich nicht rührte, sagte sie: „Guten Morgen!" Und dann – sie hoffte, daß sie es richtig aussprach – „Sawadee?"

Aber als sie nähere Einzelheiten wahrnahm, wurde ihr Blick von etwas angezogen, was unmittelbar oberhalb seiner Herzgegend hervorragte und was sie im Halbdunkel zunächst für eine Musterung des Hemdes gehalten hatte. Es war jedoch keineswegs ein Muster, sondern ein Messer.

Mrs. Pollifax erstarrte. „Oh!" hauchte sie, eilte zu der Gestalt hinüber und kniete neben ihr nieder. Vorsichtig, ängstlich zog sie das helle Tuch weg und starrte nun entsetzt auf den Mann, dessen weit aufgerissene Augen blicklos die Decke anstarrten. Sie streckte eine Hand aus, um nach seinem Herzschlag zu fühlen, doch sie schauderte vor dem Messer in seiner Brust zurück und legte ihre Finger statt dessen um sein Handgelenk. Kein Puls! Ruamsak war tot.

Vor der Hütte krähte ein Hahn, und irgendwo rief ein Kind. Das hier wird Carstairs gar nicht gefallen, dachte sie, und mir gefällt es auch nicht. Vor allem muß ich ruhig bleiben, tun kann ich ohnehin nichts mehr! Doch als sie den ersten Schock überwunden hatte, wurde ihr klar, daß sie doch noch etwas zu tun hatte: Sie mußte Ruamsaks Leiche nach dem durchsuchen, was er ihnen hatte geben sollen.

Sie kauerte sich nieder und betrachtete den Toten. Er war ein kräftiger Mann gewesen, etwa dreißig, schätzte sie, mit hagerem, eingefallenem Gesicht und den für die Menschen hier typischen hohen Wangenknochen. Sein Mund war verzerrt. Er trug unauffällige Kleidung: eine staubige schwarze Baumwollhose, Sandalen und ein graues Hemd, das, von dem Blutfleck um das Messer herum abgesehen, sauber war. Wie lange mochte er bereits tot sein? Wieder griff sie nach seiner Hand, und jetzt erst wurde ihr bewußt, daß sie warm war und die Totenstarre noch nicht eingesetzt hatte. Also mußte der Tod erst vor kurzem eingetreten sein, und das bedeutete …, aber darüber wollte sie lieber gar nicht erst nachdenken. Im Moment gab es für sie nur eines: raus hier, und zwar so schnell wie möglich! Sie schob die Hand in Ruamsaks linke Hosentasche – sie war leer. Aus der anderen Tasche zog sie vier zerknüllte Zwanzigbahtscheine hervor, und obwohl keiner so aussah, als verberge er eine Botschaft, steckte sie sie trotzdem in ihre Handtasche, um sie später in Ruhe zu untersuchen.

Plötzlich spürte Mrs. Pollifax, daß sie mit dem Toten nicht allein war. In diesem Zimmer hielt sich noch jemand auf, im Halbdunkel nahe dem Fenster. Sie hörte deutlich das Rascheln von Stoff, als jemand sein Gewicht von einem auf den anderen Fuß verlagerte. Wachsam blickte sie auf und entdeckte in der Ecke etwas, das nicht ganz mit dem Schatten dort verschmolz. Es war ein Mann.

Sie starrte in seine Richtung und stand langsam auf. „Ich weiß, daß Sie dort sind", erklärte sie. „Haben Sie ihn getötet?"

Eine Sekunde später bereute sie ihre Direktheit, denn der Mann, der nun aus dem Schatten trat, sah nicht so aus, als sei es ratsam, sich mit ihm anzulegen. Er war so kräftig gebaut wie ein Ringkämpfer und hatte eine lange, zusammengezogene Narbe quer über einem Backenknochen, die ihn wie einen Banditen aussehen ließ. Er wirkte mehr wie ein Chinese als wie ein Thai. Die Hosenbeine hatte er bis zu den Knien hochgerollt, so daß die muskulösen Waden frei waren, und auf dem Kopf trug er einen unvorstellbar schmutzigen Leinenhut mit schmaler Krempe, der sehr britisch aussah. So, wie er ihn aufgesetzt hatte, erinnerte er Mrs. Pollifax an den Deckel einer Teekanne, und sie hätte das bestimmt als komisch empfunden, wenn der Mann nicht so drohend dreingeschaut hätte.

Und sie war hier allein mit ihm. Wo blieb bloß Cyrus?

Der Mann trat zu dem Toten, blickte zu ihm hinunter, dann beugte er sich über ihn und zog das Messer heraus. Sie schauderte und fragte sich, ob sie wohl mit Karate gegen diesen Mann etwas ausrichten konnte, falls er vorhatte, sie als nächstes umzubringen. Doch sie merkte, daß sie zu erstarrt war, um auch nur einen Schrei auszustoßen.

Der Fremde untersuchte das Messer, zog sein Hemd aus der Hose und wischte das Blut daran ab.

„Warum sind Sie hier?" Er kniff die Augen zusammen.

Wenigstens sprach er Englisch.

„Mein Mann und ich …" Was sagte man bloß zu einem Mörder? „… haben ein paar Fotos gemacht …" Sie deutete auf die Kamera. „Der Weg sah so malerisch aus, und …"

„Ihr Mann?" fragte er barsch. „Wo ist Ihr Mann?"

Seine Augen verrieten Schläue, als er sie anblickte. Er mochte einen komischen Hut tragen und wie ein Bandit aussehen, aber er war schlau. „Draußen – irgendwo", stammelte sie.

Erneut blickte er auf den Toten am Boden zwischen ihnen. „Ich glaube, wir sollten Sie zu Ihrem Mann zurückbringen. Und zwar sofort!"

Nichts wollte sie lieber, als zu Cyrus zurückzukehren, doch tapfer brachte sie hervor: „Werden Sie die Polizei verständigen?"

Offenbar fand er das erheiternd. Er steckte das Mordwerkzeug in seine Hosentasche und deutete mit dem Kopf zur Tür. „Zeigen Sie mir Ihren Mann!"

Sie seufzte, denn sie verstand nicht, wieso er es offenbar so wichtig fand, daß sie ihm ihren Ehemann vorstellte. Die Situation hatte anscheinend Aspekte, die ihr nicht klar waren, doch wirklich wichtig war im Augenblick nur, raus aus dieser Hütte zu kommen und fort von diesem furchteinflößenden Mann. Sie griff nach ihrer Tasche, hängte sie sich über die Schulter und ging zur Tür.

Nach der Dunkelheit in der Hütte traf sie der blendende Sonnenschein wie ein Schlag. Vor ihr erstreckte sich der bougainvilleenüberwucherte Zaun, dahinter lag der Privatweg. „Cyrus?" rief sie fragend. Der Weg war leer. Sie rannte los, ihr Banditenbegleiter folgte ihr auf den Fersen. Neben dem riesigen Tonkrug blieb sie stehen. „Hier habe ich ihn zuletzt gesehen. Er hat hier gestanden und sich das da angesehen." Sie drehte sich um und schaute die Straße auf und ab.

„Wie sieht er aus?"

„Er ist groß, sehr groß und . . ." Ihr Blick fiel auf einen schmutzigen blauen Lieferwagen, den zwei Männer gerade beluden, und als sie sah, was sie da verfrachteten, schrie sie laut auf. „Cyrus!"

Ohne auf den Verkehr zu achten, stürmte sie auf die Tha-Pae-Straße. Das ohrenbetäubende Konzert von schrillen Hupen und quietschenden Bremsen hörte sie kaum. „Halt!" brüllte sie. „Halt!"

Die Männer am Lieferwagen drehten sich erschrocken um. Sie waren dabei gewesen, den reglosen Cyrus unbeholfen hochzuheben, um ihn durch die hintere Tür in den Wagen zu schieben, aber Cyrus war groß und schwer, und sie waren klein und schmächtig. Als sie Mrs. Pollifax' Schreie hörten, warfen sie ihn brutal hinein, schmetterten die Tür zu, rasten nach vorn und sprangen in den Wagen. Sie gaben bereits Gas, ehe Mrs. Pollifax sie erreichte, und hätten sie beinahe überfahren.

„Was fällt denen denn ein!" rief sie fassungslos und starrte ihnen nach.

Ihr Begleiter holte sie ein und packte sie am Arm. „Runter von der Straße!" mahnte er. „War das Ihr Mann?"

Sie nickte, und Tränen glänzten in ihren Augen.

„Dann kommen Sie – schnell!"


### 3. Kapitel

„WOHIN?" rief sie gereizt. „Das da war Cyrus!"

„Beeilen Sie sich! Wir müssen hinterher!" Er zog sie rasch mit sich, den Bürgersteig entlang.

„Allerdings, und zwar . . . so schnell . . . wie möglich!" stimmte sie, schon etwas atemlos, zu und rannte mit ihm die Straße entlang.

„Hier!" Er riß die Fahrertür eines uralten Lastwagens auf und stieg ein. Sie raste zur anderen Seite und kletterte von dort aus ins Führerhaus neben ihn. Er hantierte mit den Schlüsseln, ließ den Motor an, wendete in großem Bogen und brauste dann los, um Haaresbreite an einem entgegenkommenden Wagen vorbei. Das Ganze war für Mrs. Pollifax um so schreckenerregender, als sie sich noch immer nicht richtig daran gewöhnt hatte, daß in Thailand Linksverkehr herrschte.

„Können Sie sie sehen?" schrie sie in sein Ohr.

„Ja, sie sind nach rechts abgebogen!" brüllte er zurück. Er mißachtete ein Stoppschild und schnitt tollkühn die Kurve, um nach rechts abzubiegen.

„Ich sehe sie!" rief sie. „Jetzt sind sie nach links abgebogen!"

Sie folgten ihnen nach links, und ein Rad des Lasters holperte über den Bordstein. Dann bogen sie erneut nach rechts ab und wieder nach links. Motorräder, Motorroller und Fahrräder teilten sich vor ihnen wie das Rote Meer, Wagen hielten mit kreischenden Bremsen an, Fußgänger flüchteten an den Straßenrand. Mrs. Pollifax' Begleiter beugte sich über das Lenkrad, eine Hand ständig auf der Hupe. Der blaue Lieferwagen war gut zu sehen, doch immer noch weit entfernt. Für eine Verfolgungsjagd war dieser alte, verwinkelte Teil der Stadt eine gefährliche Gegend. Im Vorbeirasen sah Emily Verkaufsstände, schmale Seitengassen, winzige Läden mit vergoldeten Buddhas. Plötzlich waren sie auf einer breiten Hauptstraße. Sie kamen an einer Schule und an einer Brücke über den Fluß Ping vorbei.

„Sie entkommen uns!" rief sie. „Fahren Sie schneller!"

„Mein Wagen kann nicht schneller fahren, er ist zu alt!" entgegnete er.

Das war unüberhörbar. Seit sie eingestiegen waren, gab das Auto solch entsetzliche Geräusche von sich, daß sie sich nur laut schreiend verständigen konnten. Aber Mrs. Pollifax gab sich nicht geschlagen. Wenn sie den Wagen aus den Augen verloren, verloren sie damit auch Cyrus! „Bitte, fahren Sie schneller!" flehte sie ihren Begleiter an. Aber während sie noch sprach, setzte der Lieferwagen zum Spurt an und verschwand hinter einer Kurve.

„Verdammt!" rief sie. Der Mann neben ihr warf ihr einen erstaunten Blick zu.

Die Straße wurde schmaler, nun, da sie nordwärts fuhren und die Außenbezirke der Stadt verließen. Immer weniger Villen und strohgedeckte Hütten waren zu sehen, und die Bäume drängten sich dichter an die Straße. Mrs. Pollifax spähte geradeaus und bemerkte, daß die

Straße in die Berge zu führen begann. Je steiler es bergauf ging, desto schlimmer protestierte der Laster, und es war kein sonderlich beruhigender Gedanke, daß vor ihnen eher noch größere Steigungen lagen.

In diesem Augenblick erst begann Mrs. Pollifax, sich die Chancen auszurechnen, die der klapprige alte Laster gegen den blauen Lieferwagen hatte. Überhaupt war die ganze Situation äußerst eigenartig. Sie fuhr hier ins Ungewisse mit einem Mann, über den sie nichts weiter wußte, als daß sie ihn bei einer Leiche kennengelernt hatte! Ihre Tollkühnheit erschreckte sie nun. Wie hatte sie sich bloß darauf einlassen können? Sie war sich jetzt so gut wie sicher, daß dieser Bandit mit dem komischen Hut ein Killer war. Und mit dem war sie jetzt unterwegs und entfernte sich immer weiter von Chiang Mai. Ein neuer Anfall von Panik überkam sie.

Sie zwang sich, tief und gleichmäßig durchzuatmen und an etwas anderes zu denken. *Der Wagen klappert; das Armaturenbrett ist braun vor Rost; mein Sitz hat Löcher, als hätte ein Hund nach einem Knochen gegraben* … Verstohlen warf sie einen Blick auf ihren Begleiter und stellte fest, daß sein Gesichtsausdruck grimmig, aber entschlossen war. Wer auch immer er sein mochte, er war offenbar genauso darauf bedacht wie sie, den blauen Lieferwagen einzuholen, und das war das einzige, was jetzt in ihren Augen wirklich zählte.

Nachdem sie etwa eine halbe Stunde schweigend weitergefahren waren, räusperte sie sich. „Was machen wir, wenn wir den blauen Wagen finden?" brüllte sie.

Er zuckte die Achseln. „Na, was schon? Ich habe das Messer in meiner Tasche."

„Es ist ein seltsames Messer!" rief sie wieder. „Der Holzgriff ist mit Schnur oder einer Angelleine umwickelt."

„Das ist kein Holz-, sondern ein Bambusgriff!" brüllte er zurück. „Es ist ein Schanmesser."

Ein Schanmesser? Sie blinzelte erstaunt, schwieg jedoch. Die Schreierei war anstrengend, und ein Schanmesser hätte sie vielleicht am Tag zuvor noch aufregend gefunden, aber angesichts ihrer augenblicklichen Lage erschien ihr das inzwischen nicht mehr besonders ungewöhnlich. Sie schaute auf die Uhr: Es war bereits halb zehn. Wenn sie den blauen Lieferwagen nicht bald wieder entdeckten, würde sie darauf bestehen, zu einer Polizeiwache gebracht zu werden. Sie öffnete ihre Tasche und schaute nach dem Geld und dem Reisepaß. Aber was würden die Beamten von ihrer Geschichte halten, fragte sie sich weiter, und wieviel konnte sie wagen, ihnen zu erzählen? Und schließlich stand noch eine sehr wichtige Frage ungeklärt im Raum: Würde dieser Mann überhaupt zulassen, daß sie sich an die Polizei wandte? Oder betrachtete er sie als seine Gefangene? Sie steckte den Paß in das Reißverschlußfach ihrer Tasche zurück und erschrak, als sie das versteckte goldene Votivtäfelchen berührte. Vielleicht kann ich es als Lösegeld für Cyrus benutzen, dachte sie aufgeregt. Allerdings nur, wenn mich dieser Bursche nicht ausraubt ... Um sich von solch unerfreulichen Gedanken abzulenken, rief sie: „Wohin führt diese Straße?"

„Nach Chiang Rai!" schrie er zurück.

Nach Chiang Rai ..., und von Chiang Mai kamen sie gerade. Aus ihrer Tasche holte sie die Straßenkarte, die sie am Morgen rasch eingesteckt hatte. Sie entdeckte Chiang Mai und weiter nordwärts Chiang Rai. Ganz im Norden, nahe der Grenze, lag noch eine Stadt namens Chiang Saen. Drei Chiangs also: Mai, Rai und Saen. Sie prägte sie sich ein und steckte die Karte seufzend wieder in die Tasche.

Da eine Unterhaltung nicht möglich war, betrachtete sie die Landschaft, die sie durchfuhren. Wie sehr hätte sie sie genossen, wenn sie als einfache Urlaubsreisende und mit Cyrus an ihrer Seite hier gewesen wäre! Inzwischen befanden sie sich in tiefster Wildnis, die Straße führte stetig weiter bergauf, und ringsum erhoben sich Berge. Häuser gab es hier keine. Hohe Gräser wucherten am Straßenrand vor den Palmen, hinter denen der eigentliche Regenwald mit seinem dichten Unterholz begann.

Da sie den blauen Lieferwagen bereits seit vielen Kilometern aus den Augen verloren hatten, beschloß sie endlich, ihren Begleiter aufzufordern, er solle sie zu einer Polizeiwache bringen.

„Es ist schon fast zehn, und wir haben den blauen Lieferwagen immer noch nicht eingeholt! Ich möchte mit Ihnen sprechen!" erklärte sie.

„Gleich!" schrie er. „Wir halten da oben!"

Nach etwa eineinhalb Kilometern bog er in eine Lichtung ein, die an einem Bach gelegen war. Mehrere Lastwagen waren hier bereits neben einem strohgedeckten offenen Haus geparkt. „Zehn Minuten Pause", sagte er und kletterte aus dem Führerhaus.

„Wo wollen Sie hin? So werden wir den Lieferwagen überhaupt nicht mehr einholen!" rief sie entsetzt.

„Das hier ist Hot Springs Development", erklärte er ihr. „Wir sollten die Gelegenheit nutzen, um aufs Häuschen zu gehen und ein bißchen was zu essen zu kaufen."

„Und um zu reden!" erinnerte sie ihn mit feindseligem Blick.

Sie wartete vor dem Lastwagen, während er zu der Hütte ging und in ihr verschwand. Als er kurz darauf zurückkam, brachte er ein paar Bananen, drei Flaschen Cola und einen Drahtkorb mit sechs Eiern mit. Mit einer Kopfbewegung bedeutete er ihr, ihm zum Bach zu folgen. Zu ihrer Überraschung sah sie dort Dampf aufsteigen – ganz offensichtlich war hier eine heiße Quelle. Ihr Begleiter hängte den Drahtkorb mit den Eiern in einen Tonbehälter unter der Wasseroberfläche, nickte ihr zu und ging weg.

Mrs. Pollifax stiefelte ungeduldig auf und ab und ärgerte sich über die Zeitvergeudung. Schließlich ermahnte sie sich zur Ruhe und machte sich auf die Suche nach einer Toilette, die sie auch fand. Als sie zurückkehrte, wartete ihr Begleiter bereits mit den gekochten Eiern. Er führte sie zu einem schattigen Tisch, setzte sich auf eine Bank und bot ihr ein hartes Ei an.

Lustlos rollte sie es zwischen den Fingern. „Ich kenne nicht einmal Ihren Namen", sagte sie.

Er verneigte sich leicht. „Bonchoo."

„Bonchoo was?"

„Chalermtkarana", sagte er trocken, „aber wir machen uns hier nicht die Mühe mit zwei Namen. Und Sie? Haben Sie auch einen Namen?"

„Oh, natürlich", entschuldigte sie sich. „Emily Pollifax. Emily Reed-Pollifax, um genau zu sein." An ihren vollen Namen hatte sie sich immer noch nicht gewöhnt. „Ich habe nämlich zum zweitenmal geheiratet", fügte sie erklärend hinzu. Dann streckte sie die Hand nach einer der Colaflaschen aus und nahm hastig einen großen Schluck. „Mr. Bonchoo ..."

„Bonchoo reicht."

„Also gut ... Bonchoo, wir haben den blauen Lieferwagen mit meinem Mann aus den Augen verloren, und ich möchte Sie bitten, mich jetzt zu einer Polizeiwache zu bringen, damit ich diese Entführung melden kann."

Er war damit beschäftigt, ein Ei zu schälen. „Wir sind vor fünfzehn Kilometern an einer Wache vorbeigekommen."

„Vor fünfzehn Kilometern?!" Sie blickte ihn verärgert an. „Sie wissen doch, daß mein Mann entführt wurde. Warum haben Sie nicht angehalten?"

„Wir waren gerade dabei, den blauen Lieferwagen zu verfolgen!"

„Der nun bereits einen riesigen Vorsprung hat!" rief sie gereizt. „Außerdem möchte ich gern wissen, warum Sie dem blauen Lieferwagen nachjagen! Schließlich hat man doch nicht Ihren Mann entführt!"

Er holte das Schanmesser hervor und zerteilte das Ei säuberlich in zwei Hälften. „Wäre es nicht möglich, daß ich als Buddhist dadurch Verdienste sammeln möchte, daß ich jemandem wie Ihnen helfe?"

„Das können Sie auch, indem Sie mich jetzt zu einer Polizeiwache bringen!" entgegnete sie heftig.

„Vielleicht", stimmte er achselzuckend zu, „aber ich kenne die Männer in dem blauen Lieferwagen –"

„Sie kennen sie?" unterbrach sie ihn entgeistert.

„Nicht persönlich", erwiderte er, „aber da ich weiß, woher sie kommen, weiß ich auch, wohin sie wollen." Er steckte ein Stück Ei in den Mund und kaute bedächtig. „Bis Sie der Polizei alles erklärt haben, wird der Lieferwagen bereits in Chiang Rai sein."

„Und was würden Sie vorschlagen, um meinen Mann zu finden?"

„Ich würde die Leute suchen, die den Lieferwagen fahren", antwortete er gleichmütig. „Wie ich Ihnen bereits erklärt habe, kenne ich die Gegend, in die sie wollen. Ich wohne nämlich im Norden."

„Stammt der Tote auch von dort?" Als er nicht antwortete, fügte sie hinzu: „Sie waren es, der ihn getötet hat, nicht wahr?"

Er zuckte die Achseln. „Er ist tot, spielt das da noch eine Rolle?"

„Allerdings!" fauchte sie wütend. „Ich habe den Verdacht, daß Sie mich absichtlich davon abhalten, zur Polizei zu gehen, damit diese Männer im Lieferwagen entkommen können. Immerhin werden Sie der erste sein, nach dem die Polizei sucht, wenn ich den Mord gemeldet habe, nicht wahr?"

Er seufzte schwer. „Soll ich Ihnen sagen, warum Sie besser nicht zur Polizei gehen?"

„Das wüßte ich liebend gern", versicherte sie ihm sarkastisch.

Er nahm ein zweites Ei und begann es zu schälen. „Weil der Tote in dem Haus in Chiang Mai kein guter Mensch war", sagte er ruhig. „Und weil die Entführer Ihres Mannes auch keine guten Menschen sind. Die Polizei findet solche Männer nicht immer. Und wenn sie sie sucht, braucht sie Zeit, viel Zeit."

„Und Sie", fragte sie, „sind Sie ebenfalls kein guter Mensch?"

„Absolut nicht", erwiderte er gleichmütig.

Sie hatte den Eindruck, daß er sie absichtlich ärgern wollte. „Warum waren Sie in Chiang Mai?" fragte sie.

„Ich bin mit einem Freund geschäftlich nach Chiang Mai gefahren, und nun geht es wieder heim." Er blickte sie an. „Sie sollten sich jetzt entscheiden, ob Sie mit mir weiterfahren wollen, denn ich muß jetzt wieder los. Wir sind schon lange genug hier."

Sie steckte bis zum Hals in dieser undurchsichtigen Sache, das wußte sie, und nun verlangte man von ihr, einem Mann zu vertrauen, der offenbar viel mehr wußte als sie und wahrscheinlich obendrein ein Mörder war. Aber wenn Cyrus von Männern entführt worden war, die – wie Bonchoo es nannte – keine guten Menschen waren, bestand immerhin die Möglichkeit, daß jemand wie Bonchoo, der sich hier auskannte, Cyrus tatsächlich finden konnte.

Sei nicht so dumm, dich darauf einzulassen, Emily, geh lieber zur Polizei! ermahnte sie sich. Sie erinnerte sich jetzt an Hongkong und daran, daß sie dort durch ihre allzu große Vertrauensseligkeit in eine Falle getappt war. Auch das hier konnte eine Falle sein.

„Sie wollen, daß ich Ihnen traue?" fragte sie argwöhnisch.

Er blickte sie erstaunt an. „Trauen? Warum sollten Sie mir trauen?"

Seine Antwort war so überraschend einsichtsvoll, daß sie ihn fassungslos anstarrte. Diese Art nahm ihr einfach allen Wind aus den Segeln! Gleichzeitig rüttelten seine Worte sie auf. Sie wurde wieder die alte Emily, und sie fand sich mit einem Schlag in einer Welt, die sie wiedererkannte, einer Welt, in die sie sich nicht nur einmal gewagt hatte: Es war eine Welt ohne Regeln, ohne Vertrauen zu irgend jemandem außer sich selbst, eine Welt, in der jede Entscheidung ein reines Glücksspiel war. Wenn Bonchoo die Wahrheit gesagt hatte, dann raste der Wagen mit Cyrus immer weiter nordwärts, während sie damit die Zeit vergeudete, herumzustehen und Garantien zu verlangen.

Aber es gab keine Garantien, und es würde nie welche geben!

„Also, dann wollen wir mal!" erklärte sie entschlossen und packte ihre Tasche, die gekochten Eier und die Colaflaschen zusammen. „Aber ich warne Sie: Wenn wir den blauen Lieferwagen in Chiang Rai nicht finden, gehe ich zur Polizei."

„Es wird Sie niemand aufhalten", erwiderte er sanft.

Sie warf ihm einen letzten gereizten Blick zu und stapfte zum Lastwagen zurück. An der Hütte, in der Bonchoo die Sachen gekauft hatte, drehte der junge Mann den Kopf nach ihr um und beobachtete sie. Sie musterte ihn aus den Augenwinkeln: Dichtes schwarzes Haar rahmte sein braunes Gesicht ein, das durch das grellrote Hemd noch dunkler wirkte. Ein zweiter, ebenfalls junger Mann, der ein leuchtendgelbes Hemd trug, lümmelte neben ihm herum und hatte ihr den Rücken zugewandt. Ein Motorrad stand neben den beiden, und sie bedachte es mit einem bewundernden Blick.

Bonchoo und Mrs. Pollifax kletterten ins Führerhaus des Lastwagens, und Bonchoo steckte den Schlüssel ins Zündschloß. Als sein
Blick in den Rückspiegel fiel, erstarrte er. „Ich dachte, die seien an uns
vorbeigefahren – und sie *sind* an uns vorbeigefahren und dann wieder
umgekehrt, die *Naklengs!*"

„Die wer?" fragte Mrs. Pollifax.

„Die zwei Halunken mit dem Motorrad."

Erstaunt blickte sie ihn an. „Diese zwei Jungen? Was stört Sie an
ihnen?"

„Sie sind uns seit der Tha–Pae–Straße in Chiang Mai gefolgt."

In LANGLEY in Virginia war es Abend, und Carstairs saß noch im
Büro, um mit dem Schreibkram fertig zu werden. Bishop war zum
Abendessen weggegangen, und im Augenblick herrschte angenehme
Ruhe. Auf dieser Hälfte der Erdkugel bereitete sich alles auf die Nacht
vor, was aber natürlich beileibe nicht hieß, daß sich nun jedermann
friedlich schlafen legte. Auch in dieser Nacht würden irgendwo
Anschläge verübt werden, und in schummrigen Kneipen gab man
verstohlen Informationen weiter. Doch nur bei wirklich wichtigen
Vorfällen durften Anrufe zu Carstairs durchgestellt werden, und er
nahm an, daß ihn heute nacht höchstens eine Nachricht aus dem Sudan
aus dem Schlaf reißen würde.

Da es in Thailand bereits Donnerstag vormittag war, erwartete er
auch die Bestätigung von Mrs. Pollifax, daß sich Ruamsaks Päckchen
nun in ihrer Hand befand. Während ihm dieser Gedanke durch den
Kopf ging, leerte er seine Kaffeetasse und lehnte sich in seinem
Schreibtischsessel zurück. Er wünschte sich inbrünstig, daß sich
Ruamsak als zu schlau für McAndrews erweisen würde, der ihn
beschatten sollte. Carstairs hielt es für einen unverzeihlichen Fehler,
Ruamsaks Identität aufdecken zu wollen, und ihm leuchtete immer
noch nicht ein, weshalb Mornajay darauf bestanden hatte. Ruamsak
hatte sich schließlich bereits als sehr nützlich erwiesen, und es war zur
Zeit schwierig genug, Informationen über die Lage in Nordthailand
zu bekommen. Er dachte daran, daß Jacoby ihnen jahrelang von
Chiang Saen aus Bericht erstattet hatte. Natürlich war dem Department bekannt gewesen, daß Jacoby Drogenprobleme hatte, aber
Ruamsaks Mitteilung nach stand er inzwischen kurz vor dem letzten
Stadium der Opiumsucht; und als weitere Schwierigkeit kam hinzu,
daß er, um seine teuren Bedürfnisse zu befriedigen, neuerdings nicht
nur dem CIA Informationen verkaufte, sondern den Vietnamesen in

Laos ebenfalls. Ruamsak hatte darüber hinaus Zweifel an der Richtigkeit von Jacobys Informationen geweckt. Er hatte geschrieben: „Ich sehe die Kopien seiner Berichte an Sie. Sie stimmen nicht, er verfälscht die Wahrheit. Das weiß ich genau, denn er bekommt die Informationen, die er Ihnen verkauft, von mir." Ruamsak hatte Jacobys Änderungen berichtigt, und das war für sie, gelinde gesagt, sehr aufschlußreich gewesen.

Die Tür zum Vorzimmer öffnete sich. Carstairs schaute auf und sah Bishop in schneebestäubtem Lammfellmantel das Büro betreten. „Ich dachte mir schon, daß Sie noch hier sind!" rief Bishop gut gelaunt und schloß die Tür hinter sich. „Ich wollte –"

Er hielt inne, denn an der Telefonanlage leuchtete ein rotes Lämpchen auf, und Carstairs nahm gerade den Hörer ab. „Carstairs", meldete er sich. Dann bedeckte er die Sprechmuschel mit der Hand und fragte Bishop: „Was wollten Sie?"

„Mich erkundigen, was Sie von unserer Freundin, Mrs. Pollifax, gehört haben."

Carstairs winkte ihm, sich zu setzen. „Gut abgepaßt! Der Anruf aus Chiang Mai wird gerade durchgestellt."

„Großartig!" Bishop zog rasch seinen Mantel aus, hängte ihn über einen Stuhl und setzte sich. Dann griff er nach dem Hörer des zweiten Apparats, um mitzuhören, und lächelte erwartungsvoll. Sein Lächeln schwand jedoch schnell, denn nicht Mrs. Pollifax meldete sich, sondern eine aufgeregte, schrille Männerstimme. „Man hat mir diese Nummer gegeben, damit ich bei Ihnen anrufe, falls – mein Name ist McAndrews, Sir, und ..."

Bishops Magen verkrampfte sich. Er spürte sofort: Etwas war schiefgegangen!

Carstairs tastete nach dem Recorder, um das Gespräch aufzuzeichnen. Dann unterbrach er den Wortschwall des anderen. „Reißen Sie sich zusammen, McAndrews, so verstehe ich kein Wort! Sagten Sie gerade etwas von einer Leiche?"

„Ja, ja, eine Leiche", stammelte McAndrews. „Sir, ich war noch nie in einer solchen Situation, und ..."

„Jetzt atmen Sie erst einmal tief durch!" riet Carstairs. „Und dann erzählen Sie mal alles schön der Reihe nach. Sie hatten den Auftrag, ein Ehepaar in Chiang Mai zu beschatten, richtig?"

Deutlich war zu hören, daß McAndrews am anderen Ende der Leitung ein paarmal tief Luft holte. „Ja, Sir", antwortete er schließlich. „Ich folgte ihnen zu diesem Treffpunkt an der Tha-Pae-Straße. Die

Dame ging in diesen Privatweg, während der Herr – Mr. Reed, nicht wahr? – stehenblieb, um sich einen Krug anzusehen."

„Einen was?"

„Einen Wasserkrug, Sir, er war vor einem Lackwarengeschäft ausgestellt. Also wartete ich, aber da kamen diese beiden Männer und fingen an, sich mit Mr. Reed zu unterhalten, und –"

„Waren es Amerikaner?"

„Nein, Thai. Ich konnte sehen, daß Mr. Reed wegwollte, aber sie redeten weiter, und plötzlich sackte er zusammen – anders läßt es sich nicht beschreiben, Sir. Die beiden fingen ihn auf und zerrten ihn über die Straße zu einem Lieferwagen. Das dauerte eine Weile, denn er ist ziemlich groß und kräftig gebaut, und der Verkehr war sehr lebhaft. Während sie sich abmühten, ihn hinten in den Wagen zu heben – um ihn zu einem Krankenhaus zu bringen, dachte ich –, da kam seine Frau aus dem Privatweg, und als sie ihn sah, schrie sie ‚Cyrus!'. Im gleichen Augenblick knallten die Männer die hintere Tür zu, sprangen in den Wagen und fuhren davon."

Carstairs stöhnte leise. „Erzählen Sie weiter!"

„Nun, die Dame lief mitten auf die Straße, Autos bremsten, und Leute brüllten, und dieser Kerl, der ihr aus dem Privatweg folgte –"

„Welcher Kerl? Sie war in Begleitung?"

„Ja, und er nahm sie am Arm und zog sie zu einem Lastwagen. In den sind sie beide eingestiegen und hinter dem Lieferwagen hergerast."

Carstairs knirschte mit den Zähnen. „Und was haben Sie getan? McAndrews, rufen Sie mich an, um mir zu sagen, daß Sie ..."

„Ja, Sir", erwiderte McAndrews geknickt. „Mein Wagen war viel zu weit entfernt geparkt, und bis ich losfahren konnte, waren sowohl der Laster als auch der Lieferwagen verschwunden. Ich fuhr straßauf, straßab, um sie zu suchen, aber es war nichts mehr von ihnen zu sehen. Daraufhin habe ich meinen Wagen wieder abgestellt und bin den Weg entlanggegangen, um festzustellen, wo die Dame gewesen war. Und da war diese Hütte und ..." Seine Stimme zitterte. „Und da habe ich sie gefunden."

„Was gefunden?"

„Die Leiche, Sir. Ein toter Mann, Sir, ein Thai oder Chinese."

„Großer Gott!" entfuhr es Carstairs. Seine Gedanken überschlugen sich; er stellte sich vor, wie Mrs. Pollifax entweder einen Menschen hatte umbringen müssen oder aber Zeugin eines Mordes geworden war.

Wütend knallte Bishop den Hörer des Zweitapparates auf die Gabel, sprang aus dem Sessel auf und begann im Büro auf und ab zu wandern. Dieser Idiot, dachte er aufgebracht. Jedem Trottel wäre klargewesen, daß Reed entführt und nicht in ein Krankenhaus gebracht wurde! Und selbst der größte Schwachkopf hätte seinen Wagen so nahe wie möglich geparkt, um sofort losfahren zu können!

„Sie werden sie wiederfinden, McAndrews!" befahl Carstairs gefährlich ruhig. „Sie werden in die Tha-Pae-Straße zurückkehren und die Leute dort befragen. Überprüfen Sie, ob jemand die beiden Männer kennt, die Reed verschleppt haben, oder den Mann, der Reeds Frau begleitet hat. Sehen Sie zu, ob Sie feststellen können, wieso Reed plötzlich zusammengebrochen ist. Ich vermute, es war eine Betäubungsspritze. Ziehen Sie die Polizei noch nicht hinzu, sammeln Sie erst Fakten!"

„Jawohl, Sir. Es tut mir schrecklich leid, Sir."

„Haben Sie schon viele Observierungen gemacht, McAndrews?" fragte Carstairs in trügerisch freundlichem Tonfall.

„Nein, Sir, nur in der Ausbildung. Das war mein erster richtiger Auftrag."

Carstairs war sichtlich entsetzt. „Aha …, ich verstehe … Na gut, es hat jetzt wohl nicht mehr viel Sinn, Sie durch jemand mit mehr Erfahrung ablösen zu lassen. Erstatten Sie mir umgehend Bericht, McAndrews, und denken Sie daran: Wir setzen unsere ganze Hoffnung auf Sie! Finden Sie die beiden!"

Er legte auf und begegnete Bishops wutfunkelndem Blick. „,Wir setzen unsere ganze Hoffnung auf Sie!'" explodierte Bishop. „Dieser Mann ist ein Depp! Und Sie wissen nur zu gut, was ich Mrs. Pollifax gesagt, was ich ihr sogar versprochen habe … Und nun sind sie alle beide verschwunden!"

„Beruhigen Sie sich, Bishop!"

„Beruhigen? Haben Sie Hongkong schon vergessen? Ich habe den beiden versichert, daß es sich nur um einen ganz einfachen Kurierauftrag handelt. Ich habe ihnen mein Wort gegeben und – Was machen Sie da?"

Carstairs hatte nach dem Hörer gegriffen. „Nur weil ich nicht tobe, heißt das noch lange nicht, daß ich weniger wütend bin als Sie, Bishop", erklärte er. „Mornajay hat uns diese Suppe eingebrockt, und jetzt soll er sie gefälligst auch selber auslöffeln. Betsy, verbinden Sie mich bitte mit oben … Südostasienabteilung, Mornajays Büro."

„Das gefällt mir schon besser!" meinte Bishop und hörte dann, wie

Carstairs höflich mit Mornajays Assistentin sprach und sich erkundigte, wie er sich mit ihrem Chef in Verbindung setzen könne. Nach einer kurzen Pause wurde Carstairs' Tonfall sehr eindringlich. „Aber ich muß unbedingt sofort mit ihm sprechen, Mrs. Hudson – wie bitte?" Carstairs schaute verblüfft drein. „Sie wissen *was* nicht? Ja, natürlich warte ich ..." Er legte offensichtlich verwirrt auf. „Kümmern Sie sich bitte um Kaffee, Bishop, sie kommt zu uns herunter."

Das wiederum überraschte nun Bishop. „Warum in aller Welt denn das?"

Carstairs runzelte nachdenklich die Stirn. „Weiß ich auch nicht. Sie behauptet, sie könne mir nicht sagen, wo Mornajay zu erreichen sei. Außerdem klang sie verstört."

Bishop ging nach nebenan in sein Büro und holte die Thermoskanne. Als Mrs. Hudson kurz darauf eintrat, führte er sie zu Carstairs. Sie nahm Platz, und er bot ihr höflich eine Tasse Kaffee an. Sie bedankte sich und stellte die Tasse auf den Schreibtisch, machte jedoch keine Anstalten, auch nur einen Schluck zu trinken.

Mrs. Hudson war von rundlicher Statur; ihr sandfarbenes Haar hatte sie zu einem Knoten hochgesteckt. Sie war für ihre Sachlichkeit und Tüchtigkeit bekannt, und deshalb staunte Bishop um so mehr über die Tränen in ihren Augen.

„Ich weiß einfach nicht, was ich tun soll", gestand sie bedrückt. „Und ich muß jetzt mit jemandem reden, Mr. Carstairs. Mr. Mornajay ist wie vom Erdboden verschluckt! Am Montag ist er um zehn Uhr mitten in einer Besprechung gegangen und nicht mehr zurückgekehrt. Ich habe alles getan, um es zu vertuschen – ich habe die Unwahrheit erzählt, habe auch nachts gearbeitet, damit alles erledigt wurde, habe die Leute hingehalten ... Mr. Carstairs, ich habe sogar schon in allen Krankenhäusern nachgefragt!"

Carstairs runzelte die Stirn. „Es sieht Mornajay aber gar nicht ähnlich, einfach so wegzubleiben! So etwas hat er doch bisher noch nie gemacht, oder?"

„Noch nie!" versicherte sie ihm. „Solange ich hier bin, war er jeden Tag im Büro, und ich arbeite jetzt bereits dreizehn Jahre für ihn. Mein Gefühl sagt mir, daß ich mich Ihnen in dieser Sache am ehesten anvertrauen kann – und ich brauche dringend Hilfe! Wir müssen ihn wiederfinden!"

Carstairs sah immer noch ein wenig verwirrt aus und trommelte mit den Fingern auf der Schreibtischplatte, während er überlegte. „Erzählen Sie mir doch, wie das am Montagmorgen genau war,

Mrs. Hudson", bat er schließlich. „Sie sagten, er habe diese Besprechung völlig unerwartet verlassen?"

Sie nickte. „Da war ein Anruf aus Bankok, und gleich danach ist er ohne jegliche Erklärung gegangen."

Carstairs zog die Brauen hoch. „Bangkok! Haben Sie eine Ahnung, wer ihn angerufen hat?"

„Ja, eine Frau namens Chin-Ling."

„Steht er in regelmäßiger Verbindung mit ihr?"

„Sie meinen, ob sie als Agentin für uns arbeitet?" Sie schüttelte den Kopf. „Nein, ihr Name befindet sich nicht auf unserer Liste, ich habe mich vergewissert."

„Und gleich nach dem Gespräch mit Chin-Ling hat er das Büro verlassen?"

In diesem Augenblick hätte Bishop sein Monatsgehalt für Carstairs' Gedanken gegeben. Carstairs war ein Mensch, der sowohl nach gefühlsmäßigen Eingebungen als auch nach Logik handelte, und das machte ihn zu etwas Besonderem. Bishop selbst hatte in diesem Moment nicht die leiseste Vorstellung, was der Grund für Mornajays mysteriöses Verschwinden gewesen sein mochte. Mornajay war alles andere als impulsiv und tat nichts ohne gründliche Überlegung. Außerdem hatte man bei ihm das Gefühl, daß er kein Privatleben kannte und nur für seine Arbeit lebte. Bishop bekam kaum mit, wie Carstairs Mrs. Hudson versicherte, daß er Mornajay finden werde und sie sich deshalb keine Sorgen machen solle: Er werde ihr Vertrauen nicht enttäuschen.

Als sie gegangen war, griff Carstairs zum Telefonhörer und bat um eine Verbindung nach Bangkok, zunächst mit der US-Botschaft, dann mit dem CIA, der im selben Gebäude untergebracht war. Bishop konnte nicht hören, was Carstairs sagte, da in diesem Moment das Telefon in seinem eigenen Büro summte. Als er zurückkehrte, saß Carstairs regungslos an seinem Schreibtisch und starrte auf die Schreibunterlage. Dann blickte er auf.

„Es war auch für die Kollegen in Thailand eine große Überraschung", teilte er Bishop mit einem eigenartig vagen Lächeln mit. „Weder die Botschaft noch der CIA wissen, ob Mornajay in Bangkok ist. Sie fragten, wie ich darauf komme."

„Sie glauben, daß er in Bangkok ist?" fragte Bishop erstaunt.

„Immerhin wurde er von Bangkok aus angerufen", antwortete Carstairs nachdenklich. „Während des Vietnamkriegs war er fast zehn Jahre in Thailand, wußten Sie das?"

„Und dort hat er Leute wie McAndrews ausgebildet?" bemerkte Bishop spöttisch.

Carstairs bedachte ihn mit einem langen, interessierten Blick. „Genau ... Ich muß mich jetzt um den Rest des Papierkrams hier kümmern. Würden Sie inzwischen noch eine Verbindung nach Bangkok für mich herstellen lassen? Diesmal möchte ich das ‚Indiana' in der Patbongstraße." Als er Bishops befremdeten Gesichtsausdruck bemerkte, erklärte er freundlich: „Eine Bar, die von ansässigen Amerikanern und ausländischen Journalisten frequentiert wird. Ich will mit dem Besitzer, Chuck Holloway, sprechen."

„Wird gemacht, Sir."

Die Verbindung kam rasch zustande, und Bishop hörte ohne Gewissensbisse mit. Carstairs und Holloway begrüßten einander herzlich, und nachdem sich Carstairs höflich erkundigt hatte, wie das Geschäft im „Indiana" laufe – „immer noch viel los, aber nicht mehr so wie damals", lautete die Antwort –, fragte er, ob Holloway sich an Lance Mornajay erinnere.

Holloway lachte. „Wie könnte ich den jemals vergessen? ‚Mr. Besserwisser' haben wir ihn immer genannt. Er hat mir doch tatsächlich erklärt, wie ich einen Margarita mixen muß!"

Carstairs erkundigte sich, ob er ihn vielleicht zufällig in den letzten Tagen gesehen habe. So ein Unfug, dachte Bishop, doch als Chuck Holloway antwortete, blieb ihm die Luft weg. „Ja, er war gestern da. Ich hab allerdings nicht mit ihm gesprochen. Es war spätnachts, sehr, spät."

Sogar Carstairs' Stimme klang verblüfft. „Sind Sie sicher, daß es wirklich Mornajay war?"

„Natürlich bin ich mir sicher. Ich hab Mornajay seit zwei Jahren nicht mehr gesehen, aber er hat sich kaum verändert: das gleiche gelockte graue Haar, dieselben kalten blauen Augen, und ich fresse einen Besen, wenn er bei der Bedienung nicht wieder einen Margarita bestellt hat. Kalt wie ein Eisblock und ein wahnsinniges Selbstbewußtsein, dieser Mann!"

„Das kann nur Mornajay sein", bestätigte Carstairs. „Vielen Dank, Chuck, und behandeln Sie das vertraulich, ja?"

„Sie können sich darauf verlassen."

Als Carstairs auflegte, machte Bishop sich Luft. „Was, in aller Welt, macht Mornajay dort drüben? Noch dazu, ohne hier jemandem Bescheid zu geben! Weiß er, wen Sie nach Chiang Mai geschickt haben, um Ruamsaks Päckchen abzuholen?"

Carstairs schüttelte den Kopf. „Nur, daß es ein Ehepaar von unserer Kurierliste ist. Namen habe ich nicht genannt."

„Also ist er bestimmt nicht zur Rettung von Emily und Cyrus dorthin geflogen."

Carstairs lachte sarkastisch. „Wohl kaum. Aber er ist dort, obwohl er nicht dort sein dürfte. Das gefällt mir überhaupt nicht, Bishop." Grimmig fügte er hinzu: „Überlegen Sie sich mal, was da jetzt innerhalb weniger Stunden passiert ist: Wir haben Mrs. Pollifax und Cyrus verloren, höchstwahrscheinlich war der Tote in der Hütte Ruamsak, und jetzt hat es ganz den Anschein, als habe einer unserer Spitzenleute durchgedreht."

„Sieht gar nicht gut aus!" bestätigte Bishop und seufzte.

## 4. Kapitel

ALS Mrs. Pollifax von Bonchoo erfuhr, daß seit der Tha-Pae-Straße ein Motorrad hinter ihnen hergefahren sei, wußte sie zunächst nicht, ob sie ihm glauben sollte oder nicht. Sie sah keinen Grund, weshalb man sie beide verfolgen könnte, und sie durchschaute Bonchoos Motive immer noch nicht. Es gab mehrere Erklärungen für sein Verhalten, und ihr gefiel eigentlich keine davon so recht.

Trotzdem beunruhigte sie sein Mißtrauen gegenüber den beiden Motorradfahrern. Nachdem sie in dem beschränkten Tempo, das der Lastwagen zuließ, weitere zwei bis drei Kilometer gefahren waren, schaute sie über die Schulter auf die Straße zurück.

Das Motorrad befand sich immer noch hinter ihnen. Und Motorräder fahren üblicherweise schneller als fünfzig Stundenkilometer, dachte sie, und sie zuckeln auch nicht lange hinter einem klapprigen Laster her.

Sie blickte Bonchoo scharf an. „Freunde von Ihnen?" fragte sie bissig. Doch sie bereute ihre spöttische Bemerkung bereits im gleichen Moment, denn sie bemerkte, daß er ernsthaft besorgt wirkte; ein völlig neuer Zug an ihm. Als er ihr nicht antwortete, schrie sie: „Wie weit ist es noch bis Chiang Rai?"

„Eineinhalb Stunden!" brüllte er zurück und widmete sich wieder seinen offenbar düsteren Gedanken.

Mrs. Pollifax beschäftigte sich damit, alle paar Minuten zurückzuschauen, um zu kontrollieren, ob das Motorrad ihnen noch folgte. Und das tat es wahrhaftig! Nach jeder Kurve tauchte das leuchtendrote Hemd des Fahrers erneut auf. Sie bemerkte, daß Bonchoo häufig in den Rückspiegel sah.

Nachdem sie eine weitere halbe Stunde schweigend gefahren waren, schrie Bonchoo plötzlich mit entnervter Stimme: „Ich werde jetzt anhalten! Sie folgen uns wie *Fahrawng* – wie Gewitterwolken! Allmählich schlägt mir das auf den Magen!"

„Sie wollen anhalten? Was ist, wenn die beiden das auch tun?"

Er fuhr bereits langsamer, und das Klappern und Rattern ließ nach. Aber sie fand, daß gerade hier kein besonders günstiger Ort zum Anhalten war: Die Straße war erschreckend leer und der Wald zu beiden Seiten sehr dicht.

„Was die beiden tun werden, müssen wir eben abwarten!" rief er. „Wenn sie hinter uns her sind, werden sie uns früher oder später sowieso stoppen, und dann an einer Stelle, die *ihnen* paßt!"

Sie nickte, das klang logisch. Der Wagen kam zum Stehen, und als Bonchoo den Motor abgeschaltet hatte, herrschte eine geradezu unheimliche Stille. Er holte einen Schraubenschlüssel unter dem Sitz hervor und öffnete die Fahrertür. „Ich gehe jetzt kurz in die Büsche – die beiden werden glauben, aus dem üblichen Grund. Sie bleiben hier. Wenn Sie die Türen verschließen, sind Sie hier im Wagen sicher."

Er stieg aus und war im nächsten Augenblick in dem Dickicht aus staubigen Ranken und Büschen verschwunden. Nur ein paar Palmenwedel schwankten noch leicht. Mrs. Pollifax fand es sehr ritterlich von ihm, ihr zu raten, sie solle im Wagen bleiben. Aber wenn Bonchoos Verdacht sich bewahrheitete, hatte sie gewiß nicht vor, tatenlos zuzusehen, wie zwei junge Männer im Wald über ihn herfielen. Es schien ihr in ihrem eigenen Interesse zu liegen, die beiden Verfolger keinen Vorteil daraus ziehen zu lassen, daß sie zu zweit waren, und das konnte sie nur verhindern, indem sie mitmischte.

Sie stieg genau in dem Augenblick aus, als das Motorrad sie überholte. Es bremste ab und hielt vor dem Lastwagen an, was genausogut auf Hilfsbereitschaft wie auf finstere Absichten schließen lassen konnte – und nach einem Blick auf die feindseligen Gesichter der jungen Männer nahm Mrs. Pollifax eher die ungünstigere Möglichkeit an. Sie nickte den Männern höflich zu, spazierte um den Wagen herum und prüfte scheinbar einen der Reifen eingehend. Währenddessen beobachtete sie die zwei verstohlen. Die beiden wechselten ein paar Worte in Thai, lachten, stiegen von ihrem Motorrad ab und schlenderten zum Straßenrand. Rothemd teilte das Dickicht und folgte Bonchoo. Gelbhemd schaute ihm nach, blieb stehen und wartete.

Also hatte Bonchoo recht, dachte sie. Ihr Herz schlug schneller. Scheinbar gleichmütig stapfte sie zu dem Mann am Straßenrand. „Guten Morgen. Könnten Sie mir vielleicht sagen, wie weit es noch bis Chiang Rai ist?"

Er drehte sich um und warf ihr einen ungeduldigen Blick zu, ohne zu antworten. Sie hatte das Gefühl, daß seine Augen schadenfroh glänzten. Achselzuckend wandte er sich wieder dem Wald zu. Nach einer Weile war ein Schrei zu hören, Geräusche wie von einem Handgemenge drangen zu ihnen, ein Ächzen, dann eine brüllende Stimme. Rothemds Begleiter zuckte zusammen und machte einen Schritt vorwärts. Er hatte jedoch nicht mit Mrs. Pollifax gerechnet, die bereits die Grundhaltung eingenommen hatte, die ihr Karatelehrer *hachiji-dachi* nannte. Sie hob den rechten Arm und versetzte dem Mann mit der Handkante einen schnellen Schlag auf den Nacken, der ihn bewußtlos zu Boden sinken ließ.

Trockenes Gras raschelte, und Bonchoo sprang aus dem Gestrüpp hervor. Er hielt das Messer in der einen und den Schraubenschlüssel in der anderen Hand und blutete aus einer Schnittwunde, die quer durch die Narbe auf seiner Wange verlief. Wie angewurzelt blieb er stehen und starrte ungläubig auf den jungen Mann zu Mrs. Pollifax' Füßen. „Wa-was ist passiert?" keuchte er.

„Ich habe ihn niedergeschlagen", erklärte sie ruhig.

„*Sie?*" Mit offenem Mund starrte er Mrs. Pollifax an.

„Karate, brauner Gürtel", sagte sie knapp. „Was ist mit dem andern?"

„Habe ihn mit dem Schraubenschlüssel niedergestreckt, aber glücklicherweise atmet er noch, sonst hätte ich viel ‚Verdienst' verloren." Er ließ sich auf einem Stein nieder und vergrub das Gesicht in seinen Händen. Zu ihrer Überraschung bemerkte sie, daß er zitterte. „Ich habe Angst, *mai dai!* – das ist nicht gut!" stieß er hervor. „Heute ist kein glücklicher Tag für mich!"

Sie konnte es ihm nachfühlen. Es war für sie beide kein besonders guter Tag. Trotzdem hielt sich ihr Mitgefühl in Grenzen. „Wenn die beiden zu Cyrus' Entführern gehören, müßten sie es doch auf *mich* abgesehen haben! Aber sie wollten offenbar Sie töten, Bonchoo. Warum?" fragte sie irritiert.

Er hörte ihr gar nicht zu, sondern schlug mit der Faust an seine Stirn. „Ich habe das Ganze völlig falsch eingeschätzt! Hinter dieser Sache steckt ein gerissener Mann, und ich, ich bin nur ein Amateur!"

„Aber ich nicht!" erwiderte sie scharf.

Er blickte zu ihr auf, dann schaute er zu dem Bewußtlosen auf dem Boden. „Nein, Sie sind keine Amateurin, und das ist auch etwas, was ich nicht verstehe."

„Wer ist dieser ‚gerissene Mann'?" wollte sie wissen.

Er schüttelte den Kopf. „Er ist so schlau, daß er mir *Gawng John* auf den Hals gehetzt hat."

„Warum will man Sie töten, und wer ist dieser *Gawng John*?"

„Es bedeutet Guerillatrupp, Räuberbande, nicht eine einzelne Person." Bonchoo stand auf, schaute sich um, setzte den Hut ab und kratzte sich am Kopf. Sein Kopf war fast kahl, wodurch er noch mehr wie ein Bandit aussah, fand Mrs. Pollifax. „Das alles gefällt mir nicht!" brummte er.

„Mir auch nicht", versicherte sie ihm. „Auf jeden Fall können wir diesen – diesen Halunken und sein Motorrad nicht hier am Straßenrand liegenlassen!"

„Nein", bestätigte er, und sie blickten einander nachdenklich an. „Haben Sie keine Angst?" fragte er dann.

„Im Augenblick habe ich mehr Angst um Cyrus als um mich", antwortete sie. „Könnten wir nicht bitte etwas unternehmen, ehe diese Männer wieder aufwachen? Wir sollten schleunigst von hier verschwinden und dem blauen Lieferwagen folgen."

„In Ordnung." Er setzte den Hut wieder auf und erhob sich.

Gemeinsam schleppten sie Gelbhemd ins Unterholz und legten ihn neben seinen Begleiter. Das Motorrad schoben sie ein Stück weiter weg in den Wald hinein, und während Mrs. Pollifax im Wagen wartete, richtete Bonchoo sorgfältig Schößlinge und niedergetretenes Buschwerk wieder auf, um ihre Spuren zu verwischen.

„Fühlen Sie sich jetzt besser?" fragte sie ihn, als er zurückkehrte.

Er lächelte verlegen. „Ich glaube schon."

Dann setzte er sich hinters Lenkrad, startete den Motor, und sie fuhren weiter.

Etwas hatte sich zwischen ihnen geändert: Nachdem sie sich bisher nur nach dem äußeren Erscheinungsbild beurteilt hatten, wußten sie nun ein bißchen mehr voneinander. Bonchoo hatte offen zugegeben, daß er Angst hatte, was sie überraschte und wodurch er ihr auf einmal weniger bedrohlich erschien; und Mrs. Pollifax war in Bonchoos Augen nicht mehr die hilflose Amerikanerin, für die er sie bis dahin gehalten hatte.

Mrs. Pollifax ließ sich die Szene in der Hütte in Chiang Mai noch einmal durch den Kopf gehen und dachte jetzt etwas positiver darüber. Bonchoo mochte Ruamsak vielleicht getötet haben, aber sie hatte er nicht im Stich gelassen. Vielleicht hatte ihr Instinkt doch nicht getrogen, als sie beschlossen hatte, mit Bonchoo weiterzufahren. Trotzdem war es wichtig, ihn so bald wie möglich weiter aus seiner Reserve zu locken, um zu erfahren, wer dieser „gerissene Mann" war. Inzwischen schaute sie nachdenklich aus dem Fenster auf die Fahrbahn, auf Bambusgruppen, auf einen Berg mit kahlem Gipfel, aber neubepflanzten Hängen. Die Reihen junger Bäumchen sahen wie grüne Samtstreifen auf braunem Stoff aus. Weiter voraus erblickte sie dicht am Straßenrand einen Wagen. Sie lehnte sich gespannt nach vorn. „Bonchoo, ist der nicht blau?" rief sie. „Sehen Sie doch – es ist ein Lieferwagen, ein blauer Lieferwagen!"

Aus der Ferne machte es den Eindruck, als sei der Wagen von der Fahrbahn abgekommen und in den Straßengraben gefahren. Mrs. Pollifax' Herz hämmerte wie wild.

Bonchoo fuhr vorsichtig an dem Lieferwagen vorbei, dann wendete er und parkte vor ihm. „Leer!" stellte er nach einem Blick ins Fahrerhaus fest.

„Ja, aber Cyrus könnte noch drinnen sein. Wenn die Entführer den Wagen stehenlassen und zu Fuß weitergehen mußten, könnten sie ja kaum einen Bewußtlosen mitgenommen haben, oder?" Ohne auf eine Antwort zu warten, riß sie ihre Tür auf, sprang aus dem Laster und rannte zur hinteren Seite des Fahrzeugs. Bonchoo folgte ihr dicht auf den Fersen. Sie öffnete die Heckklappe des Lieferwagens und steckte den Kopf hinein. Enttäuschung zeichnete sich auf ihrem Gesicht ab. Der Wagen war leer.

„Cyrus ist nicht da." Tränen stiegen ihr in die Augen. „Er ist fort. Sie haben ihn mitgenommen, aber wohin nur?"

Bonchoo schaute nachdenklich drein. „Ich glaube nicht, daß sie mit einem Entführten diese Straße entlanggehen würden. Wir sind jetzt im Norden, wo die Polizei Sperren errichtet, um Schmuggler und Aufständische zu fassen. Mit dem Wagen hätten sie sich eine gute Geschichte für die Polizei ausdenken können, aber zu Fuß, mit diesem Cyrus dabei . . ." Er schüttelte den Kopf.

„Nennen Sie ihn nicht ‚diesen Cyrus'!" protestierte sie gereizt. „Erstens ist er mein Mann, und zweitens ist er ein harmloser Tourist, den diese skrupellosen Menschen einfach verschleppt haben!"

Bonchoo blickte sie eindringlich an. „Wirklich?"

„Natürlich!" antwortete sie hitzig.

„Sie weinen ja", stellte er bestürzt fest.

„Ich weine nicht!" fauchte sie. „Also, wenn sie nicht auf der Straße weitergegangen sind, wohin sind sie dann?"

„Dorthin!" Bonchoo deutete zum Wald.

„Dorthin?" wiederholte sie ungläubig. „Aber – das ist Dschungel!"

Er schaute zur Sonne empor, dann wieder auf die Straße und danach auf die Berge ringsum. „Es muß hier in der Nähe einen Pfad geben", stellte er fest und begann, das Dickicht entlang der Straße abzusuchen. „Hier ist er!" rief er plötzlich und wies in eine bestimmte Richtung. „Dort müßten wir in den Dschungel. Aber es kann ziemlich gefährlich werden", gab er zu bedenken.

„Wenn die Entführer diesen Weg genommen haben, folge ich ihnen. Auch allein, wenn es sein muß", fügte sie herausfordernd hinzu.

Bonchoo lachte. „Sie? Allein? In spätestens einer Stunde hätten Sie sich verirrt! Aber Sie sollten sich jetzt schnell überlegen, was Ihnen lieber ist. Die beiden jungen *Naklengs* werden bald aufwachen und sich die schmerzenden Köpfe reiben."

„Wollen Sie damit sagen, daß Sie mitkommen, Bonchoo? Um ..." Sie stockte. „Um sich ‚Verdienst' zu erwerben?"

„Ich könnte noch etwas gebrauchen", gestand er und schaute dabei wieder etwas belustigt drein.

„Also los, gehen wir! Aber zuerst verstecken wir sicherheitshalber die Autos."

Es erwies sich jedoch als unmöglich, den blauen Lieferwagen zu bewegen. Noch nicht einmal ganz umkippen ließ er sich, und so mußten sie ihn am Straßenrand stehenlassen – was ihnen beiden nicht gefiel, da die *Naklengs* ihn sofort sehen würden. Den Laster fuhr Bonchoo jedoch ein Stück weiter die Straße entlang, wo er ihn hinter dichtem Bambus verbergen konnte. Dann teilten sie die restlichen Eier, Bananen und Colaflaschen zum Tragen untereinander auf, und Mrs. Pollifax hängte sich ihre Tasche um.

So machten sie sich daran, dem Pfad zu folgen. Zweifelnd sah sich Mrs. Pollifax um. Sie hatte nicht erwartet, daß alles hier so dunkel und furchterregend aussehen würde. Ihr Weg war lediglich ein sehr schmaler Trampelpfad, der sich zwischen hohen Bäumen hindurch wand und zu ihrem Schrecken bereits nach wenigen Metern ziemlich steil bergauf führte. Reumütig blickte Mrs. Pollifax auf ihre leichten Leinenschuhe, die sie heute morgen nur angezogen hatte, weil sie so gut zu ihrer Khakihose paßten, und seufzte über ihre Eitelkeit. In diesem Moment entdeckte sie einen Papierfetzen direkt neben ihrem rechten Schuh. Hastig bückte sie sich danach, betrachtete ihn und bemerkte plötzlich, wie ihr von dem Stückchen Papier das blaue Auge eines Fisches entgegenstarrte – daneben eine Flosse – und darunter waren ein paar Druckbuchstaben zu erkennen: ...DINE...

„Sardinen!" rief sie aufgeregt. „Cyrus hat das fallen lassen, Bonchoo! Er hat es von einer Dose Ölsardinen abgerissen, die er in seiner Kameratasche bei sich trägt. Es ist eine Botschaft. Er lebt!"

„Eine seltsame Botschaft!" brummte Bonchoo zweifelnd.

„Sie dürfen mir ruhig glauben", versicherte sie ihm eifrig und fand, daß der Weg nun nicht mehr so furchterregend aussah.

Um sie herum wucherte eine üppige grüne Pflanzenwelt. Die Bäume reckten sich himmelwärts, und auf beiden Seiten des Pfades erhob sich eine dichte Wand aus wirr ineinander verschlungenem hohem Gras, Palmen und Bambus. Über ihnen war nicht das kleinste Stückchen Himmel zu sehen: Das Laubwerk der Bäume hatte ein Dach gebildet, das den Pfad zu einem Tunnel durch den Urwald machte, in den nur vereinzelte Sonnenstrahlen ihren Weg fanden und ein schwaches Muster auf den Waldboden warfen.

Bonchoo ging voran. Anfangs vernahm Mrs. Pollifax nichts als das Geräusch ihrer eigenen Schritte, und sie empfand die Stille als bedrückkend. Aber dann hörte sie, wie hoch über ihren Köpfen plötzlich ein Vogel kreischend die Flucht ergriff, und sie sah zwischen den Wipfeln kurz grelles Rot aufleuchten. Blätter raschelten und erzitterten, dann wurde es wieder ruhig. Und auf einmal spürte sie das lauschende Leben des Urwalds, das unter dieser Stille lauerte.

Kurze Zeit später führte der Pfad wieder steiler bergauf zu dem Höhenzug, den sie von der Straße aus gesehen hatte. Bonchoo ging sehr schnell, und sie war entschlossen, mit ihm Schritt zu halten und nicht darauf zu achten, daß sie bereits nach einer halben Stunde vor Anstrengung zu keuchen angefangen hatte. Sie warf einen Blick auf die Uhr: Es war schon fast Mittag. Ohne Unterlaß marschierten sie weiter, bis sie aus dem Wald herauskamen und eine Lichtung mit hohem Dschungelgras betraten. Sie hatten nun die Kuppe dieses Berges erreicht, und wie Mrs. Pollifax feststellte, mußten sie als nächstes einen knappen Kilometer hinunter- und dann wieder zu einem anderen, noch höheren Berg hinaufsteigen. Sie seufzte. „Ich habe Durst, können wir Rast machen?" bat sie.

„Auf der nächsten Anhöhe. Dort ist ein großes Gebiet durch Brandrodung weitgehend baumfrei, und dadurch werden wir sehen können, was auf dem Pfad vor und hinter uns passiert."

Ihr war klar, was er damit andeutete: Er befürchtete, daß ihnen die zwei *Naklengs* möglicherweise bereits auf den Fersen waren. Doch darüber wollte sie lieber nicht nachdenken. Sie betrachtete finster den vor ihnen liegenden Hügel und stapfte weiter hinter Bonchoo her. Als sie den Wald wieder betraten, sah sie erneut flüchtig einen Vogel mit leuchtendbuntem Gefieder und fragte sich, ob Cyrus, der so gern Vögel beobachtete, sie hier im Urwald wohl ebenfalls bemerkt hatte. Die Anstrengungen des Tages machten sich allmählich bemerkbar, und in ihrer Müdigkeit gaukelte ihr ihre Phantasie für einen Augenblick die ganze merkwürdige Szenerie aus der Perspektive eines unbeteiligten Zuschauers vor: Eine amerikanische Touristin und ein ihr fast unbekannter Mann mit einem seltsamen Hut bahnten sich ihren Weg durch den dichten thailändischen Urwald, angespornt von der Hoffnung, eine Gruppe von Entführern einzuholen, die sich irgendwo vor ihnen befinden mußte, und selbst verfolgt von zwei Männern in einem roten und einem gelben Hemd ...

Ihre Gedanken schweiften zurück zu einer gemütlichen, sonnigen Küche, und sie hörte Bishop beschwichtigen: „Es handelt sich wirklich nur um einen ganz kleinen Auftrag ... Sie brauchen lediglich ein Päckchen abzuholen ..." Sie hätte Bishop in diesem Moment liebend gern einige passende Worte zu dieser unglaublichen Fehleinschätzung gesagt.

Doch trotz ihrer ganzen mißlichen Lage und ihrer wachsenden Erschöpfung stapfte sie weiter hinter Bonchoo her, angetrieben von einem einzigen Gedanken: Sie mußte erfahren, warum man Cyrus entführt hatte, was man von ihm wollte und was seine Entführer mit ihm tun würden, wenn sie feststellten, daß er für sie nicht von Nutzen war. Bisher wußte sie nicht einmal, wer diese Entführer waren, und ihre Hilflosigkeit machte sie zugleich wütend. Sie sah die undurchdringliche Wand von Bäumen hinauf, die sich dem Himmel und der Sonne entgegenstreckten, und plötzlich erschien ihr der Wald wieder finster und drohend. Es war besser, auf den Pfad zu schauen, und so senkte sie den Blick, schüttelte den Kopf, biß die Zähne zusammen und setzte mühsam einen schmerzenden Fuß vor den anderen. Ihre Beine zitterten von dem anstrengenden Bergauf und Bergab, und sie war durstig.

„Wir sind gleich da!" rief Bonchoo.

Sie schaute auf: Sie waren endlich auf der Höhe angelangt und hatten die Lichtung erreicht, wo auf verbrannter Erde bereits zartes Grün zu wachsen begann.

„Hier auf den Bergen gewinnt man das Land für Äcker durch Brandrodung", erklärte Bonchoo. „Die Bergbauern bearbeiten sie, bis die Erde ausgelaugt ist, dann roden sie ein neues Stück Land." Sie stapften zur anderen Seite, wo Mrs. Pollifax sich dankbar auf einem Felsbrocken im Schatten der Bäume niederließ.

„Bitte, etwas zu trinken!" ächzte sie.

Er reichte ihr eine der Colaflaschen, deren Inhalt inzwischen lauwarm war. „Nicht zu gierig!" warnte er. „Wir haben nur noch zwei Flaschen, und Sie als *Farang*, als Fremde, dürfen unser Wasser nicht trinken!"

„Es ist so wundervoll, endlich einen Schluck trinken zu können!" Sie leckte sich die Lippen.

Langsam erholte sie sich; allein sich hinsetzen zu können war schon herrlich. Sie stellte die Flasche ab und begann ein Ei zu schälen. Dann warf sie einen Blick auf Bonchoo, der es sich mit überkreuzten Beinen im Gras bequem gemacht hatte. „Es wird Zeit, daß Sie reden, Bonchoo", forderte sie ihn auf. „Diese Männer wollten Sie umbringen, und ich möchte wissen, warum?"

Er nickte. „Ja, und Sie haben den zweiten niedergeschlagen und mir dadurch das Leben gerettet. Ich bin Ihnen dankbar – das bedeutet viel Verdienst für Sie!"

„Dankbar genug, um mir zu erklären, in was ich da hineingeraten bin?" fragte sie spöttisch. „Ich habe mir schließlich bloß eine Hütte mit einem von besonders hübschen Bougainvilleen bewachsenen Zaun angesehen, und jetzt hat man meinen Mann entführt."

Er nickte verständnisvoll. „Ich verstehe Ihren Standpunkt." Er überlegte einen Augenblick, dann holte er tief Luft. „Also gut, ich werde Ihnen eine Geschichte erzählen. Um von vorne anzufangen: Ich wohne in Chiang Saen, genau wie mein Freund Ruamsak, der mich um Hilfe bat."

Sie mußte sich beherrschen, um bei dem Namen Ruamsak keine Reaktion zu zeigen. „Das ist die Stadt an der Grenze?" erkundigte sie sich kühl.

Er nickte. „Ja. Dort wohnt auch ein Amerikaner namens Jacoby."

„Jacoby", wiederholte sie. Jacoby und Ruamsak, fügte sie in Gedanken triumphierend hinzu, denn endlich begann sich in diesem verworrenen Durcheinander ein Zusammenhang abzuzeichnen.

„Während der Zeit, in der die Amerikaner hier stationiert waren, kam dieser Jacoby mit dem CIA hierher", fuhr Bonchoo fort. „Aber er begann Rauschgift zu nehmen, und als die Amerikaner 1976 Thailand verließen, blieb er hier. In Chiang Saen hat man nämlich immer Drogen. Zwischen Mae Sai und Chiang Saen ..., nun, da ist das sogenannte Goldene Dreieck. Wie auch immer, er blieb jedenfalls in einem Gästehaus zurück."

Sie nickte und sah ihm zu, wie er geschickt das von ihr geschälte Ei mit dem Mordmesser teilte und ihr dann eine Hälfte herüberreichte.

„Trotzdem hat dieser Jacoby weiterhin Informationen an seine CIA-Leute in den Staaten geliefert. Ich verfüge über gute Beziehungen, so erfuhr ich manches, was ich Jacoby hin und wieder weitererzählte. Dafür bekam ich ein paar Baht von ihm, und er verdiente sich damit US-Dollars, mit denen er sein Opium kaufen konnte." Bonchoo seufzte. „Opiumsüchtigen ist nicht zu trauen, das weiß ich, deshalb war ich sehr vorsichtig. Ich traute Jacoby nicht, ich traute nur seinen Baht."

„Sehr vernünftig", fand Mrs. Pollifax.

Er nickte. „Als mein Freund Ruamsak zu mir kam und wissen wollte, an wen er Informationen – bedeutende politische Informationen – verkaufen könne, überlegte ich mir, wie man das anstellen könnte, ohne daß Jacoby das ganze Geld einsteckte. Doch nur Jacoby kannte sich aus, also blieb mir letztlich nichts anderes übrig, als zu ihm zu gehen und ihm von Ruamsak zu erzählen. Ich sagte ihm, daß Ruamsak bereit sei, das Geld mit ihm zu teilen, aber diejenigen Informationen selbst übermitteln wolle, die rein politischer Natur seien. Natürlich wollte Jacoby unbedingt herausfinden, wer Ruamsak ist und was er wußte, aber das habe ich ihm nicht gesagt." Er hielt inne und fügte sehr ernst hinzu: „Es hatte mit einem bevorstehenden Staatsstreich in unserem Land zu tun."

„Oh!" sagte Mrs. Pollifax erschrocken. „Aber – woher wußte dieser Ruamsak davon?"

„Er kommt viel herum", erklärte Bonchoo. „Er ist Schmuggler. Er schmuggelt Teakholz."

„Er schmuggelt *was?*"

„Sie haben schon richtig gehört. Bei uns ist es seit einiger Zeit gesetzlich verboten, Teakbäume zu fällen, und die Regierung hat bereits Aufforstungsprogramme aufgestellt, ehe es keine Teakbäume mehr bei uns gibt. Deshalb reist Ruamsak nach Birma." Er deutete auf den Gebirgszug hinter ihnen. „Er kauft dort Teakstämme und flößt sie nachts den Mekong hinunter, um sie auf dem Schwarzmarkt zu verkaufen. Nach Birma nimmt er Autoersatzteile, Lippenstifte, Radios und Taschenlampen mit. Manchmal schmuggelt er auch dies und das über den Mekong nach Laos. So kommt er herum und erfährt so manches."

„Ich verstehe." Mrs. Pollifax nickte.

„Ich traute Ruamsak, aber nicht Jacoby. Jacoby schlug vor, Ruamsak solle nach Chiang Mai kommen und sich dort mit jemandem treffen. Aber ich war mißtrauisch und beschloß, meinem Freund Ruamsak zu folgen, um sicherzugehen, daß er nicht reingelegt wird."

Bonchoo beugte sich nach vorn und fuchtelte mit dem Messer herum. „Mein Argwohn war berechtigt, Jacoby hat Ruamsak verraten. Er hat ihm eine Falle gestellt, um ihn zu töten! Durch seine Opiumsucht ist er völlig heruntergekommen, darum glaube ich, daß er sich an diejenigen Leute gewandt hat, die als einzige noch etwas mit ihm zu tun haben wollen: die Männer, von denen er sein Opium kauft." Bonchoo schauderte. „Wen Sas Männer."

Mrs. Pollifax, die gerade in die Hälfte ihres Eis beißen wollte, hielt inne. „Wer ist Wen Sa?"

Bonchoo senkte die Stimme. „Das ist kein Name, den man laut ausspricht. Er ist General der größten Rebelleneinheit in Birma, ein Kriegsherr der Schan. Der größte Teil des Opiumhandels läuft über ihn. Er ist ein äußerst gefährlicher Mann. Wie ich gehört habe, hält er sich unter einem Decknamen auch häufig in Thailand auf."

„Aber wenn er ein so bedeutender Mann ist, wieso in aller Welt hörte er dann auf Jacoby, einen amerikanischen Rauschgiftsüchtigen?" fragte sie erstaunt.

Bonchoo nickte nachdenklich. „Darüber zerbreche ich mir schon dauernd den Kopf. Er würde Jacoby bestimmt nur helfen, wenn er von ihm etwas erfahren hätte, was sehr wichtig für ihn ist. Ich glaube, Jacoby hat ihn angelogen und behauptet, daß Ruamsak dahintergekommen ist, wo sich geheime Opiumlabors im Dschungel befinden. So was interessiert die Amerikaner sehr, und sie geben Millionen aus, um unsere Polizei im Kampf gegen Mohnanbau und -handel zu unterstützen. Das scheint mir die einzig mögliche Erklärung dafür zu sein, daß Wen Sas Männer Ruamsak nach Chiang Mai gefolgt sind, um ihn zu töten. Politische Informationen interessieren sie jedenfalls nicht."

Mrs. Pollifax runzelte die Stirn. „Also war es einer von Wen Sas Männern, der Ruamsak in der Hütte umgebracht hat."

„Er wurde mit einem Schanmesser getötet, und wie Sie wissen, hat man, um sicherzugehen, mehrere Männer geschickt: die im blauen Lieferwagen und die zwei *Naklengs* auf dem Motorrad!"

Sie musterte sein breites Gesicht mit den hohen Backenknochen und versuchte, die neuen Informationen zu ordnen. Das hier war für sie eine fremde, seltsame Welt; an Kriegsherrn und Schmuggler war sie nicht gewöhnt, deshalb mußte sie die Fakten aus Bonchoos Geschichte sortieren und sie zu einem Bild zusammenfügen, das sie verstehen konnte. Je länger sie darüber nachdachte, desto weniger befriedigte es sie. Etwas stimmte nicht, und auf einmal wußte sie auch, was genau ihr mißfiel: Es waren zu viele Personen in diese Geschichte verwickelt!

„Und Sie sind überzeugt, daß Ruamsaks Informationen absolut nichts mit diesem Wen Sa und seinem Drogenimperium zu tun hatten?" fragte sie gleichmütig.

„Sie hatten ganz bestimmt nichts damit zu tun!" entgegnete Bonchoo fest. „Ruamsak hätte mich nie angelogen!"

Ihre Augen funkelten vergnügt, und ein verschmitztes Lächeln huschte über ihr Gesicht. „Bonchoo, Sie sind ohne jeden Zweifel ein großartiger Geschichtenerzähler, aber Ihre Geschichte ergibt keinen Sinn."

„Keinen Sinn?" Er blickte sie finster an. „Wie meinen Sie das?"

Sie hob ihre Hand und begann die Unstimmigkeiten an den Fingern abzuzählen. „Erstens: Wenn Sie Jacoby nicht trauten, wären Sie wohl kaum zu ihm gegangen, denn Sie hätten wissen müssen, daß Sie dadurch Ruamsaks Leben in Gefahr brachten. Zweitens: Sie ließen zu, daß Ruamsak sich zu dem Treffpunkt in Chiang Mai begab, und Sie folgten lediglich, um sich zu vergewissern, ob es eine Falle war. Drittens: Sie waren mit dem Toten in der Hütte und benahmen sich durchaus nicht so, als sei ein guter Freund ermordet worden. Und viertens: Wenn Sie nicht persönlich in die Sache verwickelt waren, weshalb versuchten dann die beiden Männer, Sie unterwegs zu töten?" Sie setzte sich ein bißchen zurück und lächelte Bonchoo an. „Wenn ich mir nicht solche Sorgen um Cyrus gemacht hätte, wäre mir sofort klargeworden, daß Ruamsak nicht in Chiang Mai ermordet wurde."

„Aber Sie haben seine Leiche doch selbst gesehen!" rief Bonchoo.

Sie schüttelte energisch den Kopf. „Ich habe einen Toten gesehen, aber ich glaube nicht, daß Ihr Ruamsak tot ist. Ich glaube, daß er sehr wohl lebt. Ich glaube, daß ich hier sitze und hartgekochte Eier mit ihm esse. *Sie* sind Ruamsak!"

Er kniff überrascht die Augen zusammen. Beide schwiegen und warteten gespannt, was der andere als nächstes tun würde. Das Schweigen dauerte lange genug, um Mrs. Pollifax bewußt zu machen, wie leicht Bonchoo sie jetzt töten und ihre Leiche verschwinden lassen könnte, wenn er nicht als Ruamsak identifiziert werden wollte.

Aber sie hatte die Lage richtig eingeschätzt. Langsam hob er eine
Hand und schlug sich vor die Stirn – eine Geste, die verzweifelt und
zugleich rührend wirkte. „*Yai!* Ich tauge nicht für dieses Spiel!"
erkannte er bedrückt. „Ja, ich bin Ruamsak. Aber Ruamsak ist nur ein
Name, der Name meines Großvaters. Das zumindest ist nicht erlogen:
Ich heiße wirklich Bonchoo."

Wieder lächelte sie. „Ich bin sehr froh, Sie endlich kennenzulernen,
Sie und Ruamsak. Denn Cyrus und ich waren es, die man geschickt
hatte, um Ruamsak zu treffen und das Päckchen mit den Informationen von ihm entgegenzunehmen."

Seine Reaktion überraschte sie, denn er fing schallend an zu lachen.
„Wer hätte das gedacht! Da haben die mir aber jemand wirklich
Schlauen geschickt! Ich dachte schon, es sei vielleicht Ihr Mann. Aber
natürlich, nach dem, was Sie da vorhin auf der Straße vorgeführt
haben ..." Er hob erläuternd den Arm und gestikulierte in der Luft
herum.

„Cyrus ist mindestens ebenso geschickt", versicherte sie ihm
bescheiden. „Aber wenn Sie Ruamsak sind, wo haben Sie denn das
Päckchen, das Sie uns aushändigen sollten?"

Er hörte auf zu lachen. „Sind Sie nicht selbst darauf gekommen?"
fragte er verblüfft.

„Worauf?"

„Ihr Mann muß das Päckchen haben. Weshalb hätte man ihn sonst
auf offener Straße entführt?"

## 5. Kapitel

„CYRUS?" rief Mrs. Pollifax. „Wie könnte Cyrus es haben? Er hat den
Privatweg ja nicht einmal betreten, er wurde bereits auf der Straße von
den Männern aufgehalten!"

„Es war trotzdem leicht möglich, befürchte ich." Bonchoo seufzte.
„Sie müssen wissen, was ich Ihnen übergeben wollte, war ein Brief,
den ich zur Sicherheit tarnen mußte. Die Informationen habe ich zwar
im Kopf, aber was nützen sie ohne Beweise? Wer würde mir glauben?
Und weil der Brief meine Angaben belegte, mußte er geschickt versteckt werden." Er erklärte ihr, wie er den Brief zusammengerollt
hatte, daß er einen *Phyot*-Armreif daraus hatte machen lassen wollen
und daß der Lack länger zum Trocknen gebraucht hatte als erwartet.

„Der Mann aus dem Lackwarengeschäft sollte mir den Armreif

heute morgen in aller Frühe bringen. Ehe Sie kamen, hatte ich mich versteckt und überlegte, was ich als nächstes tun sollte, als jemand in die Hütte eilte, aufschrie und davonrannte. Ich glaube, das war der Mann, der mir den Armreif bringen wollte."

Sie versuchte sich zu erinnern. „Jemand ist aus dem Privatweg auf die Straße gerannt", sagte sie bedächtig. „Das hatte ich völlig vergessen. Er ist fast gegen mich geprallt."

„Könnten Sie sich denn einen anderen Grund vorstellen, weshalb diese Männer Interesse an Ihrem Mann gehabt haben könnten?" fragte Bonchoo. „Es muß einfach der Brief gewesen sein. Der Mann aus der Lackfabrik wollte mir den Armreif bringen. Statt dessen fand er jedoch einen Toten vor und rannte Hals über Kopf davon. In seiner Panik ist ihm der Reif vermutlich entweder aus der Hand gerutscht, und Ihr Mann hat ihn aufgehoben, oder er hat ihn ihm absichtlich gegeben, um ihn los zu sein. Die Männer haben schließlich nicht den Mann aus dem Lackwarengeschäft entführt, sondern Ihren Cyrus", fügte er nachdenklich hinzu.

Sie runzelte die Stirn. „Sie meinen, die standen auf der anderen Straßenseite und haben alles beobachtet?"

„Ja. Der Mann, der mich umbringen wollte, sollte ihnen melden, daß ich tot bin, und ihnen das Päckchen übergeben, das er mir abzunehmen hatte. Darauf warteten sie!"

Da muß sich ja innerhalb kürzester Zeit allerhand zugetragen haben in der Hütte, dachte Mrs. Pollifax. „Dann haben Sie also tatsächlich den Schan in der Hütte getötet."

Er nickte. „Ja, und das kostet mich viel Verdienst, obwohl es reine Notwehr war. Wir haben gegeneinander gekämpft. Er war sehr stark." Bonchoo schauderte. „Noch nie zuvor habe ich jemanden getötet, und für einen Buddhisten ist Töten etwas sehr, sehr Schlimmes."

„Aber durch Ihre Gefälligkeit, dadurch, daß Sie mir jetzt helfen, gewinnen Sie doch sicher viel Verdienst zurück", entgegnete sie ernsthaft.

„Gefälligkeit?" rief er. „Sie glauben doch nicht, daß ich jetzt noch zu meiner Familie, in mein Dorf zurückkehren kann, wenn Wen Sas Männer mich für einen Informanten halten?" Er zog den Finger wie ein Messer über die Kehle. „Nein, das hat nichts mit Gefälligkeit zu tun! Ich bin nicht sicher, bis ich den *Phyot*-Reif gefunden habe und beweisen kann, daß Jacoby ein übler Lügner ist!"

„Sie wollen also Wen Sa finden?"

„Niemand findet Wen Sa", entgegnete er. „Aber ich kenne viele seiner Männer. Unsere Wege kreuzen sich in den Bergen, denn schließlich sind wir alle Schmuggler –"

„Dann sind Sie wirklich ein Teakschmuggler?" unterbrach sie ihn.

Er nickte und beendete dann seinen Satz. „. . . und sie werden ihm melden, was ich ihnen sage."

Sie blickte ihn nachdenklich an. Erneut sah sie ihn in einem anderen Licht. „Wie, in aller Welt, sind Sie in diese Sache verwickelt worden?" fragte sie. „Wie nahmen Sie Verbindung mit – mit den Leuten in den Vereinigten Staaten auf?"

„Ganz einfach, ich schrieb ihnen einen Brief."

Sie blinzelte verblüfft. „Sie haben ihnen einfach einen Brief geschrieben?"

„Ja, natürlich. Ich fragte mich, woher Jacoby die vielen Dollars bekam, mit denen er das Opium bezahlte, während er mir nur ein paar Baht für die Gerüchte gab, von denen ich ihm berichtete. Also schlich ich eines Tages in sein Zimmer und las die Papiere in seiner Stahlkassette durch – und genau wie ich es vermutet hatte, erhielt er das viele Geld für die Informationen, die er von mir bekam. Mir verdankt er sein ganzes Geld! Aber das war nicht alles", fuhr er fort. „Er hatte Änderungen vorgenommen und das Material verfälscht!" Bonchoo schnaubte wütend durch die Nase. „Jacoby spielte – wie sagt man bei Ihnen? – ein doppeltes Spiel! Er arbeitete auch für die Vietnamesen jenseits des Flusses in Laos. Und bei Jacobys Papieren fand ich einen Namen und eine Adresse: ein Mr. James T. Carstairs . . ."

„. . . in Baltimore, Maryland", fügte Mrs. Pollifax lächelnd hinzu.

„Ja. Ich schrieb diesem Mr. Carstairs und bot ihm einen Handel an. Das war vor ein paar Monaten, und so hat alles angefangen."

„Eigentlich sollte mich das nicht besonders wundern", erklärte sie. „Ich selbst habe mich sogar persönlich als Agentin beworben. Hofften Sie, dadurch zu Geld zu kommen?"

Er seufzte. „Ich schmuggle Teak, um meinen Lebensunterhalt zu verdienen. Sie müssen wissen, ich habe fünf Kinder, eine Frau und eine Schwiegermutter. Da reicht mein Verdienst nie, schon gar nicht bei all den Bestechungs- und Schutzgeldern, die ich bezahlen muß. Ich war habgierig", gestand er betrübt. „Aber ich war auch sehr vorsichtig, darum verstehe ich nicht, daß es herausgekommen ist. Jacoby muß gesehen haben, wie ich seine Stahlkassette durchsucht habe."

„Und Sie glauben wirklich, daß er sich an Wen Sas Männer gewandt hat?"

Bonchoo zuckte die Achseln. „An wen könnte er sich sonst wenden? Wen kennt er denn schon? Der Mann, der mich töten wollte, war auf jeden Fall ein Schan."

„Wie können Sie das so sicher sagen?" fragte sie neugierig.

Er lächelte. „Für Sie sehen wir alle ziemlich gleich aus, nicht wahr? Für mich braucht ein Schan kein Tuch wie einen Turban um seinen Kopf zu wickeln, damit ich erkenne, daß er ein Schan ist, das verrät mir schon sein Gesicht." Er warf einen Blick zur Sonne. „Wir haben lange genug gerastet. Es ist Zeit zum Weitergehen."

Mrs. Pollifax nickte, stand auf und steckte die Eierschalen in ihre Tasche, um keine Spuren zu hinterlassen. Ihre Sorge um Cyrus war zwar nicht geringer geworden, doch sie war erleichtert, in Bonchoo einen Verbündeten zu haben, der ebenso wie sie daran interessiert war, ihn zu finden.

„Noch eines", fügte Bonchoo hinzu, als sie sich für den Aufbruch rüstete. „Wir müssen jetzt möglichst leise sein, dieses Bergland ist gefährlich. Also, so wenig wie möglich reden."

„Gefährlich?" fragte sie erschrocken. „Wegen Wen Sas Männern?"

Er schüttelte den Kopf. „Wegen Banditen. Gewöhnlich kommen sie nur nachts aus ihren Schlupfwinkeln hervor wie die Ratten, aber wenn sie uns hören oder sehen, und dann noch Sie, eine amerikanische Touristin ..."

„Was sind das für Banditen?"

„Thai *Naklengs*, die zu faul sind zu arbeiten", erklärte er abfällig. „Sie rauben die schutzlosen Bergstämme aus und stürzen sich überhaupt auf jeden, den sie ohne Gewehr antreffen. Und wir haben keines."

Mrs. Pollifax dachte an den Goldbarren in ihrer Umhängetasche. „Das heißt also, daß wir uns nicht nur vor Wen Sas Männern, sondern auch vor Banditen in acht nehmen müssen."

„Und vor den Bergstämmen, die uns für Banditen halten könnten." Er versuchte sie zu beruhigen. „Zumindest in einer Hinsicht ist es gut, daß Sie eine Frau sind und Amerikanerin noch dazu: Ich kann mir nicht vorstellen, daß Opiumschmuggler Sie für eine Spionin halten und Sie töten werden. Wissen Sie, Sie sehen überhaupt nicht wie eine Spionin aus."

„Wie schön", sagte sie schwach. „Hier ist es wahrhaftig ganz anders als in Bangkok."

„Oh, Bangkok", meinte er abfällig. „Bangkok ist so was wie ein großes Aushängeschild. Diese Stadt saugt den Rest des Landes aus und wird dabei reich und groß, während wir im Norden immer ärmer werden. Hier ändert sich nichts – rein gar nichts!"

Seine Erbitterung erschreckte sie, aber sie sagte nichts. Schweigend hängte sie sich die Tasche über die Schulter und folgte Bonchoo in den dunklen Wald. Sie hatten keine Spuren von ihrer Rast zurückgelassen; sogar das Gras, auf dem er gesessen hatte, hatte Bonchoo wieder aufgerichtet. Sie begann zu verstehen, wie wichtig das war, da sie den Wald jetzt erneut mit anderen Augen sah: nicht mehr als einsames, verlassenes Gebiet in den Bergen des Nordens, sondern als einen Ort, dessen Bewohner gefährlich lebten, geheimen Pfaden folgten, über Grenzen schlichen, ihre eigenen Gesetze machten und Eindringlinge ausplünderten oder gar töteten.

O Bishop! dachte sie vorwurfsvoll. Und dann, o Cyrus, und sie wurde sich wieder bewußt, wie schnell sich das Leben ändern konnte, ehe man sich's versah – in ihrem Fall, während man einen Wasserkrug betrachtete. Beruhigend fand sie allerdings, daß Bonchoo Frau und Kinder in Chiang Saen hatte: Diese Gemeinsamkeit zwischen ihnen schuf ein Verbundenheitsgefühl, das hoffentlich auch weiterhin auf ihrem zukünftigen gemeinsamen Weg anhielt.

Während ihre Müdigkeit zunahm, fand sie es beruhigend, daß Bonchoo ein kräftiger, starker Mann und an steile Bergpfade gewöhnt war. Seit ihrem Erlebnis in Hongkong – nenn es doch beim Namen, Emily, rügte sie sich, du wurdest gefoltert – war sie nicht mehr ganz die alte. Sie hatte zwar nach wie vor Jogaübungen gemacht und ihre Karateausbildung fortgesetzt, aber – das mußte sie zugeben – sie hatte sich auch von Cyrus verhätscheln lassen. Ausgerechnet jetzt, wo sie es sich am wenigsten leisten konnte, war sie alles andere als in Bestform. Die beiden jungen *Naklengs*, wie Bonchoo sie nannte, waren bestimmt schon auf dem Pfad hinter ihnen ... Nein, diesen Gedanken verfolgte sie besser nicht. Sie sollte lieber schauen, was vor ihnen lag. Sie hob den Blick, und während sie mit den Augen einem Pfad folgte, der steil bergauf führte, dachte sie entsetzt: Großer Gott, das schafft doch allenfalls eine Gemse!

Doch ob sie nun in Form war oder nicht, sie mußte durchhalten. Ausruhen und erholen konnte sie sich immer noch, wenn sie Cyrus erst gefunden hatten.

*Wenn* wir ihn finden, dachte sie düster. Sie schaute auf die Uhr. Viertel vor zwei. Drei Stunden kletterten sie schon auf diesen schmalen Bergpfaden herum.

Nur Mut, Emily, ermahnte sie sich und atmete tief durch.

EINE Stunde später, während sie hinter Bonchoo dahinstolperte, spürte Mrs. Pollifax, daß sich bereits eine Blase an ihrer rechten Ferse gebildet hatte und eine zweite an der Sohle des linken Fußes. Sie ärgerte sich darüber, daß sie angesichts dieser Strapazen unvermittelt an ihre ehemalige Nachbarin, Miß Hartshorne, dachte, die ihre alljährlichen Besichtigungstouren zu Kathedralen und Museen immer ganz genau plante und unermüdlich alles fotografierte, damit sie später die Dias zu Hause den Nachbarn vorführen konnte. Mrs. Pollifax wischte sich den Schweiß von der Stirn und fragte sich, was Miß Hartshorne wohl dächte, wenn sie sie so sehen könnte. Eigentlich schade, daß Miß Hartshorne nie hatte wissen dürfen, wo Mrs. Pollifax war, wenn sie irgendwo einen Auftrag von Carstairs ausführte. Ihre Freundin hatte ihr oft vorgeworfen, daß sie keine Abenteuerlust besitze und – später – daß sie für ihre Reisen stets so wenig anziehende Länder wähle – eine Meinung, die ihre Tochter Jane teilte. „Bulgarien!" hatte Jane sich entsetzt. „Mutter, wie kannst du nur so unmögliche Reiseziele aussuchen!"

Das würde sie bestimmt auch in diesem Fall sagen! Tatsächlich war ihr Sohn Roger der einzige, der ihre plötzlichen Reisen etwas merkwürdig gefunden hatte. Zu Cyrus hatte er verschmitzt gesagt: „Ich kann gar nicht beschreiben, wie erleichtert ich bin, daß sie dich heiratet. Diese komischen Reisen, die sie macht! Wir bekommen nie Ansichtskarten oder Bilder davon zu sehen. Ganz zu schweigen davon, daß sie ihren Arm in einer Schlinge trug, als sie aus der Schweiz heimgekommen ist, und daß sie aus China mit einem gebrochenen Handgelenk zurückkehrte!"

Diese Gedanken lenkten sie jedoch kaum ab, während sie hinter Bonchoo herhumpelte. Man muß nur wirklich wollen, sagte sie sich, entschlossen, nicht aufzugeben, jedenfalls nicht, bevor auch Bonchoo die Kräfte verließen. Sie wiederholte jetzt die Fingerübungen, die sie für ihre Zaubertricks gelernt hatte, und bemühte sich zu ignorieren, daß die Blase an ihrer Ferse inzwischen aufgesprungen war. Plötzlich hörten beide ein schwaches Rascheln aus dem Gestrüpp neben ihrem Pfad. Bonchoo blieb abrupt stehen. Er spähte ins Unterholz, hob beide Hände und rief: *„Rau penn ploen – rau penn ploen!"* Erschrocken hielt auch Mrs. Pollifax an. Zunächst konnte sie im Dunkel des Waldes nichts erkennen, doch nach einer Weile sah sie etwas Langes, Dünnes, das metallisch schimmernd aus den Blättern herausragte. Ein Gewehr! dachte sie und erstarrte.

Eine barsche Stimme rief zurück: *„Rau penn kai?"*

Bonchoo antwortete rasch, scheinbar gleichmütig und mit häufigem Achselzucken. Das Dickicht teilte sich. Zuerst kam das Gewehr zum Vorschein, dann ein kleiner, drahtiger Mann. Ein Netz von Fältchen durchzog sein braunes Gesicht, so daß man fast meinen konnte, es seien Nähte, die seine tibetanisch wirkenden Züge zusammenhielten. Er trug ein schwarzes, altes Hemd, graue Hosen, Sandalen und ein zerschlissenes Stirnband.

„Was sagt er?" erkundigte sich Mrs. Pollifax besorgt.

„Ich habe ihm versichert, daß wir Freunde sind."

„Glaubt er Ihnen?"

„Wenn er es täte, würde er mir nicht den Gewehrlauf in den Bauch drücken", erwiderte Bonchoo barsch.

„Wer ist er denn?"

„Ein Akha, und er spricht nicht sehr gut Thai. Er verlangt, daß wir ihn zum Häuptling begleiten, der Thai beherrscht. Das Dorf befindet sich etwa drei Kilometer von hier."

„Aber ich will nicht dorthin!" protestierte sie.

„Tatsächlich? Wir können von Glück reden, daß er uns nicht gleich erschossen hat. Offenbar ist in dieser Woche hier irgend etwas vorgefallen. Hoffentlich kann ich den Häuptling davon überzeugen, daß wir keine Spione oder Banditen sind."

„Vielleicht könnten Sie ihn auch davon überzeugen, daß ich entsetzlich müde bin", sagte sie unwirsch. „Bergauf oder bergab?"

Er lächelte schwach. „Die Akha wohnen nie auf Gipfeln, sondern gewöhnlich auf einem Berg in halber Höhe. Also kann es sowohl bergauf als auch bergab gehen."

Sie seufzte. „Bringen wir es hinter uns."

Der Akha ging voraus. Mrs. Pollifax wunderte sich darüber, denn sie dachte, wenn Bonchoo und sie nicht so erschöpft wären, hätten sie ihn sicher mit Leichtigkeit von hinten überwältigen können. Wie sie schnell merkte, täuschte sie sich da gewaltig: Als sie ungeschickt auf einen trockenen Ast trat, der mitten auf dem Pfad lag, wirbelte der Akha herum, und diesmal war sie es, der er den Gewehrlauf in den Bauch drückte. Sie lächelte den Mann entschuldigend an, er zog die Waffe zurück, und sie stapften weiter.

Durch die Erschöpfung und vor allem durch die Höhenluft begann sie bereits, sich ein wenig schwindlig zu fühlen. Da hielt der Akha unvermutet an und hob lauschend die Hand. Dann drehte er sich zu ihnen um, blickte sie warnend an und sagte leise etwas zu Bonchoo.

„Wir verlassen jetzt den Pfad", erklärte Bonchoo. „Schnell!"

Mrs. Pollifax mußte hastig unter Ranken hindurchkriechen und über niedriges Buschwerk hinwegsteigen, um den beiden Männern im Urwald zu folgen. Glücklicherweise brauchten sie nicht weit zu gehen; als sie einige dicht beieinanderstehende Palmen erreichten, blieben sie stehen. Mrs. Pollifax fragte sich, was in aller Welt hier vorging, bis sie ganz schwach Hufschlag hörte. Rechts von ihr stieg zwischen den Bäumen eine Staubwolke auf, und dann sah sie auf einem etwas breiteren Weg, der keine sechs Meter von ihrem Versteck entfernt verlief, einen langen Zug schwerbeladener Esel vorbeikommen. Ein Mann mit einem staubigen Turban trieb sie mit einem Stock an. Ihm folgten drei weitere Männer, die stumm auf dem Waldpfad dahinstapften. Nur der gedämpfte Hufschlag und ein leichtes Knarren von Leder waren zu hören. Die Geräuschlosigkeit, mit der das Ganze vor sich ging, erweckte bei Mrs. Pollifax das Gefühl, als zöge eine Fata Morgana an ihr vorüber.

Doch dieser gespenstische Eindruck und die unwirkliche Stille wurden plötzlich durch Rufe gestört, die hinter der Karawane erschallten. Der Zug hielt an, und zwei Männer hasteten rufend und gestikulierend den Pfad entlang bis zu der Karawane. Bonchoo stupste Mrs. Pollifax an, und sie nickte. Einer der beiden trug ein grellrotes Hemd, der andere ein leuchtendgelbes. Sie erkannte sie beide sofort.

Also sind sie tatsächlich immer noch hinter uns her, dachte sie düster. Und wie schnell sie es geschafft haben hierherzukommen. Ich habe Gelbhemd wohl nicht fest genug geschlagen. Sie bedauerte jetzt ihre Skrupel. Ganz deutlich konnte sie die Gesichter der zwei durch das schützende Laub hindurch betrachten. Rothemd war sehr jung, und er wirkte äußerst angespannt; sein Gesicht war hart, und seine Augen waren verkniffen, während er mit den anderen Männern sprach. Sein Begleiter im gelben Hemd erschien weniger verbissen, aber auch weniger jungenhaft; sein Gesicht erinnerte Mrs. Pollifax an einen Wolf.

Schließlich schienen sich die Männer auf etwas zu einigen. Die vier von der Karawane wirkten zwar nicht sehr erfreut, aber sie nickten. Danach setzte der Zug seinen Weg fort, und Rothemd und Gelbhemd stapften hinterher.

Die drei warteten in ihrem Versteck ab, bis die letzten Geräusche von der Karawane verklungen waren. Dann erst rührte sich der Akha wieder und forderte sie auf weiterzugehen. Sie überquerten den breiteren Pfad und bahnten sich einen Weg durch Palmenwedel und Buschwerk, bis sie zu einem kaum erkennbaren Pfad kamen.

„Haben die zwei *Naklengs* die Männer gefragt, ob sie uns gesehen haben?" fragte Mrs. Pollifax Bonchoo leise.

Er nickte. „Ja, und es hat nicht viel gefehlt, und die hätten uns tatsächlich entdeckt. Wir hatten unerhörtes Glück, und ich werde dafür viel Räucherwerk im Tempel spenden – wenn ich das alles überlebe!"

„Und was war das für eine Karawane? Hat die Opium transportiert?"

„Nein, das waren Gewehre."

„Ich bin so müde, Bonchoo", klagte Mrs. Pollifax. „Und so durstig."

„Halten Sie durch, es sind nur noch zwei Kilometer", versuchte er sie aufzumuntern.

Noch zwei Kilometer! Ihre Füße fühlten sich völlig wundgelaufen an, und das einzige, was sie noch wahrnahm, war der schmale Streifen rotbrauner Erde vor ihr. Alles, was über den nächsten Augenblick hinausging, schien im Moment keine Bedeutung mehr zu haben, und die Hoffnung, Cyrus einzuholen, verschwamm zu einem vagen Traum, der in weiter Ferne hinter einem vordringlicheren Ziel lag, das „Überleben" hieß: den Zusammenbruch überleben, den Durst, zwei junge *Naklengs,* die sie verfolgten, und diesen Umweg zu einem Dorf, in dem ein mysteriöser Häuptling entscheiden würde, ob sie ihm gefährlich erschienen. Sie hatte jegliches Zeitgefühl verloren, und um sich abzulenken, zählte sie die Steine auf dem Pfad und bemühte sich, tief durchzuatmen. Die zwei Kilometer, von denen Bonchoo gesprochen hatte, erschienen ihr wie eine Ewigkeit.

Irgendwo vor ihnen bellte ein Hund. Sie hörte auf, Steine zu zählen, und schaute auf. Vor ihnen lag eine Lichtung. Sie erblickte die Umrisse eines steilen Strohdachs, dann einen staubigen Platz, auf dem ein Schwein in der Erde wühlte. Der Pfad wurde breiter und mündete auf den Platz, und ein halbes Dutzend Kinder rannte auf sie zu und umringte sie neugierig. Frauen mit seltsamen konischen Kopfbedeckungen folgten gemesseneren Schrittes.

„Wir sind da!" rief Bonchoo und erschrak, als er ihr Gesicht sah. „Ist Ihnen nicht gut?" erkundigte er sich besorgt.

Sie schaute ihn an, dann sah sie auf die Lichtung, die im goldenen Schein der Nachmittagssonne dalag. Mit zitternder Stimme sagte sie: „Wenn ich nur ..." Sie brach ab und versuchte es erneut. „Wenn ich nur ..."

Ihre Stimme versagte. Erstaunt starrte sie Bonchoo und den Akha an, keuchte und fiel dann plötzlich vornüber.

## 6. Kapitel

DIE Nachricht über einen Umsturz in Thailand erreichte Carstairs am Donnerstag um neunzehn Uhr. Das bedeutete, daß er Bangkok einen weiteren Abend opfern mußte. Der Staatsstreich hatte eine Stunde zuvor mit der Übernahme von Radio Thailand begonnen, und das Gerücht ging um, daß das Hauptquartier der 1. Armee im Stadtzentrum eingenommen worden sei. Es wurden elf Tote und sechsunddreißig Verwundete gemeldet. Den dürftigen Informationen zufolge, die die US-Botschaft und die Nachrichtendienste erhielten, hatte der Staatsstreich nach thailändischer Ortszeit am Freitag morgen um sechs Uhr begonnen, und es waren rebellierende Einheiten der Streitkräfte daran beteiligt.

In Langley, Virginia, war es noch Donnerstag.

„Irgendwie gespenstisch, dieser Zeitunterschied", stellte Bishop fest, als er sich an seinen Schreibtisch setzte. Er schaute auf seine Uhr. „Da drüben ist es jetzt Freitag morgen, zwanzig nach sieben, und die Leute wissen schon, wie der Freitag aussieht. Sie erleben bereits einen Tag, der noch Stunden vor uns liegt!"

„Ihre Gedankengänge sind etwas wunderlich", brummte Carstairs.

„Wunderlich? Wohl eher philosophisch", antwortete Bishop nachdenklich. „Ach übrigens, meinen Sie, daß Mornajays geheimnisumwitterter Flug nach Bangkok etwa mit diesem Putschversuch zusammenhängt?"

„Leider gibt es im Department keine Kristallkugeln, deren Wahrsagekraft eine solche Vermutung erklären könnte", erwiderte Carstairs spöttisch. „Ausschließen kann man es natürlich nicht, aber wenn er wegen eines möglichen Staatsstreichs hinübergeflogen wäre, müßte das jeder oben wissen, vor allem seine Assistentin. Nein, mein sechster Sinn sagt mir, daß er einen anderen Grund hatte."

Bishop schüttelte den Kopf. „Äußerst mysteriös, das Ganze. Allerdings muß ich gestehen, daß mich an diesem Putsch am meisten die elf Toten und die sechsunddreißig Verwundeten beunruhigen. Und außerdem hat McAndrews noch nicht den geringsten Anhaltspunkt, wo Emily und Cyrus stecken könnten."

„Also bitte", entrüstete sich Carstairs, „Sie glauben doch wohl nicht im Ernst ..."

„Wir wissen doch gar nicht, wo sie sind", gab Bishop zu bedenken.

„Darf ich Sie daran erinnern, wie oft Sie schon überzeugt waren, daß Mrs. Pollifax sich irgendwo aufhielt, wo sie dann gar nicht war? Vor ein paar Jahren dachten Sie, sie säße in Istanbul fest, und dann stellte sich heraus, daß sie am anderen Ende des Landes in Kayseri in einem Gefängnis eingesperrt war. Dann waren Sie sicher, sie sei in Bulgarien, und sie rief uns aus der Schweiz an. Sie glaubten, sie sei in Mexiko getötet worden, dabei befand sie sich auf einem Schiff in der Adria. Also wie können Sie sagen, daß die beiden nicht in Bangkok sind! Es ist kaum zu glauben, wir haben die Botschaft schon vor Stunden von ihrem Verschwinden unterrichtet, und es meldet sich niemand! Wo stecken die bloß?"

Der Fernschreiber begann zu klicken, und Bishop ging hinüber, um nachzusehen. „,Die Lage ist immer noch instabil . . .'", las er vor.

„Die übliche Phrase, wenn die da drüben nicht wissen, was vorgeht." Carstairs seufzte.

„Warten Sie, es geht noch weiter!" rief Bishop. „,Keine Amerikaner unter den Toten!' Das ist wenigstens etwas Positives, so leid es mir auch um die anderen tut. Ah – hier kommt eine echte Neuigkeit! Der Führer des Putsches soll den Gerüchten nach ein General Lueng Nuang sein."

„Schnell, sehen Sie nach!" bat Carstairs. „Wir müßten etwas über ihn in den Akten haben."

„Wird gemacht." Als er am Telefon vorbeiging, sah er das rote Lämpchen aufleuchten. Er nahm den Hörer ab und meldete sich. „Hier Büro Carstairs." Dann streckte er Carstairs den Hörer entgegen. „Mornajays Assistentin, Mrs. Hudson."

„Gut – ich habe ihr gesagt, daß ich unbedingt mit dem Mann reden möchte, mit dem Mornajay am Montag die Besprechung hatte, als der Anruf kam. Vielleicht hat er etwas mitgehört, das uns weiterhelfen könnte ... Ja, Mrs. Hudson?" Dann lauschte Carstairs eine Weile angespannt. Als er wieder sprach, zuckte Bishop erschrocken zusammen.

„Wer?" donnerte Carstairs erstaunt. Dann bedankte er sich und drückte die Gabel herunter, um erneut zu wählen. Diesmal bat er, mit einem Mr. Lester Thomson verbunden zu werden.

Unterdessen war Bishop an den Aktenschrank gegangen und hatte die gesuchten Unterlagen gefunden. Er überflog sie und entdeckte einige interessante Informationen. General Lueng war vor acht Jahren Abgeordneter des Thai-Parlaments gewesen, bis sich herausstellte, daß sein persönliches Vermögen durch Bestechungsgelder und Einnahmen aus dem Drogenschmuggel in kürzester Zeit auf fünf Millionen Dollar angewachsen war. Dafür hatte er drei Monate im Gefängnis gesessen und war dann des Landes verwiesen worden, jedoch im selben Jahr zurückgekehrt und wieder als General in den Dienst der Streitkräfte aufgenommen worden.

Carstairs unterbrach Bishop bei seiner Lektüre. „Wir haben den Mann aufgetrieben. Thomson kommt gleich herüber", teilte er ihm mit.

„Wer ist denn das?" wollte Bishop wissen.

Ein Lächeln spielte um Carstairs' Lippen. „Jetzt halten Sie sich gut fest: Er ist von der DEA."

„Von der Drug Enforcement Administration?" staunte Bishop. „Dann hat sich Mornajay am Montag mit einem Mann von der Drogenfahndung getroffen?" Es war nicht ungewöhnlich, daß die einzelnen Departments des Geheimdiensts Informationen austauschten, allerdings mußte das jeweils von oben genehmigt werden. Erst jetzt fiel ihm wieder ein, daß Mornajay einer der Oberen war, einer der Spitzenleute, und daß er wahrscheinlich niemandem Rechenschaft schuldete.

Thomson ließ sie nicht lange warten. Er war ein stämmiger Mann mit blauen Augen, dessen Gesicht Humor und scharfen Verstand verriet. „Ich wollte gerade mein Büro verlassen, als Sie anriefen. Sie sagten, es habe etwas mit der Besprechung am Montag vormittag mit Mornajay zu tun?" Er setzte sich auf einen Besuchersessel vor Carstairs' Schreibtisch.

Carstairs nickte. „Ja, so ist es."

Die beiden Männer musterten einander, dann sagte Thomson ausdruckslos: „Er ging mitten im Gespräch weg. Seither versuche ich vergeblich, ihn zu erreichen."

„Handelte es sich bei Ihrer Besprechung um etwas Wichtiges?"

„Es war sogar von äußerster Wichtigkeit – für Mornajay", erwiderte Thomson.

Sie schleichen um den heißen Brei herum – und Thomson weiß etwas, dachte Bishop.

„Sie sind wohl der letzte, der Mornajay gesehen hat", erklärte Carstairs. „Er ist verschwunden."

„Verschwunden?"

„Offenbar hängt sein Verschwinden mit einem mysteriösen Anruf zusammen, den er bekam, während Sie bei ihm waren."

Thomson schüttelte den Kopf. „Nicht unbedingt."

Carstairs blickte ihn interessiert an. „Könnten Sie mir das genauer erklären?"

Thomson lehnte sich im Sessel zurück und schlug die Beine übereinander. „Also gut, aber was ich Ihnen sage, ist streng vertraulich und muß unter uns bleiben."

„Selbstverständlich", versicherte ihm Carstairs.

„Offen gestanden, ich habe das Gefühl, auf einem Pulverfaß zu sitzen, und bin mir nicht im klaren darüber, was ich unternehmen soll. Ich hatte Mornajay gleich am Morgen besucht, um ihn auf ein paar Entdeckungen hinzuweisen, die wir im Lauf der vergangenen Monate gemacht haben. Er sollte mir bestimmte Zufälle erklären ..."

Carstairs hob die Brauen. „Zufälle?"

Thomson rutschte unruhig hin und her. „Ich würde mich wohler fühlen, wenn ich mein Gespräch mit Mornajay hätte beenden können. Hat denn wirklich niemand eine Ahnung, wo er ist?"

Carstairs blickte ihn nachdenklich an. „Ich weiß Ihre Offenheit zu schätzen, und ich glaube, ich darf Ihnen gegenüber ebenso offen sein. Was würden Sie dazu sagen – und das ist ebenfalls vertraulich und nur für Sie bestimmt –, wenn wir herausgefunden hätten, daß Mornajay in Thailand gesehen wurde?"

„Ich bin bestürzt", erwiderte Thomson leise.

„Können Sie mir sagen, weshalb?"

Thomson seufzte. „Also gut, ich werde es Ihnen erklären. Wie Sie wissen, ist die DEA in Thailand besonders aktiv. Wir tun unser möglichstes, um die Regierung in ihren Bemühungen zu unterstützen, das Drogenproblem in den Griff zu bekommen. Wir überwachen die verschiedenen Kriegsherren mit ihren Privatarmeen und die chinesischen Mittelsmänner und Händler und so weiter."

„Die *Chiu chao?*" warf Carstairs ein.

Thomson nickte. „Ja, dieses Netz von Gewerkschaften und Berufsverbänden, das es schon vor Jahrhunderten im alten China gab. Als Mao Tse-tung die Macht übernahm, breiteten die *Chiu chao* sich bedauerlicherweise in Städten wie Hongkong, Macao und San Francisco aus. Sie sind eine festgefügte Gruppe mit ungeheurem Einfluß. Ihre Banken – ja, sie besitzen sogar eigene Banken – dienen unter anderem als Geldwaschanlage für Einnahmen aus dem Drogengeschäft. Und seit etwa einem Jahr wissen wir, daß einer ihrer führenden Männer ein Amerikaner ist."

„Ein Amerikaner?" wiederholte Carstairs ungläubig. „Bei den *Chiu chao?* Unmöglich, das würden sie nie zulassen."

„Er hat eingeheiratet", entgegnete Thomson knapp. „Eine Frau namens Chin-Ling."

Bishop erstarrte. Er mußte sich gewaltig beherrschen, um Carstairs nicht einen Blick zuzuwerfen, der Thomson verraten hätte, daß sie den Namen kannten.

„Erzählen Sie weiter", bat Carstairs ruhig.

„Wir nennen diesen Mann Mr. X, seit wir herausgefunden haben, daß er von ihnen so bezeichnet wird. Sehr wenige haben ihn je selbst zu Gesicht bekommen; offenbar wickelt er so gut wie alle Geschäfte telefonisch und telegrafisch ab. Er ist außerordentlich clever und verfügt über eine sehr gute Organisation. Aber vor drei Wochen hatten wir unerwartetes Glück. Einer ihrer Leute zog bei einem internen Machtkampf den kürzeren und bot sich uns als Informant an."

Bishop saß mit offenem Mund da und hörte gespannt zu.

„Er war in der Lage, uns einiges über Mr. X zu erzählen", fuhr Thomson bedächtig fort. „Beispielsweise, daß Mr. X Südostasien sehr gut kennt, da er während des Vietnamkriegs mehrere Jahre dort verbracht hat, und daß er eine Ehefrau in Bangkok hat, sich jedoch nur selten bei ihr sehen läßt. Er benutzt die Namen Charlie Tegner und Kenneth Lance, doch sein richtiger Familienname ist Mornajay, den Vornamen weiß man nicht. Er ist etwa fünfundvierzig, geboren in Minneapolis, und während seines Aufenthalts in Asien heiratete er die kleine Chinesin Chin-Ling, die zufällig Beziehungen zu den obersten Kreisen der *Chiu chao* unterhielt."

Bishop schloß den Mund, daß die Zähne aufeinanderschlugen. Es war einfach unglaublich.

„Und Sie haben festgestellt, daß unser Mornajay in Vietnam war, daß er fünfundvierzig Jahre alt und in Minneapolis geboren ist und daß sein Vorname zufällig Lance lautet", meinte Carstairs freundlich.

„Ja", bestätigte Thomson verlegen.

Nach kurzem Schweigen sagte Carstairs ruhig: „Ihr Gespräch wurde durch diesen Anruf unterbrochen. Haben Sie eine Ahnung, von wem er kam?"

Thomson schüttelte den Kopf. „Nein, er nahm ihn in einem Nebenzimmer entgegen und schloß die Tür."

Carstairs schwieg. Aha, dachte Bishop, er hat also nicht vor, ihm zu sagen, daß der Anruf von Chin-Ling kam!

„Haben Sie oben bereits Bescheid gesagt, daß Mornajay in Thailand ist?" fragte Thomson.

Carstairs verneinte.

„Für mich sieht es so aus, als sei er auf der Flucht", äußerte Thomson zögernd. „Da es nun ganz den Anschein hat, daß er mit Mr. X identisch ist, werde ich unsere Dienststelle in Chiang Mai benachrichtigen. Wenn er untertauchen will, könnte er jetzt vielleicht im Gebirge sein, auf dem Weg zu Wen Sa, um bei ihm unterzuschlüpfen. Wir wissen bereits, daß ein Thai-General in dieses Geschäft verwickelt ist, ein gewisser General Lueng."

Carstairs lachte. „Haben Sie vom Putschversuch gehört?"

„Was für ein Putschversuch?"

„Er begann Freitag um sechs Uhr morgens, Bangkok-Zeit, und wie wir hörten, unter Führung eines General Lueng."

Ein Putschversuch, Mornajay in Thailand, Mrs. Pollifax und Cyrus verschwunden – Bishops Besorgnis wuchs, nicht so sehr, weil sie möglicherweise einen Verräter im Department hatten, und noch dazu Mornajay, sondern bei dem Gedanken an die zwei Menschen, die ihm ans Herz gewachsen waren. Und da Bishop nun einmal Mrs. Pollifax viel lieber mochte als Lance Mornajay, machte er sich Sorgen um eine mögliche Verbindung zwischen all diesen Ereignissen.

Er fragte sich, ob Ruamsaks Informationen etwas mit Mornajays Identität als Mr. X zu tun haben mochten, und wenn ja, ob Mornajay hinter dem Mord an Ruamsak und der Entführung von Cyrus Reed steckte. Mornajays Verrat löste einen wahren Alptraum an Befürchtungen aus.

„Ich finde, daß wir die oben jetzt unterrichten sollten, meinen Sie nicht auch?" sagte Carstairs grimmig. „Mornajay ist zu einer großen Gefahr geworden, sowohl für sich selbst als auch für das Department."

WIE in einem Traum hörte Mrs. Pollifax eine Männerstimme etwas in einer fremdartigen Sprache rufen, danach eine Frauenstimme, die offenbar antwortete, und eilige Schritte. Vorsichtig hob sie die Lider. Sie sah ein Haus mit einem Strohdach, das fast bis auf die Erde reichte. Eine junge Frau mit einem Kopfputz, der mit Silbermünzen verziert war, trat aus der Tür. Rasch schloß Mrs. Pollifax die Augen wieder. Es gab da irgend etwas Dringendes, Quälendes – etwas Verlorenes, das gesucht werden mußte ...

Als sie die Augen wieder öffnete, lag sie auf einer Matte auf der Veranda eines Bambushauses. Und der glitzernde Kopfputz war kein Traum gewesen, denn die Frau, die sich über sie beugte, trug einen solchen Schmuck. Neben dieser Frau stand ein junger Mann mit hohen, glatten Backenknochen, der auf Mrs. Pollifax herabblickte. Es war nicht Bonchoo. Er trug eine schwarze Hose mit weiten Beinen und ein dunkles Hemd. In seinem Gürtel steckte ein Messer. „Bonchoo?" murmelte sie fragend und versuchte sich aufzurichten. „Bonchoo?"

Der junge Mann rief nach jemandem hinter sich im Schatten und verschwand dann außer Sichtweite. Als Mrs. Pollifax sich hingesetzt hatte, bemerkte sie, daß sie von Kindern und Frauen umringt war, die sie alle staunend anstarrten: ihre Füße, ihre Kleidung, ihr Gesicht. Man hatte ihr die Schuhe ausgezogen, und die Frau, die sich über sie beugte, strich gerade eine kühle, lindernde Salbe auf die Blasen an ihren Füßen. Ihre Kopfbedeckung war so nahe, daß Mrs. Pollifax in aller Ruhe die dichten Reihen von gehämmerten Silberscheiben, die Streifen winziger weißer Knöpfe und roter Glasperlen, allesamt mit Silbermünzen eingefaßt, betrachten konnte. Der Kopfschmuck lief nach oben hin in einen Kegel aus, der wundervoll bestickt und mit leuchtendroten Federn besteckt war. Die Frau spürte offenbar den bewundernden Blick, denn sie schaute auf und lächelte schüchtern. Ihr Gesicht war winzig und abgehärmt, aber ihr Ausdruck war empfindsam und von einer Lieblichkeit, die Mrs. Pollifax überraschte.

Auf den Ruf des Mannes eilte Bonchoo herbei. Erleichterung und Zuneigung durchfluteten sie, als sie sein breites Gesicht mit der Narbe wiedersah und den lächerlichen Hut. „Bonchoo!" rief sie noch einmal und lächelte glücklich.

Bonchoo folgte eine runzlige alte Frau, die den gleichen Kopfputz trug wie die jüngeren Frauen, nur daß ihrer etwas abgetragener war. „Sie hat Wasser für Sie", erklärte Bonchoo und deutete auf den Krug, den die Frau mitgebracht hatte. „Sie hat es für Sie abgekocht, dafür habe ich gesorgt. Betrachten Sie es als etwas sehr Wertvolles, und trinken Sie nicht zuviel auf einmal."

Die alte Frau lächelte sie freundlich an und nickte zufrieden, als Mrs. Pollifax den Krug nahm und trank. Sobald sie ihren Durst einigermaßen gestillt hatte, setzte sie den Krug ab, hielt ihn jedoch weiter wie einen Schatz fest.

„Sie sagt, Sie müssen als nächstes das hier trinken", meinte Bonchoo und hielt ihr eine aus einem knotigen Stück Holz geschnitzte Tasse hin. „Es ist Kräutertee, eine Herzmedizin; gut, wenn man große Höhen nicht gewöhnt ist."

Sie kostete ihn, verzog das Gesicht, leerte jedoch gehorsam die Tasse. Zu ihrer Überraschung hörte ihr Herz fast augenblicklich zu flattern auf und schlug wieder langsamer und regelmäßiger. „Ich fühle mich schon besser", stellte sie erstaunt fest. „Bitte bedanken Sie sich für mich, Bonchoo. Es tut mir leid, daß ich vorhin umgekippt bin. Erzählen Sie mir bitte, was inzwischen geschehen ist. Haben Sie schon mit dem Häuptling gesprochen? Dürfen wir gleich weiter?"

Bonchoo hockte sich neben sie. „Sie haben ihn gerade selbst gesehen, das hier ist sein Haus." Er deutete auf die Stelle, wo der junge Mann gestanden hatte. „Er heißt Nouvak und ist ein sehr intelligenter junger Mann."

„Und läßt er uns gehen? Bonchoo, sie können uns nicht sehr weit voraus sein, Cyrus und die –"

Er hob abwehrend eine Hand. „Warten Sie etwas! Nouvak wird mit Ihnen reden, er kennt sich hier aus. Außerdem haben wir Glück, er spricht nämlich Thai, Akha, Schan und ein bißchen Englisch."

„Englisch?" Hier mitten im thailändischen Dschungel erschien ihr das allerdings wie ein Wunder.

Die ältere Frau hatte sich inzwischen zurückgezogen und die Kinder und die übrigen Frauen mitgenommen. Die jüngere Frau kauerte sich auf die Fersen und sagte etwas, das weder Mrs. Pollifax noch Bonchoo verstanden. „Was sagt sie?" erkundigte sich Mrs. Pollifax bei Bonchoo. „Können Sie ihr bitte danken?"

Eine Stimme erklang hinter ihnen. „Ich werde ihr in Ihrem Namen danken. Sie ist meine Frau Apha." Nouvak war auf die Veranda zurückgekehrt. Nachdem er etwas zu seiner Frau gesagt hatte, lächelte sie Mrs. Pollifax noch einmal schüchtern an und verschwand im Haus.

Nouvak setzte sich neben Bonchoo und betrachtete ihn und Mrs. Pollifax ernst. „Ich bin *Buseh* – Dorfoberster. Mein Englisch ist nicht sehr in Übung, ich muß auffrischen, gut?"

„Natürlich, bitte sprechen Sie."

Er fuhr fort und überlegte dabei jedes einzelne Wort. „Bonchoo sagt, Sie haben Ihren *Sahmee* verloren, Ihren . . ."

„Ehemann", warf Bonchoo ein.

Nouvak nickte und studierte Mrs. Pollifax' Gesicht. „Und Sie suchen ihn."

„Ja." Bonchoo hat recht, dachte sie. Das waren wirklich die Augen eines gescheiten, wachsamen, intelligenten Mannes.

„Und Sie werden von Banditen gesucht, sagt Bonchoo."

„Ja – es sind zwei Männer."

„Mit Waffen? Sie haben Waffen?"

„Ich glaube nicht", antwortete sie und schaute Bonchoo fragend an.

„Wenn sie Schußwaffen gehabt hätten, würden wir jetzt nicht mehr leben", antwortete Bonchoo.

Mrs. Pollifax wollte nicht über Waffen reden. „Sie waren alle sehr freundlich – aber dürfen wir jetzt gehen?"

„Gehen?" Nouvak blickte sie erstaunt an. „Es wird bald Nacht!"

„Nouvak hat recht", warf Bonchoo ein. „Im Dschungel ist es nachts nicht sicher, und Sie müssen sich ausruhen. Er hat uns erlaubt, hier zu übernachten. Erzählen Sie ihr bitte, was Sie unternommen haben, Nouvak."

„Gut. Ich habe vorhin zwei Männer in Wald geschickt, um *Farang* und zwei Schan zu suchen."

„Cyrus", murmelte sie glücklich.

„Außerdem habe ich vier Männer aufgestellt, um zu – zu . . ."

„Wachen?" fragte Bonchoo.

Nouvak grinste plötzlich jungenhaft. „Richtig – ja. Um Dorf vor Banditen zu bewachen. Mein Englisch kehrt langsam zurück! Jetzt kommt der *Dzoema*, und wir besprechen."

„*Dzoema?*" fragte Mrs. Pollifax.

Bonchoo übersetzte. „Er hat mir gesagt, daß in diesem Dorf, überhaupt in allen Akhadörfern, der *Buseh* der Mann ist, der für alles zuständig ist, was mit der Außenwelt zu tun hat: Regierungsleute, chinesische Händler, Verkauf von Reis und Stoffen und so weiter. Der *Dzoema* aber ist so was wie die Regierung des Dorfs."

„Ah, ich verstehe." Mrs. Pollifax nickte. Da sie sich jetzt besser fühlte, verschränkte sie ihre Beine im Schneidersitz und schob die Füße unter sich. Ein unbeschreiblich dürrer Mann kam über den Platz auf sie zu. Er sah staubig und müde aus, als hätte man ihn von einem fernen Feld geholt. Er musterte sie und Bonchoo, dann setzte er sich neben Nouvak. Die beiden Männer sprachen miteinander, und Bonchoo lauschte aufmerksam.

Mrs. Pollifax beobachtete sie interessiert. Der *Dzoema* gestikulierte viel, was zu seinem ausdrucksvollen Gesicht paßte. Einmal lachte er, und sie sah, daß seine Zähne vom Betelkauen rötliche Flecken aufwiesen.

Endlich wandte sich Bonchoo ihr zu. „Sie haben diskutiert, was am besten zu tun ist. Es beunruhigt sie, daß Banditen hinter uns her sind. Die Akha haben erst vor kurzem ihr voriges Dorf aufgegeben und sind hierhergezogen, weil Banditen ihnen das ganze Geld, das die Ernte ihnen eingebracht hat, sowie ein M-16-Gewehr und zwei Ziegen geraubt haben."

„Oje!" Sie warf Nouvak einen mitfühlenden Blick zu. „Ich möchte wirklich nicht, daß sie unseretwegen in Schwierigkeiten geraten."

„Ich habe ihnen versichert, daß wir unser Essen gut bezahlen werden. Sie haben doch Geld?"

„Eine Menge Zwanzigbahtscheine", antwortete sie.

„Sehr gut. Fünf reichen für den Anfang. Wenn sie weder *Farang* noch Schan in der Nähe entdecken ..."

„Aber wenn sie nicht allzu weit entfernt sind, würden sie sie doch finden, oder?" fragte Mrs. Pollifax rasch.

Bonchoo nickte. „Ja, aber wenn nicht, bieten sie uns für unsere Abreise morgen früh Hilfe an. Wahrscheinlich, um uns loszuwerden, ehe sie unsertwegen tatsächlich Probleme bekommen", fügte er lakonisch hinzu.

„Welche Art von Hilfe wäre das?"

„Ein Junge namens Anu soll uns führen. Die Akha kennen den Wald. Etwa vierzig Kilometer von hier, an der birmanischen Grenze, gibt es ein gut getarntes Lager der Schan im Dschungel."

„Und sie glauben, daß man Cyrus dorthin bringt?"

„Ja, aber sich in der Nähe blicken zu lassen ist gefährlich", warnte er. „Das Lager liegt bereits in Birma – und wenn die Schmuggler glauben, daß wir ihnen nachspionieren ..." Seine Hand durchschnitt drohend die Luft.

Mrs. Pollifax blickte ihn ernst an. „Ich muß dorthin, aber was ist mit Ihnen, Bonchoo? Haben Sie Angst?"

„Angst?" rief er. „Ich habe den ganzen Tag schon entsetzliche Angst! Ich werde nie wieder aus Habgier Briefe schreiben – falls Wen Sa und meine *Phi*-Geister mich am Leben lassen."

„Und Sie glauben, daß sie das tun werden?"

Bonchoo seufzte. „Ich hoffe es."

Sie sah, wie sein Gesicht sich verdüsterte. Auch er kämpft um seine Zukunft: Frau, Kinder, Arbeit, Zuhause, dachte sie. Genau wie ich um meine kämpfe, um einen stattlichen, sehr lieben Mann, der gern in der Badewanne liest, der in jedes Essen Knoblauch gibt, der in der Kälte kauert, um Vögel zu beobachten – und den ich liebe.

Bonchoo deutete mit dem Kopf auf Nouvak und den *Dzoema*. „Diese Männer helfen uns, weil Sie Ihren Mann vermissen und weil sie von Ihrer Suche nach ihm überrascht und beeindruckt sind."

Nouvaks Lippen verzogen sich zu einem Lächeln. „Unsere Frauen verlassen das Dorf nicht. Wir haben ein Sprichwort: Das Reich der Frau ist zwischen Haus und Reisspeicher, das des Mannes zwischen anderen Dörfern und dem eigenen." Er stand auf. „Dies ist mein Haus, und Sie sind hier willkommen." Er trat hinein und verschwand hinter einer geflochtenen Trennwand.

„Ich will sehen, ob ich eine Machete kaufen kann", sagte Bonchoo. „Ruhen Sie sich inzwischen aus."

Aber Mrs. Pollifax war nicht nach Ausruhen zumute. Das Dorf interessierte sie, und die Salbe hatte ihre Fußschmerzen gelindert. Bonchoo und der *Dzoema* gingen zum Ende der Einfriedung, wo Bonchoo ein Buschmesser begutachtete. Als Mrs. Pollifax in ihre Schuhe schlüpfte, ließen die Schmerzen sie zusammenzucken. Die Schatten auf dem Platz waren länger geworden, und im Wald hinter dem Dorf war es ganz still. Drei Mädchen mit Körben voll Brennholz auf dem Rücken kamen ihr auf dem Pfad aus dem Wald entgegen und blieben stehen, als sie sie bemerkten.

„Hallo, guten Tag!" rief sie ihnen zu.

Die drei blickten einander an, kicherten und eilten an ihr vorbei. Ein Huhn spazierte gackernd hinter einem Haus hervor. Ein nacktes Kind rannte auf die Lichtung, hob einen Stock auf und verschwand zwischen den Bäumen. Mrs. Pollifax schien es, als sei sie in eine andere Zeit versetzt worden, und sie fühlte sich etwas verwirrt. Aber gleichzeitig verspürte sie einen tiefen inneren Frieden.

Sie war gerade dabei, einen Blick in den Reisspeicher am Ende der Straße zu werfen, als Nouvak zu ihr trat. „Sie schauen sich unser Dorf an?" fragte er, fast schon etwas schüchtern.

„Ja", antwortete sie lächelnd. „Könnten Sie mir etwas darüber erzählen?"

Nachdenklich blickte er sie an. „Kommen Sie, ich zeige Ihnen etwas." Sie gingen bis zu einem Weg, der vom Dorf in den Wald führte. Hier blieb er stehen und deutete auf zwei hohe Baumstämme unweit des Pfades. Bemerkenswert waren sie nur, weil ein waagrechter Stamm sie miteinander verband – das einzig Waagrechte inmitten der dichtstehenden, hoch aufragenden Bäume.

„Unser Schutztor", erklärte er. „Sehr wichtig für Akha. Wir haben zwei. Draußen ist Welt der Gefahr, innerhalb der Tore leben wir Akha glücklich."

Sie wandte sich ihm zu, um ihm ins Gesicht zu sehen. „Lauern da draußen so viele Gefahren?"

„Wir haben sie kennengelernt", sagte er nüchtern. „Wir sind vertrieben worden und müssen immer wieder ein neues Zuhause suchen."

„Beschützt die Regierung Sie denn nicht?"

„Wir sind nicht – wie heißt das Wort? – Bürger dieses Landes. Wir müssen uns selbst beschützen. Wir wollen frei bleiben und als Akha leben, also gehen wir, wenn Leute unser Land wollen."

„Und woher kommen Sie?" erkundigte sie sich.

Er verstand ihre Frage nicht richtig. „Wir kommen von unserem ersten Ahnen A-poe-mi-yeh. Alle unsere Ahnen leben als Geister bei uns, sie sind auch jetzt bei uns. Wir bitten sie um Rat und laden sie zu Festen ein, zum Essen und Trinken. Wir leben mit vielen Geistern, dem Reisgeist, dem Erntegeist, dem Baumgeist. Wir haben zwar keine geschriebene Geschichte, aber wir kennen sie – jeder muß seine Ahnen sechzig Familien zurück kennen."

„Sechzig Generationen!" staunte sie. „Sie sind also keine Buddhisten."

„Nein, Waldleute."

„Aber warum geben Sie Ihr Land einfach auf, wenn jemand es will? Sie haben doch Gewehre. Ich habe sie gesehen!"

„Weil der *Akhazang* nicht will, daß wir kämpfen."

Sie spazierten langsam zum Dorf zurück. „Der Akhazang?"

„Ja, wir leben nach seinen Geboten. Der Akhazang sagt uns, wie und wann wir Reis pflanzen sollen, wo wir unser Haus bauen, wie wir Wild jagen, wie wir leben und wie wir sterben sollen."

„Und nichts davon ist niedergeschrieben?" fragte sie verwundert.

„Nichts ist niedergeschrieben", bestätigte er lächelnd, „aber wir wissen es trotzdem, von unseren Ahnen. Wir hören es von unserer Mutter, von unserem Vater. Wir wissen es einfach."

Sie lächelte. „Wo haben Sie Ihr Englisch gelernt, Nouvak?"

„In der Missionsschule in Birma. Damals war ich ein kleiner Junge. Jetzt leben wir hier. Der Akhazang sagt: ‚Auch wenn ein Haus nacheinander an zehn verschiedenen Orten aufgestellt wird, bleibt der Stammbaum unverändert.'"

Sie erreichten nun die ersten Hütten des Dorfes. „Um in meinem Haus zu schlafen, müssen Sie zur Großmutter werden und auf der Männerseite liegen", erklärte er ihr. „Stört Sie das? Auch das ist Akhazang: Sie sind keine Akha und dürfen deshalb nicht auf der Frauenseite schlafen."

Mrs. Pollifax lachte. „Das stört mich gar nicht. Ich werde in Ihrem Haus also Großmutter sein." Auf der Veranda von Nouvaks Haus sah sie Bonchoo sitzen. Er ließ seine Beine von der Plattform des offenen Vorbaus herabbaumeln und rauchte eine Art Zigarre. Das war ein

Bonchoo, wie sie ihn noch nicht kannte: entspannt, gut gelaunt und im Augenblick sichtlich zufrieden.

Während ich, eine Amerikanerin, immerfort drängen muß, dachte sie ein wenig zerknirscht. Ich bin zwar dankbar für die Rast, das Essen und ein Fleckchen, wo ich schlafen darf, aber ich kann meine Sorgen nicht abschütteln. Immerhin habe ich einen *Sahmee* verloren. „Hat man schon was von den Männern gehört, die Cyrus suchen?" rief sie ihm zu.

Bonchoo schüttelte den Kopf. „Noch nicht, noch nicht . . ."

Sie saßen auf dem Fußboden in Nouvaks Haus und aßen klebrigen Reis, den sie mit den Fingern zu Kugeln formten und in den Mund schoben. Dazu gab es eine Schüssel voll Sauce mit kleinen Fleischbrokken und gekochtem Kürbis. Zu dem feierlichen Anlaß wurde sogar Reiswein ausgeschenkt, obwohl die Akha diese Spezialität sicher auch nicht im Überfluß besaßen. „Trinken Sie, trinken Sie!" forderte Nouvak sie freundlich auf. Draußen war es bereits dunkel geworden, doch das Herdfeuer gab genug Licht, um das Innere des Hauses gemütlich auszuleuchten.

Durch die Schlitze in der Bambuswand konnte sie den Vollmond aufgehen sehen. Einige Kinder lugten von der Veranda herein. Sie flüsterten und kicherten, während sie die Gäste beobachteten: Bonchoo und Mrs. Pollifax waren eine Attraktion. Es war bereits neunzehn Uhr, und ein Tag neigte sich seinem Ende entgegen, der so harmlos mit Cyrus in einem Luxushotel in Chiang Mai begonnen hatte – und nun würde sie in einem Akhadorf tief in den nördlichen Wäldern schlafen. Welch ein Gegensatz! Bonchoo erzählte etwas – in ländlichem Thai, wie er ihr nebenbei erläuterte –, und nachdem die Männer mehrmals schallend gelacht hatten, erkundigte sie sich, was er denn da gerade zum besten gegeben habe.

„Unsere thailändischen Witze sind nichts für die Ohren einer Frau", behauptete er grinsend. „Ich revanchiere mich damit für unser Abendessen."

Mrs. Pollifax überlegte, wie sie sich für die Gastfreundschaft erkenntlich zeigen und zur Unterhaltung beitragen könnte. Schließlich fiel ihr eine Möglichkeit ein, und während das Feuer allmählich niederbrannte und die Kinder draußen zu gähnen begannen, wandte sie sich mit ihrem Vorschlag an Bonchoo. „Ich kenne ein paar Zauberkunststücke", erklärte sie ihm.

Er blickte sie zunächst überrascht, dann zusehends erschrocken an.

„Aber – die Leute hier leben eng mit Geistern zusammen! Was haben Sie vor?"

Sie erklärte es ihm.

„Aha – *gohn lamet!*" übersetzte Bonchoo für Nouvak.

„*See dahn?*"

Bonchoo schüttelte den Kopf. „Nein, nein – *see kow*, Weiße Magie."

„Was ist es?" fragte Nouvak Mrs. Pollifax ernst. „Zeigen Sie es uns?"

Sie nahm eine Münze aus der Tasche und hielt sie hoch, damit alle sie sehen konnten. Sie ließ sie verschwinden und irgendwo aus der Luft wieder erscheinen, wiederholte dann das Ganze und zog schließlich das Goldstück aus Nouvaks Ohr hervor. Ein langes, erstauntes Schweigen setzte ein, dann fing ein Kind begeistert zu lachen an, und ein anderes stimmte ein. Nouvak strahlte begeistert. Das Lachen lockte die Frauen aus der Küche, und andere Kinder rannten auf die Veranda, um zuzuschauen.

Mrs. Pollifax wurde immer mutiger. Sie holte einen Zwanzigbaht-schein hervor, rollte ihn zusammen, schloß die Hand um ihn und zog ihn dann aus dem Mund eines kleinen Mädchens. Lautes Lachen, ver-haltenes Kichern und aufgeregtes Rufen schwirrten durcheinander. Ihr Lehrer zu Hause hätte sie bestimmt kopfschüttelnd getadelt: „Das war nicht perfekt, Emily!" Aber in dem Bergdorf der Akha bestaunte man ihre Tricks wie Wunder. Die Kinder drängten sich immer näher, so daß Nouvak ihnen schließlich befehlen mußte, Platz zu machen, damit alle etwas sehen konnten. Mrs. Pollifax bedauerte, daß ihr Repertoire so klein war, doch ihre Zuschauer waren nach der vierten Wiederholung ihrer Kunststücke noch genauso begeistert wie beim erstenmal. Ein dankbareres Publikum hätte sie nirgendwo finden kön-nen.

Laute Stimmen aus dem Wald unterbrachen die Vorführung. Mrs. Pollifax zuckte zusammen und ließ das Geld in den Schoß fallen. Als sie sich umdrehte, sah sie zwei junge Akha rufend den Pfad herbei-eilen.

„Was ist los?" erkundigte sich Mrs. Pollifax. „Was ist passiert?"

Bonchoo drehte sich lächelnd zu ihr um. „Sie haben ihn gefunden!"

„Cyrus?" stammelte sie.

„Jetzt kommt er!" versicherte ihr Bonchoo.

Hinter den braunhäutigen Akha wurde das Gesicht eines Weißen sichtbar. Mrs. Pollifax machte aufgeregt ein paar Schritte darauf zu.

Doch abrupt hielt sie an. „Aber – das ist nicht Cyrus!" rief sie. Und dann noch einmal verzweifelt: „Das ist nicht Cyrus! Ich weiß nicht, wer dieser Mann ist, aber Cyrus ist er nicht!"

Der Mann, den die beiden jungen Akha anbrachten, blieb stehen und funkelte Mrs. Pollifax an. Mit wütender und doch eisiger Stimme fuhr er sie an: „Es ist mir ziemlich egal, wer ich angeblich sein soll! Ich verlange eine Erklärung für diese Unverschämtheit! Ich lag in tiefem Schlaf in meinem Schlafsack, als diese beiden – Wilden mich mit ihren Gewehren in die Rippen stießen und zwangen, mit ihnen zu kommen. Mein Name ist Mornajay, Lance Mornajay, und wer zum Teufel sind Sie?"

## 7. Kapitel

„EMILY POLLIFAX", sagte sie heftig und verspürte sofort eine Antipathie gegen diesen Mann, der Cyrus hätte sein sollen und es unverzeihlicherweise nicht war. Außerdem war er anmaßend und anscheinend ein Amerikaner, und das machte seine Arroganz besonders aufreizend. Er war kräftig gebaut, Mitte Vierzig, mit grobgeschnittenem, bleichem Gesicht und einer wild gelockten grauen Mähne. Seine schicke Trekkingkleidung sah teuer aus: Khakihosen, festes Baumwollhemd, dazu Wildlederstiefel – und alles makellos sauber. Er hatte einen wertvollen Fotoapparat umgehängt, einen Schlafsack unter den Arm geklemmt und trug einen Rucksack auf seinem Rücken.

„Gute Frau –", begann er wütend.

„Ich bin nicht Ihre gute Frau!" fauchte sie. Und als sich weitere Männer neben sie stellten, fragte sie: „Ist einer von diesen Leuten Ihr Führer?"

Er seufzte wie jemand, der über das erträgliche Maß hinaus gereizt worden ist. „Ich brauche keinen Führer!" entgegnete er eisig. „Dafür bin ich schon früher oft genug, mit und ohne Führer, in diesen Bergen umhergestreift. Ich bin Bildberichterstatter. Verdanke ich es Ihnen, daß man mich hierher verschleppt hat? Was machen Sie überhaupt hier?"

„Ich habe mich bereits vorgestellt", entgegnete Mrs. Pollifax brüsk. „Das ist Bonchoo, neben ihm steht der Dorfoberste Nouvak, und diese Männer, die Sie eben Wilde nannten, haben sich überaus zuvorkommend und gastfreundlich verhalten. Sie suchen nach meinem Mann."

„Hat er sich verirrt? Dann haben Sie sich aber einen schlechten Führer ausgesucht!" Mornajays Blick durchbohrte Bonchoo. „Das wirft
kein gutes Licht auf Sie, wenn Sie nicht auf die Leute aufpassen, die
sich Ihnen anvertraut haben!" Er wandte sich wieder an Mrs. Pollifax.
„Ich nehme an, Sie sind auf einer dieser Dschungeltouren, für die
soviel Werbung gemacht wird. Aber Sie sollten wissen, daß Ihr Führer
Sie in ein ziemlich gefährliches Gebiet gebracht hat."

Bonchoo und Mrs. Pollifax wechselten Blicke, schwiegen jedoch.

„Ist das ein Miaodorf?" fragte Mornajay und schaute sich um.

„Es sind Akha", erwiderte Mrs. Pollifax. „Aber wenn Sie mehr
wissen wollen, fragen Sie besser Nouvak."

„Das hat wohl kaum einen Sinn. Ich kann mir nicht vorstellen, daß
er Englisch spricht."

Mrs. Pollifax genoß ihre Antwort. „Er spricht sogar sehr gut Englisch", sagte sie mit einem zuckersüßen Lächeln.

Mürrisch gab Mornajay Nouvak die Hand. „Dann entschuldigen
Sie bitte. Sie dürfen mir glauben, es war ein ziemlicher Schock, von
bewaffneten Fremden aus dem Schlaf gerissen zu werden."

Das konnte ihm Mrs. Pollifax nachfühlen; aber trotzdem war er ihr
unsympathisch, und sie hatte den Eindruck, daß ihm gar nichts leid tat
und daß er sich nur entschuldigt hatte, weil er es als taktisch sinnvoll
empfand.

„Wenn niemand was dagegen hat", verkündete er nun barsch,
„werde ich meinen Schlafsack jetzt irgendwo auf den Boden legen und
zusehen, daß ich wieder schlafen kann, denn ich möchte möglichst
früh weiter."

„Wo wollen Sie hin?" erkundigte sich Bonchoo.

Er erhielt keine Antwort. Mornajay nahm nur wortlos seinen
Schlafsack und verließ sie. Schweigen machte sich breit, als er gegangen war. Das Holzkohlenfeuer fiel in sich zusammen, und die Nachtluft wurde kühl. Einige Männer drehten sich um und gingen ebenfalls.
Die Kinder lächelten Mrs. Pollifax mit glücklichen Gesichtern an, als
sie von ihren Müttern heimgebracht wurden. Apha kam herbei und
berührte kurz ihren Arm, und Mrs. Pollifax folgte ihr zur Frauenseite
des Hauses, wo Apha auf eine Schüssel mit Wasser deutete. Mrs. Pollifax wusch sich das Gesicht und ließ sich dann auf der Männerseite von
Nouvak ihre Matte nahe der Tür zeigen.

Vorsichtig legte Mrs. Pollifax sich darauf nieder und war froh, ihre
müden Glieder ausstrecken und die Muskeln entspannen zu können.
Der Boden war nicht so hart, wie sie erwartet hatte, denn der Bambus

war nachgiebig. Sie verdrängte den Wunsch, sich die Zähne zu putzen und in einen Schlafanzug zu schlüpfen, und dachte über diesen langen Tag nach, über Cyrus, Bonchoo, die beiden Schan-*Naklengs* und über Mornajay. Vor allem aber verweilten ihre Gedanken bei Cyrus. Sie erinnerte sich, daß sie sich im ersten Monat nach ihrer Hochzeit manchmal nach ihrem alten Leben gesehnt hatte: nach dem kleinen Apartment mitten in der Stadt, nach ihren Bekannten vom Kleingärtnerverein, ja sogar nach Miß Hartshorne, deren bevormundende Art ihr anfangs Angst eingejagt hatte. Und dann war ihr eines Tages klargeworden, daß bestimmt auch Cyrus hin und wieder seine alte Lebensweise vermißte, und sie hatten miteinander darüber gesprochen. Von da an hatte sie aufgehört zurückzublicken und war in der Gegenwart, so wie sie war, glücklich geworden. Nun lag sie auf der geflochtenen Strohmatte und konnte sich ein Leben ohne Cyrus überhaupt nicht mehr vorstellen. Trotzdem mußte sie die Möglichkeit ins Auge fassen, daß sie ihn nicht fand ...

Sie seufzte und versuchte lieber, an Mornajay zu denken. Vor allem schämte sie sich für ihn, daß er so selbstherrlich und unhöflich aufgetreten war und das Dorf mit seiner Bemerkung über Wilde beleidigt hatte. Wilde, also wirklich! Sie hätte gern gewußt, was er in dieser abgelegenen Gebirgsgegend suchte. Dann überlegte sie, was der nächste Tag wohl bringen würde.

Die Nacht war voller Geräusche: Ein Schwein grunzte, die Bambuswände knarrten, und im Wald zirpten Zikaden. Langsam begann Mrs. Pollifax rückwärts zu zählen; bei zwanzig fing sie an, und ehe sie acht erreicht hatte, war sie bereits in einen unruhigen Schlaf gesunken.

ALS Mrs. Pollifax aufwachte, herrschte bereits reges Leben im Dorf. Frauenstimmen ertönten, Hunde bellten, der Rauch von Holzfeuern hing in der Luft, und aus der Küche war Gemurmel zu hören. Auf dieser Seite der Trennwand befand sich außer ihr nur noch Bonchoo, der sich jetzt aufsetzte und die Augen rieb.

„Gut geschlafen, Bonchoo?"

„*Yai!* – wir sind wirklich noch hier", stellte er enttäuscht fest. „Ich hatte gehofft, wenn ich die Augen reibe, würde alles verschwinden." Er stand auf und spähte um die Trennwand. „Ah – Frühstück!"

Sie gingen in den Nebenraum. Mrs. Pollifax setzte sich im Schneidersitz neben Bonchoo auf den Boden, bediente sich aus der Schüssel und formte nun schon sehr geschickt Reiskugeln. Dazu gab es eingelegte Bambussprossen und belebenden Tee. Sie beendeten gerade ihr

Frühstück, als Nouvak mit einem Jungen von etwa dreizehn Jahren hereinkam. Beide trugen lange, schmale Gewehre.

Nouvak deutete auf den Jungen. „Das ist Anu. Er zeigt Ihnen den Weg. Ich leihe ihn Ihnen."

Anu begrüßte sie freundlich. Er hatte einen Jagdbeutel keck über die Schulter gehängt und eine Machete im Gürtel stecken. Schwarzes, gelocktes Haar umrahmte das runde, sehr dunkle Gesicht, aus dem die Augen verwegen blitzten.

Als sie aus dem Haus traten, staunte Mrs. Pollifax über die Geschäftigkeit im Dorf. Frauen stampften und siebten Reis, flochten Bambusmatten, schleppten Eimer mit Wasser herbei – und alle trugen die gleiche auffällige Kopfbedeckung. Sie blickten von ihrer Arbeit auf und lächelten, offenbar in freudiger Erinnerung an den unterhaltsamen Abend.

Mrs. Pollifax hatte angenommen, daß Mornajay längst aufgebrochen sei – immerhin war es schon sieben –, doch er kam gerade die Einfriedung entlang und sah auch jetzt wie aus dem Ei gepellt aus.

„Sie sind noch da?" meinte er überraschend freundlich. „Wohin wollen Sie heute?"

„Nach Westen", antwortete Bonchoo.

„Westen?" Mornajay kniff die Augen zusammen. „Ein ziemlich gefährliches Gebiet!"

„Wir begeben uns auch nicht zu unserem Vergnügen dorthin. Darf ich Sie daran erinnern, daß wir meinen Mann suchen?" warf Mrs. Pollifax höflich ein. „Was hat Sie eigentlich hierher verschlagen, Mr. Mornajay?"

Er zögerte kurz. „Ich bin auf der Suche nach einem vergessenen Kloster. Ich sagte Ihnen doch, daß ich Bildberichterstatter bin. Ich mache Aufnahmen für einen Bildband über thailändische Tempel. Es würde bestimmt Aufsehen erregen, wenn ich dazu Bilder von einem jahrhundertealten Kloster beisteuern könnte, das außer mir niemand gesehen hat."

„Wie kommen Sie darauf, daß es in dieser Gegend eines gibt?" fragte Bonchoo.

„Guter Mann", antwortete Mornajay belehrend von oben herab. „Wie erfährt man denn etwas? Durch eingehende Nachforschungen, durch einen Hinweis in einem alten Manuskript, durch ein Zufallsgespräch mit einem Burschen von der Grenzpatrouille, der behauptet, im Dschungel darüber gestolpert zu sein. Nach allem, was ich eruieren konnte, dürfte das Kloster Mitte des dreizehnten Jahrhunderts

gegründet worden sein, als Birma die Vorherrschaft hatte und bud-
dhistische Mönche frei zwischen Ava in Birma und Chiang Mai in
Thailand herumwanderten. Ich muß es finden und fotografieren!"

Mrs. Pollifax dachte, wie schade es war, daß er bei seinem Charakter alle vor den Kopf stieß, denn sie konnte seinen Enthusiasmus verstehen, ja, bewunderte ihn sogar ein bißchen. Als Bonchoo bemerkte,
daß Nouvak Mornajays Ausführungen nicht verstanden hatte,
erklärte er ihm, was dieser erzählt hatte. Mrs. Pollifax fand, daß Bonchoo dabei wieder einmal sehr belustigt wirkte, aber sie hatte nicht
erwartet, daß der Dorfoberste den Kopf zurückwerfen und lautlos
lachen würde. Ihr kam der Verdacht, daß beide etwas über dieses Kloster wußten. „Wir sollten aufbrechen", meinte sie. „Ist Anu bereit?"

„Anu?" fragte Mornajay. „Wer ist Anu?"

„Unser Führer."

Mornajay blickte sie erstaunt an. „Ich dachte, *er* ist Ihr Führer." Er
wies auf Bonchoo.

„Nein", entgegnete Mrs. Pollifax sanft. „Bonchoo ist ein Freund
von mir, kein Führer. Wenn Sie uns jetzt entschuldigen würden ..."
Sie zog Bonchoo zur Seite. „Was schulden wir den Dorfbewohnern
für ihre Gastfreundschaft? Ich bin ihnen so dankbar."

Er schlug einen Betrag vor, und sie drückte ihm das Geld in die
Hand, hatte dabei aber immer noch das Gefühl, daß es nicht genug
war. So suchte sie nach Apha, während Bonchoo Nouvak das Geld
gab. Sie fand sie damit beschäftigt, Futter für die Ferkel in einen Trog
zu leeren.

„Apha", sprach sie sie an. Die Frau blickte mit ihrem üblichen
scheuen Lächeln auf. Mrs. Pollifax hatte sich überlegt, daß sie ihr eine
Kleinigkeit, eine persönliche Aufmerksamkeit schenken wollte, und
darum kramte sie jetzt in ihrer Umhängetasche und brachte einen
Taschenspiegel zum Vorschein, den Satz großer Sicherheitsnadeln,
den sie für den Notfall immer bei sich trug, und einen Lippenstift.
Freundlich hielt sie Apha diese Dinge hin.

Apha blickte erst die Sachen und dann Mrs. Pollifax an. Schließlich
streckte sie die Hand danach aus, zog sie jedoch sofort wieder zurück
und sah aufs neue in Mrs. Pollifax' Gesicht. Und dann, als sich ihre
Finger schließlich doch um die Geschenke schlossen, begann sie übers
ganze Gesicht zu strahlen. Aufgeregt murmelte sie etwas vor sich hin
und lief ins Haus. Mrs. Pollifax rief ihr ein Lebewohl nach und kehrte
zu den anderen zurück.

Mornajay war noch in ein Gespräch mit Bonchoo vertieft. Als er

Mrs. Pollifax sah, wandte er sich ihr zu. „Da Sie westwärts wollen und einen Führer haben, würde ich mich Ihnen gern für ein paar Kilometer anschließen, wenn Sie nichts dagegen haben."

Es überraschte sie nicht; sie war sich nur nicht sicher gewesen, ob er höflich fragen oder einfach erklären würde, daß er mitkomme. „Wenn es Bonchoo und Anu recht ist, bin ich auch einverstanden", antwortete sie freundlich.

Als sie sich anschickten aufzubrechen, kam plötzlich Apha aus dem Haus gerannt, drückte Mrs. Pollifax etwas in die Hand und brachte hastig einige Worte in ihrer Sprache hervor.

„Es ist ein Geschenk", übersetzte Bonchoo. „Sie hat es selbst gemacht."

Nun war es an Mrs. Pollifax, scheu zu lächeln. Sie war aus tiefstem Herzen gerührt, denn noch nie hatte sie etwas wie dieses Geschenk gesehen: Es war eine Halskette aus schwarzen Körnern und weißen Muscheln und in gleichmäßigen Abständen dazwischen birnenförmige braune Minikürbisse und leuchtendrote Federn. Ohne Rücksicht auf mögliche Sitten oder Tabus umarmte Mrs. Pollifax Apha herzlich. „Sagen Sie ihr, daß ich es in Ehren halten werde", bat sie Bonchoo.

Bonchoo tat es, und Apha strahlte glücklich. „Aber jetzt müssen wir gehen", mahnte Bonchoo.

Mrs. Pollifax blickte noch einmal auf die staubigen kleinen Häuser, die in Morgennebel gehüllt dastanden. Dünne Rauchfahnen stiegen träge sich kräuselnd aus den Küchen auf; Männer verließen die Hütten, um auf die Jagd zu gehen oder auf den weiter entfernt gelegenen Feldern zu arbeiten; währenddessen kochten die Frauen, webten und spannen, schälten Reis und schleppten Wasser und Brennholz, und abends würden sie die Männer mit einem Essen empfangen. Alles hat seinen Platz, dachte sie, die Menschen haben ihre Arbeit, Regeln, nach denen sie leben, und eine Stammeskultur, die sie gemeinsam pflegen. Sie würde diese Akha nicht vergessen. Eines Tages, vielleicht während sie zu Hause gerade ihre Geranien goß, würde sie sich an Apha erinnern und an das schlichte, harmonische Leben, das sie führte. Doch als sie an zu Hause dachte, versetzte es ihr einen Stich, und sie fragte sich wieder einmal, ob Cyrus wohl bei ihr sein würde, wenn sie je wieder heimkam ...

Sie schritten unter dem Schutztor hindurch, überquerten ein Stoppelfeld, dann führte Anu sie zu einem schmalen Pfad im Wald, und erneut betraten sie die fremde Welt des Dschungels.

NACH knapp einem Kilometer erreichten sie den Kamm eines Berges, und Bonchoo blieb stehen. Die schräg abfallenden Berge erschienen ihr, als hätte man eine grüne Kordsamtdecke über sanft geschwungene Hügel und Kuppen geworfen, die dann in Wellen tief hinunter ins Tal wie in den Boden einer Schale fiel. Kilometer unter ihnen zog sich, einem dünnen Faden gleich, eine Straße dahin, und eine Gruppe winziger Dächer schimmerte in der Sonne.

Als sie ein Klicken hinter sich hörte, drehte sie sich um und sah, daß Mornajay gerade eine Aufnahme gemacht hatte. „Besonders schöne Exemplare von *Bambus vulgaris*", murmelte er.

„Wo sind wir jetzt?" fragte Mrs. Pollifax Bonchoo.

„Sehr weit oben", antwortete er. „Ganz nah an der oberen Ecke von Thailand. Da drüben liegt Birma", erklärte er und wies mit der Hand in die entsprechende Richtung.

Sie blickte ihm ins Gesicht. „Sie sprechen ein sehr gutes Englisch. Können das alle – äh – Schmuggler so gut?"

Er grinste. „Ich habe zwei Jahre an der Thammasat-Universität studiert."

Sie war überrascht und wollte etwas sagen, doch Anu wartete bereits auf sie. Sie marschierten weiter auf dem Pfad, der vom Kamm bergab wieder in den dichten Regenwald führte, wo die Bäume sie förmlich bedrängten und die Luft sehr feucht war. Mrs. Pollifax erschrak, als eine Palme raschelte und gleich darauf ein heiserer Schrei erklang. Flüchtig sah sie etwas Braun-Gelbes zwischen den Bäumen davonhuschen.

„*Nohk koon fawn!*" rief Bonchoo lachend. „Das war ein sprechender Vogel."

„Gattung *Acridotheres*, einer der Stare Ostasiens", bemerkte Mornajay in belehrendem Tonfall. „Sie würden ihn wahrscheinlich Maina nennen."

„Wahrscheinlich", murmelte Mrs. Pollifax und wandte sich wieder dem Pfad zu. Der Schwung des morgendlichen Aufbruchs ließ allmählich nach, und ihre noch vom Vortag überanstrengten Muskeln begannen bereits zu protestieren. Sie mußten auf dem schmalen Pfad im Gänsemarsch gehen: Anu an der Spitze, dann Bonchoo, danach sie und als letzter Mornajay. Er sah überhaupt nicht müde aus, wie ihr ein schneller Blick über die Schulter verriet, und sie fing an sich zu ärgern, weil sie sich durch seinen unermüdlichen Schritt gedrängt fühlte. Bonchoo hatte wenigstens den Anstand gehabt, hin und wieder zu keuchen, wenn sie einen steilen Hang hinaufstiegen, während Mornajay offenbar dahinwanderte, ohne sich im geringsten anstrengen zu müssen.

Die Steigung des Pfades ließ allmählich nach. Mrs. Pollifax hörte das Klicken von Mornajays Fotoapparat, als ein bunter Papagei davonflog. Befriedigt erklärte Mornajay: „Gattung *Zygodactyl,* ein Klettervogel aus der Familie der *Psittaci.*"

Diesmal verdroß Mrs. Pollifax die Belehrung sehr, und sie hätte sicher eine passende Bemerkung angebracht, wenn nicht Anu in diesem Augenblick die Hand gehoben und Bonchoo etwas zugeflüstert hätte.

„Grenzpatrouille kommt", übersetzte dieser.

Erneut tauchten sie ins Unterholz und krochen durch Ranken hindurch, und es erfüllte Mrs. Pollifax mit tiefer Befriedigung, als sie sah, daß auch Mornajay in seiner untadeligen Kleidung auf Händen und Knien kriechen mußte. Zwischen den Baumkronen kreischte ein Maina und flog davon, und dann schien der Dschungel plötzlich den Atem anzuhalten. Nun hörte auch sie die Schritte von Stiefeln auf dem Pfad. Ein Trupp Männer kam in Sicht. Sie schritten dicht hintereinander und trugen stumpfgrüne Tarnanzüge und Barette, hatten Patronengürtel um die Hüften geschlungen und Gewehre über die Schultern gehängt. So jung noch, dachte Mrs. Pollifax, als sie ihre Gesichter sah. Rasch wandte sie den Blick ab, damit sie ihn nicht etwa spürten. Sie sind Polizisten oder Soldaten, dachte sie, und ich müßte eigentlich hinauslaufen, um sie aufzuhalten, und ihnen von Cyrus erzählen. Warum kauere ich dann noch hier?

Aber sie blieb bewegungslos sitzen.

Für jemanden wie sie, der Wen Sas Männer suchte, war dieses Dutzend Soldaten der Feind. Sie befand sich nun unter dem Gesetz des Berglands, in einem Gebiet, wo Soldaten der Sicherheit halber in Trupps auf Streife gingen und wo Akhajungen und Teakschmuggler sich entweder versteckten, wenn Uniformierte in die Nähe kamen – genau wie Wen Sas Männer sich versteckten –, oder aber schießen würden. Nur wenn sie sich außerhalb des Gesetzes bewegte, hatte sie eine – bei alledem nicht einmal große – Chance, Cyrus zu finden.

Als die Patrouille vorbei war, warteten sie noch eine Weile. Schließlich stand Anu auf, schob die Lianen zur Seite, und sie kehrten zum Pfad zurück.

Zwanzig Minuten später hielten sie zum Rasten auf einer Lichtung zwischen hohem Bambus an, ein sicheres Stück vom Pfad entfernt. Ohne einen Gedanken an Schlangen oder sonstiges kriechendes Getier zu verlieren, ließ sich Mrs. Pollifax auf den Boden fallen und genoß es, ihre Füße ausruhen zu können. Sie betrachtete ruhig die dicken Bambusstämme und schaute an ihnen empor bis zu dem Fleckchen blauen Himmels über ihnen. Mornajay hatte ihren Blick verfolgt. „Herrliche Exemplare von *Dendrocalamus giganteus*", erklärte er. „Sie sind eigentlich in Birma zu Hause, aber wir befinden uns ja schon fast in Birma. Faszinierend!"

Dieser Mann kann sich offenbar nicht wie ein normaler Sterblicher unterhalten, dachte sie verärgert. In ihrer Müdigkeit machte sie keinen Hehl aus ihrem Ärger. „Wenn man bedenkt, daß neun Zehntel der Erdbevölkerung Ihren *Dendrocalamus giganteus* einfach nur Bambus nennen, verstehe ich nicht, weshalb Sie so geschwollen daherreden müssen!"

„Ich bitte um Verzeihung!" sagte er heftig.

„Das ist auch angebracht", brummte sie und schwieg gereizt.

Anu hockte sich zu ihnen. Hin und wieder raschelten Blätter hoch über ihren Köpfen, aber sonst war es still im Wald. Ein Schmetterling flatterte über den Lianen, die sich am Rand dieser winzigen Lichtung emporrankten.

Mrs. Pollifax fragte sich, ob sie es wagen konnte, die Schuhe auszuziehen, aber sie befürchtete, daß sie dann vielleicht nicht mehr hineinkam. „Sie sagten, Sie seien Student der Universität von Bangkok gewesen, Bonchoo."

„Ein Stipendiat", verbesserte er lächelnd. „Drei Jahre lang, ab 1973, haben wir versucht, eine echte Demokratie in unserem Land einzuführen. Sie begann mit der ‚Oktoberrevolution', und dadurch konnte ich, ein armer Bauernjunge aus einem Dorf in der Nähe von Chiang Saen, die Thammasat-Universität in Bangkok besuchen, wo eigentlich nur reiche Leute studieren."

Mornajay blickte ihn überrascht an.

„Was war diese ‚Oktoberrevolution'?" fragte Mrs. Pollifax.

„Es war das erste Mal, daß es zur Rebellion kam", erklärte Bonchoo. „Und zum erstenmal demonstrierten bei uns Studenten für die Demokratie und gegen die Militärdiktatur – und unter diesen Studenten waren sogar Kinder von Regierungsangehörigen! Sie hatten allmählich erkannt, wie arm der Rest des Landes ist, also marschierten und protestierten sie. Die Regierung hörte sie und bekam Angst."

„Und deshalb war es möglich, daß Sie in Bangkok studieren durften?"

Er nickte. „Ja, 1975 kam ich nach Bangkok – es war ein Wunder für mich, das dürfen Sie mir glauben. Nur leider war es nicht von Dauer", fügte er traurig hinzu. „Die Militärs wollten keine Demokratie, deshalb taten sie sich zusammen und entwarfen einen Plan, und 1976 organisierten sie den –" Er schluckte. „Wie nennt man das? – den rechten Flügel? Sie organisierten eine Schlägertruppe, die sie die ‚Red Gaur', die ‚Roten Stiere', nannten, hauptsächlich Arbeitslose, die Studenten haßten. Man stellte die Studenten als Kommunisten hin, und jeder, der es wagte, Kritik zu üben, wurde Kommunist geschimpft."

„Wie üblich", warf Mrs. Pollifax trocken ein.

„Und dann", fuhr Bonchoo ernst fort, „hatten wir einen friedlichen Sitzstreik an der Thammasat-Universität veranstaltet. Nie werde ich das vergessen."

Zu ihrer Überraschung sah sie Tränen in seinen Augen glänzen.

„Was ist passiert?" fragte sie leise.

„Die Polizei fiel über uns her." Unwillkürlich fuhr seine Hand zu der langen Narbe auf seiner Wange. „Sie warfen Granaten. Viele meiner Freunde wurden verletzt, und einige starben. Einer meiner Freunde starb in meinen Armen, über und über voll Blut."

Von wegen Elefanten und Tempelglocken und Tempeltänzerinnen, dachte Mrs. Pollifax, die die Qual in seiner Stimme hörte.

„Danach kehrte ich heim. Ich liebe mein Vaterland, aber ich glaube, es wird immer von Militärs regiert werden", fuhr er traurig fort. „Wir Thai sind ein sanftes Volk. Vielleicht eines Tages, wenn meine Kinder groß sind . . ."

Ein warnendes Zischen von Anu unterbrach ihn. Der Junge hob eine Hand, sein Gesicht wirkte angespannt, er lauschte und spähte in den Wald. „*Mai!*" schrie er plötzlich, als etwas aus dem Schlingpflanzendickicht flog und sirrend durch die Luft pfiff.

Es war ein Pfeil! Er durchbohrte die leere Kameratasche, die Mornajay um seinen Hals trug, und blieb dort vibrierend stecken.

## 8. Kapitel

„Runter!" brüllte Bonchoo. „Auf den Boden!"

„Ziehen Sie dieses Ding da heraus!" schrie Mornajay, der als einziger noch stand. „Ziehen Sie es raus!"

Wütend vor sich hin schimpfend, entriß Bonchoo Anu das Gewehr und stürzte in den Dschungel, ohne auf Mornajay zu achten, der wie angewurzelt dastand und entsetzt auf den Pfeil starrte. Mrs. Pollifax stand auf und rannte zu ihm, zutiefst erschrocken über seine Blässe. Für einen Moment hatte sie angenommen, daß er bleich vor Schreck sei, aber dann sah sie, daß Blut unter dem Kameraetui hervorsickerte.

Die Wucht des Aufpralls war so groß gewesen, daß der Pfeil sowohl die Vorder- wie auch die Rückseite der Lederhülle durchschlagen hatte und in Mornajays Zwerchfell eingedrungen war. Einen Augenblick lang wurde ihr übel.

„Setzen Sie sich hin!" wies sie ihn an. „Nein, legen Sie sich besser hin. Sofort!"

Er gehorchte, ohne den Blick von dem aus seiner Brust ragenden Pfeil zu wenden. Es sah auch wirklich erschreckend aus. Allein der sichtbare Teil des Pfeils war bestimmt gut vierzig Zentimeter lang.

Bonchoo kam aus dem Rankengewirr hervorgestolpert. „Sie sind fort!"

„Was waren das für Männer?"

Er schwenkte einen Fetzen roter Baumwolle. „Das haben die *Naklengs* zurückgelassen."

„Sie haben uns also gefunden", stellte sie fest. „Mornajay blutet", erklärte sie ihm dann. „Der Pfeil ist durch das Leder gedrungen."

„Oh! Der war ganz sicher für mich bestimmt!" Bonchoo beugte sich über Mornajay, betrachtete den Pfeil und verzog besorgt das Gesicht. „Das schafft nur eine Armbrust! Wie tief ist der Pfeil eingedrungen? Können Sie das erkennen oder schätzen?"

„Tief genug", preßte Mornajay zwischen zusammengebissenen Zähnen hervor. „Wer war das?"

„Später." Bonchoo holte sein Schanmesser hervor. „Erst schneiden wir ein Stück vom Pfeil ab, damit man die Wunde sehen kann." Er wandte sich an Mrs. Pollifax. „Halten Sie bitte den Pfeil ganz fest."

Jeder kniete sich an einer Seite neben Mornajay hin, und Bonchoo kürzte den Schaft behutsam um etwa fünfundzwanzig Zentimeter. Während Mrs. Pollifax den Pfeil unmittelbar über der Wunde festhielt, schnitt Bonchoo das Kameraetui auf und entfernte es. Er blickte Mrs. Pollifax eindringlich an, nahm ihre Finger vom Pfeil und zog ihn dann ohne Vorwarnung mit einem schnellen Ruck aus Mornajays Zwerchfell.

Mornajay schrie auf.

„Er mußte heraus", erklärte ihm Bonchoo und wischte sich die Stirn mit dem Ärmel ab. Dann zog er ein Taschentuch aus seiner Hosentasche hervor, faltete es zusammen und legte es wie eine Kompresse auf die Wunde. Mit dem Gurt von Mornajays Kameratasche schnürte er es fest. „Mir gefällt diese Situation gar nicht, Mrs. Emily."

„Verständlicherweise", antwortete sie trocken. „Wie fühlen Sie sich?" wandte sie sich an Mornajay. „Je schneller wir von hier wegkommen ..."

„Ich kann durchaus gehen!" behauptete er unwirsch.

Sie blickte ihn zweifelnd an. „Könnte Anu ihn ins Akhadorf zurückbringen?"

Bonchoo seufzte. „Anu ist hier, um uns zum Schanlager zu führen, das gut versteckt ist, und ohne Anu ..."

„Sie meinen, wir müssen uns entscheiden?" fragte sie stockend. „Entweder ihn mitnehmen oder umkehren?" Sie kauerte sich auf die Fersen und blickte Mornajay an. Sie wollte ihm helfen – und doch ...

„Bonchoo, wir können jetzt nicht umkehren! Wir sind schon so weit gekommen und haben so lange dazu gebraucht", sagte sie verzweifelt.

Bonchoo sprach mit Anu. Der nickte und schnitt einen Bambusstab, den Mornajay als Krückstock benutzen konnte. Mornajay wankte ein bißchen, als sie ihm auf die Füße halfen, aber entschlossen biß er die Zähne zusammen. In Mrs. Pollifax' Augen zeigte er den Mut eines Mannes, der keinerlei Schwäche an sich duldete.

„Alles in Ordnung", versicherte er ihnen. „Es wird schon wieder. Wir müssen weiter!"

Sie lächelte ihm aufmunternd zu, doch der Gedanke an Cyrus erlaubte ihr kein tieferes Mitgefühl. Sie konnten Anu nicht entbehren, und sie durften jetzt einfach nicht mehr umkehren. Welch eine vertrackte Situation, dachte sie düster und fühlte sich plötzlich unbeschreiblich müde.

Sie bemerkte, daß Bonchoo sie beobachtete. „Sie dürfen sich jetzt nicht unterkriegen lassen!" sprach er ihr Mut zu.

Er sah es ihr also an. Was für ein guter und anständiger Mensch er doch ist! dachte sie und schenkte ihm ein dankbares Lächeln. „Ich weiß", erwiderte sie und schaute auf die Uhr. Es war kurz nach zwölf, und sie waren um acht Uhr aufgebrochen. „Ist es noch weit?"

Bonchoo gab die Frage an Anu weiter, ehe er antwortete. „Wenn ich ihn richtig verstanden habe, sind es nur noch zwei Stunden von hier, aber mit Entfernungen kennt er sich wohl nicht so recht aus." Er deutete himmelwärts. „Nach dem Stand der Sonne zu urteilen, werden wir wahrscheinlich um die Mitte des Nachmittags herum da sein."

„Gut." Sie nickte. „Es ist besser für mich, das zu wissen."

„Stützen Sie sich auf Anu", riet Bonchoo Mornajay. Sie setzten sich wieder in Bewegung, kamen jedoch nur langsam voran, da sie sich nach Anu und Mornajay richten mußten.

Sie hatten etwa einen halben Kilometer zurückgelegt, als Mornajay immer häufiger zu stolpern begann. Sein Gesicht war jetzt tief gerötet, und seine Augen glänzten fiebrig. In gekränktem Ton verkündete er: „Ich kann das nicht als Kritik anerkennen, erstens, weil es nicht stimmt, und zweitens ..." Er blieb stehen und blickte Mrs. Pollifax verwirrt an. „Sie sind nicht Chin-Ling! Wo ist Chin-Ling?"

Mrs. Pollifax streckte die Hand aus und berührte seine Stirn. „Er glüht vor Fieber!" rief sie erschrocken.

Bonchoo stellte Anu eine Frage, die der Junge ausführlich beantwortete. Als Bonchoo sich wieder Mrs. Pollifax zuwandte, wirkte er zutiefst besorgt. „Er sagt, daß der Pfeil vielleicht vergiftet gewesen sein könnte."

„Gift! Großer Gott!" keuchte sie. „Mr. Mornajay ..." Aber Mornajay war bereits in die Knie gegangen. Einen Augenblick blieb er in dieser Haltung, dann sank er langsam rückwärts auf den Waldboden. Mrs. Pollifax beugte sich über ihn. „Bonchoo, es hat ihn schlimm erwischt. Er braucht dringend einen Arzt!" rief sie. Im gleichen Augenblick wurde ihr bewußt, wie lächerlich ihre Worte waren. Wo, um alles in der Welt, sollten sie hier, mitten im Dschungel, ärztliche Hilfe finden? Es sei denn ... „Was ist mit den Grenzsoldaten, die an uns vorbeigezogen sind?"

Bonchoo schüttelte den Kopf. „Das liegt schon eine Stunde und viele Kilometer zurück, Mrs. Emily."

„Aber wir – wir können ihn doch nicht einfach so sterben lassen!" protestierte sie. Sie blickte auf Mornajay hinunter. Er zuckte jetzt am ganzen Körper und murmelte mit verzerrtem Gesicht vor sich hin.

Bonchoo meinte bedächtig: „Es könnte sein ..."

„Ja?" Sie blickte hoch und richtete sich auf.

„Ich weiß nicht recht", fuhr er zögernd fort, „aber vielleicht ist es möglich ..." Er drehte sich zu Anu um und sagte etwas zu ihm. Der Junge hörte ernst zu, dann redeten sie mehrere Minuten lang, und schließlich nickte Anu und lächelte.

„Wo will er hin?" erkundigte sich Mrs. Pollifax erschrocken, als Anu im Bambusdickicht verschwand.

„Er wird auf eines der höheren Bambusrohre klettern und herausfinden, wo wir sind", erklärte Bonchoo.

„Hält er nach dem Schanlager Ausschau? Glaubt er, daß wir in dessen Nähe sind?"

Bonchoo verneinte das. „Das Lager ist noch eine Stunde entfernt, sagt er."

Sie stand neben Mornajay, wartete und versuchte, nicht an die Hoffnungslosigkeit ihrer Lage zu denken. Der Wald war still, nichts war zu hören außer Mornajay, der stöhnend versuchte sich aufzusetzen.

„Nein, Mr. Mornajay!" Sie hielt ihn fest, und Bonchoo kniete sich neben ihn, um ihr zu helfen. „Verhalten Sie sich ruhig", mahnte sie, als er sie mit leerem Blick anstarrte. Seine Pupillen waren riesig. Mornajay sank ächzend zurück. „Er braucht unbedingt ein Gegenmittel", sagte Mrs. Pollifax verzweifelt. „Wenn es wirklich Gift ist ..."

„Wenn es das ist, was Anu ‚Wahnsinnsgift' nennt, dann wirkt es wahrscheinlich langsam", vermutete Bonchoo. „Wir können nur hoffen ..." Er hielt inne und erhob sich, als von fern eine Stimme zu hören war.

Mrs. Pollifax blickte um sich. „Was war das?"

„Es ist Anu." Bonchoo rief ihm etwas zu.

Aus dem dichten Blätterdach über ihnen tauchten zunächst Anus bloße Füße und dann der Rest seines Körpers auf, als er den Bambus wieder herabkletterte. Trotz ihrer inneren Unruhe mußte Mrs. Pollifax seine Behendigkeit bewundern. Den letzten Meter sprang er herunter, kam dann lächelnd auf sie zu und sagte etwas zu Bonchoo.

„Was hat er gesehen?" erkundigte sich Mrs. Pollifax aufgeregt.

Aber Bonchoo war zu sehr damit beschäftigt, Anu Fragen zu stellen, um ihr zu antworten.

„Was gibt es, Bonchoo?" fragte sie noch einmal.

Endlich wandte sich Bonchoo ihr zu. „Anu hat etwas entdeckt, auf das ich gehofft habe, etwa einen halben Kilometer von hier entfernt, also nicht weit. Aber er weigert sich, hinzugehen und nachzusehen, also muß ich selbst los. Ich werde bald zurücksein."

„Bonchoo, wohin wollen Sie gehen?" fragte sie heftig.

„Ich muß herausfinden, ob es wirklich das ist, was ich vermute. Ich habe es durch Zufall entdeckt, als ich mich vor langer Zeit einmal in dieser Gegend verirrt habe. Bitte, vertrauen Sie mir!" Er zog sein Buschmesser aus dem Gürtel, schob die Lianen zur Seite und stapfte zwischen den hohen Bambussen davon.

Eine ganze Weile starrte sie auf die Stelle, wo er in den Dschungel verschwunden war. Mit einemmal fühlte sie sich einsam und verlassen. Sie konnte Bonchoo doch vertrauen, er würde bestimmt zurückkommen, versuchte sie sich zu beruhigen. Sie blickte Anu an, der sie beobachtete, lächelte ihm schwach zu und kümmerte sich dann wieder um Mornajay. Als sie sich einen Augenblick später nach Anu umsah, war er fort.

„Anu?" rief sie. „Anu?"

Nichts als Stille. Nun war also auch noch Anu weg; lautlos wie ein Geist war er verschwunden.

Mrs. Pollifax setzte sich neben Mornajay. Es beunruhigte sie, daß Anu davongelaufen war. Wenn er nun nicht zurückkehrte? Wie sollten sie dann Cyrus je finden? Und wie sollten sie zum Schanlager kommen?

Die Stille zerrte an ihren Nerven. Es war, als ob alle Tiere des Waldes auf die Nacht warteten.

Plötzlich schrie Mornajay gellend auf und deutete mit zitternder Hand auf etwas, das sie nicht sehen konnte. Sie hatte das Gefühl, als sei der Dschungel jetzt ein wenig in Bewegung geraten, als habe Mornajays Fieberwahn seine verborgenen Bewohner ebenso aufgeschreckt wie sie. Oder hatte er wirklich etwas gesehen? Beobachtete sie etwa jemand? Mrs. Pollifax wurde immer unheimlicher zumute. Sie flüsterte vor sich hin: „Ich werde jetzt von zehn bis eins rückwärts zählen. Mr. Mornajay, versuchen Sie, mich zu hören, beruhigen Sie sich, und bitte schreien Sie nicht wieder ... Zehn – neun – acht ..."

Im Laubdach über ihnen raschelte es. Sie schaute verstohlen nach oben und konzentrierte sich dann erneut auf das Zählen. Diesmal fing sie bei hundert an. Immer wieder blickte sie auf die Uhr. Sie fühlte, welche Hitze Mornajay ausstrahlte, und fragte sich, wie lange ein Mensch eine so hohe Körpertemperatur aushalten konnte.

Wenn wir doch wenigstens ein fiebersenkendes Mittel dabeihätten! dachte sie. Wie so vieles andere hatte sie ihre Medikamente im Hotel gelassen. Aber immerhin war es möglich, daß Mornajay ein paar Tabletten eingesteckt hatte. Sie kroch hinüber zu seinem Rucksack und zog den Reißverschluß ein Stück weit auf, um hineinzusehen. Was sie erblickte, erschien ihr völlig unglaublich. Nun öffnete sie den Rucksack ganz. Tatsächlich, sie hatte sich nicht getäuscht: Vor ihr lagen ein Funkgerät und ein kleinerer, in Stoff gewickelter Gegenstand, der Form nach ein Revolver. Sie packte ihn aus. Es war eine 41er Magnum. Merkwürdig! Kein Schlafanzug, kein Aspirin, aber ein Funkgerät und eine Schußwaffe. Und das, um ein vergessenes Kloster zu finden? Sie fragte sich, wozu jemand, der ein vergessenes Kloster suchte, ein Funkgerät brauchte. Daß Mornajay einen Revolver mit sich führte, verstand sie noch, denn immerhin war er ohne Führer hier und mußte sich im Ernstfall selbst verteidigen können. Aber wozu ein Funkgerät? Als Orientierungshilfe war es ihm wohl kaum von Nutzen, allein schon seines Gewichts wegen, und außerdem erschienen ihr da Kompaß und Karte ohnehin vernünftiger. Das Funkgerät deutete eher auf ein Treffen oder auf Mitteilungen hin, und sie hegte allmählich den Verdacht, daß Mornajay ihnen über die Gründe für seine Urwaldexpedition die Unwahrheit erzählt hatte.

Aber gleichgültig, was Mornajay nun tatsächlich in diese Berge geführt haben mochte, es war im Augenblick zweifelhaft, ob er sie je wieder verlassen würde. Deshalb tat er ihr leid. Seufzend packte sie Funkgerät und Revolver wieder in den Rucksack und kehrte zu Mornajay zurück. Dann begann sie erneut, von hundert an rückwärts zu zählen.

Sie war bei zwanzig angelangt, als sie in der Ferne ein Geräusch hörte. Jemand bahnte sich mit einer Machete seinen Weg durch das Urwalddickicht. Und dann hörte sie eine Stimme: Es war Bonchoo!

„Bonchoo!" schrie sie und sprang auf. „O Bonchoo!"

Mit Freudentränen in den Augen sah sie die breitschultrige, stämmige Gestalt zwischen den Bäumen auftauchen. „Ich habe Hilfe mitgebracht!" rief er ihr zu.

„Hilfe?" wiederholte sie verständnislos. Doch da entdeckte sie zu ihrer Verblüffung, daß im Wald hinter Bonchoo zwei junge Männer erschienen, die in orangefarbene – nein, safrangelbe Gewänder gehüllt waren. „Mönche", stellte sie verblüfft fest. Ihr war nach Weinen und Lachen zugleich zumute, doch sie versuchte, sich zu beherrschen, und ging Bonchoo mit äußerlicher Ruhe entgegen. „Ich bin so froh, daß Sie wieder da sind", begann sie und brach im selben Augenblick in Tränen aus.

Verlegen tätschelte Bonchoo ihren Arm. „Wie geht es Mornajay?"

„Schlechter", schluchzte sie. Hastig zog sie ein Taschentuch hervor und schneuzte sich.

Die beiden jungen Männer traten mit einer Bambustrage auf die kleine Lichtung. Sie waren bestimmt noch keine zwanzig, hatten kahlgeschorene Köpfe, und jetzt, als sie lächelten, blitzten ihre weißen Zähne in den dunklen Gesichtern. „Wo in aller Welt haben Sie diese Mönche gefunden?" erkundigte sie sich.

„Später", vertröstete er sie. „Wir müssen uns beeilen."

Die Mönche setzten die Bahre ab und verbeugten sich vor Mrs. Pollifax, ehe sie Mornajay behutsam auf die Trage hoben.

„Wo ist Anu?" Bonchoo schaute sich suchend um.

„Fort. Er ist einfach weggegangen." Sie hob Mornajays Fotoapparat und seinen Schlafsack auf und sah zu, wie Bonchoo den Rucksack nahm.

„Das ist gar nicht gut!" Er seufzte. „Er hat wahrscheinlich Angst gehabt, daß die *Naklengs* zurückkommen und uns alle töten. Für ihn muß diese Vorstellung schrecklich sein, denn wenn ein Akha außerhalb seines Dorfes stirbt . . ." Er schüttelte den Kopf. „Das fürchten sie am meisten."

„Und ich fürchte am meisten, daß wir das Schanlager nicht finden werden", entgegnete sie bedrückt. „Bonchoo, wohin bringen wir Mornajay? Und woher in aller Welt kommen diese Mönche?"

„Das werden Sie bald sehen!" Bonchoo strahlte auf einmal wieder Zuversicht aus. „Ich hatte es kaum zu hoffen gewagt, daß ich den Tempel tatsächlich finden würde. Es ist ein Wunder! Vor sechs Jahren schmuggelte ich Radios nach Birma, und dabei verirrte ich mich und stieß auf die Ruinen dieses *Wat*. Wir sind jetzt ganz nah an der Grenze!"

„Tempelruinen – und *bewohnt?*" staunte sie.

„Nur vom *Acharya,* einem sehr heiligen Mann, und ein paar Schülern, die zu ihm hierher kommen, um von ihm zu lernen. So wie diese beiden." Er deutete mit dem Kopf auf die Mönche. Dann blickte er Mornajay nachdenklich an. „Vielleicht würde er es das ‚vergessene Kloster‘ nennen, das er sucht, wer weiß?"

Dann machte sich Bonchoo daran, mit seiner Machete den Pfad für die Bahre zu verbreitern. Mrs. Pollifax folgte den beiden Mönchen am Schluß des kleinen Zuges. Eine schreckliche Last war von ihr genommen, und sie fühlte sich unendlich erleichtert, daß doch noch etwas für Mornajay getan werden konnte; und wenn er trotz allem starb, dann wenigstens in Gegenwart eines heiligen Mannes, dachte sie beruhigt. Über ihnen spielte eine sanfte Brise mit den Blättern, und aufgescheuchte Vögel flatterten davon. Im Dschungel wurde es nun bereits dunkler, und Mrs. Pollifax schauderte bei dem Gedanken, daß die Nacht schneller als erwartet über sie hereinbrechen könnte. Sie kamen jedoch so zügig voran, daß Mrs. Pollifax schließlich völlig überrascht war, als sie schon nach kurzer Zeit aus der Düsternis des Dschungels heraustraten in das goldene Sonnenlicht des Spätnachmittags.

Staunend blieb sie stehen. Unmittelbar vor ihr erhoben sich drei riesige Statuen des sitzenden Buddhas und lächelten gütig auf sie herab. Mindestens sechs Meter hoch, thronten sie hintereinander auf schweren Sockeln, die von Pflanzen überwuchert waren. Ehrfürchtig blickte Mrs. Pollifax zu ihnen empor und sah, daß ihre Farben zwar zu stump-

fen Ocker- und Rosttönen verblaßt und ihre Gesichter verwittert
waren, aber die Gesichtszüge traten noch erstaunlich klar hervor. Sie
fragte sich, wie viele Jahrhunderte sie wohl schon in verträumter
Meditation hier saßen, wie viele Sonnenauf- und untergänge sie erlebt
haben mochten und wie viele Reiche sie hatten aufsteigen und fallen
sehen. „Wie wunderschön!" flüsterte sie.

Die beiden Mönche verschwanden gerade hinter den Statuen, aber
Bonchoo war stehengeblieben, hatte seinen Hut abgenommen und
sich niedergekniet. Mit andächtiger, ja verehrungsvoller Miene verneigte er sich dreimal vor den Buddhas. Ruhig wartete Mrs. Pollifax,
um ihn nicht zu stören. Während er aufstand, verneigte er sich ein letztes Mal und ging dann langsam weiter. Sie folgte ihm, vorbei an den
riesigen Standbildern, neben denen sie sich sehr klein vorkam.

Der Pfad führte in einen ungepflegt wirkenden Garten, hinter dem
sich der Tempel befand. Lediglich ein Drittel des ursprünglichen
Komplexes stand noch, und davon wiederum war ein großer Teil
bereits verfallen. Die Verkleidung der Bauwerke hatte der Zahn der
Zeit abgenagt, so daß die Mauern bloßlagen, die in der Sonne ziegelrot
schimmerten. Von dem Dach war so gut wie nichts mehr übrig, und
daher hatte man die noch erhaltenen Wände mit Bambus und Stroh
gedeckt, was auf den ersten Blick an gewaltige, unordentliche Vogel-
nester denken ließ, die von ihren Bäumen herabgefallen waren. Zwei
steinerne Greife bewachten eine Treppe, die zu einem breiten Außengang führte, und dahinter erhob sich die Spitze eines prachtvollen
Turmes, eines *Chedi*. Er war es wohl, den Anu aus der luftigen Höhe
seines Ausgucks erspäht hatte. Weit links davon, über den Bäumen,
verschwand in leuchtendem Orange die Sonne allmählich im Dschungel.

Eine Bewegung auf dem Außengang lenkte Mrs. Pollifax' Aufmerksamkeit auf sich. Sie schaute auf und entdeckte einen Mann, der
sie beobachtete, einen Mann in safrangelbem Gewand mit kahlge-
schorenem Kopf. Vielleicht ist das der heilige Mann, dachte sie. Aber
sie war nicht nahe genug, um mehr zu sehen, und kaum hatte sie ihn
bemerkt, zog er sich auch schon zurück.

Nun war sie allein. Bonchoo war inzwischen außer Sicht, und auch
die beiden Mönche, die Mornajay getragen hatten, waren verschwunden. Mrs. Pollifax wählte einen Eingang unterhalb der Außentreppe
und betrat einen langen, dunklen Korridor. Dem Klang von Stimmen
folgte sie eine Treppe hinauf zu einem strohgedeckten Zimmer, dessen Tür offenstand. Drinnen lag Mornajay auf einer Matte, umringt

von Bonchoo und den zwei jungen Mönchen. Der Mann, den sie auf dem Außengang gesehen hatte, war ebenfalls anwesend. Er wandte ihr den Rücken zu und beugte sich gerade über Mornajay, um ihn zu untersuchen.

Bonchoo bemerkte Mrs. Pollifax. Er ergriff ihren Arm, um sie beiseite zu führen. „Kommen Sie, es ist besser, wenn Sie nicht zuschauen. Während ich durch den Urwald zurücklief, um Sie zu holen, hat der Acharya ein Gegenmittel vorbereitet. Haben Sie Vertrauen zu ihm, er ist ein sehr heiliger Mann."

„Aber was kann er Mornajay hier schon geben?"

Bonchoo lachte. „Im Augenblick *Nguang chum, Hua euang* und *Krachao sida* in Wasser gekocht. Hilft Ihnen das weiter?"

„Nein", antwortete sie mit schwachem Lächeln.

„Mir auch nicht, aber so hat man es mir gesagt. Ich habe keine Ahnung, was *Nguang chum* ist – vielleicht ein Heilkraut, das nur hier bekannt ist –, aber *Hua euang* und *Krachao sida* sind Orchideenarten."

„Glaubt der heilige Mann, daß Mornajay durchkommen wird? Er hat das Gift immerhin bereits zwei Stunden in seinem Körper!"

„Das wird sein Karma entscheiden", antwortete Bonchoo ernst. „Aber gerade weil schon zwei Stunden vergangen sind und Mornajay noch lebt, meint der Acharya, daß das Gift nicht sehr stark sein kann."

„Puh! Dann möchte ich lieber nicht wissen, wie eine starke Dosis wirkt! Spricht der heilige Mann eigentlich Englisch?"

„Ein bißchen, glaube ich."

„Nur ein bißchen – oje!" seufzte sie.

Sie traten hinaus auf den Außengang in die angenehm kühle Luft. Hier waren sie in einer Höhe mit den Baumspitzen rings um die Lichtung. Obwohl die orangefarbene Sonnenscheibe inzwischen im Wald versunken war, überzog den Himmel immer noch ein feuriges Rot, und während sie zuschauten, ging es in einen leuchtenden malvenartigen Farbton über.

Erst nach einer Weile wagte Mrs. Pollifax, die Frage zu stellen, die sie die ganze Zeit schon bewegte. „Anu ist nicht mehr bei uns, Bonchoo. Glauben Sie, daß das Schanlager in der Nähe ist und daß die Mönche wissen, wo? Ob uns wohl einer morgen früh dorthin bringen könnte?"

Bonchoo zögerte. „Sie bieten uns ein Nachtlager und etwas zu essen, aber wir sind Störenfriede für sie", erwiderte er dann bedächtig. Er blickte ihr ins Gesicht. „Wir haben die Welt in dieses abgeschiedene Kloster hineingeschleppt, *Koon* Emily. Bestimmt weiß der Acharya,

wo das Schanlager ist, aber es ist die Frage, ob er sich mit solch weltlichen Dingen abgibt. Ich glaube, wir sollten bis zum Morgen warten,
ehe wir mit diesem Problem an ihn herantreten."

Eine zweite Nacht und morgen bereits der dritte Tag ... Mit leerem
Blick starrte sie in den Dschungel und dachte daran, daß mit jeder
Stunde die Suche nach Cyrus schwieriger wurde. Sie mußten den
Acharya morgen früh überreden, ihnen zu helfen!

## 9. Kapitel

MITTEN in der Nacht wachte Mrs. Pollifax auf.

Mornajay schlief schon seit ein paar Stunden, ohne sich zu rühren.
Als sie den Kopf herumdrehte, sah sie ihn schemenhaft ganz in der
Nähe liegen. Sie kroch hinüber zu ihm und legte eine Hand auf seine
Stirn. Seine Haut fühlte sich so kühl an, daß sie einen schrecklichen
Augenblick lang glaubte, er sei tot. Hastig griff sie nach seinem Handgelenk – sein Puls war regelmäßig! Sie kauerte sich auf die Fersen und
blickte erstaunt auf Mornajay hinunter. Er war fieberfrei! Es gab also
noch Wunder. Entweder hatten sich die Kräuter des Acharya als wir-
kungsvolle Medizin erwiesen, oder aber Bonchoo hatte recht, und es
war nicht Mornajays Karma, jetzt schon zu sterben.

Ihr fast ehrfürchtiges Staunen verflog jedoch schnell, als Mornajay
plötzlich laut zu schnarchen anfing. Lächelnd überließ sie ihn seinem
Schlaf, schlüpfte in ihre Schuhe und schlich auf Zehenspitzen an Bonchoo vorbei auf den dunklen Korridor. Sie trat hinaus auf den Außengang und sah zum Nachthimmel auf. Die makellose Schönheit des
Vollmonds beeindruckte sie tief. Wie eine Kugellampe leuchtete er auf
die Berge und den Dschungel herab, so daß sich deren Umrisse wie
feine Scherenschnitte vom Firmament abhoben.

Mrs. Pollifax wandte sich nach links, bog um eine Ecke und blieb
abrupt stehen, als sie sah, daß sie nicht allein war. Der Acharya saß im
Lotossitz, die Hände auf dem Schoß gefaltet, an einer Stelle des
Außengangs, wo die niedrige Brüstung abgebröckelt war. Er war reglos wie die Buddhastatuen vor dem Garten. Schatten verliehen seinem
orangefarbenen Gewand einen dunkel leuchtenden Farbton. Im hellen
Mondschein war das Profil seines Gesichts klar zu sehen: scharf
geschnitten, kraftvoll und asketisch, erinnerte es an die Köpfe auf alten
römischen Münzen.

Ohne zu wissen, weshalb, und ohne daß sie ihr Benehmen hätte erklären können, ging Mrs. Pollifax leise weiter auf ihn zu und setzte sich, ebenfalls im Lotossitz, ein paar Schritte hinter ihn. Sie schloß die Augen, und fast im gleichen Moment spürte sie, daß sie sich in der Nähe eines heiligen Mannes befand. Nie zuvor hatte sie einen solchen Frieden empfunden. Die Zeit schien stillzustehen, und sie wanderte durch Tiefen ihres Innern, die ihr bisher unbekannt geblieben waren.

Ihre Meditation endete schließlich, als ihr linker Fuß sich über das Gewicht des rechten Beins beschwerte; mit dem Lotossitz hatte sie noch immer ihre Schwierigkeiten. Jedenfalls brachte der Schmerz sie in die Gegenwart zurück, und als sie die Augen öffnete, erblickte sie wieder den Acharya. Er saß dort regungslos wie zuvor. Ein Blick auf ihre Uhr verriet ihr, daß inzwischen eine Stunde vergangen war. So lange hatte sie ebenfalls hier gesessen. Leise stand sie auf, kehrte in das Zimmer zurück und legte sich wieder auf ihre Matte. Und nun war ihr Schlaf tief und erholsam; sie erwachte erst wieder, als die Sonne ihr ins Gesicht schien. Als erstes sah sie, daß Bonchoo sich gerade über Mornajay beugte.

„*Koon* Emily – Mrs. Emily!" flüsterte Bonchoo. „Er hat kein Fieber mehr!"

„Ich weiß", murmelte sie schläfrig, setzte sich auf und rieb sich die Augen. „Können Sie jetzt mit dem heiligen Mann wegen des Schanlagers sprechen, Bonchoo?"

Bonchoo nickte. „Ja, das werde ich, ich habe jetzt etwas mehr Hoffnung. Er hatte das *Namjai*, uns Essen und Unterkunft zu geben, vielleicht hat er auch das *Namjai*, uns zu helfen."

„Was heißt *Namjai*?

Er lächelte. „Wörtlich bedeutet es ‚Wasser des Herzens'." Er rollte seine Matte zusammen, legte sie in eine Ecke und ging den Korridor hinunter.

Was gäbe ich jetzt für eine Zahnbürste! dachte Mrs. Pollifax. Sie holte ihren Kamm aus der Tasche und wollte sich gerade an ihre Morgentoilette machen, als sie bemerkte, daß Mornajay die Augen geöffnet hatte. „Guten Morgen", wünschte sie ihm und ging zu ihm hinüber.

Mornajay starrte sie an, fuhr mit der Zunge über die Lippen und versuchte zu sprechen. Ein geflüstertes „Danke" war alles, was er hervorbrachte.

Sie nickte verständnisvoll. „Ja, Sie haben sehr viel Glück gehabt, Mr. Mornajay, aber Sie sollten nicht mir danken."

Sein Blick wanderte zum Strohdach. „Wo bin ich?"

„Nun, ich glaube, Sie haben Ihr vergessenes Kloster gefunden",
meinte sie lächelnd.

„Mein was?"

„Ihr vergessenes Kloster. Sie sagten, Sie seien auf der Suche nach
einem vergessenen Kloster."

„Tatsächlich?" Er wirkte verwirrt. „Wie bin ich hierhergekommen?"

„Schlafen Sie jetzt." Sie tätschelte seinen Arm. „Ruhen Sie sich aus,
und werden Sie gesund. Später ist noch Zeit genug . . ."

„Zeit!" Er riß die Augen weit auf und versuchte, sich aufzusetzen.
„Welcher Tag ist heute? Welches Datum? Bitte – es ist ungeheuer
wichtig!"

„Lassen Sie mich überlegen. Ja, es muß Samstag morgen sein und
demnach der 18. Januar."

„O gut! Dann ist alles in Ordnung. Ja – schlafen." Er lächelte und
schloß die Augen. „Ja, schlafen", wiederholte er und schlummerte ein.

In diesem Augenblick war sie nahe daran, ihn zu mögen. Er ist kein
Mensch, den man leicht gern haben kann, dachte sie. Er war steif, kalt
und abweisend und verbarg gewöhnlich jede Spur von Verwundbar-
keit, wie er sie jetzt offenbart hatte. Mrs. Pollifax glaubte, daß er
gewiß glücklicher und besser gewesen wäre, wenn er seine menschlichen Seiten offen gezeigt hätte, anstatt sie zu verbergen.

Sie ließ Mornajay allein, um zu sehen, ob es etwas zu essen gab. Es
war fast neun, und sie nahm an, daß das in einem Kloster sehr spät war.
Zweifellos war der Acharya schon seit dem Morgengrauen auf, viel-
leicht hatte er auch überhaupt nicht geschlafen. Sie entdeckte die
Küche oder zumindest den Raum, den sie dafür hielt, denn in einer
Feuerstelle aus kreisrund angeordneten Ziegeln schwelte noch die
Glut, und in einer großen Lackschüssel befand sich gekochter Reis.
Zwei saubere Kessel hingen an Haken von der Wand, und auf einem
Regalbrett standen acht Holzschüsseln und acht leere Einmachtöpfe.
In einer Ecke sah sie einen Haufen Holzspäne zum Feuermachen, und
darüber hing ein Bündel Bananen. Sie brach eine davon ab und ver-
zehrte sie hungrig.

Da sie keine Menschenseele fand, nicht einmal Bonchoo, kehrte sie
auf den Außengang zurück, stieg die von Greifen bewachte Treppe
zum Garten hinunter und folgte einem Pfad, der zu einer Baumgruppe
weiter hinten führte. Ein Brunnen mit einer primitiven Pumpe stand
dort, und über ein verzweigtes Netz aus Bambusrohren wurde von
hier aus Wasser ins Kloster geleitet.

Als Mrs. Pollifax näher kam, sah sie Bonchoo auf einer Stufe vor dem Brunnen sitzen. Seine Miene war düster.

„Bonchoo!" rief sic.

Er rückte ein bißchen, um ihr Platz zu machen, und sie setzte sich neben ihn. „Haben Sie den Acharya gefunden?"

Er deutete auf drei safrangelbe Gewänder, die zum Trocknen von einem Ast hingen. „Ja, er war gerade damit beschäftigt, seine Wäsche zu waschen."

„Und?"

Er wandte sich ihr mit einem melancholischen Seufzen zu. „Er wird darüber meditieren. Er sagt, er kann ein haßerfülltes Vorgehen gegen die Schan nicht unterstützen. Er glaubt nicht, daß er uns zeigen kann, wo sie sind, ohne darüber meditiert zu haben."

„Das ist eine böse Überraschung", sagte sie bedrückt. „Ich verstehe es nicht. Wo er doch so gütig war und Mornajay geholfen hat!"

Bonchoo nahm den Hut ab, kratzte sich am Kopf, seufzte erneut und zog dann den Hut etwas tiefer in die Stirn. „Er hat erklärt, er lebe in Frieden und Einklang mit den Bergstämmen. Er lehrt die jungen Männer, die hierherkommen, lesen, er gibt den Banditen zu essen und den Rebellen Unterschlupf, und den Schmugglern spendet er ebenso seinen Segen wie den Soldaten, die hier vorbeikommen. Er verurteilt niemanden, denn jeder ist ein Geschöpf Buddhas."

„Das ist ja schön und gut", erwiderte sie hitzig, „aber haben Sie ihm erklärt, daß seine Nachbarn, diese Geschöpfe Buddhas, meinen Mann entführt haben und daß es leicht möglich ist, daß sie ihn töten werden?"

Er blickte sie ernst an. „Es ist eine sehr schwierige Situation. Wir bringen ihm einen Mann, der von einem Pfeil vergiftet worden ist, und wir bitten ihn um seine Hilfe. Er weiß nichts von uns, außer daß Gewalt unser Begleiter ist. Er ist ein heiliger Mann, *Koon* Emily! Er wird darüber meditieren. Wenn es sein Karma ist, uns zu helfen, wird er helfen."

„Wie will er das wissen?" fragte sie verbittert.

„Er wird es wissen", versicherte ihr Bonchoo mit großem Nachdruck. „Selbst ich sehe das ein: Wenn er uns zu einem geheimen Lager bringt, ändert sich hier etwas. Er ist ein Mann, dem viele Geheimnisse anvertraut werden. Aber verzweifeln Sie nicht, Mrs. Emily. Wenn der Acharya uns seine Hilfe versagt, können immer noch wir beide weitersuchen. Anu hat gesagt –"

„Wird es für uns beide allein nicht gefährlich werden?"

„Nur dann, wenn wir den Pfad nicht finden."

Mrs. Pollifax nickte und stand auf. „Ich werde selbst mit dem heiligen Mann sprechen. Wo finde ich ihn?"

Bonchoo deutete auf das Klostergebäude. „Er ist nach drinnen gegangen."

Sie traf ihn in der Küche an, wo er aus der Schüssel Reis in ein Sieb aus geflochtenem Bambus schöpfte. Als er sie hörte, drehte er sich um, und sie sah zum erstenmal sein Gesicht von vorn. Wie man sich doch daran gewöhnen kann, daß Menschen fast immer Haare auf dem Kopf haben, dachte sie. Dabei betont ein geschorener Kopf das Gesicht – und welch ein eindrucksvolles Gesicht der Acharya hatte! Er sah gar nicht asiatisch aus, eher wie ein Franzose oder – da sie keine Birmanen kannte – möglicherweise wie ein Birmane. Falls er ein Thai war, mußte sein Blut über viele Generationen hinweg mit dem von Kaukasiern gemischt worden sein. Es war ein sehr willensstarkes Gesicht, und seine Haut war braun, doch ob von Geburt an oder von der Sonne gebräunt war schwer zu sagen. Auch seine Augen waren braun, und sein Blick war zugleich sanft und doch durchdringend. Sie fragte sich, ob er ihre Anwesenheit gespürt hatte, als sie nachts im Mondschein hinter ihm gesessen hatte. „Sprechen Sie Englisch?" fragte sie.

„Nicht in letzter Zeit", antwortete er mit angenehmer Stimme und ohne jeglichen Akzent. „Aber ich beherrsche die englische Sprache."

Und er spricht sie wirklich hervorragend, dachte sie überrascht. Langsam, jedes Wort betonend, sagte sie: „Ich heiße Emily Pollifax und bin als amerikanische Touristin auf Urlaub in Ihrem Land. Ich kam mit meinem Mann, doch er wurde entführt."

Er nickte aufmerksam.

„Man hat ihn gegen seinen Willen in einen Wagen gezerrt – in Chiang Mai. Bonchoo und ich haben diesen Wagen verfolgt."

Er nickte erneut.

„Bereits zweimal", fuhr sie fort, und dabei konnte sie nicht verhindern, daß Grimm in ihrer Stimme mitschwang, „bereits zweimal hat man versucht, uns zu töten: einmal auf der Straße und einmal hier im Dschungel. Es waren die Männer, die meinen Mann verschleppt haben, oder Freunde von ihnen. Man hat uns gesagt, daß die Schan ihn möglicherweise in ein Lager bringen, das hier in der Nähe sein soll. Deshalb bitten wir Sie um Ihre Hilfe – um das Lager zu finden und meinen Mann."

„Essen, Unterschlupf und Heilung gewähre ich jedem, der den Weg hierher findet", entgegnete er sanft. „Doch Ihnen den Weg zum

Schanlager zu zeigen wäre Verrat an den Menschen, unter denen ich hier lebe. "

„Ich habe nicht vor, ihnen etwas anzutun", versicherte sie ihm verzweifelt. „Ich will nur meinen Mann zurück!"

Er wirkte ein wenig verwirrt. „Was wollen diese Männer überhaupt von Mr. Pollifax?"

„Nicht Pollifax", korrigierte sie ihn ungeduldig. „Sein Name ist Reed, Cyrus Reed, und was sie von ihm wollen ..." Sie hielt mitten im Satz inne, denn sie bemerkte, daß sie ihn erschreckt hatte.

„Cyrus Reed?" wiederholte er. „Sie sagten, Sie seien Amerikanerin?"

„Ja, aus Connecticut." Sie hätte noch mehr gesagt, aber er bedeutete ihr mit einer Handbewegung zu schweigen, drehte sich um und griff wieder nach dem hölzernen Schöpflöffel. Ungeduldig sah sie ihm zu, wie er den nassen Reis ins Sieb gab. Ihre Ungeduld schlug allmählich in Ärger um, als er auch noch in aller Ruhe eine Prise Salz an den Reis tat.

Dann wandte er sich ihr erneut zu, und wieder war sein Gesicht unbewegt. Mit merkwürdig veränderter Stimme, fast im Singsang, sagte er: „Ich werde Ihnen jemanden mitgeben, der Ihnen zeigt, wo das Lager ist, aber erst, wenn die Sonne höher steht und nachdem wir Reis gegessen haben. "

Sie konnte es kaum glauben. Ihr wurde bewußt, daß sie den Atem angehalten hatte, und nun stieß sie ihn in einem langen Seufzer der Erleichterung aus. „Danke", sagte sie aus tiefstem Herzen, „danke, vielen Dank!"

Er nickte und wandte sich wieder seiner Arbeit zu.

Wieder im Freien, erklärte sie Bonchoo freudestrahlend und voller Glück: „Wir brechen auf, sobald wir Reis gegessen haben. "

DAS Kloster erschien ihr nun wie ein ganz anderer Ort – sie mußte Cyrus unbedingt davon erzählen (sie gestattete sich nicht, daran zu denken, daß sie ihn heute vielleicht nicht fanden). Nun schaute sie sich befreit um, ging von Zimmer zu Zimmer, spazierte durch die Ruinen und begutachtete das Bewässerungssystem im Garten. Danach trat sie durch einen Türbogen wieder ins Innere und gelangte in ein Zimmer, das ihr zuvor nicht aufgefallen war.

Es war nicht mehr als eine Kammer, sehr einfach eingerichtet: eine Matte zum Schlafen, ein niedriger Tisch mit einer Kerze und ein Wandregal. Die Zimmerdecke bestand aus geflochtenem Bambus.

Auf dem Regal standen ein paar Bücher, und da Mrs. Pollifax annahm, daß dies das Zimmer des Acharyas war, ging sie auf die Bücher zu, neugierig, was ein heiliger Mann in diesem abgeschiedenen Winkel der Welt las.

Es waren insgesamt sechs Bücher, von denen drei sehr alt waren. Ihre Seiten waren zwischen Holzdeckel gebunden, und aus den exotischen Schnörkeln der Schrift schloß Mrs. Pollifax, daß es sich um Manuskripte in Thai oder Pali, der Sprache des Buddhismus, handelte. Der vierte Buchtitel war französisch – tatsächlich französisch! staunte sie –, und dann, als sie sich den zwei letzten Büchern zuwandte, stellte sie erfreut fest, daß es sich um Werke in englischer Sprache handelte: eine abgegriffene Taschenbuchausgabe von Shakespeares „Tragödien" und ein leinengebundenes, mit zahlreichen Eselsohren versehenes Exemplar von Rudyard Kiplings „Kim". Sie streckte die Hand nach diesen beiden Büchern aus, zog sie jedoch zurück. Eigentlich habe ich hier nichts zu suchen, dachte sie. Ich hätte nicht einfach die Privatsphäre des Acharyas verletzen dürfen!

Andererseits bin ich nun einmal hier, überlegte sie. Und weil auch sie „Kim" gern mochte und weil gerade dieses Buch aussah, als werde es am meisten gelesen und sei das Lieblingsbuch des heiligen Mannes, nahm sie es schließlich doch vom Wandregal.

Es war eine Ausgabe für Kinder, illustriert von einem Künstler, der ihr aus ihrer eigenen Kindheit vertraut war. Lächelnd blätterte sie darin, bis sie zum Titelblatt kam. Auf der Seite daneben stand in Blockschrift, von Kinderhand geschrieben:

MEIN BUCH
VON MAMA ZU MEINEM GEBURTSTAG
JOHN LLOYD MATTHEWS

Sie floh auf den dunklen Korridor, lief den Weg zurück, den sie gekommen war, und fing zu rennen an, als sie den Türbogen vor sich sah. Im Schatten am Brunnen suchte sie Zuflucht und schnappte nach Luft. Sie versuchte sich vorzumachen, daß die Eintragung in dem Buch bedeutungslos sei. Immerhin hatte John Lloyd Matthews vor seinem Verschwinden Jahre, ja Jahrzehnte in Thailand gelebt, und es war nur natürlich, daß ein Teil seines Eigentums im Land geblieben und auf dem Markt an irgendwelche Fremde verkauft worden war.

Ein Mann wie der Acharya würde ein antiquarisches Buch wie „Kim" zu schätzen wissen, wenn er in einer Buchhandlung oder im

Basar darauf stieß. Weit war das Buch gar nicht gekommen, denn John Lloyd Matthews war in Chiang Mai verschwunden.

Sie erinnerte sich, daß er Cyrus' Freund gewesen war, und auch ihn hatte man entführt – zumindest wurde das angenommen. Inzwischen wußte sie, wie leicht das hier möglich war.

Vielleicht hat Matthews in dem Buch gelesen, als er entführt wurde, dachte sie, und seine Mörder nahmen es in die Berge mit, und irgend jemand brachte es dem Acharya. Oder vielleicht ... Halt! befahl sie sich. Hör endlich auf, und sieh die Dinge vernünftig!

Aber die Gedanken, die in ihrem Kopf durcheinanderwirbelten, ließen sich nicht so einfach ordnen. Der Acharya sah weder wie ein Thai noch wie ein Chinese aus, und er sprach ein tadelloses Englisch. Er hatte zu Bonchoo gesagt, daß er ihnen nicht helfen könne, weil er in Frieden mit seinen Nachbarn lebe. Als sie sich an ihn gewandt hatte, hatte er auch ihr ausdruckslos erklärt, daß er ihnen nicht helfen könne. Und dann – dann hatte sie gesagt: „Nicht Pollifax. Sein Name ist Reed, Cyrus Reed."

Und von einem Augenblick zum anderen hatte er völlig verändert gewirkt. Er hatte sie erschrocken angeblickt und sich umgedreht, und als er sich ihr wieder zuwandte, hatte er gesagt, daß einer seiner Mönche ihnen den Weg zum Schanlager weisen werde.

Sie erinnerte sich an Cyrus' Worte: „Ich kannte ihn gut aus unserer High-School-Zeit in Connecticut. Damals nannten wir ihn Joker Matthews."

„Cyrus Reed?" hatte der Acharya wiederholt und: „Sie sind Amerikanerin?"

Und Bishop hatte gesagt, daß es nicht die geringste Spur gegeben habe. „Man nahm schließlich an, daß er entführt, umgebracht und im Regenwald verscharrt wurde."

MEIN BUCH. VON MAMA ZU MEINEM GEBURTSTAG. JOHN LLOYD MATTHEWS. Unmöglich! sagte sie sich.

Bonchoo riß sie aus ihren verworrenen Gedanken. Er stand oben auf dem Außengang und rief sie.

„Ich habe Mr. Mornajay Reiswasser eingeflößt", verkündete er. „Es ist ihm offenbar bekommen. Jetzt kriegen wir etwas zu essen."

„Gut!" Sie stand auf und schob resolut ihre turbulenten Gedanken beiseite; mit all diesen Dingen konnte sie sich auch noch später beschäftigen. Wichtiger war, daß sie sich, nachdem sie Reis gegessen hatten, auf den Weg zum Schanlager machten.

Der heilige Mann nahm nicht an ihrem Mahl teil.

„Wie haben Sie Ihren Weg hierher zu dem Acharya gefunden?" fragte Mrs. Pollifax den Mönch, der sich zum Essen neben sie auf den Boden gesetzt hatte. Ohne sonderliche Begeisterung blickte sie auf die Schüsseln vor ihr: der übliche klebrige Reis, eine Kanne Tee und eine Schüssel mit gebackenen Garnelen, die sie allerdings mit vier Mönchen und Bonchoo teilen mußte. „Und was hat Sie bewogen, Mönch zu werden?" setzte sie ihre Frage fort.

„Wir sind Novizen, keine Mönche", erklärte ihr Nachbar und übersetzte es für seine Freunde. „Ich, Prasert, komme aus einem sehr kleinen, sehr armen Dorf in den Bergen – zwei Stunden zu Fuß von hier entfernt. Ich möchte gern englischsprechender Fremdenführer werden, denn das ist eine sehr wichtige, schöne Arbeit. Der Abt unseres Dorfes hat mich hierhergeschickt, weil der Acharya mich gutes Englisch lehren kann und die Fünf Gebote ebenfalls."

„Aber wie hat Ihr Abt den Acharya entdeckt?"

„Ganz einfach." Prasert strahlte sie an. „Er hat vor einiger Zeit einmal drei Tage hier zugebracht, um von ihm zu lernen und mit ihm zu sprechen."

„Wie lange ist das her?" erkundigte sie sich rasch.

Prasert zuckte die Schultern. „Das weiß ich nicht. Vielleicht weiß niemand, wann der Acharya hierherkam. Er ist – wie sagt man? – sehr verschwiegen."

„Und um ihn zu finden, muß man sich wohl erst im Wald verirren", bemerkte Bonchoo trocken.

„Ja, ja." Prasert nickte lachend. „Genauso hat mein Abt ihn gefunden, diesen Heiligen, der sich nicht mehr unter das Joch des Alltags beugen muß."

Mrs. Pollifax nickte. „Er hat es abgeschüttelt", murmelte sie. Dann setzte sie ihre Reisschale ab und schob sie von sich. „Aber ich fühle mich dem Leben eigentlich noch sehr verbunden, und ich möchte jetzt aufbrechen", wandte sie sich an Bonchoo. „Essen Sie ruhig zu Ende, ich verabschiede mich inzwischen von Mornajay."

Mornajay lag nicht mehr auf seiner Matte, sondern war aufgestanden und versuchte ein paar vorsichtige Schritte zu machen. Sein Gesicht glänzte vor Schweiß.

„Ich muß wieder zu Kräften kommen", erklärte er und fuhr sich mit dem Ärmel über die Stirn. Jetzt sah auch er nicht mehr aus wie aus dem Ei gepellt; seine Kleidung war inzwischen nicht weniger staubig und zerknittert als ihre und Bonchoos.

„Ich hoffe, Sie vergessen nicht, daß Sie sehr krank waren", mahnte sie. „Wir hatten schon nicht mehr daran geglaubt, daß Sie es schaffen würden. Sie müssen sich noch ausruhen!"

„Ich habe keine Zeit zum Ausruhen!" erwiderte er brüsk.

„Ich wollte mich bloß verabschieden, wir brechen jetzt auf", bemerkte Mrs. Pollifax.

„Sie suchen weiter nach Ihrem Mann, nehme ich an." Es interessierte ihn sichtlich nicht, doch er fügte höflich hinzu: „Ich danke Ihnen für Ihre Hilfe."

„Nichts zu danken", antwortete sie ebenso höflich und ging.

Prasert war bestimmt worden, sie zum Schanlager zu führen. Zusammen mit Bonchoo wartete er am Fuß der Treppe auf sie und unterhielt sich mit ihm angeregt auf thai. Unwillkürlich mußte sie beim Anblick der beiden Männer lächeln: Prasert in seinem orangegelben Gewand und mit geschorenem Kopf und Bonchoo mit seinem lächerlichen Hut. Prasert blickte ihr mit einem strahlenden Lächeln entgegen. „Gehen wir?"

„Gehen wir", stimmte sie zu, drehte sich aber noch einmal um und schaute zum Außengang hinauf. „Sollten wir uns nicht bei dem heiligen Mann bedanken?"

„Er meditiert gerade." Prasert führte sie durch den Garten. Plötzlich blieb er stehen und breitete die Arme weit aus. „Aber er geht mit uns, verstehen Sie? Ich glaube, sein Geist zieht überallhin wie ein Vogel!"

Sie spürte die Gegenwart des Acharyas nicht, weder als heiligen Mann noch als Vogel. Freudige Erwartung und schlimmste Besorgnis zugleich erfüllten sie, und dieses gemischte Gefühl war so unangenehm wie ein kratziges Wollhemd. Wie war sie je darauf gekommen, daß man Cyrus gerade zu dem Schanlager bringen würde? Sie erinnerte sich, daß diese Idee wohl auf eine Vermutung Nouvaks im Akhadorf zurückging. Aber genausogut konnte es doch noch Lager anderswo geben, oder man hatte Cyrus über die Berge nach Birma verschleppt – und sie würden zu spät kommen. Die Wörter „zu spät" empfand sie als besonders erschreckend. Ihre Stimmung wurde auch nicht besser, als Bonchoo Prasert fragte, wie weit es bis zu dem Lager sei, und Prasert antwortete, man könne in etwa vierzig Minuten dorthin gelangen. So nahe dran waren sie die ganze Zeit schon gewesen!

Offenbar war es jedoch nicht leicht, an das Lager heranzukommen, denn im Wald, den sie nun wieder betreten hatten, fanden sie ein wahres Labyrinth von Wegen vor. Zu alledem mußten sie auch noch mühsam hangaufwärts stapfen, und Mrs. Pollifax hoffte inständig, daß sie keinen allzu steilen Berg vor sich hatten, denn der Reis, der inzwischen den wichtigsten Bestandteil ihrer Verpflegung ausmachte, war nicht gerade kräftigend. Fast sehnsüchtig dachte sie an Kartoffeln, in Alufolie gebacken, mit heißer Butter und mit Salz und Pfeffer gewürzt. Dazu stellte sie sich Scheiben dampfenden Rostbratens im eigenen Saft vor, frischen Spargel, und sie war gerade bei der Nachspeise angelangt, als Prasert so abrupt stehenblieb, daß sie gegen ihn prallte. Sie schreckte aus ihren wundervollen Tagträumen hoch und sah, daß sie auf einer Bergkuppe standen. Prasert zeigte auf einen langen Streifen gerodeten Landes, der im Sonnenlicht zu ihren Füßen lag, mit staubigen Hütten und Schuppen aus Bambusrohr und Palmblättern.

„Das Schanlager", erklärte Prasert.

In diesem Moment trat ein Mann in khakifarbener Uniform aus einer Hütte hervor und überquerte den freien Platz in der Mitte des Lagers. Ein Angstgefühl durchfuhr sie. Nun bemerkte sie auch einen Mann mit Gewehr, der auf einer Bank im Schatten saß, und einen weiteren Soldaten neben der Tür des hintersten Schuppens – im Schatten des überhängenden Daches kaum zu sehen.

Mrs. Pollifax drehte sich zu Prasert um. „Wie kommen wir zum Kloster zurück, wenn wir meinen Mann gefunden haben?"

„Sie dürfen nicht zurückkommen", entgegnete er fest.

„Wir dürfen nicht zurückkommen?" wiederholte sie entgeistert. „Wohin sollen wir dann von hier aus gehen? Und warum nicht wieder ins Kloster?"

Er führte sie ein paar Schritte zurück und deutete auf einen abgestorbenen Baum, der von Wind und Wetter so gebleicht war, daß er weißlich schimmerte. „Sehen Sie den Pfad dort bei dem Baum? Er führt südwärts zum Fluß, und dort finden Sie ein Boot."

„Sie meinen den Mae Kok?" fragte Bonchoo überrascht. „So nah sind wir bei Tha Ton?"

„Was ist Tha Ton?" wollte Mrs. Pollifax wissen.

„Ein kleinerer Ort am Mae Kok, an der thai-birmanischen Grenze. Ich war schon einmal dort, und es stimmt, dort kann man Boote mieten."

Mrs. Pollifax hätte gern noch einmal nachgefragt, warum sie nicht zum Kloster zurückkehren sollten, aber inzwischen war ihr klargeworden, daß der Acharya sie nicht noch einmal treffen wollte; oder vielleicht war es eher so, daß er nicht von Cyrus gesehen werden wollte, falls sie das Glück hatte, mit ihm zurückzukehren. Von Mama zu meinem Geburtstag ... Sie verscheuchte den Gedanken wieder und konzentrierte sich ganz auf Praserts Worte.

„Zu Fuß brauchen Sie zwei Stunden. Und das Boot" – Prasert untermalte seine Ausführungen mit eindrucksvollen Handbewegungen – „wird Sie nach Chiang Rai bringen!" Er drehte sich zu dem gerodeten Streifen Land um. „Sie dürfen nicht weiter als bis zur letzten Hütte da unten gehen, sonst sind Sie nicht mehr in Thailand", fügte er hinzu. „Man hat hier was gegen Spione, deshalb kann ich Ihnen nur *chokh dee* wünschen – viel Glück."

Nach diesen beunruhigenden Worten drückte er als Zeichen der Verabschiedung die Fingerspitzen zusammen, verneigte sich und ging den Pfad hinunter.

Mrs. Pollifax und Bonchoo schauten ihm nach, bis er verschwunden war, dann blickten sie einander an. „Na dann, Bonchoo", murmelte Mrs. Pollifax.

„Tja, *Koon* Emily." Er seufzte.

Vorsichtig kletterten sie den Hang hinauf und duckten sich oben hinter hohes Gras, um unbemerkt hinunterspähen zu können. Das Lager lag versteckt inmitten von Bäumen und bestand aus fünf Gebäuden: einer langen Baracke auf der ihnen gegenüberliegenden Lagerseite, einem offenen Schuppen rechts unten, neben dem eine kleine Hütte stand, und zwei Baracken unmittelbar unter ihnen. Die Anlage war hufeisenförmig mit dem offenen Teil nach Süden ausgerichtet, wo ein kreisrunder, kahler Fleck auf einen Landeplatz schließen ließ.

Mrs. Pollifax deutete auf den Platz. „Meinen Sie, der ist für Hubschrauber gedacht?"

Bonchoo nickte. „Ich glaube schon."

Wenn ich allein wäre, dachte sie, würde ich mich ans Lager heranschleichen und nach Anzeichen Ausschau halten, die auf einen Gefangenen hinweisen. Wenn Cyrus dort ist, würde ich sicher eine Möglichkeit finden, ihn zu befreien und mit ihm in den Wald zu fliehen, ehe er vermißt wird.

Leider kam ein solches Vorgehen wegen Bonchoo nicht in Frage, denn er wollte sich vor den Schan rechtfertigen und ihnen erklären, daß alles, was Jacoby über ihn behauptet hatte, gelogen gewesen sei. Aus seiner Sicht war das für ihn der einzig mögliche Weg, diese Angelegenheit zu einem guten Ende zu bringen. Und weil sie Bonchoo das schuldig zu sein glaubte, konzentrierte sie sich darauf, was sie nun statt dessen tun mußten: Sie konnten nur den Hang hinuntersteigen und hoffen, daß sie nicht von einer Wache erschossen wurden, ehe sie das Lager erreichten.

„Ich habe bisher sechs Mann gezählt", teilte sie Bonchoo mit.

„War jemand mit einem roten Hemd dabei?" erkundigte er sich besorgt.

„Nein, auch keiner mit einem gelben Hemd, glücklicherweise", antwortete sie. Doch leider hatte sie auch nirgends einen Hinweis auf Cyrus entdeckt. Gerade überquerten fünf der Männer den Platz und betraten die kleine Hütte auf der rechten Seite; ein Posten blieb vor der Tür der langen Baracke als Wache zurück.

„Ich glaube, jetzt stehen unsere Chancen am besten, was meinen Sie?" schlug sie ohne große Begeisterung vor.

„Ich habe große Angst", mußte Bonchoo zugeben. „Und Sie?"

„Entsetzliche", gestand sie.

„Wir haben ein Sprichwort", meinte Bonchoo schließlich. „‚An der Mähne erkennt man den wahren Löwen.'" Er stand auf und streckte ihr die Hand hin. „Kommen Sie! Wir werden denen zeigen, daß wir wahre Löwen sind."

## 10. Kapitel

In Langley in Virginia hatte Bishop endlich das Gefühl, daß Fortschritte gemacht wurden. Eine Frau, die der Beschreibung nach Mrs. Pollifax gewesen sein konnte, war am Donnerstag vormittag in der Raststätte Hot Springs gesehen worden, etwa eine Autostunde nördlich von Chiang Mai. Sie hatte sich in Begleitung eines Mannes befunden, der Thai oder Chinese war und einen recht merkwürdigen Hut trug. Offenbar hatten die beiden eine hitzige Diskussion geführt, miteinander hartgekochte Eier gegessen – wie seltsam! – und waren dann in einem Lastwagen weitergefahren.

Sowohl die Sache mit den hartgekochten Eiern als auch der merkwürdige Hut machten Bishop neugierig. Und was er besonders interessant fand, war, daß McAndrews die Information geliefert und ganz allein zutage gefördert hatte. „Er macht sich", hatte auch Carstairs zufrieden bemerkt.

Was sie dann erfuhren, klang allerdings weniger vielversprechend. McAndrews war, genau wie der Laster, nordwärts weitergefahren und etwa eine Autostunde südlich von Chiang Rai auf einen blauen Lieferwagen gestoßen, der halb im Straßengraben lag. Er hatte ihn sich näher angesehen. Natürlich war es unmöglich zu sagen, ob es sich um den Wagen handelte, in dem man Cyrus entführt hatte, aber jedenfalls war er jetzt leer. Hinzu kam, daß die Polizei eine Straßensperre vor Chiang Rai errichtet hatte, und die Wachen dort hatten weder einen Lastwagen gesehen noch einen Mann mit merkwürdigem Hut, noch Mrs. Pollifax.

Offenbar war Carstairs von McAndrews' Leistung so beeindruckt, daß er ihm gleich einen neuen Auftrag erteilte. „Da Sie bereits in Chiang Rai sind", hatte er ihm am Telefon erklärt, „möchte ich, daß Sie gleich weiter nach Chiang Saen fahren – das ist ganz in der Nähe – und dort einen Mann namens Jacoby aufsuchen. Bisher haben Sie mit der thailändischen Polizei zusammengearbeitet, doch über diesen Auftrag müssen Sie strengstes Stillschweigen bewahren, verstanden, McAndrews? Chiang Saen ist nicht sehr groß, und Sie dürften keine Schwierigkeiten haben, Jacoby ausfindig zu machen."

„Jacoby", wiederholte McAndrews feierlich. „Jawohl, Sir."

„Sie erinnern sich an den Toten, den Sie gestern in der Hütte gefunden haben?"

McAndrews platzte heraus, daß er den ersten Toten, den er je gesehen habe, sicher nicht so schnell vergessen werde.

„Nun, der Tote hieß Ruamsak, R-U-A-M-S-A-K", buchstabierte Carstairs, „und er stand in Verbindung mit Jacoby. Vielleicht stoßen Sie bei ihm auf einen Hinweis, wohin Mr. Reed gebracht worden sein könnte oder wohin seine Frau unterwegs ist. Fragen Sie Jacoby, wer Ruamsaks Feinde waren, und finden Sie heraus, was er darüber weiß oder vermutet. Jacoby hat für uns gearbeitet, also dürfen Sie das Department erwähnen und ihm Geld für seine Information anbieten. Fünfzig US-Dollar sollten genügen. Haben Sie alles verstanden?"

„Jawohl, Sir", versicherte ihm McAndrews eifrig.

„Und informieren Sie uns so schnell wie möglich über die Ergebnisse Ihrer Nachforschungen!" trug ihm Carstairs abschließend auf.

Nun warteten sie auf McAndrews' Anruf. Bishop, der inzwischen zwei Nachrichten aus dem Sudan entgegengenommen hatte, kehrte in Carstairs' Büro zurück. Sein Chef studierte nachdenklich die große Karte von Thailand, die an einer Wand seines Büros hing. „Es muß einfach noch mehr geben, was wir tun können, auch eine Möglichkeit, Mornajay aufzuhalten, falls er unterzutauchen versucht. Wenn Thomson, unser Mann von der Drogenfahndung, recht hat, daß er in die Berge im Norden will, müßte er inzwischen hier sein ..." Carstairs tippte mit dem Zeigefinger auf die Stelle der Karte, die die nördliche Ecke Thailands zeigte, und schaute finster drein.

„Nun, zumindest gibt es Neuigkeiten über den Putschversuch", berichtete Bishop. „Es scheint zu einem Patt gekommen zu sein.

Offenbar hofft oder erwartet dieser General Lueng, daß sich der Rest der Streitkräfte auf seine Seite schlägt, doch bis jetzt sieht es noch nicht so aus."

Carstairs nickte abwesend, in Gedanken versunken. „Versuchen Sie, Thomson bei der DEA zu erreichen", verlangte er plötzlich.

Bishop ließ die Verbindung herstellen und reichte dann Carstairs den Hörer. Nach einem höflichen Vorgeplänkel kam Carstairs zur Sache. „Ich weiß, daß Sie Ihre Dienststelle in Chiang Mai benachrichtigt haben, Thomson, aber wenn Ihre Vermutung stimmt, daß Mornajay über die Berge nach Birma will, sollte man dann nicht die Grenze von einigen Männern mit einem Hubschrauber überwachen lassen? Ich weiß ja, daß die Hoffnung gering ist, aber ... Was?"

Er hörte zu und verzog das Gesicht. „Weiß denn niemand, wann er zurückkommt?" Er seufzte. „Halten Sie mich auf dem laufenden, ja?"

Er legte auf. „Haben Sie das mitbekommen, Bishop? Thomson hatte auch schon an einen Hubschraubereinsatz gedacht, aber ihr bester Pilot, Callahan, ist gestern zu einem Inspektionsflug in den Norden aufgebrochen, und sie können ihn nicht über Funk erreichen." Carstairs schaute auf die Uhr. „Hoffentlich hören wir bald etwas von –" In diesem Moment leuchtete das rote Lämpchen am Telefon auf, und sofort griff er nach dem Hörer. Seine Miene hellte sich auf. „Es ist McAndrews", raunte er Bishop zu. „Lassen Sie den Recorder mitlaufen!"

Bishop drückte die Aufnahmetaste und ging zur Nebenstelle, um mitzuhören. Er zuckte erschrocken zusammen, denn McAndrews' Stimme war erstaunlich laut und klang wieder sehr aufgeregt.

„Nicht so hastig", mahnte Carstairs ihn scharf. „Sie sind ja völlig durcheinander. So verstehe ich überhaupt nichts. Haben Sie Jacoby gefunden?"

McAndrews schluckte. „Ja, Sir – das heißt, nein, Sir."

„Also was nun, ja oder nein?" fragte Carstairs ungehalten.

„Beides", würgte McAndrews hervor, dann überschlug seine Stimme sich wieder. „Er ist tot, Mr. Carstairs! Ich habe ihn tot aufgefunden! Jemand hat ihn erschossen! Er muß bestimmt schon zwei Tage tot sein. Es war grauenvoll –"

„Ruhig! Ruhig!" mahnte Carstairs jetzt sanft. „Schlimm für Sie, zwei Leichen in zwei Tagen. Jetzt erzählen Sie mal ganz langsam."

„Jawohl, Sir." McAndrews atmete hörbar durch, dann fuhr er etwas ruhiger fort: „Es war ein besonders scheußlicher Anblick, weil er bestimmt nicht viel mehr als vierzig Kilo wog und seine Haut eine blaßgrüne Farbe angenommen hatte. Haben Sie gewußt, daß er opiumsüchtig war? Es war alles da, was er brauchte …"

„Ja, wir wußten es", entgegnete Carstairs leise.

„Aha … Nun, Sir …" McAndrews hatte sich inzwischen wieder etwas gefangen, und Stolz schwang jetzt in seiner Stimme mit. „Diesmal, Sir, habe ich sofort Erkundigungen eingezogen. Ich habe mich umgehört und die Beschreibung des Mannes bekommen, den man als letzten in sein Gästehaus hat gehen sehen. Man hat ihn gesehen, Sir! Vor zwei Tagen, am hellichten Tag!"

„Gute Arbeit, McAndrews. Und wie sah der Mann aus?"

„Er war Amerikaner, Sir; ein kräftig gebauter Mann, etwa einsfünfundachtzig, breite Schultern, grobgeschnittenes bleiches Gesicht, langes Kinn, gepflegte Kleidung und graues, gelocktes Haar."

Über den Schreibtisch hinweg wechselten Carstairs und Bishop einen Blick. „Gute Beschreibung", lobte Carstairs mit unbewegter Miene. „Sie haben Ihre Arbeit ordentlich gemacht, McAndrews. Vergessen Sie nun bitte alles, was Sie mir berichtet haben, und gehen Sie zurück zu Ihren Computern in Bangkok. Wir übernehmen diese Angelegenheit jetzt."

Als Carstairs den Hörer aufgelegt hatte, stellte Bishop grimmig fest: „Mornajay macht sich nicht einmal die Mühe, seine Spuren zu verwischen."

Carstairs achtete kaum auf ihn. „Rufen Sie Thomson nochmals an, und sagen Sie ihm, daß unser Mann vor zwei Tagen im Norden gesehen wurde und daß wir eine Personenbeschreibung aus Chiang Saen erhalten haben."

Bishop nickte. Als er zur Tür seines Büros ging, blieb er vor der Karte von Thailand stehen. Wenn Mrs. Pollifax und ihr Begleiter nicht an der Polizeisperre vorbeigekommen waren, mußten sie irgendwo zwischen Chiang Mai und Chiang Rai die Straße verlassen haben, die, umgeben vom Regenwald, mitten durch die Berge führte. Mit seinem Finger fuhr er von der Gegend, wo sie ungefähr verschwunden waren, zu dem Punkt, der Chiang Saen markierte, und zog dann eine unsichtbare Linie zwischen der Stadt und der Route, die Mornajay wahrscheinlich nahm, um in Wen Sas Gebiet zu kommen. Seine Besorgnis wuchs. Wenn Mrs. Pollifax den Weg durch den Dschungel eingeschlagen hatte, hoffte er inbrünstig, daß sie nicht dem Mann begegnete, dessen verzweifelter Fluchtversuch bereits ein erstes Opfer gekostet hatte.

DER Pfad hinunter zum Schanlager schlängelte sich durch Gestrüpp und Gras, und nur gelegentlich boten ihnen ein paar vereinzelte Bäume Sichtschutz. Es war kein angenehmes Gefühl, wie auf dem Präsentierteller dahinstapfen zu müssen, aber Mrs. Pollifax schwor sich, mutig wie eine Löwin zu sein. So schritt sie voran und behielt den Mann im Auge, der vor der Tür der langen Baracke auf einer Bank saß und Wache hielt. Er bemerkte sie nicht, sondern bewegte seine Füße, als klopfe er den Takt zu einer fernen, unhörbaren Musik. Als sie näher kamen, sah sie das dünne Kabel, das zu seinem Ohr führte. Selbst hier hatte also der Walkman schon seinen Einzug gehalten! Erst als Bonchoo und sie bereits am Fuß des Hanges angelangt waren, wurde der Posten auf sie aufmerksam. Er stieß einen lauten Ruf aus und sprang auf. Bis Mrs. Pollifax und Bonchoo die Lagermitte erreicht hatten, waren sie umzingelt und sahen auf allen Seiten in drohende Gewehrmündungen. Die Soldaten waren eher Knaben als Männer, aber sie nahmen ihre Pflichten offenbar sehr ernst.

„Ich bin gekommen, um mich zu erkundigen, ob mein Mann hier ist", erklärte Mrs. Pollifax mit lauter, fester Stimme.

Statt einer Antwort spürte sie mehrere Gewehrläufe in ihrem Rükken.

„Ich glaube nicht, daß sie Englisch verstehen", flüsterte Bonchoo. „Lassen Sie es mich versuchen, *Koon* Emily."

Mrs. Pollifax schüttelte den Kopf. Offensichtlich gab es hier nur eine Lösung. Mit einem Räuspern befreite sie ihre Kehle vom Staub, dann schrie sie lauthals los: „Cyrus! Cyrus?"

Die Gewehrläufe drückten ihr jetzt schmerzhaft in den Rücken, aber weit entfernt antwortete ihr eine vertraute Stimme. „Emily . . .?"

„Cyrus!" keuchte sie. Tollkühn schob sie Gewehre und Männer zur Seite, brach durch die Umzingelung und rannte zu der langen Baracke, die so sorgsam bewacht worden war. Schreie folgten ihr, eine Kugel pfiff über ihren Kopf, und eine zweite schlug links von ihr in den Boden ein und ließ eine Staubfontäne aufspritzen. Sie riß die Tür auf, doch ihre an die grelle Sonne gewöhnten Augen konnten in der Düsternis zunächst nichts wahrnehmen. „Cyrus?" rief sie.

Eine vertraute männliche Gestalt machte ein paar Schritte im Dunkel des Raumes auf sie zu, wurde dann aber von einer Kette am Bein zurückgehalten. „Emily!"

Cyrus streckte ihr die Arme entgegen, und sie rannte zu ihm. Vor Erleichterung schluchzend, schmiegte sie sich an ihn. „O Cyrus, ich hatte solche Angst . . . Ich dachte, sie würden dich jeden Moment . . ."

„Noch nicht." Er küßte sie aufs Haar. „Sie haben noch auf jemanden gewartet, der Englisch spricht, um herauszufinden, wer ich bin."

„Dem Himmel sei Dank, daß sie gewartet haben!" atmete sie auf. „Gott sei Dank haben sie dich nicht gleich erschossen!"

„Dann hätten sie ja nicht mehr erfahren, wer ich bin", gab er zu bedenken.

Sie lachte unter Tränen und legte den Kopf zurück, um ihm ins Gesicht schauen zu können. „Aber es geht dir doch gut? Sie haben dir doch nichts getan, Cyrus, oder?"

„War ein verdammt langer Marsch", antwortete er rauh. „Bin ein bißchen müde – und hungrig." Er schaute sie zärtlich an. „Hab mir schreckliche Sorgen um dich gemacht, Emily. Hatte Angst, du würdest mir folgen, Angst, du würdest es nicht ... Das ist nichts für dich, so allein hier in den Bergen."

„Ich war nicht allein", erklärte sie ihm. „Bonchoo hat mich begleitet. Er hat sich als unschätzbarer Freund erwiesen. In Wirklichkeit heißt er übrigens Ruamsak."

„Tatsächlich?"

„Eigentlich jetzt nicht mehr", verbesserte sie sich. „Ruamsak ist nämlich tot."

Cyrus lachte. „Bin nicht sicher, ob ich dir noch folgen kann. Emily, ich –"

„Ja?" Da ihre Augen sich inzwischen an das Dämmerlicht gewöhnt hatten, sah sie, daß sein Gesicht jetzt ernst war. „Was hast du, Cyrus?"

Er schüttelte den Kopf. „Ich muß es dir sagen, Liebling. Ich habe hin und her überlegt, aber ich sehe keinen Ausweg aus dem ganzen Schlamassel hier."

In diesem Moment schwang die Tür auf, und vier Soldaten, in khakifarbenen Uniformen und mit Gewehren bewaffnet, stiefelten herein. Sie machten Cyrus los, trennten ihn von Emily und dirigierten beide zur Tür. Mrs. Pollifax mußte mit der Hand ihre Augen vor der Sonne schützen, als sie aus der dämmrigen Baracke traten. Sie erblickte Bonchoo, der verzagt auf der Bank saß, auf der zuvor der Wachposten der Musik gelauscht hatte. Düster starrte er auf die Gewehre, die die beiden übrigen Soldaten auf ihn richteten, doch als er Mrs. Pollifax sah, leuchtete sein Gesicht kurz auf.

„Ich habe zwar versucht, ihnen zu erklären, weshalb wir hier sind, aber sie sprechen auch nicht viel Thai." Sein Blick schweifte zu Cyrus. „Oh – groß, sehr groß. Viel größer als beim letztenmal!"

„Sie haben mich schon einmal gesehen?" fragte Cyrus erstaunt.

„O ja – als man Sie in Chiang Mai in den blauen Lieferwagen ver-
frachtete, Sir."

„Dann seid ihr ja schon ziemlich lange beisammen!" stellte Cyrus
überrascht fest.

Bonchoo wollte antworten, doch da erklang eine Stimme vom
Hang auf der birmanischen Seite des Lagers. *„Hü!"*

*„Hü"*, antwortete ein Soldat, und alle standen stramm, als zwei
Männer ins Lager ritten – einer auf einem Pferd, der andere auf einem
Esel; einer in Uniform, der andere …

„Rothemd!" hauchte Mrs. Pollifax.

„Oje!" stöhnte Bonchoo. „Der andere ist ein sehr hoher Offizier.
Sehen Sie, er reitet auf einem Pferd!"

„Vielleicht Wen Sa?" mutmaßte Mrs. Pollifax.

„Auf jeden Fall jemand von ganz oben. Er trägt keine Sandalen,
sondern Lederstiefel! Das ist ganz sicher echtes Leder!"

„Wer ist Wen Sa?" erkundigte sich Cyrus.

„Pst!" mahnte Mrs. Pollifax. Ernst zitierte sie Bonchoo: „,Das ist
kein Name, den man hier laut ausspricht!'"

„Und wer ist Rothemd?" fragte Cyrus geduldig.

Der Offizier saß ab. Sogleich umringten ihn seine Männer, und
einer der Soldaten führte sein Pferd zur Seite und band es an einen Pfo-
sten. Als Mrs. Pollifax feststellte, daß die ganze Aufmerksamkeit der
Soldaten immer noch den zwei Neuankömmlingen galt, beantwortete
sie Cyrus' Frage: „Der junge Mann im roten Hemd hat zweimal versucht, Bonchoo zu töten, einmal auf der Straße nach Chiang Rai und
einmal im Dschungel", erklärte sie. „Nur daß der Giftpfeil, der eigentlich für ihn gedacht war, Mr. Mornajay traf, der sich uns im Akhadorf
angeschlossen hatte. Dadurch verbrachten wir die zweite Nacht in
einem vergessenen Kloster bei einem heiligen Mann."

Cyrus blickte sie bewundernd an. „Emily, du hast ganz schön viel
erlebt."

Rothemd hatte plötzlich erkannt, wer da auf der Bank saß. Selbst
aus dieser Entfernung entging Mrs. Pollifax nicht, wie er wütend die
Augen zusammenkniff. Er sagte etwas zu dem Offizier, der ihn fragend anschaute. Dann deutete Rothemd auf ihre Dreiergruppe. Nun
starrte auch der Offizier sie an. Er war klein und drahtig, und bis auf
die fehlende Kopfbedeckung war seine Khakiuniform vorschriftsmäßig. Er trug einen schmalen Oberlippenbart und eine dunkle Sonnenbrille, die Mrs. Pollifax störte, weil sie Wert darauf legte, einem Menschen in die Augen sehen zu können. Sie las regelrecht in ihnen, und

die Augen verrieten ihr nicht nur die jeweilige Reaktion ihres Gegenübers, sondern auch dessen Charakter. Sie fühlte, wie Bonchoo neben ihr vor Angst erstarrte.

„Wie ein wahrer Löwe", erinnerte sie ihn flüsternd.

Der Offizier schritt auf sie zu und blieb vor Bonchoo stehen. „Sie leben also immer noch", bemerkte er in tadellosem Englisch. „Sie scheinen einen tüchtigen Schutzengel zu besitzen. Es wurde befohlen, Sie . . ."

„Dem Himmel sei Dank! Sie sprechen Englisch", unterbrach ihn Mrs. Pollifax.

„. . . Sie hinzurichten", fuhr er barsch fort, „da Sie Informationen über uns weitergeleitet haben."

„Aber ich bin kein Informant!" rief Bonchoo. „Glauben Sie, ich wäre so weit durch den Dschungel marschiert, um hierherzukommen, wenn ich schuldig wäre? Ich bin gekommen, um Ihnen zu sagen, daß ich kein Informant bin!"

Der Offizier zog skeptisch seine Brauen über der dunklen Brille hoch und wandte sich dann an Cyrus. „Und wer sind Sie?"

„Amerikanischer Staatsbürger, in Chiang Mai entführt! Und wer zum Teufel sind Sie?"

„Bitte – keine aggressiven Bemerkungen! Ich bin in dieser Beziehung sehr empfindlich." Er verbeugte sich leicht. „Ich bin Oberst Lu von der Schan-Befreiungsarmee." Dann wandte er sich wieder Bonchoo zu. „Was sagten Sie gerade?"

„Jacoby hat Ihnen Lügen über mich erzählt."

„Sie streiten also ab, Informationen über unser Lager und unseren Nachschub verkauft zu haben?"

„Ich habe nichts dergleichen getan", versicherte ihm Bonchoo feierlich. „Und ich habe den weiten Weg durch die Berge auf mich genommen, um das klarzustellen. Ich leugne nicht, daß ich Informationen habe, aber sie sind rein politischer Natur. Es geht um einen Staatsstreich und nur darum!"

Der Oberst runzelte erneut die Stirn. „Was sagen Sie da?"

„Ein Staatsstreich ist geplant! Die Regierung in Bangkok soll gestürzt werden, und wenn Jacoby Ihnen etwas anderes gesagt hat, hat er gelogen. Oberst, ich habe eine Frau und fünf Kinder. Wie kann ich in Frieden leben, wenn Ihre Leute weiterhin versuchen, mich zu töten?"

Der Oberst tat seine letzten Worte mit einer ungeduldigen Handbewegung ab. „Können Sie das beweisen?"

Bonchoo deutete auf Cyrus. „Ich glaube, er hat die Informationen, die ich an die Amerikaner verkaufen möchte."

Cyrus blinzelte verwirrt. „Ich wüßte nicht – also, es tut mir leid, das sagen zu müssen, aber ich habe nicht die leiseste Ahnung, wovon er spricht."

„Fordern Sie ihn auf, seine Taschen zu leeren, bitte!" verlangte Bonchoo.

„Also gut: Leeren Sie Ihre Taschen!" befahl der Oberst.

Cyrus tat, wie ihm geheißen. Aus einer Tasche brachte er eine Rolle Bahtscheine zum Vorschein, aus der anderen einen belichteten Film, einen Bleistift, einen Kugelschreiber und einen breiten Lackarmreif.

„Da!" rief Bonchoo. „Der *Phyot*-Armreif, sehen Sie? Gestatten Sie, daß ich es Ihnen zeige!" Bonchoo griff nach dem Armreif, die andere Hand tastete nach seiner Tasche. Doch abrupt zog er sie zurück. „Dürfte ich Sie um ein Messer bitten?"

Mrs. Pollifax atmete erleichtert auf. Beinahe hätte er sein Schanmesser gezogen! Der Oberst sagte etwas zu seinen Männern, und jemand reichte Bonchoo ein Messer.

Bonchoo schnitt Lack und Garnumwicklung auf, brachte das zusammengerollte Papier zum Vorschein und öffnete es. Cyrus starrte es verblüfft an. „Großer Gott! Hinter diesem Ding waren sie her? Ich hielt es für ein Mitbringsel, das Emily gekauft hat!"

Bonchoo hielt den Brief hoch. „Es ist Vietnamesisch, Oberst. Ein Thai-General namens Lueng hat diesen Brief geschrieben, und wie ich schon sagte, geht es um einen Staatsstreich."

„Geben Sie her! Ich kann ein wenig Vietnamesisch", sagte der Oberst kühl. Er nahm die dunkle Brille ab, holte eine Lesebrille aus seiner Jacke hervor und überflog den Brief. „Aber – hier geht es um einen Putsch."

„Ja, das sage ich doch dauernd!" rief Bonchoo eifrig.

Der Oberst blickte von dem Schreiben auf. „Der Putschversuch hat gestern morgen in Bangkok stattgefunden."

„Schon?"

„Ja. Das hier war explosives Material, doch jetzt kommt es zu spät." Er gab Bonchoo den Brief zurück. „Und außerdem ist es von keinerlei Interesse für uns. Wir sind Schan und kämpfen für unsere Befreiung von Birma." Er zuckte die Achseln. „Vielleicht ist es trotzdem noch von Interesse für die Amerikaner. Nehmen Sie es ruhig wieder mit."

„Mir wäre es viel wichtiger, wenn Sie meinen Ruf als ehrlicher Teakschmuggler wiederherstellen würden", entgegnete Bonchoo.

„Auch das soll Ihnen nicht vorenthalten werden." Der Oberst sprach mit Rothemd. Mit einem zufriedenen Kopfnicken wandte er sich wieder an Bonchoo.

„Alle Befehle, Sie zu töten, sind ab sofort aufgehoben."

Bonchoo verbeugte sich. „Ich bin Ihnen äußerst dankbar."

„Dürfen wir jetzt gehen, bitte?" fragte Mrs. Pollifax

Der Oberst blickte sie nachdenklich an. „Ich persönlich würde Sie ja gern gehen lassen. Da wir heute nachmittag ohnehin dieses Lager abbrechen werden und daher nicht mehr in der Gegend sind, falls Sie unklugerweise jemandem davon erzählen würden, erscheint das Risiko für uns so gesehen gering. Doch es ist trotzdem unmöglich."

„Wieso?" fragte Mrs. Pollifax.

„Weil wir jeden Augenblick einen Hubschrauber mit einer hochgestellten Persönlichkeit erwarten, die einen solchen Akt der Nächstenliebe möglicherweise nicht gutheißen würde. Dieser Mann ist kein Buddhist, und ich möchte hinzufügen, daß er sich nicht mit Spielereien abgibt. Die Entscheidung liegt bei ihm."

„Welche Entscheidung?" erkundigte sich Cyrus.

„Ob Sie gehen dürfen", erklärte der Oberst.

Cyrus blickte ihn an. „Und was ist, wenn er nein sagt?"

Der Oberst zeigte sich erstaunt über diese naive Frage. „Dann werden Sie natürlich getötet."

„Getötet?" rief Mrs. Pollifax. „Was haben wir denn getan?"

„Es geht nicht darum, was Sie getan, sondern was Sie gesehen haben", entgegnete er steif und ging.

„Aber was haben wir denn schon gesehen?" rief sie ihm bitter nach.

„Beruhige dich, mein Liebes." Cyrus griff nach ihrer Hand und nahm sie in seine. „Es geht wahrscheinlich um das, was ich gesehen habe, hinter uns, in dem langen, offenen Schuppen."

Sie wandte den Kopf und bemerkte nun, daß unter dem Strohdach des Schuppens, säuberlich aufgereiht, eine größere Anzahl von Jutesäcken stand. Mindestens hundert waren es sicher, und alle prall gefüllt. „Oh", hauchte sie. „Opium?"

Bonchoo seufzte. „Morphin, *Koon* Emily. Sie dürften ihre Raffinerie ganz in der Nähe haben, vielleicht hinter dem Berg dort. In den Raffinerien wird das Morphin gewonnen und in der Sonne getrocknet. Dadurch wird es leichter und benötigt weniger Platz, so daß man es mit Lasttieren bequem aus den Bergen schaffen kann."

„Ihr Morphin hätten sie bestimmt längst weggeschafft, bevor wir Chiang Mai erreichen könnten!" sagte sie aufgebracht. Sie funkelte den jungen Soldaten, der sie bewachte, wütend an. „Wenn wir deshalb umgebracht werden sollen ..."

„Es könnte da noch andere Gründe geben", meinte Cyrus. „Ich weiß, was du denkst, meine Liebe, aber ich habe nicht ein einziges Streichholz bei mir, du vielleicht?" Als sie lediglich den Kopf schüttelte, sagte er ruhig: „Was wir jetzt dringend brauchen, ist dein unverwüstlicher Optimismus."

„Mein Optimismus?" wiederholte sie und fragte sich, was daraus geworden war. Sie war Cyrus mit beachtlichem Optimismus gefolgt, das stimmte, aber über die Freude des Wiedersehens hatte sie nicht hinausgedacht. Cyrus hatte ihre Lage viel besser erkannt als sie. Er hatte gesehen, wie wenig ein Menschenleben bedeutete in dieser Welt der Schmuggler, Guerillaführer und Drogenhändler. Sie hatte wahrscheinlich zuviel vorausgesetzt und erwartet. Vor allem war sie davon ausgegangen, daß sie das Camp wieder verlassen konnten, und nun mußte sie erfahren, daß das gar nicht so einfach war.

Sie schwieg. Auch die anderen schwiegen und beschäftigten sich mit der mehr als unerfreulichen Neuigkeit, daß sie möglicherweise diesen Tag nicht überleben würden. Ihr Bewacher beobachtete sie angespannt aus nur wenigen Schritten Entfernung und hielt unablässig sein Gewehr auf sie gerichtet. Mrs. Pollifax zweifelte nicht im geringsten, daß er auf sie schießen würde, wenn sie eine verdächtige Bewegung machte. Hinter ihnen hatten drei Soldaten angefangen, die Baracke abzubauen, in der sie Cyrus gefunden hatte.

Ebenso wie Walkmen haben also auch Fertigbauteile ihren Weg in den Dschungel gefunden, dachte sie und schaute ihnen zu, wie sie eine Bambuswand nach der anderen aus ihrer Halterung lösten und sie dann wie einen Teppich zusammenrollten. Der Oberst hatte ein Funkgerät unter einem Baum aufgestellt, sprach hinein und schickte immer wieder erwartungsvolle Blicke zum Himmel.

„Wer, glaubt ihr, ist diese hochgestellte Persönlichkeit, die hier erwartet wird?" fragte Mrs. Pollifax schließlich. „Dieser Mann, der entscheidet, ob wir am Leben bleiben dürfen oder – oder ..."

„Oder sterben müssen", beendete Cyrus leise ihren Satz. „Sag es, meine Liebe, sprich das Wort aus."

„Nun gut – sterben."

Er drückte ihre Hand und behielt sie in seiner. „Wir hatten ein schönes Leben, Emily."

Sie nickte. „Aber jetzt, wo ich dich wiedergefunden habe, Cyrus, habe ich eigentlich noch große Hoffnungen auf ein paar weitere schöne, gemeinsame Jahre ... Zwei Tage lang habe ich mich gefragt, wie ich das Leben ohne dich je wirklich genießen konnte."

Er lächelte. „Dann ist es nicht so schlimm, wenn wir miteinander sterben, nicht wahr? Hast du Angst?"

„Vor dem Tod?" Sie schüttelte den Kopf. „Nein. Er hat schon mehrere Male über mir geschwebt. Nein, Angst ist es nicht direkt, aber ich muß zugeben, es erfordert eine innere Umstellung, denn ich hatte nicht damit gerechnet, daß es schon heute soweit sein könnte – so plötzlich –, vielleicht bereits in dieser oder in der nächsten Stunde. Ich hatte gehofft, unser Haus wiederzusehen, unseren Garten, den Frühling und ... Entschuldigung, ich muß wohl völlig übermüdet sein, daß ich mich so gehenlasse! Tut mir leid, Cyrus."

„Kann mir nicht vorstellen, wieso du müde sein solltest", entgegnete er lächelnd und nahm sie fest in die Arme. Aber dann erinnerte sie sich daran, daß Bonchoo neben ihnen stand, und löste sich sanft aus Cyrus' Umarmung.

Bonchoo hatte taktvoll in eine andere Richtung geblickt. Mrs. Pollifax wandte sich fragend an ihn. „Und Sie, Bonchoo, was ist mit Ihnen?"

„Ich habe auch keine Angst, *Koon* Emily", sagte er mit Würde. „Ein Buddhist nimmt sein Schicksal hin. Ich werde heute sterben oder nicht sterben, und wenn, so ist es mein Karma. Ich bereue nur, daß ich den Schan getötet und Reiswein mit den Akha getrunken habe, denn einem guten Buddhisten ist der Genuß von Wein verboten. Für mein nächstes Leben wird das sehr gegen mich zählen."

„Unsinn!" widersprach Cyrus. „Jedes verlorene Verdienst haben Sie inzwischen längst durch andere mehr als wettgemacht."

„Glauben Sie wirklich?" Bonchoo dachte darüber nach. „Aber ich habe das Gefühl, daß ich mich zu weit von dem *Phi*-Geist entfernt habe, der mich zu Hause beschützt, und daß ich nun außerhalb seiner Reichweite bin." Traurig schüttelte er den Kopf. „Ich wünschte, ich hätte heute morgen den heiligen Mann gebeten, ein Amulett für mich zu segnen."

„Was ist denn das für ein Mensch, dieser heilige Mann? Emily, glaubst du auch, daß er heilig ist?" fragte Cyrus sie.

Mrs. Pollifax zögerte. Sie war unsicher, wollte einerseits zwar von der Bucheintragung erzählen, die ihr nicht aus dem Kopf ging, sagte sich aber andererseits, daß sie keinerlei Beweise für ihre eigenartige Vermutung hatte. „Er weigerte sich zunächst, uns zu helfen", meinte sie daher vorsichtig abwägend, „und ich war deshalb anfangs wütend, aber ich glaube, jetzt verstehe ich seine Gründe. Ja, er strahlte etwas aus – etwas ganz Besonderes."

Bonchoo nickte. „Ein Amulett von ihm hätte uns geschützt." Er warf einen Blick auf ihre Armbanduhr. „Es ist vier Uhr. Um diese Zeit kommen meine Kinder von der Schule nach Hause, und meine Frau kehrt vom Markt heim." Er seufzte. „Und in ein paar Stunden gibt es daheim ein gutes Abendessen. Sie haben bestimmt noch kein richtiges thailändisches Abendessen bekommen", wandte er sich an Mrs. Pollifax. „Bei uns bekämen Sie *Tom-yum* – gute heiße Suppe – und *Gaeng ped*, das ist Curry mit Kokosmilch, und *Horn-muk,* gedünsteten Fisch – und wunderbare süße Melonen."

„Mir läuft das Wasser im Mund zusammen", versicherte ihm Cyrus. „Wie heißen Ihre Kinder denn?"

„Möchten Sie das wirklich wissen?" fragte Bonchoo sichtlich erfreut. „Es sind fünf. Die beiden Mädchen heißen Amporn und Panngham, die drei Jungen Praphas, Charoon und Pote."

„Und Ihre Frau?" erkundigte sich Mrs. Pollifax.

„Mi-mi."

Cyrus erstarrte plötzlich. „Horcht – hört ihr das auch?"

„Den Hubschrauber?" fragte Mrs. Pollifax. Auch die Soldaten hörten den Rotorenlärm und versammelten sich nun neben dem Oberst und dem Funkgerät unter dem Baum.

Der Hubschrauber schwebte noch eine Weile über dem Lager, ehe er senkrecht herunterging. Die Wipfel beugten sich unter dem heftigen Wind der Rotoren, und beim Landen wirbelten Staubwolken auf. Die Tür wurde geöffnet, jemand warf zwei seesackähnliche Beutel heraus und kletterte dann vorsichtig hinterher. Gleich darauf stieg der Hubschrauber wieder auf und flog ostwärts davon.

„Cyrus – er sieht aus wie ein Amerikaner!" flüsterte Mrs. Pollifax überrascht.

„Ich frage mich, ob das ein gutes oder ein schlechtes Zeichen ist", murmelte Cyrus.

Oberst Lu ging dem Mann nicht entgegen, sondern wartete unter dem Baum auf ihn. Der Mann schritt selbstsicher auf ihn zu. In seinem weißen Hemd, der Krawatte, der gutgeschnittenen Jacke und den Khakihosen sah er aus, als hätte man ihn von einer Straße Bangkoks geradewegs hierhergebracht.

Während er sich näherte, konnte Mrs. Pollifax sein Gesicht eingehend studieren. Es war kein ausgesprochen willensstarkes, aber ein sehr attraktives Gesicht, jungenhaft und wirklich sehr amerikanisch.

Es strahlte einen gewissen Charme aus, aber bei genauerem Hinsehen erkannte sie die Spuren eines ausschweifenden Lebens. Mund- und Kinnpartie verrieten Schwäche.

Und dieser Mann würde über ihr Schicksal entscheiden! Ihre Hoffnung auf einen guten Ausgang war nicht sehr groß.

Oberst Lu verneigte sich. „Mr. Chollee, nicht wahr?" sagte er. „Willkommen, wir haben uns seit vielen Jahren nicht mehr gesehen."

Der Mann blieb stehen und kniff die blaßblauen Augen zusammen, als er die drei Personen auf der Bank bemerkte. „Wer sind diese Leute?" fragte er heftig. „Was haben sie hier zu suchen?"

„Es handelt sich um eine private Angelegenheit", antwortete der Oberst höflich.

„Nichts hier ist privat! Wer sind sie? Das letzte, was ich hier gebrauchen kann, sind ein Touristenpaar und ein Thai! Wie haben sie das Lager gefunden?"

„Ich hab das Lager gar nicht gefunden, ich wurde entführt und hierherverschleppt!" rief Cyrus ihm verärgert zu. „Und das ist meine Frau, und das ist ein Freund. Und wer zum Teufel sind Sie?"

„Sehen Sie?" sagte Mr. Chollee zum Oberst. „Typische Amerikaner, neugierig und unverschämt! Und außerdem haben sie mich gesehen! Wenn wir sie laufenlassen, werden sie reden."

Oberst Lu zuckte die Achseln. „Es bleibt selbstverständlich völlig Ihnen überlassen zu bestimmen, was mit ihnen geschehen soll."

„Dann töten Sie sie", beschloß der Mann gleichmütig. „Töten Sie sie auf der Stelle."

„O Gott!" keuchte Mrs. Pollifax.

„Hören Sie ...", begann Cyrus.

„Maul halten!" befahl ihm Chollee und dann wieder zu dem Oberst: „Töten Sie sie, Lu!"

Der Oberst schüttelte den Kopf. „Das werde ich nicht tun, Mr. Chollee. Ich führe einen Krieg, und im Krieg zu töten ist eine Sache, aber ohne Grund zu töten hieße viel Verdienst verlieren. Nein, damit will ich nichts zu tun haben!"

„Ihr Buddhisten!" brummte Chollee gereizt. „Na gut, dann erledige ich das eben selbst. Ich hoffe, Sie sind nicht auch noch zu zimperlich, Ihre Männer Gräber schaufeln zu lassen."

„Sie werden drei Gräber ausheben", antwortete der Oberst steif, „aber sie werden nicht für Sie töten. Wenn Amerikaner andere Amerikaner töten wollen, geht mich das nichts an." Er ging.

„Oh, wie können Sie es wagen!" flüsterte Mrs. Pollifax.

Chollee lachte. „Da gehört nicht viel dazu! Stehen Sie jetzt auf! Stellen Sie sich nebeneinander!"

Dann geschieht es also wirklich – wie bei einer Hinrichtung, dachte Mrs. Pollifax. Eine seltsame Ruhe und Würde ergriffen Besitz von ihr, als sie ihren Platz zwischen Bonchoo und Cyrus einnahm. Der Oberst hatte sich zurückgezogen, aber sie hörte das Geräusch der Schaufeln, mit denen die Gräber ausgehoben wurden. Die Sonne schien auf Palmen und Bambus, und eine leichte Brise ließ Staubkörnchen im Sonnenlicht tanzen. Mrs. Pollifax hielt Cyrus' Hand und zitterte nur ganz leicht.

Sie hörte das Klicken des Sicherungshebels.

Chollee hob den Revolver und zielte.

Noch eine Sekunde, dachte sie, nur noch eine Sekunde …

„Fallen lassen, Charlie!" schrie eine Stimme von den Bäumen hinter ihnen. „Laß den Revolver fallen, ich habe dich genau im Visier!"

Mrs. Pollifax schaute in Chollees Gesicht, in dem sich Unglauben und Schreck abzeichneten. Dann drehte sie sich zu dem Mann um, der jetzt in das Lager hinkte.

Es war Mornajay. Er war totenblaß, ging aber aufrecht, und sein Revolver war auf ihren Henker gerichtet.

## 11. Kapitel

„Du!" RIEF Charlie. Sein Gesicht war verzerrt vor Haß und Wut. „Woher wußtest du das? Wie hast du hierhergefunden? Hat Jacoby es dir verraten?"

„Dein Freund, den du opiumsüchtig gemacht hast?" entgegnete Mornajay verächtlich. „Nein, es war nicht Jacoby."

„Wer dann?"

„Chin-Ling", antwortete er.

Charlies Augen funkelten. „Du lügst! Sie würde nie …"

„Du hast deine Versprechen zu oft gebrochen", entgegnete Mornajay ruhig. „Sie erzählte mir, daß du auf der Flucht bist, und nannte mir den genauen Treffpunkt und das Datum, Charlie. Ich bin gekommen, um dich zurückzubringen."

„Zurückbringen?" Charlie lachte. „Wieder einmal einer deiner verfluchten Rettungsversuche? Zur Hölle mit dir!"

„Ja, dorthin hast du mich oft genug gewünscht", sagte Mornajay. „Laß den Revolver fallen, oder ich schieße ihn dir aus der Hand!"

„Das würdest du nicht wagen", höhnte Charlie. „Ich brauche dich ja nur anzusehen! Wenn ich bloß mit einem Stein nach dir werfe, fällst du doch schon vor Schreck um!"

„Reiz mich nicht, Charlie."

„Gott sei Dank wirst du mich dort, wohin ich jetzt verschwinde, nicht mehr finden!"

„Du wirst nirgendwohin verschwinden, Charlie!"

„Vorsicht!" schrie Cyrus, als Charlies Hand zuckte.

Beide Revolver feuerten gleichzeitig. Die Schüsse hallten von den Bergen wider. Ein dumpfer Aufprall auf der Erde; eine Staubwolke. Im Wald das aufgebrachte Kreischen eines Mainas, der gleich wieder verstummte. Tödliche Stille.

Mornajay stand wie betäubt da und starrte auf den Toten. „O mein Gott", wisperte er und wankte.

„An Ihrem Ärmel ist Blut!" rief Mrs. Pollifax und lief zu ihm.

„Nur ein Streifschuß", erklärte er ungeduldig und schien sie erst jetzt zu bemerken. „Mrs. Pollifax, Sie sind es? Ich brauche ein bißchen Hilfe." Er lächelte verzerrt. „Hinter dem Baum da drüben ist mein Rucksack – dort, wo die Trage ist." Er wies zu der Stelle. „Könnte ihn mir jemand holen?"

„Sie haben die Mönche überredet, Sie hierherzubringen?"

„Die einzige Möglichkeit – außer zu kriechen", antwortete er mit dem gleichen krampfhaften Lächeln. Sein Blick wanderte wieder zu dem Mann auf dem Boden, und Mrs. Pollifax sah Tränen in seinen Augen. „Bitte, helfen Sie mir zu ihm hinüber."

„Ich hole den Rucksack", sagte Bonchoo rasch.

Mornajay stützte sich auf Mrs. Pollifax; trotzdem waren seine Schritte unsicher. Traurig blickte er auf den Toten. „Er hat nie gut schießen können", flüsterte er und sank auf die Knie neben ihn. Er streckte zitternd eine Hand aus und schloß sanft die weit aufgerissenen Augen des Toten. „Er haßte mich immer noch und wollte mich immer noch vernichten! Er hatte recht, ich hätte schon lange meine Versuche, ihn retten zu wollen, aufgeben sollen. Die gefälschten Schecks, die Gelddiebstähle, die gebrochenen Versprechen, die Menschen, denen er weh getan hat! Aber erleben zu müssen" – er seufzte tief –, „erleben zu müssen, daß es so weit mit ihm gekommen ist."

„Wer ist er?" fragte Mrs. Pollifax.

Mornajays Stimme bebte. „Mein Bruder. Alles, was ich noch an Familie hatte."

Sie wandte den Blick ab, erschüttert von dem wehmütigen Klang, das in dem Wort „Familie" mitschwang. Es war der Schrei eines einsamen Mannes, der sich nach Liebe sehnt. Plötzlich stand da ein vollkommen anderer Mensch als der arrogante Mornajay, den sie im Akhadorf kennengelernt hatte. Aber sie konnte nichts anderes tun, als stumm und so unauffällig wie möglich zu warten, bis er sich wieder gefaßt hatte.

Schließlich drehte er sich um. „Ich nehme ihn mit zurück. Ich kann ihn nicht hierlassen." Er schüttelte den Kopf. „Nun kann ich ihn nicht mehr retten, nur noch den Namen Mornajay …"

„Ich nehme an, das ist wichtig", bemerkte Mrs. Pollifax bissig und half ihm auf die Füße.

Er bedachte sie mit einem so scharfen Blick, daß sie selbst unter seiner Trauer den anderen Mornajay wiederfand: den Mann, der Autorität und Erfolg ausstrahlte und der sich nicht in die Karten schauen ließ. Sie war erleichtert, daß er wieder an die Oberfläche durchbrach.

„In bestimmten Kreisen", sagte er trocken, „ist das ein Name, der für seine Integrität bekannt ist."

„Bonchoo hat Ihren Rucksack gebracht", wechselte sie das Thema. Er nickte. „Sind die Schan weg?"

Bonchoo schüttelte den Kopf. „Sie sind oben auf dem Berg und beobachten uns."

„Helfen Sie mir auf den Stein da!" ordnete Mornajay an. „Wir müssen schnell handeln! Im Rucksack ist ein Funkgerät", wandte er sich an Cyrus. „Und Sie – Bonchoo, nicht wahr? –, im Rucksack finden Sie einen Behälter mit Feuerzeugbenzin, Streichhölzer und eine alte Zeitung. Zerknüllen Sie die Zeitungsseiten, tränken Sie sie mit dem Benzin, und stecken Sie sie zum Anzünden in die Morphinsäcke."

„Großartig!" rief Mrs. Pollifax. „Ich helfe mit." Dann fragte sie, amüsiert über seine Rückkehr zum alten Ich: „Werden Sie uns bald Gelegenheit geben, Ihnen für unsere Lebensrettung zu danken?"

„Nicht nötig, kein Grund zur Sentimentalität. Außerdem haben Sie, wenn ich mich recht erinnere, mir auch geholfen, am Leben zu bleiben", fügte er mit einem verlegenen Lächeln hinzu.

Er ließ sich auf den Stein nieder, legte den Revolver zur Seite und wischte sich die Stirn. Er sah völlig erschöpft aus. Sie hätte ihn so gern so vieles gefragt: Wie er beabsichtigte, die Leiche seines Bruders mitzunehmen, wenn er sich selbst kaum auf den Beinen halten konnte; wer er wirklich war und wie er es fertiggebracht hatte, die Novizen zu überreden, ihn hierherzutragen; wer Chin-Ling war; woher er den Namen Jacoby kannte und was er sich von dem Funkgerät erhoffte.

Statt dessen half sie Bonchoo schweigend, den Benzinbehälter zu öffnen und die Zeitungsseiten zu zerknüllen, während Cyrus das Funkgerät aus dem Rucksack hob und es neben Mornajay auf den Stein stellte. Ein Knistern und Knacken ertönte, als Mornajay Frequenz und Lautstärke einstellte.

„Callahan?" sagte er. „Hier ist M. Hören Sie mich?"

Er war also nicht allein gekommen. Nach einigen Störgeräuschen antwortete eine Stimme: „Empfange Sie, M. Alles in Ordnung?"

„Ein Zwischenfall. X ist tot." Mornajays Stimme bebte, wurde aber wieder fest. „Das Lager ist acht Kilometer südlicher als angegeben. Wie schnell können Sie hier sein?"

„Gibt's Probleme?"

„Schon möglich."

„In zehn Minuten. Können Sie mir eine genaue Lagebeschreibung geben?"

Mornajay lächelte schwach. „Nicht nötig. Hier wird gleich ein unübersehbares Feuer brennen. Richten Sie sich nach dem Rauch, Callahan."

„Verstanden, M ... Ist mit Ihnen alles in Ordnung?"

„Äh – ja", antwortete Mornajay grimmig. Er gab Cyrus das Funkgerät und nahm wieder seinen Revolver in die Hand.

„Drogenfahndung?" fragte Cyrus mit gehobenen Brauen.

„Ich glaube nicht, daß wir uns noch gegenseitig vorstellen müssen", entgegnete Mornajay mit alter Schroffheit. „Ich weiß nicht, wer Sie sind, und ich will es auch gar nicht wissen. Und wer ich bin, dürfte Sie nicht im geringsten interessieren."

„Schicken sie ein Flugzeug?" wollte Mrs. Pollifax sich vergewissern.

„Einen Hubschrauber. Tut mir leid, aber er hat nicht genug Platz, um Sie mitzunehmen. Deshalb rate ich Ihnen zu verschwinden, sobald Sie das Feuer angezündet haben. Und gehen Sie um Himmels willen in Deckung, nachdem Sie es angezündet haben. Dieses Feuer wird jemanden fast eine Million Dollar kosten. Wenn Wen Sa uns vom Berg aus beobachtet ..."

„Wen Sa?" keuchte Bonchoo.

„Vielleicht hat er sich hier anders genannt", bemerkte Mornajay trocken, „aber alle Beschreibungen, die ich von Wen Sa kenne, passen haargenau auf den Offizier, den ich vorhin hier gesehen habe."

„Ich bin Wen Sa begegnet!" Bonchoo schauderte.

„Beeilen Sie sich! Sie können Tha Ton noch vor Einbruch der Dunkelheit erreichen. Prasert hat mir gesagt, daß er Ihnen den Pfad gezeigt hat. "

„Was ist mit Ihnen?" fragte Cyrus. „Ich habe acht Schan gezählt. Gegen die können Sie sich nicht einmal zehn Minuten halten. "

„Ach ja?" Mornajays Lippen verzogen sich zu einem schiefen Lächeln. „Mein Revolver wird sie mir schon vom Leib halten. Außerdem habe ich noch Charlies Revolver – und Callahan ist schon unterwegs. " Er schaute auf die Uhr.

„Acht gegen einen. " Zweifel schwang in Cyrus' Stimme mit. „Ich glaube, wir sollten bis zu Callahans Ankunft bleiben!"

Mornajay lachte. „Zünden Sie das Feuer an, ja? Was könnten Sie schon ohne Waffen tun? Sie geraten mir höchstens in die Schußlinie! Wenn ich sterbe, dann sterbe ich eben ... Das einzige, was ich nicht tun kann, ist, da hinüberzuhumpeln und das Feuer selbst anzuzünden. "

„Also fangen wir an!" rief Mrs. Pollifax. Sie hasteten zu den Säcken vor dem langen Schuppen. Mrs. Pollifax nickte Bonchoo zu, und er zündete das erste Streichholz an.

„Gut!" rief Mornajay. „Und dann schauen Sie zu, daß Sie fortkommen, ehe man den Rauch sehen kann! Beeilen Sie sich!"

Mrs. Pollifax entzündete das letzte Streichholz, wartete, bis die letzte zerknüllte Zeitungsseite auf den Säcken Feuer fing, und griff dann nach ihrer Umhängetasche.

„Emily? Bonchoo? Gehen wir?" Cyrus wartete bereits.

„Darum braucht man mich nicht zu bitten", erklärte Bonchoo und rannte mit Mrs. Pollifax zu Cyrus, der sich umdrehte und sie schnellen Schrittes den Hang hinaufführte.

Oben angelangt, blieben sie einen Moment stehen, um noch einmal zurückzublicken. Mornajay saß verloren als einsame Gestalt mitten im Lager, den Revolver in der Hand. Hinter ihm stieg zaghaft der Rauch von dem brennenden, getrockneten Opium auf, zunächst noch kaum wahrnehmbar, doch dann züngelte eine erste Flamme empor und gleich darauf eine zweite.

„Ein seltsamer Mann", meinte Bonchoo. „Ein bißchen verrückt, glaube ich, und sehr unhöflich. Aber wir sind heute nicht gestorben, *Koon* Emily – und obendrein kehren wir mit Ihrem *Sahmee* zurück!"

ETWA achtzehn Stunden später, am Sonntag nachmittag, humpelten Cyrus, Mrs. Pollifax und Bonchoo auf den Flughafen von Chiang Rai. Es war Bonchoo gewesen, der sie nach Tha Ton geführt hatte;

Bonchoo, der etwas zu essen und eine Übernachtungsmöglichkeit für sie gefunden hatte; und Bonchoo, der mit dem Besitzer eines der langen, schmalen Boote mit einem alten V-8-Motor verhandelt hatte. Als ob wir nicht schon genug Aufregung gehabt hätten! dachte Mrs. Pollifax, während sie sechs endlose Stunden lang flußabwärts fuhren, über Stromschnellen und vorbei an bedrohlichen Klippen und durch eine enge Schlucht, bis sie endlich Chiang Rai erreichten.

Und zu guter Letzt bestand Bonchoo noch darauf, sie zum Flugzeug nach Bangkok zu begleiten.

„Aber Sie versäumen Ihren Bus nach Chiang Saen!" protestierte Mrs. Pollifax zum wiederholten Male, als Cyrus sie für einen Moment allein gelassen hatte, um ihre Tickets zu kaufen.

„Statt Sie zu begleiten, würde ich Sie eigentlich viel lieber zum Erholen in mein Dorf einladen", erwiderte Bonchoo. „Aber ich fürchte, Sie kämen dort nicht viel zum Ausruhen. Deshalb bringe ich Sie wenigstens wie ein guter Fremdenführer zum Flugzeug."

Cyrus, der in diesem Augenblick zurückkam und die letzten Worte gehört hatte, lachte. „Sie meinen, wir kämen nicht zum Ausruhen wegen Charoon, Praphas, Pote, Amporn und Panngham?"

„Haben Sie aber ein gutes Gedächtnis!" staunte Bonchoo und lächelte ihn erfreut an.

„Wie wär's denn mit einer Gutschrift?" erkundigte sich Mrs. Pollifax.

„Einer Gutschrift?" wiederholte Bonchoo verwirrt.

„Sie meint, ob wir Sie nicht später besuchen dürfen, nachdem wir uns ein wenig erholt haben", erklärte Cyrus. „Das meinst du doch, Emily?"

„Ja, das wäre sicher schön!" freute sie sich. „Sie wiederzusehen, Bonchoo, und Ihre Familie kennenzulernen . . ."

Bonchoo strahlte. „Dann heißt es also nicht ‚Lebewohl, *Koon* Emily'?"

„Nein, sondern ‚Auf Wiedersehen!' Ach ja – Bonchoo . . ." Sie langte in ihre Tasche und brachte das Buddhatäfelchen zum Vorschein. „Ruamsak mag vielleicht tot sein", sagte sie ernst, „aber er hat die Informationen geliefert, ehe er – äh – ermordet wurde. Und das sollte Ihnen – das heißt Ruamsak – für geleistete Dienste übergeben werden."

Er nahm es in die Hand. „Ein hübsches Amulett! Ich danke Ihnen."

„Nicht einfach irgendein Amulett", berichtigte Cyrus. „Sag es ihm, meine Liebe."

„Genau wie Ihr *Phyot*-Armreif ist das nur eine Tarnung", erklärte sie ihm eifrig. „Es ist ein Goldbarren."

„Gold?" Er riß den Mund auf. „G-gold?" wiederholte er noch einmal stammelnd, und seine Augen glänzten dabei. „*Yai!* Jetzt kann ich meiner Frau endlich eine Nähmaschine kaufen. Und ich – vielleicht kann ich mir nun einen Laden in Chiang Saen leisten und brauche nicht mehr Teakholz zu schmuggeln!" Er strahlte sie glücklich an. „Es ist eine Welt voll Wunder, nicht wahr? Voller *Phi*-Geister und anderer Geister, die uns begleitet haben! Und wer hätte gedacht, daß wir das alles überleben würden? Sie haben gute Geister, die Sie beschützen!"

„Meinen Sie?" fragte Cyrus amüsiert.

„O ja! Und wir haben ganz besonders großes Glück, denn wir haben Wen Sa gesehen und sind nicht gestorben!"

„Ist das eine Geschichte, die Sie in Ihrem Dorf erzählen werden?" erkundigte sich Mrs. Pollifax lächelnd.

„Auf jeden Fall, und zwar mit vielen Ausschmückungen!" versicherte er ihr gemessen. „Ein riesiger *Farang*, der Sardinendosen herumträgt, wurde befreit von den bösen Geistern durch eine Zauberin, die gewiß selbst ein Geist ist ... "

„So wollen Sie die Geschichte erzählen?"

„Natürlich!" Er grinste verschmitzt.

Sie lächelte ihn an. Plötzlich erinnerte sie sich an den Eindruck, den Bonchoo anfangs auf sie gemacht hatte, an ihr Mißtrauen und ihre Zweifel und wie geduldig er dann ihr gegenüber gewesen war und wie verläßlich. Verschiedene Bilder zogen an ihrem inneren Auge vorbei: Bonchoo, wie er im Akhadorf entspannt eine Zigarre rauchte; Apha, die glücklich auf einen Lippenstift, einen Taschenspiegel und einen Satz Sicherheitsnadeln blickte; ein empörter Amerikaner, den man für Cyrus gehalten hatte. Sie dachte an Oberst Lu; an Mornajays ungewöhnliche Bergwanderung; vor allem aber dachte sie an einen Tempel im Dschungel mit drei verträumten Buddhas und einem heiligen Mann.

„Dann also auf ein baldiges Wiedersehen", sagte sie, und zu ihrem Erstaunen umarmte Bonchoo sie stürmisch.

„Ja, kommen Sie bald zurück! Aber jetzt: auf nach Bangkok!"

„Um zu schlafen." Sie nickte.

„Mindestens zwei Tage lang", fügte Cyrus lächelnd hinzu. Und dann gingen sie hinaus auf das Vorfeld, wo das Flugzeug bereits wartete.

ABER Mrs. Pollifax beabsichtigte gar nicht, am nächsten Tag lange zu schlafen, denn sie hatte noch etwas Wichtiges vor. Sie waren wieder im Hotel Oriental abgestiegen, und am nächsten Morgen erwachte Mrs. Pollifax schon um sieben Uhr. Eine Weile blieb sie ruhig liegen und genoß das Wunder, daß Cyrus neben ihr schlief. Vorsichtshalber drehte sie den Kopf in seine Richtung – ja, er war wirklich da! Leibhaftig! Behutsam, um ihn ja nicht zu wecken, glitt sie aus dem Bett.

Wie seltsam das Leben sein kann, dachte sie. Sie nahm den Reiseführer aus Cyrus' Koffer, setzte sich auf das Sofa und knipste das Licht an. Sorgfältig studierte sie das Register und schlug schließlich eine bestimmte Seite auf. Wie sie feststellte, konnte sie sogar auswählen, doch sie notierte sich nur eine der Adressen, und zwar diejenige, die für sie am günstigsten zu erreichen war. Dann schrieb sie einen Zettel für Cyrus: BIN BALD ZURÜCK, legte ihn auf die Kommode an der Wand, löschte das Licht und stahl sich auf Zehenspitzen aus dem Zimmer.

Der Portier mit seiner eleganten Livree rief einen Wagen für sie herbei. Sie nannte die Adresse – Wireless Road 95 – und bat den Portier, er möge den Fahrer anweisen, dort auf sie zu warten.

Die Fahrt dauerte nicht lange. Am Ziel angekommen, betrat sie das Grundstück der US-Botschaft, wo der Duft von Blumen und frisch gemähtem Gras sie begrüßte. Sie blieb kurz stehen, um Jasmin und Bougainvilleen zu bewundern, doch sie sah bereits das, weshalb sie hierhergekommen war, und eilte ungeduldig darauf zu.

Es handelte sich um die Bronzestatue eines Mannes nahe dem Weg, von einem Beet mit bunten Blumen umgeben. Während sie näher kam, schien dieses Standbild auf sie herabzublicken; genau wie die drei Buddhas, erinnerte sie sich.

Als sie es erreichte, las sie auf der Gedenktafel, daß diese Statue zu Ehren von John Lloyd Matthews errichtet worden war und ihn darstellte. Jetzt erst schaute sie zum Gesicht hinauf. Bronze ist so ganz anders als ein lebender Mensch, dachte sie. Mehrere Minuten betrachtete sie das Gesicht zweifelnd, denn der Künstler hatte die Figur in die Ferne schauen lassen, und sie wirkte steif und förmlich. Die Züge wiesen eine vage Ähnlichkeit auf, aber der Kopf des Bronzemannes war nicht kahlgeschoren. Immer noch zweifelnd, trat sie um einen Rosenstrauch herum und betrachtete die Statue von der Seite. Unwillkürlich holte sie tief Luft, als sie das Profil sah. Sie fühlte sich zurückversetzt zu dem Außengang eines zerfallenen Tempels in den Bergen, wo sie dieses Profil zuletzt gesehen hatte. Ruhig und friedlich-heiter, in tiefe

Meditation versunken, hatte es sich vom mondhellen Nachthimmel abgehoben.

Nun bestand kein Zweifel mehr, wer der Acharya war.

Wie seltsam, dachte sie, und doch – und doch – irgendwie mußte es so sein.

Sie bemerkte, daß jemand ganz in ihrer Nähe stehengeblieben war und sowohl die Statue als auch sie anschaute. Als er jetzt etwas zu ihr sagte, drehte sie sich um. Es war ein junger Mann mit einem Diplomatenkoffer, wahrscheinlich auf dem Weg zur Botschaft. Er blickte an der Statue hinauf. „Er war ein bedeutender Mann, dieser John Lloyd Matthews."

„Ja. Kannten Sie ihn?"

Der junge Mann schüttelte den Kopf. „Leider wurde ich zu spät hierherversetzt, als daß ich ihn noch hätte kennenlernen können. Aber ich sah ihn – ein einziges Mal." Er schauderte. „Wenn er ermordet wurde, hoffe ich, daß er einen schnellen Tod hatte."

Mrs. Pollifax mußte unwillkürlich lächeln. „Ich bin sicher, daß er von allem Weltlichen schnell Abschied genommen hat – sehr schnell!"

„Äußerst bedauerlich, das Ganze", fuhr der junge Mann fort. „Matthews hat in Thailand so viel zum Guten verändert."

„Vielleicht hat Thailand auch vieles in ihm verändert", sagte sie leise. „Zum Guten", fügte sie mit einem Lächeln hinzu. Mit einem höflichen Nicken wandte sie dem jungen Mann den Rücken zu und kehrte zum Taxi zurück. Sie konnte es nicht erwarten, Cyrus von ihrer Entdeckung zu erzählen: daß zu den Menschen, denen sie ihr Leben verdankten, sein alter Freund Joker Matthews gehörte!

Am Mittwoch morgen bat Carstairs Bishop zu sich. „Mornajay ist zurück – in seinem Büro."

Vor Überraschung fiel Bishop die Kinnlade herunter. „Was – kein Skandal, keine Untersuchung, keine vorzeitige Pensionierung? Ich muß schon sagen, das ist reichlich mysteriös!"

„Nun, vergessen Sie nicht, dies ist der CIA, das Zuhause von Geheimnissen, Heimlichkeiten, Verschleierungen und so weiter. Ich habe übrigens gehört, daß er entsetzlich aussieht. Offenbar war er sehr krank."

„Sind Sie denn nicht neugierig?" fragte Bishop.

Carstairs griff lächelnd nach seiner Tasse und lehnte sich in seinem Sessel zurück. „Bishop, ich bin sogar sehr neugierig", gestand er. „Ich wüßte zu gern, was Mornajay gemacht hat, wo er gewesen ist und warum er Jacoby getötet hat – ich bin sicher, daß er es war ... Und genausogern wüßte ich, warum Mrs. Pollifax bei ihrem Anruf eine so ausweichende Antwort gab, als ich fragte, wo sie und Cyrus die fünf Tage, in denen wir kein Lebenszeichen von ihnen erhielten, gesteckt haben. Doch da die beiden sich jetzt auf einer Tempelbesichtigungstour befinden und nicht erreichbar sind und da Mornajay wieder unter uns weilt, bleibt uns nichts übrig, als das Ganze gelassen zu sehen. Schließlich ist so ziemlich alles gutgegangen. Der Staatsstreich in Bangkok ist mißglückt; Mrs. Pollifax und Cyrus sind in Sicherheit; das Beweismittel gegen Lueng ist unterwegs zu uns; und alle sind – Gott sei Dank – wieder da, wo sie sein sollen."

„Amen!" sagte Bishop. „Ich nehme an, wir können jetzt aufhören, uns um Thailand zu kümmern."

„Es gehört nun wieder der DEA", stimmte Carstairs zufrieden zu. „Die Drogenfahndung hat übrigens am vergangenen Wochenende eine Razzia in Nordthailand durchgeführt und vierhundert Kilo getrocknetes Opium verbrannt!"

Bishop schmunzelte. „Vielleicht war ja unsere Mrs. Pollifax dort – wer weiß, vielleicht war sogar sie es, die das Opium angezündet hat?"

„Also wirklich, Bishop!" tadelte ihn Carstairs lachend. „Ihre Phantasie geht wohl ein bißchen mit Ihnen durch! Zügeln Sie sie, und setzen Sie sich wieder an die Berichte aus dem Sudan, ja?"

„Jawohl, Sir." Und Bishop kehrte in sein Büro zurück und machte sich wieder an die Arbeit.

## Dorothy Gilman

Wenn Dorothy Gilman sich an den Schreibtisch setzt, um sich ein neues Abenteuer ihrer Heldin Mrs. Pollifax auszudenken, dann geht mit ihr etwas Besonderes vor. „Es ist, als ob ich das Buch betreten würde", erzählt die siebenundsechzigjährige Autorin. „Ich schlüpfe in die Rolle von Mrs. Pollifax, und wenn ich meine Arbeit mittags unterbreche, muß ich erst einige Male kräftig den Kopf schütteln, um mich wieder in meiner Alltagswelt zurechtzufinden."

Genau besehen ist das eigentlich gar nicht einmal so verwunderlich, denn mittlerweile sind es schon fast fünfundzwanzig lange Jahre, in denen Dorothy Gilman ihre Mrs. Pollifax durch inzwischen acht Abenteuer begleitet hat. Die beiden Damen ähneln sich übrigens auffällig: Beide verbringen ein eher ruhiges, kleinstädtisches Leben und träumen von Aufregung und spannenden Erlebnissen an fernen, exotischen Schauplätzen auf der ganzen Welt. „Mrs. Pollifax unternimmt all das, was ich selbst gerne unternommen hätte", erklärt Dorothy Gilman und schickte die „beliebteste Geheimwaffe des CIA" nach Mexiko, Bulgarien und in die Schweiz, nach Afrika, China und Hongkong – nachdem sie diese Ziele zuvor selbst erkundet hatte! Und da die Schriftstellerin, die auf der Suche nach neuen Erfahrungen alle paar Jahre ihren Wohnort wechselt – zur Zeit lebt sie in Hudson, einer Kleinstadt im US-Bundesstaat New York –, bereits Pläne für eine Reise nach Tunesien schmiedet, sieht es auch für ihre Meisterspionin nicht so aus, als werde sie sich in absehbarer Zeit zur Ruhe setzen. „Ich glaube, es wird wieder einmal Zeit, daß Mrs. Pollifax ein neues Abenteuer erlebt", meint Dorothy Gilman. Höchste Zeit, Mrs. Gilman – Ihre treuen Leser warten bereits voller Ungeduld!